Practical Time Series Analysis

실전 시계열 분석

| 표지 설명 |

표지 동물은 블루페이스 레스터 양(*Ovis aries*)입니다. 영국 품종 디슬리 레스터[Dishley Leicester]라고도 알려졌으며 18세기 영국 레스터 지방에서 처음 길러졌습니다. 오늘날 영국과 캐나다에서 이 특별한 품종을 사육하고 있습니다.

우수한 광택을 지닌 하얀 털은 핸드스펀 실의 소재로 사용됩니다. 갈색 눈동자는 청회색 얼굴 대비 도드라져 보입니다. 긴 등, 튼튼한 어깨와 목, 넓은 주둥이, 짙은 발굽을 지녔습니다. 양털은 다리와 얼굴까지 덮지 않습니다.

무게는 90~108kg입니다. 발굽에서 어깨까지 평균 높이는 숫양은 91cm, 암양은 83cm입니다. 다른 양들과 마찬가지로 초원에 20마리씩 무리 지어 지냅니다.

오라일리 표지에 등장하는 동물은 대부분 멸종 위기종입니다. 이 동물들은 모두 소중한 존재입니다.

표지 그림은 『Meyers Kleines Lexicon』의 흑백 판화에 기초해서 캐런 몽고메리[Karen Montgomery]가 그렸습니다.

실전 시계열 분석

통계와 머신러닝을 활용한 예측 기법

초판 1쇄 발행 2021년 4월 9일
초판 3쇄 발행 2022년 8월 18일

지은이 에일린 닐슨 / **옮긴이** 박찬성 / **펴낸이** 김태헌
펴낸곳 한빛미디어(주) / **주소** 서울시 서대문구 연희로2길 62 한빛미디어(주) IT출판부
전화 02-325-5544 / **팩스** 02-336-7124
등록 1999년 6월 24일 제25100-2017-000058호 / **ISBN** 979-11-6224-408-1 93000

총괄 전정아 / **책임편집** 박민아 / **기획 · 편집** 김지은 / **교정** 백지선
디자인 표지 박정우 내지 박정화 전산편집 백지선
영업 김형진, 김진불, 조유미, 김선아 / **마케팅** 박상용, 송경석, 한종진, 이행은, 고광일, 성화정 / **제작** 박성우, 김정우

이 책에 대한 의견이나 오탈자 및 잘못된 내용에 대한 수정 정보는 한빛미디어(주)의 홈페이지나 아래 이메일로 알려주십시오. 잘못된 책은 구입하신 서점에서 교환해드립니다. 책값은 뒤표지에 표시되어 있습니다.

한빛미디어 홈페이지 www.hanbit.co.kr / **이메일** ask@hanbit.co.kr

지금 하지 않으면 할 수 없는 일이 있습니다.
책으로 펴내고 싶은 아이디어나 원고를 메일(**writer@hanbit.co.kr**)로 보내주세요.
한빛미디어(주)는 여러분의 소중한 경험과 지식을 기다리고 있습니다.

Practical Time
Series Analysis

실전 시계열 분석

O'REILLY® **IB** 한빛미디어
Hanbit Media, Inc.

최근 몇 년 동안 시계열 분석을 이용한 비즈니스 예측 및 분석은 머신러닝 기술이 대중화됨에 따라 많은 회사에서 실제 업무에 적용하고 있으며 2021년에 가장 주목받는 기술입니다. 주가, 예산, 매출 및 자산의 흐름, 예지 정비 및 판매량 예측과 같은 비즈니스 문제를 해석하고 추세, 주기성, 계절성 등 연관 데이터를 함께 구성하여 미래의 지표를 예측합니다. 최근에는 머신러닝 네트워크를 이용해 약 95%의 정확도로 예측 가능한 다양한 사례도 있습니다.

이 책은 데이터를 준비하는 과정부터 데이터 탐색, 데이터 가공, 머신러닝과 딥러닝을 이용한 모델 개발의 전반적인 과정을 소개합니다. 또한 의료, 금융, 정부 사례와 함께 시계열 분석 및 예측을 적용하는 데 필요한 아이디어를 제공합니다. 여타의 머신러닝 서적과 다르게 시계열 분석 및 예측이라는 주제에 집중해 코드 설명에 페이지를 낭비하지 않고 저자의 경험과 지식을 바탕으로 친절하게 설명합니다.

비즈니스 의사결정자에게는 시계열 분석 및 예측에 대한 통찰력을 제공하고, 파이썬과 주피터 노트북에 어느 정도 익숙한 분석가에게는 시계열 분석 및 예측을 수행하기 위한 훌륭한 안내서가 되리라 확신합니다.

_김정민, GS ITM 기술전략팀 부장

시계열 예측을 구현하는 것은 어렵지 않으나, 높은 정확도로 좋은 예측 결과를 내는 것은 매우 어렵습니다. 아무리 훌륭하고 복잡한 알고리즘으로 구현하더라도 예측이 정확하지 않다면 쓸모없는 작업이 됩니다.

이 책에서는 정확한 미래 예측을 위한 데이터 가공 방법부터 다양한 예측 모델링 개발 및 적용 방법까지 체계적으로 설명합니다.

_문선홍, GS ITM 기술전략팀 부장

파이썬과 R 두 가지 언어로 시계열 데이터를 설명합니다. 특히 딥러닝의 경우 MXNet으로 처리한 과정을 눈여겨볼 필요가 있습니다. 기본적인 이론은 물론, 데이터 전처리부터 일반적인 시계열, 헬스케어, 주식시장 데이터까지 다룹니다. 시계열 데이터를 집중적으로 공부하고자 하는 독자에게 좋은 참고 자료가 될 것입니다.

_정용우, GS ITM 기술전략팀 부장

파이썬과 R 코드를 번갈아 가며 사용합니다. 두 언어 중 한 언어에만 익숙한 독자도 이 책을 볼 수 있습니다. R 코드가 전반적으로 많지만 상세한 설명 덕분에 파이썬으로 쉽게 적용할 수 있습니다. 시계열 분석의 기본적인 부분을 전반적으로 잘 다룹니다. 매우 구조적이고 이해하기 쉽게 쓰였으며 디테일도 놓치지 않았습니다. 원서를 읽을 때는 좀 장황하다는 느낌을 받았지만 역자가 우리말로 옮길 때 이런 부분을 최대한 분명하게 표현하고자 노력했고, 번역서에서 흔히 발견되는 번역 투 표현을 최대한 깔끔하게 다듬었습니다. 마치 국내 저자가 저술한 서적처럼 깔끔하게 읽힙니다. 시계열 분석의 개념을 실무에 적용할 때 참조하기 위한 첫 번째 실전서로 추천합니다.

_임대경, P&G Korea 데이터 사이언티스트

누구나 잘못된 일기예보 때문에 낭패를 겪고 짜증을 낸 경험이 있을 것입니다. 하지만 시계열 모델을 한 번쯤 만든 경험이 있는 사람이라면 미래를 예측하는 일이 얼마나 어려운지 알기에 기상청에서 일하는 분들을 응원할 것입니다. 이 책은 회귀부터 딥러닝까지의 기법들을 숨 가쁘게 몰아치며 설명합니다. 오차를 다루는 대목쯤 되면 지칠 수도 있지만, 이 책의 역할은 방대한 시계열의 입구라는 사실을 명심하기 바랍니다. 여느 책과 달리 참고문헌을 인용하는 것으로 그치지 않고 R과 파이썬을 MXNet과 텐서플로를 넘나들며 내용을 하나하나 설명합니다. 이 책을 덮는 순간부터 본격적인 시계열 공부가 시작될 겁니다. 시계열에 발을 딛는 모든 분의 무운(武運)을 기원합니다.

_이제현, 한국에너지기술연구원

인터넷 시대가 도래한 이후, 우리는 무수하게 쏟아지는 데이터 속에 살고 있습니다. 이 중에는 이미지 같은 정형 데이터도 있고 매일 겪는 날씨, 계절, 교통량 등 정해진 형태는 없지만 시간에 인과를 가진 데이터들도 있습니다. 알파고에서 시작된 인공지능 붐 속에서 주류는 정형 데이터였고, 이후 정형 데이터를 가공하는 법을 알려주는 많은 책이 출간되었습니다. 하지만 시계열 데이터는 책의 한 챕터만 다루는 등 아쉬움이 많았습니다. 우리에게 중요한 것은 어떤 모델의 사용이 아니라 데이터에 맞는 가공법을 찾는 것입니다. 이 책은 시계열 형태라는 공통점만 가진 자료들을 데이터에 맞게 가공하고 사용하는 직관을 키우는 가이드입니다.

_시한, VAIS 인공지능 커뮤니티 운영진

시계열 문제를 처음 접하는 시린이(시계열 분석 어린이)라면 시계열 데이터라는 개념 자체가 굉장히 생소하게 느껴질 겁니다. 이 책에서 제공하는 시계열 데이터의 기본 개념과 코드를 실전에 활용하면 시계열 문제에 대한 감을 익힐 수 있습니다. 시계열 입문자라면 이 책이 좋은 길잡이가 될 수 있으리라 생각합니다.

_heroseo, 캐글 마스터

지은이 · 옮긴이 소개

지은이 **에일린 닐슨** Aileen Nielsen

뉴욕을 중심으로 활동하는 소프트웨어 엔지니어이자 데이터 분석가. 헬스케어 스타트업, 정치 캠페인, 물리 연구 실험, 금융거래 등 다양한 분야에서 시계열을 포함한 여러 데이터를 다뤄왔습니다. 현재는 예측 애플리케이션을 위한 신경망을 개발 중입니다.

옮긴이 **박찬성** deep.diver.csp@gmail.com

인제대학교와 워싱턴 주립 대학교에서 컴퓨터공학을 전공했으며 현재는 한국전자통신연구원에서 컴퓨터 네트워크 분야를 연구 및 개발하고 있습니다. ML GDE[Google Developers Expert for Machine Learning]이자 TensorFlow Korea 및 fast.ai KR 커뮤니티 운영자이며, 관련 분야의 번역자로도 활동합니다. 『나만의 스마트워크 환경 만들기』(비제이퍼블릭, 2020)를 집필했습니다. 프로그래밍과 다양한 언어에 관심이 많으며 지금까지 진행한 프로젝트에서 C/C++, 자바, 파이썬, Go 언어를 사용했습니다.

이 책은 시계열이라는 분야를 전반적으로 살펴보기에 좋습니다. 전통적으로 사용되어온 통계적 방법부터 최근 떠오르고 있는 딥러닝 방법까지 이론적인 배경지식에 코드를 덧붙여 함께 설명합니다. 단순 알고리즘 외에도 실무적으로 고려하면 좋은 내용도 함께 포함합니다. 또한 실질적으로 적용할 수 있는 애플리케이션의 사례도 함께 다루므로 시계열에 조금이나마 쉽게 다가갈 수 있도록 도와줍니다. 책에서 언급하는 개념을 독자 스스로 인터넷에 검색하여 읽어나가면 이 책의 내용을 최대한 흡수할 수 있을 것입니다.

한 가지 주의할 점은 책에 수록된 코드는 완전히 실행 가능하기보다 개념적으로 이해를 돕는 차원으로 작성되었다는 점입니다. 하지만 어렵지 않게 해당 코드를 실행 가능한 코드로 만들 수 있습니다. 옮긴이는 구글 코랩에서 실행 가능한 버전으로 재구성된 버전을 제공합니다 (*https://deep-diver.github.io/practical-time-series-analysis-korean*). 따라서 책 내용을 직접 타이핑하기보다 저장소를 방문하여 코드를 살펴보길 권합니다.

이 책의 공식 저장소(*https://github.com/PracticalTimeSeriesAnalysis/BookRepo*)에는 저자가 그동안 SciPy, PyCon, PyData 등에서 발표한 시계열에 대한 자료가 있습니다. 책에서는 다루지 않은 또 다른 유용한 소스 코드를 제공하므로 시계열을 이해하는 데 유용할 것입니다.

이 책은 저의 부족한 실력으로 처음 도전한 번역서입니다. 가벼운 마음으로 시작했지만 무거운 마음으로 끝낸 일이었고, 일부 부족한 전문 지식으로 번역이 매끄럽지 못한 부분도 있습니다. 이런 부분은 *deep.diver.csp@gmail.com*으로 알려주시면 오류를 바로잡는 내용을 따로 모아서 블로그 형태로 게시하겠습니다. 이 책을 선택해준 모든 독자에게 감사합니다.

마지막으로 이 책이 출간하기까지 고생하신 한빛미디어 김지은 님, 항상 저를 믿고 기다려준 아내 최형아와 딸 박다경, 출간 전까지 꼼꼼하게 읽고 의견을 주신 베타리더 임대경 님, 이제현 님, 시한 님, 피드 님께 감사의 말을 전합니다. 감사합니다.

박찬성

감사의 글

기술 검토를 해준 Rob Hyndman 교수님과 David Stoffer 교수님께 감사의 말을 전합니다. 책 검토를 위해 시간을 할애하여 이 책이 가야 할 새로운 방향을 제시해주고 집필에 도움이 될 만한 방대한 양의 피드백도 주셨습니다. 이런 의견이 없었다면 좋은 책을 완성하기가 어려웠을 것입니다. 초안에서 미처 포함하지 못했던, 흥미로운 시계열 데이터를 얻을 수 있는 다양한 출처와 대체 방법론을 강조해준 Rob Hyndman 교수님께 특히 감사합니다. 또한 David Stoffer 교수님은 자동화된 관점의 분석에 대한 회의적인 의견을 주면서 분석을 위한 특정 도구에 대해 지나치게 낙관적인 태도를 지적해주었습니다. 두 분이 준 도움과 지식, 시계열 분석에 대한 깊이 있는 경험을 바탕으로 해주신 조언에 감사합니다.

지난 한 해 동안 오라일리의 편집자인 Jeff Bleiel이 책의 많은 부분을 검토했고, 프로덕션 편집자인 Katie Tozer는 인내심을 갖고 제작 단계에서 발생할 수 있는 기술적인 작은 문제들을 안내해줬습니다. 덕분에 책의 많은 부분을 잘 정리할 수 있었습니다. 세심하고 훌륭하게 교열해준 Rachel Monaghan에게도 감사의 말을 전합니다. 이 책에 사용한 그림을 그리고, 제가 그린 삽화를 깔끔하게 정리해준 Rebecca Demarest에게도 감사합니다. 더불어 Jonathan Hassell은 이 책의 집필 프로젝트를 시작할 수 있게 해주었고, 오라일리를 설득하여 출판을 가능하게 해주었습니다. 수년 전에 오라일리와 함께 일할 것을 제안해준 Nicole Tache에게도 감사의 말을 전합니다. 마지막으로 집필 전 과정에서 지지해준 오라일리의 모든 분께 감사의 인사를 드립니다. 또한 피드백을 준 모든 독자에게도 감사의 마음을 전합니다.

일생 동안 사랑과 지지로 저를 훈육해준 어머니이자 롤 모델인 Elizabeth께도 감사합니다. 아버지 John과 숙모 Claire가 지난 수년간 베푼 사랑과 교육에 대한 지지도 감사합니다. 이 책을 쓰는 동안은 가족과 함께 시간을 보내기가 힘들었음에도, 깊은 열정과 인내로 기다려준 남편 Ivan과 아들 Edmund Hillary에게도 고맙습니다.

이 책에서 발견되는 어떠한 실수나 버그는 제 책임입니다. 주저없이 *aileen.a.nielsen@gmail.com*로 피드백을 보내주시면 감사하겠습니다.

날씨, 주식시장, 심장 박동 등 많은 것이 시계열의 형태를 띱니다. 다양한 데이터와 미래 예측에 관심이 있다면 시계열 분석에도 흥미를 느낄 것입니다.

『실전 시계열 분석』에 오신 것을 환영합니다! 이 책을 선택했다면 시계열 데이터가 어디에나 존재한다는 사실을 이미 잘 알고 있을 겁니다. 빅데이터 생태계가 확장되면서 시계열 데이터의 중요성은 더 커지고 있습니다. 센서나 추적 장치는 어디에나 존재합니다. 현상의 좋고 나쁨을 떠나서 이전에는 접하기 힘들었던 고품질의 시계열 데이터를 얻을 수 있게 되었습니다. 시계열 데이터는 인과관계, 트렌드, 미래 예측에 대한 질문에 답을 할 수 있다는 점에서 흥미롭습니다. 이 책에서는 일반적으로 시계열에 많이 적용되는 주된 기술을 소개하며 여러분 스스로 위와 같은 질문에 답을 찾을 수 있도록 도울 것입니다.

놀라울 정도로 다양한 종류의 데이터에 시계열 분석을 적용합니다. 학계에서는 물론 실생활에서도 시계열 데이터를 광범위하게 사용합니다. 고객의 상품 구매 이력, 나노 전자 시스템의 전도도 측정치, 디지털 방식으로 기록한 자연어 등 어떤 것도 시계열 데이터가 될 수 있습니다. 시간뿐만 아니라, 순서가 있는 축으로 표현되는 모든 데이터는 시계열 방법으로 분석할 수 있습니다. 주식 데이터나 기상 패턴과 같이 전통적으로 시계열로 여겨져온 데이터의 분석뿐만 아니라, '시간축' 외에 와인의 분광기와 같은 빈도축으로 표현되는 별난 데이터도 시계열 방법으로 분석할 수 있습니다. 시계열은 어디에나 존재합니다.

대상 독자

이 책의 독자는 크게 둘로 나눌 수 있습니다. 첫 번째는 시계열 데이터를 다뤄보지 않은 데이터 과학자입니다. 이들 대부분은 이미 숙련된 산업 종사자나 주니어 분석가일 것입니다. 경험이 풍부한 데이터 분석가라면 각 장 서두에서 설명하는 개념을 빠르게 훑고 지나가도 괜찮습니다. 시계열 데이터를 다루는 모범 사례와 숨은 위험 요소와 같은 내용은 매우 유익할 겁니다. 각 주제를 가능한 한 독립적으로 나눠 집필했지만, 신입 데이터 분석가라면 책 전체 내용을 읽어보기 권합니다.

두 번째는 대규모 데이터를 수집하는 기관에 소속된 관리자입니다. 이 책을 읽는 관리자는 어느 정도의 기술적인 배경지식을 갖춰야 하지만 코딩 능력을 당장 갖출 필요는 없습니다. 이 책을 통해 향후 기업 내 시계열 분석의 활용 가능성에 대해 알게 됩니다. 또한 소속 기관의 데이터로 해결할 수 있는 새로운 유형의 질문과 분석 방법을 배웁니다.

필수 배경지식

R과 파이썬에 어느 정도 익숙해야 합니다. 특히, 파이썬에서는 넘파이^{NumPy}, 팬더스^{Pandas}, 사이킷런^{scikit-learn}, R에서는 **data.table** 같은 패키지에 익숙해야 합니다. 예제 코드는 배경지식이 없어도 쉽게 읽을 수 있도록 작성했지만, 방금 나열한 패키지에 친숙하지 않다면 이 책을 시작하기 전에 짧게라도 해당 패키지를 훑어보는 게 좋습니다. 특히 R의 **data.table**은 시계열에서 환상적인 기능을 제공하는 고성능 데이터프레임이지만, 자주 사용되지 않아 친해질 시간이 필요합니다.

사용하는 모든 패키지와 예제 코드, 각 코드가 수행하는 일에 대한 간략한 개요와 설명을 함께 담았습니다. 가장 많이 사용되는 패키지에 대해서는 완전한 개요를 제시합니다.

통계학과 머신러닝과 관련해서는 다음 내용에 익숙해야 합니다.

- 통계학 입문: 분산^{variance}, 상관관계^{correlation}, 확률분포^{probability distribution}
- 머신러닝: 군집화^{clustering}, 의사결정 트리^{decision tree}
- 신경망: 신경망이 무엇이고 어떻게 학습하는가?

이 책에서는 이러한 개념들의 개요를 간단히 설명합니다. 통계학과 머신러닝 관련 경험이 없다면, 이 책을 계속 읽기 전에 좀 더 심도 있는 선행 학습을 하기 바랍니다. 장마다 필자가 추천하는 몇 가지 무료 온라인 자료 링크를 수록했으며 각 자료는 해당 주제와 필수 기법에 대한 간단한 튜토리얼을 제공합니다.

집필 의도

이 책을 집필한 이유는 세 가지입니다.

첫째, 시계열 데이터는 데이터 분석에서 중요한 부분을 차지하지만 표준적인 데이터 과학 도구에서는 시계열을 찾아보기가 어렵습니다. 가용한 시계열 데이터가 점점 더 늘어나고, 단편적인 데이터로 해결하기 어려운 문제에 시계열 데이터가 답을 줄 수 있다는 사실을 생각해보면 이는 매우 안타까운 일입니다. 시계열 분석의 기초가 부족한 분석가는 데이터를 최대한으로 활용하지 못합니다. 지금까지 채우지 못한 공허함이 있었다면 이 책으로 채울 수 있길 바랍니다.

둘째, 집필을 시작할 당시에는 현대 데이터 과학의 통합적인 시각으로 시계열 분석의 가장 중요한 측면을 다루는 자료가 없었습니다. 전통적인 방법인 통계적 시계열 분석에 대한 전형적인 교과서 형태의 훌륭한 자료는 많이 있습니다. 더불어 전통적인 통계적 방법, 머신러닝, 신경망으로 시계열을 다루는 훌륭한 개인 블로그 글도 많습니다. 하지만 이 모든 주제를 통합적으로 다루면서 동시에 각각의 상관관계를 설명하는 자료는 아직 본 적이 없습니다. 이 책의 목표는 시계열 데이터와 모델링의 파이프라인 전체를 현대적이면서도 매우 실용적인 관점에서 폭넓게 바라보고, 이에 대한 전체 개요를 제공하는 것입니다. 이 책은 데이터 과학 분야의 공백을 채우는 데 큰 도움이 될 것입니다.

마지막으로, 시계열은 별난 데이터에 관한 흥미로운 주제입니다. 시계열 입장에서 보면 데이터의 유출과 예측, 인과관계에 관한 문제가 특히 재밌습니다. 또한 시간축과 같은 것으로 정렬된 데이터에 특화되어 적용 가능한 기법도 흥미롭습니다. 이런 주제를 포괄적으로 조사하고, 각 주제를 분류하는 방법을 고민하다 보니 이 책을 집필하게 되었습니다.

책의 구성

이 책의 구성은 다음과 같습니다.

역사

1장은 고대 그리스부터 현대에 이르기까지 시계열 예측의 역사를 훑어봅니다. 역사를 통해 앞으로 배울 내용을 유추할 수 있고, 이 책에서 다룰 잘 알려진 전통 학문을 이해할 수 있게 됩니다.

데이터의 모든 것

2~5장은 시계열 데이터의 수집, 정리, 시뮬레이션, 저장과 관련된 문제를 다룹니다. 각 장은 시계열 분석을 실제로 수행하기 전에 필요한 고려 사항들로 서로 강하게 연관되어 있습니다. 이 주제는 현존하는 대부분의 자료에서는 거의 다루지 않지만, 실제로는 데이터 파이프라인에서 매우 중요한 내용입니다. 데이터의 식별과 정리는 시계열 분석가가 수행하는 일의 많은 부분을 차지합니다.

모델, 모델, 또 모델

6~10장은 시계열 분석에 사용되는 다양한 모델링 기법을 다룹니다. 6장과 7장에서는 ARIMA 및 베이즈 상태 공간 모델Bayesian state space model과 같은 표준적인 통계 모델을 다루는 것으로 시작합니다. 그다음 좀 더 최근에 개발된 방법인 머신러닝과 신경망을 시계열 데이터에 적용해봅니다. 여기서, 시계열 데이터로 의사결정 트리와 같이 시간을 고려하지 않는 모델을 학습하기 위한 데이터 처리 및 배치에 대해 다룹니다.

모델링 이후 고려 사항

11~12장은 시계열 모델링을 처음으로 한 다음 해야 하는 정확성에 대한 계량적 분석과 성능 상의 고려 사항에 대한 가이드를 제공합니다.

실세계 사용 사례

13~15장은 헬스케어, 금융, 정부 데이터의 연구 사례를 다룹니다.

최근 일어나는 일들에 대한 견해

16~17장은 시계열에 대한 최근의 발전과 앞으로의 예측을 다룹니다. 16장은 자동화된 다양한 시계열 패키지를 살펴봅니다. 여기서 다루는 패키지들은 오픈 소스 프로젝트, 학계, 거대 기술 회사 등이 개발한 것입니다. 이러한 도구는 자동화된 절차를 통해 큰 규모의 시계열 예측을 향 상시키기 위한 노력의 일환으로 활발히 개발됩니다. 17장은 시계열 분석의 미래를 예상해보는 내용으로, 계속해서 팽창해온 빅데이터 생태계가 시계열 분석에 어떤 도움을 주었는지 그동안 알게 된 사실을 기반으로 설명합니다.

데이터 분석을 위한 코드를 짜보기 전에 각 장을 먼저 읽어보기 권합니다. 장별로 소개하는 몇 가지 새로운 개념을 먼저 읽어봄으로써, 실제 코드 작성에 필요한 몇 가지 도움이 되는 유의 사항을 얻을 수 있습니다. 또한 특정 모델을 실행하는 코드 작성은 비교적 간단하므로, 개념을 정확히 이해하는 데 초점을 둬야 합니다. 개념을 이해하면 주요 패키지의 API에 관한 지식도 함께 쌓입니다.

각 장은 독립적으로 구성되어 있지만 1장부터 17장까지 순서대로 읽는 것이 좋습니다. 하지만 실무 경험이 많은 독자라면 원하는 부분만 읽어도 됩니다.

CONTENTS

CHAPTER 1 시계열의 개요와 역사

CHAPTER 2 시계열 데이터의 발견 및 다루기

CONTENTS

CHAPTER 4 시계열 데이터의 시뮬레이션

CHAPTER 5 시간 데이터 저장

CONTENTS

CONTENTS

CHAPTER 12 시계열 모델의 학습과 배포에 대한 성능 고려 사항

CHAPTER 13 헬스케어 애플리케이션

CONTENTS

CHAPTER 16 시계열 패키지

CHAPTER 17 시계열 예측의 미래 전망

시계열의 개요와 역사

시계열 데이터와 분석의 중요성이 나날이 커지고 있습니다. 사물 인터넷, 헬스케어의 전산화, 스마트 시티가 엄청난 양의 시계열 데이터를 만들어내기 때문입니다. 향후 몇 년간 시계열 데이터의 질과 양이 빠르게 성장하면서 그 중요성도 높아질 것입니다.

지속적인 모니터링과 데이터 수집이 점점 더 보편화되면 시계열 분석 시 통계학과 머신러닝 방법을 모두 능숙하게 다루는 능력의 필요성이 증가할 것입니다. 새롭게 등장하는 가장 유망한 모델들은 실제로 이 두 방법을 결합한 것입니다. 이 책에서는 각각의 방법을 상세히 다룹니다. 다양한 시계열 기법을 학습하고 사용할 때 사람의 행동, 과학 현상, 민간 부문의 데이터와 같은 풍부한 시계열 데이터를 활용할 것입니다.

정의부터 시작해봅시다. **시계열 분석**time series analysis은 시간 순서대로 정렬된 데이터에서 의미 있는 요약과 통계 정보를 추출하기 위한 노력입니다. 과거 행동을 진단할 뿐만 아니라 미래 행동을 예측하기 위해 시계열 분석을 수행합니다. 이 책은 약 100년 된 통계 모델에서부터 최근에 개발된 신경망 아키텍처까지 아우르는 다양한 접근 방식을 다룹니다.

어떠한 기법도 외부와 단절된 환경이나 순전히 이론적인 관심만으로 개발되지 않습니다. 시계열 분석의 혁신은 새로운 형태의 데이터를 수집, 기록, 시각화하는 방법에서 비롯된 결과물입니다. 이어지는 절에서는 시계열 분석을 응용한 다양한 분야에 대해 살펴봅니다.

1.1 다양한 응용 분야의 시계열 역사

시계열 분석은 '과거가 미래에 어떤 영향을 주는가?'와 같은 인과관계를 다루는 질문으로 요약됩니다. 때때로 이런 질문과 그에 대한 대답은 시계열 분석이라는 하나의 일반화된 학문으로 다뤄지기보다는 분야별로 특정한 상황 속에서 엄격하게 다뤄졌습니다. 그러다 보니 신기하게도 다양한 학문 분야가 시계열 데이터셋을 분석하는 방법에 영향을 끼쳤습니다.

이번 절에서는 다음 각 분야에서 다루는 시계열 데이터와 분석에 대한 역사적인 예를 살펴보겠습니다.

- 의학
- 기상학
- 경제학
- 천문학

곧 배우겠지만, 이들 학문의 발전 속도는 동시대에 활용 가능했던 시계열 데이터와 강한 연관성이 있습니다.

1.1.1 시계열 문제로서의 의학

데이터 주도data-driven 분야인 의학은 수 세기 동안 흥미로운 시계열 분석으로 인류 지식에 기여했습니다. 우선 의학에서 시계열 데이터를 얻을 수 있는 원천의 몇 가지 사례와 그 원천들이 시대에 따라 어떻게 등장해왔는지 살펴보겠습니다.

환자의 예후는 실전 의학에서 매우 중요하지만, 의학의 미래를 예측하는 수학적인 사고는 생각보다 늦게 사용되기 시작했습니다. 여기에는 여러 이유가 있습니다. 통계 및 확률로 세상을 바라보는 것은 최근에 나타난 현상이며, 이러한 학문들은 의료 기술이 발달했을 때도 수 세기 동안 사용할 수 없었습니다. 또한 의사 대부분은 고립된 환경에서 경험을 쌓아야 했습니다. 전문가와 간단한 소통도 할 수 없고, 환자나 인구집단건강을 위한 공식적인 기록을 유지하는 기반시설도 없었습니다. 초창기 의사들은 통계적 사고에 대해 훈련을 받았더라도, 합리적인 결과를 도출하기 위한 데이터를 가지고 있지 않았을 겁니다.

초창기 의사를 비난하는 것이 아닙니다. 인구집단건강을 위한 시계열의 초기 혁명이 의사가 아닌 모자 장수 덕분에 발생했다는 사실이 그리 놀라운 일이 아니라는 걸 설명하기 위한 것입니다. 몇 세기 전만 해도 도시의 모자 장수들의 기록 보관과 추세를 파악하는 기술은 의사보다 더 뛰어났습니다.

혁신을 이끈 사람은 17세기 런던의 바느질 도구 판매상이었던 존 그란트John Graunt입니다. 그는 1500년대 초반부터 런던 교외에 보관되어 있던 사망 기록에 대한 연구를 시작했고, 이 과정에서 인구통계학을 만들었습니다. 그리고 1662년에 『Natural and Political Observations Made upon the Bills of Mortality』라는 책을 출간했습니다(그림 1-1).

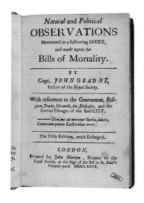

그림 1-1 의학 질문에 시계열식 사고를 적용한 첫 번째 결과물 중 하나인 존 그란트의 사망표[1]

이 책에서 제시하는 **생명표**life table는 특정 연령대에 있는 사람이 다음 생일 전에 사망할 확률을 의미합니다(생명표는 사망표actuarial table라고도 알려져 있습니다). 그란트는 최초로 생명표를 공식화하여 공표했을 뿐만 아니라, 처음으로 사람의 건강을 문서에 기록한 통계학자입니다. [표 1-1]은 라이스 대학교의 통계학 강의 노트에서 인용한 것으로, 그란트의 생명표와 유사한 형태를 띱니다(*https://perma.cc/HU6A-9W22*).

---

1 *https://perma.cc/2FHJ-67SB*

표 1-1 존 그란트의 생명표에 대한 예

연령대	기간 중 사망률	기간 시작 전 생존율
0~6	0.36	1.0
7~16	0.24	0.64
17~26	0.15	0.40
27~36	0.09	0.25

하지만 불행하게도 그란트의 사람 생존에 관한 수학적 사고는 받아들여지지 않았습니다. 국가, 인증 기관, 전문 협회, 과학 저널 그리고 훨씬 후에 정부가 의무적으로 시행하는 건강 기록 관리 데이터 중심으로 연결된 세계가 형성되기 시작했습니다. 하지만 의학은 여전히 통계학보다 생리학에 계속 집중했습니다.

그럴 만한 타당한 이유가 있습니다. 첫째, 수 세기 동안 생리학과 해부학에 관한 연구는 의학의 주된 진보를 이끌었습니다. 과학자뿐만 아니라 대부분 사람은 가능한 한 오랫동안 안정적으로 적용할 수 있는 연구를 신봉했습니다. 생리학에 집중하여 이끈 성공은 그 이상을 내다볼 필요성을 느끼지 못하게 했습니다. 둘째, 의사를 위한 보고 기반 체계가 미비해 많은 정보를 공유하고 이를 표로 만드는 것을 어렵게 했습니다. 결과적으로, 통계적 방법이 임상적인 관찰보다 우월하다는 정보량이 부족했던 것입니다.

시계열 분석이 주류 의학에 도입된 시기는 통계 및 데이터 분석이 다른 분야에 도입된 시기보다도 훨씬 늦습니다. 시계열 분석이 복잡한 기록 관리 시스템을 요구하기 때문입니다. 기록은 시간의 흐름에 따라 서로 연결된 형태여야 하고, 되도록 규칙적인 간격으로 수집되어야만 합니다. 이러한 이유로 정부와 과학 기반 시설이 긴 시간 동안 기록된 질 좋은 데이터를 보장하는 최근에 와서야 역학epidemiology 시계열을 적용하는 움직임이 점진적으로 나타나기 시작했습니다.

시계열 분석을 개인화한 헬스케어에 사용하는 것도 이와 유사하게 여전히 덜 성숙한 도전 분야로 남아 있습니다. 시간이 지나도 일관된 데이터셋을 만드는 것은 어렵기 때문입니다. 소규모 사례를 기초로 한 연구에서도 집단 개개인과 연락하고 지속적인 참여를 끌어내기란 매우 어렵고 비용이 많이 듭니다. 이러한 연구는 오랫동안 반복적으로, 심지어 과도하게 이루어진 뒤에야 비로소 그 분야의 표준 위치에 오르게 되는데, 이것은 재정 및 관리의 어려움에도 불구하고

그 데이터가 인명 같은 매우 중요한 문제를 다루기 때문입니다.[2]

의료 기구

환자에 대한 시계열 분석은 인구 차원의 건강 연구보다 훨씬 일찍 시작됐으며 성공적인 역사를 지닙니다. 의학에서 시계열 분석은 실용적인 **심전도**electrocardiogram(ECG)가 처음으로 발명된 1901년부터 가능했습니다. 심전도는 심장에 흘려보낸 전기신호를 기록해 심장의 상태를 진단하는 기술입니다(그림 1-2). 또 다른 시계열 기기는 1924년 의학계에 소개된 **뇌전도** electroencephalography(EEG)로, 비침습적으로 두뇌의 전기 임펄스를 측정합니다(그림 1-3). 이런 기기들은 의료종사자에게 시계열 분석을 의료 진단에 적용할 수 있는 기회를 더 제공했습니다.

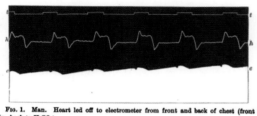

그림 1-2 1877년, 의학박사 오거스터스 D. 월러(Augustus D. Waller)가 발표한 논문 「A Demonstration on Man of Electromotive Changes Accompanying the Heart's Beat」에서 발췌한 초기의 ECG 기록[3]

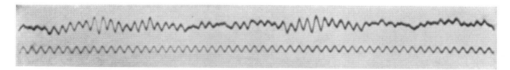

그림 1-3 1924년 처음으로 기록된 사람의 EEG(출처: *https://oreil.ly/P_M4U*)

이 두 시계열 기기는 2차 산업혁명이 창출한 기술로 생겨난 향상된 의학이라는 큰 흐름의 일부에 불과했습니다.

---

2 이러한 연구의 예로 'British Doctors Study'나 'Nurses' Health Study'가 있습니다.
   옮긴이_ 각각 위키백과에 자세한 설명이 있습니다.
   https://en.wikipedia.org/wiki/British_Doctors_Study
   https://en.wikipedia.org/wiki/Nurses'_Health_Study
3 가장 초기의 ECG는 구성과 사용이 쉽지 않아서 실용적인 도구로 의사가 활용하기까지 수십 년 이상의 세월이 걸렸습니다. 그의 논문은
   *https://perma.cc/ZGB8-3C95*에서 열람할 수 있습니다.

ECG와 EEG라는 시계열을 분류하는 기법은 갑작스러운 심장 문제나 발작을 측정하는 등 매우 실용적인 목적을 위해 활발히 연구되고 있습니다. 이런 측정은 풍부한 데이터의 원천이 되지만, 특정 질병을 가진 환자에게만 적용할 수 있다는 한 가지 '문제'가 있습니다. ECG나 EEG와 같은 장비들은 오랜 시간에 걸쳐 기록된 시계열 데이터를 생성하지 못합니다. 환자에게 질병이 나타나기 직전에 대한 측정이나 장기적인 측정이 이루어지는 경우는 드물기 때문에 이런 기기들로 사람의 건강과 행동을 넓은 시각으로 이해하는 것은 어렵습니다.

데이터 분석의 관점에서 볼 때, 다행히 ECG와 같은 장비가 의학 시계열에 지배적이던 시대를 벗어나고 있습니다. 웨어러블 센서^{wearable sensor}와 '스마트'한 전자 의학 기기의 출현은 건강한 많은 사람이 자동 또는 최소한의 입력만으로도 일상생활에서 자신의 건강 상태를 측정할 수 있게 해주었습니다. 환자뿐 아니라 건강한 사람의 장기적 변화가 담긴 고품질의 데이터를 계속 수집할 수 있게 된 것입니다. 이런 변화는 지난 세기 아픈 사람의 데이터만 측정할 수 있어서 접근성이 매우 제한됐던 의학 시계열 데이터와는 매우 대조됩니다.

최근 뉴스 보도에 따르면, 의학에 정통하지 않던 회사들도 의학 분야에 뛰어들고 있다고 합니다. 대형 소셜 미디어 회사, 금융기관, 대형 소매업체 등 매우 다양합니다.[4] 이들 모두 대규모의 데이터를 사용해서 헬스케어를 간소화하려는 계획을 세우고 있는 것으로 보입니다. 헬스케어 분야에는 회사만 새롭게 유입된 것이 아니라, 새로운 기술도 등장했습니다. 개인의 DNA에 맞춰진 의약품의 등장은 점점 더 많은 시계열 데이터가 측정되고, 그 가치가 상승한다는 것을 의미합니다. 헬스케어 및 시계열 분석 모두, 급증하는 현대의 헬스케어 데이터셋과 헬스케어 부문의 수익성 좋은 데이터셋 덕분에 향후 진전을 이룰 가능성이 높습니다. 시계열은 어떤 형태로든 인류에게 이득을 주고 발전하고 있습니다.

1.1.2 일기예보

많은 사람이 오랫동안 일기예보에 집착한 이유가 있습니다. 고대 그리스 철학자 아리스토텔레스의 관련 논문(『Meteorology』)의 내용은 온통 기상에 대한 탐구입니다. 기상에 대한 원인과 연속적인 사건에 대한 그의 생각은 르네상스 시대까지 지배합니다. 당시 과학자들은 기상 데이터 수집에 새롭게 발명된 도구를 사용하기 시작했습니다. 예를 들어 대기 상태를 측정하는 기

---

4 https://perma.cc/S789-EQGW 및 https://perma.cc/65GF-M2SJ 참고.

압계 같은 것으로 매일 또는 매시간 시계열을 기록했습니다. 이렇게 기록된 내용은 일기장, 지방 관측소의 노트 등을 포함해 다양한 수단으로 보관되었고, 수 세기 동안 서구 문명권에서 날씨를 추적하기 위한 유일한 방법이었습니다.

1850년대가 되어서 기상 기록을 위한 기반 시설이 갖춰졌습니다. 정확히는 로버트 피츠로이Robert FitzRoy가 선원들을 위해 기상 관련 자료를 기록하고 공표할 새로운 영국 정부의 기상 국장으로 임명된 시기입니다. 피츠로이는 **일기예보**weather forecast라는 단어를 최초로 만든 사람입니다.[5] 그 당시에는 피츠로이가 내놓은 예보가 비판을 받았지만, 지금은 당시의 과학 수준을 훨씬 뛰어넘고 시대를 앞섰다는 평가를 받고 있습니다. 그는 일기예보를 신문에 인쇄하는 방식을 정립하기도 했고, 첫 번째로 인쇄된 일기예보는 런던의 『타임스』에 실렸습니다. 피츠로이는 현재 '예보의 아버지'로 유명합니다.

여러 대기 측정법이 활용된 지 수백 년이 지난 19세기 후반, 전신telegraph은 여러 지역 대기 상태를 시계열로 빠르게 모으는 수단으로 사용되기 시작했습니다. 이런 방법은 1870년대에 전 세계의 많은 곳에 표준으로 자리 잡게 되었고, 지리적으로 다른 위치의 날씨를 기반으로 현지 날씨를 예측하는 데 처음으로 의미 있는 데이터셋을 생성했습니다.

이렇게 구축된 데이터셋의 도움으로 20세기에 들어와서 일기예보를 위한 컴퓨터 시스템이 활발히 구축될 수 있었습니다. 기상을 계산하려는 초기 시도는 엄청난 노력을 기울였지만 결과가 처참했습니다. 물리학자와 화학자는 명확히 증명된 자연현상의 개념을 가지고 있었지만, 모든 자연현상을 한 번에 고려하기엔 경우의 수가 너무 많았습니다. 이를 해결하기 위해 만든 방정식은 누군가가 그 계산을 처음으로 시도해봤다는 사실만으로도 과학적인 진보라고 평가될 정도로 매우 복잡했습니다.

계산의 정확성과 효율성을 높이기 위해 간단한 물리 방정식을 만들기 위한 연구는 수십 년간 계속되었습니다. 물리적 원리와 경험적으로 입증된 방법을 혼합하여 계산 방법을 알아낼 수 있었고, 이러한 방법이 현대 기상 예측 모델에도 적용되고 있습니다.

오늘날의 여러 정부는 전 세계의 수백, 심지어 수천 개에 이르는 기상관측소에서 기상을 매우 정밀하게 측정합니다. 또한 기상관측소의 위치 및 측정에 사용된 장비 등의 정밀한 정보를 바탕으로 예측합니다. 이와 같은 노력의 근원은 1870년대에 조직화된 데이터셋뿐만 아니라 심지

---

5 세계 여행을 하던 당시 비글호의 선장이던 피츠로이는 지질학에 대해 전문적으로 충고해줄 사람이 필요했고, 이에 찰스 다윈이 동행하게 되었습니다. 이 항해는 다윈이 자연선택에 의한 진화론을 증명하는 데 매우 중요한 역할을 합니다.

어 현지 기상을 매일 기록한 르네상스 시대의 관행까지를 포함합니다.

안타깝게도 일기예보는 과학을 위기에 빠트린 한 사례이기도 합니다. 그러한 위기는 시계열 예측까지도 포함합니다. 시계열에 관련된 세계 온도에 대한 논쟁이나 허리케인의 이동 경로 예측과 같은 일상적인 시계열 예측조차 정치적으로 악용되기도 했습니다.[6]

1.1.3 경제성장 예측

시장 생산과 효율성에 대한 지표는 시계열 분석에서 연구할 흥미로운 데이터를 오랫동안 제공했습니다. 과거를 기반으로 미래 경제를 예측하는 것은 흥미로우면서도 시급한 문제였습니다. 이러한 예측은 많은 이익을 얻는 데 유용할 뿐만 아니라 번영을 촉진하고 사회적 재앙을 방지하는 데 도움이 됩니다. 이번에는 경제 예측의 역사에서 발생한 중요한 발전을 살펴보겠습니다.

19세기 말과 20세기 초의 미국과 유럽에서 발생한 일시적 금융 위기는 불안감을 초래했습니다. 이런 불안감으로부터 경제 예측이 생겼습니다. 그 당시 기업가와 연구자들은 경제를 기상 변화와 같은 순환 시스템에 비유할 수 있다는 생각에서 영감을 얻었습니다. 올바르게 측정한다면 경제 예측은 가능한 것이고 경제 추락의 상황을 피할 수 있다고 생각한 것입니다.

심지어 초기 경제 예측은 일기예보와 사용하는 용어도 유사했습니다. 의도한 것은 아니었지만 우연하게도 참 적절했습니다. 20세기 초, 실제로 경제 예측과 일기예보는 꽤 형편없다는 점에서 비슷했습니다. 하지만 경제학자들의 열망은 최소한의 진전이 가능한 환경을 만들어냈습니다. 그 결과 경제 데이터를 추적하기 위한 다양한 공공 및 민간 기관이 설립됐습니다. 이러한 경제 예측에 대한 초기 노력은 오늘날에도 여전히 사용하는 경제 지표를 만들었습니다. 해당 경제 지표에 대한 기록은 표로 작성되어 공개되므로 모두 이용 가능합니다. 이 책에서도 그 기록의 일부를 사용할 예정입니다.

오늘날 미국을 포함한 대부분 국가에는 수천 명의 정부 연구원과 기록 관리자가 있습니다. 이들의 주된 역할은 데이터를 가능한 한 정확히 기록하고 대중에게 공개하는 것입니다(그림 1-4). 이와 같은 관행은 경제성장, 경제 재앙, 호황과 불황 주기 등 괴로운 상황을 방지하는 데 매우 유용합니다. 또한 운송업체, 제조업체, 소규모 사업자, 심지어 농부들에게 미래의 시장

---

6 옮긴이_ 일례로 도널드 트럼프가 허리케인 도리안에 대한 잘못된 예측 경로를 트위터에 올린 적이 있습니다(*https://wapo.st/3bmu9mZ*).

상황을 예측할 수 있는 기회를 제공하여 비즈니스가 풍부한 데이터로부터 이점을 누릴 수 있도록 해줍니다. 이 모든 것은 경제 시계열 분석의 초기 형태인 순환 금융 실패의 원인으로 여겨지는 '경기순환business cycles'을 식별하려는 시도에서 비롯됐습니다.

BUSINESS CYCLE REFERENCE DATES		DURATION IN MONTHS			
Peak	Trough	Contraction	Expansion	Cycle	
Quarterly dates are in parentheses		Peak to Trough	Previous trough to this peak	Trough from Previous Trough	Peak from Previous Peak
	December 1854 (IV)	--	--	--	--
June 1857(II)	December 1858 (IV)	18	30	48	--
October 1860(III)	June 1861 (III)	8	22	30	40
April 1865(I)	December 1867 (I)	32	46	78	54
June 1869(II)	December 1870 (IV)	18	18	36	50
October 1873(III)	March 1879 (I)	65	34	99	52
March 1882(I)	May 1885 (II)	38	36	74	101
March 1887(II)	April 1888 (I)	13	22	35	60
July 1890(III)	May 1891 (II)	10	27	37	40
January 1893(I)	June 1894 (II)	17	20	37	30
December 1895(IV)	June 1897 (II)	18	18	36	35
June 1899(III)	December 1900 (IV)	18	24	42	42
September 1902(IV)	August 1904 (III)	23	21	44	39

그림 1-4 미국 연방 정부는 필수적인 통계와 공식화된 경제 지표를 기록하는 여러 정부 관계 기관과 비영리 단체를 후원합니다(https://www.nber.org/cycles/cyclesmain.html).

정부가 수집한 경제 데이터 중에서 가장 뉴스거리가 되는 데이터는 인구 전체의 전반적인 경제 복지를 나타내는 데이터입니다. 이런 중요한 정보의 한 예로는 실업 급여를 요구하는 사람의 수에 대한 것입니다. 또 다른 예로는 특정 연도에 대한 정부의 국내 총생산gross domestic product(GDP)과 소득 신고에 대한 추산이 있습니다.

이러한 경제 예측에 대한 열망에 힘입어 정부는 데이터 큐레이터이면서 동시에 세금 징수원tax collector이 되었습니다. 이렇게 수집된 데이터는 현대의 경제, 금융 산업, 데이터 과학이 꽃피울 수 있게 해줬습니다. 경제 문제로 생긴 시계열 분석 덕분에 과거에 정부가 시도했던 어떤 경우보다 현재의 은행권 및 금융 위기를 지혜롭게 극복할 수 있게 되었습니다. 더불어 수백 권에 이르는 시계열 관련 서적이 주로 재무 지표를 이해하기 위한 경제학 교과서 형태로 쓰여졌습니다.

주식시장

잠시 과거로 돌아가봅시다. 데이터 수집에 대한 정부의 노력이 큰 성공을 거두자, 민간 기관은 정부가 기록한 데이터의 사본을 만들기 시작했습니다. 상품과 증권 거래소는 시간이 지남에 따라 점점 더 전문적으로 변했고, 금융 연감^{financial yearbook}도 대중화되었습니다. 이러한 변화는 증권 시장 참가자의 수준이 높아지고, 신기술로 가격에 대한 새로운 경쟁과 사고방식 및 자동화가 가능해진 덕분에 일어날 수 있었습니다.

이러한 모든 기록 관리는 직관보다 수학을 통해 시장에서 이윤 창출을 추구하는 방식을 일으켰습니다. 최근에 와서는 머신러닝이 주도하고 있습니다. 이 방식의 초기 개척자는 수학적인 작업을 손으로 수행했지만, 현재의 '금융시장 분석가'는 매우 복잡하고 자체적인 시계열 분석 방법을 사용합니다.

리처드 데니스^{Richard Dennis}는 **기계적 트레이딩**^{mechanical trading}, 또는 알고리즘을 통한 시계열 예측의 선구자 중 한 명입니다. 자수성가형 백만장자 데니스는 터틀^{turtle}이라고 불리는 평범한 사람들에게 거래 시기와 방법 등 자신의 경험을 통해 얻은 귀중한 정보를 가르쳐줌으로써 가르침받은 사람들을 성공적인 투자자로 만든 인물로 유명합니다. 이러한 법칙은 1970년대와 1980년대를 걸쳐 발전되었고, 1980년에 일어난 '인공지능'에 대한 생각에도 영향을 주었습니다. 당시 현실 세계에서 작동하는 지능적인 기계를 만드는 방법에는 경험적인 방법을 사용하는 패러다임이 여전히 지배적이었습니다.

그 이후, 많은 '기계적인' 증권 거래자가 이러한 규칙을 수용했고, 결과적으로 혼잡해진 자동화된 시장의 수익성은 낮아졌습니다. 기계적인 증권 거래자들의 수는 계속 늘어나고, 이들이 축적한 부 또한 계속 증가하므로 이들 사이에서 발생한 치열한 경쟁은 차선책을 찾는 노력으로 이어졌습니다.

1.1.4 천문학

천문학은 항상 물체, 궤도, 측량 그래프를 그리는 데 크게 의존했습니다. 이러한 이유로 천문학자들은 관심 대상을 연구하고 측정 기구를 보정하는 시계열의 달인이라고 볼 수 있습니다. 시계열 데이터의 오래된 역사의 한 예로 기원전 800년경 고대 중국에 기록된 흑점에 대한 시계열 데이터를 고려해보면 이 데이터가 자연현상에 대한 기록 중 가장 잘 기록된 사례라는 것을 알 수 있습니다.

지난 100년간 천문학에서 가장 흥미로웠던 주제들은 시계열과 관련이 깊습니다. 예를 들어 은하 거리를 추정하는 데 사용할 수 있는 다양한 별의 발견이나 시간이 지남에 따라 우주가 변화하는 방식을 이해할 수 있도록 도와주는 초신성과 같이 일시적으로 발생하는 사건의 관측이 있습니다. 파장과 강도로 구성된 시계열 데이터를 실시간으로 스트리밍 형태로 관찰한 결과입니다. 시계열은 우주에 대해 무엇을 측정하고 알 수 있는지에 대해 근본적인 영향을 미쳤습니다.

더불어 천문학적인 이미지에 대한 관찰은 천문학자가 특정 사건이 발생하는 순간을 포착하는 것조차 가능하게 해줍니다(*https://perma.cc/2TNK-2TFW*). 이러한 수단이 없었다면 수백만 년이 걸렸을지도 모릅니다.

지난 수십 년 동안, 공식적인 시계열 형태로 명확한 타임스탬프가 기록된 데이터에 대한 가용성은 천문학에서 폭발적으로 증가했습니다. 이러한 가용성에 대한 증가는 천체의 모든 데이터를 수집 가능하게 해주는 새로운 종류의 다양한 망원경이 있어서 가능했습니다. 일부 천문학자는 시계열을 '데이터 홍수'라고 부르기도 했습니다.

1.2 시계열 분석의 도약

대중적인 시계열 모델의 개발을 도운 조지 박스^{George Edward Pelham Box}는 선구적인 통계학자이자 실용주의자였습니다. "현실을 정확히 반영하는 모델은 존재하지 않지만, 일부 모델은 유용하다"라는 유명한 말을 남긴 사람입니다.

박스는 적절한 시계열의 모델을 만드는 것이 데이터에 적합한 모델을 찾는 일반적인 사고방식이라고 언급했습니다. 실제 세상을 묘사할 수 있는 모델을 만든다는 것은 그의 설명대로 가능성이 매우 희박한 일입니다. 박스가 1978년에 발표한 이 선언은 시계열 분석의 역사적 시각에서 보면 이상하리만치 늦게 일어난 일이었지만, 이러한 직관적인 이해에 대한 훈련은 사실 놀랍게도 미성숙했습니다.

예를 들어 1970년에 등장한 박스-젠킨스 방법^{Box-Jenkins method}은 시계열 분석에 근본적인 기여를 했으며 박스를 유명하게 만든 업적 중 하나로 꼽힙니다.[7] 흥미롭게도 이 방법이 처음으로

---

7 박스-젠킨스 방법은 ARMA 또는 ARIMA 모델 및 시계열을 모델링하는 데 최적 파라미터를 고르기 위한 고전적인 기법입니다. 6장에서 더 자세한 내용을 다룹니다.

소개된 것은 학술지가 아닌, 『Time Series Analysis: Forecasting and Control』(Wiley, 2008)라는 통계학 교과서입니다. 이 교과서는 여전히 인기 있으며, 현재 5판(집필 시점 기준)까지 나왔습니다.

본래 박스–젠킨스 모델은 가스로에서 방출된 이산화탄소 농도의 데이터셋에 적용된 것입니다. 가스로에는 특이한 점이 없었지만, 이 방법을 입증하는 데 사용되었던 300개 정도의 데이터셋은 의미 있는 결과를 내는 데 불충분했습니다. 더 큰 가용 데이터셋이 1970년에도 분명히 존재했지만, 많은 양의 데이터로 작업하는 것은 그 당시엔 매우 어려운 일이었습니다. R, 파이썬, C++과 같은 편리한 도구가 세상에 나오기 전이기 때문입니다. 연구자들에게는 적은 양의 데이터와 계산 자원의 최소화에 집중해야 하는 타당한 이유가 있었던 것입니다.

컴퓨터와 함께 개발된 시계열 분석과 예측은 더 큰 데이터셋과 더 쉬운 코딩 도구로 더 많은 실험과 흥미로운 질문에 대답할 수 있는 길을 열었습니다. 롭 하인드먼Rob Hyndman 교수가 작성한 「A brief history of forecasting competitions」(https://perma.cc/32LJ-RFJW)은 시계열을 사용한 예측 대회가 어떻게 컴퓨터와 비슷한 속도로 발전해왔는지에 대한 적절한 예를 보여줍니다.

하인드먼 교수는 박스–젠킨스 방법이 발표되기 1년 전인 1969년에 노팅엄 대학교 박사 학위 논문으로 '시계열 예측 정확도에 대한 최초의 주요한 연구'를 발표했습니다. 이러한 노력은 여러 시계열 예측 대회 개최로 이어졌고, 1970년대 초기에는 대략 데이터 100개로 구성된 대회가 열리기도 했습니다.[8] 꼭 필요하다면 수작업으로도 해볼 만한 정도로 괜찮은 시도였습니다.

1970년대 말 즈음엔, 연구자들은 약 1,000개의 데이터로 구성된 대회를 개최했습니다. 놀라울 정도의 큰 규모로 확장됐습니다. 동시대 최초의 상용 마이크로프로세서, 플로피 디스크의 개발, 애플 등이 개발한 초기의 개인용 컴퓨터, 컴퓨터 언어인 파스칼의 등장과 같은 중요한 사건들이 우연히 함께 일어났습니다. 이러한 혁신 중 일부가 도움을 주었을 가능성이 꽤 높습니다. 이어서, 1990년 말의 시계열 예측 대회는 약 3,000개의 데이터까지 제공했습니다. 이러한 데이터는 수집과 관리를 위한 엄청난 양의 작업이 반영된 결과지만, 현재의 가용 데이터양과 비교하면 한참 부족합니다. 현재 시계열 데이터는 곳곳에 있고, 빠른 시일 안에 모든 것이 시계열화될 것입니다.

---

8 데이터는 서로 다른 길이의 다양한 시계열로 구성된 여러 분야에 대하여 100개로 구분된 것이었습니다.

가파르게 성장한 데이터셋의 양과 질은 지난 수십 년간 엄청나게 발전한 컴퓨터의 계산능력에 기인합니다. 지난 세월 동안, 하드웨어 기술자는 계산 능력의 기하급수적인 증가를 예측한 무어의 법칙Moore's law의 추세가 계속 이어질 수 있도록 노력했습니다. 하드웨어는 더 작아지고, 강력해지고, 효율적으로 발전했을 뿐만 아니라 여러 하드웨어를 더 손쉽게 조립하는 것도 가능해졌습니다. 센서가 부착된 휴대용 컴퓨터부터 현대의 인터넷을 가동하는 거대한 데이터 센터까지 이러한 발전으로 모든 것을 만들어내는 것이 가능해졌습니다. 가장 최근에는 착용 가능한 컴퓨터, 머신러닝 기법, GPU 등이 연구 데이터의 양과 품질을 혁신시켰습니다.[9]

시계열 데이터는 여러 측면에서 높은 계산 능력을 요구합니다. 따라서 컴퓨터의 계산 능력 증가는 분명히 시계열에 이로움을 가져다줄 것입니다. 늘어난 계산 자원 및 데이터와 함께 시계열 분석은 계속 빠르게 발전할 것입니다.

1.3 통계적 시계열 분석의 기원

통계학은 매우 미성숙한 과학입니다. 통계학, 데이터 분석, 시계열의 진전은 항상 데이터를 언제, 어디서, 어떻게 사용하는지와 데이터의 질적인 측면에 의존적이었습니다. 하나의 학문으로 등장한 시계열 분석은 확률 이론의 진전뿐만 아니라 국가 차원에서 기록이라는 흥미로운 목표를 실현 가능하게끔 해준 국가의 안정적인 상태와도 관련이 있습니다. 앞서 다양한 학문 관점에서 살펴봤듯이, 지금부터는 시계열 자체를 하나의 학문으로 고려할 것입니다.

시계열 분석이 학문으로 시작할 수 있었던 기준은 자기회귀 모델을 실제 데이터에 적용했기 때문입니다. 이는 1920년까지는 불가능했던 일입니다. 케임브리지 대학교의 통계학 강사로 전향한 실험물리학자인 우드니 율Udny Yule은 흑점 데이터에 자기회귀 모델을 적용했고, 진동 주파수에 맞게 설계된 방법과는 대조적으로 데이터를 바라보는 참신한 방법을 제시했습니다. 그는 자기회귀 모델이 주기성을 가정하지 않은 모델이라는 점을 강조했습니다.

> 주기가 두 번 이상 발생한 모든 물리적 현상의 데이터에 주기 그래프 분석periodogram analysis을 적용할 때 그 주기가 임의의 파동fluctuation과 겹치고 가려져 있을 것이라는 초기 가설을 세우는 것부터 시작

---

9   사람들이 가지고 다니는 다양한 기기는 식료품 구매, 기업 포털 사이트 접속, 인터넷 검색, 건강 지표 확인, 통화, GPS를 이용한 길찾기 등을 할 때마다 시간을 함께 기록합니다. 따라서 평범한 많은 사람이 매년 수천 개의 시계열 데이터를 생산합니다.

하는 경향이 있습니다. 하지만 이렇게 겹친 파동은 밑바탕이 되는 주기함수의 성향을 바꾸지는 않습니다. 그 가설을 선험적으로 가장 그럴듯한 것으로 볼 이유는 없습니다.

전통적인 모델이 이미 결과를 가정한다는 율의 생각은 사실상 일부 역사적인 영향에서 발전했을 것입니다. 독일은 양자역학의 급성장 이론의 진원지였고, 율은 독일에서 해외 근무를 한 경험 있는 물리학자였습니다. 최근의 발전이 양자역학의 확률적인 본질을 강조한다는 사실을 분명히 알고 있었을 것입니다. 양자역학이 발견되기 전 고전 물리학자들은 많은 것을 가정한 상태에서 누군가의 생각을 모델로 압축했습니다. 그는 이러한 방식의 위험성도 인지하고 있었을 것입니다.

세상은 특히 제2차 세계대전 이후, 보다 체계를 갖추고 기록되었으며 예측이 가능해졌습니다. 이때 비즈니스 분야에서 실전 시계열 분석의 초기 문제들을 제기했습니다. 비즈니스 지향적인 시계열 문제는 중요했고, 시계열의 기원과는 다르게 너무 이론적이지도 않았습니다. 이는 수요 예측, 원자재의 미래 가격 추정, 제조 비용 손실에 대한 대비책과 같은 것을 포함합니다. 이러한 산업의 이용 사례에 있어서 잘 동작하는 기술은 받아들여졌고, 그렇지 않은 기술은 도태되었습니다. 지금도 그렇지만, 그 당시 산업 종사자들은 학계보다 더 큰 데이터셋에 접근이 가능했습니다. 이러한 사실이 산업계에서의 시계열 발전에 이바지했고, 이론적으로 충분히 검증되지 않은 실용적인 기술이 충분한 이해 없이도 널리 사용된 것입니다.

1.4 머신러닝 시계열 분석의 기원

시계열 분석에 적용된 초창기 머신러닝을 살펴보려면 수십 년 전으로 거슬러 올라가야 합니다. 빈번히 인용되는 1969년의 논문 「The Combination of Forecasts」은 예측 성능을 향상하기 위한 방법으로 '최고의 하나'를 고르는 것보다 여러 예측의 결합에 대한 생각을 분석했습니다. 전통적인 통계학자 관점에서 보면 처음에는 거부감이 들 수 있지만 앙상블이란 방법은 여러 예측 문제에서 사실상 기준점이 되었습니다. 앙상블 방법은 가능한 모든 모델보다 월등히 뛰어난 모델이나 완벽한 방안을 거부한다는 특징을 가집니다.

좀 더 최근인 1980년대 초에는 시계열 분석 및 머신러닝을 다음과 같은 다양한 시나리오에서 사용하기 시작했습니다.

- 컴퓨터 보안 전문가는 해커 및 침입을 식별하기 위한 방법으로 이상 탐지^{anomaly detection} 방법을 제안했습니다.

- 동적시간왜곡^{dynamic time warping}은 시계열의 유사성 '측정'에 사용되는 지배적인 방식 중 하나로, 서로 다른 소리 간의 '거리'를 합리적으로 빨리 계산할 수 있는 연산력 덕분에 쓰이게 되었습니다.

- 재귀적 신경망이 발명되었고 손상된 데이터로부터 패턴을 추출하는 데 유용했습니다.

아직까지 시계열 분석과 예측은 황금기를 맞이하지 못했습니다. 아직 전통적인 통계 방법, 트리 앙상블이나 선형 모델과 같은 비교적 간단한 머신러닝 기법이 시계열 분석을 지배합니다. 미래를 예측할 위대한 도약을 여전히 기다리고 있습니다.

1.5 보충 자료

시계열 분석과 예측의 역사

- Kenneth F. Wallis, "Revisiting Francis Galton's Forecasting Competition," Statistical Science 29, no. 3 (2014): 420 – 24, *https://perma.cc/FJ6V-8HUY*.

  ▷ 마을 장날, 산 채로 도살된 소의 무게를 예측하는 매우 초기의 논문으로써, 역사적 가치가 있는 통계학 관련 논의가 담겨 있습니다.

- G. Udny Yule, "On a Method of Investigating Periodicities in Disturbed Series, with Special Reference to Wolfer's Sunspot Numbers," Philosophical Transactions of the Royal Society of London. Series A, Containing Papers of a Mathematical or Physical Character 226 (1927): 267 – 98, *https://perma.cc/D6SL-7UZS*. Philosophical Transactions of the Royal Society of London. Series A, Containing Papers of a Mathematical or Physical Character 226 (1927): 267 – 98, *https://perma.cc/D6SL-7UZS*.

  ▷ 처음으로 실제 데이터에 자기회귀누적이동평균^{autoregressive integrated moving average}(ARIMA)을 적용한 사례인 선구적인 논문으로써, 주기적인 현상의 추정 분석법에서 주기성의 가

정을 제거하는 방법을 설명합니다.

- J. M. Bates and C. W. J. Granger, "The Combination of Forecasts," Organizational Research Quarterly 20, No. 4 (1969): 451–68, *https://perma.cc/9AEE-QZ2J*.

  ▷ 시계열 분석을 위한 앙상블 기법의 사용에 대한 선구적인 논문입니다. 모델들의 평균을 구하는 것이 완벽한 모델을 찾는 것보다 더 낫다는 것에 대한 내용으로 많은 전통적인 통계학자에게 신선하면서도 논란이 많았던 방법입니다.

- Jan De Gooijer and Rob Hyndman, "25 Years of Time Series Forecasting," International Journal of Forecasting 22, no. 3 (2006): 443–73, *https://perma.cc/ 84RG-58BU*.

  ▷ 20세기 시계열 예측 연구를 통계적으로 요약한 것입니다.

- Rob Hyndman, "A Brief History of Time Series Forecasting Competitions," Hyndsight blog, April 11, 2018, *https://perma.cc/32LJ-RFJW*.

  ▷ 짧으면서도 구체적인 숫자, 장소, 시계열 예측 대회의 유명한 저자들의 구체적인 내용으로 지난 50년의 역사를 다룹니다.

특정 도메인의 시계열 역사와 논의

- NASA, "Weather Forecasting Through the Ages," Nasa.gov, February 22, 2002, *https://perma.cc/8GK5-JAVT*.

  ▷ NASA가 제공하는 일기예보에 대한 역사로 20세기의 도전적인 동시에 성공적인 특정 연구에 주안점을 두고 있습니다.

- Richard C. Cornes, "Early Meteorological Data from London and Paris: Extending the North Atlantic Oscillation Series," PhD diss., School of Environmental Sciences, University of East Anglia, Norwich, UK, May 2010, *https://perma.cc/NJ33-WVXH*.

  ▷ 이 박사 학위논문은 유럽의 가장 중요한 두 도시의 광범위한 지역과 자연에 대한 역사적인 기상 정보를 시계열 형태로 나열하면서 설명합니다.

- Dan Mayer, "A Brief History of Medicine and Statistics," in Essential Evidence- Based Medicine (Cambridge, UK: Cambridge University Press, 2004), *https://perma.cc/WKU3-9SUX*.

  ▷ 의학과 통계학의 관계가 의사에게 가용한 데이터와 통계적인 훈련을 제공해준 사회적, 정치적인 요소와 얼마나 의존적인지를 강조합니다.

- Simon Vaughan, "Random Time Series in Astronomy," Philosophical Transactions of the Royal Society A: Mathematical, Physical and Engineering Sciences 371, no. 1984 (2013): 1 - 28, *https://perma.cc/J3VS-6JYB*.

  ▷ 이 논문은 여러 방면에서 시계열 분석과 천문학 사이의 관련성을 정리했고, 천문학자들이 시계열 원칙의 재발견과 통계학자와의 매우 유망한 협업의 기회를 놓치는 것에 대한 위험성을 경고했습니다.

## CHAPTER 2

시계열 데이터의 발견 및 다루기

이번 장에서는 시계열 데이터의 전처리 과정에서 발생할 수 있는 문제를 다룹니다. 일부 문제는 경험이 풍부한 데이터 분석가들에게는 익숙하지만 타임스탬프에 의해 제기되는 특정 어려움이 있습니다. 모든 데이터 분석 작업과 마찬가지로, 타임스탬프를 다루는 과정에서 가장 중요한 단계는 데이터를 정리하고 제대로 처리하는 것입니다. 화려한 기법으로는 엉망인 데이터를 바로잡을 수 없습니다.

데이터 분석가는 시계열 분석을 배우거나 조직에서 의미 있는 일을 하기 위해 데이터를 찾고, 조정하고, 정리해서 매끈하게 만들어야 합니다. 데이터 준비 과정에는 다양한 작업이 필요합니다. 흩어진 열^{column}을 합치거나, 불규칙적이거나 유실된 데이터를 리샘플링^{resampling}하거나, 서로 다른 시간축으로 시계열을 정렬하는 등과 같은 작업이 있습니다. 이 장은 이미 준비된 흥미로운 시계열 데이터셋을 제공하여 그 과정을 따라가는 데 도움이 될 것입니다.

시계열 데이터를 찾고 정리하는 데 유용한 다음과 같은 기술을 다룹니다.

- 온라인 저장소^{online repository}에서 시계열 데이터를 찾는 방법
- 시계열을 고려하지 않고 수집된 데이터에서 시계열 데이터를 발견하고 준비하는 방법
- 시계열 데이터를 다룰 때 나타나는 일반적인 난제, 특히 타임스탬프가 초래하는 어려움을 다루는 방법

이번 장을 읽고 나면 어떤 시계열 데이터가 흥미로운지, 필요한 기술은 무엇인지 알게 됩니다.

2.1 시계열 데이터는 어디서 찾는가

시계열 데이터가 있는 장소와 데이터 정리 방법이 궁금한 독자를 위해 이 장에서는 다양한 자료를 제공합니다. 그중 어느 자료가 가장 적합한지는 다음 두 가지 목적에 따라 달라집니다.

- 학습과 실험 목적에 맞는 데이터셋 찾기
- 시간 지향적인 형태가 아닌 데이터에서 시계열 데이터 생성하기

첫 번째 목적의 경우, 이미 알려진 기준으로 독자 여러분의 분석이 옳은 것인지 판단할 수 있는 데이터셋을 찾아야 합니다. 일반적으로 캐글과 같은 대회용 데이터셋contest dataset이나 저장소 데이터셋repository dataset이 목적에 맞습니다. 데이터셋이 사전작업의 일부 결과물일 수도 있지만, 보통은 해당 데이터셋이 제시하는 기준을 충족하기 위해 데이터를 특별히 정리하는 작업인 경우가 많습니다.

두 번째 목적의 경우, 여러분이 원하는 시계열 데이터를 만들려면 타임스탬프가 찍힌 데이터를 식별하고, 이를 시계열로 변환하고, 다듬고, 또 다른 타임스탬프가 찍힌 데이터와 결합하여 흥미로운 시계열 데이터를 만들기 위한 효과적인 방법을 고민해봐야 합니다. 이렇게 야생에서 발견된 데이터셋을 **발견된 시계열**found time series이라고 부르겠습니다(이는 필자가 만든 용어로, 전문용어는 아닙니다).

이어지는 절에서 미리 준비된 데이터셋과 발견된 시계열 두 가지 종류를 살펴보겠습니다.

2.1.1 미리 준비된 데이터셋

분석 및 모델링 기법을 학습하는 최고의 방법은 다양한 데이터셋에 기법을 직접 적용해보고, 각 기법이 구체적인 목표에 도달하는 데 어떤 도움을 주는지 알아보는 것입니다. 이때 미리 준비된 데이터셋을 선택하는 것이 도움이 됩니다.

어디에나 시계열 데이터가 존재하지만 필요한 순간에 원하는 데이터를 찾는 것은 항상 어려운 일입니다. 이런 상황에 자주 처한다면, 일반적으로 활용되는 일부 시계열 데이터 저장소와 친해져야 합니다. 이에 대해 고려해볼 만한 선택지 몇 가지를 소개합니다.

UCI 머신러닝 저장소

UCI 머신러닝 저장소^{UCI Machine Learning Repository}는 약 80개의 시계열 데이터셋을 보유합니다(그림 2-1). 이탈리아의 한 도시에서 측정한 시간당 공기질의 표본에서 아마존 파일 접근 로그 기록, 당뇨병 환자의 활동, 섭취 음식, 혈당 정보 기록까지 다양한 종류가 있습니다. 시간이 지나면서 정보를 추적하는 고유 방식이 각 파일에 반영되고 이런 데이터를 다루는 건 매우 어렵습니다. 하지만 각각의 데이터는 시계열의 형태를 띠고 있습니다.

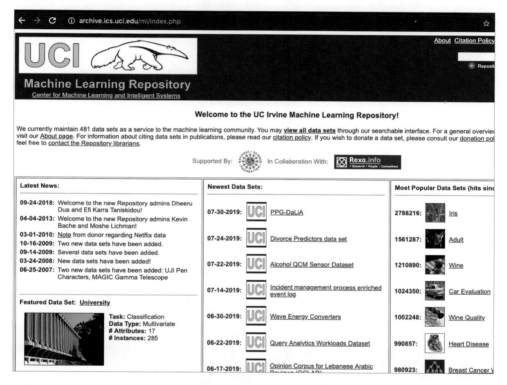

그림 2-1 UCI 머신러닝 저장소는 주석이 달린 시계열 데이터셋의 목록 제공

UCI 저장소의 시계열 부문에서 가장 첫 번째로 제공하는 결근 데이터셋(*https://perma. cc/8E7D-ESGM*)을 고려해봅시다(그림 2-2).

빠르게 이 데이터를 훑어보면 시간에 관련된 열이 연도에 대한 것 없이 '월별 결근', '요일', '계절'로 제한되어 있다는 것을 알 수 있습니다. 시간 색인이 중복된 경우도 있지만 피고용인의 신원을 나타내는 열로 중복된 시간이 서로 다른 대상에 대한 것임을 구별할 수 있습니다. 마지막으로 직원에 대한 다양한 속성을 나타내는 열도 있습니다.

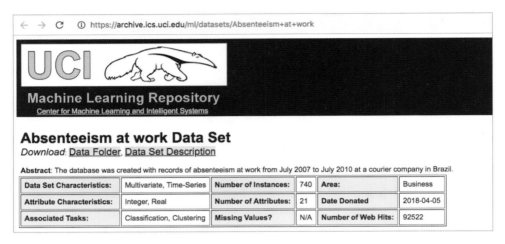

그림 2-2 UCI 머신러닝 저장소의 시계열 데이터셋 중 가장 첫 번째인 직장 결근 데이터셋

이 데이터셋은 연도 정보가 없어서 다루기가 꽤 까다롭습니다. 모든 데이터가 동일 연도의 기록일 수도 있지만, 1~12월이 여러 번 반복된다면 행의 어느 지점에서 연도가 바뀌는지 정확히 알기 어렵기 때문입니다. 문제를 종합적으로 바라보기 위한 기준도 정해야 합니다. 예를 들어 결근 일수를 단위 시간 또는 ID별로 종합해볼 수 있습니다(그림 2-3). 전자는 단일 시계열을 얻지만, 후자는 타임스탬프가 중첩된 시계열 여러 개를 만듭니다. 데이터를 바라보는 방식은 풀고자 하는 문제가 무엇인지에 따라 다릅니다.

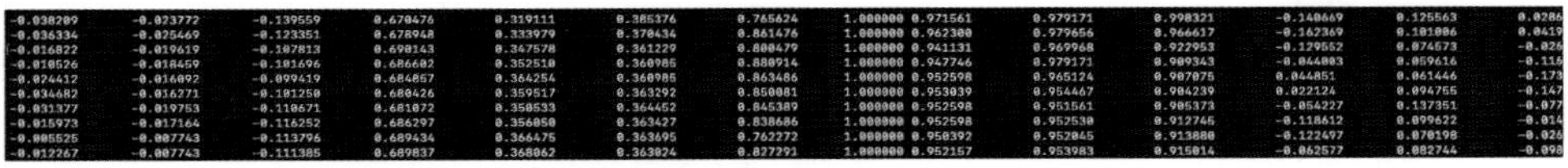

그림 2-3. 가로로 넓은 형식의 파일로 작성된 오스트레일리아 수화 데이터셋의 시작 행

결근 데이터셋은 목록 초반에 있는 오스트레일리아 수화 데이터셋(*https://perma.cc/TC5E-Z6H4*)과 대조를 이룹니다. 이 데이터셋은 닌텐도 파워 글러브Power Glove로 오스트레일리아 수화를 수신하여 기록한 내용을 다룹니다. 가로로 넓은 CSV 파일로 저장되며 폴더에 포함된 각 파일명은 특정 수화 동작을 의미합니다. 즉, 각 파일은 한 번의 측정에 매핑됩니다.

이 데이터셋은 레이블링되지 않았으며 타임스탬프 정보도 없지만, 여전히 시계열 데이터로 볼 수 있습니다. 사건이 실제로 발생한 실제 시점이 아니더라도, 시간의 경과를 시간축으로 생각해볼 수 있기 때문입니다. 수화 데이터를 시계열로 다뤄야 한다면 시간의 단위를 따질 필요가 없다는 것을 알아두세요. 정확하게 측정된 시간보다 연속성을 가진다는 점이 중요합니다. 이런 상황에서는 추측 및 문서로 사건의 정렬된 순서와 사건의 측정 간격이 일정한지 알아내야 합니다.

언급된 두 데이터셋을 살펴보면 데이터를 다루는 다양한 난관에 직면합니다. 다음은 여러분이 이미 눈치챘을지도 모르는 몇 가지 문제입니다.

- 불완전한 타임스탬프
- 데이터에 수평이나 수직이 될 수 있는 시간축
- 시간에 대한 다양한 관념

UEA 및 UCR 시계열 분류 저장소

UEA 및 UCR 시계열 분류 저장소(*https://perma.cc/56Q5-YPNT*)는 시계열 분류의 실험과 연구에 활용할 수 있는 일반적인 시계열 데이터셋을 제공하기 위한 새로운 노력의 일환입니다. 이 저장소는 다양한 데이터셋을 제공하기도 합니다. 이러한 사실은 데이터셋 두 가지 종류를 보면 알 수 있습니다.

첫 번째 데이터셋은 요가 동작 분류 작업(*https://perma.cc/U6MU-2SCZ*)입니다. 이미지를 기록하는 동안 두 명의 요가 수행자는 요가 자세를 바꿔가며 연속적으로 동작합니다. 이때 데이터셋의 목적은 각 요가 동작을 분류하는 겁니다. 데이터는 1차원의 연속된 형태로 변환되어 CSV 파일로 저장됩니다. CSV의 맨 좌측 열은 레이블, 나머지 열은 시간의 순서를 나타냅니다. 또한 위에서 아래로 이어지는 방향이 아닌, 좌측에서 우측 방향으로 시간의 흐름을 해석할 수 있습니다.

[그림 2-4]는 요가 수행자의 성별에 따른 시계열 그래프를 보여줍니다.

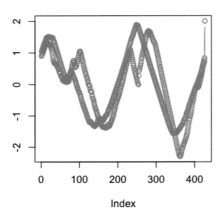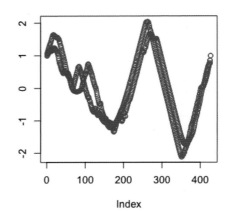

그림 2-4 남성과 여성 요가 수행자가 반복적으로 수행한 요가 동작 그래프[1]

이번에는 스펙트럼의 모양에 따라 와인을 지역별로 분류하는 와인 데이터셋(*https://perma.cc/Y34R-UGMD*)을 살펴보겠습니다. 와인 데이터셋은 시계열 분석과 어떤 연관성이 있을까요? **스펙트럼**spectrum은 빛의 파장 대 강도에 대한 그래프로 시간의 흐름과는 전혀 상관없는 시계열 분류 작업입니다. 하지만 x축은 유의미한 방식으로 정렬되어 있고, 그 거리는 구체적인 의미를 가져서 시계열 분석을 적용할 수 있습니다. 시간, 파장 등과 같이 x축의 순서로 얻는 추가 정보는 시계열 분석을 비시계열 분석으로부터 구분 짓는 요소입니다. [그림 2-5]는 그러한 '시time' 계열 그래프를 보여줍니다. 시간적인 요소는 없지만, 데이터가 일련의 정렬된 형태를 띠므로 일반적인 시계열의 아이디어를 적용할 수 있습니다.

---

1 수행자당 시계열 샘플 2개를 그래프로 나타냅니다. x축에는 시간에 대한 명확한 레이블이 없지만 단위 시간을 사용합니다. 그래프에서 보여주듯이, x축이 균등하게 퍼져 있다는 것이 중요합니다.

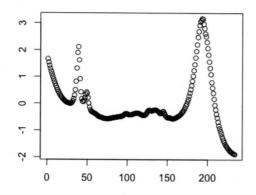

그림 2-5 UCI 와인 데이터셋에서 샘플링한 와인 스펙트럼의 한 표본[2]

정부 시계열 데이터셋

미국 정부는 수십 년 또는 수 세기 동안, 신뢰할 수 있는 시계열 데이터를 제공했습니다. 예를 들어 NOAA 국립환경정보센터National Centers for Environmental Information (NCEI)는 전국의 모든 기상 관측소에서 15분마다 측정된 온도와 강수량에 대한 다양한 시계열 데이터를 발행합니다. 미국 노동 통계국Bureau of Labor Statistics에서는 국가의 실업률에 대한 월간 지수를 발행합니다. 미국 질병 통제예방센터Centers for Disease Control and Prevention (CDC)는 독감 유행 시기에 매주 독감 사례 건수를 발표합니다. 세인트루이스 연방준비은행Federal Reserve Bank of St. Louis은 매우 유용한 경제 관련 시계열 데이터를 제공합니다.

시계열 분석이 처음이라면 실세계의 문제를 다루는 정부 데이터셋은 탐구적 분석 및 시각화의 목적으로만 사용하기 바랍니다. 이러한 데이터셋은 매우 복잡한 문제를 다루기 때문에 이를 통해 무언가를 배우는 건 매우 어렵습니다. 예를 들어 많은 경제학자가 실업률 예측을 공식적으로 발표하기 위해 연구에 일생을 투자하지만, 그중 성공한 경우는 극히 드뭅니다.

정부가 직면한 다루기 어렵지만 중요한 문제의 미래 예측은 사회적으로 유익하고, 수지에 맞는 일입니다. 최신 기술조차도 이 문제를 다루는 데 실망스러운 결과를 보여줄 수 있으며 여전히 똑똑하고 잘 훈련된 많은 사람이 도전하고 있습니다. 어려운 문제를 다루는 것은 위대한 일이지만, 이를 학습 목적으로 활용하는 것은 좋은 생각이 아닐 수도 있다는 걸 의미합니다.

2　곡선의 정점은 특히 높은 흡수율을 보인 지역의 파장을 의미합니다. 파장은 x축을 따라 간격이 균등하고, 흡수율을 나타내는 y축도 선형적인 척도를 가집니다. 이 그래프와 같은 곡선을 다른 곡선과 비교하기 위해 시계열 분석을 사용합니다.

앞에서 언급한 데이터셋같이 시기적절하고 유망한 데이터셋을 정부 웹사이트에서 쉽게 발견할 수 있습니다. 하지만 정부 데이터에서 발견된 시계열은 더 다양한 목적으로 활용됩니다. 예를 들어 경제와 기후에 대한 시계열을 병렬로 배치하거나, 서로 다른 범죄에 대한 정부의 지출 유형 간 상관관계를 생각해볼 수 있습니다. 이러한 데이터는 다양한 곳에서 취득할 수 있고 종합적으로 통합이 필요할 수도 있습니다.

정부 데이터셋에서 발견된 시계열이 신중하게 다뤄져야 하는 이유가 있습니다. 기록 규칙, 열 이름, 열 정의와 같은 내용이 문서를 동반하지 않은 채 시간이 지나면서 바뀌기 때문입니다. 프로젝트의 시작과 중단에는 정치, 예산, 기타 외부 요인이 작용합니다. 또한 정부 웹사이트에 공개된 데이터의 구성은 매우 난잡하기도 합니다. 사기업에서 제공하는 데이터와 비교해보면 더 난잡하고 연속성이 떨어집니다. 이는 발견된 시계열의 구성을 특히 어렵게 만듭니다.

데이터를 취득할 수 있는 기타 저장소

광범위하게 훌륭한 시계열 데이터 저장소를 모두 다룰 수는 없지만, 지금까지 살펴본 것 외에도 알아두면 좋은 저장소를 소개합니다.

CompEngine

'시계열 데이터를 스스로 조직화하는 데이터베이스'로, 약 1억 4천만 개의 데이터로 구성된 25,000건 이상의 시계열 데이터베이스를 제공합니다. 저장소와 함께 제공되는 웹 인터페이스의 주된 목적은 **높은 수준의 상대적 시계열 분석**highly comparative time-series analysis의 수행 및 촉진입니다. 이러한 분석의 목표는 높은 수준의 통찰력과 특정 분야의 데이터 없이 많은 종류의 시간 작용에 대한 이해를 얻는 것입니다.

R 패키지: Mcomp와 M4comp2018

Mcomp, M4comp2018 패키지는 1,001개의 시계열로 구성된 1982년의 M-대회, 3,003개의 시계열로 구성된 2000년의 M3 대회, 100,000개의 시계열로 구성된 2018년의 M4 대회에서 사용된 대회용 데이터를 제공합니다. 시계열 예측 대회는 1장에서 언급한 롭 하인드먼 교수의 시계열 예측의 역사에서 다뤘습니다. tscompdata(*https://github.com/robjhyndman/*

tscompdata)라는 R 패키지는 시계열 예측에 대해 대회용 데이터를 추가로 제공합니다. 마지막으로 다양한 시계열 패키지 목록을 관리하는 CRAN 저장소(*https://perma.cc/2694-D79K*)의 'Time Series Data(시계열 데이터)' 섹션에서 좀 더 전문적인 시계열 데이터셋을 구할 수 있습니다.

2.1.2 발견된 시계열

앞에서 언급했듯이 발견된 시계열은 야생에서 직접 수집한 시계열 데이터를 의미합니다. 좀 더 구체적으로 설명하면 시계열 분석을 위한 별도 비용 없이 기록한 개별 데이터를 모아둔 것입니다. 하지만 여기에는 시계열을 구성하기에 충분한 정보가 담겨 있습니다. 한 가지 좋은 예로 회사 거래 내역을 저장하는 SQL 데이터베이스에서 특정 고객과의 거래에 대한 시계열을 수집하는 경우가 있습니다.[3] 또한 회사의 하루 총 거래량의 시계열이나 여성 고객의 주당 지출 총액과 같이 동일한 데이터로 구성된 시계열도 있습니다. 심지어 다변량 시계열 데이터를 생성하는 것도 생각해볼 수 있습니다. 이러한 시계열은 18세 미만의 모든 고객의 주당 지출 총액, 65세 이상의 여성 고객의 주당 지출 총액, 회사가 광고에 쓴 주당 지출 총액을 개별적으로 나타냅니다. 이때 각 시간 단계에서 세 가지 지표가 제공되므로 다변량 시계열로 볼 수 있습니다.

타임스탬프가 어디에나 존재할 수 있다는 관점에서 보면 시계열이라고 명시되지 않은 구조화된 데이터에서 시계열 데이터를 찾는 것은 쉬운 일입니다. 다음은 데이터베이스에서 타임스탬프를 볼 수 있는 몇 가지 예입니다.

타임스탬프가 찍힌 이벤트 기록

데이터에 타임스탬프가 존재한다면 시계열이 잠재적으로 구성될 가능성이 있습니다. 파일에 접근한 시간을 기록하기만 해도 시계열을 구성할 수 있습니다. 예를 들어 임의 시점과 그 시점을 기준으로 이후의 시점의 타임스탬프로 시간의 변화량을 모델링하여 시간에 대한 시간축과 시간 변화량에 대한 값축으로 시계열을 구성할 수 있습니다. 여기서 한 단계 더 나아가 이 시간 변화량의 일부를 합하여 더 큰 기간에 대한 평균이나 총합을 구하거나 각각을 개별적으로 기록

---

3 SQL 데이터베이스는 테이블 기반 메커니즘을 사용해 데이터를 저장하는 전통적인 데이터베이스입니다. 고객의 거래 내역을 SQL 데이터베이스에 저장하고 싶다면, 유일한 식별자를 포함한 고객 정보의 테이블과 해당 식별자와 고객의 거래 내역을 포함하는 테이블이 있어야 합니다.

할 수도 있습니다.

시간을 대체하는 '시간이 없는' 측정

데이터가 명시적으로 시간을 포함하지 않지만, 데이터셋의 숨은 논리로 시간이 설명되는 경우입니다. 예를 들어 알려진 비율에 따라 센서가 수축하듯이 어떤 실험 매개변수에 의해 간격이 발생하면 '간격 대 값'으로 데이터를 생각해볼 수 있습니다. 즉, 변수 중 하나를 시간에 대응할 수 있다면 시계열이 있다고 봅니다. 또는 앞서 언급한 와인 스펙트럼의 파장과 같이 축 중 하나가 간격과 순서에 대한 알려진 관계를 가진다면 시계열 데이터가 존재한다고 볼 수 있습니다.

물리적 흔적

의학, 청각학, 기상학 등과 같은 많은 과학 학문 분야에서는 물리적 흔적을 기록합니다. 과거에는 물리적으로 생성된 흔적을 아날로그식 처리로 수집했지만, 요즘은 디지털 형태로 저장합니다. 이러한 물리적 흔적은 이미지 파일이나 데이터베이스에 한 필드의 단일 벡터와 같은 형태로 저장됩니다. 따라서 명백히 시계열이라고 말하긴 어렵지만, 이 또한 여전히 시계열입니다.

2.2 테이블 집합에서 시계열 데이터 집합 개선하기

발견된 시계열의 전형적인 예는 SQL 데이터베이스에 저장된 상태 및 이벤트형 데이터로부터 추출된 데이터입니다. 전통적으로 구조화된 SQL 데이터베이스에 대량의 데이터가 지속적으로 저장되므로 매우 적절한 예라고 볼 수 있습니다.

대형 비영리 단체에서 시계열 분석에 도움이 되는 다음과 같이 다양한 요소를 추적했다고 가정해봅시다.

- 시간이 지나면서 바뀌는 메일 수신자의 반응: 메일을 읽었나요? 읽지 않았나요?
- 멤버십 내역: 회원이 회원 자격을 상실한 기간이 있었나요?
- 거래 내역: 소비자가 특정 항목을 언제 구매할지 예측할 수 있나요?

몇 가지 시계열 기법으로 해당 데이터를 살펴봅시다.

- 메일에 응답한 회원과 회원별 응답 시간의 관계를 2D 히스토그램^{2D histogram}으로 만들어서 메일 수신에 따른 회원의 피로감을 알 수 있습니다(3장 참조).

- 기부의 예측을 시계열 예측 문제로 전환할 수 있습니다(4장 참조).

- 중요한 상황에서 회원의 행동 자취에 대한 전형적인 패턴의 유무를 검사해볼 수 있습니다. 이메일 세 개를 연달아 지우는 행동처럼 구성원이 조직을 떠날 것을 알려주는 이벤트의 전형적인 패턴이 있을까요? 시계열 분석은 외부에 드러난 행동을 통해 특정 회원의 내재된 상태를 감지하고 이를 표현할 수 있습니다(7장 참조).

보시다시피 단순한 SQL 데이터베이스에서도 시계열에 대한 많은 질문과 답을 구할 수 있습니다. 데이터베이스 스키마를 설계할 때 많은 기관이나 단체는 시계열 분석을 고려하지 않는 것이 보통입니다. 이러한 경우에는 서로 다른 테이블과 자료로부터 시계열을 수집하고 구성할 필요가 있습니다.

2.2.1 작업의 예: 시계열 데이터 집합 조립하기

운이 좋아서 연관된 데이터 몇 개를 사용할 수 있다면 서로 다른 타임스탬프 방식과 데이터 세분화의 수준을 최대한 고려하여 데이터 목록을 정렬할 필요가 있습니다. 앞에서 사용한 비영리 단체 예를 위해 숫자 몇 개를 만들어봅시다. 생성된 데이터가 [표 2-1]에서 [표 2-3]이라고 가정해봅니다.

표 2-1 각 회원의 가입 연도 및 현재 상태

회원 ID	가입 연도	회원 상태
1	2017	gold
2	2018	silver
3	2016	inactive

표 2-2 특정 주에 보낸 이메일 중 회원이 열어본 개수

회원 ID	주	열어본 이메일 개수
2	2017-01-08	3
2	2017-01-15	2
1	2017-01-15	1

표 2-3 회원이 기관에 기부한 시간

회원 ID	타임스탬프	기부금
2	2017-05-22 11:27:49	1,000
2	2017-04-13 09:19:02	350
1	2017-01-01 00:15:45	25

아마도 여러분은 이러한 테이블 형태의 데이터로 작업했을 겁니다. 이러한 자료로 회원의 전체 기부금과 열람 이메일의 전체 개수와 어떤 상관관계가 있는지 같은 많은 질문에 답할 수 있습니다.

또한 회원이 가입 직후에 기부할 것인지 아니면 시간이 꽤 흐른 뒤 기부할 것인지 같은 시간 중심적인 질문에도 답할 수 있습니다. 하지만 그 데이터가 시계열 친화적인 형태가 아니라면 누가 언제 기부를 할지 예측하는 것은 어려운 일입니다. 예를 들어 최근에 이메일을 열람한 사실에 기반하여 기부를 예측할 수 있습니다.

시계열 분석에 합리적인 형태로 데이터를 만들 필요가 있습니다. 이 과정에서 해결해야 할 수많은 난관이 있습니다.

보유한 데이터에서 시간축을 고려하는 것부터 시작해야 합니다. 앞에서 살펴본 표는 세 가지 기준으로 시간을 구분합니다.

- 연간 회원 상태
- 이메일 열람에 대한 주간 누적 기록
- 기부가 이뤄진 순간의 타임스탬프

데이터가 의미하는 것과 독자가 생각한 의미가 일치하는지 생각해볼 필요가 있습니다. 예를 들어 회원 상태가 연간 상태인지 아니면 가장 최근 상태인지 확인하고 싶을 겁니다. 이 질문의 답을 구하는 한 가지 방법은 특정 회원에 대한 기록이 하나 이상인지를 확인하는 것입니다.

```python
## python
>>> YearJoined.groupby('memberId').count().groupby('memberStats').count()

1000
```

위 코드는 1,000명의 모든 회원이 단 하나의 상태만 가진다는 사실을 보여줍니다. 따라서 YearJoined는 각 회원이 가입한 연도와 더불어 현재 또는 가입 당시의 상태를 나타낼 가능성이 높습니다. 이 둘의 차이는 회원의 상태 변수가 사용될 방식에 영향을 줍니다. 데이터를 좀더 깊게 분석하려면 데이터 파이프라인을 아는 사람과 함께 그 사실을 명확히 해야 합니다. 과거 데이터 분석에 회원의 현재 상태를 적용하면 그때는 알 수 없는 시계열 모델에 무언가를 입력해주기 때문에 **사전관찰**^{look-ahead}로 볼 수 있습니다. 따라서 YearJoined와 같이 값이 언제 할당되었는지 알 수 없는 상태 변수의 사용은 지양해야 합니다.

사전관찰이란?

시계열 분석에서 **사전관찰**이란 용어는 미래의 어떤 사실을 안다는 뜻으로 사용됩니다. 이러한 지식은 모델의 설계, 학습, 검증 단계에서는 알 수 없습니다. 사전관찰은 데이터를 통해 실제로 알아야 하는 시점보다 더 일찍 미래에 대한 사실을 발견하는 방법입니다.

사전관찰은 어떻게든 미래에 일어날 일에 대한 정보가 모델에서 시간을 거슬러 전파되어 모델의 초기 동작에 영향을 주는 방법입니다. 예를 들어 모델에 대한 하이퍼파라미터를 선택할 때 데이터셋에서 다양한 시간에 모델을 시험한 다음 최적의 모델을 하나 고르는 겁니다. 그러면 해당 모델의 테스트를 데이터 시작 부분에서 다시 할 수 있습니다. 이때 한 시점에 대해 다음에 일어날 일을 아는 모델을 선택했기 때문에 문제가 있다고 볼 수 있습니다.

아쉽게도 사전관찰을 위한 자동화된 코드나 통계적 테스트가 아직 없어서 항상 고민해봐야 합니다.

이메일 표의 **week** 열 이름과 해당 열의 내용을 종합적으로 생각해봅시다. 데이터가 매주 특정

시점 또는 매주의 기간에 대한 기록임을 암시한다는 사실을 알 수 있습니다. 하지만 데이터가 한 주 동안의 집계라는 것은 명백한 사실이므로 기록된 타임스탬프는 한 주 간격으로 발생한 일보다 매주의 기간에 대한 것으로 받아들여야 합니다.

일부 중요한 특징을 평가해봐야 합니다. 예를 들어 어떤 방식으로 주week를 시간time으로 표현했는지에 대한 물음으로 시작해볼 수 있습니다. 테이블의 구조를 조정하기에 충분한 정보는 없지만, 일반적으로 산업에서 사용하는 방법과 비교하여 이상하게 주가 나뉘어져 있다면 어떤 방식을 사용했는지 알아야 합니다. 사람의 활동을 분석한다면 한 주를 사람의 활동 주기와 유사하도록 일요일부터 토요일 또는 월요일부터 일요일로 정하는 게 좋습니다. 예를 들어 1월 1일을 한 주의 시작으로 정해선 안 됩니다.

어떤 주에 널null의 경우가 있는지도 확인해야 합니다. 즉, 특정 회원이 단 한 번도 이메일을 열람하지 않은 주가 있는지에 대한 질문입니다. 시간 지향적인 모델을 만든다면 이런 사실이 중요합니다. 이 경우엔 널이 항상 존재해야 합니다. 아무런 일도 발생하지 않은 주 또한 데이터의 일부이기 때문입니다.

```python
## python
>>> emails[emails.EmailsOpened < 1]

Empty DataFrame
Columns: [EmailsOpened, member, week]
Index: []
```

여기에는 널이 아예 발생하지 않았거나 모든 회원이 이메일을 열람했다는 이벤트가 적어도 하나 존재한다는 두 가지 가능성이 있습니다. 이메일 데이터로 작업해본 사람이라면, 이메일을 열람하도록 사람들을 유도하는 것은 어렵다는 사실을 알고 있습니다. 따라서 모든 회원이 매주 적어도 한 번은 이메일을 열람한다는 가정은 상당히 가능성이 낮습니다. 특정 한 회원에 대한 기록을 살펴봄으로써 둘 중 무엇인지 판단할 수 있습니다.

```python
## python
>>> emails[emails.member == 998]
EmailsOpened    member        week
25464           1             998           2017-12-04
25465           3             998           2017-12-11
25466           3             998           2017-12-18
```

25467	3	998	2018-01-01
25468	3	998	2018-01-08
25469	2	998	2018-01-15
25470	3	998	2018-01-22
25471	2	998	2018-01-29
25472	3	998	2018-02-05
25473	3	998	2018-02-12
25474	3	998	2018-02-19
25475	2	998	2018-02-26
25476	2	998	2018-03-05

코드 결과에서 일부 주가 누락된 것을 확인할 수 있습니다. 2017년 12월 18일 이후부터 이메일을 열람한 기록이 없습니다.

특정 회원에 대한 사건이 처음 발생한 시점과 마지막에 발생한 시점 사이에 주가 몇 개 기록되었는지를 계산하면, 좀 더 수학적인 방식으로 검증해볼 수 있습니다. 먼저 특정 회원의 재임기간을 주 단위로 계산해봅시다.

```python
## python
## (마지막 주 - 처음 주)의 일수를 7로 나눈 것입니다.
>>> (max(emails[emails.member == 998].week) -
        min(emails[emails.member == 998].week))
      .days/7
25.0
```

해당 회원에 대해 주간 데이터가 몇 개 있는지 확인합니다.

```python
## python
>>> emails[emails.member == 998].shape
(24, 3)
```

위의 결과에서 24개의 행을 확인할 수 있습니다. 하지만 모든 주가 포함된 데이터라면 실제로 26개가 있어야 합니다. 이 결과로 데이터 몇 개가 누락된 것을 알 수 있습니다. group-by 연산을 사용하면 이 계산을 모든 회원에 대해 수행할 수 있습니다. 예제를 이렇게 작성한 이유는 한 명의 데이터로 생각하는 것이 이해하기 쉽기 때문입니다.

> ## 행이 26개인 이유
>
> 앞서 수행한 뺄셈의 결과는 25였는데, 26이 필요하다는 사실에 당황했을 겁니다. 하지만 25라는 값은 불완전한 계산에 의한 결과입니다. 시계열 데이터 작업 시 이런 종류의 뺄셈을 해야 한다면 마지막 오프셋을 의미하는 1을 더해야 하는지에 대한 의문을 항상 가져야 합니다. 즉, 계산에 반영되어야 하는 위치를 빼는 것이 맞는지 확인해야 합니다.
>
> 한 가지 예를 들어보겠습니다. 4월 7일, 14일, 21일, 28일에 대한 데이터가 있을 때 데이터의 총 개수를 알고 싶다고 가정해봅시다. 분명 데이터 네 개가 존재하지만, 28에서 7을 뺀 다음 7로 나누면 21/7 = 3이 됩니다. 이러한 계산은 4월 7일이 누락된 결과를 가져오며, 이때 누락된 값을 다시 넣어야 합니다. 처음과 마지막 날의 차이를 7로 나눈 다음, 누락된 시작 날짜를 위한 1을 더해주는 것이 적절한 계산법이라고 볼 수 있습니다.

누락된 주가 있다는 사실을 확인했다면 이제는 그 부분을 채워 넣어 완전한 데이터셋을 만들어 보겠습니다. 기록된 날짜의 가장 이른 시기보다도 이전이나, 가장 마지막 시기보다도 이후에 사건이 발생할 수 있어서 누락된 모든 주를 식별하는 건 어려운 일입니다. 이때는 널값이 아닌 사건이 기록된 회원의 데이터 중에서 처음과 마지막 시기의 사잇값으로 누락된 부분을 채워볼 수 있습니다.

이를 해결하기 위해 코드를 직접 작성해도 되지만, 팬더스의 색인 기능을 활용하면 모든 회원에 대하여 누락된 주를 매우 쉽게 넣을 수 있습니다. 팬더스 데이터프레임은 다중 색인을 위한 `MultiIndex`를 만들 수 있는데, 모든 회원과 주에 대한 모든 조합을 생성합니다. 즉, 곱집합 ^{cartesian product}을 수행합니다.

```python
## python
## set을 이용하여 각 열의 유니크한 값 목록을 만듭니다.
>>> complete_idx = pd.MultiIndex.from_product((set(emails.week), set(emails.
member)))
```

이 색인 기능으로 다음 코드와 같이 테이블을 `complete_idx`로 재색인^{reindex}하여 누락된 값을 채워 넣습니다. 이때 기록할 것이 없다는 의미로 누락된 값은 `0`으로 채웁니다. 또한 색인을 재설정하여 색인으로 사용된 회원과 주의 정보를 다시 열로 만듭니다. 이 과정에서 회원과 주의 열 이름이 유실될 수 있어서 열 이름을 명시적으로 붙여 줍니다.

```
## python
## 재색인 메서드: reindex
## 색인 재설정 메서드: reset_index
>>> all_email = emails.set_index(['week', 'member']).
                        reindex(complete_idx, fill_value = 0).
                        reset_index()

## 재설정된 색인에 의해 생성된 열의 이름을 붙여줍니다.
>>> all_email.columns = ['week', 'member', 'EmailsOpened']
```

998번 회원 정보를 다시 한번 확인해봅시다.

```
## python
>>> all_email[all_email.member == 998].sort_values('week')
week        member EmailsOpened
2015-02-09  998     0
2015-02-16  998     0
2015-02-23  998     0
2015-03-02  998     0
2015-03-09  998     0
```

파이썬 팬더스

팬더스pandas는 파이썬의 데이터프레임 분석용 패키지로 데이터 과학에서 폭넓게 활용됩니다. 패키지 이름만으로도 시계열 분석에 적합하다는 것을 알 수 있습니다. '팬더스'는 '패널 데이터panel data'라는 의미이며 사회 과학자들 사이에서는 시계열 데이터를 위해 널리 사용됩니다.

팬더스는 행과 열로 색인하는 테이블형 데이터에 기반합니다. SQL과 같은 기능이 내장되어 있어서 group by 연산, 행 선택, 키별 색인 등이 가능합니다. 또한 기간별 색인, 다운샘플링, 시간 기반 그룹화 작업과 같은 시계열에 특화된 기능도 제공합니다.

아직 팬더스에 익숙하지 않다면 공식 문서의 간략한 개요(*https://perma.cc/7R9B-2YPS*)를 읽어보기 바랍니다.

998번 회원 정보의 출력 결과에서 처음에 0이 많이 등장하는 것을 확인할 수 있습니다. 회원 가입 전단계라서 회원의 이메일 주소가 목록에 포함되지 않아서 발생하는 값입니다. 특정 회원

이 최초로 이메일을 열람하기 몇 주 전과 같은 데이터를 널로 유지하는 분석 방법이 많이 없습니다. 회원의 최초 이메일 수신 시점에 대해 정확한 데이터가 있다면 작업이 좀 더 수월하겠지만, 현재로선 주어진 데이터로부터 이를 도출해야 합니다. 이메일 데이터프레임을 회원별로 그룹화하여 start_date 및 end_date를 결정하고, 이로부터 각 회원이 이메일을 수신해온 주의 시작(최솟값)과 끝(최댓값)을 얻을 수 있습니다.

```python
## python
>>> cutoff_dates = emails.groupby('member').week.agg(['min', 'max']).reset_index()

>>> cutoff_dates = cutoff_dates.reset_index()
```

이렇게 얻은 데이터프레임에서 0이었던 열처럼 기여가 별로 없는 행은 삭제합니다. 즉, 0이 아닌 값이 나타나기 전의 행을 삭제 대상으로 다룹니다.

```python
## python
>>> for _, row in cutoff_dates.iterrows():
>>> member     = row['member']
>>> start_date = row['min']
>>> end_date   = row['max']

## start_date 이전의 주에 대한 내용을 삭제합니다.
>>>     all_email.drop(all_email[all_email.member == member]
                            [all_email.week < start_date].index, inplace=True)

## end_date 이후의 주에 대한 내용을 삭제합니다.
>>>     all_email.drop(all_email[all_email.member==member]
                            [all_email.week > end_date].index, inplace=True)
```

> **NOTE_ <와 <= 중 어느 것을 사용하나요?**
> start_date와 end_date는 의미 있는 데이터가 포함되는 시점이고, 데이터 유지가 아니라 삭제가 목적이기 때문에 <와 > 같이 등호가 없는 연산자를 사용합니다. 처음과 마지막에 의미 있는 데이터가 포함되어서 분석 시 해당 주를 포함해야 합니다.

시간을 인식할 수 있는 형태 특히, 타임스탬프의 생성 방식과 그 의미에 따라 데이터를 저장해야 합니다. 이를 위해 필요하다면 협업하는 데이터 엔지니어와 데이터베이스 운영자를 설득해야 할지도 모릅니다. 문제 해결의 전체 과정 중 이전 공정이 더 많은 문제를 해결할수록 이어지는 공정에서 다뤄야 하는 작업의 양은 줄어듭니다.

지금까지 이메일 데이터를 정리했습니다. 이제는 새로운 질문을 고려해봅시다. 예를 들어 이메일에 대한 반응과 기부의 상관관계를 알고 싶다면 다음을 참고하기 바랍니다.

- 순간 순간에 기록된 데이터를 주 단위로 기부금(DonationAmount)을 취합하면 이메일 데이터와 기간 단위의 비교가 가능합니다. 따라서 회원의 이메일 응답과 기부가 어떤 식으로 연관이 있는지에 대해 합리적으로 조사할 수 있습니다.

- 전 주의 열람된 이메일의 개수(EmailsOpened)를 주어진 주의 기부금(DonationAmount) 예측 변수로 취급할 수 있습니다. 여기서 전 주를 사용하는 이유는 EmailsOpened이 해당 주에 대한 요약 통계이기 때문입니다. 가령 수요일의 기부를 예측하고자 한다면 EmailsOpened가 월요일부터 일요일까지 일어난 이메일 열람 행동을 요약한다고 가정해보겠습니다. 이 둘의 대상 주가 같다면 특정 회원이 기부를 한 다음에 어떤 일을 할지에 대한 정보를 잠재적으로 얻게 됩니다. 기부를 한 다음 오는 금요일에 기부자가 이메일을 열람할지에 대한 경우를 예로 들 수 있습니다.

2.2.2 발견된 시계열을 구성하기

이메일과 기부 데이터를 어떻게 서로 연관 지을지 고민해봅시다. 기부 데이터를 다운샘플링하여 주간 시계열로 바꿀 수 있습니다. 그렇게 하면 이메일 데이터와 서로 비교할 수 있게 됩니다. 회원이 소속된 단체의 입장에서 보면 이들은 주간 기부금에 관심이 갈 것입니다. 따라서 타임스탬프를 주 단위로 취합한 다음 총계를 구해볼 수 있습니다. 사실상 주간 기부금은 기부자 개별의 기부 금액이 반영된 경우가 대부분입니다. 한 주에 두 번 이상 기부하는 사람이 있을 가능성이 낮기 때문입니다.

```python
## python
>>> donations.timestamp = pd.to_datetime(donations.timestamp)
>>> donations.set_index('timestamp', inplace = True)
>>> agg_don = donations.groupby('member').apply(
            lambda df: df.amount.resample("W-MON").sum().dropna())
```

이 코드의 첫 행은 팬더스에 내장된 날짜 관련 색인 기능을 사용하여 문자열을 타임스탬프에 적절한 데이터로 변환합니다. 그다음 timestamp를 색인으로 지정합니다. 이는 다음 단계에서 수행하게 될 데이터프레임의 리샘플링resample에 필요한 과정입니다. 마지막에 각 회원의 부분집합에 대한 데이터프레임을 구합니다. 그리고 주 단위로 그룹화하여 기부금 총액을 구하고, 기부가 없는 주는 삭제하는 일련의 작업을 수행합니다.

주를 '월요일'로 고정한 다음 재배열합니다. 그러면 이메일 데이터의 주간 날짜와 일치합니다. 또한 사람의 시각에서 볼 때도 '월요일'로 고정된 게 자연스럽습니다.

이렇게 동일한 빈도로 샘플링된 기부와 이메일 정보를 하나로 합쳐볼 수 있습니다. 우선 팬더스를 사용하여 모든 주를 같은 요일로 간단하게 고정합니다. 그런 다음 각 회원의 정보에 접근하여 회원별 이메일 및 기부에 대한 데이터프레임을 통합합니다.

```python
## python
>>> for member, member_email in all_email.groupby('member'):
        ## 특정 회원의 기부 데이터를 추출합니다.
>>>     member_donations = agg_donations[agg_donations.member == member]

        ## 기부 데이터의 색인을 timestamp로 설정합니다.
>>>     member_donations.set_index('timestamp', inplace = True)
>>>     member_email.set_index('week', inplace = True)

>>>     member_email = all_email[all_email.member == member]
>>>     member_email.sort_values('week').set_index('week')
>>>     df = pd.merge(member_email, member_donations, how = 'left',
                          left_index = True,
                          right_index = True)
>>>     df.fillna(0)

>>>     df['member'] = df.member_x
>>>     merged_df    = merged_df.append(df.reset_index()
                            [['member', 'week', 'emailsOpened', 'amount']])
```

이메일과 기부 데이터가 회원별로 줄지어 정렬됩니다. 각 회원에 대해 의미 있는 주만 포함하고 각 회원의 멤버십 기간 전과 후에 대한 주는 포함하지 않습니다.

이메일 응답을 기부 관련 '상태' 변수로 다룰 수도 있지만, 사전관찰을 방지하려면 전 주의 상태를 이월해야 합니다. 예를 들어 이메일 응답 방식을 사용해서 회원의 다음 기부를 예측하는 모델을 만든다고 가정해봅시다. 이때 시간에 따른 이메일 열람의 행동 패턴을 하나의 지표로 고려합니다. 그러면 한 주의 기부금을 기부가 발생하기 전 주의 이메일 응답 방식에 따라서 정렬해야 합니다. 데이터를 가져와서 주 단위로 정렬한 다음 적절한 주의 수만큼 옮기는 것은 별로 어려운 일이 아닙니다. 예를 들어 특정 기부 내역을 한 주 뒤로 옮기고 싶다면 shift 연산자를 사용하여 쉽게 해결할 수 있습니다. 물론, 이 연산이 회원 단위로 수행되는지에 대한 확인은 필요합니다.

```python
## python
>>> df = merged_df[merged_df.member == 998]
    ## df의 amount 열의 기록을 1만큼 뒤로 미룹니다.
>>> df['target'] = df.amount.shift(1)
>>> df = df.fillna(0)
>>> df
```

기부 금액의 타임스탬프도 함께 별도로 이월하지 않으면, 이월 대상인 기부 내용을 덮어쓰기보다 target처럼 새로운 열을 만드는 것이 좋습니다. 상기 코드에서는 팬더스의 내장된 shift 기능을 사용하여 기부 내용을 한 주 뒤로 미뤘습니다. 인수로 음수를 사용하면 앞으로 이동할 수도 있습니다. 일반적으로 예측 대상보다 예측 변수가 더 많아서 예측 대상의 위치를 옮기는 것이 좋습니다. 다음은 코드의 출력 결과를 보여줍니다.

amount	emailsOpened	member	week	target
0	1	998	2017-12-04	0
0	3	998	2017-12-11	0
0	3	998	2017-12-18	0
0	0	998	2017-12-25	0
0	3	998	2017-01-01	0
50	3	998	2017-01-08	0
0	2	998	2017-01-15	50

이제 누락된 행을 채웠으니 998번 회원에 대해 우리가 원하는 행 26개를 얻을 수 있습니다. 이전보다 데이터가 더 깔끔하고 완벽해졌습니다.

지금까지 설명한 내용을 요약하자면, 데이터 재구성에 다음과 같은 시계열에 특화된 기법을 사용했습니다.

1. **해결하고자 하는 문제에 맞는 형태로 데이터의 간격을 교정합니다.** 종종 데이터는 필요 이상으로 구체적인 시간 정보를 제공합니다.

2. **사전관찰을 피하기 위해** 가용 데이터를 생산하는 타임스탬프를 데이터에 사용하지 않는 방법을 이해합니다.

3. **'아무 일도 일어나지 않았더라도' 관련된 모든 기간**을 기록합니다. 합계가 0일지라도, 다른 정보들처럼 유익한 정보입니다.

4. **사전관찰을 피하기 위해** 아직 알아서는 안 되는 정보를 생산하는 타임스탬프를 데이터에 사용하지 않는 방법을 이해합니다.

지금까지 기부 및 이메일 시계열을 정렬하여 동일한 시점 및 동일한 빈도로 샘플링될 수 있도록 교정했습니다. 그 결과 가공되지 않은 발견된 시계열을 만들었습니다. 하지만 분석 이전에 필요한 생성된 데이터의 철저한 정리 작업 및 완전한 탐구를 한 것은 아닙니다. 이 내용은 3장에서 다룰 예정입니다.

2.3 타임스탬프의 문제점

시계열 분석에 있어서 타임스탬프는 꽤 유용합니다. 타임스탬프를 활용하면 시간이나 요일과 같은 흥미로운 많은 특징을 추정해볼 수 있습니다. 데이터를 이해하는 데 이러한 특징은 중요합니다. 특히 사람의 행동에 관련된 데이터라면 더 중요합니다. 하지만 타임스탬프는 다루기가 매우 어렵습니다. 이번에는 타임스탬프가 찍힌 데이터의 몇 가지 어려운 점을 살펴보겠습니다.

2.3.1 무엇에 대한 타임스탬프인가

타임스탬프를 볼 때 가장 먼저 생성 과정, 방법, 시기에 대한 질문을 던져야 합니다. 발생 사건에 대한 기록은 실제와 일치하지 않는 경우가 종종 있습니다. 예를 들어 어떤 연구자가 노트에 무언가를 적은 다음에 CSV 파일로 옮겨서 로그로 활용할지도 모릅니다. 이 기록에 대한 타임스탬프는 노트를 작성한 시점에 대한 것일까요? 아니면 CSV 파일로 옮긴 시점에 대한 것일까요? 또 다른 예로 모바일 앱 사용자가 오프라인에서 어떤 작업을 했다고 가정해봅시다. 이때 발생한 로그는 휴대전화가 온라인으로 바뀔 때, 타임스탬프 정보와 조합되어 나중에 서버로 전송될 것입니다. 이렇게 기록된 타임스탬프는 사용자가 작업을 시작한 시점, 앱이 기록한 작업의 시점, 메타데이터가 서버로 업로드된 시점, 데이터가 서버에서 앱으로 다운로드된 가장 마지막 시점과 같이 여러 가지 의미를 가질 수도 있습니다. 심지어 데이터 처리 공정의 특정 시점에 대한 이벤트가 될 수도 있습니다.

처음에는 명료성을 위해 타임스탬프를 찍었을지도 모릅니다. 하지만 적절한 문서화를 하지 않는다면, 명료성은 금세 사라지고 말 것입니다. 처음 보는 타임스탬프를 발견할 때마다 가장 먼저 해야 할 일은 그 사건의 시간이 무엇에 의해 정해졌는지를 최대한 알아보는 것입니다.

이러한 일이 어렵다는 것을 하나의 구체적인 예로 설명하겠습니다. 체중 감량을 위해 사용하는 모바일 앱에서 [표 2-4]와 같은 항목으로 구성된 식사 일기 데이터를 얻는다고 가정해봅시다.

표 2-4 체중 감량 앱의 식사 일기 예

시간	섭취 음식
Mon, April 7, 11:14:32	팬케이크
Mon, April 7, 11:14:32	샌드위치
Mon, April 7, 11:14:32	피자

이 기록에 따르면 앱 사용자는 한 끼 식사로 팬케이크, 샌드위치, 피자를 모두 섭취했을지도 모릅니다. 하지만 이보다 더 그럴듯한 시나리오가 있습니다. 사용자가 섭취 시간을 직접 기록한 것일까요? 아니면 자동으로 생성된 것일까요? 아니면 자동으로 생성된 시간이 앱에서 조작될 수 있거나, 시간 자체를 무시할 수 있는 옵션에 대한 인터페이스가 제공될까요? 이런 종류의 질문에 대한 몇 가지 답을 구해본다면 체중감량을 원하는 사용자가 한 끼 식사로 팬케이크, 샌드위치, 피자를 모두 한 번에 섭취했다는 설명보다 더 타당한 설명을 해볼 수 있을 것입니다.

11시 14분에 이 모든 음식을 먹었다고 해도, 이 시간은 어느 나라 시간을 의미하는 것일까요? 사용자의 현지 시간일까요? 아니면 세계 시간일까요? 사용자가 한 끼에 모든 음식을 섭취했다는 가능성이 낮다는 것을 알아도, 여전히 시간적 측면에 대해 아는 게 거의 없습니다. 해당 식사가 아침일까요? 점심일까요? 저녁일까요? 아니면 간식 시간일까요? 흥미로운 사실을 말해줄 때는 현지 시간에 구체적인 용어로 설명해야 합니다. 하지만 표준시간에 대한 정보가 없다면 불가능합니다.

이러한 질문을 해결하는 가장 좋은 방법은 데이터의 수집 및 축적에 해당하는 코드를 읽어보거나, 그 코드를 작성한 사람과 직접 이야기해보는 것입니다. 가능한 한 모든 사람과 이야기를 나누고, 시스템에 대한 데이터의 기술적 측면을 모두 확인한 다음에는 해당 시스템이 여러분이 예상한대로 동작하는지 직접 검증해봐야 합니다. 데이터 처리 공정을 잘 이해하면 할수록 타임스탬프의 본래 의미를 잘못 해석하여 발생하는 어리석은 질문 또한 줄어들 것입니다.

데이터를 이해하는 것에 대한 최종 책임은 본인에게 있습니다. 처리 공정에서 이전 작업의 담당자가 어떤 생각으로 분석하는지 전혀 알 수 없습니다. 따라서 타임스탬프 생성 절차의 평가에는 가능한 한 사용자가 직접 실행해보는 노력이 수반되어야 합니다. 모바일 앱의 처리 공정에서 얻은 데이터를 분석해야 한다면 앱을 다운로드하고 다양한 시나리오에서 이벤트를 발생시킨 후 데이터가 어떤 형태인지 확인해야 합니다. 데이터 처리 공정의 관리자에게 각 행동이 어떻게 기록되었는지를 듣게 된다면 그 복잡성에 놀랄 것입니다. 다양한 시간에 따른 예상치 못한 상황을 추적하기란 어렵습니다. 그래서 데이터셋 대부분은 여러 시간을 1차원적으로 만들어서 제공합니다. 여러분은 시간이 평평하게 만들어진 방법을 정확히 알아야 합니다.

2.3.2 타임스탬프를 추측하여 데이터 이해하기

과거의 처리 공정이나 문서화되지 않은 데이터를 다룰 때 실제로 작동하는 처리 공정을 살펴보거나 이에 대한 관리자와의 논의는 현실적으로 불가능할 수 있습니다. 이때 타임스탬프의 의미를 추론할 수 있는지 여부를 파악하려면 다음 몇 가지 조사를 해볼 필요가 있습니다.

- 이전 예처럼 데이터를 살펴본 다음 타임스탬프의 의미에 대한 초기 가설을 세워봅니다. 예를 들어 여러 사용자 데이터를 통해 동일한 패턴이 유지되는지, 이례적인 패턴이 나타나는지를 확인해봅니다. 이전 예에서는 동일한 타임스탬프가 여러 행에서 나타났는데, 한 끼 식단으로서는 타당해 보이지 않았습니다.

- 종합적으로 분석하면 타임스탬프의 의미에 대한 가설을 시험해봅니다. 이전 예의 경우에는 다음과 같은 몇 가지 열린 질문이 있을 것입니다.

  - 타임스탬프가 현지 시간을 의미할까요? 아니면 세계 표준 시간을 의미할까요?

  - 시간이 사용자의 행동을 반영할까요? 아니면 연결과 같은 외부 제약을 반영할까요?

현지 시간과 세계 표준 시간

타임스탬프 대부분은 사용자의 위치와는 독립적이지만, 서버의 위치에 따라 협정 세계시 Coordinated Universal Time (UTC) 또는 단일 시간대로 저장됩니다. 현지 시간에 맞춰 데이터를 저장하는 일은 매우 드물지만, 어떤 경우는 '야생wild[4]'에서 발견될 수 있어서 모든 가능성을 고려해야 합니다.

사용자 입장에서 타임스탬프가 현지의 시간에 기반한다는 가설을 세웠다면, 낮과 밤 시간을 반영한 데이터의 일일 추세를 봐야 합니다. 구체적으로, 대부분 사용자가 잠든 밤 시간에는 사용자의 활동이 많지 않다는 것을 예상해봅니다. 앞에서 다룬 모바일 앱의 예에서 사용된 데이터로 시간당 식사 횟수를 나타내는 히스토그램을 그려본다면, 사용자 대부분은 늦은 밤에 식사를 하지 않아서 식사 횟수가 매우 적은 시간대가 있을 것입니다.

하루 위주의 패턴을 발견하지 못했다면 데이터의 타임스탬프는 협정 세계시에 기반하고 사용자가 여러 시간대에 퍼져 있다고 결론을 내릴 수도 있습니다. 이때 개별 사용자의 시간대 정보가 없다면 현지 시간을 추정하는 건 꽤 어려운 일입니다. 이를 위해서 시간대별로 사용자를 분류하기 위한 발견법heuristic적인 코드를 작성한다면 개별 사용자에 대한 분석을 고려해볼 수도 있습니다. 하지만 이런 작업은 계산적으로 매우 복잡할 뿐만 아니라 결과가 항상 정확한 것은 아닙니다.

사용자의 정확한 시간대를 찾지 못하더라도, 협정 세계시에 기반한 타임스탬프는 여전히 유용합니다. 우선 가장 빈번하게 기록된 식사 요일과 시간을 알고 있다면 앱 서버의 발생 가능한 사용 패턴을 결정할 수 있습니다. 절대적인 시간에 기반한 타임스탬프를 활용하면 사용자가 기록한 식사 간 시차를 계산할 수 있으며 사용자의 시간대 변경에 대해 걱정할 필요가 없습니다. 추가로, 이러한 추적 및 탐색 작업은 특징의 생성이라는 흥미로운 유형의 문제로도 생각해볼 수 있습니다.

```python
## python
>>> df['dt'] = df.time - df.time.shift(-1)
```

시간 차이를 의미하는 dt 열은 분석에 활용할 수 있는 특징feature이 됩니다. 이를 활용하면 각 사용자의 시간대를 추정해볼 수도 있습니다. 사용자의 dt가 일반적으로 길다면 하루 중 시간대

---

4 옮긴이_ 표준적인 틀에 맞춰 저장된 것이 아니라 있는 그대로 저장된 데이터를 의미합니다.

를 확인할 수 있습니다. 그러면 해당 사용자에 해당하는 밤 시간의 시작 시점을 특정해볼 수도 있고, 이로부터 최댓값 간의peak-to-peak 분석을 하지 않아도 각 개별 사용자에 해당하는 '밤 시간' 을 알아낼 수 있습니다.

사용자와 네트워크의 행동

앞에서 살펴본 적은 데이터 예제를 통해 제기된 문제를 다시 살펴봅시다. 사용자의 식사 자체 가 이상했는지 아니면 업로드 방식이 타임스탬프에 영향을 준 것인지에 대한 의문을 가졌습 니다.

사용자의 시간대를 찾기 위한 분석을 타임스탬프가 사용자의 행동에 대한 것인지 아니면 네트 워크의 동작에 대한 것인지를 결정하는 데 적용해볼 수 있습니다. 앞서 계산한 dt 열 중에서 0 의 집합을 파악해보거나, 각 사용자의 행동 또는 각 네트워크 사건에 대하여 질적인 결정을 내 릴 수도 있습니다. 또한 유사한 dt의 집합이 서로 다른 일day에 대해 주기적으로 다시 나타나는 지도 알 수 있습니다. dt가 사용자 행동에 대한 것이라면 네트워크 연결이나 소프트웨어에 관 련된 행동보다 주기적인 성향이 더 강할 가능성이 높습니다.

즉, 타임스탬프의 생성 방법에 대한 정보가 전혀 없거나 거의 없다면 현재 가용한 데이터로 다 음과 같은 질문에 답할 수 있습니다.

- 사용자별 타임스탬프 간의 차이로 식사나 데이터 항목 간의 간격에 대한 감을 얻을 수 있 습니다(시간의 의미, 사용자 또는 네트워크 행동의 의미는 여러분이 세운 가설에 따라 다 릅니다).
- 사용자 행동을 종합적으로 묘사해 서버가 활성될 가능성이 높은 시점을 24시간 주기로 판 단해볼 수 있습니다.

2.3.3 의미 있는 시간 규모란

적당히 가감하여 기록하는 타임스탬프의 시간 단위는 연구의 대상 도메인에 대한 지식과 데이터의 상세한 수집 방식에 근거하여 다뤄져야 합니다.

일일 판매 데이터를 다루는 상황을 예로 들어 보겠습니다. 관리자가 기록을 매일 남기기보다 대략적인 일일 수치를 추정하면서 한 주의 마지막 날까지 기록한 수치를 보고한다고 가정해보겠습니다. 기억력과 선천적인 인지편향cognitive bias은 사람마다 모두 달라서 측정 오류가 꽤 많이 발생할 수 있습니다. 이러한 계통오차systematic error를 줄이거나 평균화하기 위해 판매 데이터의 시간을 일day 단위에서 주week 단위로 바꾸는 것을 고려해볼 수도 있습니다. 그렇지 않으면 요일에 따라 오차가 편향될 가능성을 고려한 모델을 만들어야 합니다. 예를 들어 금요일에 수치를 보고하면 월요일 실적이 과대평가될 지도 모릅니다.

> **NOTE_ 기한할인의 심리적 요소**
> **기한할인**time discounting은 **심리학적 거리**psychological distance라는 현상의 징후입니다. 심리학적 거리는 보다 '동떨어진distant'것을 추정하거나 평가할 때 좀 더 낙관적이고 덜 현실적이게 되는 경향에 대한 용어입니다. 기한할인은 최근보다는 비교적 오래전에 보고된 데이터가 일정하게 편향된다고 예측합니다. 이는 일반적인 망각과 같은 문제와는 다르며 비임의 오류를 암시하는 것입니다. 기록된 사건과는 다른 시기에 사람이 수작업으로 입력하여 생성한 데이터를 다룰 때는 기한할인을 유의해야만 합니다.

또 다른 상황은 시스템의 물리적인 지식과 연관이 있습니다. 예를 들어 사람의 혈당이 빠르게 변하는 속도에는 한계가 있습니다. 일련의 혈당 수치가 초 단위로 기록된다면 이를 개별적으로 다루기보다는 평균으로 취급하는 게 좋습니다. 여러분이 몇 초 안에 발생한 많은 측정치를 다루고 있다면 어떤 의사라도 여러분이 혈당 변화율보다 장치 오류를 연구하고 있다고 생각할 것입니다.

> **NOTE_ 사람은 시간의 흐름을 인지합니다.**
> 사람들은 시간의 흐름에 대해 다양한 방식으로 응답한다는 사실에 유의해야 합니다. 최근 연구 사례를 보면 사람의 시야에 있는 시계의 속도를 조작할 때 그 사람의 혈당치가 빠르게 바뀌는 데 어떤 영향을 주는지 보여줍니다.

2.4 데이터 정리

이번 절에서는 다음과 같은 시계열 데이터의 일반 문제를 다룹니다.

- 누락된 데이터(결측 데이터)
- 시계열의 빈도 변경(업샘플링, 다운샘플링)
- 데이터 평활
- 데이터의 계절적 변동 문제 해결
- 의도치 않은 사전관찰의 방지

2.4.1 누락된 데이터 다루기

데이터가 누락되는 것은 놀랍게도 매우 흔한 일입니다. 의료 분야를 예로 들면, 다음과 같은 여러 가지 원인으로 의학 시계열에서 데이터가 누락됩니다.

- 환자가 필요한 진료를 받지 않는 경우
- 환자의 건강 상태가 좋아서 추가 진료가 필요 없는 경우
- 환자를 잊었거나 치료가 불충분했던 경우

- 의학 장치가 제멋대로 기술적인 오작동을 일으킨 경우

- 데이터 입력 시 오류가 발생한 경우

이와 같은 상황에서 누락된 데이터는 비시계열 데이터 분석보다 시계열 분석에서 더 흔히 발생합니다. 시간축의 시계열 데이터를 샘플링하기 어렵기 때문입니다. 불완전한 시계열은 꽤 흔해서 이를 다루는 여러 방법이 개발됐습니다.

다음은 시계열에서 누락된 데이터를 해결하는 가장 일반적인 방법입니다.

- 대치법imputation: 데이터셋 전체의 관측에 기반하여 누락된 데이터를 채워 넣는 방법

- 보간법interpolation: 대치법의 한 형태로 인접한 데이터를 사용하여 누락된 데이터를 추정하는 방법

- 영향받은 기간 삭제: 누락된 데이터의 기간을 완전히 사용하지 않는 방법

대치법과 보간법은 그 동작 방식을 설명할 때 함께 다루겠습니다. 이때 모델에 가용한 데이터의 수를 줄이고 누락된 데이터의 기간을 삭제하는 방법에 반대되는 데이터의 보존 방법에 중점을 둘 것입니다. 데이터를 보존할지 또는 문제가 있는 기간을 삭제할지는 여러분의 상황과 모델에 필요한 데이터의 해당 기간을 희생할 수 있는지에 따라 다릅니다.

누락된 데이터에 대치법을 시험하기 위한 데이터셋 준비

이번에는 1948년부터 미국 정부가 발표한 월간 실업 자료(*https://data.bls.gov/timeseries/LNS14000000*)를 살펴보겠습니다(무료로 다운로드 가능). 다운로드한 데이터로부터 데이터셋 두 개를 생성합니다. 둘 중 하나는 데이터를 임의로 누락한 것이고, 다른 하나는 시계열 기록에서 실업이 가장 높은 월month에 대한 것입니다. 이를 통해 임의로 누락한 데이터와 일정하게 누락된 데이터에 대한 대치법이 어떻게 다르게 동작하는지 확인하는 실험 두 가지를 해보겠습니다.

> **TIP** 다음 예에서는 R을 사용합니다. 이 책은 R과 파이썬을 섞어서 사용합니다. R과 파이썬으로 행렬 및 자료구조를 구현한 경험이 있다는 가정하에 진행합니다.

```
## R
> require(zoo) ## zoo는 시계열 기능을 제공합니다.
> require(data.table) ## data.table은 고성능 자료구조입니다.

> unemp <- fread("UNRATE.csv")
> unemp[, DATE := as.Date(DATE)] > setkey(unemp, DATE)

> ## 임의로 누락된 데이터로 구성된 데이터셋을 생성합니다.
> rand.unemp.idx <- sample(1:nrow(unemp), .1*nrow(unemp))
> rand.unemp <- unemp[-rand.unemp.idx]

> ## 실업률이 높을 때 누락될 가능성이 더 높은
> ## 데이터로 구성된 데이터셋을 생성합니다.
> high.unemp.idx <- which(unemp$UNRATE > 8)
> num.to.select <- .2 * length(high.unemp.idx)

> high.unemp.idx <- sample(high.unemp.idx,)
> bias.unemp <- unemp[-high.unemp.idx]
```

데이터가 누락된 데이터셋을 생성하기 위해 데이터 테이블의 열을 삭제했기 때문에 누락된 날짜와 NA 값을 읽어봐야만 합니다. 이때 data.table 패키지의 **롤링 조인**^{rolling join} 기능이 꽤 유용하게 사용됩니다.

R의 data.table 패키지

R에서 데이터프레임 기능에 주로 사용되는 data.frame을 대체할 수 있는 data.table은 매우 고성능이지만, 아쉽게도 많이 활용되지 않는 패키지입니다. data.frame을 포함하는 tidyverse 패키지 묶음(*https://perma.cc/E4S8-RUHN*)은 R 사용자들에게는 익숙하지만, data.table은 data.frame 기반으로 구축된 독립적인 패키지라서 많이 알려지지 않았습니다. data.table 패키지는 시계열 분석을 위한 유용한 기능을 많이 포함합니다. 금융권의 시계열 데이터로 작업하기 위해서 고성능으로 동작하는 R 연산이 필요했던 금융권 소프트웨어 엔지니어들이 개발한 패키지이기 때문입니다.

data.table는 data.frame보다 배우기 어렵습니다. 하지만 R로 시계열 데이터 작업할 시 매우 유용한 패키지라서 이 책에서는 이 패키지를 사용할 것입니다. data.frame과는 다른 data.table 동작 방식을 빠르게 훑어보기 위한 몇 가지 예를 소개합니다.

```
dt[, new.col := old.col + 7]
```

이 예에서는 원본 data.table에 old.col라는 열이 있다고 가정합니다. new.col라는 열을 그 자리에서in place 만들었는데, 이는 data.table 전체를 새로운 객체에 복사하지 않고도 data.table에 새로운 열을 추가함으로써 메모리 사용량을 줄일 수 있습니다. := 연산자는 이 책에 자주 등장할 예정입니다.

data.table의 두 번째 인수에 열의 색인 목록을 넣어주면 간단한 절차로 data.table의 열 부분집합에 접근할 수 있습니다.

```
dt[, .(col1, col2, col3)]
```

그 결과로 col1, col2, col3 열로만 구성된 data.table의 부분집합을 얻을 수 있습니다. 열 이름 목록을 감싸고 있는 .() 연산자는 list()의 약칭입니다.

열 대신 행을 선택하고 싶다면 다음과 같이 data.table의 첫 번째 인수를 활용해봅니다.

```
dt[col1 < 3 & col2 > 5]
```

그 결과로 data.table에서 두 논리 연산을 만족하는 모든 행을 얻을 수 있습니다. 또한 다음과 같이 열과 행 선택을 조합하여 함께 사용할 수도 있습니다.

```
dt[col1 < 3 & col2 > 5, .(col1, col2, col3)]
```

마지막으로, group by 연산은 성능이 뛰어나고 속도가 빠릅니다. 예를 들어 다음 코드를 사용하면 col1 열에 속한 그룹의 무리에서 각 그룹에 대한 행의 개수를 셀 수 있습니다.

```
dt[, .N, col1]
```

그룹화된 객체에 여러 가지 연산을 수행하고 싶다면 연산 리스트를 만들고 특정 열을 지정합니다.

```
    dt[, .(total = .N, mean = mean(col2), col1]
```

이 코드는 **col1** 열에 속한 그룹 중 각 그룹의 총 행의 개수와 **col2**에 대한 평균을 반환합니다.

특히 대용량 시계열 데이터셋 분석에서 매우 유용한 도구인 **data.table** 패키지는 현재 활발하게 개발하고 있습니다. **data.table** 공식 문서(*https://perma.cc/3HEB-NE6A*)를 읽어보는 것을 강력히 추천합니다.

```
## R
> all.dates <- seq(from = unemp$DATE[1], to = tail(unemp$DATE, 1), by = "months")

> rand.unemp = rand.unemp[J(all.dates), roll=0]
> bias.unemp = bias.unemp[J(all.dates), roll=0]
> rand.unemp[, rpt := is.na(UNRATE)]
## 그래프를 쉽게 그리기 위해서 누락된 데이터를 레이블링합니다.
```

롤링 조인을 사용하면 데이터셋의 시작 날짜와 종료 날짜 사이에 가용한 모든 날짜의 순서를 생성할 수 있습니다. 그러면 데이터셋에 **NA**로 채워진 열을 얻게 됩니다.

이렇게 하여 누락된 값의 데이터셋을 만들었습니다. 이제는 이 값을 숫자로 채울 수 있는 구체적인 방법을 살펴보겠습니다.

- 포워드 필
- 이동평균
- 보간법

임의로 누락된 데이터셋과 체계적으로 누락된 데이터셋 모두에서 상기 나열된 방법의 성능을 비교해봅시다. 이 데이터셋 두 개는 완전한 데이터셋으로부터 만들어져서 이미 누락된 이유를 알고 있을 겁니다. 따라서 그 이유를 추측할 필요는 없습니다. 하지만 현실적으로는 대치된 데이터를 확인할 수 있는 누락된 값을 얻는 것은 불가능합니다.

롤링 조인

data.table의 롤링 조인은 SQL의 조인과 유사하지만, 특별히 타임스탬프의 공간을 인식할 수 있게끔 설계된 이점을 누릴 수 있습니다. 서로 다른 테이블의 타임스탬프가 항상 정확히 맞물리지는 않을 것입니다. 이때 롤링 조인을 사용하면 타임스탬프를 지능적으로 다룰 수 있습니다.

```R
## R
> ## 기부 날짜에 대한 소규모 data.table
> donations <- data.table(
>     amt = c(99, 100, 5, 15, 11, 1200),
>     dt = as.Date(c("2019-2-27", "2019-3-2", "2019-6-13",
>                    "2019-8-1", "2019-8-31", "2019-9-15"))
> )
>
> ## 각 홍보 활동의 날짜에 대한 정보
> publicity <- data.table(
>                 identifier = c("q4q42", "4299hj", "bbg2"),
>                 dt = as.Date(c("2019-1-1", "2019-4-1", "2019-7-1")))
>
> ## 각 data.table에 대한 기본키 (primary key)를 설정합니다.
> setkey(publicity, "dt")
> setkey(donations, "dt")

> ## 각 기부를 가장 최근 홍보 활동에 따라서 레이블 하고 싶습니다.
> ## 이는 roll = True로 쉽게 가능합니다.
> publicity[donations, roll = TRUE]
```

위 코드는 다음과 같이 만족스러운 결과를 출력합니다.

```R
## R
> publicity[donations, roll = TRUE]
   identifier         dt     amt
1:      q4q42 2019-02-27      99
2:      q4q42 2019-03-02     100
3:     4299hj 2019-06-13       5
4:       bbg2 2019-08-01      15
```

```
5:        bbg2 2019-08-31      11
6:        bbg2 2019-09-15    1200
```

롤링 조인이 적용된 결과로, 각 기부액 정보는 기부 직전까지 일어난 홍보 활동의 식별자와 쌍을 이룹니다.

포워드 필

포워드 필forward fill은 누락된 값이 나타나기 직전의 값으로 누락된 값을 채우는 가장 간단한 방법입니다. 이 방법에는 어떤 수학적인 원리나 복잡한 논리가 필요 없습니다. 데이터의 시간대를 내려가는 단순한 상황을 생각해보겠습니다. 시간상 누락된 지점을 발견한다면 이미 기록된 데이터 외에 확신할 수 있는 것이 없습니다. 따라서 가장 최근에 알려진 측정값을 사용하는 것이 타당합니다.

포워드 필은 zoo 패키지에 na.locf를 사용하면 쉽게 적용할 수 있습니다.

```
## R
> rand.unemp[, impute.ff := na.locf(UNRATE, na.rm = FALSE)]
> bias.unemp[, impute.ff := na.locf(UNRATE, na.rm = FALSE)]
>
> ## 평평한 부분을 보여주는 샘플 그래프
> unemp[350:400, plot (DATE, UNRATE, col=1, lwd=2, type='b')]
> rand.unemp[350:400, lines(DATE, impute.ff, col=2, lwd=2, lty=2)]
> rand.unemp[350:400][rpt == TRUE, points(DATE, impute.ff, col=2, pch=6, cex=2)]
```

상기 코드는 [그림 2-6]과 같이 누락된 값을 설명하는 반복되는 값을 제외하면, 대체로 자연스러워 보이는 그래프를 그려냅니다. 그래프에서 알 수 있듯이 포워드 필로 채워진 값은 실젯값의 범위를 많이 벗어나지 않습니다.

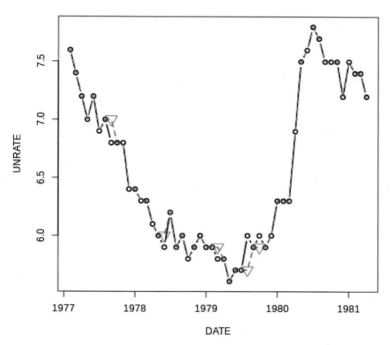

그림 2-6 실선은 원본, 점선은 임의로 누락된 값을 포워드 필로 채운 시계열을 나타내며, 역 삼각형 기호는 포워드 필로 채워진 값의 부분을 의미합니다.

하나의 시계열값과 다른 시계열값의 그래프를 그리면, 두 시계열값을 비교해볼 수도 있습니다. 시간 단계마다 실제로 알고 있는 값과 대치된 값을 그래프로 그릴 수 있습니다. 데이터 대부분은 실존하기 때문에 서로 일치해야 합니다. 이는 [그림 2-7]의 일차 함수 그래프를 통해 확실히 알 수 있습니다. 이 선을 중심으로 흩어져 있는 데이터 점들은 일정한 규칙으로 선 중심을 벗어난 것은 아닙니다.

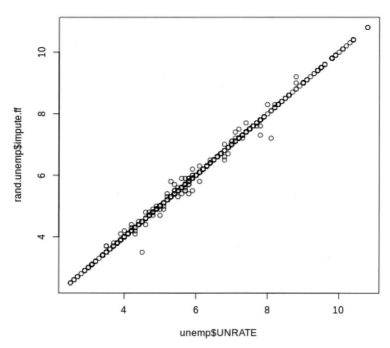

그림 2-7 실업률에 대해 포워드 필로 채워지기 전과 후를 비교한 그래프[5]

'더 화려하고 복잡한 방법'을 사용할 수 있는 상황이라도, 일부 환경에서는 포워드 필을 사용하는 것이 가장 타당합니다. 의료 환경으로 예를 들면 의료진이 환자를 정상으로 진단한 경우 재진단할 필요가 없다고 판단할 겁니다. 이때 누락된 값이 발생합니다. 이러한 많은 의료 사례의 누락된 값은 의료진의 재진단 없이도 얻을 수 있다는 추정에 근거합니다. 따라서 마지막으로 알고 있는 값으로 누락된 값을 채우는 포워드 필이 적용될 수 있습니다.

포워드 필에는 장점이 많습니다. 계산이 복잡하지 않고, 실시간 스트리밍 데이터에 쉽게 적용할 수 있으며 대치 작업을 능숙하게 처리합니다. 이어서 예를 들어 살펴보겠습니다.

------

5 이 그래프는 포워드 필이 데이터를 일정하게 왜곡하지 않았다는 사실을 보여줍니다.

이동평균

롤링 평균 또는 중앙값으로도 데이터를 대치할 수 있습니다. **이동평균**moving average으로도 알려진 이 값은 과거의 값으로 미래의 값을 '예측'한다는 관점에서 보면 포워드 필과 유사합니다(대치는 예측의 한 형태일 수 있습니다). 하지만 이동평균은 최근 과거의 여러 시간대를 입력한 내용을 사용한다는 점에서 다릅니다.

데이터의 대치에 포워드 필보다 이동평균이 더 적합한 상황이 많습니다. 노이즈가 많은 데이터를 예로 들어 보겠습니다. 전체 평균에 관한 개별 데이터값을 의심할 만한 이유가 있다면 포워드 필보다는 이동평균을 사용해야 합니다. 포워드 필에 의해 채워진 값은 누락된 값의 '실제' 관측 값보다 임의의 노이즈를 포함합니다. 반면에 평균은 이러한 노이즈의 일부를 제거할 수 있습니다.

사전관찰을 방지하려면 누락이 발생되기 전의 데이터만 사용해야 합니다. 다음과 같이 구현해 볼 수 있습니다.

```R
## R
> ## 사전관찰이 없는 롤링 평균
> rand.unemp[, impute.rm.nolookahead := rollapply(c(NA, NA, UNRATE), 3,
            function(x) {
                      if (!is.na(x[3])) x[3] else mean(x, na.rm = TRUE)
                      })]
> bias.unemp[, impute.rm.nolookahead := rollapply(c(NA, NA, UNRATE), 3,
            function(x) {
                      if (!is.na(x[3])) x[3] else mean(x, na.rm = TRUE)
                      })]
```

누락이 발생하기 이전의 값들에 대한 평균으로 누락된 값을 채워 넣었습니다(마지막 값을 색인하고 이 값을 사용하여 누락 여부의 검사 및 대체합니다).

> **TIP** 이동평균이 반드시 산술 평균일 필요는 없습니다. 가령 지수가중이동평균exponentially weighted moving average은 비교적 최근 데이터에 더 많은 가중치를 줄 수 있습니다. 또한 기하평균geometric mean은 일련의 데이터가 강한 상관관계를 가지고 시간이 지나면서 복합적인 값을 가지는 시계열에 유용합니다.

이동평균으로 누락된 데이터를 대치할 때는 미래 예측을 위한 과거의 데이터만으로 이동평균 값을 구할 수 있는지, 사전관찰을 수월하게 만들 수 있는지를 고려해봐야 합니다. 사전관찰을 고려하지 않는 상황이라면 최상의 추정치에는 누락된 데이터의 전과 후가 포함될 것입니다. 추정에 사용되는 정보를 최대화해주기 때문입니다. 이때 zoo 패키지의 rollapply() 기능을 활용하여 롤링 윈도rolling window를 구현할 수 있습니다.

```R
## R
> ## 사전관찰을 포함한 롤링 평균
> rand.unemp[, complete.rm := rollapply(c(NA, UNRATE, NA), 3,
>            function(x) {
>                        if (!is.na(x[2])) x[2]
>                        else mean(x, na.rm = TRUE)
>                        })]
```

과거와 미래에 대한 정보를 사용하는 것은 시각화와 기록 보관용 애플리케이션에 유용합니다. 앞에서 언급했듯이 예측 모델의 입력 데이터를 준비할 때는 적합하지 않습니다.

[그림 2-8]은 미래 예측을 위한 과거의 데이터에 대한 이동평균과 과거와 미래를 포함한 데이터로 계산된 이동평균의 결과 모두를 보여줍니다.

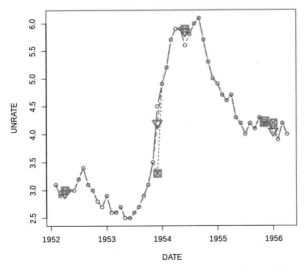

그림 2-8 점선은 사전관찰이 없는 이동평균 대치를, 파선은 사전관찰이 있는 이동평균 대치를 보여줍니다. 마찬가지로, 사각형은 사전관찰 없는 이동평균을 대치한 값, 역삼각형은 사전관찰이 있는 이동평균을 대치한 값을 의미합니다.

롤링평균에 의한 데이터 대치는 데이터셋의 분산 정도를 줄여줍니다. 이는 정확도, R2 통계량, 다른 오류 지표의 계산 시 시계열 모델의 성능을 과대 평가할 수도 있어서 기억해야 하는 내용입니다. 시계열 모델을 만들 때 종종 마주하게 될 문제입니다.

> **NOTE_ 데이터셋의 평균으로 누락된 데이터 대치하기**
> 특정 시점만을 다루는 단면적인 맥락에서는 데이터 전체 평균 또는 중앙값으로 누락된 데이터를 채웁니다. 시계열에도 같은 방법을 적용할 수 있지만, 적절치 못한 경우가 대부분입니다. 데이터셋의 전체 평균을 아는 것은 미래를 들여다 보는 행위와 관련성을 가지며 이는 곧 사전관찰을 의미합니다.

보간법

보간법은 전체 데이터를 기하학적인 행동에 제한하여 누락된 데이터값을 결정하는 방법입니다. 예를 들어 **선형 보간법**linear interpolation은 누락된 데이터가 주변 데이터에 선형적인 일관성을 갖도록 제한합니다.

선형 보간법은 시간에 따라 시스템이 동작하는 방식을 이미 알고 있고, 그 지식을 활용할 때 특히 유용하고 흥미로운 방법입니다. 시스템이 선형적인 패턴에 따라 동작한다는 사실을 알고 있다고 가정해봅시다. 그러면 누락된 값을 대치할 때 이미 알고 있는 지식에 기반하여 선형적인 경향만 사용하게끔 제한할 수 있습니다. 베이즈 관점에서 보면 대치에 **선험성**prior을 사용할 수 있다는 이야기가 됩니다.

이동평균과 마찬가지로 보간법은 과거와 미래의 데이터를 모두 활용하거나 둘 중 하나만 활용할 수도 있습니다. 따라서 다음과 같은 일반적인 주의 사항이 적용됩니다. 미래의 데이터를 보간법에 사용하기로 했다면, 이런 결정에 사전관찰을 만들지 않거나 사전관찰이 생기더라도 문제가 되지 않는다는 확신과 이에 대한 근거가 뒷받침되어야 합니다.

다음은 과거와 미래 데이터 모두를 사용하여 보간법을 적용한 코드입니다(그림 2-9 참조).

```
## R
> ## 선형 보간법
> rand.unemp[, impute.li := na.approx(UNRATE)]
> bias.unemp[, impute.li := na.approx(UNRATE)]
>
> ## 다항식 보간법
> rand.unemp[, impute.sp := na.spline(UNRATE)]
```

```
> bias.unemp[, impute.sp := na.spline(UNRATE)]
>
> use.idx = 90:120
> unemp[use.idx, plot(DATE, UNRATE, col = 1, type = 'b')]
> rand.unemp[use.idx, lines(DATE, impute.li, col = 2, lwd = 2, lty = 2)]
> rand.unemp[use.idx, lines(DATE, impute.sp, col = 3, lwd = 2, lty = 3)]
```

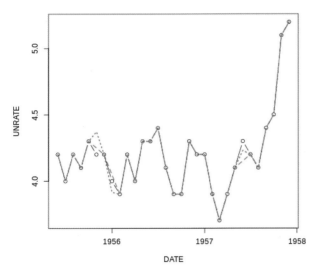

그림 2-9 파선은 선형 보간법을, 점선은 스플라인 보간법을 보여줍니다.

선형linear (또는 스플라인spline) 보간법이 적절한 경우가 많습니다. 연도에 따른 온도 변화에 대한 추세를 이미 알고 있을 때 온도의 주간 평균들의 평균을 고려해볼 수 있습니다. 또 다른 예로는 성장 중인 사업의 연간 판매 데이터를 생각해볼 수 있습니다. 사업의 규모가 매년 선형적인 추세로 증가한다면 이러한 추세에 근거한 데이터 대치가 합리적일 것입니다. 즉, 이동평균보다 해당 추세를 잘 표현하는 선형 보간법을 사용할 수 있습니다. 값이 증가하는 추세일 때 이동평균을 사용한다면 실제 추세 대비 누락된 값이 일정하게 과소 평가될 것입니다.

선형(또는 스플라인) 보간법이 적절하지 않은 상황도 있습니다. 기상 데이터셋의 강수량에 대한 데이터가 누락된 예를 들어보겠습니다. 강수량은 선형적인 추세로 움직이지 않아서 특정 날짜 사이의 강수량을 선형적으로 추정해선 안 됩니다. 이와 유사한 것으로 일일 수면 시간 기록 중 며칠간의 데이터가 누락된 경우를 예로 들어 봅시다. 마찬가지로 특정 날짜 사이의 수면 시간을 선형적으로 추정해선 안 됩니다. 밤새서 공부한 뒤 30분 정도의 짧은 수면과 같이 데이터에 포함될 수 있어서 누락된 데이터를 추정하기 어렵게 만듭니다.

전체 비교

지금까지 다양한 종류의 대치법을 살펴봤습니다. 그러면 같은 데이터셋에 대해 이 내용을 기반으로 서로 다른 대치법이 동작하는 방법을 비교해봅시다. 앞에서 누락된 데이터셋 두 개를 생성했습니다. 그중 하나는 임의로 데이터를 누락시킨 것이고, 다른 하나는 높은 실업률과 같이 부적절한 데이터를 누락시킨 것입니다. 다음은 가장 좋은 결과를 도출하는 방법을 알아보기 위해 각 방법을 비교하는 코드입니다. 코드 결과를 살펴보면 평균제곱오차mean square error가 높은 비율로 다르다는 것을 알 수 있습니다.

```R
## R
> sort(rand.unemp[ , lapply(.SD, function(x) mean((x - unemp$UNRATE)^2, na.rm =
TRUE)),
>        .SDcols = c("impute.ff", "impute.rm.lookahead",
>                "impute.rm.nolookahead", "impute.li", "impute.sp")])
impute.li   impute.rm.lookahead   impute.sp   impute.ff   impute.rm.nolookahead
0.0017      0.0019                0.0021      0.0056      0.0080


> sort(bias.unemp[ , lapply(.SD, function(x) mean((x - unemp$UNRATE)^2, na.rm =
TRUE)),
>        .SDcols = c("impute.ff", "impute.rm.lookahead",
>                "impute.rm.nolookahead", "impute.li", "impute.sp")])
impute.sp   impute.li   impute.rm.lookahead   impute.rm.nolookahead   impute.ff
0.0012      0.0013      0.0017                0.0030                  0.0052
```

앞서 다룬 여러 방법에는 사전관찰을 포함하는 경우도 있다는 사실을 명심하세요. 사전관찰이 없는 포워드 필과 이동평균만이 사전관찰을 포함하지 않는 방법입니다(사전관찰이 포함된 이동평균 방법도 존재). 따라서 오차가 다양한 범위로 다르다는 것과 사전관찰이 없는 방법의 성능이 나쁘다는 사실은 별로 놀랄 만한 일이 아닙니다.

마지막으로 드리고 싶은 말

이번 절에서는 시계열 애플리케이션을 위해서 누락된 데이터를 대치하는 데 가장 빈번히 사용하는 여러 방법을 살펴봤습니다. 데이터 과학에서 데이터를 대치하는 방법에 대한 연구는 여전히 중요한 분야입니다. 중요한 결정을 내릴수록 데이터가 누락될 만한 잠재적 이유와 수정 사항의 잠재적 영향 등을 신중하게 생각해야 합니다. 다음은 명심해야 할 몇 가지 주의 사항입니다.

- 데이터가 무작위로 누락되었다는 사실을 증명하는 것은 실제로 불가능합니다. 하지만 현실 세계에서 발생하는 대부분의 누락된 값이 무작위로 생겨났을 가능성은 낮습니다.

- 측정된 변수를 통해 누락이 발생할 확률을 설명할 수도 있지만, 그렇지 않은 경우도 있습니다. 누락된 데이터의 패턴을 설명하는 가장 좋은 방법은 많은 특징 열을 가진 데이터를 조사하는 것입니다. 하지만 표준적인 시계열 분석 방법이 아닙니다.

- 누락된 데이터를 대치한 값이 만들어 내는 불확실성에 대한 이해가 필요하다면, 다양한 시나리오를 수행하거나 가능한 한 데이터 수집 과정에 연관된 여러 사람과 대화를 나눠봐야 합니다.

- 누락된 데이터의 처리 방법은 이어지는 작업의 데이터 용도를 설명할 수 있어야 합니다. 신중하게 사전관찰이 생기지 않도록 조심해야 하고, 후속 작업의 유효성에 사전관찰이 얼마나 심각한 영향을 미칠지에 대한 판단을 내려야 합니다.

2.4.2 업샘플링과 다운샘플링

시계열 데이터의 출처가 서로 다르면 샘플링 빈도가 같지 않은 경우가 많습니다. 이러한 상황이 데이터의 샘플링 빈도를 바꿔야 하는 여러 이유 중 하나입니다. 물론, 정보가 측정되었을 당시의 실제 빈도를 변경하는 것은 불가능하지만 수집된 데이터에 대한 타임스탬프의 빈도를 바꿔 볼 수는 있습니다. 이렇게 타임스탬프의 빈도를 늘이거나 줄이는 방법을 업샘플링upsampling과 다운샘플링downsampling이라고 합니다.

2.2절에서 시간의 데이터를 다운샘플링했습니다. 이번에는 다운샘플링과 업샘플링의 방법과 필요한 이유에 대해 좀 더 일반적인 주제로 다뤄보겠습니다.

> NOTE_ 다운샘플링은 원본 시계열보다 타임스탬프가 더 낮은 빈도로 발생하게끔 데이터의 부분집합을 만듭니다. 업샘플링은 데이터가 실제보다 더 자주 수집된 것처럼 데이터를 표현합니다.

다운샘플링

다운샘플링은 데이터의 빈도를 줄이는 모든 순간을 의미합니다. 다음과 같은 경우에서 가장 빈번히 이뤄집니다.

원본 데이터의 시간 단위가 실용적이지 않은 경우

여러 가지 이유로 원본 데이터의 시간 단위가 실용적이지 않을 수 있습니다. 어떤 것을 너무 자주 측정하는 경우입니다. 매초 외부 기온을 측정한 데이터셋이 있다고 가정해봅시다. 일반적인 경험에 비추어보면 이는 지나치게 빈번히 측정한 것입니다. 추가로 데이터의 저장 공간 및 처리에 대한 부담을 떠안아야 할 만큼 새로운 정보를 제공하지는 않습니다. 사실상 이렇게 측정된 값의 오차는 초 단위로 측정된 기온의 변화만큼이나 클 수 있습니다. 따라서 이 정도로 지나치고, 유익하지 못한 데이터를 저장할 필요는 없습니다. 이렇게 규칙적으로 샘플링된 데이터의 경우, 다운샘플링은 매 n개의 요소를 추출하는 것만큼이나 간단한 작업으로 볼 수 있습니다.

계절 주기의 특정 부분에 집중하는 경우

시계열의 전반적인 계절성 데이터seasonal data에 신경 쓰는 대신에 하나의 특정 계절에만 초점을 맞춘 부분 시계열을 생성하는 경우가 있습니다. 아래 코드는 월 단위로 구성된 원본 시계열에 다운샘플링을 적용하여 1월에 측정된 것에만 초점을 맞춘 부분 시계열을 만드는 예를 보여줍니다. 즉, 이 과정에서는 데이터를 연간 빈도로 다운샘플링한 것입니다.

```
## R
> unemp[seq.int(from = 1, to = nrow(unemp), by = 12)]
DATE          UNRATE
1948-01-01    3.4
1949-01-01    4.3
1950-01-01    6.5
1951-01-01    3.7
1952-01-01    3.2
1953-01-01    2.9
1954-01-01    4.9
1955-01-01    4.9
1956-01-01    4.0
1957-01-01    4.2
```

더 낮은 빈도의 데이터에 맞추는 경우

한 데이터를 낮은 빈도로 측정된 다른 데이터와 맞춰주기 위해서 다운샘플링을 해볼 수 있습니다. 이때 일부 데이터를 단순히 삭제하기보다 데이터를 취합하거나 다운샘플링해야 합니다. 평균이나 합계를 구하는 단순한 과정일 수도 있지만, 나중의 값에 가중치를 더 주는 가중치 평균과 같이 더 복잡한 과정일 수도 있습니다. 앞서 다룬 기부 데이터의 예에서는 한 주에 대한 모든 기부금을 합산하는 방법을 살펴봤습니다.

이와는 대조적으로, 경제 데이터에서 연간 평균이 가장 관심 있는 정보입니다. 최근의 추세를 강조하기 위해서 매년 가장 마지막의 데이터를 이용하는 것보다는 전체 요약이 필요합니다. 따라서 롤링 평균보다는 일반적인 평균을 사용해볼 수 있습니다(데이터의 대치와는 다릅니다). 날짜를 문자열로 표현해서 연도별 집단으로 나눌 수 있습니다. 문자열로 표현된 날짜를 활용하면 시계열의 목적에 맞게 SQL과 유사한 연산을 활용할 수 있고, 이를 통해 창의적인 질의도 해볼 수 있습니다.

```R
## R
> unemp[, mean(UNRATE), by = format(DATE, "%Y")]
   format   V1
   1948    3.75
   1949    6.05
   1950    5.21
   1951    3.28
   1952    3.03
   1953    2.93
   1954    5.59
   1955    4.37
   1956    4.13
   1957    4.30
```

업샘플링

업샘플링은 단순히 다운샘플링의 반대 개념이 아닙니다. 더 자주 측정하기로 결정하는 것은 실제로도 충분히 일어날 수 있는 일이므로 자연스럽게 다운샘플링을 이해할 수 있습니다. 하지만 업샘플링은 어떤 것을 공짜로 얻으려는 노력으로 볼 수 있습니다. 즉, 실제로 측정하는 것은 아니지만 드물게 측정된 데이터에서 더 조밀한 시간의 데이터를 얻기 위한 것입니다. 인기 있는 R 시계열 패키지 XTS(*https://perma.cc/83E9-4N79*)의 작성자의 말을 인용해보겠습니다.

> 시계열을 낮은 주기에서 높은 주기로 바꿀 수는 없습니다. 예를 들어 데이터를 주간에서 일간으로, 일간에서 5분 단위로 변환하기 위해서는 마법과도 같은 능력이 필요합니다.

하지만 원본보다 더 높은 빈도로 데이터를 레이블링해야 하는 이유가 있습니다. 이럴 때는 현재 자신이 가진 데이터의 한계점에 유념해야 합니다. 더 많은 시간의 레이블이 추가되는 것은 맞지만, 더 많은 정보 자체가 추가되는 것은 아니라는 걸 명심하세요.

업샘플링의 의미 있는 몇 가지 상황을 알아보겠습니다.

시계열이 불규칙적인 상황

업샘플링을 수행하는 가장 일반적인 이유는 불규칙적으로 샘플링된 시계열을 규칙적인 형태로 변환해야 하기 때문입니다. 이는 데이터 사이의 시차보다 더 높은 빈도로 전체 데이터를 변환해야 할 가능성이 높기 때문에 업샘플링의 한 형태로 볼 수 있습니다. 이러한 이유로 업샘플링이 필요하다면 전에 다룬 R을 이용한 경제 데이터의 누락된 값을 채워 넣었던 예와 같이 롤링 조인을 사용할 수 있습니다.

```
## R
> all.dates <- seq(from = unemp$DATE[1], to = tail(unemp$DATE, 1), by = "months")
> rand.unemp = rand.unemp[J(all.dates), roll=0]
```

입력이 서로 다른 빈도로 샘플링된 상황

때로는 특정 모델이 현재 보유한 데이터보다 더 높은 빈도를 요구하는 경우가 있습니다. 그렇다면 서로 다른 빈도의 데이터를 같은 시간대로 정렬하기 위해 업샘플링이 필요할 것입니다. 이때 항상 사전관찰을 조심해야 합니다. 하지만 아직까지 알지 못하는 상태가 등장하지 않았고, 지금까지 알려진 상태로만 추측하는 경우라면 안전한 업샘플링이 가능할 것이고 이를 모델로 넣어줄 수 있습니다. 예를 들어 새로운 일이 월 초마다 생긴다는 사실을 안다고 가정해봅시다. 그렇다면 한 달 전체에 대한 일자리 보고를 당월의 실업률 보고로도 활용하는 게 수월하다는 결정을 내릴지도 모릅니다. 한 달 동안 실업률이 동일하게 지속된다는 추정에 기반하기 때문에 사전관찰로 볼 필요는 없습니다.

```
## R
> daily.unemployment = unemp[J(all.dates), roll = 31]
> daily.unemployment
   DATE      UNRATE
1948-01-01    3.4
1948-01-02    3.4
1948-01-03    3.4
1948-01-04    3.4
1948-01-05    3.4
```

시계열은 유동적으로 다르게 해석할 수 있습니다. 한 변수에 대한 시간적 행동을 근본적으로 이해한다면, 업샘플링 문제를 데이터 누락에 대한 문제로도 다루는 것이 가능할 수도 있습니다. 그렇다면 앞서 다뤘던 모든 기법을 적용하는 것도 가능합니다. 그중 보간법이 새로운 데이터를 만들어내는 가장 그럴듯한 방법입니다. 하지만 보간법의 사용을 결정했더라도 시스템의 동작 패턴이 이를 정당화할 수 있는지에 대한 확신이 필요할지도 모릅니다.

앞서 설명했듯이, 매우 잘 정돈된 데이터셋에서조차도 업샘플링 및 다운샘플링은 일상적인 일입니다. 서로 다른 시간 규모를 갖는 변수 간의 비교하길 원하기 때문입니다. 더불어 팬더스는 `resample` 메서드로 업샘플링과 다운샘플링을 위한 특별히 유용한 기능을 제공합니다.

2.4.3 데이터 평활

데이터 평활을 수행하는 데는 다양한 이유가 있고, 현실의 시계열 데이터는 분석 전에 평활되는 것이 보통입니다. 특히 데이터를 쉽게 이해하는 목적으로 시각화 자료를 만드는 경우가 있습니다. 이번 절에서는 평활이 필요한 이유 및 시계열에서 가장 일반적인 지수평활exponential smoothing을 살펴보겠습니다.

평활의 목적

이상치의 탐지는 그 자체로도 하나의 주제가 되므로 이 책의 범위를 넘어갑니다. 다만, 데이터를 평활해야 한다고 믿는 이유가 있다면 측정의 오류, 높게 튀는 측정치, 이 두 개 모두를 제거하기 위해 이동평균을 사용해볼 수 있습니다. 높게 튀어 오른 측정치가 정확한 것일지라도 근본적인 공정을 반영한 결과가 아닐 가능성이 있습니다. 오히려 측정 기기의 문제일 가능성이 높고, 이러한 기기의 결함이 데이터의 평활이 필요한 이유가 됩니다.

데이터의 평활은 누락된 데이터의 대치와 깊은 연관성이 있습니다. 따라서 그중 일부는 평활에서도 의미를 가집니다. 가령 데이터를 평활하기 위한 방법으로 사전관찰이 있거나 없는 롤링평균 모두가 적용될 수 있습니다. 평활 계산에는 윈도가 사용되는데, 이 윈도가 포함하려는 데이터의 위치에 대한 문제일 뿐이기 때문입니다.

평활을 할 때는 다음과 같은 다양한 질문을 고려해야 합니다.

- 평활을 하려는 이유는 무엇인가요? 평활은 여러 목적에 적합할 수 있습니다.

데이터 준비

가공되지 않은 데이터가 부적합한가요? 예를 들어 매우 높은 값은 예상 밖이며 반물리학적이므로 이를 다루기 위한 원칙이 필요합니다. 평활은 이 경우를 가장 간단히 해결할 수 있습니다.

특징 생성

데이터 샘플을 추출하는 보편적인 방법은 사람과 이미지 등에 대한 여러 가지 특징을 몇 가지 지표로 요약해보는 것입니다. 이렇게 하여 보다 많은 특징으로 구성된 샘플을 적은 차원으로 또는 특징으로 줄일 수 있습니다. 특징의 생성은 특히 머신러닝에서 중요합니다.

예측

어떤 작업에 대한 가장 간단한 형식의 예측은 평균 회귀mean reversion입니다. 평균 회귀는 평활된 특징으로 예측하여 얻을 수 있습니다.

시각화

노이즈가 낀 산점도에 신호를 약간 추가하길 원하나요? 그렇다면 그 의도는 무엇인가요?

- 평활이 있고 없음이 결과에 어떤 영향을 미칠까요?
  - 만든 모델은 노이즈가 낀 데이터와 상관관계가 없는 데이터를 가정하나요? 그렇다면 평활이 이러한 가정과 절충할 수 있을까요?
  - 상용 모델에서도 평활이 필요한가요? 그렇다면 사전관찰을 동반하지 않는 평활 기법을 선택할 필요가 있습니다.
  - 평활에 대한 원칙을 세웠나요? 아니면 하이퍼파라미터를 찾는 데 단순히 격자 탐색을 수행하나요? 후자의 경우라면 어떻게 교차검증이 시간을 인식하도록 미래의 데이터가 과거로 유출되지 않게 하나요?

하이퍼파라미터란 무엇일까요?

하이퍼파라미터hyperparameter라는 용어가 꽤 무섭게 들릴지도 모르지만, 이는 통계 모델이나 머신러닝 모델의 성능 튜닝을 위해 사용되는 단순한 숫자에 불과합니다. 모델의 최적화는 모델에 여러 종류의 하이퍼파라미터를 시도하여 최적의 하이퍼파라미터를 찾는 방법으로 **격자 탐색**grid search이 사용됩니다. 격자 탐색이란 말 그대로, 조합해볼 수 있는 모든 하이퍼파라미터를 '격자판grid' 형태로 구성하여 각 조합을 모두 시도해보는 방법을 말합니다.

가령 A와 B라는 하이퍼파라미터를 수용하는 알고리즘이 있고, A와 B가 합리적으로 가질 수 있는 값이 각각 0, 1, 2 및 0.7, 0.75, 0.8이라고 가정해봅시다. 그렇다면 9가지 하이퍼파라미터의 조합으로 구성된 격자판이 만들어집니다. 즉, A와 B 값이 구성할 수 있는 모든 조합은 $3 \times 3 = 9$개의 기회를 생성하게 되는 것입니다. 이 사실로부터 알 수 있듯이, 하이퍼파라미터의 튜닝에는 꽤 많은 노동력이 순식간에 증가할 수 있습니다.

지수평활

평활할 때, 모든 시점의 데이터를 똑같이 취급하고 싶지 않을 때가 종종 있습니다. 특히 최근에 측정된 데이터일수록 더 유익한 것으로서 다루고 싶을 수 있습니다. 이때 지수평활을 사용해보는 걸 추천합니다. 누락된 데이터를 주변값의 평균으로 대치하는 이동평균과는 대조적으로, 지수평활은 좀 더 최근 데이터일수록 더 많은 가중치를 줘서 시간의 특성을 더 잘 인식할 수 있도록 만들어진 방법입니다. 따라서 특정 윈도에 포함된 데이터가 시간상 가깝다면, 이 데이터에는 가장 많은 가중치가 부여됩니다. 또한 이름에서 알 수 있듯이, 좀 더 과거의 데이터는 기하급수적으로 낮은 가중치가 적용됩니다.

지수평활은 다음과 같이 동작합니다. t라는 특정 시간에 대해 평활된 값은 다음과 같이 계산할 수 있습니다.

$$\text{시간 } t \text{에서 평활된 값} = S_t = d \times; S_{t-1} + (1-d) \times x_t$$

이 값이 시간에 따라 전파되는 방식을 생각해봅시다. 시간 $(t-1)$에서 평활된 값은 같은 방식으로 구해볼 수 있습니다.

$$S_{t-1} = d \times S_{t-2} + (1-d) \times x_{t-1}$$

그렇다면 시간 t에서 평활된 값은 다음과 같이 좀 더 복잡하게 표현할 수 있습니다.

$$d \times \left(d \times S_{t-2} + (1-d) \times x_{t-1} \right) + (1-d) \times x_t$$

수학적으로 사고하는 성향을 지닌 독자라면 다음과 같은 연쇄적 형태를 눈치챘을 겁니다.

$$d^3 \times x_{t-3} + d^2 \times x_{t-2} + d \times x_{t-1}$$

지수이동평균을 다루기 쉬운 이유는 이 공식 덕분입니다. 이에 대한 더 자세한 설명은 온라인 및 교과서에서 찾아볼 수 있습니다. 2.8절에 필자가 좋아하는 요약을 수록했습니다.

팬더스가 다양한 평활 방법을 지원하기 때문에 파이썬으로 평활을 소개하겠습니다.

지금까지 미국 실업률 데이터를 다뤘습니다. 이번에는 또 다른 예로 흔히 사용하는 항공 탑승객 데이터셋을 살펴보겠습니다(박스Box와 젠킨스Jenkins가 공동 집필한 유명한 시계열 책을 통해 널리 알려졌습니다). 원본 데이터셋은 수천 명의 전체 항공 탑승객 수를 월 단위로 구분합니다.

```
## python
>>> air
        Date  Passengers
0    1949-01         112
1    1949-02         118
2    1949-03         132
3    1949-04         129
4    1949-05         121
5    1949-06         135
6    1949-07         148
7    1949-08         148
8    1949-09         136
9    1949-10         119
10   1949-11         104
```

팬더스의 ewma() 함수에 다양한 감쇠요인^{decay factor}을 적용하여 탑승객 수의 값을 손쉽게 평활해볼 수 있습니다.[6]

```
## python
air['Smooth.5'] = air.ewm(alpha=0.5).mean().Passengers
air['Smooth.1'] = air.ewm(alpha=0.9,).mean().Passengers
```

평활요인^{smooting factor}으로도 불리는 alpha 파라미터의 값은 기존의 평균 정보를 유지하는 것에 비해 현재의 값을 얼마나 갱신해야 하는지에 대한 영향을 미칩니다. alpha 값이 크면 클수록 값의 갱신은 있는 그대로의 현재 값에 가깝도록 더 빨리 갱신됩니다. 팬더스가 수용하는 여러 파라미터가 동일한 방정식으로 연결되지만, 지수이동평균을 구체화하는 다양한 방법을 고민할 수 있게 해줍니다.[7]

```
## python
>>> air
        Date  Passengers    Smooth.5    Smooth.9
0    1949-01         112  112.000000  112.000000
1    1949-02         118  116.000000  117.454545
2    1949-03         132  125.142857  130.558559
3    1949-04         129  127.200000  129.155716
```

----

6 옮긴이_ 팬더스 버전이 0.19보다 낮은 경우 "air.ewm(alpha=...).mean()" 대신 "pd.ewma(air, alpha=...)"를 사용해야 합니다.
7 alpha 평활요인은 반감기, 스팬, 질량의 중심 등 사용자에게 편한 것으로 지정할 수 있습니다. 자세한 내용은 공식 문서를 참조하기 바랍니다.

4	1949-05	121	124.000000	121.815498
5	1949-06	135	129.587302	133.681562
6	1949-07	148	138.866142	146.568157
7	1949-08	148	143.450980	147.856816
8	1949-09	136	139.718200	137.185682
9	1949-10	119	129.348974	120.818568
10	1949-11	104	116.668295	105.681857

하지만 장기적인 추세의 데이터에서는 단순한 지수평활이 예측을 잘 수행하지 못합니다. 홀트의 방법Holt's method과 홀트-윈터스의 평활Holt-Winters smoothing는 추세를 가진 데이터와 추세 및 계절성을 모두 가진 데이터에 적용 가능한 두 지수평활 방법입니다.

그 외에도 널리 사용되는 평활 기법은 많습니다. 가령 칼만 필터Kalman Filter는 변동성 및 측정 오차의 조합으로 시계열 과정을 모델링하여 데이터를 평활합니다. 또한 국소추정산점도평활 locally estimated scatterplot smoothing의 줄임말인 뢰스LOESS는 지역적으로 데이터를 평활하는 비모수적 nonparametric 방법입니다. 이것을 포함한 다른 방법들은 평활을 이해하기 위한 더 복잡한 방식을 제공하지만, 필연적으로 계산 비용도 함께 증가합니다. 칼만 필터 및 뢰스는 시간의 전후 데이터를 모두 고려하므로 과거로 정보가 유출될 수 있다는 사실을 유념해야 합니다. 또한 이러한 방식은 예측 용도의 애플리케이션에 사용될 데이터를 준비하는 데 일반적으로 적합하지 않다는 사실도 유념하기 바랍니다.

예측의 형식으로서 평활을 사용하는 것이 일반적이며, 복잡한 방법이 실제로 예측을 성공할 수 있는지를 실험해볼 때 평활된 시계열을 독립변수가 없는 간단한 널 모델null model로 사용할 수 있습니다.

평활 계산법

여러분이 직접 평활을 올바르게 수행해보기란 쉽지 않아서 패키지에서 제공하는 지수평활 기능을 활용해봅니다. 예를 들어 시계열의 첫 번째와 두 번째 데이터가 각각 3과 6이라고 가정해보겠습니다. 이때 할인계수discounting factor(평균이 가장 최근의 정보에 얼마나 빠르게 적응해야 할지를 정하는 설정)를 0.7이라고 가정하면 시계열의 두 번째 데이터를 다음과 같이 계산해볼 수 있습니다.

$$3 \cdot 0.7 + 6(1 - 0.7) = 3.9$$

그러나 이 계산은 사실상 잘못된 것일 수 있습니다. 할인계수 0.7에 3을 곱한 부분에서, 3을 단일 측정 데이터가 아니라 무한히 시간을 올라간 지식의 합이라고 함축적으로 상정할 수 있기 때문입니다. 따라서 6에 비해 3의 가중치는 부적절하게 매겨집니다. 단순히 눈에 보이는 숫자가 아니라 3은 훨씬 더 오랫동안 축적된 지식을 내재한 것일 수 있습니다.

올바른 표현을 도출하기 위한 대수를 짧은 지면에 설명하기엔 너무나도 복잡합니다. 하지만 이 책의 자세한 내용을 위해 마지막 부분에서 보충 자료를 제공합니다. 지금은 일단 6의 가중치가 좀 더 매겨져야 하고, 3의 가중치는 좀 덜 매겨져야 한다는 일반적인 내용만 다룹니다. 시계열을 더 이전으로 거슬러 올라갈수록, 오래된 값의 가중치는 할인계수인 0.7에 가까워져야 합니다. 대수학을 통해서 이 부분을 확인해볼 수 있는데, 궁금하다면 보충 자료를 살펴보시기 바랍니다.

2.5 계절성 데이터

데이터의 계절성은 특정 행동의 빈도가 안정적으로 반복해서 나타나는 것입니다. 동시에 여러 빈도가 다르게 발생하는 것도 가능합니다. 가령 인간의 행동은 일일(매일 같은 시간에 먹는 점심), 주간(이번 주와 다음 주 월요일의 유사성), 연간(새해의 낮은 교통량)의 계절적인 변화를 갖는 경향이 있습니다. 물리적인 시스템도 계절성을 가지는 경우가 있는데, 한 예로는 태양 주위를 지구가 공전하는 데 걸리는 기간과 같은 것이 있습니다.

계절성의 식별 및 처리는 모델링 과정의 한 부분입니다. 반면에 이는 경제적으로 중요한 미국의 직업 보고서처럼 데이터 정리의 한 형태가 되기도 합니다. 실제로 정부가 제공하는 여러 가지 통계, 특히 경제부문의 통계가 공개용 양식으로 옮겨질 때는 계절성을 제거하는 비계절화 deseasonalized 과정이 수행됩니다.

앞서 다룬 항공기 탑승객 수 라는 표준적인 데이터셋의 예를 통해서, 계절성 데이터 평활할 수 있는 일을 알아보겠습니다. 그래프를 올바르게 그렸다면, 데이터가 매우 계절적인 특성을 가진다는 사실을 금새 알 수 있습니다.

점을 사용하는 R의 기본 그래프(그림 2-10)와 점 대신 선으로 그래프를 그리기 위해 인수를 추가한 경우(그림 2-11) 사이의 차이에 유의하기 바랍니다.

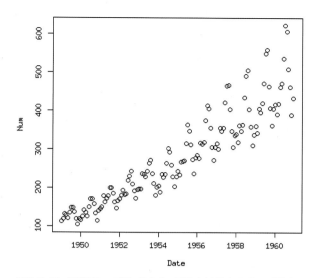

그림 2-10 산점도로 그려진 데이터는 평균과 분산의 증가를 명확히 보여주지만, 계절적인 변동의 추세를 확인하는 건 어렵습니다.

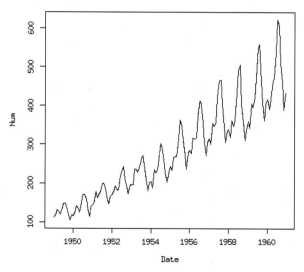

그림 2-11 계절적인 변동을 매우 명확히 보여주는 선 그래프

R의 기본 그래프만 사용한다면, 데이터의 계절적 특성을 알아채기 어려울 수도 있습니다. 3장에서 다루게 될 자기상관autocorrelation 그래프나 그 외의 진단법으로 데이터를 보다 완전히 탐색해보는 과정이 반드시 필요합니다.

> **NOTE_ 사람은 습관의 노예입니다.**
> 사람의 행동에 대한 데이터는 거의 항상 계절성의 형태를 띱니다. 반드시 한 주기로 일어나야만 하는 것은 아니며, 여러 주기에 걸쳐서 나타날 수도 있습니다(매시간, 주간, 여름-겨울 패턴 등).

선 그래프와 비교해서 산점도가 분명히 표현해주는 정보도 있습니다. 데이터 점들이 만든 구름 모양의 그래프에서 원 뿔 모양이 바깥으로 나아가는 부분을 볼 수 있습니다. 이 부분은 평균과 마찬가지로, 데이터의 분산이 증가한다는 사실을 명확히 보여줍니다. 이 데이터는 분명한 추세를 지닙니다. 이 추세를 모델이 요구하는 바에 따라 로그변환 또는 차분변환으로 변형해봐야 합니다. 또한 이 데이터는 편차가 증가하는 추세도 있습니다. 이 부분은 모델링을 다루는 장에서 모델에 맞도록 계절성 데이터를 변형하는 방식으로 다룰 것이라서 여기서 자세한 설명을 생략합니다.

계절성에 대한 증거 외에도 선 그래프로 얻을 수 있는 유용한 정보가 있습니다. 가령 계절성의 종류에 대한 정보를 얻을 수 있습니다. 즉, 데이터가 계절성을 띤다는 사실 외에도 배수적인 계절성의 변동 크기도 알 수 있습니다. 전체 값이 커지면 커질수록 계절성의 변동도 커집니다(고점과 저점 사이의 크기로 생각해볼 수 있습니다).

단 한 줄의 R 코드만으로 데이터를 계절성seasonal, 추세trend, 나머지remainder 요소로 쉽게 분해할 수 있습니다.

```
## R
> plot(stl(AirPassengers, "periodic"))
```

원본 데이터를 기준으로 보면 이 코드의 결과 그래프는 매우 합리적으로 보입니다(그림 2-12). 계절성, 추세, 그 외의 데이터를 모두 다시 합쳐서 원본 시계열을 복원하는 상상을 해볼 수 있습니다. 또한 나머지 요소로 알 수 있는 잔차는 시계열의 시작과 끝에서 가장 큽니다. 따라서 해당 시계열이 가산적보다는 배수적인 계절성을 보인다는 사실을 이 특정 분해가 고려하지 않았다는 것을 알 수 있습니다. 평균적인 계절변동seasonal variance을 계절성 요소에 대한 변동으로 정한 것으로 보입니다.

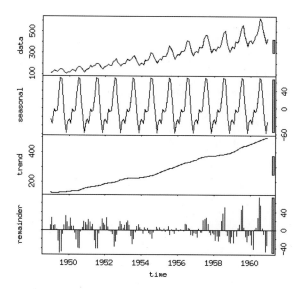

그림 2-12 원본 시계열을 계절성 요소, 추세, 잔차로 분해한 그래프[8]

다음 R 공식 문서를 참고하여 상기 코드의 동작 방식을 살펴봅시다.

계절성의 부분계열(1월의 모든 값으로 구성된 계열과 같이)을 평활하는 뢰스가 계절성 요소를 발견합니다. 만약 `s.window = "periodic"` 이라면 평활은 효과적으로 평균에 의해 대체됩니다. 계절성을 띄는 값은 삭제되고, 나머지는 추세를 발견하기 위해 평활해야 됩니다. 전반적인 시각은 계절성 요소에서 삭제되고 추세 요소에 더해집니다. 이 과정을 수 차례 반복합니다. 따라서 나머지 요소는 계절성에 추세를 더한 것에 대한 잔차가 됩니다.

앞서 소개한 뢰스는 데이터를 평활하는 데 계산적 부담이 큰 방법입니다. 이 방법은 인접 지점에 기반하여 각 데이터의 평활된 값을 추정하기 위한 이동 원도와 연관이 있습니다(사전관찰에 대한 경고가 울리기를 바랍니다).

<hr>

8 각 그래프의 y축은 다 다르며, 그래프 우측에 회색 막대가 있는 이유이기도 합니다. 이 회색 막대 모두는 동일한 절대 크기를 가져서 상대적으로 다른 길이의 막대는 다른 요소와의 y축 크기가 다르다는 것을 시각적으로 보여줍니다.

계절성 데이터와 순환성 데이터

계절성 시계열은 일련의 동작이 정해진 기간 동안 반복되는 시계열입니다. 24시간과 12개월의 시즌과 같이 서로 다른 속도의 계절성을 반영하는 여러 개의 주기성이 있을 수 있습니다. 이 두 예의 계절성은 사람의 행동에 관련된 대부분의 시계열이 자주 보이는 특징입니다.

순환성 시계열 또한 반복적인 동작을 보이긴 하지만, 기간이 가변적이라는 점이 다릅니다. 일반적인 예로는 주식시장의 호황과 불황의 주기처럼 불확실한 기간이 있는 비즈니스 주기가 있습니다. 이와 비슷하게 화산은 순환적인 행동을 보이지만, 계절적인 행동을 보이진 않습니다. 분출 시기를 대략적으로는 알고 있지만, 이는 정확한 것이 아니며 시간이 지남에 따라 달라집니다.

2.6 시간대

시간대를 이해하기 위해서는 본질적으로 지루하고 혹독한 훈련과 노력이 많이 필요합니다. 이렇게 노력해도 정확히 이해하기 것은 어렵습니다. 그렇기 때문에 자신만의 해결 방법을 사용해서는 안 됩니다. 시간대는 초기부터 지금까지 계속 복잡했고, 개인용 컴퓨터가 등장하며 더 복잡해졌습니다. 여기에는 다음과 같은 이유가 있습니다.

- 시간대는 정치적, 사회적 결정에 의해 형성됩니다.
- 언어 간 또는 HTTP 프로토콜을 통해 표준 시간대 정보를 전송하는 표준 방법이 없습니다.
- 시간대에 이름을 짓거나 일광 절약daylight saving의 시작과 종료일을 결정하기 위한 단일화된 프로토콜이 없습니다.
- 일광 절약으로 한 해에 몇 시간씩 시간의 중복이 발생합니다.

컴퓨터 언어 대부분은 운영체제에 의존하여 시간대 정보를 얻습니다. 아쉽게도, 파이썬에 내장된 자동 시간 검색 함수인 `datetime.datetime.now()`는 시간대를 인식한 타임스탬프를 반환하지 않습니다. 이 기능의 일부는 의도적으로 그렇게 설계됐습니다. 표준 라이브러리가 내린 몇 가지 결정 사항은 시간대 정보가 너무 자주 바뀌기 때문에 `datetime` 모듈의 시간대 정보를 금지하고, 시간대 정보의 유무에 상관없이 `datetime` 객체를 허용한다는 내용을 포함합니다.

하지만 시간대를 가진 객체와 그렇지 못한 객체를 비교하면 TypeError가 발생합니다.

몇몇 블로거들은 라이브러리 대부분이 tzinfo == None이라는 가정하에 작성되었다고 주장합니다. 입증하기 어려운 주장이지만, 많은 경험이 이를 일관성 있는 사실이라고 말합니다. 또한 사람들이 보고한 바에 의하면 시간대가 찍힌 객체를 pickle로 저장하기가 쉽지 않다는 내용이 있습니다. pickle로 저장할 계획이 있다면 사전에 이를 확인해야 합니다.[9]

그러면 파이썬을 사용한 시간대 관련 작업을 한번 살펴보겠습니다. 사용할 주요 라이브러리는 datetime, pytz, dateutil입니다. 추가로, 팬더스는 pytz 및 dateutil 라이브러리에 기반한 시간대에 대한 편리한 기능을 제공합니다.

가장 중요한 시간대에 대한 기능은 이 다음에 다루겠습니다.

우선, datetime 모듈에서 now 함수를 호출하면 여러분의 시간대에 적절한 시간을 반환하지만 시간대 자체에 대한 정보는 없다는 것을 알아두시기 바랍니다. 예를 들어 now()와 utcnow() 함수 호출한 다음 얻은 각 응답의 차이점을 주의하기 바랍니다.

```python
## python
>>> datetime.datetime.utcnow()
datetime.datetime(2018, 5, 31, 14, 49, 43, 187680)

>>> datetime.datetime.now()
datetime.datetime(2018, 5, 31, 10, 49, 59, 984947)
>>> # 시간대를 부여하지 않았지만,
>>> # 필자가 사용한 컴퓨터는 UTC를 반환하지 않았습니다.

>>> datetime.datetime.now(datetime.timezone.utc)
datetime.datetime(2018, 5, 31, 14, 51, 35, 601355, tzinfo=datetime.timezone.utc)
```

시간대를 전달해주면, 정확한 정보를 얻을 수 있다는 것을 알아두시기 바랍니다. 그러나 이것이 기본 동작은 아닙니다. 파이썬으로 시간대 관련 작업을 하기 위해서는 timezone 객체를 생성합니다. 가령 미 서부는 아래의 코드에서처럼 태평양 표준시를 지정할 수 있습니다.

---

9 pickle은 파이썬의 객체를 바이트 형식으로 저장합니다. 이는 널리 사용되는 pickle 내장 모듈에 의해 수행됩니다. 시간을 pickle 형태로 저장하면 대부분 잘 동작하지만, 시간에 관련된 객체를 pickle로 저장할 때는 어려움이 가끔 존재합니다.

```python
## python
>>> western = pytz.timezone('US/Pacific')
>>> western.zone
'US/Pacific'
```

그런 다음 이 객체를 사용하여 다음과 같이 시간대를 현지화할 수 있습니다.

```python
## python
>>> ## API는 시간대를 인지한 시간을 생성하는 두 가지 방법을 제공
>>> ## 하나는 'localize'를 이용하는 방식
>>> ## 다른 하나는 한 장소의 시간대를 다른 장소의 시간대로 변환하는 방식

>>> # 다음은 현지화하는 방법입니다.
>>> loc_dt = western.localize(datetime.datetime(2018, 5, 15, 12, 34, 0))
>>> datetime.datetime(2018, 5, 15, 12, 34,
                      tzinfo=<DstTzInfo 'US/Pacific' PDT-1 day, 17:00:00 DST>)
```

하지만 datetime 생성자에 시간대를 직접 전달하면 기대한 결과를 생성하지 않는 경우가 발생할 수 있습니다.

```python
## python
>>> london_tz = pytz.timezone('Europe/London')
>>> london_dt = loc_dt.astimezone(london_tz)
>>> london_dt
datetime.datetime(2018, 5, 15, 20, 34, tzinfo=<DstTzInfo 'Europe/London' BST+1:00:00
DST>)

>>> f = '%Y-%m-%d %H:%M:%S %Z%z'
>>> datetime.datetime(2018, 5, 12, 12, 15, 0, tzinfo = london_tz).strftime(f)
'2018-05-12 12:15:00 LMT-0001'

>>> ## pytz 공식 문서에서 강조하듯 datetime.datetime 생성자의 tzinfo를 사용하면
>>> ## London의 예처럼 항상 원하는 결과를 얻게 되는 것은 아닙니다.

>>> ## pytz 공식 문서에 따르면 이 방법은 일광 절약이 없는 시간대에서
>>> ## 원하는 결과를 얻게 해줍니다.
```

시간 간격을 계산할 때와 같은 상황에서 중요합니다. 다음의 세 가지 예제 중 첫 번째 예제가 이를 증명합니다.

```python
## python
>>> # 일반적으로 UTC 형식으로 데이터를 저장한 다음
>>> # 사람이 읽을 수 있는 형태로 출력할 때만 변환합니다.
>>> # 시간대에 대하여 날짜 간의 산술 연산도 할 수 있습니다.
>>> event1 = datetime.datetime(2018, 5, 12, 12, 15, 0, tzinfo = london_tz)
>>> event2 = datetime.datetime(2018, 5, 13, 9, 15, 0, tzinfo = western)
>>> event2 - event1
>>> ## 위와 같은 계산은 잘못된 시간 간격을 계산합니다.
>>> ## 서로의 시간대가 적절하게 레이블링되지 않기 때문입니다.

>>> event1 = london_tz.localize(datetime.datetime(2018, 5, 12, 12, 15, 0))
>>> event2 = western.localize(datetime.datetime(2018, 5, 13, 9, 15, 0))
>>> event2 - event1

>>> event1 = london_tz.localize(
                  datetime.datetime(2018, 5, 12, 12, 15, 0))
                  .astimezone(datetime.timezone.utc)
>>> event2 = western.localize(
                  datetime.datetime(2018, 5, 13, 9, 15, 0))
                  .astimezone(datetime.timezone.utc)
>>> event2 - event1
```

pytz는 국가별 시간대와 일반 시간대의 목록을 제공하며 두 개 모두 유용한 참고가 됩니다.

```python
## python
## pytz.common_timezones의 내용을 확인해봅시다.
>>> pytz.common_timezones
(long output...)

## 또는 국가별 시간대를 확인해봅시다.
>>> pytz.country_timezones('RU')
['Europe/Kaliningrad', 'Europe/Moscow', 'Europe/Simferopol',
'Europe/Volgograd', 'Europe/Kirov', 'Europe/Astrakhan',
'Europe/Saratov', 'Europe/Ulyanovsk', 'Europe/Samara',
'Asia/Yekaterinburg', 'Asia/Omsk', 'Asia/Novosibirsk',
'Asia/Barnaul', 'Asia/Tomsk', 'Asia/Novokuznetsk',
'Asia/Krasnoyarsk', 'Asia/Irkutsk', 'Asia/Chita',
'Asia/Yakutsk', 'Asia/Khandyga', 'Asia/Vladivostok',
'Asia/Ust-Nera', 'Asia/Magadan', 'Asia/Sakhalin',
'Asia/Srednekolymsk', 'Asia/Kamchatka', 'Asia/Anadyr']
>>>
>>> pytz.country_timezones('fr')
>>> ['Europe/Paris']
```

특히 까다로운 주제는 일광 절약에 관한 문제입니다. 특정 시간은 두 번 존재 하는 반면(가을이 늦어짐), 아예 존재하지 않는 시간도 있습니다(봄을 앞질러 감).

```python
## python
>>> ## 시간대
>>> ambig_time = western.localize(datetime.datetime(2002, 10, 27, 1, 30, 00))
                      .astimezone(datetime.timezone.utc)
>>> ambig_time_earlier = ambig_time - datetime.timedelta(hours=1)
>>> ambig_time_later = ambig_time + datetime.timedelta(hours=1)
>>> ambig_time_earlier.astimezone(western)
>>> ambig_time.astimezone(western)
>>> ambig_time_later.astimezone(western)
>>> # 출력 결과
datetime.datetime(2002, 10, 27, 1, 30,
                  tzinfo=<DstTzInfo 'US/Pacific' PDT-1 day, 17:00:00 DST>)
datetime.datetime(2002, 10, 27, 1, 30,
                  tzinfo=<DstTzInfo 'US/Pacific' PST-1 day, 16:00:00 STD>)
datetime.datetime(2002, 10, 27, 2, 30,
                  tzinfo=<DstTzInfo 'US/Pacific' PST-1 day, 16:00:00 STD>)
>>> # 마지막 두 타임스탬프는 동일합니다. 별로 좋지 않은 상황입니다!
>>> ## 이 경우에는 is_dst를 사용해서 일광 절약의 적용 여부를 표시해야 합니다.
>>> ambig_time = western.localize(datetime.datetime(2002, 10, 27, 1, 30, 00), is_
dst = True)
                      .astimezone(datetime.timezone.utc)
>>> ambig_time_earlier = ambig_time - datetime.timedelta(hours=1)
>>> ambig_time_later = ambig_time + datetime.timedelta(hours=1)
>>> ambig_time_earlier.astimezone(western)
>>> ambig_time.astimezone(western)
>>> ambig_time_later.astimezone(western)

datetime.datetime(2002, 10, 27, 0, 30,
                  tzinfo=<DstTzInfo 'US/Pacific' PDT-1 day, 17:00:00 DST>)
datetime.datetime(2002, 10, 27, 1, 30,
                  tzinfo=<DstTzInfo 'US/Pacific' PDT-1 day, 17:00:00 DST>)
datetime.datetime(2002, 10, 27, 1, 30,
                  tzinfo=<DstTzInfo 'US/Pacific' PST-1 day, 16:00:00 STD>)
## 이번에는 동일한 시간이 두 번 발생하지 않습니다.
## UTC로부터 오프셋을 확인할 때까지 이러한 방법으로 보여집니다.
```

시간대를 고려하는 것이 중요하지 않을 수도 있습니다. 따라서 이러한 지식은 현재 다루는 데이터의 성질에 따라 그 유용성이 달라집니다. 하지만 이러한 지식을 잘못 알고 있어서 대참사가 발생하는 경우도 생깁니다. 예를 들어 시간이 변하는 동안 비행 중인 상업용 비행기를 위해 날씨를 예측했는데, 여객기의 위치가 급격하게 변화는 일이 발생하는 경우를 생각해볼 수 있습니다.

2.7 사전관찰의 방지

사전관찰은 모델링 공정 특히, R과 파이썬이 제공하는 것과 같이 데이터 조작을 위한 벡터화 함수에서 위험할 정도로 쉽게 발생할 수 있습니다. 변수를 의도한 것보다 덜 또는 더 잘못된 방향으로 이동하게 됩니다. 그렇지 않더라도, 시스템에 알려지지도 않은 가용 데이터를 사전에 보유하게 되고 온전히 '정직하지 못한' 데이터를 가진 자신을 발견합니다.

안타깝지만 사전관찰을 확정 진단하는 통계 방법은 없습니다. 결국에는 시계열 분석의 노력은 알려지지 않은 것을 모델링하는 것입니다. 어느 정도 알려진 변칙에 따라 결정되는 시스템이 아닌 이상, 매우 좋은 모델과 사전관찰이 있는 모델을 구분하는 것은 쉽지 않습니다. 즉, 모델을 상용화한 다음에야 계획에 없던 누락된 데이터가 발생하거나, 모델을 훈련하던 때 보이던 내용을 반영하지 않는 사실을 깨닫게 됩니다.

이렇게 난처한 상황을 방지하는 가장 좋은 방법은 끊임없이 경계하는 것입니다. 데이터의 평활, 대치, 업샘플링, 시간에 따른 밀고 당김을 할 때마다, 주어진 시점에서 무엇을 알 수 있는지에 관한 질문을 스스로에게 던져보시기 바랍니다. 달력에 표시된 시간만 포함되어야 할 대상이 아님을 기억해두시기 바랍니다. 또한 발생한 무언가와 소속 단체가 보유한 가용 데이터 사이의 지연이 얼마나 긴지를 반영하기 위한 현실적인 지연 시간도 포함합니다. 가령 소속 단체가 감정분석을 목적으로 매주 트위터의 데이터를 수집한다면, 이러한 주간 주기의 정보를 학습 및 검증용 데이터에 포함할 필요가 있습니다. 마찬가지로, 한 달에 한 번만 모델을 재학습할 수 있다면 시간에 따라 어떤 모델이 어떤 데이터에 적용되어야 하는지 파악해야 합니다. 예를 들어 7월에 학습된 모델을 7월에 시험하는 것은 불가능합니다. 실제 상황에서 모델의 학습에 오랜 시간이 걸린다면, 제시간에 학습된 모델이 나오지 않을 수도 있기 때문입니다.

다음은 몇 가지 생각이 담긴 일반적인 점검 목록입니다. 사후에 공정을 검사하는 경우와 모델을 구축할 계획이 있을 때 명심해야 할 사항입니다.

- 누락된 데이터를 대치하거나 평활할 때, 사전관찰의 도입이 결과에 어떤 영향을 주는지 신중하게 생각해보시기 바랍니다. 단순히 생각에만 그치지 말고, 앞서 다룬 내용처럼 실험을 통해서 대치와 평활이 어떻게 동작하는지도 확인해봐야 합니다. 그 동작이 미래를 예측하나요? 그렇다면 사전관찰의 사용을 정당화할 수 있을까요? 아마도 아닐 것입니다.

- 매우 적은 데이터셋으로 처리의 전체 공정 구축해보시기 바랍니다(`data.table`의 몇 개의 행 또는 데이터 형식에 상관없이 몇 번의 시간 단계에 따른 행). 그런 다음 공정의 각 단계 별 임의의 지점을 검사하여 시간 정보가 뜻하지 않게 부적절한 위치로 이동했는지 알아봐야 합니다.

- 각 종류의 데이터에 대해 각 타임스탬프와 관련된 지연이 무엇인지 확인해보시기 바랍니다. 가령 타임스탬프가 데이터가 서버로 업로드된 시점의 것이 아니라, 실제로 언제 '발생했는지'를 의미한다면, 그 사실을 알고 있어야 합니다. 데이터프레임의 서로 다른 열은 서로 다른 지연을 가질지도 모릅니다. 이를 해결하기 위해서는 데이터프레임별로 지연을 정의하거나, (보다 낮고 더 현실적으로) 가장 큰 지연을 골라서 모든 곳에 적용해볼 수도 있습니다. 만든 모델을 지나치게 비관하고 싶지는 않겠지만, 매우 제한적인 규칙을 하나씩 신중히 완화해보는 것이 좋은 출발이 될 것입니다.

- 시간을 인식할 수 있는 에러(롤링) 검사 또는 교차검증을 사용하기 바랍니다. 이는 11장에서 다룰 내용이지만, 학습 및 시험용 데이터셋을 무작위로 뒤섞는 것은 시계열에서 유효하지 않은 방법임을 기억해야 합니다. 미래의 정보가 과거의 데이터로 만든 모델로 유출되는 것을 바라지는 않을 것입니다.

- 의도적으로 사전관찰을 도입하여 모델의 동작을 확인해보시기 바랍니다. 다양하게 사전관찰을 시도해봄으로써, 정확도에 생기는 변화에 대한 감을 익힐 수 있습니다. 이러한 감이 있으면, 불공평한 미래의 지식을 가지지 않은 실질적인 모델의 한계에 대한 감 또한 익힐 수 있습니다. 시계열에 관련된 많은 문제는 매우 어렵다는 사실을 기억해야 합니다. 노이즈가 많고, 약한 신호를 가진 데이터셋을 다루기 전까지는 사전관찰이 도입된 모델이 매우 좋아 보일지도 모릅니다.

- 특징, 특히 처리 중인 특징을 천천히 추가해서 성능의 큰 향상이 있는지를 찾아보시기 바랍니다. 사전관찰의 한 가지 징후는 특정 특징이 예기치 않게 매우 좋은데, 왜 좋은지를 잘 설명할 만한 방법이 없습니다. 이유에 대한 설명 목록의 맨 위에는 항상 '사전관찰'이 있어야만 합니다.

2.8 보충 자료

누락된 데이터

- Steffen Moritz et al., "Comparison of Different Methods for Univariate Time Series Imputation in R," unpublished research paper, October 13, 2015, *https://perma.cc/M4LJ-2DFB*.

  ▷ 2015년에 발표된 요약 자료로, 일변량 시계열 데이터에 대하여 시계열 데이터의 대치로 사용 가능한 방법의 개요를 다룹니다. 결측 데이터의 대치를 위한 많은 고급 방법은 공변량 간의 분포를 살피는 데 의존해서 유독 일변량 시계열 데이터는 다루기가 어렵습니다. 이 논문은 다양한 R 패키지에 대한 유용성과 성능, 그리고 다양한 데이터셋에서 사용 가능한 방법에 대한 실험 결과를 요약합니다.

- James Honaker and Gary King, "What to Do About Missing Values in Time-Series Cross-Section Data," American Journal of Political Science 54, no. 2 (2010): 561 – 81, *https://perma.cc/8ZLG-SMSX*.

  ▷ 넓은 공변량 패널을 사용하여 시계열의 누락된 데이터에 대한 모범 사례를 살펴봅니다.

- Léo Belzile, "NOTEs on Irregular Time Series and Missing Values," n.d. *https://perma.cc/8LHP-92FP*.

  ▷ 불규칙적인 데이터를 누락된 데이터의 문제로 다루는 예제와 자주 사용되는 R 패키지에 대한 개요를 제공합니다.

시간대

- Tom Scott, The Problem with Time & Timezones, Computerphile video,

December 30, 2013, *https://oreil.ly/iKHkp*.

▷ 150만 회 이상 조회된 10분짜리 유튜브 영상으로 웹 애플리케이션의 관점에서 시간대를 다룰 때 생기는 어려움과 위험성을 설명합니다.

- Wikipedia, "Time Zone," *https://perma.cc/J6PB-232C*.

▷ 지난 세기 이전에는 어떻게 시간의 기록을 했는지를 다루는 짧고 매력적인 역사 자료이며, 철도로부터 시작된 기술의 진보가 서로 다른 위치에 있는 사람 간의 시간 조정에 대한 필요성을 어떻게 증가시켰는지를 다룹니다. 시간대에 대한 몇 가지 재미있는 지도도 제공합니다.

- Declan Butler, "GPS Glitch Threatens Thousands of Scientific Instruments," Nature, April 3, 2019, *https://www.nature.com/articles/d41586-019-01048-2*.

▷ 시간대와 직접적인 관련은 없지만, 보다 일반적으로 타임스탬프에 대한 문제를 다룹니다. 미국에서 1980년 1월 6일부터 10자리로 구성된 이진의 '주 번호'를 전송해서 발생한 GPS의 버그로 인해 타임스탬프가 찍힌 데이터에 문제가 발생할 수 있는 최근 문제를 설명합니다. 이 GPS는 2의 10승, 즉 1,024개의 주 만을 처리할 수 있었습니다. 2019년 4월에 두 번이나 이 숫자에 도달했습니다. 이러한 제한의 수용이 설계되지 않은 장치는 0으로 재설정되었고, 과학 및 산업의 데이터의 타임스탬프가 잘못 설정되었습니다. 이 글은 이러한 문제를 설명하기 위해서 미래를 보장하지 않는 과학 장치를 통해 시간을 표현하는 제한 사항에 대한 어려움을 소개합니다.

평활과 계절성

- Rob J. Hyndman and George Athanasopoulos, "Exponential Smoothing," in Forecasting: Principles and Practices, 2nd ed. (Melbourne: OTexts, 2018), *https://perma.cc/UX4K-2V5N*.

▷ 기초 학술 교과서로 시계열 데이터에 대한 지수평활법을 다루고, 여기에는 예측용 애플리케이션을 위한 지수평활법과 이를 확장한 유용한 분류 체계를 제공합니다.

- David Owen, "The Correct Way to Start an Exponential Moving Average," Forward Motion blog, January 31, 2017, *https://perma.cc/ZPJ4-DJJK*.

▷ 앞에서 언급했듯이 지수이동평균은 개념적으로는 간단하고 계산도 쉽지만, 계산을 '시

작'하는 방법이 약간 복잡하다는 문제점이 있습니다. 이동평균이 정보를 기록한 시간을 인식하는 방식으로 새로운 정보에 적용합니다. 이러한 사실을 고려하지 않고 이동평균을 하게 되면, 새로운 이동평균조차도 마치 무한히 되돌아가고 새로운 정보를 과도하게 할인하는 것처럼 행동하게 됩니다. 자세한 내용과 계산에 대한 해결은 이 블로그의 게시물에서 소개합니다.

- Avner Abrami, Aleksandr Arovkin, and Younghun Kim, "Time Series Using Exponential Smoothing Cells," unpublished research paper, last revised September 29, 2017, *https://perma.cc/2JRX-K2JZ*.

  ▷ '지수평활 셀exponential smoothing cell'을 개발하기 위한 간단한 지수평활의 개념을 매우 자세히 설명하는 뛰어난 시계열 연구 논문입니다.

함수적 데이터 분석

- Jane-Ling Wang, Jeng-Min Chiou, and Hans-Georg Müller, "Review of Functional Data Analysis," Annual Reviews of Statistics and its Application, 2015, *https://perma.cc/3DNT-J9EZ*.

  ▷ 함수적 데이터 분석 기법을 수학적으로 쉽게 이해하기 위한 개요를 제공합니다. 또한 유용한 시각화 기법도 포함합니다.

- Shahid Ullah and Caroline F. Finch, "Applications of Functional Data Analysis: A Systematic Review," BMC Medical Research Methodologyv, 13, no. 43 (2013), *https://perma.cc/VGK5-ZEUX*.

  ▷ 최근에 게시된 분석을 함수적 데이터 분석으로 조사하기 위한 여러 분야의 접근 방식을 사용합니다. 현재 알려진 것보다 훨씬 더 광범위하게 함수적 데이터 분석 기법을 적용할 수 있다고 주장합니다. 또한 생물학 및 건강과학에서 의료 시계열 데이터를 살펴본다면 이런 기술을 더 많이 사용해보는 걸 권합니다.

## CHAPTER 3

시계열의 탐색적 자료 분석

이번 장은 시계열을 위한 탐색적 자료 분석 논의를 두 부분으로 나누어 설명합니다. 먼저, 일반적으로 시계열에 사용되는 데이터 응용 기법을 다룹니다. 특히, 히스토그램, 도표 그리기, 그룹화 연산이 시계열 데이터에 어떻게 적용되는지를 살펴봅니다.

그다음, 시계열 분석의 근본적인 시간 기법을 강조합니다. 이 기법은 시계열 데이터를 위해 특별히 개발되었으며 데이터가 서로 시간 관계가 있는 상황에서만 의미가 있습니다.

3.1 친숙한 방법

우선 데이터 탐색 기법을 시계열 데이터셋에 적용하는 방법부터 생각해봅시다. 이는 비시계열 데이터에 적용하는 과정과 동일합니다.

쓸 수 있는 열, 각 열이 가지는 값의 범위, 가장 알맞은 측정 단위와 같은 것을 알고 싶을 것입니다. 또한 새로운 데이터를 다룰 때처럼 다음과 같은 질문에 대한 답을 얻고 싶을 것입니다.

- 긴밀한 상관관계를 가지는 열이 있나요?
- 관심 대상 변수의 전체 평균과 분산은 무엇인가요?

이러한 질문은 도표 그리기, 요약 통계 내기, 히스토그램 적용, 산점도 사용 등과 같은 친숙한 기법으로 답을 찾을 수 있습니다. 더불어 다음과 같은 시간과 관련된 질문에도 대답할 수 있습니다.

- 분석값의 범위가 무엇인가요? 다른 논리적 단위나 기간에 따라 값이 달라지나요?
- 데이터가 일관성을 갖고 균등하게 측정됐나요? 아니면 시간이 흐르면서 측정이나 동작 방식에 변화가 있었나요?

이런 궁금증을 해결하려면 히스토그램, 산점도, 요약 통계 같은 방법에 시간축을 함께 고려해야만 합니다. 이를 구현하려면 히스토그램이나 산점도에 적용된 것처럼 시간을 통계에 포함해야 합니다. 이때 시간은 그래프의 한 축 또는 그룹화 연산에 대한 하나의 그룹이 됩니다.

이 절의 나머지 내용에서는 몇 가지 다른 시계열 데이터로 탐색적 데이터 분석의 예를 살펴볼 것입니다. 동시에 시계열과 무관한 전통 기법을 그대로 사용하거나 시간대별로 수정하는 사용 방법을 탐색해봅시다. 이런 탐색적 기법을 설명하기 위해 R의 기본 패키지에서 제공하는 유럽 증권거래 시계열 데이터를 사용합니다.

그룹화 연산

비시계열 데이터처럼 시계열 데이터에도 그룹이 있어서 그룹화라는 개념을 적용할 수 있습니다. 예를 들어 횡단면(비시계열) 데이터cross-sectional data에서는 연령, 성별, 이웃에 기반한 그룹 평균을 구할 수 있습니다. 한편 시계열 분석에서는 월별 평균이나 주별 중앙값과 같은 탐구적인 그룹화 연산이 유용합니다. 또한 시계열과 비시계열의 그룹을 결합하는 것도 가능합니다. 성별로 월 평균 섭취 칼로리를 구하거나, 병원 환자 집단을 나이별로 주별 수면 중앙값을 구하는 예를 들어볼 수 있습니다. 데이터를 그룹화하면 시간축을 다른 관계와 상호작용할 수 있도록 해주는 방법이 많습니다. 예를 들어 보겠습니다.

- 외부 요인으로 규칙의 변화가 예상된다면 변화 시점을 기준으로 서로 다른 시각에서 따로 분석해야 합니다. 서로 다른 의미를 지니는 시각의 합리적인 경계를 발견하고자 한다면 탐색적 분석을 사용하기 바랍니다.
- 하나의 계열로 표현된 데이터(예: 전체 기부)를 여러 개의 병렬처리(예: 개인 기부)로 나누면 더 명확해진다는 것을 발견할 수도 있습니다.

3.1.1 도표 그리기

R이 제공하는 대표적인 **EuStockMarkets** 시계열 데이터셋을 살펴보겠습니다. `head` 함수를
사용하여 처음 몇 개 행을 보면서 데이터셋에 대한 감을 잡아봅시다.

```
## R
> head(EuStockMarkets)
        DAX    SMI    CAC   FTSE
[1,] 1628.75 1678.1 1772.8 2443.6
[2,] 1613.63 1688.5 1750.5 2460.2
[3,] 1606.51 1678.6 1718.0 2448.2
[4,] 1621.04 1684.1 1708.1 2470.4
[5,] 1618.16 1686.6 1723.1 2484.7
[6,] 1610.61 1671.6 1714.3 2466.8
```

R의 기본 패키지에 내장된 데이터셋 **EuStockMarkets**는 1991년부터 1998년까지 유럽 4대
주요 주가지수 일일 종가를 기록합니다. 데이터셋은 입회일business day만 포함합니다.

이 데이터셋은 형식화 및 샘플링이 이미 잘 되어 있어서 지금까지 살펴본 어느 데이터셋보다
가장 잘 정돈되었습니다. 누락된 값이나 시간대, 부정확한 측정에 대해 걱정할 필요가 없어서
바로 탐색적 데이터 분석에 뛰어들 수 있습니다.

시계열 데이터가 비시계열 데이터보다 더 단순한 선택지를 가지긴 하지만, 가장 처음에는 시간
을 고려하지 않은 방식으로 시계열을 다루는 방식을 살펴봅니다. 각 값을 개별 그래프로 그려
보면 이해하기 쉽습니다. 주가지수 대 개별 특징을 표현한 도표들은 근본적인 상황을 보여주지
못합니다. 오로지 SQL 서버로 입력 및 반환된 데이터의 순서(즉, 임의 순서)만을 나타내는 비
시계열 데이터로 볼 수 있습니다. 하지만 [그림 3-1]처럼 그래프로 표현하면 시계열 데이터에
상당히 유익한 정보가 담긴 것을 볼 수 있습니다.

```
## R
> plot(EuStockMarkets)
```

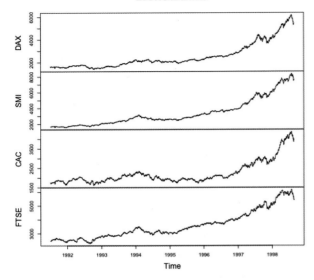

그림 3-1 시계열 데이터의 간단한 도표

단순한 plot() 함수만으로도 데이터를 서로 다른 시계열 그래프로 자동 분할할 수 있습니다. 다음 코드의 결과로 알 수 있듯이, R의 mts 객체를 사용합니다(단일 시계열만 있다면 ts 객체를 사용했겠지만, 여기서는 다양한 시계열을 동시에 다룹니다).

```
## R
> class(EuStockMarkets)
[1] "mts"    "ts"      "matrix"
```

여러 인기 있는 패키지들이 ts와 ts로부터 파생된 클래스를 활용합니다. 단순히 plot()을 호출하여 보기 좋게 레이블된 다중패널 도표를 그렸던 직전의 예처럼, ts와 관련된 객체는 적절한 도표를 그려주는 함수를 자동으로 호출합니다. 또한 ts 객체는 다음과 같은 몇 가지 편리한 함수도 제공합니다.

• 데이터의 연간 빈도를 알아내는 frequency 함수

```
## R
> frequency(EuStockMarkets)
[1] 260
```

- 일련의 데이터에서 처음과 마지막 시간을 알아내는 start와 end 함수

```
## R
> start(EuStockMarkets)
[1] 1991  130
> end(EuStockMarkets)
[1] 1998  169
```

- 데이터에서 시간의 한 부분 범위를 얻을 수 있는 window 함수

```
## R
> window(EuStockMarkets, start = 1997, end = 1998)
Time Series:
Start = c(1997, 1)
End = c(1998, 1)
Frequency = 260
          DAX     SMI    CAC    FTSE
1997.000 2844.09 3869.8 2289.6 4092.5
1997.004 2844.09 3869.8 2289.6 4092.5
1997.008 2844.09 3869.8 2303.8 4092.5
...
1997.988 4162.92 6115.1 2894.5 5168.3
1997.992 4055.35 5989.9 2822.9 5020.2
1997.996 4125.54 6049.3 2869.7 5018.2
1998.000 4132.79 6044.7 2858.1 5049.8
```

ts 클래스에는 장점과 단점 모두 존재합니다. 앞서 언급했듯이, ts와 ts의 파생 클래스는 많은 시계열 패키지에서 활용됩니다. 또한 도표를 그릴 때 파라미터의 자동 설정이 유용할 수도 있습니다. 그러나 색인이 때로는 까다로울 수 있으며 윈도로 데이터의 세밀한 부분에 접근하는 과정이 어렵게 느껴질 수도 있습니다. 이 책에서는 시계열 데이터를 저장하고 접근하는 여러 가지 방법을 다룹니다. 여러분에게 가장 편리한 방법을 선택하는 것은 여러분 스스로의 몫입니다.

3.1.2 히스토그램

시계열과 비시계열 데이터의 탐색적 데이터 분석 비교를 계속해보겠습니다. 대부분의 탐색적 데이터 분석에서 사용되는 히스토그램을 만든다고 가정해봅니다. 이때 시간축을 사용하면 시간상 인접한 데이터 간의 차이를 구하고, 이 차이에 대한 히스토그램을 측정할 수 있습니다(그림 3-2). 그러면 예상치 못한 관점에서 데이터를 바라볼 수도 있습니다.

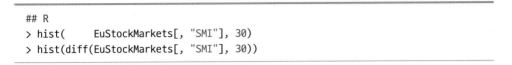

```
## R
> hist(     EuStockMarkets[, "SMI"], 30)
> hist(diff(EuStockMarkets[, "SMI"], 30))
```

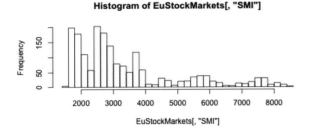

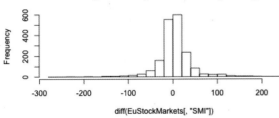

그림 3-2 어떠한 변형도 가하지 않은 히스토그램(상단)은 매우 넓게 퍼져 있고 정규분포를 따르지 않습니다. 이는 데이터의 내재된 추세를 반영한 결과입니다. 추세를 제거하기 위해 시간상 인접한 데이터의 차이를 구하면, 데이터는 보다 정규분포를 따르는 형태(하단)로 변합니다.

시계열이라는 맥락에서 보면 시간상 인접한 데이터의 차이에 대한 hist()는 변형되지 않은 데이터의 hist()보다 더 흥미롭습니다. 결국 시계열의 맥락(특히 금융)에서 가장 흥미로운 점은 실제 측정치 자체가 아니라, 한 측정치가 다음 측정치로 변화한 정도입니다. 특히 추세를 가진 데이터에 변형을 가하지 않으면 히스토그램이 유용한 시각화를 만들어내지 못합니다.

시간상 인접한 데이터의 차이(차분diff)에 대한 히스토그램으로 얻은 새로운 정보에 주목해봅시다. 이전 절에서 그린 주가에 대한 도표는 거침없는 상승으로 매우 장밋빛 경제성장을 보여줬습니다. 하지만 이번에 그린 히스토그램은 주가를 쫓는 개인의 평범한 모습을 보여줍니다. 이 차분에 대한 히스토그램은 시계열값이 거의 같은 양만큼 증가(차이가 양수인 경우)하거나 감소(차이가 음수인 경우)했다는 사실을 보여줍니다. 주가지수가 상승 추세를 보이므로 시간이 지남에 따라 정확히 같은 폭으로 오르락내리락하지 않습니다. 차이를 히스토그램으로 표현한 결과가 음수보다 양수 쪽으로 미세하게 치우쳤다는 사실이 이러한 추세를 설명해줍니다.

데이터에 대한 샘플링 및 통계요약을 하거나 질문을 던질 때 시간의 규모에 관심을 가져야 하는 이유를 보여주는 첫 번째 예입니다. 성능이 좋아 보이거나(장기 도표), 그저 그래 보인다는 것(차분 히스토그램)은 시간 규모에 따라 달라집니다. 일일 데이터와 그보다는 장기인 데이터 중 무엇을 더 중요하게 여기는지에 대한 질문이기도 합니다. 연간 수익을 창출해야 하는 주식 매매 기관에서 일하는 경우로 예를 들어 보겠습니다. 단기적으로 부정적인 가치처럼 보이는 '차분'을 매번 상사에게 보고하는 상황을 생각해볼 수 있습니다. 하지만 대학이나 병원과 같이 거대한 기관의 투자자라면, 상승세를 기대할 수 있는 장기적인 전망을 고려해볼 수 있습니다. 물론 두 번째 경우에도 상승장에서 수익을 최대화하려면 얼마만큼 오래 기다려야 하는 지와 같은 어려움이 있습니다. 이는 시계열 연구와 예측에 대해 금융업계가 계속 마주하는 문제입니다.

3.1.3 산점도

전통적인 **산점도**scatter plot 방법은 비시계열 데이터뿐만 아니라 시계열 데이터에서도 매우 유용하게 쓰입니다. 산점도를 사용하면 두 가지를 결정할 수 있습니다. 특정 시간에 대한 두 주식 관계와 두 주식의 시간에 따른 각각의 가격 변동이 갖는 연관성을 결정할 수 있습니다.

이번 예에서는 다음 두 경우에 대한 도표를 그려봅니다(그림 3-3).

- 시간에 따른 서로 다른 두 주식의 가치
- R의 `diff()` 함수로 구한 두 주식의 일일 가치 변동

```
## R
> plot(    EuStockMarkets[, "SMI"],     EuStockMarkets[, "DAX"])
> plot(diff(EuStockMarkets[, "SMI"]), diff(EuStockMarkets[, "DAX"]))
```

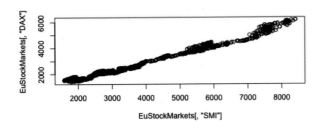

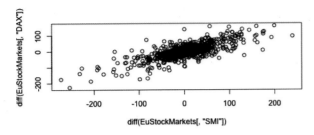

그림 3-3 두 주가지수에 대한 단순한 산점도는 강한 상관관계를 보여줍니다. 하지만 의심을 가지고 이 도표를 바라봐야 할 이유가 있습니다.

이미 앞에서 살펴봤듯이, 실젯값 그 자체는 시간상 인접한 데이터의 차이보다 유익한 정보가 아닙니다. 따라서 두 번째 도표로 '차분'에 대한 산점도를 그렸습니다. 매우 강한 상관관계가 있는 것처럼 보이지만, 실제로는 보이는 만큼 상관관계가 강하지 않습니다(깊게 다뤄보고 싶다면 3.2.4절을 참고하기 바랍니다).

[그림 3-3]의 명백한 상관관계가 흥미롭지만 모집단을 대변할 수 있는 참상관관계^{true correlation}라고 해도 주식거래로 수익을 낼 수 있는 상관관계는 아닙니다. 주가의 상승이나 하락을 알 때쯤에 동일한 시점에 대한 값들의 상관관계를 취하기 때문에 그 주가와 관련된 다른 주가도 오르거나 내려갈 것입니다. 따라서 시간상 먼저 알게 된 한 주가의 변동으로 나중의 다른 주가의 변동을 예측해야 합니다. 그러기 위해서, 산점도를 확인하기 전에 두 주가 중 하나를 1만큼 시간상 앞으로 당겨야 합니다. 다음의 코드를 읽어보기 바랍니다. 여전히 '차분'을 구하지만 그중 하나에 lag 함수를 적용합니다(그림 3-4).

```R
## R
> plot(lag(diff(EuStockMarkets[, "SMI"]), 1),
        diff(EuStockMarkets[, "DAX"]))
```

이 예제 코드 행은 각 부분이 정렬되어 있어서 읽기 편합니다. 읽기 어려운 형태로 코드를 길게 작성하는 것을 더 선호할지도 모르지만(특히 R이나 파이썬과 같은 함수형 프로그래밍 언어를 사용할 경우), 되도록 피하는 것이 좋습니다.

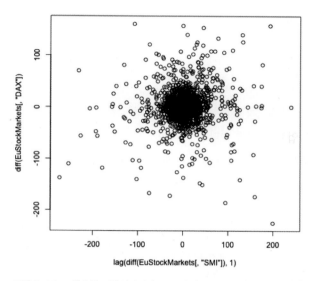

그림 3-4 lag 함수를 사용하자마자 두 주가의 상관관계가 사라졌고, SMI가 DAX를 예측하지 못하는 것을 보여줍니다.

이 결과는 여러 가지 중요한 사실을 말해줍니다.

- 비시계열 데이터와 동일한 탐색 기법을 시계열 데이터에서도 사용할 수 있지만, 시계열을 의식하지 않는다면 애플리케이션은 제대로 동작하지 않을 것입니다. 동일한 기술을 형태가 다른 데이터에 활용할 방법을 고려해야 합니다.

- 시간에 따른 변화나 서로 다른 시점의 데이터 사이의 관계가 데이터의 동작 방식을 이해하는 데 유익한 정보인 경우가 많습니다.

- [그림 3-4]의 도표는 주식 투자자가 되기 어려운 이유를 보여줍니다. 그저 기다리는 수동적인 투자자라면 장기 상승 추세로 수익을 얻을 수도 있습니다. 하지만 적극적으로 미래를 예측하고자 노력하는 능동적인 투자자라면 수익을 얻는 것이 어렵다는 것을 잘 알고 있습니다.

3.2 시계열에 특화된 탐색법

시계열 데이터를 분석하는 여러 가지 방법은 같은 계열에 속한 서로 다른 시간의 값들 간의 관계에 집중합니다. 시계열 데이터로 작업한 경험이 없다면 아직까지 이를 접해볼 기회가 많이 없었을 것입니다. 이번 절부터 시계열을 분류하는 데 사용하는 개념과 관련 기법을 다룹니다.

살펴볼 개념은 다음과 같습니다.

정상성stationarity
시계열이 정상성이 된다는 의미와 정상성에 대한 통계적 검사

자체상관self correlation
시계열 그 자체로 연관성이 있다는 의미와 이 연관성이 시계열의 내재된 역동성에 대해 보여주고자 하는 것

허위상관spurious correlation
상관관계가 허위가 된다는 의미와 허위상관을 마주칠 만한 상황

위 개념들을 적용한 기법은 다음과 같습니다.

- 롤링 윈도와 확장 윈도 함수
- 자체상관함수self correlation function
- 자기상관함수autocorrelation function
- 편자기상관함수partial autocorrelation function

정상성, 자체상관, 허위상관의 순서대로 개념과 결과적 방법을 다룹니다. 구체적인 내용에 뛰어들기 전에, 순서를 이렇게 정한 이유를 설명하겠습니다. 시계열을 다룰 때 처음으로 던져볼만한 질문은 시계열이 시스템의 '안정성stable'을 반영하는가 아니면 지속적인 변화를 반영하는가에 대한 것입니다. 정상성은 안정성의 수준을 의미하며 이를 평가하는 것도 중요합니다. 시스템이 보여준 과거의 장기적 행동은 미래의 장기적인 행동을 얼마나 반영하는지 알아야 하기 때문입니다. 일단 시계열의 '안정성'(전문용어로 사용된 것은 아님)을 측정했다면, 그다음 내부적인 역학의 존재를 결정해야 합니다(예: 계절 변화). 즉, **자체상관**을 찾기 위한 노력입니다. 이를 통해서 미래의 데이터 예측에 먼 과거 또는 최근의 데이터가 얼마나 밀접한 연관성을 가지는지와 같은 근본적인 질문에 답을 구해볼 수 있습니다. 특정 행동역학을 발견했다는 생각이 들었을 때, 그 역학이 우리가 알고 싶은 인과관계에 어떠한 의미도 가지지 않는다면 결코 그 역학에 기반한 인과관계를 찾으려고 해서는 안 됩니다. 그런 이유로 상관관계가 곧 인과관계는 아니라는 **허위상관**을 찾아야 합니다.

3.2.1 정상성 이해하기

많은 전통적인 시계열 모델은 정상화된 시계열에 의존합니다. 일반적으로 정상 시계열은 시간이 경과하더라도 꽤 안정적인 통계적 속성을 가지는데, 특히 평균과 분산에서 더욱 그렇습니다. 이는 비교적 이해하기 쉬운 내용입니다.

하지만 정상성은 까다로운 개념이 될 수도 있습니다. 특히, 실제 시계열 데이터에 적용하면 더욱 복잡해집니다. 여러분의 타고난 직관력에 의존하면 잘못된 판단을 내릴 수 있습니다. 정상성에 대한 보편적인 검사와 이를 적용한 구체적인 내용을 다루기 전에 직관적으로, 약간은 형식적으로 정상성에 대한 정의를 내려보겠습니다.

직관적인 정의

정상 시계열에서 측정된 시계열은 시스템의 안정적인 상태를 반영합니다. 때로는 정확히 무엇을 의미하는지 파악하는 것은 어렵습니다. 또한 **정상이다**라고 판단하는 것보다는 정상이 **아닌** 것의 배제가 더 수월합니다. 정상이 아닌 간단한 예제 데이터로는 2장에서 살펴본 항공 탑승객 데이터셋이 있습니다. [그림 3-5]는 이 데이터셋에 대한 도표입니다(이 데이터셋은 R에서 AirPassengers로서 제공되며 인터넷에서도 다운로드할 수 있습니다).

이 데이터의 흐름이 정상이 아님을 보여주는 특징이 몇 가지 있습니다. 첫 번째, 평균값이 일정하게 유지되기보다 시간에 따라 증가합니다. 두 번째, 연간 최고점과 최저점 사이의 간격이 증가하므로 분산이 시간에 따라 증가합니다. 세 번째, 이 데이터에는 강한 계절성이 보여지는데, 이는 정상성에 반대되는 사실입니다.

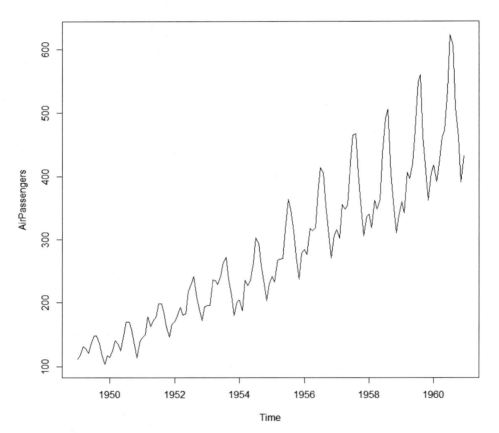

그림 3-5 항공 탑승객 데이터셋은 정상이 아닌 시계열의 깔끔한 예를 보여줍니다. 시간에 따라 데이터의 평균과 분산이 변하고, 비정상적인 과정을 본질적으로 반영하는 계절성의 증거도 확인할 수 있습니다.

정상성의 정의와 증강된 디키-풀러 검정

다음과 같이 정상과정을 간단하게 정의할 수 있습니다. 모든 시차 k에 대해 y_t, y_{t+1}, ..., y_{t+k}의 분포가 t에 의존적이지 않다면 이 과정은 정상입니다.

정상성의 통계적 검정은 단위근$^{unit\ root}$의 존재 유무라는 질문으로 이어집니다. 즉, 그 과정의 특성방정식의 해가 1인지에 대한 질문입니다.[1] 단위근의 결여가 정상성을 증명하는 것은 아니지만, 단위근이 있는 선형 시계열은 비정상으로 볼 수 있습니다. 정상성을 다루기 위한 일반적인 질문은 여전히 까다롭습니다. 또한 특정 과정에 단위근이 있음을 결정하는 것은 현재의 연구 분야로 남아있습니다.

확률보행$^{random\ walk}$의 예로부터 단위근에 대한 간단한 직관을 얻을 수 있습니다.

$$y_t = \phi \times y_{t-1} + e_t$$

이 과정에서 특정 시간에 대한 시계열값은 직전 시간과 임의의 에러 함수입니다. ϕ 값이 1이라면, 단위근이 있다는 의미이고 정상보다는 '제멋대로$^{run\ away}$'일 것입니다. 한 가지 흥미로운 사실은 정상이 아닌 시계열이 반드시 추세를 가져야 하는 것은 아니라는 것입니다. 확률보행은 근본적인 추세가 없는 비정상 시계열의 좋은 예입니다.[2]

특정 과정의 정상성을 결정하는 시험을 **가설검정**$^{hypothesis\ test}$이라고 합니다. 확대된 디키-풀러$^{augmented\ Dickey-Fuller}$ (ADF) 검정은 시계열의 정상성 문제를 가장 보편적으로 평가하는 평가 지표입니다. 이 검정은 시계열에 단위근이 존재한다는 귀무가설$^{null\ hypothesis}$을 상정합니다. 귀무가설은 검정 결과에 따른 특정 유의도에 근거하여 기각될 수 있습니다. 이는 해당 유의도에 따라서 단위근의 존재가 기각될 수 있다는 의미입니다.

정상성 검정이 계열의 평균 변화 여부에 중점을 둔다는 것을 알아두세요. 분산은 공식적인 검정보다는 변환에 의해 다뤄집니다. 따라서 계열이 정상인지에 따라 검정은 계열이 결합되었는지^{integrated}에 대한 검정으로 볼 수 있습니다. 차수 d의 결합된 계열이 정상이 되기 위해서는 d번의 차분이 계산되어야만 합니다.

디키-풀러 검정의 틀은 다음과 같습니다.

$$\Delta y_t = y_t - y_{t-1} = (\phi - 1) \times y_{t-1} + \epsilon_t$$

ϕ 값이 1인지에 대한 검정은 y_{t-1}에서의 파라미터가 0인지에 대한 간단한 **t-검정**$^{t-test}$으로 볼

---

1 이 내용이 익숙치 않더라도 걱정하지 마세요. 더 자세한 내용은 3.4절을 참고하기 바랍니다.
2 확률보행이 생산한 시계열 과정 예제는 추세를 가지는 것처럼 보입니다. 이는 특히 주가 시계열 분석에서 많은 논쟁을 불러일으킵니다.

수 있습니다. ADF 검정은 이보다 더 많은 시차를 고려한다는 점에서 차이가 있습니다. 즉, 근본적인 모델의 역동성을 고차원적으로 고려한다는 것으로, 다음과 같은 차분의 계열로 쓰입니다.

$$Y_t - \phi_1 \times y_{t-1} - \phi_2 \times y_{t-2} \dots = \epsilon_t$$

차분의 계열로 작성하는 데에는 대수적 지식이 더 많이 요구됩니다. 또한 귀무가설의 검정 대상으로 기대되는 분포는 원래의 디키–풀러 검정과 비교해보면 약간 다른 것을 알 수 있습니다. ADF 검정은 시계열 학문에서 가장 널리 사용되는 정상성의 검정입니다.

다음과 같은 이유로 이 검정들은 정상성 문제에 대한 만병통치약이 될 수 없습니다.

- 이 검정들은 단위근과 준단위근near unit root을 구분해내는 능력이 낮습니다.
- 단위근에 대한 거짓 양성false positive은 적은 수의 샘플에서 꽤 일반적으로 나타납니다.
- 검정 대부분은 비정상 시계열로 이어지는 **모든** 종류의 문제를 검정하지는 않습니다. 예를 들어 어떤 검정은 평균이나 분산이 정상인를 검정하는 데 특화되어 있으며, 또 다른 검정은 전체 분포보다 일반적인 부분을 검정합니다. 적용된 특정 검정의 한계점을 이해하고, 데이터에 대한 한계점이 일관성을 보인다는 사실 확인이 중요합니다.

> **NOTE_ 귀무가설의 대안 설정: KPSS 검정**
> ADF 검정은 단위근의 귀무가설을 상정하지만, KPSS 검정Kwiatkowski–Phillips–Schmidt–Shin은 정상과정의 귀무가설을 상정합니다. KPSS는 ADF처럼 기본 R 패키지에서 제공하지 않지만, 많은 구현체를 찾아볼 수 있습니다. 이 검정이 무엇을 위한 것인지, 어떻게 사용하는지에 대한 몇 가지 미묘한 차이가 있습니다. 자세한 내용은 이 책의 범위를 벗어나므로 *https://perma.cc/D3F2-TATY*를 참고하기 바랍니다.

실전

정상성이 실전에서 중요한 이유가 있습니다. 이미 잘 알려진 강점을 지닌 전통적인 모델과 통계 모델을 포함한 수많은 모델이 정상과정을 가정하기 때문입니다. 이런 모델들은 6장에서 더 자세히 다룹니다.

더 넓은 관점에서 보면, 정상이 아닌 시계열 모델은 시계열의 평가 지표가 달라짐에 따라 정확도가 달라집니다. 즉, 시계열의 평균을 추정하는 모델을 찾는 데 비정상 평균과 분산을 사용하면 시간이 지날수록 모델의 편향과 오차가 달라지고 어느 순간부터는 모델의 가치에 의문이 생깁니다.

몇 가지 간단한 변환으로도 시계열을 충분히 정상화할 수 있습니다. 널리 사용되는 변환의 두 종류는 로그와 제곱근입니다. 이 둘은 특히 분산이 변화하는 경우에 사용됩니다. 이와 마찬가지로 추세는 차분을 구하여 제거하는 것이 가장 일반적입니다. 때로는 차분을 하나 이상에 대하여 계산해야만 합니다. 하지만 차분을 너무 많이 계산하면(3회 이상), 차분을 통해서 정상성 문제를 해결할 수 있는 가능성이 낮아집니다.

> **NOTE_ 로그 또는 제곱근?**
> 제곱근이 로그에 비해 계산이 덜 복잡해 보여도 두 개를 모두 살펴봐야만 합니다. 조급한 마음으로(즉, 지나치게 비관적으로) 코드와 분석을 최적화하기보다는 데이터의 범위와 큰 값을 압축하는 방법 등을 고려해봐야 합니다.

예측 모델이 정상성만을 가정하는 것은 아닙니다. 이와는 대조적이지만, 보편적인 또 다른 가정은 입력 변수 또는 예측된 변수의 분포에 대한 정규성^{normality}입니다. 이 경우에는 다른 종류의 변환이 필요할지도 모릅니다. 가령 박스—카스 변환$^{Box-Cox\ transformation}$이 흔히 사용되는 것 중 하나로, 파이썬의 경우 `scipy.stats`, R의 경우 `forecast` 패키지에 구현되어 있습니다. 이 변환은 비정규적으로 분포된 데이터(비대칭 데이터)를 정규적으로 만들어줍니다. 그러나 변환할 수 있다고 해서 이를 반드시 해야 하는 것은 아닙니다. 변환을 하기 전에 원본 데이터셋의 데이터 간 거리의 의미를 생각해봐야 합니다. 또한 작업 종류에 상관없이 원본 데이터에서 가장 중요했던 정보가 변환 후에도 보존되는지 반드시 확인해봐야 합니다.

3.2.2 윈도 함수 적용

시계열 분석 초기에 사용될 가능성이 높은 가장 중요한 시계열 탐색 그래프를 복습해보겠습니다.

롤링 윈도

시계열에 일반적으로 특화되어 사용되는 함수는 윈도 함수입니다. 이는 데이터를 압축(2장에서 살펴본 다운샘플링 같은 경우)하거나 평활화(마찬가지로 2장 참조)를 하기 위해 데이터를 취합하는 어떠한 함수도 될 수 있습니다.

이미 살펴본 적용 방법에 더하여, 평활화된 데이터 및 윈도로 취합된 데이터는 정보가 풍부한 탐색적 시각화를 만들어줍니다.

다음과 같이 R의 `filter()` 함수를 사용하면 이동평균 및 계열의 선형함수와 관련된 다른 계산을 할 수 있습니다.

```
## R
> ## rnorm 함수로 정규분포를 따르는 난수를 100개 추출합니다.
> x  <- rnorm(n=100, mean=0, sd=10) + 1:100
```

```
> ## rep 함수로 1/n 값을 n번 반복하는 배열을 만드는 함수를 만듭니다.
> mn <- function(n) rep(1/n, n)

> plot(x, type = 'l', lwd = 1)
> ## 기본 R의 filter 함수로 롤링 평균을 계산합니다. 각각 5개, 50개 단위로 롤링합니
다.
> lines(filter(x, mn( 5)), col = 2, lwd = 3, lty = 2)
> lines(filter(x, mn(50)), col = 3, lwd = 3, lty = 3)
```

이 코드는 [그림 3-6]의 그래프를 그려줍니다.

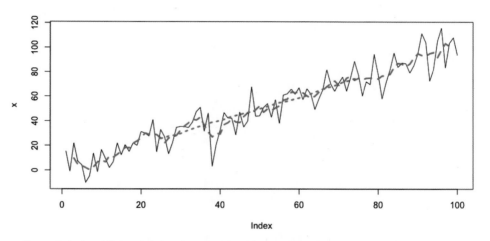

그림 3-6 롤링 평균 평활화로 탐색적 곡선 두 개를 만듭니다. 이 곡선을 이용하여 노이즈가 많은 데이터의 추세를 찾거나, 선형동작의 어떤 종류의 편차가 단순한 노이즈인지를 조사해볼 수 있습니다.

filter() 함수는 데이터의 일차변환linear transformation에 기반하므로 일차결합하지 않은 함수를 원한다면 filter() 함수를 사용할 수 없습니다. 이럴 때는 zoo 패키지의 rollapply() 함수를 사용하는 것이 유용합니다(그림 3-7).

```
## R
> ## 기능을 좀 더 '사용자 정의'하여 사용할 수도 있습니다.
> require(zoo)

> ## x를 zoo 객체로 만들어서 각 데이터를 인덱싱합니다.
> ## rollapply 함수는 데이터, 윈도 크기, 적용 함수, 롤링 적용 정렬 방향,
> ## 윈도 크기만큼 데이터가 없어도 적용할 것인지 등에 대한 인수를 지정합니다.
```

```
> f1 <- rollapply(zoo(x), 20, function(w) min(w), align = "left", partial = TRUE)
> f2 <- rollapply(zoo(x), 20, function(w) min(w), align = "right", partial = TRUE)

> plot(x, lwd=1, type='l')
> lines(f1, col=2, lwd=3, lty=2)
> lines(f2, col=3, lwd=3, lty=3)
```

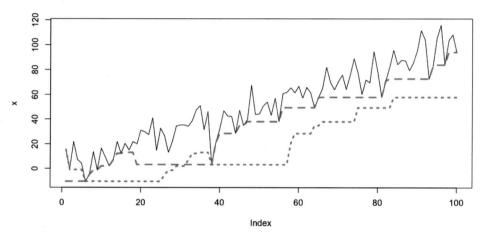

그림 3-7 롤링 윈도로 계산된 최솟값을 좌측(긴 파선)과 우측(짧은 파선)으로 정렬합니다. 좌측 정렬은 미래 사건을 보여주지만, 우측 정렬은 과거 사건만 보여줍니다. 사전관찰을 피하기 위해서는 알고 있어야 합니다. 하지만 때로는 좌측 정렬은 "어떤 사건을 미리 알았더라면 유용할 것인가?"와 같은 탐색적 질문을 하고 사전관찰의 쓸모를 판단하는 데 유용할 수 있습니다. 사전관찰조차도 유용하지 않은 상황은 특정 변수 자체가 유의미한 정보를 가지지 않았다는 의미입니다. 미래의 측정을 미리 알고 있는 데 도움이 되지 않았다면 시계열의 맥락에서 그 측정은 어느 시점에서도 유용하지 않을 가능성이 높습니다.

CAUTION_ zoo 객체를 함수처럼 사용하기 바랍니다. 수치형 벡터를 rollapply() 함수에 직접 넘기면, align 인수의 효력이 사라집니다. 이러한 사실은 방금 살펴본 코드에서 x를 감싸는 zoo()를 삭제했을 때, 두 곡선이 동일해지는 것을 확인할 수 있습니다. 경고가 없을 뿐이지 실제로는 실패를 의미합니다. 그 결과, 의도치 않은 사전관찰을 만들어낼 수 있어서 시계열 분석에서는 특히 위험합니다. 이는 탐색적 데이터 분석에서도 온전성 검사를 자주 해야 하는 이유입니다. 이러한 실패는 다른 인기 있는 R 패키지와 다른 스크립트 언어에서도 빈번히 발생할 수 있으므로 조심하기 바랍니다.

이런 함수를 사용하면 여러분만의 롤링을 수행할 수도 있는데, 이는 의존성을 제한하기 위한 좋은 생각입니다. 이때 zoo처럼 이미 널리 사용되고 있는 패키지로 시작하는 게 좋습니다. 다변량 시계열조차도 수많은 예외 상황을 고려해야만 합니다. 여기에는 NA를 다루는 방법, 정해진 윈도 크기보다 데이터가 더 적을 수 있는 계열의 시작과 끝 부분을 다루는 방법 등을 포함합니다.

시계열을 위한 R의 다양한 옵션

이 장의 도입부에서는 시계열 데이터를 다루기 위해 R의 기본 패키지인 ts 클래스를 활용했습니다. 그리고 이번 절에서는 zoo 객체를 사용했습니다. 이 두 개 외에도 xts 객체도 알고 있어야 합니다. 다음은 zoo와 xts 객체가 ts 객체를 향상시킨 방법에 대한 간략한 요약입니다.

• ts 객체는 균등한 간격의 완전한 시계열을 가정합니다. 따라서 개별 시간의 색인보다는 시계열의 시작, 끝, 빈도만을 저장합니다.

• ts 객체는 연도와 월같이 반복되는 주기를 지원합니다.

• zoo 객체는 타임스탬프를 색인 속성으로 저장합니다. 따라서 균등한 간격의 주기적인 시계열을 요구하지 않습니다.

• zoo 객체는 수직이나 수평으로 출력될 수 있습니다.

• zoo 객체의 데이터는 벡터나 행렬이 될 수 있습니다.

• zoo 객체를 확장한 xts 객체는 더 많은 옵션을 제공합니다.

확장 윈도

시계열 분석에서 확장 윈도expanding window는 롤링 윈도보다는 덜 보편적으로 사용됩니다. 확장 윈도가 적합한 애플리케이션이 제한적이기 때문입니다. 확장 윈도는 시간에 따라 진화하거나 크게 변동하기보다는 과정이 안정적인 요약 통계를 추정하는 경우에만 의미가 있습니다. 확장 윈도는 주어진 최소 크기로 시작하지만, 유한하고 일정한 크기에 포함된 데이터만을 포함하기보다는 시계열이 진행함에 따라 주어진 시간 동안 모든 데이터를 포함할 때까지 확장할 수 있습니다.

확장 윈도는 시간에 따른 검정통계량[test statistic][3] 추정치가 더욱 확실해지며, 특정 시계열로 '더 깊은[deeper]' 이점을 얻을 수 있습니다. 근본적으로 시스템이 정상일 때만 확장 윈도가 잘 동작합니다. 확장 윈도는 더 많은 정보를 수집하면서 실시간으로 요약 통계를 추정할 때, '온라인[online]' 상태로 유지하는 데 유용합니다.

R 기본 패키지를 살펴보면 cummax와 cumin 같은 확장 윈도를 구현한 함수가 많다는 것을 알 수 있습니다. 더불어 cumsum을 손쉽게 변형하여 누적 합계를 구할 수도 있습니다. [그림 3-8]은 확장 윈도의 최댓값과 평균 모두를 보여줍니다.

```R
## R
> # 확장 윈도
> plot(x, type = 'l', lwd = 1)
> lines(cummax(x), col = 2, lwd = 3, lty = 2) # 최댓값
> lines(cumsum(x)/1:length(x), col = 3, lwd = 3, lty = 3) # 평균
```

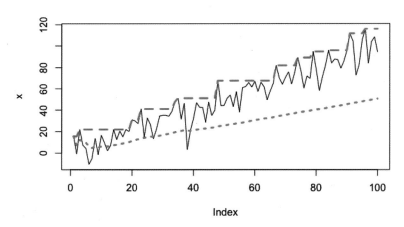

그림 3-8 확장 윈도의 '최댓값'(긴 파선)과 '평균'(짧은 파선)을 보여줍니다. 최댓값은 항상 특정 시간까지의 전체 최댓값을 반영하여 확장 윈도를 단조함수로 만들어줍니다. 확장 윈도의 장기 '기억' 때문에 근본적인 추세가 덜 두드러지는 확장 윈도 평균은 롤링 평균(그림 3-6)보다 더 낮습니다. 이 특징이 좋은지, 나쁜지, 중립적인지는 근본적인 시스템에 대한 가정과 사전 지식에 달려 있습니다.

---

3   가설 검정에 사용하는 통계량

롤링 윈도에 사용자 정의 함수가 필요하다면, 롤링 윈도를 다뤘을 때처럼 rollapply() 함수를 사용해볼 수 있습니다. 이 예제에서는 단일 스칼라보다는 윈도 크기를 여러 개로 지정해줄 필요가 있기에 두 번째 인수로 seq_along(x)을 지정했습니다. 다음 코드를 실행하면 [그림 3-8]과 동일한 도표가 그려지지만, 이번에는 R의 내장 함수가 아닌 rollapply() 함수를 사용한 결과입니다.

```R
## R
> plot(x, type = 'l', lwd = 1)
> # seq_along 함수는 1부터 시작하여 입력된 인수의 길이에서 끝나는 순서를 만듭니다.
> lines(rollapply(zoo(x), seq_along(x), function(w) max(w),
>                         partial = TRUE, align = "right"),
>         col=2,lwd=3,lty=2)
> lines(rollapply(zoo(x), seq_along(x), function(w) mean(w),
>                         partial = TRUE, align = "right"),
>         col=2,lwd=3,lty=3)
```

사용자 정의 롤링 함수

사용자 정의 롤링 함수는 적용 가능한 상황에서만 고려해야 합니다. 적절한 분석에 필요한 휴리스틱heuristic이나 동작에 대해 알려진 근본적인 기본 법칙이 있는 시계열 도메인을 분석할 때 적용해볼 가능성이 높습니다.

예를 들어 특정 도메인 지식에 유익한 특징을 포함하는 윈도를 살펴봐야 할지도 모릅니다. 윈도를 통해서 출렁이는 장치의 노이즈와 같이 추세가 없는 패턴이나, 혈당 증가와 같이 단조로운 패턴 같은 상황을 알고 싶을지도 모릅니다. 이런 시나리오에 대한 사용자 정의 기능을 작성하고, 이동이나 확장 윈도를 적용해볼 수 있습니다.

3.2.3 자체상관의 파악과 이해

가장 근본적인 차원에서 시계열의 자체상관의 개념은 특정 시점의 값이 다른 시점의 값과 상관관계가 있다는 것입니다. 여기서 '자체상관'은 전문용어라기보다는 일반 개념을 설명하기 위해 사용하는 비공식적인 용어입니다.

자체상관의 한 가지 예를 들어보겠습니다. 일일 온도가 기록된 연간 시계열 데이터가 있다고 가정해봅시다. 매년 5월 15일과 8월 15일을 비교해보면, 5월 15일의 온도가 높아질 때 8월 15일의 온도도 같이 높아지는 상관관계를 발견할지도 모릅니다(반대로 8월 15일의 온도가 같이 낮아지는 상황도 생각해볼 수 있습니다). 예측 가능한 어느 정도의 장기적인 추세를 의미하는 온도 시스템의 흥미로운 잠재 현상을 알아낸 것인지도 모릅니다. 반면에 상관관계가 0에 가깝다는 사실을 알게 됩니다. 즉, 5월 15일의 온도 정보만으로는 8월 15일의 온도 범위의 어떤 정보도 알 수는 없습니다. 이상이 자체상관을 간략하게 설명한 것입니다.

이런 간단한 예를 통해, 자체상관의 개념을 자기상관autocorrelation으로 확장해보겠습니다. 특정 시점에 고정되지 않는 자기상관은 자체상관을 일반화한 것입니다. 특히 고정거리를 갖는 두 시점에 상관관계가 존재하는지와 같은 좀 더 일반적인 질문을 던져볼 수 있습니다. 자기상관의 좀 더 상세한 내용을 살펴본 다음 마지막에 편자기상관을 자세히 살펴보겠습니다.

자기상관 기능

위키백과($https://perma.cc/U8JY-QD7U$)의 자기상관 정의를 먼저 살펴봅시다.

> 계열상관serial correlation이라고도 알려진 자기상관은 어떤 신호와 자신을 지연 함수로 시간상 지연 이동한 신호 간의 상관관계입니다. 비공식적으로 관측치 사이의 유사성을 이들의 시차에 대한 함수로써 구하는 것이라고 표현해볼 수 있습니다.

좀 더 쉽게 풀어 설명해보겠습니다. 자기상관은 서로 다른 시점의 데이터 간 선형적 연관성 정도를 시차에 대한 함수로 알 수 있게 해줍니다.

도표를 그려보면 자기상관함수autocorrelation function(ACF)를 직관적으로 이해할 수 있습니다. 이 도표는 R에서 쉽게 그릴 수 있습니다(그림 3–9).

```
## R
> x<-1:100
> y<-sin(x * pi /3)
> plot(y, type = "b")
> acf(y)
```

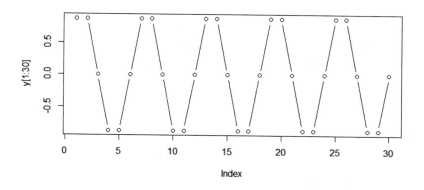

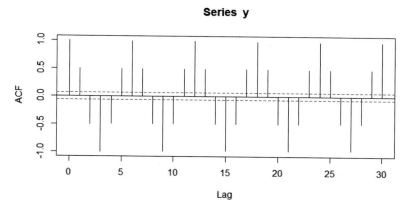

그림 3-9 사인 함수와 이에 대한 ACF의 그래프

결정론적 시스템에서의 상관관계

이 사인 계열은 간단한 함수이며 알고 있는 입력 시퀀스에 대하여 완전히 결정된 시스템이지만, 상관관계가 1은 아닙니다. 왜 그럴까요? 계열을 살펴보고 ACF가 계산하는 게 무엇인지 생각해 보면, 사인 주기의 어느 지점인지에 따라 많은 값의 이어지는 값이 증가하거나 감소한다는 사실을 알게 됩니다. 연속적인 데이터를 어느 정도 알고 있다면 어느 방향으로 진행되고 있는지 알 수 있습니다. 그러나 1:1 상관관계의 척도인 ACF는 연속적인 데이터를 알지 못합니다. 즉, 대부분 값에 이어지는 값은 유일하기보다는 여러 개가 될 수 있어서 상관관계의 값이 1보다 작아집니다. 따라서 비단일적인[non-unitary] 상관관계가 반드시 노이즈가 많은 시계열이나 확률론적 시계열을 의미하는 것은 아닙니다.

ACF로부터 시차가 0인 지점 간의 상관관계는 1(이는 모든 시계열에서 맞습니다), 시차가 1인 지점 간의 상관관계는 0.5, 시차가 2인 지점 간의 상관관계는 −0.5 등과 같다는 것을 알 수 있습니다.

ACF의 계산은 직관적이며 간단합니다. data.table의 shift() 함수를 사용하면 이를 직접 계산해볼 수 있습니다.

```
## R
> ## cor 함수는 상관계수를 계산하는 용도로 사용됩니다.
> ## 첫 번째와 두 번째 파라미터가 비교 대상 둘에 대한 것입니다.
> ## use 파라미터는 누락된 값을 처리하는 방법으로,
> ## pairwise.complete.obs는 계산 대상 변수만을 대상으로 누락된 값을 제거합니다.
> ## y와 y로부터 시차 1과 2만큼 움직인 것과의 상관계수를 계산합니다.
> cor(y, shift(y, 1), use = "pairwise.complete.obs")
[1] 0.5000015
> cor(y, shift(y, 2), use = "pairwise.complete.obs")
[1] -0.5003747
```

이 계산은 [그림 3–9]의 그래프에서 본 결과와 거의 정확히 일치합니다.[4] 사용자 정의 코드로 ACF를 계산하는 것은 간단합니다. 하지만 R의 acf 함수와 같이 제공되는 버전을 사용하는 것이 더 좋습니다. 다음은 이를 사용하여 얻을 수 있는 이점을 보여줍니다.

- 유용한 정보가 포함된 도표의 자동 그리기

- (항상 그런 것은 아니지만) ACF 계산을 위한 최대 시차를 합리적인 수준으로 제공할 뿐만 아니라 원하는 수준으로 재정의 가능

- 다변량 시계열을 우아하게 다루는 방법 제공

수학적 관점에서 볼 때 ACF에 관련된 몇 가지 중요한 사실이 있습니다.

- ACF의 주기함수는 원래 과정과 동일한 주기성을 가집니다. 앞에서 다룬 사인 그래프에서 확인할 수 있습니다.

- 주기함수들의 합의 자기상관은 각 개별 함수에 대한 자기상관의 합입니다. 간단한 코드를

---

4 R의 cor() 함수와 acf() 함수는 서로 다른 약수를 사용하므로 계산된 상관계수가 정확히 일치하지 않습니다. 자세한 내용은 스택익스 체인지(*https://perma.cc/M7V6-HN5Y*)를 참고하기 바랍니다.

작성하여 손쉽게 이 사실에 대한 예를 구성해볼 수 있습니다.

- 시차가 0일 때, 모든 시계열의 자기상관계수는 1입니다.

- 백색잡음 예제에 대하여 0이 아닌 모든 시차에서의 자기상관은 거의 0에 가깝습니다.

- ACF는 양과 음의 시차에 관해서 대칭을 이룹니다. 따라서 양의 시차만 명백하게 고려할 필요가 있습니다. 수동적으로 계산된 ACF의 도표를 그려서 증명해볼 수 있습니다.

- 0이 아닌 유효한 ACF 추정을 결정하는 통계적인 규칙은 $+/-1.96 \times \text{sqrt}(n)$의 임계영역 critical region을 사용하는 것입니다. 이 규칙은 충분히 큰 샘플 크기 및 과정의 유한분산finite variance에서만 유효합니다.

편자기상관함수

편자기상관함수partial autocorrelation function (PACF)는 ACF보다 어려울지도 모릅니다. 시계열의 특정 시차에 대한 편자기상관은 자신에 대한 그 시차의 편상관partial correlation인데, 이때 두 시점 사이에 존재하는 모든 정보를 고려합니다.

합리적이라고 생각되어 고개를 끄덕일지도 모릅니다. 하지만 시간상 두 지점 간의 정보를 처리한다는 정확한 의미가 무엇일까요? 이는 많은 조건부 상관관계를 계산하고, 전체 상관관계로부터 계산된 조건부 상관관계들을 빼야 한다는 의미를 가집니다. PACF의 계산은 간단하지 않으며 이를 추정하는 다양한 방법이 있습니다. 이 책에서는 모든 것을 다루지는 않지만, 이와 관련된 R과 파이썬의 문서를 통해 관련 논의를 찾아볼 수 있습니다.

PACF는 시각적으로 봐야 이해가 더 쉽습니다. 그 유용성 또한 말로 설명하는 것보다 그래프로 보는 것이 훨씬 더 명확합니다.

```
## R
> y<-sin(x * pi /3)
> plot(y[1:30], type = "b")
> pacf(y)
```

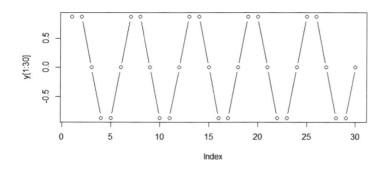

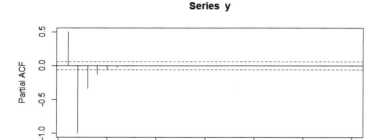

그림 3-10 노이즈가 없는 계절적인 과정(사인 함수)과 PACF에 대한 도표

사인 계열의 경우, PACF는 ACF와 매우 대조적입니다. PACF는 어떤 데이터가 유용한 정보를 가지고, 어떤 데이터가 단기간의 고조파^{harmonic}인지를 보여줍니다.

사인 함수와 같이 노이즈가 없는 계절적인 과정에서 특정 시점 T에 대한 ACF 값은 T, 2T, 3T, …에서 동일하게 나타납니다. ACF는 이러한 불필요한 중복 관계를 제거하지 못합니다. 반면에 PACF는 특정 시차에 대하여 어떤 관계가 불필요한 중복이 아니라 '정말로' 유용한 정보인지를 밝혀냅니다. 이는 적절한 정도의 시간 규모를 위한 윈도 길이를 얻을 수 있는 정보가 충분히 수집되었는지를 판단하는 데 매우 유용합니다.

PACF의 임계영역은 ACF와 같습니다. 즉, 임계영역의 경계는 $\pm1.96\sqrt{n}$ 이며, 모든 시차에 대하여 PACF가 계산한 값 중 임계영역 내에 속한 것은 사실상 0입니다.

지금까지는 완벽하게 노이즈가 없는 단일-빈도 과정의 예만을 다뤘습니다. 이제는 노이즈가 없고, 노이즈가 적고, 노이즈가 많은 각 조건에서 두 사인 곡선의 합을 고려하는 약간 더 복잡한 예를 다뤄보겠습니다.

우선 노이즈가 없는 도표를 각각 살펴봅시다(그림 3-11).

```R
## R
> y1<-sin(x × pi /3)
> plot(y1, type = "b")
> acf (y1)
> pacf(y1)

> y2<-sin(x × pi /10)
> plot(y2, type = "b")
> acf (y2)
> pacf(y2)
```

TIP 정상 데이터의 ACF는 0으로 빠르게 떨어져야 합니다. 비정상 데이터의 경우, 시차가 1일 때의 값은 큰 양수입니다.

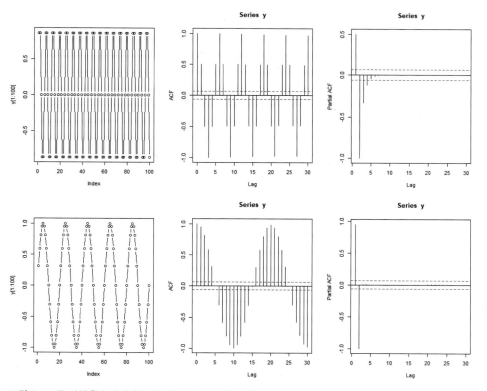

그림 3-11 두 사인 함수와 각 함수에 대한 ACF, PACF 도표

두 계열을 더하여 결합하고, 결합된 계열에 대하여 같은 종류의 도표를 그립니다(그림 3-12).

```
## R
> y <- y1 + y2
> plot(y, type = "b")
> acf (y)
> pacf(y)
```

앞서 언급한 속성을 ACF 도표에서 확인할 수 있습니다. 두 주기 계열의 합에 대한 ACF는 개별 ACF를 합한 것과 같습니다. 이는 '양극 → 음극 → 양극 → 음극' 부분의 진동이 좀 더 느리다는 것을 통해 가장 명확히 알아챌 수 있습니다. 이러한 파형에서는 높은 빈도의 ACF가 더 빠르게 출렁인다는 것을 알 수 있습니다.

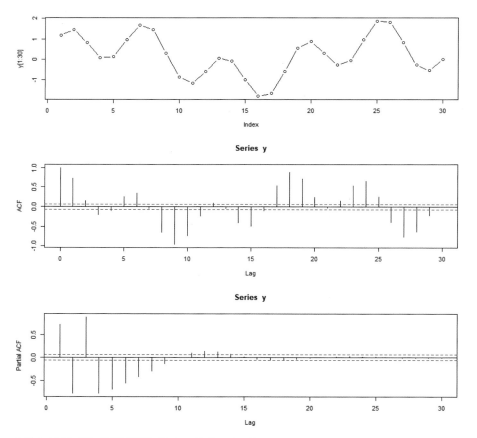

그림 3-12 두 사인 계열을 결합한 것으로 ACF와 PACF의 도표

PACF는 개별 PACF 함수를 단순히 합한 것이 아닙니다. PACF는 일단 계산만 하면 이해할 수 있을 만큼 간단하지만, 생성하거나 예측하는 것은 그리 쉽지 않습니다. PACF는 편자기상관이 원본 계열보다 계열들의 합에서 더 중요함을 보여줍니다. 즉, 특정 시차로 구분된 데이터 사이의 상관관계는 이 둘 사이에 있는 값들을 고려해볼 때 원본 계열보다는 계열들의 합에서 유용한 정보를 줍니다. 이는 계열의 서로 다른 두 주기와 관련이 있는데, 특정 시점의 값이 인접한 시점의 값에 의해 덜 결정되는 결과를 야기합니다. 서로 다른 빈도의 진동이 계속 발생하여 두 주기의 사이클의 위치가 고정되지 않기 때문입니다.

동일한 상황이지만 이번에는 노이즈를 많이 준다고 가정해봅니다(그림 3-13).

```r
## R
> noise1 <- rnorm(100, sd = 0.05)
> noise2 <- rnorm(100, sd = 0.05)

> y1 <- y1 + noise1
> y2 <- y2 + noise2
> y  <- y1 + y2

> plot(y1, type = 'b')
> acf (y1)
> pacf(y1)

> plot(y2, type = 'b')
> acf (y2)
> pacf(y2)

> plot(y, type = 'b')
> acf (y)
> pacf(y)
```

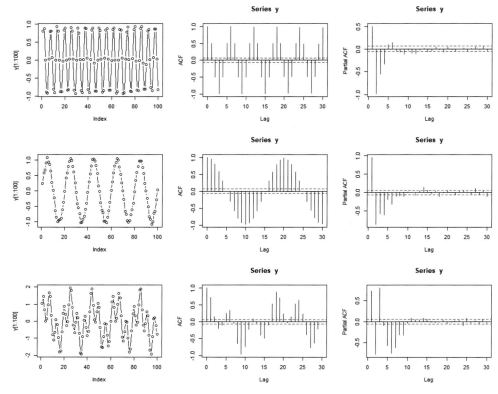

그림 3-13 노이즈가 많은 두 사인 곡선과 이 둘의 합, ACF, PACF 도표

마지막으로 초기 데이터가 사인 곡선처럼 보이지 않도록 노이즈를 더 많이 추가합니다(rnorm 에 sd 파라미터를 더 크게 준 것 외에는 이전 예제와 동일하므로 코드는 생략합니다). 노이즈 추가로 복잡해졌으며, 특히 PACF가 어렵다는 것을 알 수 있습니다. [그림 3-14]와 앞의 그림 들과의 유일한 차이점은 노이즈 변수의 sd 값이 더 크다는 것입니다.

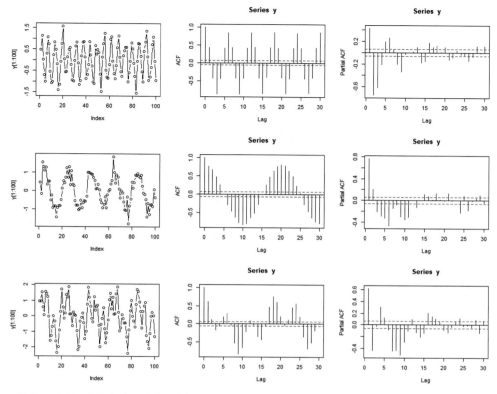

그림 3-14 노이즈가 많이 낀 두 사인 곡선과 이 둘의 합, ACF, PACF 도표

비정상 데이터

주기성은 없지만 추세를 가진 계열에서는 ACF 및 PACF가 어떤지 알아보겠습니다(그림 3-15).

```
## R
> x <- 1:100
> plot(x)
> acf (x)
> pacf(x)
```

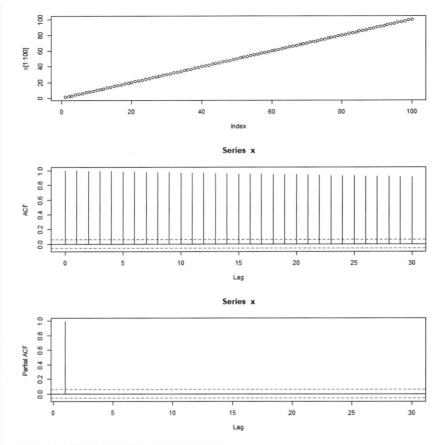

그림 3-15 선형적 추세의 과정, ACF, PACF 도표

ACF는 유용한 정보를 만들어내지 못합니다. 모든 시차에 대하여 유사한 값을 계산하는데, 모든 시차가 데이터와 균등한 상관관계를 가지는 것처럼 보입니다. 의미가 분명치 않으며 계산된 양을 의미 있고 합리적으로 만들 수 있는 것은 아닙니다. 단순히 **무언가의 계산이 가능했다는 것에 가깝습니다.**

다행히 PACF는 유의 PACF 상관계수가 시차 1에서만 존재한다는 정보를 제공하며 이에 대한 해석도 어렵지 않습니다. 왜 그럴까요? 특정 시점의 직전 데이터를 알고 있다면, 계열을 통틀어서 그 시점에 대해 얻을 수 있는 모든 정보를 알고 있는 것입니다. 시간상 다음 시점은 이전 시점에 1을 더한 것이기 때문입니다.

실세계의 데이터셋에 대한 ACF 및 PACF를 살펴보면서 마무리하겠습니다. 다음은 Air Passengers 데이터를 조사한 것입니다. 지금까지 살펴본 내용을 기반으로 왜 ACF가 많은 임 곗값을 가지는지(정답: 추세가 있습니다), 왜 PACF가 큰 시차에 대해 임곗값을 가지는지(정 답: 데이터에 추세가 있더라도 식별 가능한 연간 계절적 주기)에 대해 생각해보세요.

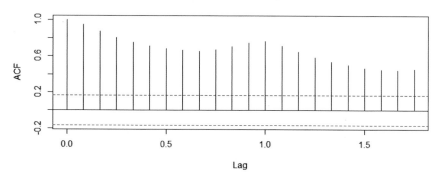

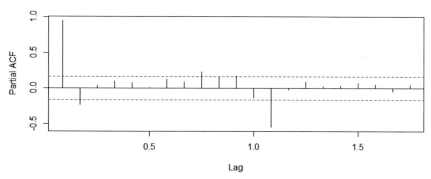

그림 3-16 AirPassengers 데이터, ACF, PACF 도표입니다. 여기서의 시차는 1년의 부분으로서 표현되므로 시 차는 단위 수가 아닙니다. 이는 도표 그리기(그리고 다른 목적)에 사용될 수 있는 내장 빈도를 가지는 ts 객체 형태로 AirPassengers 데이터셋을 제공하기 때문입니다.

3.2.4 허위상관

시계열 분석을 처음 시작하는 대부분 사람은 두 변수에 대한 도표를 그리고, 이들의 상관관계를 계산하는 등 표준적인 방법으로 탐색적 데이터 분석을 연습하곤 합니다. 신입 분석가는 초기 데이터 탐색 과정에서 강한 상관관계와 유익한 관계를 발견했을 때 들뜨게 됩니다. 계속해서 놀라울 정도로 높은 또 다른 다른 상관관계를 찾으며 시계열 데이터를 좀 더 일찍 다루지 못한 것에 아쉬워할지도 모릅니다. 스스로 '뭘 해도 성공'한다고 생각하게 됩니다.

그런 다음 분석가는 시계열 분석 자료(최선의 시나리오)를 조금 읽어보거나 자신들이 발견한 내용을 다른 사람에게 보여주면서 그 발견이 말도 안 된다는 (최선의 시나리오가 아니라는) 사실을 깨닫게 됩니다. 또한 비평가는 두 값이 관련 있는 것처럼 보이게 만드는 지나치게 높은 상관관계를 지적할 것입니다. 다른 종류의 변수를 동일한 방식으로 분석할 때 더 많은 문제가 발생합니다. 다른 종류의 변수들도 놀라울 정도로 높은 상관관계가 있기 때문입니다. 어느 순간부터는 이렇게나 많은 참된 상관관계가 존재할 수 없다는 사실이 명백해집니다.

이런 경험의 방향trajectory은 계량경제학econometrics의 초창기와 매우 유사합니다. 경제학자들이 최초로 경기순환 개념을 생각했을 때, 그들 중 일부는 이 순환을 이끄는 원인을 외부로부터 찾으려고 했습니다. 예를 들어 11년 주기의 태양 흑점이나 4년 주기의 강수량처럼 다양한 기상 주기와 같은 것이 있습니다. 이러한 외부 요인과 경기순환은 항상 강한 상관관계를 보여주며 둘 간의 매우 긍정적인 결과를 얻은 것처럼 보였습니다. 그 결과를 설명하는 어떠한 원인가설causal hypothesis도 없었습니다.

이러한 결과에 많은 경제학자와 통계학자는 비판적이었습니다. 우드니 율은 이 문제를 공식적으로 조사해 「Why Do We Sometimes Get Nonsense Correlations?」[5]라는 논문을 작성했습니다. 그 결과 새로운 연구 분야가 탄생해 학계에 학문적 문제와 즐거움을 주고 있습니다. 허위상관은 조심해야 할 중요한 문제로 남아 있으며, 한쪽에서 주장하는 상관관계가 다른 쪽에서는 반론하는 논쟁이 될 수 있습니다. 마찬가지로 누군가는 탄소 배출량 증가와 지구 온난화에 대한 두 데이터셋의 관계가 허위상관이라는 주장에 기반하여 기후 변화 데이터를 불신할 것입니다. 하지만 필자는 설득력 있는 주장이라고 생각하지 않습니다.

경제학자들은 근본적인 추세를 가진 데이터가 허위상관을 만들어낼 가능성이 높다는 사실을

---

5 *https://www.jstor.org/stable/2341482?seq=1* 에서 무료로 열람이 가능합니다.

오랜 시간에 걸쳐 알아냈습니다. 다음과 같이 간단히 생각해볼 수 있습니다. 추세 시계열은 정상 시계열보다 정보가 더 많아서 여러 데이터가 함께 움직일 가능성이 더 높습니다.

추세에 덧붙여서, 허위상관을 나타내는 시계열의 일반적인 특징은 다음과 같습니다.

- 계절성: 예를 들어 핫도그 소비와 익사(여름) 사이의 허위상관을 생각해볼 수 있습니다.
- 시간이 지나면서 변한 데이터의 수준이나 경사의 이동(무의미하게 높은 상관관계를 가진 아령처럼 생긴 분포도를 생성함)
- 누적 합계(일부 산업에서는 모델이나 상관관계를 실제보다 더 좋아 보이게 만들기 위한 속임수로 사용)

공적분

공적분 cointegration 은 두 시계열 사이의 진짜 관계를 지칭합니다. 일반적으로 흔히 사용하는 '술 취한 사람과 그의 강아지' 이야기로 예를 들어 보겠습니다. 술 취한 사람이 그의 강아지에게 목줄을 채우고 함께 산책하고 있다고 가정해봅시다. 이때 술에 취한 사람은 비틀거리며 무작위로 걷게 됩니다. 그의 손에 묶인 강아지도 함께 무작위로 걷지만 목적지까지 가는 경로에서 크게 벗어나지 않고 도착할 것입니다. 즉, 강아지와 취한 사람은 가까이 붙어 있어서 그들의 거리가 일정 수준 이상으로 벌어지지 않을 것입니다.

이때 공적분은 높은 상관관계를 보여줍니다. 공적분과 허위상관 모두 높은 상관관계가 관측되어서 취한 사람과 강아지의 과정이 공적분인지 아니면 허위상관인지 구별하는 것은 어렵습니다. 하지만 이 둘 사이에는 중요한 차이점이 있습니다. 허위상관은 어떤 관계도 없어도 되지만, 공적분 시계열은 서로 밀접한 관련성을 가집니다.

허위상관의 멋진 예제로 가득 찬 잘 알려진 블로그(그리고 이 책)가 있습니다. [그림 3-17]은 그 멋진 예제들 중 하나입니다. 특별하고 매우 강한 관계를 발견했다는 생각이 들 때마다 추세와 같이 분명한 원인이 무엇인지 데이터를 점검해야 합니다.

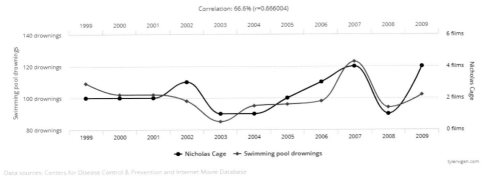

그림 3-17 일부 허위상관은 놀라울 정도로 설득력이 있어 보입니다(출처: _https://perma.cc/6UYH-FPBX_)

3.3 유용한 시각화

시계열의 완벽한 탐색적 분석의 핵심은 그래프입니다. 시간축에 대한 데이터를 반드시 시각화해야 합니다. 그리고 가급적이면 일반적인 질문의 해답을 구할 수 있는 방향의 시각화가 필요합니다. 가령 데이터의 종합적인 시간 분포나 특정 변수의 행동 방식과 같은 것을 생각해볼 수 있습니다.

이 장의 초반에서 시간에 따른 특정 변수 값의 변화 도표, 시간에 따른 서로 다른 변수 값의 산점도와 같이 데이터 분석가라면 누구에게나 친숙한 도표 그리기 기법을 살펴봤습니다. 탐색적 데이터 분석을 다루는 이 장의 마지막인 이 절에서는 시계열의 행동 방식에 대한 새로운 통찰을 얻기 위해 유용한 다양한 시각화 기법을 살펴보겠습니다.

복잡도에 따라서 다양한 시각화 기법을 살펴봅니다.

- 2장에서 구성한 발견된 시계열(기부 데이터)에서 개별 기부자의 종합적인 시간 분포도를 이해하기 위한 1차원 시각화
- 시간에 따른 여러 측정치의 전형적인 궤적을 이해하기 위한 2차원 히스토그램(오랜 세월에 걸친 측정이나 동일한 현상을 측정한 여러 시계열)
- 두 개의 차원을 차지하는 시간, 또는 차원을 전혀 차지하지 않지만 내재된 시간에 대한 3차원 시각화

3.3.1 1차원 시각화

여러 사용자, 구성원 등 여러 측정의 구성 단위가 있는 경우에는 여러 시계열을 동시에 고려해야 합니다. 이들을 시각적으로 누적하여 시간에 따른 개별 분석 단위를 강조할 수 있다면 흥미로울 것입니다. 실제 측정값보다는 특정 범위의 데이터 존재 유무를 관심 있는 정보로 다룹니다. 기간 자체가 분석 단위가 됩니다. 다음 예에서는 R의 **timevis** 패키지를 사용하지만, 그 외에도 다양한 옵션이 있습니다. 그러면 2장에서 준비한 기부 데이터의 작은 부분을 살펴보겠습니다(그림 3-18).

```
## R
> require(timevis)
> donations <- fread("donations.csv")
> d <- donations[, .(min(timestamp), max(timestamp)), user]
> names(d) <- c("content", "start", "end")
> d <- d[start != end]
> timevis(d[sample(1:nrow(d), 20)])
```

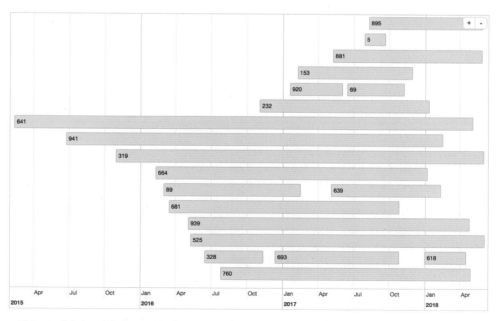

그림 3-18 데이터 무작위 샘플에 대한 간트 차트는 회원/기부자가 '활발했던' 기간의 분포를 이해하기 위한 아이디어를 제공합니다.

[그림 3-18]은 전체 회원을 대상으로 '붐비는' 시기를 보여줍니다. 또한 특정 회원의 '전체 활동 기간' 중 활발했던 기간의 분포를 감각적으로 얻을 수 있습니다.

간트 차트는 한 세기 이상 사용되어 왔습니다. 주로 프로젝트 관리 작업할 때 활용되었지만, 점차 다른 산업 분야에서도 이를 활용하기 시작했습니다. 간트 차트는 보자마자 직관적으로 이해 가능한 시각화의 아이디어에 뿌리를 둡니다. 프로젝트 관리에 유용한 간트 차트지만, 하나 이상 측정된 과정을 위한 시계열 분석에도 유용하게 사용될 수 있습니다. [그림 3-18]은 모든 사람의 기부 이력 중 상대적으로 서로 겹치는 부분에 대한 궁금증을 순식간에 해소해줍니다. 데이터를 표 형태로만 본다면 이해하기 어려운 분포입니다.

3.3.2 2차원 시각화

이번에는 `AirPassengers` 데이터를 사용하여 계절성과 추세를 살펴봅시다. 이때 시간이 선형적이라고 생각해서는 안 됩니다. 시간이 한 개 이상의 축에서 나타나는 특별한 경우입니다. 매일, 매년 앞으로 나아가는 시간축은 당연히 있습니다. 추가로 시간, 요일 등에 따라서 시간을 펼쳐볼 수도 있습니다. 이런 방법을 사용하면 특정 시간과 달에 특정 행동이 일어나는 계절성을 보다 쉽게 이해할 수 있습니다. 단순한 선형적인 행동보다는 계절적인 행동 방식이 바로 시간의 시각화를 통해서 알고 싶은 부분입니다.

`AirPassengers`로부터 `ts` 객체를 추출하고 적절한 행렬 형태로 만들어줍니다.

```
## R
> t(matrix(AirPassengers, nrow = 12, ncol = 12))
      [,1] [,2] [,3] [,4] [,5] [,6] [,7] [,8] [,9] [,10] [,11] [,12]
[1,]   112  118  132  129  121  135  148  148  136   119   104   118
[2,]   115  126  141  135  125  149  170  170  158   133   114   140
[3,]   145  150  178  163  172  178  199  199  184   162   146   166
[4,]   171  180  193  181  183  218  230  242  209   191   172   194
[5,]   196  196  236  235  229  243  264  272  237   211   180   201
[6,]   204  188  235  227  234  264  302  293  259   229   203   229
[7,]   242  233  267  269  270  315  364  347  312   274   237   278
[8,]   284  277  317  313  318  374  413  405  355   306   271   306
[9,]   315  301  356  348  355  422  465  467  404   347   305   336
[10,]  340  318  362  348  363  435  491  505  404   359   310   337
[11,]  360  342  406  396  420  472  548  559  463   407   362   405
[12,]  417  391  419  461  472  535  622  606  508   461   390   432
```

데이터를 전치transpose하여 ts 객체가 표현하듯이 정렬되었습니다.

월의 진행을 반영하는 축에 기반하여 각 연도의 도표를 그립니다(그림 3-19).

```
## R
> colors<-c("green","red", "pink", "blue",
>           "yellow","lightsalmon", "black", "gray",
>           "cyan", "lightblue",  "maroon", "purple")
> matplot(matrix(AirPassengers, nrow = 12, ncol = 12),
>         type = 'l', col = colors, lty = 1, lwd = 2.5,
>         xaxt = "n", ylab = "Passenger Count")
> legend("topleft", legend = 1949:1960, lty = 1, lwd = 2.5, col = colors)
> axis(1, at = 1:12, labels = c("Jan", "Feb", "Mar", "Apr",
>                               "May", "Jun", "Jul", "Aug",
>                               "Sep", "Oct", "Nov", "Dec"))
```

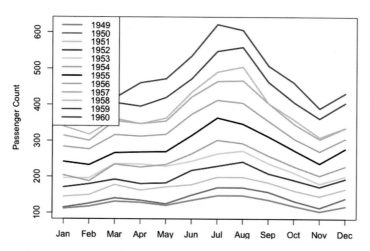

그림 3-19 연도별 월별 수[6]

----

6 깃허브 저장소를 방문하면 원본 도표를 보거나 스스로 보다 자세한 방식으로 도표를 그려볼 수 있습니다.

forecast 패키지를 사용하면 동일한 도표를 쉽게 만들 수 있습니다(그림 3-20).

```
## R
> require(forecast)
> seasonplot(AirPassengers)
```

x축은 모든 연도가 공유하는 달에 대한 것입니다. 모든 연도를 통틀어 항공 여객 수의 최고치는 7월 또는 8월에 기록됐습니다. 또한 대부분 연도의 3월은 국소적 최고치를 보입니다. 따라서 계절적 행동 방식을 자세히 보여주는 그래프라고 볼 수 있습니다.

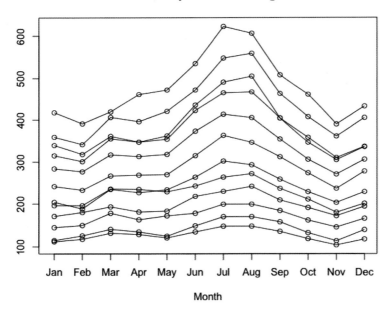

그림 3-20 seasonplot() 함수로 유사한 계절성 도표를 쉽게 만든 그래프

연도별 곡선은 거의 겹치지 않습니다. 같은 월에 같은 수의 탑승객이 발생한 연도가 거의 없기 때문에 탄탄한 성장세를 보여준다고 볼 수 있습니다. 물론 예외적인 경우도 있지만, 최고치를 기록한 월에서는 겹치지 않았습니다. 이 관측 내용만으로도 성장 계획 방법을 수립하는 항공 여행사에게 좋은 참고자료가 될 수 있습니다.

추가로 연도별 월별 곡선의 도표는 덜 표준적이지만 여전히 유용합니다(그림 3-21).

```
## R
> months <- c("Jan", "Feb", "Mar", "Apr", "May", "Jun",
>             "Jul", "Aug", "Sep", "Oct", "Nov", "Dec")

> matplot(t(matrix(AirPassengers, nrow = 12, ncol = 12)),
>         type='l', col=colors, lty=1, lwd=2.5)
> legend("left", legend = months, col=colors,lty=1,lwd=2.5)
```

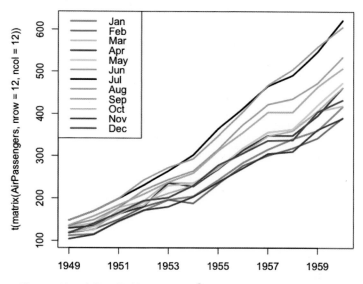

그림 3-21 연도 시계열 대한 월별 곡선입니다.[7]

연도에 따라 성장 추세가 가속화됩니다. 즉, 증가율 자체가 증가합니다. 7월과 8월의 성장 속도는 다른 월에 비해 더 빠릅니다. `forecast` 패키지가 제공하는 간편한 시각화 함수를 사용하면 유사한 시각화가 가능하여 유사한 통찰을 얻을 수 있습니다(그림 3-22).

```
## R
> monthplot(AirPassengers)
```

----

7   깃허브 저장소를 방문하면 원본 도표를 보거나 스스로 보다 자세한 방식으로 도표를 그려볼 수 있습니다.

이 도표로 두 가지 일반적인 관찰을 해봅시다.

- 시계열에는 그리고자 하는 도표에 대해 하나 이상의 유용한 시간축이 있습니다. 데이터셋의 월(1~12월)과 연도(1949~1960년) 축 두 개를 사용했습니다.
- 선형적으로 도표를 그린 것에 비해 시계열 데이터를 누적시킨 시각화는 많은 유용한 정보와 예측의 세부 사항을 얻게 해줍니다.

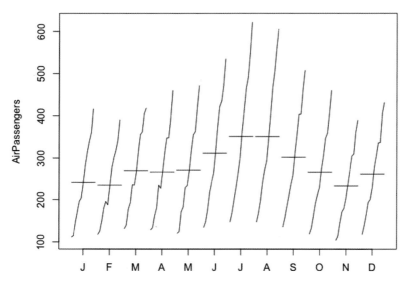

그림 3-22 monthplot() 함수를 사용하면 연도가 경과함에 따라 월별 성능의 변화를 확인할 수 있습니다.

다음으로는 적절한 2차원 히스토그램을 고려해보겠습니다. 시계열 문맥에서 한 축은 시간(또는 시간의 대용물), 다른 한 축은 관심 단위로 구성된 2차원 히스토그램을 생각해볼 수 있습니다. 앞서 그린 '누적' 도표도 일종의 2차원 히스토그램으로 볼 수 있겠지만, 여기에 몇 가지 변화를 준다면 더 유용해집니다.

- 시간축과 탑승객의 수 모두에 대해 데이터의 구간^{bin}을 나눌 필요가 있습니다.
- 더 많은 데이터가 필요합니다. 누적 곡선들이 서로 교차하기 전까지는 2차원 히스토그램은 큰 의미가 없습니다. 2D 히스토그램이 추가 정보를 전달하지 못합니다.

단지 그림을 보여주기 위해 작은 데이터셋을 대상으로 2차원 히스토그램을 만들어 보겠습니다. 그리고 나서 의미 있는 예를 살펴보겠습니다. 2차원 히스토그램은 다음처럼 만들 수 있습니다.

```R
## R
> hist2d <- function(data, nbins.y, xlabels) {
>     ## 최댓값과 최솟값을 포함하는 균등한 크기의 ybins를 만듭니다.
>     ymin=min(data)
>     ymax=max(data) * 1.0001
>     ## 포함/불포함의 걱정을 피하기 위한 게으른 방법

>     ybins=seq(from=ymin,to=ymax,length.out=nbins.y+1)
>     ## 적절한 크기의 제로 행렬을 만듭니다.
>     hist.matrix=matrix(0,nrow=nbins.y,ncol=ncol(data))

>     ## 행렬의 각 행은 하나의 데이터 점을 표현합니다.
>     for(i in 1:nrow(data)) {
>         ts = findInterval(data[i, ], ybins)
>         for (j in 1:ncol(data)) {
>           hist.matrix[ts[j], j] = hist.matrix[ts[j], j] + 1 > hist.matrix
>         }
>     }
>     hist.matrix
> }
```

다음과 같이 히트맵heat map 컬러의 히스토그램을 만들 수 있습니다.

```R
## R
> h = hist2d(t(matrix(AirPassengers, nrow = 12, ncol = 12)), 5, months)
> image(1:ncol(h), 1:nrow(h), t(h), col = heat.colors(5),
>          axes = FALSE, xlab = "Time", ylab = "Passenger Count")
```

하지만 결과(그림 3-12)가 별로 만족스럽지 않습니다.

그림 3-23 AirPassengers 데이터에 대하여 직접 만든 2차원 히스토그램이 구성한 히트맵

충분한 데이터가 없어서 이 도표는 유용하지 않습니다. 곡선 12개만 있으며 다섯 개의 버킷 bucket으로 이들을 나누었습니다. 그러나 중대한 문제는 정상 데이터가 없다는 것입니다. 히스토 그램은 정상 데이터를 가정한 상황에서 사용됩니다. 이 예는 추세가 있어서 계절성을 보는 데 방해가 됩니다.

이번에는 보다 많은 샘플을 포함하며 추세로부터 오염되지 않은 데이터셋을 살펴보겠습니다. UCR 시계열 분류 보관소(*https://perma.cc/Y982-9FPS*)로부터 가져온 FiftyWords 데 이터셋의 일부분입니다. 이 데이터셋은 50개의 서로 다른 단어를 표현하는 단변량 시계열들로 구성되어 있으며 각 시계열의 길이는 동일합니다.

[그림 3-24]의 도표를 그리는 데 사용된 데이터의 부분 집합은 필자가 진행한 시계열 분류 튜 토리얼을 활용했습니다. 이 데이터를 직접 다운로드할 수도 있으며 전체 데이터를 사용해도 무 방합니다.

```
## R
> require(data.table)

> words <- fread(url.str)
> w1 <- words[V1 == 1]
> h = hist2d(w1, 25, 1:ncol(w1))

> colors <- gray.colors(20, start = 1, end = .5)
> par(mfrow = c(1, 2))
> image(1:ncol(h), 1:nrow(h), t(h),
```

```
>                 col = colors, axes = FALSE, xlab = "Time", ylab = "Projection Value")
> image(1:ncol(h), 1:nrow(h), t(log(h)),
>                 col = colors, axes = FALSE, xlab = "Time", ylab = "Projection Value")
```

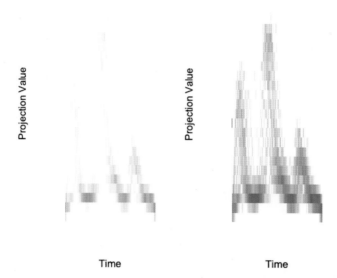

그림 3-24 청력계로부터 얻은 한 단어에 대한 2차원 히스토그램입니다. 좌측 도표는 선형 횟수 척도를 갖지만, 우측 도표는 로그 횟수 척도를 가집니다.

정확한 횟수 대신에 로그변환된 횟수에 따라 색이 칠해져서 [그림 3-24]의 우측 도표가 더 선명해 보입니다.

이 응용은 분산의 감소, 이상치의 중요도를 낮추는 목적으로 시계열에 로그를 씌우는 발상과 같습니다. 로그 변환은 높은 횟수로 나타나는 희박한 값들의 범위를 많이 낭비하지 않게 해줘서 시각화를 향상시켜 줍니다.

우리가 직접 만든 방법은 배포 버전 대비 시각적으로 매력적이지 않습니다. 어떤 점이 다른지 한번 살펴볼 필요가 있습니다. 배포 버전을 사용하려면 데이터의 모양을 해당 라이브러리가 수용할 수 있는 형태로 바꿔줘야 합니다. 즉 2차원 히스토그램을 만들기 위한 x와 y 값의 쌍을 제공해야 합니다. 우리가 직접 만든 방법은 시계열에 특화됐지만, 배포 버전은 시계열 데이터만을 위해 고안된 것이 아닙니다. 그럼에도 불구하고 매우 훌륭한 시각화 솔루션을 제공합니다 (그림 3-25).

```
## R
> w1 <- words[V1 == 1]

> ## 2차원 히스토그램을 구현한 대부분의 구현체는
> ## 데이터가 쌍으로 된 좌표 형식으로 제공되어야 함을 가정합니다.
> ## melt 함수는 지정된 id(열)를 제외하고, 모든 열을 행으로 바꿉니다.
> ## 즉, id를 기준으로 기존에 존재하던 모든 열의 조합을 행으로 바꿉니다.
> names(w1) <- c("type", 1:270)
> w1 <- melt(w1, id.vars = "type")

> w1 <- w1[, -1]
> names(w1) <- c("Time point", "Value")
> plot(hexbin(w1))
```

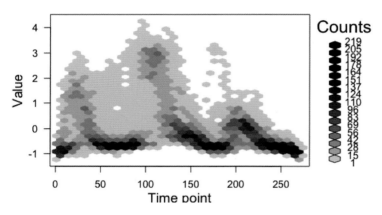

그림 3-25 같은 데이터에 대한 2차원 히스토그램 시각화의 대안

3.3.3 3차원 시각화

R의 기본 패키지는 3차원 시각화를 지원하지 않습니다. 그러나 이를 위한 여러 패키지가 있습니다. 이 책에서는 plotly로 도표를 빠르게 그릴 수 있는 방법을 소개합니다. plotly를 선택한 이유는 RStudio에서 도표를 쉽게 회전할 수 있으며 웹 인터페이스로도 쉽게 만들 수 있기 때문입니다. 또한 plotly는 다운로드 및 설치가 매우 간편합니다(모든 시각화 패키지의 설치가 쉬운 것은 아닙니다).

AirPassengers 데이터를 고려해봅시다. 이 데이터를 3차원적으로 그려볼 것인데, 그중 2개 차원은 시간(월과 연도)을 위한 것이고, 나머지 차원은 데이터값을 위한 것입니다.

```
## R
> require(plotly)
> require(data.table)

> months = 1:12
> ap = data.table(matrix(AirPassengers, nrow = 12, ncol = 12))
> names(ap) = as.character(1949:1960)
> ap[, month := months]
> ap = melt(ap, id.vars = 'month')
> names(ap) = c("month", "year", "count")

> p <- plot_ly(ap, x = ~month, y = ~year, z = ~count,
>             color = ~as.factor(month)) %>%
>   add_markers() %>%
>   layout(scene=list(xaxis = list(title = 'Month'),
>                     yaxis = list(title = 'Year'),
>                     zaxis = list(title = 'PassengerCount')))
```

3차원 시각화는 데이터의 전체적인 윤곽을 이해하는 데 도움이 됩니다. 앞서 살펴본 여러 도
표도 도움이 되지만, 소량의 데이터는 3차원으로 확장된 산점도를 2차원 히스토그램보다 특히
좋아 보이게 한다는 것을 알 수 있습니다(그림 3-26과 그림 3-27).

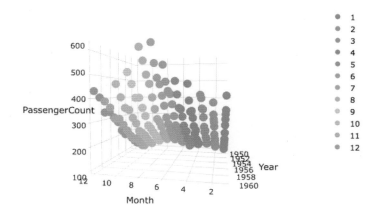

그림 3-26 AirPassenger 데이터에 대한 3차원 산점도입니다. 이 관점은 계절성을 강조합니다.[8]

----

8 깃허브 저장소를 방문하면 원본 도표를 보거나 스스로 보다 자세한 방식으로 도표를 그려볼 수 있습니다.

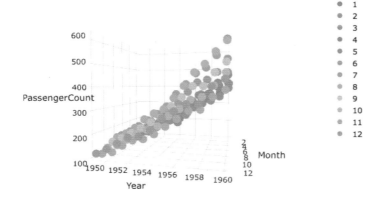

그림 3-27 같은 데이터에 대한 또 다른 관점은 연도 간의 증가 추세를 보다 명확히 보여줍니다. 직접 코드를 실행하여 그래프 회전 등을 실행해보는 것을 강력히 권합니다.[9]

두 축을 반드시 시간에 할애할 필요는 없습니다. 대신에 두 축 중 하나는 위치, 다른 하나는 시간에 사용해볼 수도 있습니다. 예를 들어 다음과 같이 2차원 확률보행을 시각화해볼 수 있습니다. 다음 코드는 plotly에서 제공하는 데모 코드를 약간 수정했습니다.

```
## R
> file.location <- 'https://raw.githubusercontent.com/plotly/datasets/master/_3d-
line-plot.csv'
> data <- read.csv(file.location)
> p <- plot_ly(data,x=~x1,y=~y1,z=~z1,
>                   type = 'scatter3d', mode = 'lines',
>                   line = list(color = '#1f77b4', width = 1))
```

대화형interactive 특성이 3차원 도표의 핵심입니다. 도표를 직접 회전하기 전까지 명확하지 않았을 정보를 분명히 알 수 있게 해줍니다.

---

9 깃허브 저장소를 방문하면 원본 도표를 보거나 스스로 보다 자세한 방식으로 도표를 그려볼 수 있습니다.

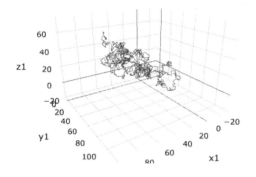

그림 3-28 시간에 따른 2차원 확률보행에 대한 시각

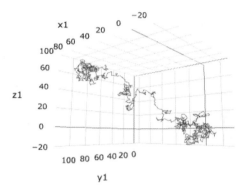

그림 3-29 같은 확률보행에 대한 이러한 시각은 훨씬 더 흥미로운 사실을 보여줍니다. 이 코드를 직접 구현해보세요.

노이즈가 낀 2차원 계절성 모션 데이터seasonal motion data를 생성하고, 앞서 확률보행을 시각화한 방법을 그대로 적용해보면 좋은 연습이 될 것입니다. 확률보행 데이터와 비교해서 그래프의 상당한 부분이 다름을 알게 될 것입니다. plotly와 같은 패키지는 빠른 실험을 해보고, 시각적인 피드백을 종합적으로 얻을 수 있는 데 도움이 됩니다.

3.4 보충 자료

허위상관

- Ai Deng, "A Primer on Spurious Statistical Significance in Time Series Regressions," Economics Committee Newsletter 14, no. 1 (2015), *https://perma.cc/9CQR-RWHC*.
  - ▷ 허위상관이 무엇이고 데이터에 어떻게 나타나는지에 대한 글입니다. 이는 데이터셋에서 이 문제를 언제, 어디서 찾을 수 있는지의 실용적인 통찰을 개발하는 데 유용합니다. 이 자료는 매우 이해하기 쉬운 수준으로 작성되었습니다.

- Tyler Vigen, Spurious Correlations (New York: Hachette, 2015), *https://perma.cc/YY6R-SKWA*.
  - ▷ 허위상관의 자료 모음으로, 모든 시계열 분석가 또는 시계열을 고민하는 모든 사람이 꼭 읽어봐야 합니다.

- Antonio Noriega and Daniel Ventosa-Santaulària, "Spurious Regression Under Broken-Trend Stationarity," Journal of Time Series Analysis 27, no. 5 (2006): 671 – 84, *https://perma.cc/V993-SF4F*.
  - ▷ 저자는 이론적인 데이터와 시뮬레이션 데이터를 모두 개발하여, 독립적으로 무작위로 생성된 데이터셋의 수준이나 추세의 변화가 허위상관의 존재에 영향을 미친다는 것을 보여줍니다.

- C.W.J. Granger and P. Newbold, "Spurious Regressions in Econometrics," Journal of Econometrics 2, no. 2 (1974): 111 – 20, *https://perma.cc/M8TE-AL6U*.
  - ▷ 이 계량경제학 관련 논문은 허위상관 처리에 내재된 어려움의 식별 및 관련 시계열을 식별하기 위한 접근법으로 노벨상을 수상했습니다.

탐색적 데이터 분석

- David R. Brillinger and Mark A. Finney, "An Exploratory Data Analysis of the Temperature Fluctuations in a Spreading Fire," Environmetrics 25, no. 6 (2014): 443 – 53, *https://perma.cc/QB3D-APKM*.

▷ 학계 및 정부 연구자가 보여준 지오템포럴 그리드geotemporal grid의 실제 실험 데이터를 분석하는 방법에 대한 예입니다.

- Robert H. Shumway and David S. Stoffer, "Time Series Regression and Exploratory Data Analysis," in Time Series Analysis and Its Applications with R Examples (New York: Springer, 2011), *https://perma.cc/UC5B-TPVS*.

▷ 대학원생을 위해 쓰인 시계열 분석에 대한 논문의 탐색적 데이터 분석을 다룬 부분입니다.

더 많은 시각화 자료

- Christian Tominski and Wolfgang Aigner, "The TimeViz Browser," *https://perma.cc/94ND-6ZA5*.

▷ 학계의 연구 논문 및 산업의 이용 사례에 대한 여러 흥미로운 시계열 시각화의 예와 소스 코드 목록을 보여주는 멋진 자료입니다.

- Oscar Perpiñán Lamigueiro, "GitHub Repository for Displaying Time Series, Spatial, and Space-time Data with R," *https://perma.cc/R69Y-5JPL*.

▷ R 기반 다양한 시계열 시각화 소스 코드를 포함하며 지형공간geospatial 시계열 데이터도 다룹니다.

- Myles Harrison, "5 Ways to Do 2D Histograms in R," R-bloggers, September 1, 2014, *https://perma.cc/ZCX9-FQQY*.

▷ 2차원 히스토그램을 만들고, 의미 있는 색상과 구간의 크기를 정하기 위한 R 패키지의 다양한 옵션을 실용적으로 안내해줍니다. 기본 개요뿐만 아니라 시계열의 중요한 자료인 증권 시장 데이터의 시각화를 위한 `tidyquant` 패키지를 자세히 설명합니다.

여러 가지 추세

- Halbert White and Clive W.J. Granger, "Considerations of Trends in Time Series," Journal of Time Series Econometrics 3, no. 1 (2011), *https://perma.cc/WF2H-TVTL*.

▷ 최근 학술 논문에 따르면 추세는 데이터에서 매우 흔하지만, 전통적인 통계조차도 데이

터의 서로 다른 종류의 추세를 설명하는 완벽한 정의는 없습니다. 저자는 이해하기 쉬운 방식으로 근본적인 추세를 가진 비정상 데이터를 통계적 방식으로 향상시키기 위해 통계적인 통찰을 여러 가지 방법으로 제공합니다.

## CHAPTER 4

시계열 데이터의 시뮬레이션

지금까지 시계열 데이터를 찾아볼 수 있는 장소와 시계열 데이터를 처리하는 방법을 다뤘습니다. 이 장에서는 시뮬레이션으로 시계열 데이터를 생성하는 방법을 알아보겠습니다.

이 장은 크게 세 부분으로 나뉩니다. 첫째, 시계열 데이터 시뮬레이션과 다른 종류의 데이터 시뮬레이션을 비교합니다. 그러면서 시간의 흐름을 처리할 때 새로운 분야에서 특별히 고려해야 할 사항에 집중합니다. 둘째, 실제 코드 기반으로 시뮬레이션의 몇 가지 예를 살펴봅니다. 셋째, 시계열 시뮬레이션의 동향을 살펴봅니다.

이 장의 대부분은 다음과 같은 다양한 종류의 예로 시계열 데이터를 생성할 수 있도록 구체적인 코드 예제를 다룹니다.

- 비영리 단체의 소속 회원들이 수년간 기부한 내역과 이메일 열람 행동을 시뮬레이션합니다. 2.2절에서 살펴본 데이터와 관련이 있습니다.

- 택시 1,000대를 대상으로 교대 시작 시간과 하루 동안 승객의 탑승 빈도를 다양하게 바꿔 가며 시뮬레이션합니다.

- 자기성 물체magnetic solid 관련 물리법칙을 사용하여 특정 온도 및 크기에 따른 상태 진화state evolution를 단계별로 시뮬레이션합니다.

이 같은 예제 코드 세 개는 다음 시계열 시뮬레이션 세 부류와 연관성이 있습니다.

발견적 시뮬레이션^{heuristic simulation}

세상이 움직여야만 하는 타당한 방식을 결정합니다. 그리고 규칙을 하나씩 코드로 옮깁니다.

이산 사건 시뮬레이션^{discrete event simulation}

우리가 만든 세상의 규칙을 적용 받는 개별 액터^{actor}를 만들고 각 액터를 실행해서 세상이 변화하는 방식을 관찰합니다.

물리기반 시뮬레이션^{physics-based simulation}

물리 법칙을 적용하여 시간에 따른 시스템의 진화 방식을 관찰합니다.

시계열의 시뮬레이션은 분석을 연습한다는 차원에서 보면 가치 있는 일입니다. 이 장의 뒷부분에서 특정 모델로 시뮬레이션 분석에 대한 내용을 살펴보겠습니다.

4.1 시계열 시뮬레이션의 특별한 점

데이터 시뮬레이션은 데이터 과학에서 잘 다루지 않는 분야지만 시계열 데이터에서는 특히 유용한 기술입니다. 시간 데이터의 단점을 보면 그 이유를 이해할 수 있습니다. 동일한 시계열에서는 두 데이터가 서로 다른 시간에 일어나므로 정확하게 비교하는 것은 어렵습니다. 따라서 **특정 시간**에 발생 가능한 일을 예측하려면 시뮬레이션이라는 세상으로 진입해야 합니다.

시뮬레이션은 간단할 수도 있지만 복잡할 수도 있습니다. 간단한 시뮬레이션의 경우, 확률보행과 같은 시계열을 다루는 통계학 교과서가 제공하는 합성 데이터로 발견됩니다. 이런 데이터는 보통 랜덤 과정의 누적합(예: R의 **rnorm**) 또는 주기함수(사인^{sine} 곡선 등)에 의해 생성됩니다. 하지만 많은 과학자와 기술자는 이런 복잡한 시계열 시뮬레이션으로 경력을 쌓는 것이 일반적입니다. 계산적 부담이 큰 시계열 시뮬레이션은 다음과 같은 여러 분야에서 활발히 연구됩니다.

- 기상학^{meteorology}
- 금융학^{finance}

- 전염병학epidemiology

- 양자화학quantum chemistry

- 플라즈마 물리학plasma physics

일부의 경우, 행동의 기본 법칙은 익히 알려져 있습니다. 그러나 기상학, 양자화학, 플라즈마 물리학 등과 같은 분야에서는 방정식의 복잡성으로 발생할 수 있는 모든 상황을 고려하는 건 여전히 어렵습니다. 금융학, 전염병학과 같은 나머지 경우 또한 모든 예측변수를 알 수 없습니다. 전문가조차도 시스템이 가진 확률적 비선형 특성에 의해 완벽한 예측의 가능성을 확신하는 것이 불가능합니다.

4.1.1 시뮬레이션과 예측

시뮬레이션과 예측은 유사한 일입니다. 두 경우 모두 시스템의 유동성과 파라미터에 대한 가설을 세운 다음 가설을 기반으로 생성될 데이터를 추론합니다.

그렇지만 예측과는 다르게 시뮬레이션의 연구와 개발에서 알아둬야 할 중요한 차이점이 있습니다.

- 정성적 관측을 예측보다 시뮬레이션에 통합하는 것이 더 쉬울 수 있습니다.

- 시뮬레이션은 확장 가능한 형태로 실행되므로 (수천 개 이상의) 여러 가지 시나리오를 관찰할 수 있습니다. 반면에 예측은 시뮬레이션보다 더 신중하게 처리되어야 합니다.

- 시뮬레이션은 예측보다 위험 부담이 적습니다. 시뮬레이션은 가상이므로 실제 자원의 투입이 필요 없습니다. 따라서 처음부터 창의적이고 탐구적인 자세로 시뮬레이션을 설계할 수 있습니다. 물론 예측을 정당화해야 하는 것처럼 시뮬레이션도 마지막에는 그 구축 방법을 정당화할 수 있어야 합니다.

4.2 코드로 보는 시뮬레이션

시계열 시뮬레이션 예제 세 개를 살펴봅시다. 이 예제들을 보면서 '시계열'을 만들 때 시뮬레이션되는 데이터 배열의 크기와 시간적 요소가 얼마나 구체적이고 인간 중심적일 수 있는지(기부의 요일 및 하루 중 시간)를 생각해보기 바랍니다. 또는 물리 시뮬레이션의 'n번째 단계'에 대한 시간적 요소가 얼마나 비구체적이고 분류되어 있지 않은지도 생각해보세요.

이 절에서 다룰 세 가지 시뮬레이션의 예는 다음과 같습니다.

- 누군가의 이메일 열람 행동이 기부로 이어지는지, 기부로 이어지지 않는지에 대한 상관관계의 가설을 검정하기 위한 합성 데이터를 시뮬레이션합니다. for 반복문 등을 사용하여 테이블형 데이터를 생성하고, 데이터의 관계를 하드코딩하여 만들어내기 때문에 스스로 직접 만들어보기^{Do It Yourself}(DIY)는 해볼 만한 예제입니다.

- 택시 기사의 교대 시간과 하루 동안 탑승객 빈도에 대한 합성 데이터를 시뮬레이션하여 택시 무리의 집단 행동을 살펴봅니다. 이때 파이썬의 객체지향적인 특성과 시스템의 흐름 속에서 그 행동을 관찰할 때 유용한 파이썬의 제너레이터^{generator}를 사용합니다.

- 점진적으로 개별 자기요소^{magnetic element}의 위치를 맞춰나가는 자성물질의 물리적 과정을 시뮬레이션합니다. 정렬되지 않은 상태에서 시작하지만 궁극적으로는 잘 정렬된 시스템으로 합쳐집니다. 이 예를 통해 물리 법칙으로 시계열 시뮬레이션을 구성하는 방법과 자연적인 시간 척도^{natural time scaling}를 과정에 삽입하는 방법을 알아봅니다.

4.2.1 스스로 직접 만들어보기

시뮬레이션 프로그래밍을 할 때는 시스템에 적용되는 논리적인 규칙을 명심해야 합니다. 여기서는 데이터를 논리적인 규칙에 맞춰 타당하게끔 만드는 가장 흔한 예제를 다룹니다(예를 들어 사건 발생의 순서가 비논리적으로 구성되지 않도록 보장하는 것을 생각해볼 수 있습니다).

우선 회원 자격에 대한 세계관을 정의하며 시작해봅시다. 회원 수, 각 회원의 가입 시점, 각 회원에 대한 상태 정보를 고려해볼 수 있습니다.

```python
## python
>>> ## 회원 상태
>>> years = ['2014', '2015', '2016', '2017', '2018']
>>> memberStatus = ['bronze', 'silver', 'gold', 'inactive']

>>> ## np.random.choice의 p 인수를 조절하여
>>> ## 각 부류의 발생 확률을 달리하여 데이터를 생성합니다.
>>> memberYears = np.random.choice(years, 1000,
```

```
>>>                               p = [0.1, 0.1, 0.15, 0.30, 0.35])
>>> memberStats = np.random.choice(memberStatus, 1000,
>>>                               p = [0.5, 0.3, 0.1, 0.1])
>>>
>>> yearJoined = pd.DataFrame({'yearJoined': memberYears,
>>>                            'memberStats': memberStats})
```

이 정도의 코드만으로도 이미 여러 규칙과 가정이 시뮬레이션에 녹아들어 있다는 것을 알 수 있습니다. 모든 회원에게 특정 가입 연도를 무작위로 부여하고 회원의 상태 정보는 부여된 가입연도에 따라 결정됩니다. 그러나 실 세계의 데이터가 이렇게 무작위로 만들어진 것보다 두 변수 간의 더 나은 연관성을 보여줄 가능성이 높습니다. 예를 들어 특정 회원을 계속해서 회원으로 남도록 장려하고 싶은 경우가 있을 수 있습니다.

이번에는 주별로 회원의 이메일 열람 시점을 나타내는 테이블을 만듭니다. 이때 한 주에 이메일 세 통을 보내는 기관의 행동을 정의하고, 이메일에 관한 회원들의 행동 패턴은 다음과 같이 정의합니다.

- 이메일을 열람한 적이 없음
- 일정한 수준의 이메일 열람 및 참여율
- 참여 수준의 증가 또는 감소

데이터에 영향을 주는 불확실한 과정$^{unobservable\ process}$에 대하여 전문가들이 경험적 또는 완전히 새롭게 세운 가설에 따라서, 더 복잡하고 미묘하지만 섬세하게 만드는 방법을 상상해볼 수도 있습니다.

```
## python
>>> NUM_EMAILS_SENT_WEEKLY = 3
>>> ## 서로 다른 패턴을 위한 몇 가지 함수를 정의합니다.
>>> def never_opens(period_rng):
>>>    return []

>>> def constant_open_rate(period_rng):
>>>    n, p = NUM_EMAILS_SENT_WEEKLY, np.random.uniform(0, 1)
>>>    num_opened = np.random.binomial(n, p, len(period_rng))
>>>    return num_opened
```

```
>>> def increasing_open_rate(period_rng):
>>>     return open_rate_with_factor_change(period_rng, np.random.uniform(1.01,
1.30))

>>> def decreasing_open_rate(period_rng):
>>>     return open_rate_with_factor_change(period_rng, np.random.uniform(0.5,
0.99))

>>> def open_rate_with_factor_change(period_rng, fac):
>>>     if len(period_rng) < 1 :
>>>         return []
>>>     times = np.random.randint(0, len(period_rng), int(0.1 * len(period_rng)))
>>>     num_opened = np.zeros(len(period_rng))
>>>     for prd in range(0, len(period_rng), 2):
>>>         try:
>>>             n, p = NUM_EMAILS_SENT_WEEKLY, np.random.uniform(0, 1)
>>>             num_opened[prd:(prd + 2)] = np.random.binomial(n, p, 2)
>>>             p = max(min(1, p * fac), 0)
>>>         except:
>>>             num_opened[prd] = np.random.binomial(n, p, 1)
>>>     for t in range(len(times)):
>>>         num_opened[times[t]] = 0
>>>     return num_opened
```

뚜렷하게 구분되는 네 가지 행동을 시뮬레이션하기 위해 각각의 함수를 정의했습니다.

- 이메일을 한 번도 열람하지 않은 회원: never_opens()

- 매주 같은 양의 이메일을 열람한 회원: constant_open_rate()

- 매주 열람한 이메일의 양이 줄어드는 회원: decreasing_open_rate()

- 매주 열람한 이메일의 양이 늘어나는 회원: increasing_open_rate()

시간에 따라 참여율이 증가하거나 감소하는 사람에 대한 함수는 각각 increasing_open_rate()와 decreasing_open_rate()이며 각각 내부적으로는 open_rate_with_factor_change()라는 동일한 함수를 호출하여 같은 방식의 시뮬레이션을 적용합니다.

이제는 기부 행동을 모델링하는 시스템을 생각해볼 필요가 있습니다. 너무 단순한 시뮬레이션은 기대한 만큼의 통찰을 주지 못하므로 시스템을 너무 단순하게 꾸리면 안 됩니다. 즉, 회원의 행동을 정의하는 가설을 고려한 모델을 만들고 그 가설에 기반한 시뮬레이션이 실제 데이터와 맞아떨어지는지를 검증해야 합니다. 여기서는 이메일 열람 횟수에 따라 기부 행동을 정확히 결정하지는 않지만, 약간은 느슨히 연결시킬 것입니다.

```python
## python
>>> ## 기부 행동
>>> def produce_donations(period_rng, member_behavior, num_emails,
>>>                        use_id, member_join_year):
>>>     donation_amounts = np.array([0, 25, 50, 75, 100, 250, 500,
>>>                                  1000, 1500, 2000])
>>>     member_has = np.random.choice(donation_amounts)
>>>     email_fraction = num_emails / (NUM_EMAILS_SENT_WEEKLY * len(period_rng))
>>>     member_gives = member_has * email_fraction
>>>     member_gives_idx = np.where(member_gives >= donation_amounts)[0][-1]
>>>     member_gives_idx = max(min(member_gives_idx,
>>>                                len(donation_amounts) - 2),
>>>                            1)
>>>     num_times_gave = np.random.poisson(2) * (2018 - member_join_year)
>>>     times = np.random.randint(0, len(period_rng), num_times_gave)
>>>     dons = pd.DataFrame({'member' : [],
>>>                          'amount' : [],
>>>                          'timestamp' : []})
>>>
>>>     for n in range(num_times_gave):
>>>         donation = donation_amounts[member_gives_idx
>>>                        + np.random.binomial(1, .3)]
>>>         ts = str(period_rng[times[n]].start_time
>>>                        + random_weekly_time_delta())
>>>         dons = dons.append(pd.DataFrame(
>>>                 {'member' : [use_id],
>>>                  'amount' : [donation],
>>>                  'timestamp' : [ts]}))
>>>
>>>     if dons.shape[0] > 0:
>>>         dons = dons[dons.amount != 0]
>>>         ## 기부액이 0인 경우에는 보고하지 않습니다.
>>>         ## 실세계에서 이런 정보는 데이터베이스에 반영되지 않습니다.
>>>
>>>     return dons
```

실제와 같은 행동을 만들기 위해 다음 몇 가지 단계를 코드에 적용했습니다.

- 회원 자격의 기간에 따라서 기부의 전체 횟수를 정했습니다.

- 회원별 재정 상태를 만들었습니다. 이는 한 사람의 안정적인 재산의 양이 기부의 양에 밀
  접한 관련이 있다는 행동 가설에 기반합니다.

회원의 행동은 특정 타임스탬프와 연관되어 있어서 각 회원이 기부를 한 주와 각 주 내에 기부
를 한 시점을 고르는 시뮬레이션 코드를 작성해야 합니다. 다음은 특정 주 내의 시간을 무작위
로 고르기 위한 유틸리티 함수를 보여줍니다.

```python
## python
>>> def random_weekly_time_delta():
>>>     days_of_week = [d for d in range(7)]
>>>     hours_of_day = [h for h in range(11, 23)]
>>>     minute_of_hour = [m for m in range(60)]
>>>     second_of_minute = [s for s in range(60)]
>>>     return pd.Timedelta(str(np.random.choice(days_of_week)) + " days" ) +
>>>             pd.Timedelta(str(np.random.choice(hours_of_day)) + " hours" ) +
>>>             pd.Timedelta(str(np.random.choice(minute_of_hour)) + " minutes") +
>>>             pd.Timedelta(str(np.random.choice(second_of_minute)) + " seconds")
```

(hours_of_day = [h for h in range(11, 23)])를 보면 타임스탬프의 시간 범위를 11
에서 23까지로 제한한다는 것을 알 수 있습니다. 주어진 범위를 벗어나는 시간을 허용하지 않
겠다는 뜻입니다. 따라서 매우 제한된 시간대로 구성된 세계를 상정하거나, 단일 시간대에서조
차도 꽤 제한된 세계를 상정한다는 것을 알 수 있습니다. 즉 회원의 행동 방식에 대한 근본적인
모델을 구축하고자 하는 것입니다.

이러한 가정은 모든 회원이 마치 하나의 시간대에 속하거나, 적은 수의 인접한 시간대에 속한
것처럼 제한을 둡니다. 따라서 회원들 간의 통일된 행동 방식을 기대할 수 있습니다. 기부가 일
어나는 시간은 새벽이나 이른 아침이 아니라 늦은 아침부터 늦은 저녁 사이라는 내용을 추가로
상정합니다.

마지막으로 특정 회원의 사건을 시뮬레이션 하는데 필요한 모든 코드 요소를 한군데로 모읍니
다. 이때 가입 이후의 시점에만 모든 사건이 발생할 수 있고, 이메일 열람 사건과 기부 사건이
약간의 관계(그러나 비현실적으로 적은 관계는 아님)를 갖도록 만들어줍니다.

```python
## python
>>> behaviors = [never_opens,
>>>              constant_open_rate,
>>>              increasing_open_rate,
>>>              decreasing_open_rate]
>>> member_behaviors = np.random.choice(behaviors, 1000, [0.2, 0.5, 0.1, 0.2])

>>> rng = pd.period_range('2015-02-14', '2018-06-01', freq = 'W')
>>> emails = pd.DataFrame({'member' : [],
>>>                        'week' : [],
>>>                        'emailsOpened' : []})
>>> donations = pd.DataFrame({'member' : [],
>>>                           'amount' : [],
>>>                           'tunestamp' : []})

>>> for idx in range(yearJoined.shape[0]):
>>>     ## 회원이 가입한 시기를 무작위로 생성합니다.
>>>     join_date = pd.Timestamp(yearJoined.iloc[idx].yearJoined) +
>>>             pd.Timedelta(str(np.random.randint(0, 365)) + ' days')
>>>     join_date = min(join_date, pd.Timestamp('2018-06-01'))
>>>
>>>     ## 가입 전에는 어떤 행동에 대한 타임스탬프가 없어야 합니다.
>>>     member_rng = rng[rng.start_time > join_date]
>>>
>>>     if len(member_rng) < 1:
>>>         continue
>>>
>>>     info = member_behaviors[idx](member_rng)
>>>     if len(info) == len(member_rng):
>>>         emails = emails.append(pd.DataFrame(
>>>             {'member' : [idx] * len(info),
>>>              'week' : [str(r.start_time) for r in member_rng],
>>>              'emailsOpened' : info}))
>>>         donations = donations.append(
>>>             produce_donations(member_rng, member_behaviors[idx],
>>>                               sum(info), idx, join_date.year))
```

그러면 시간에 따른 기부의 행동 방식을 살펴볼 수 있고, 이를 통해 더 깊은 분석이나 예측을 하기 위한 방법에 대한 감을 얻을 수 있습니다. 예를 들어 월마다 발생한 기부의 총합에 대한 도표를 그려볼 수 있습니다(그림 4-1).

```python
## python
```

```
>>> df = donations
>>> df.set_index(pd.to_datetime(df.timestamp), inplace = True)
>>> df.sort_index(inplace = True)
>>> df.groupby(pd.Grouper(freq='M')).amount.sum().plot()
```

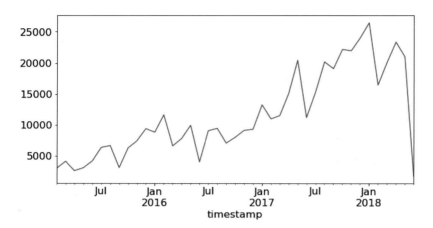

그림 4-1 월마다 발생한 기부의 총합

2015년에서 2018년으로 시간이 흐름에 따라 기부 및 이메일 열람의 횟수가 증가하는 것처럼 보입니다. 매년 신규 회원의 유입으로 누적 회원 수가 증가했기 때문에 열람된 이메일의 수가 증가했다는 사실은 그리 놀라운 것은 아닙니다. 사실 모델에는 한 회원이 가입한 시점으로부터 그 회원의 자격이 무기한으로 유지된다는 가정이 내재되어 있습니다. 즉, 회원 해지에 대한 조항을 만들지 않았다는 것입니다. 시간이 지남에 따라 점점 더 적은 수의 이메일을 열람하도록 설계됐지만, 이러한 상황 속에서도 지속적인 기부의 가능성은 열려있습니다. 무기한적인 회원 자격의 가정과 이에 따른 기부 행동 방식은 [그림 4-1]에서 볼 수 있습니다. 하지만 이러한 가정이 만들어내는 기부 행동 방식은 현실적이지 않습니다. 따라서 코드 수정이 필요할지도 모릅니다.

이런 시계열 시뮬레이션은 모범적인 구현 사례라기보다는 단순히 테이블형 데이터의 생성을 연습했다는 느낌에 더 가깝다고 생각할지도 모릅니다. 물론 맞는 말일 수도 있지만, 간단한 시뮬레이션조차도 시계열을 만드는 데 다음과 같은 노력이 필요합니다.

- 시계열의 개수를 결정해야 합니다.

- 시간에 따라 모델링해야 하는 추세를 결정해야 합니다.
  - 이메일의 경우 안정되거나 증가하거나 감소하는 이메일 열람률의 세 가지 추세를 갖도록 결정합니다.
  - 기부의 경우 총 기간 동안 열람한 이메일 개수에 관련하여 안정적인 행동 패턴을 만듭니다. 여기에는 사전관찰이 포함되지만, 데이터를 생성하는 과정에서 이메일 열람을 많이 하면 기부 빈도를 높일 수 있습니다.
- 회원 가입 이전에는 이메일을 열람하거나 기부하지 않도록 설계해야 합니다.
- 시뮬레이션이 목적이라면 데이터 누수가 발생하더라도 괜찮습니다. 그러나 이 예제에서는 현실적인 데이터를 이용자에게 제공하기 위해서 데이터가 미래로 누수되지 않도록 해야 합니다.

이렇게 노력해도 완벽해지지 않습니다. 여기서 보인 코드에는 어색한 구석이 있으며 현실적인 세계관을 반영하지 않습니다. 더불어 로직의 완전성 검사를 프로그래머가 수행했기 때문에 비논리적인 순서로 발생하는 사건들과 같은 예외적인 상황을 놓쳤을지도 모릅니다. 이러한 오류를 방지하기 위해 표준적인 유효성 및 유효성에 대한 외부 측정기준을 시뮬레이션 수행 전에 정립하는 게 좋습니다.

논리적이고 일관성 있는 세계를 구성하는 소프트웨어가 필요합니다. 다음 절에서는 파이썬의 제너레이터라는 보다 나은 방식을 통해서 그 방법을 살펴보겠습니다.

4.2.2 스스로 실행하는 시뮬레이션 세계 구축

여러분이 특정 시스템을 가지고 있다면, 해당 시스템에 규칙을 설정한 다음 시스템이 흘러가는지 방식을 관찰해보고 싶은 경우가 있을 것입니다. 또는 애플리케이션에 접근하는 개별 사용자들이 행동하는 방식을 상상해보거나, 상정된 외부의 행동 방식에 기반하여 의사를 결정짓는 내부적인 이론을 입증하고 싶을지도 모릅니다. 이때는 시간에 따른 종합적인 측정 기준으로 개별에이전트의 기여 방식을 확인해야 합니다. 제너레이터 기능 덕분에 파이썬은 이런 작업에 매우 적합한 언어입니다. 순수 분석보다 소프트웨어 개발이 필요하다면 R이 더 편하더라도 파이썬을 사용하는 게 더 좋습니다.

제너레이터는 독립적이거나 의존적인 일련의 액터actor를 생성하고, 시간을 돌려가며 각 액터가 하는 일을 관찰할 수 있게 해줍니다. 또한 모든 사건을 추적하기 위한 보일러플레이트 코드 boilerplate code[1]도 많이 작성할 필요가 없습니다.

다음 코드 예제를 통해 택시 시뮬레이션을 관찰해봅시다.[2] 서로 다른 시간에 교대근무가 예정된 택시 무리의 전체 행동 방식을 상상해봅시다. 여러 개별 택시를 생성해서 가상의 도시에 풀어놓고, 이들의 행동을 보고받는 방식입니다.

이런 시뮬레이션은 매우 복잡할 수도 있습니다. 우리는 상상으로 떠올릴 수 있는 완벽한 세계보다는 비교적 간단한 세계를 구축해볼 것입니다('현실을 정확히 반영하는 모델은 존재하지 않지만, 일부 모델은 유용하다'). 이 세계를 구축하기에 앞서 가장 먼저 파이썬의 제너레이터를 이해하고 넘어가야만 합니다.

우선 택시의 식별 번호를 생성하는 함수를 고려해보겠습니다.

```python
## python
>>> import numpy as np

>>> def taxi_id_number(num_taxis):
>>>     arr = np.arange(num_taxis)
>>>     np.random.shuffle(arr)
>>>     for i in range(num_taxis):
>>>         yield arr[i]
```

제너레이터에 익숙하지 않더라도 다음 코드를 보면 이 함수의 동작 방식을 이해할 수 있습니다.

```python
## python
>>> ids = taxi_id_number(10)
>>> print(next(ids))
>>> print(next(ids))
>>> print(next(ids))
```

출력 결과는 다음과 같습니다.

---

1 옮긴이_ 여러 상황에서 공유하여 공통적으로 사용하는 일종의 템플릿 코드입니다. 다만, 템플릿의 양이 많아서 외우거나 매번 따라 치기에는 부담이 있습니다.

2 이 예제는 루시아누 하말류의 저서인 『전문가를 위한 파이썬』(한빛미디어, 2016)으로부터 영감을 받아 작성했습니다. 파이썬 프로그래밍의 기량을 향상시키고, 에이전트 기반 시뮬레이션을 정교하게 만들고 싶다면 이 책의 시뮬레이션에 대한 장을 읽어보길 강력 추천합니다.

```
7
2
5
```

next 함수는 숫자 10개를 출력할 때까지 반복합니다. 마지막 10번째 숫자에 도달하면 제너레이터 내부의 for 반복문이 종료되고 StopIteration이라는 예외가 발생합니다.

각 객체가 각자의 상태를 독립적으로 보관하는 1회용 객체를 생성하는 taxi_id_number() 함수를 곧 제너레이터 함수라고 부릅니다. 즉, 스스로에 대한 약간의 상태 변수를 관리하는 작은 객체를 제너레이터라고 생각할 수 있습니다. 서로 독립적이면서 각자 자기만의 변수를 신경 쓰는 여러 객체를 만들고 싶을 때 유용합니다.

이 간단한 택시 시뮬레이션에서는 서로 다른 교대 시간의 택시들을 구분하는데, 각 교대 시간을 나타내기 위한 목적으로도 제너레이터를 사용했습니다. 밤이나 새벽보다 낮에 더 많은 택시를 할당하고자 특정 시간에 교대근무가 시작될 수 있도록 다른 확률을 부여했습니다.

```python
## python
>>> def shift_info():
>>>     # 하루의 서로 다른 세 개의 교대 시간대를 표현
>>>     # 시간: 0, 8, 16, 빈도: 8, 30, 15
>>>     start_times_and_freqs = [(0, 8), (8, 30), (16, 15)]
>>>     indices = np.arange(len(start_times_and_freqs))
>>>     while True:
>>>         idx = np.random.choice(indices,p=[0.25,0.5,0.25])
>>>         start = start_times_and_freqs[idx]
>>>         yield (start[0], start[0] + 7.5, start[1])
```

start_times_and_freqs에 유의하기 바랍니다. 이 부분이 시계열 시뮬레이션에 기여하는 첫 번째 코드로, 하루 중 서로 다른 세 개의 교대 시간대를 표현합니다. 각 시간대에 택시가 할당될 서로 다른 확률을 부여합니다. 추가로, 하루의 서로 다른 교대 시간은 서로 다른 평균 운행 횟수를 가집니다.

이번에는 앞서 만든 제너레이터를 사용하여 개별 택시의 파라미터를 설정하고 시간표를 생성하는 좀 더 복잡한 제너레이터를 만들어보겠습니다.

```python
## python
```

```
>>> def taxi_process(taxi_id_generator, shift_info_generator):
>>>     taxi_id = next(taxi_id_generator)
>>>     shift_start, shift_end, shift_mean_trips = next(shift_info_generator)
>>>     actual_trips = round(np.random.normal(loc = shift_mean_trips, scale = 2))
>>>     average_trip_time = 6.5 / shift_mean_trips * 60
>>>     # 평균 운행 시간을 분 단위로 변환합니다.
>>>     between_events_time = 1.0 / (shift_mean_trips - 1) * 60
>>>     # 이 도시는 매우 효율적이어서 모든 택시가 거의 항상 사용됩니다.
>>>     time = shift_start
>>>     yield TimePoint(taxi_id, 'start shift', time)
>>>     deltaT = np.random.poisson(between_events_time) / 60
>>>     time += deltaT
>>>     for i in range(actual_trips):
>>>         yield TimePoint(taxi_id, 'pick up ', time)
>>>         deltaT = np.random.poisson(average_trip_time) / 60
>>>         time += deltaT
>>>         yield TimePoint(taxi_id, 'drop off ', time)
>>>         deltaT = np.random.poisson(between_events_time) / 60
>>>         time += deltaT
>>>     deltaT = np.random.poisson(between_events_time) / 60
>>>     time += deltaT
>>>     yield TimePoint(taxi_id, 'end shift ', time)
```

taxi_process() 함수에서는 두 개의 제너레이터를 통해서 각 택시의 ID 번호, 교대 시작 시간, 해당 시간에 대한 평균 운행 횟수를 결정합니다. 그로부터 각 택시는 자신만의 시간표와 특정 운행 횟수에 따라 홀로 여행을 떠나고, 외부에서 next() 호출로 taxi_process 제너레이터에 접근하는 클라이언트에게 그 결과를 내어줍니다. 실제로 이 제너레이터는 각 개별 택시에 대한 시계열 데이터를 생성합니다.

택시 제너레이터가 생산하는 **TimePoint** 객체는 다음과 같은 형태를 가집니다.

```
## python
>>> from dataclasses import dataclass

>>> @dataclass
>>> class TimePoint:
>>>     taxi_id: int
>>>     name: str
>>>     time: float

>>>     def __lt__(self, other):
```

```
>>>         return self.time < other.time
```

코드의 간결성을 위해 비교적 생소한 dataclass라는 데커레이터decorator를 사용했습니다(데커레이터는 파이썬 3.7부터 도입되었습니다). 파이썬을 사용하는 모든 데이터 과학자가 새롭게 추가된 데이터 친화적인 dataclass 데커레이터에 익숙해지기 바랍니다.

NOTE_ 파이썬의 던더 메서드
파이썬의 던더dunder 메서드는 모든 클래스에 내장되어 있습니다. 모든 던더 메서드는 이름의 시작과 끝에 언더바 두 개를 포함합니다. 던더 메서드는 알맞은 상황에 자연스럽게 호출됩니다. 기본 동작의 구현체는 미리 제공되지만 오버라이드override하여 여러분의 동작 방식을 정의할 수도 있습니다. 오버라이드하는 이유는 다양합니다. 방금 다룬 코드를 예로 들자면, taxi_id 또는 name 속성이 아니라 time에 기반하여 TimePoint를 비교하기 위해서 __lt__ 던더 메서드를 오버라이드했습니다.

TimePoint의 기본 생성자 외에 TimePoint 간의 비교를 위한 __it__, TimePoint의 출력을 위한 __str__(코드에서는 생략)라는 두 개의 던더 메서드를 추가로 구현했습니다. 우리는 우선순위 큐로 TimePoint 인스턴스 목록을 관리할 것인데, 이때 우선순위 큐가 인스턴스의 순서를 판단하는데 필요한 것이 __it__이므로 이를 구현하였습니다. 참고로 **우선순위 큐**priority queue 는 순서에 상관없이 객체를 입력받아 그들의 우선순위를 기준으로 순서를 결정짓는 추상 데이터 타입입니다.

NOTE_ 추상 데이터 타입
추상 데이터 타입abstract data type은 행동으로 정의된 계산 모델입니다. 이 모델은 입력 데이터, 가능한 행동 목록, 특정 데이터에 대해 가능한 행동의 결과로 구성됩니다.

한 가지 잘 알려진 추상 데이터 타입은 선입 선출first in first out(FIFO) 데이터 타입입니다. 이 데이터 타입은 입력된 순서와 동일한 순서로 객체를 내보냅니다. 이러한 개념을 실제 구체화된 행동으로 만드는 것은 구현상의 문제일 뿐입니다. 추상 데이터 타입은 구현 방법을 명시하는 것이 아니라 일종의 행동 양식을 개념적으로 정의합니다.

이번에는 시뮬레이션을 위한 클래스를 정의하고 앞서 정의한 택시 제너레이터들을 조합해보겠습니다. 이 클래스는 생성자에서조차도 입력을 합리적인 정보의 배열로 정리하는 등 꽤 많은 기능과 과정을 담고 있으므로 단순한 dataclass라고 보긴 어렵습니다. 이 클래스에 정의된 메서드 중 자유롭게 접근 가능한 것은 run()뿐입니다.

```python
## python
>>> import queue

>>> class Simulator:
>>>     def __init__(self, num_taxis):
>>>         self._time_points = queue.PriorityQueue()
>>>         taxi_id_generator = taxi_id_number(num_taxis)
>>>         shift_info_generator = shift_info()
>>>         self._taxis = [taxi_process(taxi_id_generator, shift_info_generator)
>>>                         for i in range(num_taxis)]
>>>         self._prepare_run()

>>>     def _prepare_run(self):
>>>         for t in self._taxis:
>>>             while True:
>>>                 try:
>>>                     e = next(t)
>>>                     self._time_points.put(e)
>>>                 except:
>>>                     break

>>>     def run(self):
>>>         sim_time = 0
>>>         while sim_time < 24:
>>>             if self._time_points.empty():
>>>                 break
>>>             p = self._time_points.get()
>>>             sim_time = p.time
>>>             print(p)
```

가장 먼저 필요한 택시 개수에 따른 택시 제너레이터들을 생성합니다. 그리고 각 택시 제너레이터를 반복적으로 접근하여 각각이 반환한 TimePoint가 유효하다면, 그 TimePoint들을 우선순위 큐에 넣어줍니다. 객체의 우선순위는 시작 시간을 비교하여 결정되는데, TimePoint의 __it__에서 구현된 내용을 따릅니다. 따라서 우선순위 큐에 쌓인 TimePoint들은 시간의 순서대로 내보내질 수 있도록 준비됩니다.

이제 시뮬레이션을 실행해봅시다.

```python
## python
>>> sim = Simulator(1000)
>>> sim.run()
```

다음은 실행 결과입니다(시드를 설정하지 않아서 여러분의 출력 결과는 다를 수 있습니다. 즉, 코드를 실행할 때마다 결과가 달라질 수 있습니다).

```
id: 0539 name: drop off    time: 23:58
id: 0318 name: pick up     time: 23:58
id: 0759 name: end shift   time: 23:58
id: 0977 name: pick up     time: 23:58
id: 0693 name: end shift   time: 23:59
id: 0085 name: end shift   time: 23:59
id: 0351 name: end shift   time: 23:59
id: 0036 name: end shift   time: 23:59
id: 0314 name: drop off    time: 23:59
```

> **NOTE_ 난수 생성 시 설정하는 시드값**
> 난수를 생성하는 코드 작성 시 이 코드가 재현 가능한지 확인해봐야 합니다(가령 일반적으로 무작위성을 사용한 코드의 유닛 테스트를 만들고 싶거나 변화의 발생 부분을 좁혀나가서 보다 쉽게 디버깅하고 싶은 경우). 난수의 순서가 임의성을 가지지 않길 원한다면, 시드의 설정이 필요합니다. 난수 발생에서 시드를 설정하는 것은 꽤 흔한 일이라서 모든 컴퓨터 언어에 시드 설정법에 대한 가이드가 있습니다.

좀 더 미세한 수준의 데이터가 있지만, 출력의 간결함을 위해서 초 단위로 반올림하여 분까지만 표현했습니다. 시간을 구분하는 수준은 목적에 따라 다르게 결정됩니다.

- 택시 무리가 도시의 교통량에 영향을 미치는 방식을 사람들에게 교육용 자료로 보여주는 것이 목적이라면 구분 수준을 시간 단위로 종합해야 할 수도 있습니다.
- 택시 애플리케이션에 의한 서버의 부하 정도를 이해하고자 한다면 인프라 디자인 및 용량을 고려하여 분단위 또는 그보다 더 미세하게 구분된 데이터를 살펴볼 필요가 있습니다.

택시의 TimePoint가 발생되는 순간 보고가 이루어지도록 만들었습니다. 즉, 택시 탑승의 종료 시점 없이 택시 탑승의 시작 시점만을 보고한 것입니다. 물론 이 둘을 함께 다루는 것이 어려운 것은 아니지만, 이러한 부분이 시계열을 보다 현실감 있게 만듭니다. 라이브 스트림에서 발생하는 사건을 기록하는 것과 같습니다.

한 가지 주목할 점은 이전 예의 시계열 시뮬레이션에서는 시계열을 생산하지 않았다는 것입니다. 하지만 로그를 기록했고, 이 로그를 이용하면 다양한 방법으로 시계열을 만들어볼 수 있습니다.

- 시뮬레이션을 실행하면서 CSV 파일 또는 시계열 데이터베이스로 로그를 내보냅니다.
- 시뮬레이션에 온라인 모델을 연결해서 실시간 스트리밍 데이터의 처리 공정을 위한 개발 방법을 배울 수 있습니다.
- 출력을 파일이나 데이터베이스에 저장하고, 간편한 형태(하지만 사전관찰에 대한 위험성이 있을 수 있는)로 데이터를 패키지화하기 위한 더 많은 후처리 작업을 합니다. 예를 들어 특정 택시 운행의 시작과 종료 시간을 함께 묶는 후처리 작업이 있을 수 있고, 이를 통해 택시 운행의 길이가 하루의 서로 다른 시간대에 따라서 어떻게 달라지는지를 연구해볼 수 있습니다.

택시 데이터의 시뮬레이션을 통해서 택시 시스템의 역동성에 대한 가설을 검증해볼 수 있습니다. 뿐만 아니라 그 외에도 여러 가지 이로운 상황이 있을 수 있는데, 다음은 이러한 합성 시계열 데이터가 유용할 만한 두 가지 상황의 예를 보여줍니다.

- 시뮬레이션을 통한 근본적인 역동성에 다양한 예측 모델을 접목하여 여러 가지 가치를 판단해볼 수 있습니다.
- 실제 데이터를 손에 넣기 전까지, 합성된 데이터를 활용해서 예상되는 데이터 파이프라인을 구축해볼 수 있습니다.

이제는 제너레이터와 객체지향 프로그래밍을 사용할 줄 아는 시계열 분석가로서 임무를 잘 수행하게 될 것입니다. 여기서 보인 예는 이러한 지식이 어떻게 여러분의 삶을 간소화하고 코드의 질을 향상해줄 수 있을지를 보여주는 한 가지 사례에 불과합니다.

NOTE_ 대규모 시뮬레이션의 경우, 에이전트 기반 모델링을 고려하기 바랍니다

여기서 작성한 코드가 잘못된 것은 아니지만, 논리 조건들을 만족시키기 위해 많은 보일러플레이트 코드가 필요했습니다. 개별 액터에 기반한 개별 사건의 시뮬레이션이 유용한 시계열 데이터를 만들어내는 상황이라면, 시뮬레이션 지향적인simulation-oriented 모듈의 사용을 고려해보는 것이 좋습니다. SimPy가 시뮬레이션 지향적인 좋은 모듈 중 하나입니다. 이 모듈은 이 절에서 다룬 것과 유사한 시뮬레이션을 유연하게 만들어낼 수 있을 뿐만 아니라, 시뮬레이션을 제어할 수 있는 API도 제공합니다.

4.2.3 물리적인 시뮬레이션

또 다른 시뮬레이션의 시나리오로는 시스템을 정의하는 물리적 법칙을 여러분이 완전히 꿰고 있는 상황에 대한 것입니다. 하지만 반드시 물리적일 필요는 없으며 다음과 같이 다양한 분야에도 적용할 수 있습니다.

- 금융계 퀀트 연구원quantitative researcher은 시장의 '물리적인' 규칙에 대한 가설을 세웁니다. 이들과는 다른 수준의 척도로 시간을 다루지만 경제학자도 마찬가지입니다.

- 심리학자는 사람이 결정을 내리는 행위에 대하여 '정신물리학psychophysical'적인 규칙을 상정합니다. 이는 주어진 다양한 선택에 대하여, 시간에 따른 사람들의 예상 반응을 설명하는 '물리적인' 규칙의 생성에 사용될 수 있습니다.

- 생물학자들은 시간에 따른 다양한 자극에 시스템이 반응하는 동작 규칙을 연구합니다.

자석magnet을 모델링해보면 간단한 물리적인 시스템에 대한 몇 가지 규칙을 알 수 있습니다. 이모델링을 위해 흔히 다루는 이징 모델Ising model이라는 통계역학 모델을 사용할 것입니다.[3] 하지만 시간에 따른 모델의 행동을 시뮬레이션하는 방법을 다루므로 약간은 간소화된 버전을 사용합니다. 우선 자성체를 초기화하고 개별적인 자성 요소가 무작위적인 방향을 가리키도록 해줍니다. 그다음으로는 몇 가지 알려진 물리법칙에 대한 약간의 코드를 작성하여, 시스템의 모든 자성 요소가 같은 방향으로 정돈되는 진화 방식을 관찰해볼 것입니다.

3　이징 모델은 흔히 자성에 대한 전통적인 통계역학 모델(statistical mechanical model)로서 가르쳐지고 있습니다. 프로그래밍과 물리학적인 문맥으로 이 모델에 대한 여러 코드 예제 및 깊이 있는 논의를 온라인에서 찾아볼 수 있습니다. 보다 심도 있는 학습을 원한다면 온라인 자료를 검색해보시기 바랍니다.

그다음 이러한 시뮬레이션이 마르코프 연쇄 몬테카를로Markov chain Monte Carlo (MCMC) 방법으로 구현되는 방식을 알아봅니다. MCMC의 일반적인 동작 방식의 설명 및 특정 시스템에 적용되는 방식을 다루게 됩니다.

몬테카를로 시뮬레이션과 마르코프 연쇄

몬테카를로 시뮬레이션의 기본 개념은 이론적으로는 정확한 해결이 가능해야 하지만, 실제로는 확률적으로 훨씬 쉽게 해결될 수 있는 상황에 난수들을 적용하는 현명한 방법을 찾는 것입니다.

일반적인 몬테카를로 시뮬레이션에 마르코프 연쇄가 더해지면 보다 유용할 수 있습니다. 특히 시계열 시뮬레이션에 적당합니다. 몬테카를로 시뮬레이션은 항term들의 특정 분포 및 계열의 생김새를 파악하는 데 유용할 수 있지만, 시간에 따라 그 항들이 진화하는 방식을 파악하기는 어렵습니다. 여기서 마르코프 연쇄의 적용을 고려해볼 수 있습니다. 상태 간 천이에 대한 확률을 계산하는 마르코프 연쇄는 단순히 전체적분을 계산하지 않고 '단계'를 밟아나갑니다. 따라서 그저 적분을 계산하는 것이 아니라 시간에 따른 단계의 시계열을 시뮬레이션할 수 있게 됩니다.

물리학을 예를 들어 보겠습니다. 각 분자의 양자천이quantum transition가 시간에 따라 시스템의 앙상블 측정에 주는 영향의 이해를 위해서 MCMC 시뮬레이션이 사용될 수 있습니다. 이때 다음과 같은 몇 가지 특정 규칙의 적용이 필요합니다.

1. 마르코프 과정에서 미래의 상태로 천이할 확률은 현재의 상태에만 의존합니다(과거 정보가 아닙니다).

2. 볼츠만 에너지 분포를 요구하는 $T_{ij} / T_{ji} = e^{-b(E_j - E_i)}$ 라는 물리적으로 특정한 조건을 도입할 것입니다. 그러나 이는 구현 세부 사항으로 물리학자가 아닌 우리가 걱정할 부분은 아닙니다.

다음과 같은 MCMC 시뮬레이션을 구현해봅시다.

1. 격자lattice의 각 지점에 대한 시작 상태를 무작위로 선택합니다.

2. 각 시간 단계마다 하나의 격자 지점을 선택하고, 그 지점의 방향을 뒤집습니다.

3. 여러분이 작업하는 물리법칙에 기반하여 방향을 뒤집었을 때 발생하는 에너지의 변화를 계산합니다. 여기서는 다음과 같은 것을 의미합니다.

- 에너지의 변화가 음성이라면 더 낮은 에너지 상태로 천이합니다. 이러한 천이 결과가 항상 선호되어야 하기 때문에 계속 이 변화를 유지하고 다음의 시간 단계로 나아가야 합니다.

- 에너지의 변화가 음성이 아니라면 $e^{(-에너지\ 변화)}$의 수용확률acceptance probability로 상태 천이를 받아들입니다. 이것은 두 번째 규칙과 일관성을 가집니다.

집계 측정에 가장 적합한 상태를 결정하기 위해서 수렴할 때까지 두 번째와 세 번째 단계를 무한 반복합니다.

이징 모델의 구체적인 세부 사항을 살펴보겠습니다. 격자 물체들로 구성된 2차원 물질을 상상해봅시다. 각 격자 물체는 위나 아래를 가리킬 수 있는 압축된 작은 자성을 가집니다. 처음에는 이 작은 자성이 위나 아래로 돌아가도록 무작위로 설정합니다. 그리고 저온에서 무작위 상태가 순서 있는 상태로 변화하는 시스템을 기록합니다.[4]

가장 먼저 시스템의 환경을 다음과 같이 설정합니다.

```python
## python
>>> ### 환경 설정
>>> ## 물리적 배치
>>> N           = 5 # 격자 너비
>>> M           = 5 # 격자 높이
>>> ## 온도 설정
>>> temperature = 0.5
>>> BETA        = 1 / temperature
```

그다음 시작 블록을 무작위로 초기화해주는 유틸리티 함수를 정의합니다.

```python
>>> def initRandState(N, M):
>>>     block = np.random.choice([-1, 1], size = (N, M))
>>>     return block
```

또한 인접 상태에 비례하여 중앙 정렬 상태의 에너지를 계산합니다.

---

4 이징 모델은 강자성체자석(ferromagnet)이 어떻게 평형상태(equilibriun state)가 되는지에 대한 시간적인 측면을 고려하는 것보다는 강자성체자석의 평형상태가 무엇인지를 이해하는 데 더 자주 사용합니다. 하지만 우리는 시계열로서 시간에 따른 진화를 다룹니다.

```python
## python
>>> def costForCenterState(state, i, j, n, m):
>>>     centerS = state[i, j]
>>>     neighbors=[((i + 1) % n, j),  ((i - 1) % n, j),
>>>                   (i, (j + 1) % m), (i, (j - 1) % m)]
>>>     ## 주기적 경계 조건의 상정을 위한 % n 부분에 주목하기 바랍니다.
>>>     ## 이 부분이 이해가 안 된다면 그냥 무시하셔도 좋습니다.
>>>     ## 이는 2D 시스템이 도너츠의 표면과 같다고 말하는
>>>     ## 시스템의 물리적인 계약일 뿐입니다.
>>>     interactionE = [state[x, y] * centerS for (x, y) in neighbors]
>>>     return np.sum(interactionE)
```

그리고 주어진 상태에서 전체 블록의 자화magnetization[5]를 결정합니다.

```python
## python
>>> def magnetizationForState(state):
>>>     return np.sum(state)
```

다음은 앞서 설명한 MCMC의 한 단계에 대한 코드입니다.

```python
## python
>>> def mcmcAdjust(state):
>>>     n = state.shape[0]
>>>     m = state.shape[1]
>>>     x, y = np.random.randint(0, n), np.random.randint(0, m)
>>>     centerS = state[x, y]
>>>     cost = costForCenterState(state, x, y, n, m)
>>>     if cost < 0:
>>>         centerS *= -1
>>>     elif np.random.random() < np.exp(-cost * BETA):
>>>         centerS *= -1
>>>     state[x, y] = centerS
>>>     return state
```

실제 시뮬레이션을 실행하기 위해서는 **MCMCAdjust**를 반복적으로 호출하면서, 조정되는 상태를 기록할 필요가 있습니다.

---

5   옮긴이_ 물체가 자성을 띠는 현상

```python
## python
>>> def runState(state, n_steps, snapsteps = None):
>>>     if snapsteps is None:
>>>         snapsteps = np.linspace(0, n_steps,
>>>                     num = round(n_steps / (M * N * 100)), dtype = np.int32)
>>>     saved_states = []
>>>     sp = 0
>>>     magnet_hist = []
>>>     for i in range(n_steps):
>>>         state = mcmcAdjust(state)
>>>         magnet_hist.append(magnetizationForState(state))
>>>         if sp < len(snapsteps) and i == snapsteps[sp]:
>>>             saved_states.append(np.copy(state))
>>>             sp += 1
>>>     return state, saved_states, magnet_hist
```

이제 다음은 시뮬레이션을 실행하는 코드입니다.

```python
## python
>>> ### 시뮬레이션 실행
>>> init_state = initRandState(N, M)
>>> print(init_state)
>>> final_state = runState(np.copy(init_state), 1000)
```

이 시뮬레이션의 시작과 끝의 상태(그림 4-2)를 관찰해보면 몇 가지 통찰을 얻을 수 있습니다.

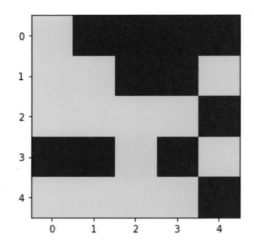

그림 4-2 5 × 5 크기의 시뮬레이션된 강자성 물질의 초기 상태입니다. 위나 아래를 같은 확률로 무작위로 선택하여 각 상태를 초기화합니다.

[그림 4-2]는 무작위로 생성된 초기 상태를 한 번만 조사한 결과를 보여줍니다. 상태가 두 가지 이상 섞이는 상황을 원할 수도 있지만 확률적으로 완벽한 체커판과 같은 결과를 얻기는 어렵습니다. 초기 상태 생성을 여러 번 시도해보면, '무작위' 또는 '50 대 50'의 체커판 상태가 전혀 나타나지 않는 것을 알 수 있습니다. 다만 우리가 실행한 시뮬레이션 초기에는 각 상태를 약 절반씩 가지고 있고, 초기 상태에서 어떤 패턴을 발견했더라도 실제로는 패턴이 아니지만 사람의 뇌가 그렇게 인식했을 가능성이 높다는 점을 알아둡시다.

이렇게 얻은 초기 상태를 runState() 함수로 넘겨줍니다. 그러면 1,000번의 시간 단계가 흐르게 되고, 그 결과는 [그림 4-3]과 같은 형태가 될 수 있습니다.

1,000번째 단계에서 찍은 상태에 대한 스냅샷이라고 볼 수 있습니다. 이 시점에서는 적어도 두 가지 흥미롭게 관찰해볼 만한 부분이 있습니다. 우선 지배적인 상태가 초기와 비교해서 역전됐습니다 그리고 초기에 지배적이었던 상태가 1,000번째 단계에서는 더이상 지배적이지 않습니다. 이는 선호되는 온도에서조차도, 지배적인 상태인 지점들이 계속 뒤집힐 수 있다는 사실을 알려줍니다. 이러한 역학을 보다 잘 이해하려면 자화 같은 측정의 전체 집계에 대한 도표를 그려보거나, 시계열 형식의 데이터를 2차원으로 살펴보는 데 동영상을 만드는 방법도 고려해봐야 합니다.

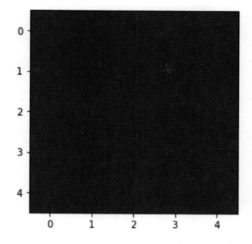

그림 4-3 1,000번의 시간 단계로 구성된 시뮬레이션을 한 번 실행했을 때 얻은 최종 저온 상태입니다.

여기서는 첫 번째 방법인 시간에 따른 자화의 도표를 그려볼 것입니다. 앞서 실행한 시뮬레이션을 여러 번 독립적으로 실행해 [그림 4-4]와 같은 결과를 얻을 수 있었습니다.

```python
## python
>>> ## Results 리스트의 개별 요소로 각 시계열을 수집합니다.
>>> results = []
>>> for i in range(100):
>>>     init_state = initRandState(N, M)
>>>     final_state, states, magnet_hist = runState(init_state, 1000)
>>>     results.append(magnet_hist)
>>>
>>> ## 겹치는 곡선을 알아볼 수 있게끔 약간의 투명도를 줘서 각 곡선을 그립니다.
>>> for mh in results:
>>>     plt.plot(mh,'r', alpha=0.2)
```

자화 곡선들은 시간에 따라 진화하는 시스템을 묘사하는 예제일 뿐입니다. 가령 시간별 전체 상태의 스냅샷으로 2D 시계열의 기록을 고려해볼 수도 있습니다. 또는 단계마다 측정해보면 흥미로울 엔트로피의 배치나 전체 에너지의 측정과 같은 다른 집계 변수가 있을지도 모릅니다. 자화 또는 엔트로피와 같은 양은 각 격자 지점의 상태에 대한 기하학적인 배치에 대한 함수라서 서로 관련되어 있지만, 각 종류의 양은 약간씩 서로 다른 측정입니다.

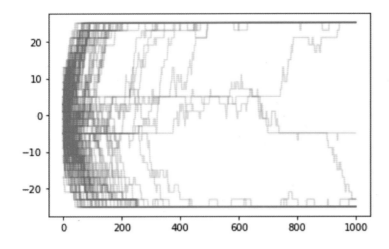

그림 4-4 각 격자 지점이 무작위로 초기화된 경우에서조차도, 시스템이 저온에서 자화 상태가 될 수 있는 가능성을 보여주는 100개의 독립적인 시뮬레이션의 결과입니다.

택시 시뮬레이션과는 시스템이 근본적으로 꽤 다르지만, 택시 데이터를 다룬 동일한 방식으로 이 데이터를 사용할 수 있습니다. 예를 들면 다음과 같습니다.

- 시뮬레이션된 데이터를 작업 공정의 설정을 위한 자극제로 사용합니다.

- 이렇게 합성된 데이터에 머신러닝 기법을 우선 적용하여, 물리적인 데이터에서 머신러닝 기법의 유효성을 확인할 수 있습니다. 실세계 데이터를 다룰 때는 특정 모델을 적용하기까지 데이터를 정리 등에서 여러 난관이 발생할 수 있습니다. 따라서 모델의 유효성을 빨리 확인할 필요가 있다면 합성된 데이터를 활용해봅니다.

- 시스템의 더 나은 물리적 직관을 얻기 위해서 동영상이나 이미지 형식으로 중요한 측정기준을 관찰해봅니다.

4.3 시뮬레이션에 대한 마지막 조언

지금까지 시간에 따른 행동 방식 측정을 시뮬레이션하는 매우 다른 사례들을 살펴보았습니다. 고객의 행동(NGO 회원자격 및 기부), 도시의 기반시설(택시 탑승 패턴), 물리적 법칙(무작위적인 자기체의 점진적인 정렬)에 관련된 데이터 시뮬레이션을 살펴봤습니다. 이런 예제들은 데이터 시뮬레이션용 코드를 편하게 습득할 수 있는 초석을 마련해줄 것이고, 여러분의 분야에 시뮬레이션 적용 시 얻을 수 있는 이점을 생각해볼 기회를 열어줄 것입니다.

아마도 이전에는 데이터의 검증 방법과 그 데이터가 가진 가능성을 모른 채 어떤 가정을 했을 지도 모릅니다. 시뮬레이션은 이런 부분에 대한 길을 열어줄 것입니다. 즉, 시뮬레이션으로부터 얻은 양적 측정지표와 결합된 가상적인 예를 통해 데이터에 대한 인지력을 확장해나갈 수 있습니다. 시계열뿐만 아니라 데이터 과학의 다른 분야에서도 새로운 여러 가능성을 펼치면서 토론을 할 수 있게 될 것입니다.

4.3.1 통계적인 시뮬레이션

통계적인 시뮬레이션은 시뮬레이션된 시계열 데이터를 얻는 가장 전통적인 방법입니다. 시스템의 근간이 되는 확률적인 역동성을 이미 알고 있을 때, 몇 가지 모르는 파라미터를 추정하거나 서로 다른 가정이 파라미터 추정 과정에 주는 영향을 알아보고자 한다면 유용할 수 있습니다(6장 참조). 물리적인 시스템에서조차도, 가끔은 통계적인 시뮬레이션이 더 나을 때도 있습니다.

또한 통계적인 방식의 시계열 시뮬레이션은 시뮬레이션 정확도에 대한 불확실성을 정의하는 분명한 양적 측정지표가 필요한 경우에도 꽤 가치가 있습니다. 6장에서 다뤄질 ARIMA 모델과 같은 전통적인 통계적 시뮬레이션에서는 오차에 대한 공식이 잘 설정되어 있습니다. 즉, 상정된 통계 모델을 통해 시스템을 이해하고자 할 때 오차와 분산 등 수치적 주장을 펼치기 위한 많은 시뮬레이션을 실행해볼 필요가 없다는 것입니다.

4.3.2 딥러닝 시뮬레이션

시계열을 위한 딥러닝 시뮬레이션은 아직 초기단계지만 유망한 분야입니다. 딥러닝의 장점은 시계열 데이터에서 매우 복잡할 수 있는 비선형적 역동성 잡아낼 수 있다는 것입니다. 심지어 이 역동성을 완전히 이해하지 못해도 됩니다. 한편으로는 시스템 역동성의 근본 원리를 전혀 이해하지 못하게 될 수도 있다는 단점도 존재합니다.

또한 딥러닝 시뮬레이션은 사생활이 중요한 분야에서도 유망합니다. 가령 딥러닝은 실제 시계열 데이터에 기반하여 의료 애플리케이션을 위한 합성 시계열 데이터의 생성에 사용되기도 합니다. 실제 시계열에 기반하더라도 개인 정보의 잠재적인 유출은 없습니다. 원래는 매우 고가이며 사생활을 침해할 수도 있는 의료 데이터를 걱정 없이 많이 만들어내서 연구자들이 활용할 수 있게 해주는 측면에서 보면 딥러닝 시뮬레이션은 매우 가치가 있습니다.

4.4 보충 자료

- Cristóbal Esteban, Stephanie L. Hyland, and Gunnar Rätsch, "Real-Valued (Medical) Time Series Generation with Recurrent Conditional GANs," unpublished manuscript, last revised December 4, 2017, *https://perma.cc/Q69W-L44Z*.

  ▷ 저자는 생성적 적대 신경망generative adversarial network이 실제와 같은 다차원 의료 시계열 데이터를 생성하는 데 사용되는 방식을 소개합니다. 윤리적이고 합법적이며 사생활보호적인 의료 데이터셋을 생성하는 데 딥러닝 시뮬레이션이 사용되는 예입니다. 이를 통해 헬스케어 분야에서의 머신러닝 및 딥러닝을 위한 유용한 데이터를 더 폭 넓게 접근할 수 있습니다.

  ▷ Gordon Reikard and W. Erick Rogers, "Forecasting Ocean Waves: Comparing a Physics-based Model with Statistical Models," Coastal Engineering 58 (2011): 409–16, *https://perma.cc/89DJ-ZENZ*.

  ▷ 이 논문은 물리적 또는 통계적이라는 완전히 상이한 시스템 모델링의 두 방법을 이해하기 쉽게 설명합니다. 이 글을 작성한 연구원은 자신이 직면한 특정 문제를 해결하기 위

해 어떤 패러다임을 적용해야 할지를 결정하는 것은 예측자에 대한 관심 시간 척도라고 결론을 내립니다. 이 글이 예측에 대한 것이지만, 시뮬레이션은 예측과 강한 연관성을 갖으며 동일한 통찰이 적용될 수도 있습니다.

- Wolfgang Härdle, Joel Horowitz, and Jens-Peter Kreiss, "Bootstrap Methods for Time Series," International Statistical Review / Revue Internationale de Statistique 71, no. 2 (2003): 435 - 59, *https://perma.cc/6CQA-EG2E*.

  ▷ 시간의 의존성을 지닌 시계열 데이터를 통계적으로 시뮬레이션하는 것의 어려움에 대하여 2005년에 발표한 논문입니다. 매우 전문적인 통계학 저널에서 이 글의 저자는 시계열 데이터를 부트스트랩하는 방법이 다른 데이터에 대한 방법에 비해 왜 뒤처지는지, 그 당시 어떤 방법이 유망했는지를 설명합니다. 최첨단 기법에 많은 변화가 없어서 이 글은 매우 유용한 자료가 될 것입니다. 하지만 이 글을 소화하려면 약간의 도전정신이 필요합니다.

## CHAPTER 5

시간 데이터 저장

시계열 데이터의 가치는 실시간 스트리밍보다는 과거에 축적된 데이터에서 자주 발생합니다. 따라서 대부분의 시계열 분석에서는 시계열 데이터를 저장하기 위한 스토리지가 반드시 필요합니다.

컴퓨팅 자원에 막대한 투자 없이도, 데이터의 안정성 및 손쉬운 접근이 가능한 스토리지가 좋습니다. 이 장에서는 시계열 데이터 스토리지 설계 시 고려해야 하는 데이터셋의 측면을 다룹니다. 그리고 SQL 및 NoSQL 데이터베이스를 포함하여 다양한 단층파일 형식의 장점 또한 살펴봅니다.

일반적으로 시계열 스토리지를 디자인하는 것은 매우 도전적인 일입니다. 그 이유는 다른 종류의 스토리지, 다른 방식의 읽기/쓰기, 다른 종류의 분석 패턴 등에 따른 너무나도 많은 종류의 시계열 데이터가 존재하기 때문입니다. 반복적으로 저장되고 관찰되는 데이터도 있는 반면, 단기간에만 활용되고 이후에는 삭제되는 데이터도 있습니다.

다음은 서로 다른 읽기, 쓰기, 질의query 패턴에 따른 시계열 스토리지의 사용 사례를 일부 보여줍니다.

1. 상용 시스템에서 성능 지표를 수집하는 상황입니다. 이렇게 수집된 데이터는 한 번에 수년 동안 저장되어야 하지만 데이터가 오래될수록 그 데이터를 덜 상세해지도록 조정할 필요가 있을지도 모릅니다. 이러한 요구 사항을 만족하려면 정보가 오래될수록 데이터의 다운샘플링 및 데이터의 수 제한과 같은 것을 자동으로 수행하는 스토리지가 필요합니다.

2. 원격지의 공개된 시계열 데이터 스토리지에 접근 권한을 갖고 있지만, 네트워크 트래픽 부하를 줄이기 위해서 여러분의 로컬 컴퓨터에 복사본을 둘 필요가 있습니다. 원격지 스토리지에는 여러 파일로 구성된 하나의 시계열을 폴더 단위로 관리하고, 웹서버를 통해 다운로드할 수 있도록 해줍니다. 하지만 단순함을 위해서 로컬 컴퓨터에서는 여러 개로 분리된 이 파일들을 단일 데이터베이스로 압축하여 보관하고 싶을지도 모릅니다. 또한 이렇게 원격지로부터의 복사본은 신뢰성이 보장되어야 하기 때문에 그 내용이 항상 변하지 않는 형태로 저장되어야 합니다.

3. 여러 다양한 데이터를 통합하여 하나의 시계열 데이터를 생성하는 상황입니다. 이때 각 데이터는 서로 다른 시간의 척도로 표현되므로 이들은 서로 다른 전처리와 형식화 과정이 필요했습니다. 그리고 데이터 수집 및 처리에는 많은 노력과 시간이 소요되었습니다. 전처리의 각 단계를 지속적으로 저장하기보다는 통합된 최종 형태의 데이터만을 저장하는 것이 목표지만, 때로는 각 전처리 과정을 나중에 조사해보기 위해 원본 데이터도 보관해야 할지도 모릅니다. 새로운 머신러닝 모델을 개발하면서 원본 및 처리가 끝난 데이터에 다시 접근하고, 다른 전처리 방식을 시도하여 모델을 다시 훈련시키는 일은 빈번히 발생합니다. 또한 시간이 지나면서 최근에 수집한 데이터를 점진적으로 추가하는 일도 발생하곤 합니다. 데이터 분석 과정에서는 다운샘플링 및 데이터의 선별작업 등으로 최종적인 형태를 결정할 수 있지만, 원본 데이터를 보존하기 위해서는 스토리지에 들어 있는 데이터를 건드려선 안 됩니다.

이러한 사용 사례는 시스템의 주요 요구 사항에 따라서 꽤 달라질 수 있습니다.

크기에 따른 성능 확장 방법에 대한 중요성

첫 번째 사용 사례를 해결하는 한 가지 방법은 오래된 데이터를 삭제하는 자동화된 스크립트를 사용하는 것입니다. 적은 양의 데이터를 유지하기 위해 큰 데이터셋에 대한 시스템 확장 방식은 고려하지 않습니다. 이와는 대조적으로 두 번째 및 세 번째의 사용 사례에서는 안정적이며, 거대한 데이터의 집합(두 번째 사용 사례) 또는 증가하는 데이터 집합(세 번째 사용 사례)을 기대해볼 수 있습니다.

데이터 접근에 대한 무작위적인 방식 대 순차적 방식의 중요성

두 번째 사용 사례에서는 모든 데이터가 같은 정도로 접근된다는 것을 기대할 수 있습니다. 원격 스토리지로부터 일시에 동기화되어 삽입되었기 때문에 모든 데이터가 같은 '나이'를 가진다고 볼 수 있으며, 차이가 없는 이들은 모두 동일한 수준의 관심을 받아야 할지도 모릅니다. 첫번째와 세 번째 사용 사례는 가장 최근의 데이터일수록 더 빈번히 접근하기 때문에 이와는 대조적입니다(특히 첫 번째 경우).

자동화 스크립트의 중요성

첫 번째 사용 사례는 자동화가 필요한 상황을 보여주는 반면, 두 번째 사용 사례는 데이터의 불변성 때문에 자동화가 필요 없을지도 모릅니다. 세 번째 사용 사례는 약간의 자동화가 필요할지도 모르지만, 그보다는 가장 최근을 포함한 모든 데이터에 대한 상당한 양의 데이터 다운로드와 그에 따른 처리에 더 신경을 써야 합니다. 따라서 첫 번째의 경우는 저장되는 절차에 스크립트가 통합될 수 있는 스토리지 솔루션이 필요하고, 세 번째는 데이터 처리 과정을 원하는 대로 손쉽게 수정 가능한 스토리지 솔루션이 필요합니다.

이 세 개의 예제를 보는 것만으로도 여러 사용 사례를 만족하는 범용 시계열 스토리지 솔루션의 개념과 아이디어를 얻을 수 있습니다.

실제로는 모든 상황에 들어맞는 도구를 찾기보다, 여러분의 상황에 맞는 형태로 스토리지 솔루션을 조정해나갈 수만 있으면 됩니다. 그런 의미에서 다음과 같은 현재 가용 기술 중에서 하나를 선택할 수 있는 능력이 필요합니다.

- SQL 데이터베이스
- NoSQL 데이터베이스
- 단층 파일 형식

이번 장에서는 이 세 가지 기술에 대한 장점과 단점 모두를 다룰 것입니다. 구체적인 사용 방법은 실제 상황에 따라 다를 수 있습니다. 다만 이번 장의 목표는 시계열을 위한 스토리지를 고를 때 필요한 기본 토대를 마련해주는 것입니다.

우선은 스토리지 솔루션을 고르는 작업을 착수할 때 어떤 질문을 해야 하는지 살펴보겠습니다.

그다음은 소위 SQL 대 NoSQL라는 큰 논쟁을 살펴보고, 시계열 스토리지를 위한 가장 인기 있는 솔루션 몇 가지를 알아볼 것입니다. 마지막으로는 오래된 시계열 데이터를 만료 및 삭제 되도록하는 정책의 설정을 고려해보겠습니다.

5.1 요구 사항 정의

시계열 데이터를 위한 스토리지를 고려할 때 스스로에게 다음과 같은 질문을 해봐야 합니다.

- **얼마나 많은 시계열 데이터를 저장해야 하나요? 얼마나 데이터가 빠르게 증가하나요?** 예상되는 데이터 증가율 수준에 적합한 스토리지 솔루션을 선택해야 합니다. 트랜잭션 지향적인 작업에서 시계열 작업으로 전향하는 데이터베이스 관리자는 시계열 데이터이 증가하는 속도에 놀라곤 합니다.

- **측정에 대한 업데이트가 끊임없이 발생거나(예: 계속 이어지는 웹 트래픽 스트림), 측정이 구분되는 개별 사건 단위로 발생하나요(예: 지난 10년 동안 미국의 모든 주요 공휴일에 대한 시간별 항공 교통 시계열)?** 데이터가 끊임없이 발생한다면 아마도 가장 최근의 데이터를 관찰하게 될 것입니다. 반면에 별개의 사건에 따라 분리된 개별 시계열 집합으로 구성된 데이터라면, 과거에 일어난 사건들 또한 여전히 꽤 흥미로울 것입니다. 따라서 데이터에 대한 무작위적인 접근은 전자보다 후자에서 일어날 가능성이 높은 패턴입니다.

- **데이터의 간격이 일정하거나 일정하지 않나요?** 데이터의 간격이 일정하다면 사전에 데이터가 수집될 양의 정도와 데이터의 입력이 발생하는 빈도에 대한 계산을 좀 더 정확히 해볼 수 있습니다. 데이터의 간격이 일정치 않다면 데이터 접근이 발생하는 시점의 예측이 어렵기 때문에 데이터를 쓰거나 쓰지 않는 기간을 효율적으로 활용 가능하게끔 준비되어 있어야 합니다.

- **지속적으로 데이터를 수집할 것인가요? 아니면 프로젝트가 마무리되는 시점이 정해져 있나요?** 데이터 수집이 종료되는 시점이 정해져 있다면, 수용해야 할 데이터셋의 크기를 보다 쉽게 예상해볼 수 있습니다. 그러나 대부분 기관은 특정 시계열의 수집을 착수한 이후부터는 그 과정을 멈추길 원하지 않는 것이 보통입니다.

- **시계열로 하려는 것이 무엇인가요? 실시간으로 시각화가 필요한가요? 신경망이 수천 번 반복적**

으로 접근할 전처리된 데이터가 필요한가요? 여러 모바일 사용자에게 고가용이 보장되어야 하는 샤드된sharded 데이터가 필요한가요? 여러분의 주요 사용처에 따라서 데이터의 접근이 순차적이어야 하는지, 무작위적이어야 하는지, 지연이라는 요소가 스토리지 선택에서 얼마나 중요하게 다뤄져야 하는지가 결정됩니다.

이런 물음에 대한 답을 하는 과정에서 데이터를 원본 그대로 저장할지, 처리된 형태로 저장할지, 메모리상의 데이터를 시간축에 따라 위치시킬지, 다른 축에 따라 위치시킬지, 데이터의 읽고 쓰기에 쉬운 형식으로 저장해야 할지와 같은 사실을 알 수 있습니다. 사용 사례는 다양하고 상황은 매번 다르고 새로운 데이터셋을 다루기 때문에 매번 이 질문 목록을 새롭게 만들어봐야 합니다.

> **TIP** 샤드된 데이터는 거대한 데이터 시스템의 일부분으로 큰 데이터를 의미 있는 단위로 작게 쪼개 놓은 것입니다. 샤드된 데이터는 네트워크에 물려 있는 여러 서버로 분산되어 저장됩니다.

5.1.1 실시간 데이터와 저장된 데이터

적합한 스토리지를 고를 때는 데이터의 생명주기를 이해하는 것이 가장 중요합니다. 데이터가 엄청난 속도로 빠르게 증가하지 않길 원한다면, 실제 상황을 최대한 현실적으로 반영하여 불필요한 데이터의 저장을 피하고, 최적의 스토리지를 찾는 데 드는 시간을 줄여야 합니다. 관심있는 데이터를 과도하게 기록하고, 이런 정보를 잃을까 걱정하는 경우를 흔히 볼 수 있습니다. 하지만 지나치게 축적된 데이터를 유지하는 것보다 유의미한 시간 척도를 기준으로 저장된 데이터를 취합하는 것이 훨씬 더 유익합니다.

시스템의 문제 진단에만 사용되는 성능 데이터처럼 수명이 길지 않은 데이터도 있습니다. 이런 데이터는 수집된 형식의 데이터로 저장될 필요가 없습니다. 즉, 오랜 기간 저장할 필요가 없다는 의미입니다. 단일 사건보다 종합적 통계에 더 관심을 두는 사건 주도적event driven 데이터에서 가장 중요한 내용입니다.

여러분이 모든 모바일 기기에서 특정 웹페이지를 로딩하는 데 걸리는 시간을 기록하는 웹 서버를 구동한다고 가정해봅시다. 기록된 시계열은 [표 5-1]과 같이 일정하지 않은 간격으로 구성될 수 있습니다.

표 5-1 웹 서버 시계열

타임스탬프	페이지 로딩 시간
April 5, 2018 10:22:24 pm	23초
April 5, 2018 10:22:28 pm	15초
April 5, 2018 10:22:41 pm	14초
April 5, 2018 10:23:02 pm	11초

여러 가지 이유로 웹 페이지의 로딩 시간은 별로 흥미로운 데이터가 아닐 수 있습니다. 대신 분당 평균 로딩 시간과 같이 데이터를 취합해볼 수 있습니다. 그런데 집계된 통계 데이터조차도 아주 잠깐 의미가 있을지도 모릅니다. 가령 여러분이 하룻밤 동안 비상 대기 근무를 하고 있다고 가정해보겠습니다. 근무시간 동안 성능 문제가 발생하지 않았다는 것을 확인해야 합니다. 이때 근무했던 12시간 동안 기록된 데이터를 간소화해볼 수 있습니다(표 5-2).

표 5-2 요청 대기 시간에 대한 간소화된 데이터

기간	가장 많이 몰리는 시간	로딩 횟수	로딩에 걸린 평균 시간	로딩에 걸린 최대 시간
April 5, 2018 8pm – 8am	11pm	3,470	21초	45초

이때 개별 사건을 무기한으로 저장하는 계획을 세워서는 안 됩니다. 대신에 데이터가 최종 형태가 될 때까지의 개별 사건을 단계별로 제공하기 위한 임시 스토리지 솔루션의 구축이 필요합니다. 그렇게 하면 제어가 힘들 정도의 데이터 증가를 사전에 방지할 수 있습니다. 어느 누구도 관심없는 3,470개의 개별 사건을 하나하나 유지하는 대신, 관심대상에 대한 간결하고 쉽게 이해할 수 있는 수치를 갖게 됩니다. 가능한 데이터의 중복을 제거하고, 개별 데이터를 모두 저장하기 보다는 종합하는 기법을 사용하여 데이터 스토리지를 간소화하는 것이 좋습니다.

다음은 정보의 유실 없이 데이터를 줄일 수 있는 몇 가지 경우를 보여줍니다.

천천히 변하는 변수

상태 변수를 저장한다면 값이 변한 데이터만 기록하기 바랍니다. 예를 들어 5분 단위로 측정된 온도의 데이터 중 반올림된 값만 고려했을 때, 이 기록은 계단 함수 형태의 그래프를 띄게 됩니다. 이런 상황이라면 반복되는 값은 저장하지 않아서 저장 공간을 아낄 수 있습니다.

노이즈가 낀 높은 빈도의 데이터

노이즈가 낀 데이터를 특별히 신경 쓸 필요가 없는 경우가 있습니다. 높은 수준의 노이즈는 각 개별 측정의 가치를 떨어뜨리기 때문에 사전에 데이터의 종합 집계를 고려해야 합니다. 물론 도메인에 따라 다를 수 있고, 집계된 형태로 가공되었지만 다음 공정에서 측정에 섞인 노이즈 평가가 필요 없어지는 것은 아닙니다. 목적에 따라 여전히 노이즈의 평가는 필요할 수 있습니다.

오래된 데이터

매우 일반적인 경우를 제외하면 오래된 데이터일수록 활용 가능성은 줄어듭니다. 새로운 시계열 데이터셋의 기록을 시작할 때마다 시계열 데이터가 언제 도태될지 미리 생각해봐야 합니다.

- 자연적인 만료 날짜가 있나요?
- 그렇지 않다면 과거 연구자료를 통해서 얼마나 오랫동안 보관되는 것이 현실적인지 알 수 있나요? 깃허브에 스크립트가 있다면, 그 스크립트가 접근한 가장 오래된 데이터의 시기는 언제인가요?

데이터 분석을 방해하지 않는 선에서 데이터 삭제 과정을 자동화할 수 있다면 거대해진 데이터 셋에 대한 질의의 지연이나 확장성에 대한 중요도를 낮출 수 있습니다. 이런식으로 선택된 스토리지 솔루션을 개선하는 것도 가능합니다.

법적 고려 사항

규모가 큰 조직에서 일하거나 외부에서 요구하는 데이터(규제 감사 같은 이유로)를 다루면 법적 고려 사항을 시스템의 요구 사항에 포함해야 합니다. 외부에서 얼마나 데이터를 자주 요구하는지, 얼마나 많은 데이터를 원하는지, 규정이 그 데이터에 대해 특정 형식을 부과하는지, 그렇지 않다면 형식의 선택이 가능한지와 같은 것을 가늠해야 합니다.

데이터 스토리지의 사양을 평가하는 데 법적 요구 사항까지 언급하는 것은 지나치게 신중해 보일지도 모릅니다. 그러나 유럽과 미국의 최근 사건들은 머신러닝에 사용되는 데이터셋의 관심이 증가한다는 사실을 보여줍니다(예: 유럽 연합의 일분 개인정보 보호법^{General Data Protection} ^{Regulation}(GDPR)).

지금까지 시계열 스토리지를 위한 일반 사용 사례를 살펴봤습니다. 또한 시계열 데이터셋의 생산 및 분석 방법에 관련된 일반적인 질문 목록을 살펴봄으로써 스토리지 선택에 도움이 되는 정보를 알아보았습니다. 이제는 시계열 저장에 사용되는 데이터베이스와 파일이라는 두 개의 일반 옵션에 대해 살펴보겠습니다.

5.2 데이터베이스 솔루션

데이터베이스는 대부분의 데이터 분석가와 엔지니어에게 친숙하고 직관적인 데이터 저장 방식을 제공하는 솔루션입니다. 관계형 데이터베이스^{relational database}는 시계열 데이터를 위한 좋은 옵션인 경우가 많습니다. 특히 다음과 같은 특성을 가진 특별한 솔루션이 필요할 때 데이터베이스를 좋은 선택이 될 수 있습니다.

- 여러 서버로 확장 가능한 스토리지

- 저지연의 읽기/쓰기

- 일반적인 지표의 내장된 계산 함수(예: 시간지표에 `group-by` 연산이 적용 가능할 때 `group-by` 질의에서 평균을 계산하는 것)

- 시스템의 성능 튜닝 및 병목 문제 분석에 사용되는 문제 진단 및 모니터링 도구

이것이 파일 시스템이 아니라 데이터베이스를 선택하는 이유입니다. 새로운 데이터셋을 다룰 때면, 스토리지 솔루션으로 데이터베이스를 항상 염두에 둬야 합니다. 특히 NoSQL 같은 데이터베이스는 유연한 관리 측면에서 유용합니다. 또한 필요한 수많은 보일러플레이트가 이미 내부적으로 구현되므로 파일 여러 개를 직접 만들어 작업하는 것보다 더 빠르게 프로젝트를 구동할 수 있습니다. 최종적으로 파일 스토리지 솔루션을 선택하더라도(대부분 이런 결정을 하진 않습니다), 그 전에 데이터베이스로 작업해보면 성숙된 데이터 처리의 요구 사항을 습득할 수 있고 이를 토대로 파일 구성 방식을 결정하는 데 큰 도움을 받을 수 있습니다.

이 절의 나머지 부분은 SQL과 NoSQL 데이터베이스의 장점을 시계열의 측면에서 다룹니다. 그리고 현재 시계열 애플리케이션에서 사용되는 인기 있는 데이터베이스 옵션을 살펴볼 것입니다.

한 가지 좋은 소식은 시계열이 현재 데이터베이스 분야에서 가장 빠르게 성장하고 있다는 것입니다. 즉 향후 미래에는 더 많고, 더 나은 시계열 데이터베이스 솔루션이 등장할 것을 기대해볼 수 있습니다.

5.2.1 SQL과 NoSQL

SQL과 NoSQL이라는 주제는 시계열 데이터베이스 커뮤니티에서 폭넓은 범위로 활발히 논의되고 있습니다. 많은 전문 데이터베이스 관리자는 SQL만이 최선책이며 관계형 테이블로 묘사될 수 없는 데이터란 없다고 말합니다. 그렇지만 실제로는 대용량 시계열 데이터를 위해서 SQL 솔루션을 확장할 때, 흔히 성능 저하가 발생하는 것이 현실입니다. 이러한 이유로 NoSQL 솔루션도 고려해볼 만한 가치가 있습니다. 특히 시간 범위가 무한한(정해지지 않은) 시계열 데이터의 수용이 가능하도록 확장될 수 있는 개방형 솔루션이 필요하다면 NoSQL를 고려해보는 것이 좋습니다.

SQL과 NoSQL 모두 시계열 데이터의 좋은 솔루션이 될 수 있지만, SQL 데이터베이스가 개발되던 때 타깃으로 삼은 데이터는 시계열 데이터와는 다릅니다. 따라서 무엇이 다른지, 그리고 이 다름이 시계열 데이터가 데이터베이스 로직에 적용될 때 어떤 어려움을 만들어내는지 알아야 합니다.

원래의 SQL 데이터베이스로부터 영향을 받은 데이터의 특성

시계열 데이터와 SQL적인 생각 사이의 부조화를 가장 잘 이해하는 방법은 SQL의 역사를 살펴보는 것입니다. 과거 SQL 솔루션은 완전히 별개의 사건을 다루는 트랜잭션 데이터에 기반합니다. 트랜잭션은 여러 기본키primary key의 속성들로 구성됩니다. 가령 상품, 참가자, 시간, 거래 가치 같은 정보를 예로 생각해볼 수 있습니다. 시간도 기본키로서 다뤄질 수 있지만, 다른 것들과 마찬가지로 권한있는 정보축privileged axis of information이 되어선 안 됩니다.

시계열과는 꽤 다른 트랜잭션 데이터에는 다음과 같은 두 개의 중요한 특징이 있습니다.

- 이미 존재하는 데이터의 업데이트가 빈번히 발생합니다.
- 기본적으로는 데이터가 정렬되지 않아서 다소 무작위적인 접근이 이루어집니다.

시계열 데이터의 특성

이력history을 완전하면서도 상세히 다루는 시계열 데이터와는 대조적으로, 트랜잭션 형태의 기록은 최종 상태만을 알 수 있습니다. 즉 시계열 데이터는 업데이트되지 않는 것이 일반적이며 데이터를 임의의 순서로 쓸 수 있는 작업은 중요하지 않습니다.

지난 수 십년 동안 SQL 데이터베이스의 설계가 초점을 맞춘 성능적 목표가 시계열 데이터베이스에서는 크게 중요치 않다는 의미이기도 합니다. 실제로 시계열 데이터는 활용 방법이 다르기 때문에 꽤 다른 우선순위를 두고 시계열 데이터베이스의 설계 목표를 설정해야 합니다. 시계열 데이터는 다음과 같은 주요 특징을 가집니다.

- 읽기 작업보다 쓰기 작업이 지배적으로 발생합니다.
- 데이터의 쓰기, 읽기, 업데이트 작업은 임의의 순서가 아닌 일련의 사건이 일어나는 시간에 관련된 순서에 따라 이루어집니다.
- 트랜잭션 데이터보다 훨씬 더 동시성 읽기가 수행될 가능성이 높습니다.
- 시간 외의 변수를 기본키로 두는 경우는 매우 드뭅니다.
- 개별 데이터 삭제보다 데이터 뭉치를 삭제하는 것이 훨씬 더 일반적입니다.

이러한 특징들은 NoSQL 데이터베이스의 적합성을 뒷받침합니다. 일반적인 NoSQL 데이터베이스는 읽기보다는 쓰기 작업에 특별히 중점을 두는 등 시계열 데이터베이스에 우리가 원하는 것을 많이 제공합니다. 시계열 데이터 수집 시 모든 필드(열)에 대한 데이터가 수집되지 않습니다. 본질적으로 이런 상황을 잘 반영하는 NoSQL 데이터베이스는 시계열 데이터와 잘 들어 맞습니다. NoSQL의 유연한 스키마 입장에서 보면 이러한 시계열 데이터의 유동성은 자연스러운 현상입니다. 현재까지 NoSQL 데이터베이스의 인기를 이끈 데이터의 대부분이 바로 시계열 데이터입니다.

이러한 이유로 NoSQL 데이터베이스는 SQL보다 쓰기 작업에서의 성능이 특히 뛰어납니다. [그림 5-1]은 일반적인 SQL 데이터베이스와 NoSQL에 시계열 데이터를 삽입할 때의 성능 비교 그래프를 보여줍니다.

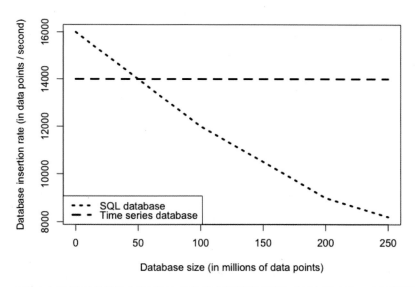

그림 5-1 시계열에 특화된 데이터베이스의 한 가지 공통적인 특징은 데이터베이스의 크기에 상관없이 항상 일정한 데이터 삽입율을 제공한다는 것입니다. 이는 전통적인 SQL 스토리지 솔루션과 비교해보면 매우 뛰어난 장점입니다.

SQL과 NoSQL을 선택하는 방법

이 책이 NoSQL 사용을 강요하는 것처럼 보일지도 모릅니다. 하지만 SQL 데이터베이스가 좋은 경우도 많이 있습니다. 데이터를 고려할 때는 SQL 데이터베이스, NoSQL 데이터베이스, 단순한 텍스트 파일 등 어떤 데이터 스토리지에도 항상 적용되는 원칙을 명심해야 합니다. 그 원칙은 **같은 시간에 요청되는 경향이 있는 데이터는 같은 위치에 저장되어야만 한다**는 것입니다. 이는 모든 상황에서 고려되어야 하는 가장 중요한 요소입니다.

여러 콘퍼런스의 발표 및 블로그 게시물에 따르면, NoSQL 솔루션이 데이터가 정렬된 경우 고기록high-write 저갱신low-update의 상황을 정확히 충족한다고 말합니다. 그렇지만 SQL 데이터베이스도 시계열 스토리지로 사용 가능하며, 실제로도 자주 사용되곤 합니다. 기존의 SQL 데이터베이스와 그 내부 메모리 구조에 중점을 둔 설계 변경을 통해 SQL의 장점을 그대로 유지한 채 이러한 문제들을 해결할 수 있습니다. 가령 시간을 고려하도록 SQL 테이블의 내부 메모리 표현을 간단하면서도 명료하게 구성하면 상당한 성능 차이를 만들어낼 수 있습니다.

결국 NoSQL과 SQL의 차이는 구현에 따라 달라질 수 있고, 겉으로 보이는 것만큼 체계적이지도, 중요하지도 않습니다. 이 두 기술 중 하나에 대한 특정 구현방식을 선택할 때 여러분의 데이터가 그 결정을 끌어낼 수 있도록 합니다. 시계열 데이터의 속성과 접근하는 패턴에 따라 다음의 각 기술이 가진 장점과 한계를 고려해야 합니다.

시계열에 대해 SQL의 장점

- 시계열이 SQL 데이터베이스에 저장된다면, 해당 데이터베이스에 이미 저장된 관련성을 가진 다른 비시계열 데이터와 손쉽게 연관시킬 수 있습니다.

- 계층적인 시계열 데이터에는 관계형 테이블이 자연스럽게 들어맞습니다. 적절한 SQL 스키마는 이런 계층을 분명히 설명해주고 관련 시계열들의 그룹화를 가능하게 해줍니다. 이와는 대조적으로 NoSQL 솔루션에서는 이러한 데이터가 낮은 체계성을 가진 채 여기 저기 흩어지기 쉽습니다.

- SQL 데이터베이스에 가장 잘 맞는 트랜잭션 데이터에 기반하여 시계열을 만든다면, 시계열을 동일 데이터베이스에 저장하여 쉬운 검증 및 상호 참조 등의 이점을 누릴 수 있습니다.

시계열에 대해 NoSQL의 장점

- 쓰기 속도가 빠릅니다.

- 미래 데이터를 아직 충분히 알지 못해서 지능적이며 견고한 스키마 설계가 불가능한 경우에 유리합니다.

- 비전문가도 즉시 사용이 가능합니다. 이상해 보이거나 평범한 수준의 스키마를 디자인을 하게 될 가능성이 적어서 비전문가가 사용하더라도 어느 정도 성능은 보장됩니다.

5.2.2 인기 있는 시계열 데이터베이스와 파일 솔루션

이번에는 시계열 데이터에 특화된 인기 있는 데이터베이스 솔루션 몇 가지를 살펴보겠습니다. 기존 솔루션 외에 어떤 SQL 솔루션이 가용한지를 파악해볼 수 있습니다. 현재 흔히 사용되는 기술이 내년에도 인기 있는 솔루션이 된다는 보장이 없기 때문에 여기서는 특정 기술을 추천하기 보다는 현재 시장 상황을 이해하는 데 도움이 되는 내용을 전반적으로 소개합니다. 이러한 구성 때문에 책 내용의 구성이 다소 복잡하고 파편화된 것처럼 보일 수는 있습니다.

시계열에 특화된 데이터베이스 및 관련된 모니터링 도구

첫 번째로 살펴볼 도구는 시계열 데이터의 저장과 모니터링에 특화된 것입니다. 구체적으로 시계열 데이터베이스로는 인플럭스DB[InfluxDB], 그리고 함께 사용될 때 시계열 스토리지 솔루션을 배가할 수 있는 성능 모니터링 도구인 프로메테우스[Prometheus]를 살펴봅니다. 각 도구에 대한 장점은 그들이 집중하는 사항과 특정 사용 패턴을 필연적으로 반영한다는 점을 염두에 두기 바랍니다.

인플럭스DB

인플럭스DB는 시계열에 특화된 데이터베이스입니다. 다음은 깃허브 프로젝트 페이지 (*https://github.com/influxdata/InfluxDB*)에 나온 설명의 일부입니다.

> 인플럭스DB는 오픈 소스 시계열 데이터베이스입니다. 평가 지표, 사건의 기록과 성능 분석에 유용합니다.

데이터를 시계열로 관리하는 인플럭스DB에서는 하나의 데이터가 다음의 요소들로 구성됩니다.

- 타임스탬프
- 측정 내용을 나타내는 레이블
- 하나 이상의 키/값 필드(예: 온도=25.3)
- 키/값의 쌍으로 구성된 메타데이터 태그 정보

시간을 인식하는 인플럭스DB는 모든 입력 데이터에 대한 타임스탬프를 자동으로 찍습니다. 또한 인플럭스DB에서는 다음과 같은 SQL과 유사한 질의방식을 사용합니다.

```
SELECT * FROM access_counts WHERE value > 10000
```

인플럭스DB의 다른 장점은 다음과 같습니다.

- 오래된 데이터의 지정 및 삭제 작업을 쉽게 자동화할 수 있는 데이터 보존 기능

- 데이터의 빠른 수집 속도 및 적극적인 데이터 압축 기능

- 시계열을 특정 기준으로 빠르게 색인하기 위해 각 시계열에 태그를 달 수 있는 기능

- 시계열 데이터의 수집, 저장, 모니터링, 출력 모두를 포함하는 성숙된 TICK 스택(*https:// www.influxdata.com/time-series-platform*)[1]의 한 부분을 차지하여 해당 스택과 쉬운 조화가 가능

인플럭스DB 외에도 시계열에 특화된 데이터베이스는 많습니다. 그러나 지금 당장은 가장 인기 있는 인플럭스DB를 접할 가능성이 높습니다. 이 솔루션은 시계열에 특화된 데이터베이스가 일반적으로 제공하는 옵션을 반영하여 만들어졌기 때문에 시계열 데이터를 위한 스토리지에 가장 일반적으로 필요한 속성이 반영되었다고 볼 수 있습니다.

인플럭스DB는 **푸시기반**push-based 데이터베이스 시스템입니다. 즉 데이터베이스에 데이터를 직접 넣어줘야 한다는 것입니다. 이는 다음으로 다룰 프로메테우스의 풀기반 방식과는 다릅니다.

이러한 기술 명세를 따르는 인플럭스DB와 같은 솔루션이 제공하는 모든 일반적인 기능은 시간을 인식하는 방식으로 만들어져서 즉시 사용할 수 있습니다. 증가하는 시계열 데이터의 수집과 제어에 관련된 요구 사항에 대한 이점을 얻을 수 있을 뿐만 아니라, 여러분이 이미 보유한 일반적인 SQL 기술을 사용할 수도 있습니다. 또한 생산된 시계열 데이터를 저장할 때 흔히 필요한 빠른 쓰기 능력도 확보할 수 있습니다.

프로메테우스

프로메테우스는 HTTP 기반으로 동작하는 '모니터링 시스템이자 시계열 데이터베이스'를 의미합니다(*https://github.com/prometheus/prometheus*). 특히 첫 번째로 모니터링, 두 번째로 스토리지를 강조합니다. **풀기반**pull-based 시스템인 프로메테우스는 시계열 생성을 위한 데이터 수집 방법 및 중앙 서버에 저장되는 데이터의 빈도에 대한 로직을 쉽게 조정하고 검사할

---

1 TICK 스택은 Telegraf, InfluxDB, Chronograf, Kapacitor로 구성됩니다.

수 있다는 뛰어난 장점이 있습니다.

프로메테우스는 원자적atomic이고 자립적self-reliant이어서 긴급 상황에서 매우 훌륭한 도구로 볼 수 있습니다. 하지만 풀기반 구조로 설계되어 있어서 데이터가 완전히 최신 상태일 것이라고 장담할 수 없습니다. 성능 모니터링을 위한 빠르고 간편한 기술이지만, 데이터가 항상 100% 정확해야 하는 애플리케이션에는 적합하지 않습니다.

프로메테우스는 질의에 PromQL이라는 함수 표현 언어functional expression language를 사용합니다.

```
access_counts > 10000
```

또한 시계열에서 다뤄지는 여러 일반적인 작업을 위한 API를 PromQL을 통해서 제공합니다. 여기에는 예측을 수행하는 `predict_linear()`과 시계열의 단위 시간당 증가율을 계산하는 `rate()` 같은 정교한 기능도 포함합니다. 또한 간단한 인터페이스를 통해 일정 기간에 대한 집계를 내보는 것도 할 수 있습니다. 프로메테우스는 유지보수를 위한 모니터링과 분석에 집중하는 경향을 보입니다. 따라서 인플럭스DB에 비해 데이터 관리를 위한 자동화된 기능은 부족합니다.

프로메테우스는 실시간 스트리밍 애플리케이션이나 데이터 가용성이 가장 중요한 상황에 특히 유용한 시계열 스토리지 솔루션입니다. 자체적인 스크립트 언어, 일반적인 데이터베이스와는 다른 구조와 API로 인해서 프로메테우스는 진입장벽이 높습니다. 하지만 이런 사실에도 불구하고 그 유용성 때문에 여러 개발자들로부터 널리 사용되고 있습니다.

범용 NoSQL 데이터베이스

앞서 시계열에 특화된 데이터베이스의 여러 가지 이점을 살펴봤습니다. 하지만 때로는 범용적인 NoSQL 데이터베이스를 고려해야 할지도 모릅니다. 이런 종류의 데이터베이스는 **테이블**table 구조가 아니라 **문서**document 구조에 기반하고 있으며 명시적으로 시계열에 특화된 기능을 많이 포함하지 않는 것이 일반적입니다.

그렇지만 NoSQL 데이터베이스의 유연한 스키마 덕분에 여전히 시계열 데이터에서도 유용합니다. 특히 데이터셋의 생명주기 중 데이터 수집과 채널 개수에 변동이 있을지도 모르는 새로운 프로젝트에서 유용합니다. 예를 들어 최초에 하나의 데이터 채널로 시작된 시계열이 시간이 지남에 따라 더 많은 종류의 데이터를 포함할 수도 있고, 이들 각각의 타임스탬프도 함께 찍어

두는 형태로 덩치가 커질 수도 있는 것입니다. 또한 프로젝트 진행 중 딱히 유용하지 않은 일부 입력 채널의 사용을 중단하는 결정을 내려야 할지 모릅니다.

시간에 따라 변화하는 구조를 일반적인 SQL 테이블로 다룬다면 수많은 NaN이 발생하는 등 여러 가지 문제가 발생할 수 있습니다.[2] 즉 SQL은 직사각형 형태로 데이터를 유지해야 합니다. 그러나 NoSQL의 경우, 누락된 데이터의 특정 값은 단순히 누락된 상태 그대로 놔둡니다. 즉 그 값을 다른 값으로 채워넣을 필요가 없습니다.

몽고DB는 성능이 좋은 NoSQL 기반 시계열 데이터베이스로 많은 사람이 사용합니다. 특히 시계열 데이터베이스의 가치를 잘 알고 있는 몽고DB는 IoT 친화적인 구조 및 지침의 개발을 강력히 추진합니다. 몽고DB는 시간 및 시간 관련 그룹 단위의 고수준의 집계 기능을 제공하며, 요일 또는 월처럼 사람이 이해하기 편한 형식으로 시간을 나누는 여러 자동화된 기능을 제공하기도 합니다.

- $dayOfWeek
- $dayOfMonth
- $hour

또한 몽고DB^MongoDB는 시계열이 처리되는 방식을 보여주기 위해 광범위한 문서화 작업에도 많은 노력을 기울여 왔습니다.[3] 기관 차원에서 준비된 여러 문서와 시계열 데이터에 대한 집중은 이 데이터베이스가 지속적으로 보다 시간에 친숙한 특징을 가지도록 개발될 것이라고 기대할 수 있다는 것을 의미합니다.

그러나 이 모든 기능보다 더 유용한 것은 시간에 따라 진화하는 스키마의 수용이 가능한 몽고DB의 유연성입니다. 끊임없이 변화하는 데이터 수집 방식은 시계열 데이터의 빠른 진화를 가져올 수 있는데, 이렇게 유연한 스키마는 진화하는 상황에서 맞닥뜨릴 여러 어려움을 해결해줍니다.

---

2 옮긴이_ SQL 테이블은 데이터가 있든 없든, 항상 정해진 열을 모든 데이터가 유지해야 합니다. 따라서 입력되는 데이터에 특정 데이터가 누락된다면 그 데이터에 해당하는 열의 값은 NaN이 됩니다.

3 이에 대한 근거는 '몽고DB의 시계열 데이터를 위한 스키마 디자인(*https://perma.cc/E8XL-R3SY*)', '시계열 데이터와 몽고DB: 1부-소개(*https://perma.cc/A2D5-HDFB*)', '시계열 데이터와 몽고DB: 2부-스키마 디자인의 모범 사례(*https://perma.cc/2LU7-YDHX*)'를 참고하기 바랍니다. 반대로, 몽고DB가 시계열에 적합하지 않다는 내용은 '시계열 데이터를 몽고DB에 저장하는 방법과 몽고DB에 저장하는 적합하지 않은 이유(*https://perma.cc/T4KM-Z2B4*)'를 참조하기 바랍니다.

한 가지 예로 헬스케어 스타트업에서 발생하는 일련의 시계열 데이터 수집에 대한 시나리오를 살펴보겠습니다.

1. 헬스케어 스타트업은 혈압을 측정하는 애플리케이션을 출시했고, 이로부터 수축기 및 이완기의 혈압이라는 지표 두 개를 수집합니다. 사용자는 매일 각 지표를 여러 번 측정하도록 권합니다.

2. 하지만 사용자는 보다 개선된 생활방식에 관한 조언을 받고 싶어서 권고된 것보다 더 많은 데이터를 제공하고 싶어 합니다. 생년월일, 월별 체중 기록, 시간당 걸음 수와 칼로리 소모량 등을 제공하고 싶은 것입니다. 당연히 이런 데이터들이 수집되는 주기는 완전히 서로 다를 수밖에 없습니다.

3. 그런데 나중에 이 데이터의 일부가 별로 유용하지 않다는 것을 깨닫게 되어, 애플리케이션에서 해당 데이터의 수집기능을 종료했습니다.

4. 하지만 사용자들은 종료되어 데이터가 열람할 수 없다고 아쉬워할지도 모릅니다. 그래서 다시 한번 가장 인기 있다고 판단되는 종류의 데이터를 수집해봅니다.

5. 그러다 나중에 정부가 제정한 건강 데이터 저장에 관한 법률이 통과되는 상황이 발생할 수 있습니다. 그러면 보유한 데이터를 제거하거나 암호화가 필요하므로 암호화 관련 열을 새로 추가해야 합니다.

6. 이런 방식으로 데이터는 계속 진화합니다.

이렇듯 애플리케이션의 변화를 유연하게 수용 가능한 스키마와 질의가 필요하다면, 시간에 특화된 유연성과 일반적인 유연성의 균형을 고루 갖춘 범용 NoSQL 데이터베이스가 적합합니다.

시계열에 특화된 대비 범용 NoSQL 데이베이스의 또 다른 장점은 시계열이 아닌 데이터를 함께 통합할 수 있다는 것입니다. 그렇게 하여 시계열과 비시계열을 가리지 않고 관련된 데이터셋 간의 쉬운 참조가 가능해집니다. 때때로 범용 NoSQL 데이터베이스는 SQL 스키마 최적화를 위한 영리한 노력 없이, 단지 성능적 고려 사항 및 SQL과 유사한 기능을 조합한 것일 뿐입니다.

이번 절에서는 NoSQL 데이터베이스 솔루션[4]의 기본 개념과 현재 널리 사용되는 일부 기술을

---

4 시계열 데이터에 대한 SQL 데이터베이스의 최적화는 이 책의 범위를 벗어나는 주제이며, 사용 사례에 따라 매우 구체적인 경향이 있습니다(5.4절 참조).

조사했습니다. 시장을 지배하고 있는 특정 기술들은 시간에 따라 진화합니다. 하지만 이런 기술들의 장점과 일반적인 동작의 원리 원칙은 크게 변하지 않습니다. 지금까지 다양한 데이터베이스를 통해서 데이터베이스를 사용하면 다음과 같은 장점을 누릴 수 있다는 것을 배웠습니다.

- 빠른 읽기 또는 쓰기 능력(또는 둘 다)
- 유연한 데이터 구조
- 푸시 또는 풀기반 데이터 수집
- 자동화된 데이터 제거 기능

시계열에 특화된 데이터베이스는 시계열에 작업에 즉시 사용할 수 있는 내장된 자동화 기능을 제공합니다. 하지만 범용 NoSQL 데이터베이스 대비 스키마의 유연성이 떨어지며 비시계열 데이터와 통합될 가능성 또한 낮습니다.

스토리지로서 데이터베이스가 단층 파일보다 더 많은 유연성을 제공하는 것이 일반적입니다. 그러나 이런 유연성 지원에 따라 단순 단층 파일보다는 복잡하고, I/O 성능 또한 비교적 낮습니다. 이어지는 절에서 단층 파일에 대한 내용을 살펴보겠습니다.

5.3 파일 솔루션

결국 데이터베이스는 스크립트와 데이터 스토리지를 모두 통합하는 작업을 수행하는 소프트웨어입니다. 그 통합된 결과는 결국 단층 파일이 됩니다. 해당 파일에 안전하고 쉽게 접근할 수 있도록 데이터베이스라는 특별한 소프트웨어가 래핑합니다.

때로는 이러한 래핑용 소프트웨어를 제거하고, 직접 데이터 스토리지 자체를 전적으로 책임지는 것이 합리적일 수도 있습니다. 비니지스 목적에서는 이러한 활용 방식이 흔치 않지만, 속도가 가장 중요한 과학적 연구나(잦은 빈도의 거래를 다루는 등) 희귀한 산업 응용에서는 자주 활용되곤 합니다. 이 경우 단순히 데이터베이스 쿼리를 작성하는 대신 스토리지의 공간 할당, 파일 열기/읽기/닫기, 파일 보호 방법 등을 포함하는 훨씬 복잡한 데이터의 처리 공정에 대한 설계를 분석가가 수행합니다.

다음 중 하나라도 해당된다면 단층 파일 솔루션을 선택하는 게 좋습니다.

- 성숙된 데이터 형식이 완성되어 오랜 기간 동안 합리적으로 그 명세를 따를 수 있는 경우
- 데이터 처리가 I/O 와 밀접한 관련되어 있어서 그 속도의 향상에 개발 시간을 할애하는 것이 합리적인 경우
- 데이터의 무작위적인 접근보다는 순차적인 접근이 필요한 경우

이번 절에서는 일반적인 단층 파일 솔루션 몇 가지를 간략하게 알아보겠습니다. 한 가지 알아둘 점은 여러분만의 파일 스토리지 형식을 만들 수는 있지만, 그 과정이 간단하지는 않으며 C++ 또는 자바와 같이 고성능의 언어로 작업하는 경우에만 의미를 가지는 것이 일반적입니다.

여러분의 시스템이 단층 파일 시스템에 적합할 정도로 이미 성숙하고, 성능에도 민감하다면 데이터베이스로의 데이터를 단층 파일로 마이그레이션하는 번거로움을 감수하더라도 이를 구현해볼 만한 몇 가지 이점이 있습니다.

- 단층 파일은 특정 시스템에 종속적이지 않습니다. 데이터를 공유해야 한다면 해당 파일을 이미 알려진 형식으로 제공만 해주면 됩니다. 같이 협업하는 사람에게 데이터베이스의 원격 접근이나 자체적으로 미러링된 데이터베이스의 구축을 요청할 필요가 없습니다.
- 단층 파일이 데이터베이스보다 I/O 오버헤드가 낮은 것은 당연합니다. 이는 데이터베이스에서 데이터를 검색하고 읽는 것보다 단층 파일을 읽는 작업이 훨씬 간결하기 때문입니다.
- 단층 파일에서는 데이터의 읽히는 순서를 표현할 수 있지만, 모든 데이터베이스가 이를 지원하지는 못합니다. 이 방식은 딥러닝의 학습 방법처럼 순서를 가진 데이터가 바람직한 상황에서 데이터가 읽히는 순서를 강제해줍니다.
- 데이터를 가능한 한 최대로 압축할 수 있어서 데이터베이스보다 훨씬 적은 양의 메모리를 차지합니다. 데이터의 압축 정도의 조정을 통해서 애플리케이션이 차지하는 데이터 스토리지의 공간 및 I/O에 소요되는 시간을 최소화하려는 노력 사이의 균형을 맞추는 것이 가능합니다. 높은 압축률은 데이터가 차지하는 공간은 줄어들지만 I/O 시간은 늘어난다는 것을 의미합니다.

5.3.1 넘파이

데이터가 순수 수치형으로만 구성되어 있다면, 수치형 데이터 보관에 널리 사용되는 방식 중하나인 파이썬의 넘파이[NumPy] 배열을 고려해볼 수 있습니다. 넘파이 배열은 다양한 형식으로쉽게 저장될 수 있으며, 각 형식의 성능을 상대적으로 비교하는 많은 벤치마크 자료가 공개되었습니다. 예를 들어 깃허브의 `array_storage_benchmark`라는 저장소(*https://perma.cc/ZBS7-PR56*)는 다양한 넘파이 파일 형식의 효율성과 속도를 검사하기 위해 디자인된 프로젝트입니다.

넘파이 배열의 한 가지 단점은 단일 데이터 형식만 존재한다는 것입니다. 즉 여러 종류의 데이터 형식으로 구성된 시계열 데이터를 자동으로 저장할 수는 없다는 의미입니다. 따라서 데이터가 가공되었든 그렇지 않든 포함된 데이터를 단일 데이터 형식만으로 작업이 가능한지를 생각해봐야 합니다(이 제약을 피하는 방법이 존재하기는 합니다). 넘파이 배열의 또 다른 단점은행과 열에 레이블을 추가하는 자연스러운 방법이 없다는 것입니다. 가령 배열의 각 행에 타임스탬프를 찍을 수 있는 간단한 방법이 없습니다.

넘파이 배열을 사용해서 얻을 수 있는 이점은 여러 가지 저장 옵션을 제공한다는 것입니다. 예를 들어 압축된 이진 형식을 사용하면 데이터베이스 솔루션보다 공간을 덜 차지할 뿐만 아니라보다 빠른 I/O 성능도 얻는 것이 가능합니다. 또한 스토리지나 분석 측면에서 볼 때 즉시 사용가능한 좋은 성능 수준을 만족하는 데이터 구조이기도 합니다.

5.3.2 팬더스

손쉬운 데이터의 레이블링, 서로 다른 시계열 데이터의 저장, 또는 둘 다를 모두 하고 싶다면덜 간결하더라도 보다 유연한 팬더스의 데이터프레임을 고려해봐야 합니다. 발생한 사건 수(int), 상태의 측정(flat), 레이블(string 또는 원핫 인코딩[one-hot encoding])을 포함한 여러 종류의 데이터로 구성된 시계열 데이터에서 특히 유용하기 때문에 이때는 팬더스 데이터프레임의사용을 고수해야 합니다('pandas'라는 이름의 어원이 '패널 데이터'라는 것을 생각해보면 다양한 사례에 활용되는 게 자연스럽다는 것을 알 수 있습니다).

팬더스 데이터프레임은 널리 사용되고 있고, 이 데이터를 저장하는 다양한 형식을 비교하는 여러 자료를 온라인에서 찾아볼 수 있습니다.

5.3.3 표준 R에 동등한 것

R 객체는 기본으로 .Rds와 .Rdata 형식으로 저장됩니다. 이 둘은 이진 파일 형식이라 텍스트 기반 형식보다 압축과 I/O 측면에서 효율적인 것이 당연합니다. 이 형식은 파이썬의 팬더스 데이터프레임 방식과 유사한 면이 있습니다. 그리고 R과 파이썬의 데이터프레임 모두는 feather 형식으로 저장이 가능한데, 그러면 언어에 비종속적인 형식으로 데이터를 저장할 수 있습니다. 그러나 R 사용자에게는 기본 이진 형식이 당연히 가장 우수할 것입니다. [표 5-3]은 파일 형식 옵션에 따른 크기 및 성능을 비교하여 보여줍니다.

표 5-3 파일 형식에 따른 크기 및 성능 비교

파일 형식	상대적인 크기	불러오는 데 걸리는 상대적인 시간
.RDS	1배	1배
feather	2배	1배
csv	3배	20배

확실히 기본 형식인 .Rds가 저장 공간 및 I/O 측면에서 가장 좋은 성능을 보여줍니다. 이진 형식 대신 텍스트 기반의 파일 형식을 사용한다면 저장 공간의 상승과 I/O 속도 저하에 큰 비용을 지불해야 할지도 모릅니다.

5.3.4 Xarray

시계열 데이터가 다차원적으로 넓어지면, Xarray(*http://xarray.pydata.org/en/stable*)라는 상업적 솔루션을 고려해야 할 때가 온 것일지도 모릅니다. 다음은 Xarray가 유용한 여러 가지 이유입니다.

- 차원에 명명할 수 있는 기능 제공
- 넘파이같이 벡터화된 수학적 연산 제공
- 팬더스같이 그룹화 연산의 제공
- 데이터베이스같이 시간 범위 기반의 색인 기능 제공
- 다양한 파일 스토리지 옵션 제공

Xarray는 시간에 대한 색인 및 리샘플링, 특정 시간의 개별 요소에 대한 접근과 같이 시간에 특화된 다양한 연산을 지원하는 데이터 구조입니다. 고성능이 요구되는 과학적 계산을 위해 만들어진 Xarray는 시계열 분석용 응용프로그램에서 충분히 활용되지 못하고 있으며 과소 평가되어왔습니다.

Xarray는 파이썬의 데이터 구조이며 다양한 스토리지 옵션을 제공합니다. pickle 및 netCDF 라는 이진 파일 형식 두 개를 지원하는데, netCDF는 다양한 플랫폼과 언어에서 지원되는 과학적 데이터에 보편적으로 사용됩니다. 파이썬을 사용할 때 시계열의 질을 향상시킬 방법을 찾고 있다면 Xarray를 사용해보는 것이 좋을지도 모릅니다.

시계열 데이터를 위한 단층 파일 스토리지의 다양한 옵션을 살펴보았습니다. 그중 일부는 다양한 기능성(Xarray), 또 다른 일부는 매우 간소화된 순수 수치형(NumPy)에 대한 것이었습니다. 데이터베이스 지향적 처리공정에서 파일 지향적 처리공정으로 데이터를 옮기면 데이터의 단순화 및 **추출, 변환, 적재**extract, transform, load(ETL)를 위해서 데이터베이스가 제공하는 내장된 스크립트를 직접 재작성해야 하는 어려움이 있습니다. 하지만 성능이 가장 중요한 요소라면, 지연시간 단축을 위해서 데이터를 파일로 옮겨보는 것이 가장 중요한 단계일 가능성이 높습니다. 다음과 같은 사례에서 이 선택이 바람직할 수 있습니다.

- 사용자와 상호작용하는 소프트웨어처럼 지연시간이 민감한 예측
- 딥러닝 모델의 학습과 같이 반복적으로 데이터를 접근해야 하는 I/O 집약적인 상황

이와는 다른 목적의 여러 애플리케이션에서는 지연시간이 늘어나더라도 데이터베이스의 편리성, 확장성, 유연성이 더 가치 있는 특징일 수 있습니다. 상황에 따른 최적의 스토리지 선택은 저장하고자 하는 데이터의 특성과 그 데이터로 하고자 하는 일에 따라 크게 달라질 수 있습니다.

5.4 보충 자료

시계열 데이터베이스 기술

- Jason Moiron, "Thoughts on Time-Series Databases," jmoiron blog, June 30, 2015, *https://perma.cc/8GDC-6CTX*.

▷ 2015년에 작성된 고전적인 블로그 게시물로, 모든 것을 기록하는 문화와 초기의 시계열 데이터베이스를 엿볼 수 있습니다. 시계열 데이터베이스와 사용 사례에 대한 고급 개요를 담고 있어서 데이터베이스의 신규 운용자나 엔지니어에게 꽤 유익할 것입니다.

• Preetam Jinka, "List of Time Series Databases," Misframe blog, April 9, 2016, *https://perma.cc/9SCQ-9G57*.

▷ 시계열 데이터베이스의 장황한 목록을 제공하는 이 글은 현재의 시장에서 사용되는 데이터베이스가 어떤 것이 있는지 보여주기 위해서 자주 갱신됩니다. 각 데이터베이스 항목은 해당 데이터베이스에 대한 경쟁 대상과 그 이전의 선조격 데이터베이스가 무엇인지를 함께 보여줍니다.

• Peter Zaitsev, "Percona Blog Poll: What Database Engine Are You Using to Store Time Series Data?" Percona blog, February 10, 2017, *https://perma.cc/5PXF-BF7L*.

▷ 데이터베이스 엔지니어를 대상으로 2017년에 진행된 설문조사로, 응답자 35%가 시계열 데이터를 저장할 때 관계형 데이터베이스(SQL 데이터베이스)를 사용한다고 응답하여, 이 기술이 계속 지배적으로 사용되고 있다는 것을 보여줍니다. 그 외에도 일래스틱서치[ElasticSearch], 인플럭스DB, 몽고DB, 프로메테우스 또한 선호되는 데이터베이스 솔루션으로 집계되었습니다.

• Rachel Stephens, "The State of the Time Series Database Market," RedMonk, April 3, 2018, *https://perma.cc/WLA7-ABRU*.

▷ 한 기술 분석가가 데이터를 기반으로 최근에 작성한 보고서로, 깃허브 및 스택 오버플로 활동에 대한 조사를 통해 시계열 데이터베이스 스토리지로 가장 인기 있는 솔루션을 설명합니다. 이 보고서는 시계열 데이터의 다양한 사용 사례에 따른 시계열 스토리지의 도메인에서 나타나는 높은 수준의 파편화 및 데이터베이스가 세분화되어가는 큰 흐름을 보여줍니다.

• Prometheus.io, "Prometheus Documentation: Comparison to Alternatives," n.d., *https://perma.cc/M83E-NBHQ*.

▷ 매우 상세하고 포괄적인 목록으로, 프로메테우스와 다른 여러 인기 있는 시계열 스토리지 솔루션을 비교합니다. 이를 프로메테우스의 대안으로 사용하는 주요 데이터 구조 및

스토리지 구조에 대한 빠른 참조를 위해서 사용해볼 수 있습니다. 시간의 데이터를 위해 디자인된 다양한 데이터베이스들 간의 장단점 및 각 기술의 기능에 대한 개요를 훑어볼 수 있는 좋은 자료입니다.

일반적인 데이터베이스 기술에 적응하는 것

▷ Gregory Trubetskoy, "Storing Time Series in PostreSQL Efficiently," NOTEs to Self blog, September 23, 2015, *https://perma.cc/QP2D-YBTS*.

▷ 이 블로그 게시물은 오래 전에 작성되었지만, 성능에 초점을 맞춰서 Postgres에 시계열을 저장하는 방법에 대해서는 여전히 유효한 내용을 담고 있습니다. 이 글의 저자는 값의 열 및 타임스탬프의 열에 대한 '기본' 접근 방식이 갖는 어려움을 설명하고 있으며, Postgres 배열에 기반한 접근 방식에 대한 실질적인 조언을 제공합니다.

• Josiah Carlson, "Using Redis as a Time Series Database," InfoQ, January 2, 2016, *https://perma.cc/RDZ2-YM22*.

▷ 이 글은 시계열 데이터베이스로 Redis를 사용하는 것에 대한 자세한 조언과 예제를 제공합니다. 만들어진 이래로 시계열 데이터를 위해 사용한 Redis의 몇 가지 문제점과 여러 시계열 사용 사례의 시나리오에 유리한 데이터 구조를 다룹니다. 이 글은 Redis를 시계열 데이터와 함께 사용하는 방법에 대한 보다 자세한 내용은 물론, 일반적인 도구가 시계열에 특화된 사용 목적에 맞도록 사용하는 방법을 다루는 유용한 자료입니다.

• Mike Freedman, "Time Series Data: Why (and How) to Use a Relational Database Instead of NoSQL," Timescale blog, April 20, 2017, *https://perma.cc/A6CU-6XTZ*.

▷ TimescaleDB의 창립자가 작성한 블로그 게시글로, 관계형 데이터베이스의 메모리 구조를 시간의 데이터에 특화되도록 변경하여 구축된 시계열 데이터베이스를 설명합니다. TimescaleDB가 주장하는 기존 SQL 데이터베이스의 시계열 데이터에 대한 주된 문제는 비확장성으로 시간 관련 질의를 수행할 때마다 데이터가 메모리에 들락거려서 발생하는 낮은 성능 결과입니다. TimescaleDB는 데이터의 시간적인 특성을 반영하는 메모리 매핑구조를 제안하여, 데이터가 메모리 내부 외부로 교환되는 정도를 줄입니다.

• Hilmar Buchta, "Combining MulTIPle Tables with Valid from/to Date Ranges into a Single Dimension," Oraylis blog, November 17, 2014, *https://perma.cc/B8CT-BCEK*.

▷ 별로 매력적이지 않은 제목과는 다르게 SQL 데이터베이스 전문가가 아닌 사람들에게 매우 유용한 자료입니다. 특정 시간 동안만 유용한 것으로 마킹된 데이터에 대한 복잡한 문제와 이러한 데이터를 조합하고 여러 테이블 간 조인하는 좋은 방법을 보여줍니다. 놀랍게도, 이는 일반 작업인 동시에 매우 어려운 작업이기도 합니다. 이 글에서 소개하는 예제는 직원에 대한 유효한 고용일자, 특정 부서의 유효일자, 구체적인 사무실 위치에 대한 유효일자, 회사 차량의 유효일자를 포함한 인사 차트와 관련있습니다. 가장 가능성이 높은 작업은 특정 요일의 직원 상태를 확인하는 것입니다. 가령 어떤 사람이 고용되었다면, 어느 부서에서 고용했는지, 그 직원에게 회사 차량을 부여했는지와 같은 질문을 던져볼 수 있습니다. 직관적일 수도 있지만 이 질문에 대답하기 위한 SQL은 어렵습니다. 하지만 이 게시글에서는 이러한 내용을 잘 소개합니다.

## CHAPTER 6

시계열의 통계 모델

이 장에서는 시계열에 대한 몇 가지 선형적인 통계 모델을 살펴볼 것입니다. 이 모델들은 선형 회귀와 관련이 있지만, 각 데이터를 서로 독립적으로 가정하는 비시계열 데이터에 적용되는 표준 방법과는 다른 관점으로 같은 시계열 내 데이터 간 발생하는 상관관계를 알 수 있게 해줍니다.

6장에서 다루게 될 모델은 다음과 같습니다.

- 자기회귀autoregressive (AR) 모델, 이동평균moving average (MA) 모델, 자기회귀누적이동평균autoregressive integrated moving average (ARIMA) 모델

- 벡터자기회귀vector autoregression (VAR)

- 계층형hierarchical 모델

이러한 모델들은 전통적으로 시계열 예측의 핵심 요소이며 학계에서부터 산업에 이르기까지 다양한 상황에 모델링을 지속적으로 사용합니다.

6.1 선형회귀를 사용하지 않는 이유

데이터 분석가라면 선형회귀를 이미 잘 알고 있을 것입니다. 선형회귀를 다음과 같이 정의할 수 있습니다. 선형회귀 분석은 **독립항등분포**independently and identically distributed (IID) 데이터가 있다는 것을 가정합니다. 따라서 시계열 데이터에는 해당되지 않습니다. 시계열 데이터는 시간에 가까운 데이터일수록 서로 강한 관계를 맺는 경향이 있습니다. 즉, 시계열 데이터에 시간적인 상관관계가 없다면 이 데이터는 미래를 예측하거나 시간의 역동성을 이해하는 등 전통적인 시계열 작업에 유용하다고 보기 어렵습니다.

시계열에 대한 튜토리얼이나 교과서를 보면 시계열에서 선형회귀가 유용하지 않다고 과하게 강조하는 경우가 있습니다. 이러한 설명은 학생들에게 선형회귀에 대한 좋지 않은 인식을 줄 수 있습니다. 다행히도 이는 사실이 아닙니다. 다음과 같은 조건이 충족될 때 일반적인 최소제곱선형회귀least squares linear regression 모델을 시계열 데이터에 적용해볼 수 있습니다.

시계열의 행동에 대한 가정

- 시계열은 예측 변수에 대한 선형적 반응을 보입니다.
- 입력 변수는 시간에 따라 일정하지 않거나 다른 입력 변수와 완벽한 상관관계를 갖지 않습니다. 이는 단순히 데이터의 시간 차원을 설명하기 위해 전통적인 선형회귀의 독립변수에 대한 요구 사항을 확장한 것입니다.

오차에 대한 가정

- 각 시점의 데이터에 대해 모든 (앞뒤의) 시기의 모든 설명변수explanatory variable[1]에 대한 예상 오차 값은 0입니다.
- 특정 시기의 오차는 과거나 미래의 모든 시기에 대한 입력과 관련이 없습니다. 따라서 오차에 대한 자기상관 함수 그래프는 어떠한 패턴도 띄지 않습니다.
- 오차의 분산은 시간으로부터 독립적입니다.

이러한 가정이 성립된다면 보통최소제곱회귀ordinary least squares regression는 주어진 입력에 대한 계수

---

1 독립변수 또는 예측변수라고도 불립니다.

의 비편향추정량unbiased estimator이 되며 이는 시계열 데이터에서도 마찬가지입니다.[2] 이때 추정치의 표본 분산은 표준선형회귀와 수학적으로 동일한 형태를 갖습니다. 따라서 앞서 나열된 가정을 충족하는 데이터가 있다면 선형회귀를 적용할 수 있습니다. 즉, 시계열 동작에 대해 명확하면서도 간단한 직관을 얻는 데 도움이 됩니다.

앞에서 언급한 데이터의 요구 사항은 비시계열 데이터에 적용된 표준선형회귀의 요구 사항과 유사합니다. 다만 데이터셋의 시간적 특성을 강조하는 내용만 추가됐습니다.

> CAUTION_ 선형회귀를 강요하지 마세요. 데이터가 필수 가정을 충족하지 못할 때 선형회귀를 적용한다면 다음과 같은 결과가 발생합니다.
>
> • 계수가 모델의 오차를 최소화하지 않습니다.
>
> • 충족되지 않은 가정에 의존하므로 계수가 0이 아닌지를 결정하기 위한 p-값이 부정확합니다. 이는 계수의 유의성 평가가 잘못되었음을 의미합니다.
>
> 적절히 사용될 수 있는 상황에서 선형회귀는 단순성과 투명성을 제공할 수 있지만, 모델 자체가 부정확하다면 이러한 내용조차 제공하지 못하는 것이 당연합니다!

표준선형회귀에 요구되는 가정을 지나칠 정도로 엄격하게 적용해 선형회귀 기법을 사용할 수 없게 된 것은 아닌지 의문을 가져보는 것이 타당합니다. 실제로 현업의 분석가는 모델의 가정을 통해 자유를 얻습니다. 이러한 태도의 잠재적인 단점을 잘 이해하고 있는 경우만 생산적일 수 있습니다.

모델의 가정을 고수하는 것의 중요성은 영역과 분야에 따라 크게 달라집니다. 때로는 보상대비 결과가 심각하지 않아서 기본적인 가정을 충족하지 않는다는 것을 알아도, 이를 모델에 적용하는 경우가 있습니다. 가령 높은 빈도로 발생하는 거래라면 데이터가 모든 표준적인 가정을 엄격히 따르지 않더라도 선형 모델을 사용하는 것이 꽤 인기가 있습니다.[3]

---

2 일반최소제곱은 이러한 조건의 일부가 제거되더라도 편향되지 않는다는 것을 알아두세요. 예를 들어 오차 값들이 서로 상관되고 이분산성(heteroskedastic)일 때, 효율성에 대해 고려할 사안이 있지만 일반최소제곱은 여전히 계수의 비편향추정량을 제공할 수 있습니다. 효율성에 대한 자세한 정보는 위키백과를 참고하기 바랍니다.

3 이때 표준적인 선형회귀의 사용을 정당화해주는 몇 가지 완화 요소가 있습니다. 첫째, 충분히 짧은 규모에서의 금융시장 움직임이 서로 독립적이라고 믿는 것입니다. 둘째, 선형회귀가 계산적인 측면에서 매우 효율적이므로 가정이 정확하지는 않더라도 속도를 중시하는 산업에서는 빠른 모델이 좋은 모델입니다. 셋째, 이런 모델을 사용하고 있는 기업이 실제로 이윤을 창출하고 있으므로 제대로된 작업을 수행합니다.

추정치가 과대/과소 평가된 것이 아니라면, 해당 추정치는 비편향추정량을 사용한다고 볼 수 있습니다. 비편향추정량은 좋은 경향을 지닙니다. 다만 통계적, 기계학습적 문제 모두에 적용되는 편향과 분산 사이의 트레이드 오프를 잘 알고 있어야만 합니다. 이 트레이드 오프는 파라미터 추정에 대해 편향이 낮은 모델일수록 파라미터 추정에 대한 높은 분산을 지니는 경향이 있습니다. 파라미터 추정에 대한 분산은 데이터 내의 서로 다른 표본에 걸쳐 추정치가 얼마나 가변적인지를 반영합니다.

여러분 스스로 예측 작업에 선형회귀가 적합하다는 판단을 내렸다면 `tslm()` 함수의 활용을 고려해보기 바랍니다. `forecast` 패키지에 포함된 이 함수는 시계열 데이터에 대한 쉬운 선형회귀 방법론을 제공할 수 있도록 설계됐습니다.

6.2 시계열을 위해 개발된 통계 모델

이번 절에서는 시계열 데이터를 위해 특별히 개발된 통계 방법을 다룹니다. 시계열의 미래 값이 과거 값의 함수라고 정의하는 매우 간단한 자기회귀 모델을 시작으로, 단변량 시계열 데이터를 위해 개발된 다양한 방법들을 살펴볼 것입니다. 그런 다음, 다변량 시계열에 대한 벡터자기회귀분석을 포함해서 GARCH 모델과 계층적 모델링과 같은 특수한 시계열 방법들을 추가로 알아보고 점점 더 복잡한 모델을 다룰 것입니다.

6.2.1 자기회귀 모델

자기회귀autoregressive (AR) 모델은 과거가 미래를 예측한다는 직관적인 사실에 의존합니다. 따라서 특정 시점 t의 값은 이전 시점들을 구성하는 값들의 함수라는 시계열 과정을 상정합니다.

이 모델과 모델의 속성에 대해 통계학자들이 바라보는 방식으로 자세히 설명하여 이 모델에 대한 여러분의 이해를 도울 것입니다. 꽤 긴 이론적인 설명을 바탕으로 이 절이 시작됩니다. 통계 모델의 속성이 시계열을 위해 파생된 과정의 메커니즘에 관심이 없다면 이 장의 내용은 적당히 살펴봐도 괜찮습니다.

대수학을 활용한 AR 처리 과정의 제약 사항 이해

시계열 이외의 정보가 없을 경우, 많은 사람이 첫 번째로 시도하는 방법이 자기회귀입니다. 자기회귀는 그 이름을 통해서 알 수 있듯이, 과거 값들에 대한 회귀로 미래 값을 예측하는 방식입니다.

가장 간단한 AR 모델인 AR(1) 모델이 설명하는 시스템은 다음과 같습니다.

$$y_t = b_0 + b_1 \times y_{t-1} + e_t$$

시간 t에서 계열의 값은 상수 b_0, 이전 시간 단계에서 값에 상수를 곱한 $b_1 \times y_{t-1}$ 그리고 시간에 따라 달라지는 오차항 e_t에 대한 함수입니다. 여기서의 오차항은 일정한 분산 및 평균 0을 가진다고 가정합니다. 여기서 자기회귀라는 용어는 직전 시간만을 되돌아보는 AR(1) 모델을 의미합니다.

또한, AR(1) 모델은 하나의 원인 변수만 지닌 간단한 선형회귀 모델과 동일한 형식을 가집니다. 즉, 다음과 같이 매핑됩니다.

$$Y = b_0 + b_1 \times x + e$$

b_0와 b_1 값을 알고 있다면 주어진 y_{t-1} 조건에서의 y_t의 기대 값과 분산 모두를 계산할 수 있습니다.[4]

식 6-1 $E(y_t \mid y_{t-1}) = b_0 + b_1 \times y_{t-1} + e_t$

$$Var(y_t \mid y_{t-1}) = Var(e_t) = Var(e)$$

---

4 이후에 참조되는 방정식에만 식의 번호를 매기겠습니다.

이 표기법을 일반화하면 현재 값이 의존하는 가장 최근 값들을 p로 조절할 수 있게 해주므로 AR(p)라는 과정을 생성할 수 있습니다.

이번에는 전통적인 표기법을 살펴보겠습니다. 여기서 사용된 ϕ는 자기회귀계수autoregression coefficient를 나타냅니다.

$$y_t = \phi_0 + \phi_1 \times y_{t-1} + \phi_2 \times y_{t-2} + \ldots + \phi_p \times y_{t-p} + e_t$$

3장에서 논의된 바와 같이, 시계열 분석의 핵심 개념은 정상성입니다. 정상성은 AR 모델을 포함한 많은 시계열 모델에서 기본으로 가정하기 때문입니다.

AR 모델이 정상인지에 대한 조건은 정상성의 정의로부터 결정됩니다. 계속해서 가장 간단한 AR 모델인 [식 6-2]의 AR(1)에 집중해봅시다.

식 6-2 $y_t = \phi_0 + \phi_1 \times y_{t-1} + e_t$

과정이 정상이라고 가정하고, 계수에 대해 어떤 의미를 가지는지 알아보기 위해서 '뒤에서 앞으로backward' 살펴보겠습니다. 우선, 정상성의 가정으로부터 과정의 기대 값은 모든 시간에서 동일해야 한다는 사실을 알 수 있습니다. 따라서 AR(1) 과정을 위한 각 방정식에 대해 y_t를 다시 작성해볼 수 있습니다.

$$E(y_t) = \mu = E(y_{t-1})$$

정의에 따르면 e_t의 기대 값은 0입니다. 또한 ϕ는 상수항이므로 이들의 기대 값은 각각의 상수 값 그대로입니다. 따라서 좌변을 기준으로 [식 6-2]는 다음과 같이 축약됩니다.

$$E(y_t) = E(\phi_0 + \phi_1 \times y_{t-1} + e_t)$$
$$E(y_t) = \mu$$

그리고 [식 6-2]의 우변은 다음과 같이 표현됩니다.

$$\phi_0 + \phi_1 \times \mu + 0$$

그러면 다음처럼 단순화할 수 있습니다.

$$\mu = \phi_0 + \phi_1 \times \mu$$

다시 말해서 [식 6-3]이 됩니다.

식 6-3 $\mu = \dfrac{\phi_0}{1 - \phi_1}$

따라서 과정의 평균과 근본적인 $AR(1)$ 계수의 관계를 알 수 있습니다.

이와 유사한 단계를 수행하여 일정한 분산과 공분산이 ϕ 계수에 조건을 부과하는 방식을 알아볼 수도 있습니다. 그 과정은 [식 6-3]에서 도출된 [식 6-4]처럼 ϕ_0 값을 치환하면서 시작합니다.

식 6-4 $\phi_0 = \mu \times (1 - \phi_1)$

그리고 이것을 [식 6-2]에 대입합니다.

$$y_t = \phi_0 + \phi_1 \times y_{t-1} + e_t$$
$$y_t = (\mu - \mu \times \phi_1) + \phi_1 \times y_{t-1} + e_t$$
$$y_t - \mu = \phi_1 (y_{t-1} - \mu) + e_t$$

[식 6-4]를 살펴보면 좌변의 $y_t - \mu$와 우변의 $y_{t-1} - \mu$ 표현이 매우 유사하다는 점이 눈에 띕니다. 이 시계열이 정상이라는 조건하에서, 시간 $t - 1$에서의 계산은 시간 t에서의 계산과 동일해야 한다는 것을 알고 있습니다. [식 6-4]를 한 단계 앞선 시간의 틀에서 [식 6-5]처럼 다시 작성해볼 수 있습니다.

식 6-5 $\quad y_{t-1} - \mu = \phi_1 \left(y_{t-2} - \mu \right) + e_{t-1}$

그리고 이 식을 다음과 같이 [식 6-4]에 대입해봅니다.

$$y_t - \mu = \phi_1 \left(\phi_1 \left(y_{t-2} - \mu \right) + e_{t-1} \right) + e_t$$

명확성을 위해 [식 6-6]과 같이 다시 정렬해봅니다.

식 6-6 $\quad y_t - \mu = e_t + \phi_1 \left(e_{t-1} + \phi_1 \left(y_{t-2} - \mu \right) \right)$

앞에서 살펴봤듯이, [식 6-6]의 $y_{t-2} - \mu$ 또한 재귀적으로 대체될 수 있습니다. 이렇게 재귀적인 대입을 계속 수행하다 보면 명확히 드러나는 패턴을 눈치챌 수 있습니다.

$$y_t - \mu = e_t + \phi_1 \left(e_{t-1} + \phi_1 \left(e_{t-2} + \phi_1 \left(y_{t-3} - \mu \right) \right) \right)$$
$$= e_t + \phi \times e_{t-1} + \phi^2 \times e_{t-2} + \phi^3 \times e_{t-3} + \ (\text{식을 계속 대입할 수 있음})$$

따라서 보다 일반화된 $y_t - \mu = \sum_{i=1}^{\infty} \phi_1^i \times e_{t-i}$ 라는 결론에 도달할 수 있습니다. 이 수식은 y_t에서 과정의 평균을 뺀 것은 오차항들에 대한 선형함수라는 뜻이라고 한글로 표현할 수 있습니다.

이 결과는 서로 다른 t에서의 e_t 값이 독립적일 때 기대 값 $y_t - \mu = \phi_1 \left(y_{t-1} - \mu \right) + e_t$ 계산에 사용될 수 있으며, 이로부터 y_{t-1}과 e_t의 공분산이 0이라는 결론을 내릴 수 있습니다. 그리고 유사한 논리로부터 이 식을 제곱하여 y_t의 분산도 계산할 수 있습니다.

$$y_t - \mu = \phi_1 \left(y_{t-1} - \mu \right) + e_t$$
$$var \left(y_t \right) = \phi_1^2 var \left(y_{t-1} \right) + var \left(e_t \right)$$

식의 양변에 있는 분산량은 정상성에 의해서 $(var(y_t) = var(y_t - 1))$처럼 같아야 하기 때문에, 다음을 의미한다고 볼 수 있습니다.

$$var(y_t) = \frac{var(e_t)}{1 - \phi_1^2}$$

분산이 0보다 크거나 같아야 한다는 정의에 따라 위 식의 우변이 양수가 되게 하려면 ϕ_1^2가 반드시 1보다 작아야 합니다. 이는 정상과정에서는 ϕ_1의 범위가 $-1 < \phi_1 < 1$가 되어야 한다는 의미입니다. 이 조건은 약한 정상성을 위한 필요충분조건입니다.

강한 정상성 vs 약한 정상성

이 책에서 언급하는 정상성은 항상 약한 정상성을 의미합니다. 약한 정상성이 되기 위한 단 한 가지 조건은 과정의 평균과 분산이 시간에 따라 변하지 않아야 한다는 것입니다.

강한 정상성은 과정에서 출력된 무작위 변수들의 분포가 시간이 지나더라도 동일하게 유지되는 것을 요구합니다. 예를 들어 y_1, y_2, y_3의 통계적 분포는 처음 한두 개가 아니라 모든 측정, y_{101}, y_{102}, y_{103}와 동일해야 합니다.

강한 정상성이 약한 정상성을 완전히 포괄하는 것처럼 보이지만 반드시 그런 것은 아닙니다. 과정의 평균과 분산이 존재하는 약한 정상성이 강한 정상성에 포함되는 것은 맞지만, 과정에 평균이나 분산이 없다면 약한 정상성이 될 수는 없어도 강한 정상성은 될 수 있을지도 모르기 때문입니다. 이에 대한 전형적인 예로는 평균이 정의되지 않은, 무한 분산을 가지는 **코시 분포**Cauchy distribution[5]가 있습니다. 코시 과정은 약한 정상성의 요구 사항을 만족시키지는 못하지만, 강한 정상성의 요구 사항은 충족합니다.

지금까지 AR(1) 과정을 알아보았습니다. AR(1)이 자기회귀의 가장 간단한 과정이므로 살펴봤습니다. 실전에서는 이보다 더 복잡한 모델이 적합할 것입니다. 정상성에 대한 유사 조건을 임의의 시차 AR(p)로 도출하는 것이 가능하며, 이를 입증하는 여러 책을 찾아볼 수 있습니다. 이 도출 과정을 보다 명확히 확인하고 싶다면 이 장의 마지막에서 소개하는 보충 자료를 참고해보기 바랍니다. 이 논의에서 가장 중요한 점은 시계열은 일부 대수와 통계로 접근할 만한 것

5 　옮긴이_ 코시 분포는 연속확률분포 중 하나로, 평균과 분산을 유한하게 정의할 수 없는 분포입니다.

이라는 것이며, 정상성은 단순히 모델을 그래프로 표시하는 것이 아니라 특정 통계 모델의 특성에 대하여 동작할 수 있는 수학적 개념이라는 것입니다.

TIP 분포는 과정에 의해 생성될 수 있는 모든 가능한 값의 확률을 설명하는 통계적 함수입니다. 이 용어를 공식적으로 접하지 않았을지 모르지만, 이제는 여지없이 이 개념에 마주하게 될 것입니다. 예를 들어 **종형곡선**bell curve은 측정값 대부분이 평균에 가까워지고, 평균의 양쪽이 균등하게 분포되는 것을 나타냅니다. 이러한 종형곡선은 보통 통계학에서 **정규분포**normal distribution 또는 **가우스 분포**Gaussian distribution라고도 불립니다.

AR(p) 모델의 파라미터 선택

데이터가 AR 모델에 적합한지를 평가하려면 먼저 과정과 **편자기상관함수**partial autocorrelation function(PACF)의 그래프를 그려보는 것이 좋습니다. AR 과정의 PACF는 AR(p) 과정의 차수 p를 넘는 부분을 0으로 잘라버리는데, 그 결과 데이터에서 실증적으로 볼 수 있는 AR 과정의 차수를 구체적이며 시각적으로 표시합니다.

반면 AR 과정은 시간의 위치가 증가(미래)할수록 지수적으로 완화됨을 의미하는 자기상관함수autocorrelation function(ACF)의 특징적 형태를 갖지만, 유의미한 ACF는 아닙니다.

실제 데이터로 살펴보겠습니다. 사용할 데이터는 UCI 머신러닝 저장소에 게시된 수요 예측 데이터(*https://perma.cc/B7EQ-DNLU*)입니다.

먼저 시간 순서대로 데이터의 그래프를 그립니다(그림 6-1). 그리고 이 데이터를 AR 과정으로 모델링할 것이므로 PACF로 AR 과정의 시차를 잘라냅니다(그림 6-2).

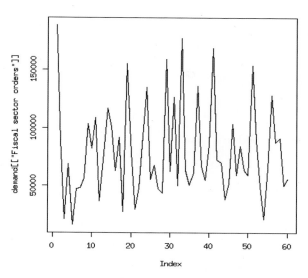

그림 6-1 은행의 일일 주문 건수(2)

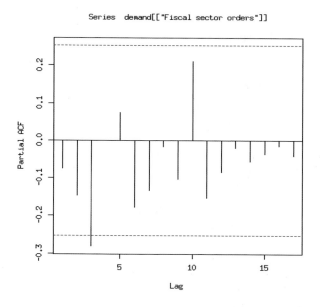

그림 6-2 [그림 6-1]에서 묘사된 가공되지 않은 차수의 시계열에 대한 PACF

lag 3의 PACF 값이 임곗값을 5% 초과함을 알 수 있습니다. 이는 R의 **stats** 패키지가 제공하는 **ar()** 함수의 결과와 일치합니다. 지정되지 않은 경우, **ar()** 함수는 자동으로 자기회귀 모델의 차수를 선택합니다.

```R
## R
> fit <- ar(demand[["Banking orders (2)"]], method = "mle")
> fit

Call:
ar(x = demand[["Banking orders (2)"]], method = "mle")
Coefficients:
      1            2            3
  -0.1360      -0.2014      -0.3175
```

ar() 함수의 문서에 따르면 (기본 파라미터로) 선택된 차수는 **아카이케 정보기준**^{Akaike information} ^{criterion}(AIC)에 따라 결정됩니다. 아카이케 정보기준은 PACF로 얻은 시각적 선택이 정보기준의 최소화로 얻은 선택과 일관성을 보여주기 때문에 유용합니다. 이 두 가지 방법은 모델의 차수를 선택하는 서로 다른 방법이지만, 이 경우에서는 일관성을 보입니다.

아카이케 정보기준

모델의 AIC는 $AIC = 2k - 2lnL$와 같습니다. 여기서 k는 모델을 구성하는 파라미터의 개수이며, L은 함수에 대한 최대 우도^{likelihood} 값입니다. 일반적으로 모델의 복잡도를 줄이면서(예: k를 줄임), 모델의 가능성 및 적합도(예: L)를 높이는 것이 목표입니다. 즉, AIC 값이 작은 모델을 선호하는 것입니다.

우도 함수는 주어진 데이터에 대해 함수의 특정 파라미터들이 다른 파라미터들과 얼마나 연관성이 있을지를 측정합니다. 가령 다음 데이터에 선형회귀 모델을 적합하는 상황을 상상해봅시다.

```
x   y
1   1
2   2
3   3
```

이 데이터를 모델 $y = b \times x$에 적합한다면, 우도함수는 $b = 1$에서의 추정이 $b = 0$에서의 추정보다 훨씬 더 높은 가능성을 가진다는 것을 알려줍니다. 우도함수는 특정 데이터 집합에 대한 모델의 가장 정확한 파라미터를 찾는 데 도움을 주는 도구로서 생각해볼 수 있습니다.

---

ar() 함수는 모델의 계수도 제공했습니다. 그런데 이 계수를 제한하고 싶을지도 모릅니다. 예를 들어 PACF의 지연 −1 항에 대한 계수를 포함할지, PACF 값이 임곗값보다 훨씬 낮은 항에 필수 계수^{mandatory coefficient} 0을 할당해야 할지 등과 같은 것입니다. 이때는 stats 패키지에 포함된 arima() 함수를 사용할 수 있습니다.

다음은 차수 파라미터를 c(3, 0, 0)으로 설정하여 AR(3)를 적합하는 함수의 호출 방법을 보여줍니다. 여기서 3은 AR 요소의 차수입니다(이 장에서는 차분과 이동평균 파라미터에 대한 다른 요소를 지정하는 예도 다룹니다).

```
## R
> est <- arima(x = demand[["Banking orders (2)"]],
>             order = c(3, 0, 0))
> est

Call:
arima(x = demand[["Banking orders (2)"]], order = c(3, 0, 0))

Coefficients:
         ar1     ar2     ar3   intercept
      -0.1358 -0.2013 -0.3176  79075.350
s.e.   0.1299  0.1289  0.1296   2981.125

sigma^2 estimated as 1.414e+09: log likelihood = -717.42,
                              aic = 1444.83
```

계수를 0으로 제한하면 사전 지식 또는 의견을 모델에 주입할 수 있습니다. 가령 지연 −1 항을 0으로 유지하려면 다음처럼 함수를 호출할 수 있습니다.

```
## R
> est.1 <- arima(x = demand[["Banking orders (2)"]],
>                order = c(3, 0, 0),
>                fixed = c(0, NA, NA, NA))
> est.1

Call:
arima(x = demand[["Banking orders (2)"]],
      order = c(3, 0, 0),
      fixed = c(0, NA, NA, NA))

Coefficients:
```

```
         ar1     ar2      ar3     intercept
          0   -0.1831  -0.3031    79190.705
s.e.      0    0.1289   0.1298     3345.253

sigma^2 estimated as 1.44e+09: log likelihood = -717.96,
                                 aic = 1443.91
```

arima 함수의 fixed 파라미터에 전달된 벡터 값에 NA 대신 0을 넣어주면, 해당 값을 0으로 유지하도록 제한할 수 있습니다.

```
## R
> fixed <- c(0, NA, NA, NA)
```

이제 학습 데이터에 대한 모델의 성능을 검사해 모델의 적합도를 평가할 차례입니다. 평가는 두 가지 방법으로 해볼 수 있는데, 그중 첫 번째는 모델의 잔차(오차)에 대한 ACF 그래프로 모델이 다루지 못하는 자체상관의 패턴 유무를 확인하는 방법입니다.

acf() 함수를 사용하면 단순하게 잔차 그래프를 그릴 수 있습니다(그림 6-3).

```
## R
> acf(est.1$residuals)
```

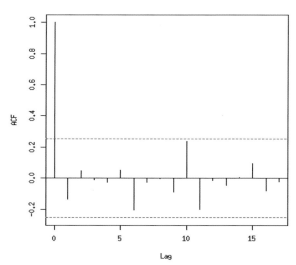

그림 6-3 지연 −1 파라미터를 0으로 강제하여 적합시킨 AR(3) 모델의 잔차에 대한 ACF

ACF 값 중 어느 것도 임곗값을 넘지 않았습니다. 물론 유의성을 평가하거나 기각하기 위해 임곗값에 맹목적으로 굴복해서는 안 되지만, 이 관측은 이미 믿을만하다고 알려진 유용한 데이터입니다.

이 그래프로는 잔차residual(오차항)들 간의 자체상관 패턴을 찾아볼 수 없습니다. 어떤 패턴이 드러난다면, 잔차의 자체상관을 다룰 수 있도록 모델에 추가로 항을 포함해 복잡성을 늘리는 것을 고려해봐야 합니다.

흔히 수행되는 또 다른 검정 방법은 **룽–박스 검정**Ljung–Box test입니다. 시계열의 임의성을 검정하는 방법으로, 다음과 같은 귀무가설 및 대립가설을 제시합니다.

- H0: 데이터가 일련의 상관관계를 나타내지 않습니다.
- H1: 데이터가 일련의 상관관계를 나타냅니다.

이 검정 방법은 AR(보다 일반적으로는 ARIMA) 모델에 적용되는 것이 일반적입니다. 구체적으로는 모델 자체보다는 적합된 모델의 잔차에 적용됩니다.

```
## R
> Box.test(est.1$residuals, lag = 10, type = "Ljung", fitdf = 3)
Box-Ljung test

data:  est.1$residuals
X-squared = 9.3261, df = 7, p-value = 0.2301
```

룽–박스 검정을 est.1 모델에 적용하여 모델의 적합도를 평가했습니다. 이 예제로부터 데이터가 일련의 상관관계를 보이지 않는다는 귀무가설을 기각할 수 없으며[6] 이로부터 잔차의 ACF 그래프로 발견한 사실을 확정지을 수 있습니다.

AR(p) 과정으로 예측하기

이어지는 절에서는 AR 과정으로 예측을 수행하는 방법을 설명합니다. 하나의 시간 단계를 앞서 예측하는 경우를 먼저 살펴보고 여러 단계에 대한 예측은 어떻게 다른지를 다루겠습니다. 후자가 보다 정교한 수학적 지식을 요구하지만, 다행히도 코딩 관점에서는 두 개 모두 크게 다르지 않습니다.

---

6 p- 값이 매우 작으면 기각됩니다. 일반적으로 0.05를 기준값으로 정합니다.

시간을 한 단계 앞서 예측하기

이미 알려진(또는 추정된) AR 모델로 시간을 한 단계 앞서 예측하는 상황을 고려해봅시다. 사실상 이미 필요한 정보를 모두 갖고 있습니다.

지연 −1의 계수가 0으로 제한된 demand 데이터에 대한(사전에 적합된 est.1) 모델로 계속 작업을 진행합니다.

forecast 패키지의 fitted() 함수를 사용해 예측 그래프를 그립니다. 이를 위한 코드는 다음과 같이 간단하게 작성할 수 있습니다.

```R
## R
> require(forecast)
> plot(demand[["Banking orders (2)"]], type = 'l')
> # fitted는 모델 적합에 사용된 데이터에 대한 예측값을 반환하는 함수로,
> # 예측 기간을 지정하기 위한 h 인수를 추가로 전달 가능
> lines(fitted(est.1), col = 3, lwd = 2)
```

그 결과 [그림 6-4]의 그래프가 나타납니다.

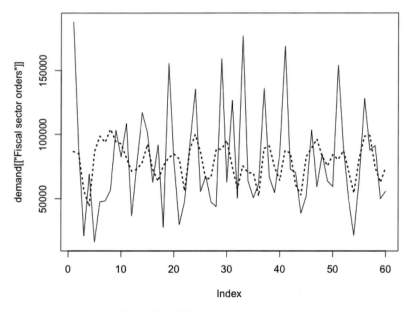

그림 6-4 실선은 원본 시계열, 파선은 적합된 시계열

이번에는 예측의 품질에 대해 생각해봅시다. 예측과 실제값 사이의 상관관계를 계산하면 0.29로 계산됩니다. 일부 상황에서는 괜찮은 값일 수 있지만, 때로는 데이터의 차분을 구하면 강한 관계로 보이는 것이 임의의 관계로 대체되어 제거되는 경우도 있다는 것을 기억하기 바랍니다.

이런 상황은 특히 완벽한 정상이 아닌 데이터에 모델을 적합시킬 때 발생합니다. 즉 미확인된 추세로 인해 모델의 성능이 좋은 것처럼 보이는 것인데, 이는 사실상 모델링의 문제라기보다 모델링 이전에 다뤄져야만 하는 데이터의 특성입니다.

모델이 한 기간에서 다음 기간으로의 변화를 잘 예측하는지 확인하려면 원본 데이터의 계열과 예측 모두에 대한 차분을 구해서 비교해야 합니다. 차분을 구한 다음에도 예측과 데이터가 유사한 패턴을 보인다면 모델이 의미 있다고 판단할 수 있습니다(그림 6-5).

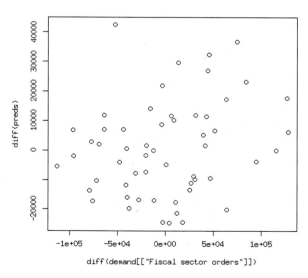

그림 6-5 원본 계열 및 예측의 차분 사이에는 강한 상관관계가 있으며 이는 모델이 실제로 근본적인 관계를 식별할 수 있음을 시사합니다.

또한 원본 계열의 차분 그래프를 그리고 상관관계를 살펴봄으로써, 동일 시기에 동일한 움직임을 예측하는지의 여부를 검정할 수도 있습니다. 이러한 그래프는 상관관계 값을 계산하여 확인되는 몇 가지 상관관계를 드러나게도 합니다. 이 모델은 한 시간 단계에서 다음 단계로의 변화를 예측하는 경우에도 잘 동작하는 것으로 보입니다.

예측과 실젯값에 대한 원래의 그래프를 다시 한번 살펴보면, 예측이 실젯값보다 덜 가변적이라는 주요 차이점을 알 수 있습니다. 미래의 방향성을 올바르게 예측할 수는 있지만, 한 기간에서 다른 기간으로의 변화 규모를 올바르게 예측하는 것은 아닙니다. 이는 그 자체로는 문제가 아닐 수 있지만, 예측^{forecast}이 예측된 분포^{predicted distribution}를 수단으로 사용한다는 사실을 반영하며, 예측이 샘플링된 데이터보다 당연히 변동성이 낮을 수밖에 없는 것입니다.

통계 모델의 이러한 속성은 보다 더 안정적인 미래를 제안하는듯한 시각화 때문에 종종 잊히곤 합니다. 제시된 시각화에 포함된 그래프의 의미를 청중에게 상기시켜 주세요. 여기서 다룬 예제에서의 예측은 실제보다 훨씬 순조로워보이는 미래를 제안합니다.

여러 시간 단계를 앞서 예측하기

지금까지 우리는 한 단계 앞선 예측만을 수행했습니다. 그러나 우리는 더 먼 미래를 예측하고 싶기도 합니다. 우선 두 단계를 앞선 예측의 상황을 상상해봅시다. 먼저 해야 할 일은 한 단계 앞선 예측을 수행하고, 그 결과를 활용하면 y_{t+1}를 예측하는 데 필요한 y_t 값을 제공해줄 수 있을 것입니다.

한 단계 앞선 예측을 수행한 현재 만든 모델을 두 단계 앞선 예측으로 전환할 때, 이 과정이 실제로 필요한 것은 아닙니다. y_t 예측에는 y_{t+1} 값이 사용되지 않았기 때문입니다. 두 단계 앞선 예측을 하기 위해 알아야 할 모든 것은 이미 알려져 있어서 추측할 필요가 없습니다. 한 단계 앞선 예측에서 했던 것과 동일한 일련의 값을 제시해야 합니다. 새로운 오류나 변동성의 원인은 없습니다.

그러나 두 단계보다도 더 먼 미래를 예측하고 싶다면 입력으로 예측된 미래의 값을 생성할 필요가 있습니다. y_{t+3}를 예측하는 예를 살펴봅시다. 미래의 값이 생성되어야 하므로 y_{t+1} 및 y_t에 대한 계수를 가진 모델이 필요합니다. 따라서 y_{t+1}와 y_t 값 모두를 예측해야 하며 y_{t+3} 예측에 이 추정된 값들을 사용해야 합니다. 전과 마찬가지로, `forecast` 패키지의 `fitted()` 함수를 사용하면 이를 수행할 수 있습니다. 코드가 딱히 더 복잡하진 않습니다. 앞서 언급한 `rollapply()`

메서드로도 이 작업을 수행해볼 수 있지만, 해야 할 작업량이 더 많고 이에 따른 오류가 발생할 확률이 높으므로 fitted() 함수를 사용해봅니다.

이번에는 fitted() 함수 호출 시 추가 파라미터 h를 사용합니다. 다시 한번 짚고 넘어가자면, 객체 est.1은 지연 −1 항의 계수가 0으로 제한된 AR (3) 프로세스를 표현합니다.

```R
## R
> fitted(est.1, h = 3)
```

이 편리한 함수를 사용하면 미래의 다양한 범위(기간)의 다단계 예측을 쉽게 할 수 있습니다. 다음에 다룰 예제에서는 같은 모델로 점점 더 먼 미래의 예측을 한 결과의 분산을 살펴봅니다 (그림상 반올림 및 쉼표는 원래의 출력을 약간 수정하는데, 이는 늘어나는 예측 기간에 따른 추정의 분산에 일어나는 일을 쉽게 파악하기 위해서입니다).

[그림 6-6]은 예측 기간의 증가에 따라 예측의 분산이 감소하는 것을 보여줍니다. 오직 유한한 이전 시점만 입력 데이터에 대한 계수에 영향을 미치기 때문에 예측의 기간이 멀어질수록 실제 데이터의 중요도는 더 떨어지게 됩니다(예제 모델은 오직 −3 지연만큼만 바라봅니다). 이는 모델의 중요한 한계점을 강조하기도 하는 내용이기도 합니다. 이는 시간이 지남에 따라 예측이 무조건부 예측unconditional prediction으로 수렴한다고 표현될 수도 있습니다. 즉 데이터에 대한 조건이 없는 것입니다. 예측의 기간이 늘어날수록 미래의 예측은 실제 데이터의 평균에 가까워집니다. 따라서 예측값이 무조건적인 평균값에 가까워지면서 예측값 및 오차항 모두에 대한 분산은 0으로 줄어듭니다.

```R
## R
> var(fitted(est.1, h = 3), na.rm = TRUE)
[1] 174,870,141
> var(fitted(est.1, h = 5), na.rm = TRUE)
[1] 32,323,722
> var(fitted(est.1, h = 10), na.rm = TRUE)
[1] 1,013,396
> var(fitted(est.1, h = 20), na.rm = TRUE)
[1] 1,176
> var(fitted(est.1, h = 30), na.rm = TRUE)
[1] 3.5
```

먼 미래의 예측은 단순히 과정의 평균을 예측할 뿐입니다. 현재 데이터는 먼 미래 어느 시점을 파악하는 데 유용한 정보를 제공하지 못하기 때문에 예측은 과정의 알려진 기준 속성(예: 평균)으로 점차 회귀합니다.

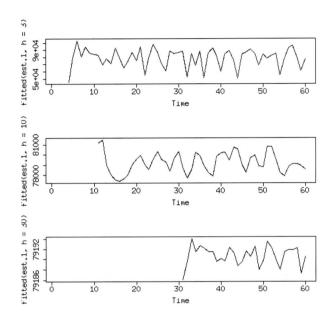

그림 6-6 미래 예측에 대한 그래프입니다. y축으로 늘어선 값은 더 먼 미래를 예측할수록 점점 더 좁아지며, 모델은 예측을 과정의 평균값으로서 일정히 제공하는 것으로 보입니다. 예측 기간은 상단에서 하단의 그래프로 각각 3, 10, 30씩 증가하도록 구성되었습니다.

여기서 기억해야 할 중요한 점은 AR(곧 다룰 MA, ARMA, ARIMA도 마찬가지) 모델이 단기 예측에 가장 적합하다는 것입니다. 이러한 모델들은 먼 미래의 예측 기간이 주어지면 그 예측 능력을 상실합니다.

그 외 모델의 경우, 전체 세부 사항은 약간 생략한 채 설명합니다. 그러나 자기회귀 모델에서 다룬 내용과 유사한 처리과정을 거칩니다. 시계열 분석에 관련된 모든 표준적인 교과서를 읽어 보면 전체 내용을 접할 수 있으니 참고하기 바랍니다.

6.2.2 이동평균 모델

이동평균$^{moving\ average}$(MA) 모델은 각 시점의 데이터가 최근의 과거 값에 대한 '오차'항으로 구성된 함수로 표현된 과정에 의존합니다. 이때 각 오차항은 서로 독립적입니다. AR 모델과 동일한 일련의 단계로 이 모델을 검토해보겠습니다.

> **NOTE_ AR MA 동등성**
> 여러 상황에서 MA 과정은 무한 차수의 AR 과정으로 표현될 수 있습니다. 마찬가지로 무한 차수의 MA 과정으로 AR 과정을 표현할 수 있는 상황도 많습니다. 자세한 내용은 MA 과정의 가역성^{invertibility}, 월드표현정리$^{wold\ representation\ theorem}$, MA/AR 과정의 이중성을 살펴보기 바랍니다. 여기에 관련된 수학은 이 책의 범위를 벗어납니다!

모델

이동평균 모델은 자기회귀 모델과 유사하게 표현될 수 있습니다. 단 선형 방정식을 구성하는 항들이 과정 자체에 대한 현재와 과거 값이 아니라, 현재와 과거의 오차항을 가리킨다는 점이 다릅니다. 따라서 차수 q에 대한 MA 모델은 다음과 같이 표현할 수 있습니다.

$$y_t = \mu + e_t + \theta_1 \times e_{t-1} + \theta_2 \times e_{t-2} ... + \theta_q \times e_{t-q}$$

> **CAUTION_** MA 모델과 이동평균을 혼동하지 마세요. 이 둘은 엄연히 다릅니다. 이동평균 과정을 적합시키는 방법을 알게되면, MA 모델의 적합과 시계열의 이동평균을 비교할 수 있습니다. 여러분을 위한 연습 문제로서 남겨두겠습니다.

경제학자들은 이러한 오차항을 시스템에 대한 '충격'이라고 표현합니다. 반면 전기 공학자들은 이를 일련의 자극이며, 모델 자체를 유한자극응답필터$^{finite\ impulse\ response\ filter}$라고 표현합니다. 유한자극응답필터는 모든 자극의 효과가 유한한 시간동안만 유지된다는 것을 의미합니다. 사실, 표현이 중요한 것이 아닙니다. 여러 다른 과거의 시간에 발생한 독립적인 사건이 과정의 현재 값에 영향을 미친다는 개념이 중요합니다. 즉, 각 사건이 개별로 현재의 값에 기여를 한다는 것입니다.

백시프트 연산자

지연 연산자^{lag operator}라고도 알려진 백시프트 연산자^{backshift operator}는 시계열 데이터에 대한 연산을 수행합니다. 이 연산은 적용될 때마다 한 번의 시간 단계만큼 과거로 이동합니다. 일반적으로 다음과 같이 표현됩니다.

$$B^k y_t = y_{t-k}$$

백시프트 연산자는 시계열 모델을 간단히 표현하는 데 유용합니다. MA 모델을 다음과 같이 다시 작성할 수 있습니다.

$$y_t = \mu + \left(1 + \theta_1 \times B + \theta_2 \times B^2 + ... + \theta_q \times B^q\right) e_t$$

정의상 MA 모델은 파라미터에 어떠한 제약 사항도 부여할 필요가 없는 약한 정상성을 띕니다. 이는 오차항이 평균을 0으로 하는 독립항등분포라고 가정하여 MA 과정의 평균과 분산 모두가 유한하고 시간에 따라 불변하기 때문입니다. 이러한 특성은 다음과 같이 표현될 수 있습니다.

$$E\left(y_t = \mu + e_t + \theta_1 \times e_{t-1} + \theta_2 \times e_{t-2} ... + \theta_q \times e_{t-q}\right)$$
$$= E(\mu) + \theta_1 \times 0 + \theta_2 \times 0 + ... = \mu$$

과정의 분산을 계산하기 위해서는 각 e_t항이 독립항등분포를 따르며 무작위 변수 두 개의 합은 각 변수의 분산에 변수들 간 공분산의 두 배를 더한 것이라는 일반적인 통계적 속성을 사용합니다. 또한 독립항등분포를 따르는 변수들 간의 공분산은 0이므로 다음과 같은 식이 만들어집니다.

$$Var(y_t) = \left(1 + \theta_1^2 + \theta_2^2 + ... + \theta_q^2\right) \times \sigma_e^2$$

따라서 MA 과정의 평균과 분산 모두 파라미터 값에 상관없이 시간에 따라 일정한 값을 가집니다.

MA(q) 과정을 위한 파라미터의 선택

AR 모델의 적합에서와 동일한 데이터로 MA 모델을 적합시킵니다. 그리고 ACF를 통해 MA 과정의 차수를 결정합니다(그림 6-7). 다음 내용을 살펴보기 전에 MA 과정의 동작 방식을 생각해보고, PACF 대신 ACF를 사용하여 과정의 차수를 결정한 이유에 대해 고민해보기 바랍니다.

```
## R
> acf(demand[["Banking orders (2)"]])
```

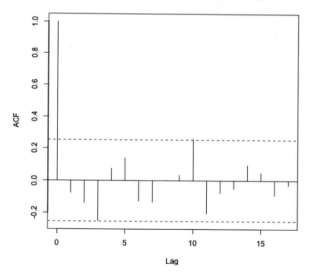

그림 6-7 ACF를 사용하여 MA 모델의 차수를 결정합니다.

> **NOTE_ ACF와 PACF의 패턴은 MA와 AR의 과정과 다릅니다.**
> 천천히 감소하는 ACF를 가진 자기회귀 과정과는 다르게 MA 과정의 정의는 MA 과정의 차수인 q보다 큰 값에 대한 ACF를 깔끔하게 잘라냅니다. 이는 자기회귀 과정이 이전 항들에 의존하고 이전에 발생한 자극을 시스템에 통합하는 반면, MA 모델에는 자극이 무기한적으로 퍼지는 것을 막는 메커니즘이 있기 때문입니다.

지연 3과 9에서 임계 유의값이 확인되므로, 이 지연들에 대해 MA 모델을 적합시킵니다. 이때 출력된 내용을 확인하여 모델의 계수를 0으로 잘못 제한하는 실수를 하지 않도록 주의해야 합니다.

```r
# R
> # rep(0, 5)는 0, 0, 0, 0, 0을 생성합니다.
> ma.est = arima(x = demand[["Banking orders (2)"]],
                order = c(0, 0, 9),
                fixed = c(0, 0, NA, rep(0, 5), NA, NA))

> ma.est
 Call:
 arima(x = demand[["Banking orders (2)"]], order = c(0, 0, 9),
        fixed = c(0, 0, NA, rep(0, 5), NA, NA))

 Coefficients:
         ma1  ma2      ma3  ma4  ma5  ma6  ma7  ma8      ma9  intercept
           0    0  -0.4725    0    0    0    0    0  -0.0120   79689.81
 s.e.      0    0   0.1459    0    0    0    0    0   0.1444    2674.60

 sigma^2 estimated as 1.4e+09: log likelihood = -717.31,
                              aic = 1442.61
```

AR 모델에서 했던 것처럼 모델의 적합을 검사해야 합니다. 그러기 위해서는 모델의 잔차에 대한 ACF 그래프를 그리고, 잔차에 대한 모든 적합으로부터 전체적인 임의성을 검사하는 륭-박스 검정으로 별도의 성능 검사를 수행해야 합니다. Box.test() 함수에는 자유도의 개수를 지정할 수 있습니다. 즉 특정 값으로 제한하지 않고 자유롭게 추정될 모델의 파라미터 개수를 지정하는 것입니다. 위 코드 출력 결과로부터 MA3, MA9, 절편이 자유 파라미터라는 것을 알 수 있습니다.

```r
## R
> # fitdf 인수로 자유도를 설정합니다.
> Box.test(ma.est$residuals, lag = 10, type = "Ljung", fitdf = 3)
 Box-Ljung test
 data: ma.est$residuals
 X-squared = 7.6516, df = 7, p-value = 0.3643
```

잔차 데이터 간의 시간적 상관관계가 없다는 귀무가설을 기각할 수 없습니다. 마찬가지로, 잔차에 대한 ACF의 그래프는 시간적 상관관계가 없음을 시사합니다(이 부분은 연습 문제로 남겨두겠습니다).

MA(q) 과정의 예측

앞서 AR 과정의 예측에서 다룬 `forecast` 패키지의 `fitted()` 메서드를 사용하여 MA 과정에 대한 예측을 생성할 수 있습니다.

```
## R
> fitted(ma.est, h=1)

Time Series:
Start = 1
End = 60
Frequency = 1
 [1]    90116.64  80626.91  74090.45  38321.61 74734.77 101153.20  65930.90
 [8]   106351.80 104138.05  86938.99 102868.16 80502.02  81466.01  77619.15
[15]   100984.93  81463.10  61622.54  79660.81 88563.91  65370.99 104679.89
[22]    48047.39  73070.29 115034.16  80034.03 70052.29  70728.85  90437.86
[29]    80684.44  91533.59 101668.18  42273.27 93055.40  68187.65  75863.50
[36]    40195.15  82368.91  90605.60  69924.83 54032.55  90866.20  85839.41
[43]    64932.70  43030.64  85575.32  76561.14 82047.95  95683.35  66553.13
[50]    89532.20  85102.64  80937.97  93926.74 47468.84  75223.67 100887.60
[57]    92059.32  84459.85  67112.16  80917.23
```

MA 모델은 강한 평균회귀mean reversion를 보이므로 예측이 과정의 평균으로 빠르게 수렴하는 것을 알 수 있습니다. 과정이 자체상관이 없는 백색잡음 함수라는 점을 생각해보면 타당한 것입니다.

모델에 설정된 차수 이상의 범위를 예측한다면 정의에 따라 예측은 필연적으로 과정의 평균이 됩니다. MA(1) 모델을 고려해봅시다.

$$y_t = \mu + \theta_1 \times e_{t-1} + e_t$$

한 단계 미래의 예측을 위한 y_{t+1}의 추정은 $\mu + \theta_1 \times y_t + e_t$ 입니다. 그리고 두 단계 미래의 예측을 하는 경우, 그 추정은 다음과 같습니다.

$$E\left(y_{t+2} = \mu + e_{t+2} + \theta_1 \times; e_{t+1}\right) = \mu + 0 + \theta_1 \times 0 = \mu$$

$MA(1)$ 과정은 한 단계의 시간을 넘어선 정보에 입각한 예측이 불가능하며, 이를 $MA(q)$ 과정에 대해 일반화할 수 있습니다. 이는 q단계의 시간을 넘는 정보에 입각한 예측이 과정의 평균보다 더 유의미한 정보를 제공하지 못한다고 말할 수 있습니다. **정보에 입각한 예측**이란 예측에 가장 최근의 측정값들이 영향을 미친다는 것을 의미합니다.

> **NOTE_ 일반 표기법은 음수입니다.**
> 일반적으로 MA 모델은 여기서 보인 것과는 다르게 작성됩니다. 보통 θ 계수 앞에는 음의 부호가 사용됩니다. MA 모델 공식의 도출 방식 때문에 이러한 차이가 발생합니다. MA 모델을 파라미터에 제약을 가진 AR 모델이라고 생각해볼 수 있습니다. 많은 대수적 계산으로 이 공식은 θ에 대한 음의 계수를 이끌어냅니다.

적합시킨 $MA(9)$ 모델이 생성한 예측으로 이를 확인할 수 있습니다. 이번에는 10단계를 앞선 예측을 수행해봅니다.

```
## R
> fitted(ma.est, h=10)

Time Series:
Start = 1
End = 60
Frequency = 1
 [1]       NA       NA       NA       NA       NA       NA       NA       NA
 [9]       NA       NA 79689.81 79689.81 79689.81 79689.81 79689.81 79689.81
[17] 79689.81 79689.81 79689.81 79689.81 79689.81 79689.81 79689.81 79689.81
[25] 79689.81 79689.81 79689.81 79689.81 79689.81 79689.81 79689.81 79689.81
[33] 79689.81 79689.81 79689.81 79689.81 79689.81 79689.81 79689.81 79689.81
[41] 79689.81 79689.81 79689.81 79689.81 79689.81 79689.81 79689.81 79689.81
[49] 79689.81 79689.81 79689.81 79689.81 79689.81 79689.81 79689.81 79689.81
[57] 79689.81 79689.81 79689.81 79689.81
```

10단계 앞선 미래의 예측을 시도하면 매시간 단계에서의 예측이 평균이라는 것을 알 수 있습니다. 복잡한 통계 모델이 없어도 평균을 구할 수 있습니다.

작동 방식에 대한 이해는 중요합니다. 작동 방식을 이해하지 않고, 단순히 모델을 적용만 한다면 잘못된 예측 내용을 매일 상사에게 보내거나 부적합한 모델을 사용하는 것을 모른 채 계산 자원을 낭비하는 등 당황스러운 일이 발생할 겁니다.

6.2.3 자기회귀누적이동평균 모델

지금까지 AR 및 MA 모델을 살펴봤습니다. 이번에는 같은 시계열이 AR 및 MA 모델의 역동성을 모두 동시에 포괄하는 **자기회귀누적이동평균**autoregressive integrated moving average (ARIMA) 모델을 살펴볼 차례입니다. 이 특성은 ARMA 모델만으로도 달성될 수 있지만, 추가로 추세의 제거 및 시계열을 정상화하는 차분까지 고려하는 확장된 ARIMA 모델을 살펴봅니다.

차분이란?

책의 앞부분에서 설명했듯이 차분은 시계열값을 시간에 따른 값의 변화로 바꾸는 것을 의미합니다. 이 과정은 보통 시간상 인접한 데이터 쌍의 차이를 계산하여 이루어집니다. 즉 시간 t에 대한 차분 계열은 시간 t의 값에서 시간 $t - 1$ 값을 뺀 값으로 구성됩니다. 차분은 다른 지연을 가진 윈도에 대해서도 수행됩니다.

ARIMA 모델은 정교한 머신러닝 및 딥러닝 모델이 필요 없는 소규모 데이터셋에 지속해서 최신예 성능을 보여주고 있습니다. 하지만 상대적으로 단순한 ARIMA 모델조차도 때로는 과적합을 일으킬 수 있습니다.

모델

이쯤되면 머리를 긁적이고 계시는 분이 있을지도 모릅니다. 동일한 데이터를 AR과 MA 과정 모두에 적합시켰지만, 여기에 대한 설명이 부족했기 때문입니다. 이는 시계열 분석 교과서에서 자주 목격되는 일종의 성가신 버릇입니다. 몇몇 저자들은 이런 게으른 버릇을 인정할지도 모르지만, 다른 일부는 맹목적으로 이를 무시하기도 합니다. 이전 모델 중 어느 것이 특히 더 적합한지를 자세히 조사하지는 않았지만, 적합시키는 과정으로부터 AR이나 MA 모델이 데이터를 설명할 수 있다는 방어적인 주장은 분명히 가능해 보입니다. 그러면 이러한 생각으로부터 '두 모델의 행동을 같은 모델에 통합하는 것이 유용하지 않을까?'와 같은 질문이 제기될 수 있습니다.

[표 6-1]은 AR, MA, ARMA 중 과정을 가장 잘 설명하는 것이 무엇인지 확인할 수 있는 시계열 과정을 검사하는 편리한 방법입니다.

표 6-1 시계열을 가장 잘 설명하는 모델의 결정

그래프의 종류	AR(p)	MA(q)	ARMA
ACF 행동	천천히 감소	지연 q 이후 빠르게 감소	가파른 절단 없음
PACF 행동	지연 q 이후 빠르게 감소	천천히 감소	가파른 절단 없음

[표 6-1]에 따르면 AR이나 MA 항을 단독으로 역동성을 충분히 설명하지 못하기 때문에 자기회귀이동평균(ARMA) 모델로 결정됩니다. 이러한 상황은 AR 및 MA의 특정 차수 항에 대한 순서통계량(각각 PACF와 ACF)이 0이 아닌 값인 경우일 가능성이 높습니다. 그러면 이 통계값들은 ARMA 모델로 결합될 수 있습니다.

> **NOTE_ 월드의 정리**
> 월드의 정리는 모든 공분산–정상성 시계열이 결정론적 시계열과 확률론적 시계열 두 개의 합으로 작성될 수 있다고 말합니다. 이 정리를 기반으로 적절한 모델을 발견하는 것이 꽤 어려워도 정상과정이 ARMA 모델에 의해 근사될 수 있다고 볼 수 있습니다.

다음은 MA 과정의 계수에 음의 부호를 적용하여 좀 더 일반적인 통계적 표기법으로 바꾼 형태를 보여줍니다.

$$y_t = \phi_0 + \sum \left(\phi_i \times; r_{t-i} \right) + e_t - \sum \left(\theta_i \times e_{t-i} \right)$$

ARMA 모델이 반드시 고유한 것은 아닙니다

ARMA을 구성하는 AR과 MA에는 공통 인수가 존재할 수 있어서 공통 요소를 묶어서 다른 형태로 ARMA(p, q) 모델을 축약해볼 수 있습니다. 하지만 이러한 방식은 되도록 피하고, 간단하고 명료한 일반적인 ARMA 모델을 선택하는 것이 좋습니다. 더 자세한 내용은 이 책의 범위를 벗어나므로 이 장의 마지막 부분에 참고하면 좋은 자료들을 추가했습니다.

공통 인수의 존재를 식별하는 것은 지연 연산자(백시프트 연산자)를 ARMA 모델의 공식에 적용하고, 동등하지만 보다 단순한 모델을 도출하는 다항식 인수분해를 통해 AR 및 MA 모델의 공통 인수를 찾아보는 간단한 방법으로 가능합니다. 예를 들어 ARMA 모델은 한 쪽에는 AR을, 다른 한 쪽에는 MA를 각각 배치하여 표현할 수 있습니다.

다음과 같은 ARMA 모델이 있다고 가정해봅시다.

$$y_t = 0.5 \times y_{t-1} + 0.24 \times y_{t-2} + e_t + 0.6 \times e_{t-1} + 0.09 \times e_{t-2}$$

AR 항들을 한쪽으로 이동시키고, 다른 한쪽의 MA 항들을 그대로 남겨두면 인수분해된 형식으로 이를 다시 작성할 수 있습니다.

$$y_t - 0.5 \times y_{t-1} - 0.24 \times y_{t-2} = e_t + 0.6 \times e_{t-1} + 0.09 \times e_{t-2}$$

그다음 지연 연산자를 사용하여 이를 다시 표현합니다. 예를 들어 y_{t-2}는 $L^2 y$로 표현됩니다.

$$y_t - 0.5 \times L \times y_t - 0.24 \times L^2 \times y_t = e_t + 0.6 \times L \times e_t + 0.09 \times L^2 \times e_t$$

또는 좌변 y_t 및 우변 e_t의 공통 인수를 뽑아내 다음과 같은 형태로 인수분해할 수 있습니다.

$$(1+0.3L) \times (1-0.8L) \times y_t = (1+0.3L) \times (1+0.3L) \times e_t$$

인수분해 시 지연 연산자로 연산되는 값은 지연 연산자의 우측에 둬야 합니다. 그래야 우측에 y_t를 빼내어 인수분해하여 우리에게 익숙한 형태로 만들어집니다.

인수분해를 완료하면 좌변과 우변은 공통 인수 $(1+0.3L)$를 갖게 됩니다. 그러면 양변의 이 공통 인수는 서로 상쇄되므로 다음과 같은 결과를 만들 수 있습니다.

$$(1-0.8L) \times y_t = (1+0.3L) \times e_t$$

인수분해 후 전체 모델의 차수는 축소되어 시간 $t-2$에 대한 값은 제외되었고, 시간 $t-1$에 대한 값만 포함되었습니다. 이 결과는 ARMA(2,2)처럼 별로 복잡하지 않은 모델조차도, 사실은 더 단순한 모델의 형식과 동일할 수 있다는 내용이 가려져 있다는 경고로 받아들여야 합니다.

직접 모델을 계산적으로 적합할 때 이 사실을 항상 염두에 두는 것이 좋습니다. 실세계 데이터셋을 다루다 보면 양변이 수치적으로 완벽히 일치하지는 않지만, 꽤나 유사한 상황을 겪을지도 모릅니다. 가령 좌변의 인수는 $(1-0.29L)$, 우변의 인수는 $(1-0.33L)$인 상황과 같은 것입니다. 모델의 복잡성을 낮출 때 이 둘이 공통 인수로 고려되기에 충분히 가까울지도 모른다는 사실은 고려해볼 만한 가치가 있습니다.

ARMA 과정의 정상성은 ARMA를 구성하는 AR 요소로 설명되며, AR 모델의 정상성을 제어하는 동일한 특성 방정식으로 제어됩니다.

ARMA 모델을 ARIMA 모델로 전환하는 것은 쉽습니다. ARIMA는 ARMA에 없는 **누적**integrated 이라는 용어가 추가로 포함된 점이 다릅니다. 이는 정상성을 만들기 위해서 모델링된 시계열의 차분이 몇 번이나 구해져야만 하는지를 의미합니다.

AR, MA, ARMA 대비 ARIMA 모델이 보다 널리 사용되고 있습니다. 특히 학술 연구 및 예측 문제에서 많이 사용됩니다. 구글 검색창에 스칼라를 검색해보면 다음과 같은 다양한 예측 문제에서 ARIMA가 적용된 것을 알 수 있습니다.

- 대만으로 귀항하는 항공기 여행 승객
- 터키의 연료 유형별 에너지 수요
- 인도의 야채 도매 시장에서의 일일 판매
- 미국 서부의 응급실 수요

여기서 중요한 점은 차분의 차수가 너무 크지 않아야 한다는 것입니다. 일반적으로 $ARIMA(p, d, q)$ 모델을 구성하는 각 파라미터의 값은 부적절한 복잡성과 샘플 데이터에 대한 과적합을 피하기 위해 가능한 한 작게 유지되어야 합니다. 항상 그런 것은 아니지만, 2보다 큰 d 값, 5보다 큰 p와 q 값에 대해서는 상당히 회의적인 자세를 취하는 것이 좋습니다. 또한 p나 q 항 중 하나만 크게 설정하고, 나머지 항은 상대적으로 작은 값으로 설정하는 것이 좋습니다. 이는 수학적으로 면밀히 검증된 사실은 아니지만, 여러 분석가의 실무 경험에서 얻은 조언입니다.

파라미터의 선택

ARIMA 모델은 (p, d, q) 파라미터로 구체화됩니다. 데이터에 적절한 p, d, q 값을 선택해야 합니다.

다음은 위키피디아에 등재된 ARIMA 모델의 잘 알려진 일부 예를 보여줍니다.

- $ARIMA(0, 0, 0)$는 백색잡음 모델입니다.
- $ARIMA(0, 1, 0)$는 확률보행이고, 0이 아닌 상수로 구성된 $ARIMA(0, 1, 0)$는 표류가 있는 확률보행random walk with drift입니다.

- ARIMA$(0, 1, 1)$는 지수평활exponential smoothing 모델이고, ARIMA$(0, 2, 2)$는 지수평활을 추세를 가진 데이터로 확장시킨 홀트의 선형 방법Holt's linear method과 같습니다(추세를 기반으로 한 예측에 사용될 수 있습니다).

도메인 지식, 다양한 적합성 평가 지표(예: AIC), 주어진 과정에 대해 PACF 및 ACF가 나타나는 방식에 대한 일반 지식(표 6-1)을 조합하여 모델의 차수를 선택합니다. 이어지는 내용에서는 PACF 및 ACF에 기반하여 수동으로 ARIMA 모델을 반복적으로 과정에 적합시키는 방법과 forecast 패키지의 `auto.arima()` 함수와 같은 도구로 파라미터를 자동으로 선택하는 방법 모두를 다룹니다.

수동적으로 모델을 적합시키는 방법

단순성이 가장 중요한 ARIMA 모델의 파라미터 선택을 위한 발견적heuristics 방법들이 있습니다. 그중 가장 오랫동안 인기를 누려오고 반복적으로 수행되는 다단계 과정인 박스-젠킨스 방법이 있습니다.

1. 데이터, 시각화, 기반 지식을 사용하여 데이터에 적합한 모델의 종류를 고릅니다.
2. 주어진 학습용 데이터로 파라미터를 추정합니다.
3. 학습용 데이터를 기반으로 모델 성능을 평가하고, 모델의 파라미터를 조정하여 성능 진단상 나타나는 약점을 해결합니다.

데이터 적합시키는 한 가지 예를 다루겠습니다. 그러려면 우선 데이터가 필요합니다. 이 예제에서 사용되는 데이터의 투명성과 정답을 알아야 한다는 목적에 따라 ARMA 프로세스를 사용하여 데이터를 생성합니다.

```
## R
> require(forecast)
> set.seed(1017)
> ## ARIMA 모델의 차수를 의도적으로 숨깁니다.
> y = arima.sim(n = 1000, list(ar = ###, ma = ###))
```

생성된 모델의 순서를 아직 확인하지 마세요! 일종의 수수께끼라고 생각하고 접근해봅시다. 가장 먼저 정상성의 여부를 파악하기 위해서 시계열 그래프를 그려봐야 합니다(그림 6-8). 그다음은 y에 대한 ACF 및 PACF(그림 6-9)를 관찰하고, [표 6-1]을 이용해서 비교합니다.

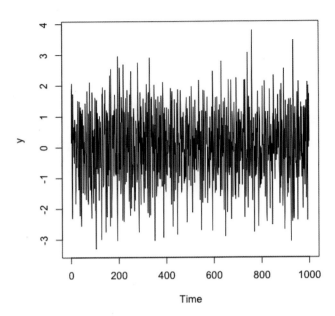

그림 6-8 시계열 그래프

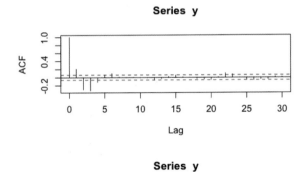

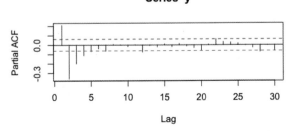

그림 6-9 시계열에 대한 ACF 및 PACF

ACF와 PACF 모두 급격히 0으로 떨어지는 현상이 목격되지 않으므로 ARMA 과정이 맞다는 것을 시사합니다(표 6-1). 차분과 증거가 필요하지 않다는 것을 알기 때문에 처음에는 비교적 간단한 ARIMA(1, 0, 1) 모델을 적합시키는 것으로 시작하겠습니다(그림 6-10).

```
## R
> ar1.ma1.model = Arima(y, order = c(1, 0, 1))
> par(mfrow = c(2,1))
> acf(ar1.ma1.model$residuals)
> pacf(ar1.ma1.model$residuals)
```

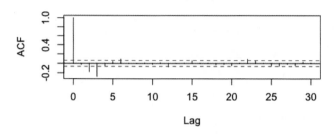

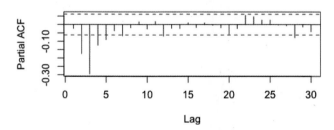

그림 6-10 ARIMA(1, 0, 1) 모델의 잔차에 대한 ACF 및 PACF

[그림 6-10]의 잔차는 PACF에서 특히 큰 값을 보여주므로 자기회귀 동작을 완전히 설명하지 못한다는 것을 알 수 있습니다. 따라서 AR 요소에 대해 높은 차수를 가진 ARIMA(2, 0, 1) 모델을 만들고 테스트한 다음, 해당 모델의 잔차에 대한 ACF 및 PACF 그래프를 그립니다(그림 6-11). 다음은 이러한 방법을 보여주는 코드입니다.

```
## R
> ar2.ma1.model = Arima(y, order = c(2, 0, 1))
> plot(y, type = 'l')
> lines(ar2.ma1.model$fitted, col = 2)
> plot(y, ar2.ma1.model$fitted)
> par(mfrow = c(2,1))
> acf(ar2.ma1.model$residuals)
> pacf(ar2.ma1.model$residuals)
```

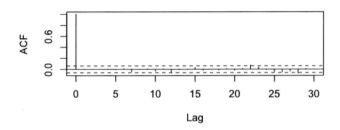

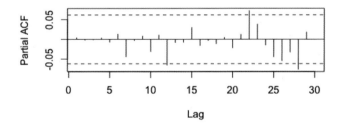

그림 6-11 ARIMA(2, 0, 1) 모델의 잔차에 대한 ACF 및 PACF

[그림 6-11]에서 볼 수 있듯이, ACF와 PACF에서 더는 큰 값이 목격되지 않습니다. 모델의 단순성에 대한 추구와 ARIMA 모델의 과적합에 대한 위험성을 고려해볼 때, 현명한 분석가라면 이쯤에서 멈추는 것이 타당할지도 모릅니다. 자기회귀, 이동평균, 차분의 요소로 적합될 필요가 있는 잔차의 그 이상의 행동을 살펴보지 않고 말입니다. 더 복잡한 모델을 적합시키는 것은 연습 문제로 남겨두겠습니다. 그래프를 수록하지는 않지만, 다음은 좀 더 복잡한 모델을 적합시키는 시도를 하는 코드입니다. 필자가 확인한 바로는 이전 모델과 비교해보면 모델의 성능

이 비약적으로 향상되지 않았고, ACF와 PACF의 값을 더 줄이는 데 크게 기여하지 못했습니다. 여러분도 직접 이 내용을 풀어보고, 여러분의 답이 맞는지 확인해보기 바랍니다.

```R
## R
> ar2.ma2.model = Arima(y, order = c(2, 0, 2))
> plot(y, type = 'l')
> lines(ar2.ma2.model$fitted, col = 2)
> plot(y, ar2.ma2.model$fitted)
> par(mfrow = c(2,1))
> acf(ar2.ma2.model$residuals)
> pacf(ar2.ma2.model$residuals)
>
> ar2.d1.ma2.model = Arima(y, order = c(2, 1, 2))
> plot(y, type = 'l')
> lines(ar2.d1.ma2.model$fitted, col = 2)
> plot(y, ar2.d1.ma2.model$fitted)
> par(mfrow = c(2,1))
> acf(ar2.d1.ma2.model$residuals)
> pacf(ar2.d1.ma2.model$residuals)
```

다음 코드는 적합된 모델의 예측과 실젯값 사이의 상관관계를 분석하여 모델을 빠르게 비교하는 방법을 보여줍니다.

```R
## R
> cor(y, ar1.ma1.model$fitted)
[1] 0.3018926
> cor(y, ar2.ma1.model$fitted)
[1] 0.4683598
> cor(y, ar2.ma2.model$fitted)
[1] 0.4684905
> cor(y, ar2.d1.ma2.model$fitted)
[1] 0.4688166
```

ARIMA(1, 0, 1) 모델에서 ARIMA(2, 0, 1) 모델로 전환하면서 상관계수가 0.3에서 0.47로 바뀌는 것을 보면 상당한 개선이 이루어졌다는 것을 알 수 있습니다. 반면 복잡성을 더 추가한 세 번째와 네 번째 모델의 상관계수를 보면 크게 개선되지 않았다는 것도 알 수 있습니다. 이러한 사실은 앞서 내린 ARIMA(2, 0, 1) 모델이 충분하고 AR 또는 MA 구성요소를 그 이상으로 향상하여 적합시킬 필요가 없다는 결론을 지지한다고 볼 수 있습니다.

부수적으로 다음처럼 원본 데이터를 생성한 ARMA 모델의 적합 계수(전에는 생략되었습니다)를 출력하고, 이를 ARIMA 모델의 적합 계수와 비교해보면 ARIMA 모델의 적합이 얼마나 좋은지를 확인할 수도 있습니다.

```R
## R
## 원본 데이터의 상관계수
> y = arima.sim(n = 1000, list(ar = c(0.8, -0.4), ma = c(-0.7)))
> ar2.ma1.model$coef
             ar1          ar2          ma1     intercept
    0.785028320 -0.462287054 -0.612708282  -0.005227573
```

모델의 적합 계수와 데이터 시뮬레이션 데이터를 만든 실제 계수는 서로 잘 맞아떨어집니다.

ARIMA 모델을 수동으로 적합시키는 방법은 여기서 다룬 내용 외에 당연히 더 많이 존재합니다. 지난 수십 년 동안 실무자들은 특정 종류의 항이 너무 많거나, 지나치게 많은 차분이 계산되었거나, 잔차의 패턴이 특정 문제로 이어지는 등의 문제를 식별하기 위한 좋은 경험적 법칙을 개발했습니다. 이와 관련 내용을 다루는 좋은 자료로는 펜실베이니아 주립 대학교 교수가 쓴 안내서(*https://perma.cc/P9BK-764B*)가 있습니다. 온라인에서 무료로 열람이 가능하므로 확인해보기 바랍니다.

몇 가지 이유로 ARIMA 과정을 '수동으로' 직접 적합시키는 작업은 비판을 받고 있습니다. 시계열 분석가에게 많은 부담을 줄 수 있으며, 수동적이기 때문에 때로는 형편없는 결과를 초래할 수도 있기 때문입니다. 또한 많은 시간이 투자되어야 하며, 도출된 결과가 긍정적이더라도 이는 분석가가 시행한 특정 작업의 순서에 의존적일 수도 있습니다. 수십 년간 실세계의 예측 문제에서 실제로 사용했고 좋은 결과를 만들어낸 방식이지만 완벽하다고 보기는 어렵습니다.

자동으로 모델을 적합시키는 방법

오늘날에는 수동으로 반복하는 과정에서 벗어나, 모델을 자동으로 선택하는 방법이 사용되곤 합니다. 자동화된 모델의 선택은 앞서 forecast 패키지의 auto.arima() 함수와 함께 잠깐 언급된 AIC와 같은 다양한 정보손실 기준을 토대로 이루어집니다.

```R
## R
> est = auto.arima(demand[["Banking orders (2)"]],
          stepwise = FALSE, ## 느리지만 좀 더 완전한 검색이 가능합니다.
```

```
                max.p = 3, max.q = 9)
> est
Series: demand[["Banking orders (2)"]]
ARIMA(0,0,3) with non-zero mean

Coefficients:
          ma1      ma2      ma3       mean
      -0.0645  -0.1144  -0.4796  79914.783
s.e.   0.1327   0.1150   0.1915   1897.407

sigma^2 estimated as 1.467e+09: log likelihood=-716.71
AIC=1443.42  AICc=1444.53  BIC=1453.89
```

함수의 입력 인수 중 마지막 한 줄은 AR 및 MA가 수용 가능한 최대 차수를 지정한 부분으로, 이전에 수행한 데이터 탐색에서 얻은 사전 지식의 일부를 토대로 작성했습니다. 모델을 선택하는 알고리즘이 고른 모델은 사실상 지정된 것보다 더 단순한 것으로 AR 항 자체가 없습니다. 그래도 이 모델은 잘 적합된 것으로 보입니다. 다만, 타당한 이유 없이 단순히 이 모델을 뛰어넘기 위해 데이터를 지나치게 들여다보는 행위는 지양되어야 합니다. AIC 기준에 따르면 수동으로 직접 고른 MA 모델이 약간 더 나은 것으로 보이지만, 그래프를 그려보면 이 둘 사이에는 의미 있는 수준의 차이가 없습니다.

자동으로 선택된 모델이 만든 예측의 그래프를 그리고, 잔차를 확인하고, 문제 해결에 더 많은 항이 추가될 필요가 있는지 등을 파악하기 위해 남겨진 잔차의 행동이 없음을 확인하는 것은 연습 문제로 남겨두겠습니다. 예측의 경우를 포함하여 코드 자체는 AR 및 MA에서 사용한 것과 다르지 않고, ARIMA 모델이 앞서 예측에 사용된 MA 모델과 크게 다르지 않으므로 코드를 생략했습니다.

부수적으로 이전 절에서 수동으로 모델을 적합시킬 때 만든 가상의 데이터에 대해 auto.arima()가 도출한 결과를 살펴봅니다.

```
## R
> auto.model = auto.arima(y)
> auto.model
Series: y
ARIMA(2,0,1) with zero mean
Coefficients:
```

```
         ar1      ar2      ma1
      0.7847  -0.4622  -0.6123
s.e.  0.0487   0.0285   0.0522
sigma^2 estimated as 1.019: log likelihood=-1427.21
AIC=2862.41  AICc=2862.45  BIC=2882.04
```

이번에는 `auto.arima()`에 모델의 검색 시작점을 알리는 인수조차 제공되지 않았지만, 우리가 만든 것과 동일한 솔루션으로 수렴된 것을 알 수 있습니다. 서로 다른 방법을 사용했지만, 동일한 해결책은 찾은 경우입니다. 복잡한 모델을 수동으로 만들기 위해서 간단한 모델의 잔차에 대한 ACF 및 PACF를 직접 분석했던 반면, `auto.arima()`는 주로 격자탐색^{grid search}을 통한 AIC 최소화 작업을 수행합니다. 물론 ARIMA 과정이 원본 데이터를 생성했다는 사실을 감안하면 실세계 데이터보다는 훨씬 더 간단한 경우입니다. 실세계 데이터에서는 수동 적합과 자동화된 모델 선택이 동일한 결론에 항상 도달하지는 않습니다.

`auto.arima()` 또는 이와 유사한 자동화된 모델의 선택 도구를 분석의 중요한 요소로 취급하고 싶다면 관련 문서를 읽어본 다음, 합성 데이터로 실험하고 다른 분석가들의 경험을 참고하는 것이 중요합니다. 순진하게 예상했던 것만큼 잘 동작하지 않은 경우도 있지만, 이를 해결하기 위한 방법들도 많이 발견됐기 때문입니다. 이러한 자동화된 방법들은 훌륭한 해결책이기는 하지만, 그렇다고 완벽하다고 볼 수는 없습니다.[7] `auto.arima()`의 동작 방식은 이 기능을 제작한 롭 하인드먼 교수가 집필한 교과서에 잘 설명되어 있으며, 이 책은 온라인에서도 무료로 열람이 가능합니다.

지금까지 파라미터 추정에 대한 두 가지 방식을 살펴보았습니다. 그중 하나는 박스–젠킨스 접근방식을 따르는 방식이었고, 나머지 하나는 `forcast` 패키지가 제공하는 자동화된 방식을 사용하는 것이었습니다. 사실 많은 실무자가 이 방식에 대한 자신들만의 강한 신념을 가지고 있습니다. 일부는 수동적인 방식만을 선호하는 반면, 어떤 사람들은 자동화된 도구만을 선택해서 사용합니다. 이는 이 분야에서 계속 논쟁으로 남아있습니다. 하지만 장기적으로 보면 시계열 분석에 점점 더 많은 빅 데이터를 도입하면서 대규모 데이터셋의 시계열 분석에 있어서 자동화된 탐색 및 모델의 적합 방법이 지배적일 가능성이 높습니다.

---

[7] 이에 대한 자세한 내용은 스택 오버플로(*https://perma.cc/2KM3-Z4R4*)와 롭 하인드먼의 블로그(*https://perma.cc/9DH6-LGNW*)를 참조하세요.

6.2.4 벡터자기회귀

실세계에서는 서로 관련성이 있는 여러 시계열은 병렬로 존재할 수 있습니다. 이미 이러한 데이터를 정리하고 정렬하는 방법은 살펴봤습니다. 이제는 정리된 데이터를 최대로 활용하는 방법을 배워볼 차례입니다. 그중 여러 변수에 대한 $AR(p)$ 모델을 생성해볼 수 있습니다. 이러한 모델은 변수들에게 서로 영향을 주고받는 상황을 제공한다는 장점을 가집니다. 즉, 모든 변수가 x로 지정되며 특별히 y를 위한 변수는 없다는 것입니다. 대신 적합은 모든 변수에 대해 균등하게 이루어집니다. 한편 계열이 정상이 아닐 때, 전에 살펴본 모델처럼 차분이 적용될 수 있다는 것을 참고하기 바랍니다.

> **NOTE_ 외생변수와 내생변수**
> 변수가 서로 영향을 주는 모델을 사용할 때 통계에서는 이 변수들을 내생변수endogenous라고 합니다. 모델 내에서 보이는 현상을 통해 이 변수들의 값이 설명될 수 있다는 의미입니다. 외생변수exogenous는 이와는 대조적인 개념으로, 모델 내에서는 변수들의 설명이 어렵다는 뜻입니다. 즉, 가정을 통한 설명이 불가능하다는 것입니다. 따라서 이러한 변수의 값을 수용할 뿐, 값이 왜 그런지 의문을 제기하지 않습니다.

그러면 모든 시계열은 자신뿐만 아니라 다른 시계열도 추정하여 예측하므로 변수 한 개당 방정식 한 개를 갖게 됩니다. 시계열 세 개가 있다고 가정해봅시다. 시간 t에서 각 시계열들의 값을 $y_{1,t}$, $y_{2,t}$, $y_{3,t}$라고 표기하겠습니다. 그러면 차수 2인 벡터자기회귀(VAR) 방정식을 다음과 같이 작성할 수 있습니다.

$$y_{1,t} = \phi_{01} + \phi_{11,1} \times y_{1,t-1} + \phi_{12,1} \times y_{2,t-1} + \phi_{13,1} \times y_{3,t-1} + \phi_{11,2} \times y_{1,t-2} + \phi_{12,2} \times y_{2,t-2} + \phi_{13,2} \times y_{3,t-2}$$

$$y_{2,t} = \phi_{02} + \phi_{21,1} \times y_{1,t-1} + \phi_{22,1} \times y_{2,t-1} + \phi_{23,1} \times y_{3,t-1} + \phi_{21,2} \times y_{1,t-2} + \phi_{22,2} \times y_{2,t-2} + \phi_{23,2} \times y_{3,t-2}$$

$$y_{1,t} = \phi_{03} + \phi_{31,1} \times y_{1,t-1} + \phi_{32,1} \times y_{2,t-1} + \phi_{33,1} \times y_{3,t-1} + \phi_{31,2} \times y_{1,t-2} + \phi_{32,2} \times y_{2,t-2} + \phi_{33,2} \times y_{3,t-2}$$

이 식들을 통해 간단한 경우에도 모델의 파라미터 개수가 빠르게 증가하는 것을 알 수 있습니다. 예를 들어 지연 p개와 변수 N개가 있을 때 각 변수에 대한 예측 방정식은 $1+p \times N$개의 값을 예측합니다. 예측해야 할 변수가 N개 있으므로 이는 $N + p \times N^2$ 총 변수로 변환됩니다. 즉 변수의 개수가 시계열의 개수에 비례하여 $O(N^2)$로 증가합니다. 따라서 근거 없이 단순히 데이터가 더 있다고 해서 시계열을 추가해서는 안 됩니다. 어떤 관계를 정말로 기대할 수 있을 때를 위한 방법으로 남겨두어야 합니다.

VAR 모델을 가장 자주 사용하는 분야는 계량경제학econometrics입니다. 그런데 VAR 모델은 모든 값이 서로 영향을 미친다는 가설을 뛰어넘는, 그 이상의 구조가 없다는 비판을 받곤 합니다. 모델의 적합도를 평가하기 어렵게 만들기 때문입니다. 그래도 한 변수가 다른 변수를 야기하는지의 여부를 검정하는 상황에서 VAR 모델은 여전히 유용하게 사용될 수 있습니다. 또한 변수들의 특정 관계를 주장하기 힘든 도메인 지식이 부족한 분석가가 여러 변수를 예측해야 하는 상황에서도 유용합니다. 마지막으로, 얼마나 근본적인 '원인'이 특정 값의 예측 변동을 초래하는지를 결정하는 데도 도움이 됩니다.

다음은 간단한 데모입니다. UCI 수요 정보를 살펴보고, 두 번째 열로 자체 데이터 대신 은행 주문banking order을 예측하는 상황을 고려합니다(변수를 균등하게 다루는 방식 때문에 해당 열도 예측합니다). 그리고 교통 관제 부문 주문order from the traffic control sector 변수의 사용도 고려합니다. 이름만 봐도 상당히 다른 것으로 보이기 때문에 재정 부문fiscal sector의 과거 주문에 관련된 꽤 독립적인 정보를 제공할 가능성이 있습니다. 또한 각 열은 경제가 흘러가는 상황과 미래의 수요 증가 또는 감소에 대한 근본적인 정보를 제공합니다.

사용할 파라미터를 결정하기 위해서는 **vars** 패키지의 **VARselect()** 메서드를 사용합니다.

```
## R
> VARselect(demand[, 11:12, with = FALSE], lag.max=4, type="const")

$selection
AIC(n) HQ(n) SC(n) FPE(n)
   3     3     1      3

$criteria
                1              2              3              4
AIC(n) 3.975854e+01 3.967373e+01 3.957496e+01 3.968281e+01
HQ(n)  3.984267e+01 3.981395e+01 3.977126e+01 3.993521e+01
SC(n)  3.997554e+01 4.003540e+01 4.008130e+01 4.033382e+01
FPE(n) 1.849280e+17 1.700189e+17 1.542863e+17 1.723729e+17
```

이 결과로부터 이 함수는 선택 가능한 다양한 정보 기준을 제공한다는 사실을 알 수 있습니다. 또한 0이 아닌 평균을 수용하기 위해서 "const"[8] 항의 사용을 명시했습니다. drift, const 와 drift를 모두 사용하거나 두 개 모두 사용하지 않는 옵션이 있지만, 데이터에 가장 적합한 "const"을 선택했습니다. 다음은 약간 낮은 AIC를 가진 지연 3에 대해 VAR이 동작하는 방식 을 살펴보는 코드입니다.

```
## R
est.var <- VAR(demand[, 11:12, with = FALSE], p=3, type="const")
est.var
par(mfrow = c(2, 1))
plot(demand$'Fiscal sector orders', type = "l",
     ylab = "Fiscal sector orders")
lines(fitted(est.var)[, 1], col = 2, lty = 2)
plot(demand$'Orders from the traffic controller sector',
     type = "l", ylab = "Orders from the traffic controller sector")
lines(fitted(est.var)[, 2], col = 2, lty = 2)

par(mfrow = c(2, 1))
acf(demand$'Fiscal sector orders' -
    fitted(est.var)[, 1], main = "ACF of Prediction Errors\nFiscal sector orders")
acf(demand$'Orders from the traffic controller sector' -
    fitted(est.var)[, 2], main = "ACF of Prediction Errors\nOrders from the
traffic controller sector")
```

----

8 옮긴이_ const는 모델의 방정식에 절편을 포함한다는 것을 의미합니다.

위 코드는 [그림 6-12]와 [그림 6-13] 그래프를 그립니다.

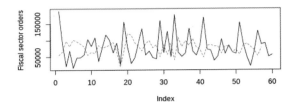

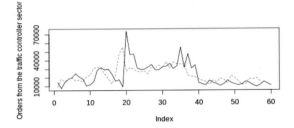

그림 6-12 상단과 하단의 그래프는 각각 재정 부분의 주문(Fiscal sector orders)과 교통 관제 부문의 주문(Orders from the traffic controller sector)에 대한 것입니다. 실선과 파선은 실젯값과 예측값의 변화를 보여줍니다. 흥미롭게도 상단 그래프는 예측이 실제 데이터와 비교해서 다소 '느리게' 변화하여 전형적인 예측에 가까운 반면, 하단 그래프는 실제 변화가 발생하기 전에 미리 예측이 이루어진 것으로 보입니다. 이는 Fiscal sector orders가 Orders from the traffic controller sector를 '이끄는' 상황을 시사합니다. 즉 Fiscal sector orders가 Orders from the traffic controller sector 예측에는 도움되지만, 그 반대는 성립하지 않습니다.

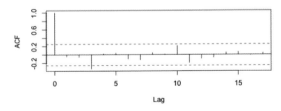

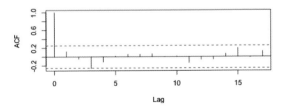

그림 6-13 각 시계열의 잔차에 대한 자기상관함수 그래프입니다. 두 계열 모두 모델로는 완전한 설명이 어려울 수 있는 지연 3의 오차에 대한 임계치를 넘는 자기상관이 있습니다.

ACF는 우리가 원하는 정도로 잔차에 자기상관이 없음을 명확히 뒷받침하지 않습니다. 이때 순차적 상관관계를 위해서 **포트맨토 검정**portmanteau test을 적용해봅니다. 이 검정은 vars 패키지의 serial.test() 메서드로 접근할 수 있습니다. 이 검정은 단변량의 사례에서 살펴본 순차적 상관관계 검정과 유사합니다.

```
## R
> serial.test(est.var, lags.pt = 8, type="PT.asymptotic")
Portmanteau Test (asymptotic)

data: Residuals of VAR object est.var
Chi-squared = 20.463, df = 20, p-value = 0.4293
```

p-값이 매우 크기 때문에 잔차에 연속적인 상관관계가 없다는 귀무가설을 기각할 수 없습니다. 따라서 모델은 허용 가능한 작업을 수행한다는 추가 증거를 제시할 수 있습니다.

ARMA 및 ARIMA까지 이르는 다양한 단변량 모델을 살펴봤습니다. 이쯤되면 VARIMA 모델이 있는지 궁금한 독자가 있을지도 모릅니다. 실제로 VARIMA 모델이 존재하지만, 이미 꽤 복잡한 VAR의 성능이 상대적으로 괜찮기 때문에 VARIMA 모델을 많이 사용하지 않습니다. 산업과 학계 모두에서 사용한 사례를 살펴보면 VARIMA보다 VAR를 압도적으로 많이 사용한다는 사실을 알 수 있습니다.

또 다른 관련된 모델의 한 종류로 CVAR이 있습니다. CVAR는 공적분된 벡터 자기회귀cointegrated vector autoregression를 줄인 용어입니다. 이는 정상이 아닌 개별 시계열이 차분 없이 선형적으로 조합되면 정상이되는 경우를 의미합니다.

6.2.5 통계 모델의 변형

지금까지 다룬것 외에도 시계열 데이터를 위해 개발된 다양한 통계 모델이 있습니다. ARIMA 모델을 확장하거나 ARIMA 모델과는 다른 시간의 역동성을 가정하기도 합니다. 이번 절에서는 그중 가장 일반적으로 사용되고 잘 알려진 통계적 시계열 모델을 간략히 살펴보겠습니다.

계절성 ARIMA

계절성 ARIMA(SARIMA) 모델은 승법multiplicative 계절성을 가정합니다. 따라서 SARIMA 모델은 ARIMA$(p, d, q) \times (P, D, Q)m$과 같이 표현됩니다. 계절적 행동 자체를 상정하는 SARIMA 모델은 계절주기당 시간 단계의 수를 정하는 m을 가진 ARIMA 과정이라고 볼 수도 있습니다. 이 인수의 중요한 점은 모델이 시간상 인접한 데이터가 동일한 계절 또는 서로 다른 계절에 있어도 시간적으로 근접한 일반적인 방법으로 서로의 영향을 인식한다는 것입니다.

계절적 효과를 다뤄야 하므로 ARIMA 모델보다 SARIMA를 식별하는 것이 더 까다롭습니다. 다행히 `forecast` 패키지의 `auto.arima()`는 일반적인 ARIMA의 추정 작업처럼 이 문제를 다룰 수 있습니다. 앞서 설명했듯이, 자동화된 방식의 선택을 대체할 만한 지식을 충분히 갖추지 않았다면 자동화된 파라미터의 선택 방법을 활용하는 것이 좋습니다.

ARCH, GARCH 및 그 외의 유사 종류

ARCH는 **자기회귀 조건부 이분산성**autoregressive conditional heteroskedasticity의 약어입니다. 이 모델은 거의 금융 업계에서만 사용됩니다. 시계열 과목에서 종종 다뤄지므로 잠시 이 모델에 대해 언급하고 넘어가겠습니다. 이러한 종류의 모델은 주가가 일정한 분산을 갖지 않으며, 분산이 이전의 분산들에 대한 조건부 자기회귀성을 띤다는 관측에 기반합니다(예를 들어 증권 거래소의 변동이 심한날은 클러스터로 표시됩니다). 이러한 모델에서는 과정의 분산이 과정 자체보다는 자기회귀 과정으로 모델링됩니다.

계층적 시계열 모델

계층적 시계열은 실세계에서 꽤 흔하지만, 많이 드러나지는 않습니다. 다음은 계층적 시계열이 발생하는 일부 상황을 나열합니다.

- 회사 제품의 월별 총 수요는 SKU 번호로 세분화됩니다.
- 전체 유권자의 주간 정치 여론조사는 여성/남성 또는 히스패닉/아프리카계 미국인과 같은 인구통계demographics(중복도 가능)별로 세분화됩니다.
- EU를 방문하는 일일 총 관광객 수를 EU의 각 회원국을 방문한 관광객 수로 세분화합니다.

R의 `hts` 패키지는 계층적 시계열을 다루는 편리한 방법을 제공합니다. 이 패키지는 계층적 시계열 데이터를 시각화하고 이러한 데이터에 대한 예측을 수행하는 데 모두 사용됩니다.

hts 패키지는 지금까지 등장한 다양한 방법론이 구현되어 있으며, 이들을 통해 예측을 수행합니다.

- 계층적으로 가장 저수준의 여러 가지 예측을 한 다음(가장 세분화된), 이를 집계하여 고수준의 예측을 수행합니다.

- 가장 고수준의 예측을 한 다음, 기록된 집계 요소의 비율을 기반으로 저수준의 예측을 수행합니다. 이 방법론은 저수준 예측에서 정확도가 떨어지는 경향을 보이지만, 시간에 따른 집계 비율의 변화를 예측하는 다양한 기법을 함께 사용하면 그 정도를 완화할 수 있습니다.

- 위의 두 방법의 장점을 취해서 중간 수준의 예측을 수행하는 '중간적' 접근법을 선택할 수 있습니다(여러 계층이 있다는 가정). 그다음 일반적으로 그 지점의 위, 아래로 전파되면서 다른 수준의 예측을 이어서 수행합니다.

궁극적으로 hts 패키지의 동작 방식은 모든 수준에 대한 예측이 서로 독립적으로 수행하는 것입니다. 그다음 hts는 하인드먼 방법(*https://perma.cc/G4EG-6SMP*)과의 일관성을 보장하기위해 각 예측들을 결합합니다.

이번 장에서 논의한 여러 통계 모델은 시계열의 계층 수준에 상관없이 적용될 수 있습니다. 계층적이라는 것은 핵심이 되는 모델을 감싸는 래퍼 역할을 합니다.

6.3 시계열 통계 모델의 장단점

6장에서 설명한 통계 모델 중 하나를 적용하려면 장단점 목록을 나열하는 것부터 시작하는 것이 좋습니다. 다음은 그러한 점검 내용을 목록화하여 보여줍니다.

장점

- 통계 모델은 간단하고 투명해서 모델의 파라미터 측면을 보면 명확하게 이해할 수 있습니다.

- 통계 모델을 정의하는 간단한 수학적 표현 덕분에 철저히 통계적인 방식으로 관심 속성을 도출하는 것이 가능합니다.

- 어느 정도 작은 데이터셋에 적용해도 여전히 좋은 결과를 얻을 수 있습니다.

- 다뤄진 간단한 통계 모델 및 이를 변형한 모델은 상당히 좋은 성능을 보이며, 매우 복잡한 머신러닝 모델과 비교해도 손색이 없습니다. 따라서 과적합이라는 위험성 없이도 좋은 성능을 얻을 수 있습니다.

- 모델의 차수 선택 및 파라미터 추정에 대해 잘 개발된 자동화 방법론은 예측을 간단하게 만듭니다.

단점

- 통계 모델은 매우 간단해서 데이터셋이 커지더라도 항상 성능 향상을 보장하지 않습니다. 대규모 데이터셋으로 작업한다면 복잡한 머신러닝 모델 및 신경망 방법을 사용하는 것이 더 좋습니다.

- 통계 모델은 분포보다는 분포의 평균값 추정에 집중합니다. 예측의 불확실성에 대한 대용물로서 표본의 분산을 도출할 수 있지만 이는 모델을 고를 때 선택한 모든 것에 대한 불확실성을 제한된 방식으로만 표현합니다. 기본 모델이 모델을 선택할 때 선택한 모든 선택과 관련된 불확실성을 표현하는 제한된 방법만 제공합니다.

- 정의에 따르면, 통계 모델은 비선형적 행동을 다루기 위해 구축된 것이 아니라서 비선형 관계가 많은 데이터를 설명하는 데 적합하지 않습니다.

6.4 보충 자료

고전 텍스트

- Rob J. Hyndman and George Athanasopoulos, Forecasting: Principles and Practice, 2nd ed. (Melbourne: OTexts, 2018), *https://perma.cc/9JNK-K6US*.

  ▷ 실용적이고 접근성이 높은 교과서는 R로 시계열 데이터를 사전 처리하고 해당 데이터를 사용하여 예측하는 데 필요한 모든 기본 사항을 무료로 제공합니다. 독자들이 시계열 예측을 위한 실용적인 방법을 사용하는 데 있어 신속성과 유능성을 발휘하도록 하는 데 중점을 둡니다.

- Ruey Tsay, Analysis of Financial Time Series (Hoboken, NJ: John Wiley & Sons, 2001).

    ▹ 이 고전 교과서는 다양한 시계열 모델을 소개합니다. AR, MA, ARIMA 모델 개발을 매우 철저하면서도 접근하기 쉽게 소개했고, 역사적 주가에 활용한 사례도 들어 있습니다. R을 활용한 예제도 다룹니다. 이 책은 접근성 측면에서 중간 수준의 책으로, 대상 독자를 통계학이나 다른 수학에 어느 정도 익숙하다고 가정합니다. 하지만 고등학생 때 미적분학과 기초 통계 과정을 배운 사람이라면 누구나 읽을 수 있습니다.

- Robert H. Shumway, Time Series Analysis and Its Applications (NY, NY: Springer- International, 2017).

    ▹ 다소 더 이론적이고 접근하기 어려운 수준으로 작성된 고전 교과서입니다. 바로 위에 언급한 책을 보는 것이 가장 좋지만, 이 책은 통계적 시계열 모델에 대한 수학 과정을 추가로 제공합니다. 또한 경제, 과학 등에서 비롯된 다양한 데이터 분석도 다룹니다. 이 책은 지금까지 나열한 다른 교과서보다 읽기 어렵지만 높은 수준의 내용을 밀도 있게 다룹니다. 그렇다고 훨씬 더 높은 수준의 수학 능력이 필요하지는 않습니다(너무 빨리 읽으면 그렇게 느껴질 수도 있지만, 꼭 그렇지는 않습니다).

경험적 지침

- Robert Nau, "Summary of Rules for Identifying ARIMA Models," course notes from Fuqua School of Business, Duke University. *https://perma.cc/37BY-9RAZ*.

    ▹ ARIMA 모델의 세 가지 파라미터를 선택하는 방법에 대한 자세한 지침을 제공합니다. 이 요약을 읽다 보면 간결한 모델을 강조한다는 사실을 바로 눈치챌 것입니다.

- National Insitute of Standards and Technology (NIST), "Box-Jenkins Models," in NIST/SEMATECH e-Handbook of Statistical Methods (Washington, DC: NIST, US Department of Commerce, 2003). *https://perma.cc/3XSC-Y7AG*.

    ▹ ARIMA 파라미터 선택에 일반적으로 사용되는 방법론인 박스-젠킨스 방법을 구현하는 구체적인 단계를 제공합니다. 또한 시계열 분석을 위한 더 큰 꼼꼼하게 편집된 권장 사항 핸드북의 일부로 NIST가 시계열의 통계 분석을 위해 생성하는 리소스의 좋은 예입니다.

- Rob J. Hyndman, "The ARIMAX Model Muddle," Hyndsight blog, October 4, 2010, *https://perma.cc/4W44-RQZB*.

  ▷ 저명한 예측가 롭 하인드먼이 작성한 블로그 게시물입니다. 다변량 시계열을 처리하기 위해 벡터자기회귀의 대안으로 ARIMA 모델에 공변량을 통합하는 방법을 설명합니다.

- Richard Hardy, "Cross Validation: Regularization for ARIMA Models," question posted on Cross Validated, StackExchange, May 13, 2015, *https://perma.cc/G8NQ-RCCU*.

  ▷ 높은 차수의 자기회귀항 또는 VAR의 경우 많은 입력의 시나리오에서 정규화하는 것이 합리적일 수 있으며 많은 산업에서 이는 상당한 성능 향상을 가져옵니다. Q&A 게시글에서 몇 가지 토론과 컴퓨터 구현과 관련된 학술 연구에 대한 링크를 제공합니다.

## CHAPTER 7

시계열의 상태공간 모델

상태공간 모델은 이전 장에서 살펴본 통계 모델과 유사하지만 '실세계'에서 얻은 동기에 영향을 받습니다. 추정 시 측정 오류를 고려하는 방법, 사전 지식이나 믿음을 추정에 주입하는 방법처럼 실제로 공학 문제에서 발생할 수 있는 문제들을 해결합니다.

상태공간 모델에서는 참 상태^{true state}를 직접 측정할 수 없으며 오직 측정된 것으로부터 추론하는 것만 가능합니다. 또한 상태공간 모델은 시스템에 적용된 내부 역동성 및 외부 압력에 의해 시간에 따라 변하는 참 상태의 진화 방식의 구체적인 시스템 역동성에 의존합니다.

수학적 맥락에서 상태공간 모델을 접해본 적이 없더라도 우리도 모르게 이미 일상생활에서 사용했을 가능성이 큽니다. 예를 들어 공격적으로 차선 변경을 시도하는 운전자를 발견했다고 상상해봅시다. 그때 여러분은 그 운전자가 어느 차선으로 진로를 변경하는지 추측하려고 할 것입니다. 그래야지 충돌 사고가 일어나지 않고 여러분 자신을 보호할 수 있습니다. 그 운전자가 음주운전자라면 경찰에 신고해야 합니다. 반면 운전자가 잠시 집중력을 잃었던것 뿐이고 난폭 운전을 다시 하지 않는다면, 더는 신경 쓰지 않아도 된다는 결론을 내립니다. 어떤 행동을 해야 하는지에 대한 결정을 내리기 전에 수 초 또는 수 분 간의 관찰을 통해 해당 운전에 대한 여러분만의 상태공간 모델을 갱신하는 것입니다.

우주로 발사된 로켓을 전형적인 예로 들 수 있습니다. 뉴턴의 법칙을 알고 있기 때문에 시스템의 역동성 및 시간에 따른 움직임의 변화 규칙을 작성할 수 있습니다. 그리고 위치 추적을 위한 GPS 등 여러 센서에서 측정 오류가 발생할 수도 있으므로 이를 수치화하고 계산의 불확실성을 고려하는 노력도 필요합니다. 마지막으로 로켓에 작용하는 세상의 모든 힘을 고려하는 것은 불가능하다는 걸 알고 있습니다. 시스템의 모든 것을 알 수 없다는 의미입니다. 하지만 지상풍이나 태양풍처럼 알 수 없는 노이즈에서도 과정을 만들어내야 합니다. 지난 50년 동안 통계와 엔지니어링이 이러한 종류의 상황을 다루는 데 꽤 유용하다는 사실이 증명됐습니다.

두 가지 역사적인 동향은 상태공간 모델이 풀고자 하는 문제와 상태공간 모델의 발전에 영향을 끼쳤습니다. 첫째, 20세기 중반에 기계 자동화 시대로 접어들었습니다. 그 당시 로켓, 우주선, 잠수함의 항법 시스템 등 자동화된 발명품들은 측정이 불가능한 시스템 상태를 추정해야만 했습니다. 연구원들은 시스템 상태의 추정 방법을 연구했고, 그 결과 상태공간이라는 방법을 개발하기 시작했습니다. 당시 이 방법은 시스템의 다른 불확실성으로부터 측정 오차를 명확하게 하려는 것을 가장 중요하게 여겼습니다. 이런 노력은 상태공간 방법의 첫 번째 사용을 이끌어낼 수 있었습니다.

이 기간 동안, 기록 기술과 이와 관련된 계산 기술도 함께 발전했습니다. 그러면서 대규모 시계열 데이터셋이 만들어지게 되었고, 긴 시간에 걸쳐 세세하게 기록된 시계열 데이터셋을 얻을 수 있게 되었습니다. 더 많은 시계열 데이터를 사용할 수 있게 되면서 상태공간 모델링의 개념에 데이터 집약적인 방법들이 접목되어 발전될 수 있었습니다.

이 장에서는 일반적으로 사용되는 상태공간 방법들을 살펴보겠습니다.

- 선형 가우스linear Gaussian 모델에 적용된 칼만 필터Kalman filter
- 은닉 마르코프 모형hidden Markov model
- 베이즈 구조적 시계열Bayesian structural time series

각 방법에 대한 모델은 이미 잘 구현되어 있어서 접근하기 쉽습니다. 각 모델에 대한 수학적인 직관력을 키우고, 어떤 데이터가 적합한지에 대한 내용을 살펴볼 것입니다. 또한 각 방법에 대한 실제 코드 예제도 함께 살펴봅시다.

각 방법에서 관측과 관측이 만들어낸 상태를 구분해볼 것입니다. 이때 관측에 기반한 근본 상태를 추정하는 작업은 다음과 같이 여러 단계나 범주로 나눌 수 있습니다.

- **필터링**: 시간 t의 상태에 대한 추정 갱신에 시간 t의 측정 사용
- **예측**: 시간 t의 예상되는 상태에 대한 예측 생성에 시간 $t-1$의 측정을 사용(시간 t의 예상되는 측정의 추론도 가능)
- **평활화**: 시간 t의 참 상태 추정에 시간 t 및 t의 전후 측정 사용

유사해 보이는 이 작업들의 차이를 구분하는 것이 중요합니다. 우선 필터링은 상태에 대한 추정의 갱신에 가장 최근 정보에 가중치를 주는 방법입니다. 그리고 예측은 미래에 대한 어떠한 정보도 없이 미래 상태를 예측합니다. 마지막으로, 평활화는 미래와 과거 정보 모두 사용해서 특정 시간에서의 상태를 가장 잘 추정합니다.

7.1 상태공간 모델의 장단점

상태공간 모델은 확률적이거나 결정론적인 애플리케이션 모두에서 사용할 수 있습니다. 또한 연속적이거나 이산적으로 샘플링된 데이터 모두에도 적용될 수 있습니다.[1]

이 사실만으로도 상태공간 모델의 활용도와 상당한 유연성을 어느 정도 예측할 수 있습니다. 특히 장점과 단점은 상태공간 모델이 가진 유연성에 의해 생깁니다.

상태공간 모델에는 여러 가지 장점이 있습니다. 특히 노이즈가 낀 데이터 자체보다 시계열에서 가장 흥미로운 노이즈한 데이터의 생성 과정과 상태를 모델링할 수 있게 해줍니다. 상태공간 모델에서는 가장 먼저 과정의 생성을 설명할 수 있는 인과관계에 대한 모델을 모델링 단계에 주입합니다. 이는 시스템의 동작 방식에 대한 신뢰성 있는 지식이나 탄탄한 이론을 갖고 있는 경우에 유용합니다. 또한 일반적으로 이미 익숙한 시스템의 역동성을 자세히 파악하는 데 유용합니다.

상태공간 모델은 시간에 따른 상관계수 및 파라미터의 변화를 허용합니다. 즉 시간에 따라 변화하는 행동을 허용한다는 뜻입니다. 상태공간 모델 사용 시 데이터에 정상성이라는 조건을 부과하지 않았습니다. 이는 6장에서 다뤘던 정상과정을 가정하고, 시간에 따라 변하지 않는 단 하나의 상관계수 집합으로만 모델링된 모델과는 꽤 다른 것입니다.

하지만 상태공간 모델에도 단점은 있습니다. 때로는 강점이 약점이 되기도 합니다.

- 상태공간 모델은 너무 유연해서 수많은 파라미터의 설정이 가능합니다. 수많은 종류의 상태공간 모델이 존재할 수 있습니다. 즉, 특정 상태공간 모델을 구성하는 모든 속성이 심도 있게 연구되지 않았다고 볼 수 있습니다. 여러분은 수업 교재나 연구 논문에서 시계열 데

---

1   실세계에서는 이산적으로 샘플링된 데이터가 가장 흔하기 때문에 이 책에서 이산적으로 샘플링된 데이터 분석을 다룰 것입니다.

이터에 특화된 상태공간 모델을 거의 찾아볼 수 없습니다. 해당 모델의 성능적 측면에서나 모델 개발 단계에서 여러분이 실수했을 만한 부분에 있어서 어느 것 하나도 확실하게 정립된 사실이 없는 상태에 놓이게 됩니다.

- 수많은 파라미터로 구성된 상태공간 모델은 계산적으로 매우 부담스러울 수 있습니다. 또한 많은 파라미터로 구성된 일부 상태공간 모델의 경우는 과적합에 취약합니다. 특히 데이터가 많지 않다면 그럴 가능성이 더 큽니다.

7.2 칼만 필터

칼만 필터Kalman filter는 충분히 성숙한 방법입니다. 시계열로부터 새로운 정보를 결합하는 데 사용되고 과거에 알려진 내부 상태 추정 정보를 지능적으로 결합해줍니다. 칼만 필터의 최초 사용 사례로는 아폴로 11호apollo 11 mission 미션이 있습니다. NASA 엔지니어들은 기내의 계산 자원만으로는 매우 메모리 집약적인 위치추정 기법 사용이 불가능하다는 판단을 내렸습니다. 이 상황에서 칼만 필터 기법이 대신 선택되었습니다. 계산이 비교적 간단하고, 미래 예측이나 현재를 추정하는 데 과거 데이터의 저장이 필요 없다는 것은 칼만 필터의 장점입니다.

7.2.1 개요

칼만 필터를 처음 접한다면 칼만 필터의 계산 과정을 보고 놀랄지도 모릅니다. 특별히 어려워서라기보다는 꽤 많은 양의 추적이 필요하기 때문입니다. 순환적인 반복성을 띤 구조는 추적을 더 어렵게 만듭니다. 다행히 이 책에서는 칼만 필터 공식의 도출 과정을 다루지 않습니다. 대신에 동작 방식의 감을 잡기 위해서 관련 공식을 높은 수준에서 바라보고 이해하는 시간을 가져볼 것입니다.[2]

상태 및 관측이 다음과 같은 역동성을 가진다고 상정하는 선형 가우스 모델linear Gaussian model로 시작합니다.

---

2 부가적으로 「Mathematics StackExchanage」에서 칼만 필터에 대한 설명을 읽어보길 권합니다(*https://perma.cc/27RK-YQ52*).

$$x_t = F \times x_{t-1} + B \times u_t + w_t$$

$$y_t = A \times x_t + v_t$$

즉 시간 t에서의 상태는 이전 시간 단계의 상태 항($F \times x_{t-1}$), 외부압력에 대한 항($B \times u_t$), 확률적 항(w_t)에 대한 함수로 표현할 수 있습니다. 이와 유사하게 시간 t에서의 측정은 시간 t의 상태, 확률적 오차항, 측정 오차항에 대한 함수입니다.

x_t가 우주선의 실제 위치를 타나내고, y_t는 센서로 측정한 위치라고 상상해봅시다. 이때 v_t는 센서장치(또는 그 외 여러 장치)의 측정 오차를 의미합니다. 그러면 칼만 필터에 적용 가능한 기본 공식은 다음과 같습니다. 시간 t에서 새로운 정보가 주어졌을 때 추정을 갱신하는 방법을 보여줍니다.

$$\hat{x}_t = K_t \times y + (1 - K_t) \times \hat{x}_{t-1}$$

이는 필터링 단계를 보여줍니다. 즉 시간 t의 상태에 대한 추정 갱신에 시간 t의 측정을 사용하는 것입니다. 한 가지 기억해둬야 할 사실은 y_t만 관측 가능하며 정확한 상태는 모른 채 상태를 추론했다는 상황을 상정했다는 것입니다. 그리고 위 식의 K_t는 새로운 정보(y_t)와 과거의 정보($\hat{x}_{t-1}$) 사이의 추정에 대한 균형을 맞추는 데 사용된 것을 알 수 있습니다.

모델의 동작 방식을 좀 더 깊게 살펴보려면 몇 가지 항을 정의해야 합니다. 상태의 공분산 추정은 P_t로 표현해봅시다(상태가 단변량인지, 다변량인지에 따라 스칼라 또는 행렬이 될 수 있으며 대체로 다변량이 일반적입니다). 그리고 P_t는 시간 t에서의 측정이 고려되기 전의 추정입니다.

측정 오차의 분산을 R로 표현해봅시다. 즉 v_t에 대한 분산이 되는 것입니다(마찬가지로 측정의 차원에 따라 스칼라나 공분산 행렬이 될 수 있습니다). 특정 센서나 측정 장치의 잘 알려진 물리적 속성을 묘사하는 R은 일반적으로 꽤 잘 정의되어 있습니다. w_t의 적절한 값인 Q는 R과는 다르게 명확하지 않으며 모델링 시 조정이 필요합니다.

그러면 시간 0에서 이미 알고 있는 x와 추정된 P로 구성된 과정으로 시작합니다. 그리고 나서 시간 0에서 시간 뒤로 움직이며 예측과 갱신을 반복합니다. 먼저 예측 단계가 발생한 다음 갱신/필터링 단계가 실행됩니다. 이 순서를 계속 반복합니다.

예측

$$\hat{x}^-_t = F \times \hat{x}_{t-1} + B \times u_t$$

$$P^-_t = F \times P_{t-1} \times F^T + Q$$

필터링

$$\hat{x}_t = \hat{x}^-_t + K_t \times (y_t - A \times \hat{x}_t)$$

$$P_t = (I - K_t \times A) \times P^-_t$$

여기서 K_t는 칼만 이득Kalman gain으로, 다음을 뜻합니다.

$$K_t = P^-_t \times A^T \times (A \times P^-_t \times A^T + R)^{-1}$$

이 반복 과정을 표현한 여러 시각화 자료를 찾아볼 수 있습니다. 그중 일부는 이 과정을 4단계에서 5단계까지 여러 단계로 세분화하기도 합니다. 하지만 이 과정을 가장 간단하게 바라보는 방법은 다음과 같습니다. 측정 y_t에 대한 내용을 알지못한 채 시간 t에서의 예측에 수행된 계산 (예측), y_t를 알게된 이후 시간 t에서 수행된 단계가 있다는 것입니다.

이 과정을 시작하기 위해서는 다음과 같은 값들이 필요합니다.

- (쉽게 알 수 있는) 측정의 오차와 상태의 확률성(보통 추정됨)의 공분산 행렬인 R과 Q의 추정치
- 시간 0에서 이미 알고 있거나 추정된 상태 값 $\hat{x}_0$(y_0에 기반하여 추정됨)
- 시간 t에 적용될 압력에 대한 사전 지식과 그 압력이 상태에 어떤 영향을 미칠것인가를 타나내는 행렬 B 또는 값 u_t
- 시간 단계에 따른 상태의 변화를 결정짓는 시스템의 역동성에 대한 지식 F
- 측정이 상태에 의존하는 방식에 대한 지식 A

확률론적 관점의 기대 값, 최소제곱 최소화 문제, 최대우도 추정 문제 등 칼만 필터의 공식은 여러 방법으로 도출할 수 있습니다. 공식 도출 과정은 인터넷에서 쉽게 찾아볼 수 있으므로 좀 더 깊게 배워보고 싶다면 검색해보길 바랍니다.

7.2.2 코드로 표현한 칼만 필터

오차가 쉽게 발생하는 센서를 사용하여 뉴턴 역학을 따르는 물체를 추적하는 전형적인 예를 살펴봅시다. 물체의 위치를 물체의 속도와 가속도에 대한 함수로 보는 뉴턴 운동 법칙Newton's laws of motion에 따라 시계열을 생성합니다. 이때 물체의 움직임은 계속성을 갖지만, 측정이 이산적으로 분리된다고 가정해봅시다. 우선 가속도에 대한 계열을 정하고, 위치와 속도는 0에서 시작합니다. 또한 물리적으로 비현실적이지만 각 시간 단계의 시작점에서 순간 가속도가 변하고 다시 변하기 전까지는 지속적인 값을 가진다고 상정합니다.

```R
## R
## 로켓은 시간 단계를 100번 거칩니다.
ts.length <- 100

## 가속도가 움직임을 주도합니다.
a <- rep(0.5, ts.length)

## 위치와 속도는 0에서 시작합니다.
x  <- rep(0, ts.length)
v  <- rep(0, ts.length)
for (ts in 2:ts.length) {
  x[ts] <- v[ts - 1] * 2 + x[ts - 1] + 1/2 * a[ts-1] ^ 2
  x[ts] <- x[ts] + rnorm(1, sd = 20) ## 확률적 요소
  v[ts] <- v[ts - 1] + 2 * a[ts-1]
}
```

뉴턴 운동 법칙을 잘 모르거나 기억나지 않는다면 값을 있는 그대로 받아들여도 좋습니다. 다만 해당 개념에 익숙해지도록 노력하는 것이 우리의 목적(x[ts] 및 v[ts]의 계산)을 좀 더 분명히 이해하는 데 도움을 줍니다.

간단히 그래프를 그려보면 코드로 구조화하여 만든 가속도에 따른 움직임 볼 수 있습니다(그림 7-1).

```R
## R
par(mfrow = c(3, 1))
plot(x, main = "Position",      type = 'l')
plot(v, main = "Velocity",      type = 'l')
plot(a, main = "Acceleration",  type = 'l')
```

모든 상태가 이 세 변수로 묘사된다고 상정합니다. 하지만 우리에게 가용한 데이터는 오직 노이즈한 센서로부터 얻을 수 있는 물체의 위치뿐입니다. 다음 코드는 측정된 값이 실제 위치와 어떤 관계를 갖는지에 대한 그래프를 그립니다(그림 7-2). 여기서 변수 x가 바로 센서를 의미합니다.

```
## R
z <-  x + rnorm(ts.length, sd = 300)
plot (x, ylim = range(c(x, z)))
lines(z)
```

[그림 7-1]은 선형적으로 증가하는 속도(중단 그래프)에 영향을 주는 일정한 가속도(하단 그래프)가 위로 솟구치는 볼록 모양의 그래프(상단 그래프)를 만들어냄을 알 수 있습니다. 이 그래프 모양이 익숙치 않다면 단순히 있는 그대로 받아들이거나 물리학 입문서를 참고하는 걸 권합니다.

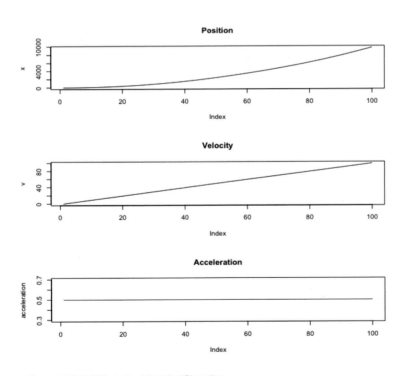

그림 7-1 로켓의 위치, 속도, 가속도에 대한 그래프

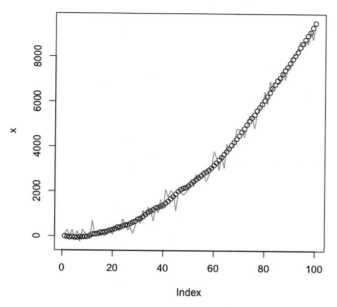

그림 7-2 참 위치(원)와 오차가 있는 측정(선) 간의 관계를 보여줍니다. 상태 천이 공식에 넣은 노이즈로 인해 위치 x가 완벽한 볼록을 반영하지 않는다는 사실에 유의하세요.

이제는 칼만 필터를 적용할 차례입니다. 우선 이번 절의 앞부분에서 다룬 내용과 도출된 식을 반영할 수 있는 일반적인 함수 코드를 작성합니다.

```
## R
kalman.motion <- function(z, Q, R, A, H) {
  dimState = dim(Q)[1]

  xhatminus <- array(rep(0, ts.length * dimState), c(ts.length, dimState))  #
  $\hat{x}^-$   $\widehat{x}^-$
  xhat <- array(rep(0, ts.length * dimState), c(ts.length, dimState))  # $\hat{x}$

  Pminus <- array(rep(0, ts.length * dimState * dimState),
                        c(ts.length, dimState, dimState))  # $P^-$
  P <- array(rep(0, ts.length * dimState * dimState),
                        c(ts.length, dimState, dimState))  # $P$

  K <- array(rep(0, ts.length * dimState),
                c(ts.length, dimState)) # 칼만 이득 $K$

  # 초기 추측 = 모든 지표는 0으로 시작합니다.
```

```
  xhat[1, ] <- rep(0, dimState)
  P[1, , ] <- diag(dimState)

  # 시간 갱신
  for (k in 2:ts.length) {
    # 예측
    xhatminus[k, ] <- A %*% matrix(xhat[k-1, ]) # %*%: 행렬 곱셈 연산자
    Pminus[k, , ] <- A %*% P[k-1, , ] %*% t(A) + Q

    # 필터링
    K[k, ] <- Pminus[k, , ] %*% H %*%
            solve(t(H) %*% Pminus[k, , ] %*% H + R )
    xhat[k, ] <- xhatminus[k, ] + K[k, ] %*%
                    (z[k]- t(H) %*% xhatminus[k, ])
    P[k, , ] <- (diag(dimState)-K[k,] %*% t(H)) %*% Pminus[k, , ]
  }

  ## 예측과 평활화된 값 모두 반환합니다.
  return(list(xhat = xhat, xhatminus = xhatminus))
}
```

이 함수를 적용하여 로켓의 위치만을 측정 가능하게 만들어줍니다(즉, 속도와 가속도는 포함하지 않습니다).

```
## R
## 노이즈 파라미터
R <- 10^2 ## 측정 분산 - 이 값은 측정 도구에 대해 알려진,
          ## 물리적인 한계에 따라 설정되어야 합니다.
          ## x에 더해진 노이즈와 일관성 있게 설정합니다.
Q <- 10   ## 과정의 분산 - 일반적으로 성능의 최대화를 위해서
          ## 조정되어야 하는 하이퍼파라미터로 취급됩니다.

## 동적 파라미터
A <- matrix(1) ## x_t = A * x_t-1(사전 x가 나중 x에 얼마나 영향을 미치는지) .
H <- matrix(1) ## y_t = H * x_t(상태를 측정으로 변환)

## 칼만 필터 방법으로 데이터를 넣고 돌립니다.
xhat <- kalman.motion(z, diag(1) * Q, R, A, H)[[1]]
```

[그림 7-3]과 같이 참된 위치, 측정된 위치, 추정된 위치에 대한 그래프를 그립니다.

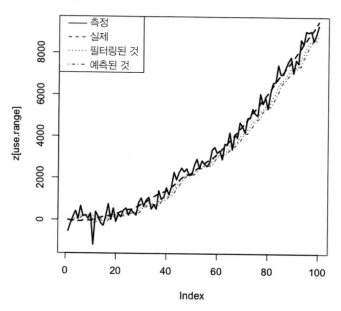

그림 7-3 측정 위치, 실제/참 위치, 필터링 된 추정된 위치(즉, 시간 t에서의 위치와 시간 t의 측정을 결합한 최상의 추정), 예측된 위치(즉, 시간 t를 포함하지 않은 t−1까지의 측정에 알고 있는 시스템 역동성을 더한 것을 시간 t의 위치에 결합한 최상의 추정)와 같은 여러 수치를 표현합니다.

칼만 필터는 측정 오차에서 많은 노이즈를 제거합니다. 제거하는 정도는 측정 오차의 파라미터 R 값에 따라 달라집니다. 이 값은 필터가 과거 대비 가장 최근의 데이터에 얼마나 큰 가중치를 부여하는지를 반영합니다. 필터는 꽤 만족스러운 데이터 예측을 만들어냅니다. 특히 예측과 실제 데이터 사이에 시간차가 없다는 사실에 주목하기 바랍니다. 즉 직전 값에만 의존해서 현재 값을 예측했다는 것입니다.

지금까지 간단한 칼만 필터 예제를 다뤘습니다. 칼만 필터는 여러 애플리케이션에서 매우 유용하게 사용될 수 있어서 널리 연구됩니다. 특히 시스템의 내부 역동성이 잘 정립되고 이해된 경우 유용하다고 볼 수 있습니다. 즉 시스템을 움직이는 역동성을 잘 이해할 수 있다면 간단한 로켓 예제를 포함한 여러 상황에서 칼만 필터는 이상적인 도구가 될 수 있습니다.

여기서 다룬 간단한 예제로는 칼만 필터가 가진 강력함 및 유용성을 완전히 이해하는 것은 어렵습니다. 다만 같은 내용이나 서로 다른 수치가 여러 장치에 의해 동시 다발적으로 측정되는 경우처럼 여러 종류의 측정치를 다루는 경우 특히 유용합니다. 또한 칼만 필터를 확장한 여러 사례도 있습니다. 여러분에게 이 분야가 유망하게 느껴진다면 확장된 연구 내용도 함께 살펴보길 권합니다.

칼만 필터의 한 가지 대단한 이점은 재귀성recursive에 있습니다. 과정이 반복될 때마다 모든 데이터를 살펴볼 필요가 없다는 의미입니다. 그 대신 각 시간 단계에서, 그 이전 시간들로부터의 모든 정보가 가장 최근 상태, 공분산 추정이라는 몇 개의 파라미터로서 최선의 방법으로 결합되어 제공됩니다. 이러한 '요약 통계'를 사용하여 지능적인 방식으로 갱신을 수행한다는 점이 칼만 필터의 장점입니다. 이는 계산 자원 및 소요 시간이 매우 중요한 실세계의 애플리케이션에서 칼만 필터를 매우 유용하게 해줍니다. 또한 여러 실세계 시스템의 역동성이 상대적으로 마르코프 연쇄 과정을 가지고, 시스템을 표현하는 함수에는 어느 정도 측정 오차가 포함된다는 사실과 일치하기도 합니다. 실세계를 잘 반영한다는 의미입니다.

여기서는 다루지 않지만 칼만 필터의 여러 가지 유용한 확장이 있습니다. 예를 들어 칼만 필터의 한 가지 주된 용도는 평활화에 적용하는 것입니다. 즉 시간 t에서의 참 상태 추정에 시간 t의 전후 데이터를 모두 사용하여 최선의 추정을 한다는 것입니다. 수학 및 코드는 이미 제시된 것과 유사합니다. 또한 비선형적 역동성을 가진 데이터에 칼만 필터를 적용하는 확장 칼만 필터extended Kalman filter(EKF)와도 유사합니다. 이를 구현하는 것은 비교적 간단한 작업이지만, 이를 지원하는 R과 파이썬의 여러 패키지가 존재하므로 쉽게 접근할 수도 있습니다.

시계열 길이에 대한 칼만 필터의 시간 복잡도는 $O(T)$지만, 상태의 차원 d에 대해서는 $O(d^2)$입니다. 따라서 간단한 상태만으로도 결과가 괜찮다면, 지나치게 많은 상태를 지정하지 않는 것이 좋습니다. 그러나 시계열에 대한 이러한 선형성 덕분에 시계열의 상태공간 모델링에서 다른 필터보다 칼만 필터를 훨씬 더 많이 사용했습니다.

7.3 은닉 마르코프 모형

은닉 마르코프 모형hidden Markov model(HMM)은 특히 시계열 모델링에 유용합니다. 또한 시계열 분석에 학습될 데이터에 올바르게 레이블링된 정답이 존재하지 않는 비지도학습이 적용된 희귀한 경우이기 때문에 흥미롭기도 합니다. HMM은 앞서 살펴본 칼만 필터의 실험에서 얻었던 직관, 즉 관측 가능 변수가 시스템을 가장 잘 묘사하지는 못한다는 개념에서 영감을 받았습니다. 선형 가우스 모델에 적용된 칼만 필터처럼 과정에는 상태가 있으며 관측이 그 상태에 대한 정보를 준다는 개념을 상정합니다. 또한 관측 가능한 것에 상태 변수가 미치는지 영향도 정의해야 합니다. HMM에서 상정하는 과정은 이산적 상태들 간의 이동으로 묘사될 수 있는 비선형성입니다.

7.3.1 모델의 동작 방식

HMM은 직접적으로 관측이 불가능한 상태를 가진 시스템을 상정합니다. 마르코프 과정이라고 불리는 이 시스템은 미래 사건의 확률이 시스템의 현재 상태만으로도 충분히 계산될 수 있기에 '기억 없음'이라는 의미를 지닙니다. 즉 시스템의 현재와 과거 상태를 모두 알더라도 시스템의 현재 상태만 아는 것보다 유용하지 않습니다.

마르코프 과정은 종종 행렬로 묘사되고는 합니다. 예를 들어 상태 A와 B 사이에서 출렁이는 시스템이 있다고 가정해봅시다. 두 상태 모두 다른 시간 단계에서 통계적으로 다른 상태로 바뀌는 것보다는 현 상태를 유지할 가능성이 높다고 가정합시다. 그러면 이런 시스템은 다음과 같은 행렬로 묘사할 수 있습니다.

	A	B
A	0.7	0.3
B	0.2	0.8

현재 시스템이 상태가 A, 즉 (1, 0)이라고 상상해봅시다(상태 B는 (0, 1)). 이때 시스템이 상태 A를 유지할 확률은 0.7이며, 상태 B로 바뀔 확률은 0.3입니다. 그리고 우리는 가장 최근 이전의 시스템 상태는 알 필요가 없습니다. 이것이 바로 마르코프 과정을 의미합니다.

은닉 마르코프 모형은 관측으로부터 시스템의 상태를 직접적으로 추론할 수 없다는 것을 제외하면 마르코프 모형과 같은 종류의 시스템을 표현합니다. 단 관측은 시스템의 상태에 대한 단서를 제공합니다(그림 7-4).

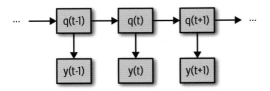

그림 7-4 HMM에 대한 과정으로 특정 시간에서 시스템의 실제 상태를 $x(t)$로 표현합니다. 또 특정 시간에서 관측 가능한 데이터는 $y(t)$로 표현합니다. $y(t)$ 입장에서는 오로지 $x(t)$만 고려하지 않습니다. 즉 $x(t)$를 이미 알고 있다면 $x(t-1)$은 $y(t)$ 예측에 추가 정보를 제공하지 않는 것입니다. 마찬가지로 $x(t+1)$의 예측에는 $x(t)$의 영향만 있을 뿐, $x(t-1)$로부터는 어떠한 추가 정보도 없습니다. 이것이 바로 마르코프가 바라보는 시스템입니다.

현실적인 애플리케이션의 상황에서는 상태들의 출력이 겹치는 경우가 많습니다. 따라서 어떤 상태가 출력을 생성했는지 100% 완벽하게 이해하는 것은 어렵습니다. 예를 들어 [그림 7-5]와 같은 데이터에 HMM을 적용한다고 생각해봅시다. 이 데이터는 네 개의 상태로 시뮬레이션된 것입니다. 그러나 시각적인 정보만으로는 상태가 몇 개 존재하는지, 무엇이 각 상태를 구분 짓는지, 시스템의 상태 간 전환지점은 어디인지 파악하기가 쉽지 않습니다.

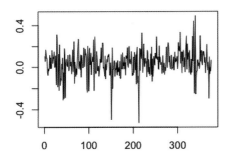

그림 7-5 이 시계열은 네 가지 상태로 시뮬레이션되었지만, 시각적으로는 네 개 상태의 존재 및 각 상태의 시작과 끝을 확인하기가 어렵습니다.

HMM의 실제 사용 사례는 다음과 같습니다.

- 금융시장의 체제 전환 식별(*https://perma.cc/JRT2-ZDVJ*)

- DNA 염기순서 정보의 분류, 예측, 복원(*https://perma.cc/4V4A-53TZ*)

- ECG 데이터에 반영된 수면 단계의 인식(*https://perma.cc/G37Y-XBQH*)

7.3.2 모델을 적합시키는 방법

직접적으로 측정이 불가능한 상태의 존재와 이 기술이 적용될 다양한 데이터셋에 대해 분명하게 옳은 정답은 얻을 수 없다는 것을 상정합니다. 그러면 은닉 상태들의 선험적 지식 없이 이 알고리즘은 은닉 상태들을 어떻게 식별할까요? 그 대답은 바로 반복성에 있습니다. 관측을 설명 가능한 가장 적절한 은닉 상태를 도출하는 마법 같은 해결책은 존재하지 않습니다. 그러나 완전하게 구체화된 시스템이 있다면 추정을 향해 나아갈 가능성은 열립니다.

HMM은 시스템이 다음의 정보로 완전히 묘사된다고 상정합니다:

- $x(t)$에서 $x(t)$+1로 전환될 확률. 이는 앞서 언급된 상태 A와 B 간의 전환과 같은 행렬을 명시하는 것과 같습니다. 이 행렬의 크기는 가설을 세운 상태의 개수에 따라 다릅니다.
- $x(t)$가 주어졌을 때 관측 $y(t)$의 확률 또는 방출확률^{emission probability}
- 시스템의 초기 상태

좀 더 구체적으로 HMM 과정의 묘사와 적합에는 다음의 변수가 필요합니다.

- 시스템을 구성하는 개별 상태: $Q = q_1, q_2, ..., q_N$
- 모든 시간 단계에서 상태 i에서 j로 바뀌는 전환에 대한 전환 확률 행렬: $A = a_{i,j} = a_{1,1}, a_{1,2}, ..., a_{N,N}$
- 관측된 시계열 과정에서 샘플링된 관측의 정렬된 순서: $O = o_1, o_2, ..., o_T$
- 상태 q_i일 때 관측될 값 o_t의 방출 확률: $b_{i(ot)}$
- 시스템 시작 시 갖는 $q_1, q_2, ..., q_N$ 상태에 대한 초기 확률 분포: $p = p_1, p_2, ..., p_N$

그러나 이 변수들을 실제 데이터로 알 수 있는 경우는 거의 없습니다. 실제 데이터에서는 오직 실제로 관측된 $y_1, y_2, ..., y_t$만 알 수 있는 것이 보통입니다.

바움–웰치 알고리즘

은닉 마르코프 모형에서는 **바움–웰치 알고리즘**^{Baum - Welch algorithm}을 사용해 파라미터를 추정합니다. 이전 절에서 나열한 모든 파라미터 값을 추정하는 복잡한 작업의 가이드 역할을 하는 알고리즘입니다. 그러나 전체적으로는 다음 두 단계로 작업합니다.

- 가능한 각 은닉상태에 대한 개별 방출 확률, 즉 각 은닉상태 간의 전환 확률을 식별합니

다. 여기서 바움-웰치 알고리즘을 사용합니다.

- 전체 관측에서 각 시간 단계별 가장 가능성이 높은 은닉 상태를 식별합니다. 여기서 비터 비 알고리즘Viterbi algorithm을 사용합니다.

이 두 작업은 서로 연관되었습니다. 또한 각각은 어렵고, 계산적으로 부담이 큰 작업입니다. 심지어 이 둘은 서로 의존 관계가 있습니다. 파라미터 추정과 우도 최대화같이 서로 작업이 연관된 경우, 기대 값 최대화 알고리즘을 사용하여 합리적인 해결책을 찾을 때까지 두 작업 사이를 반복해서 수행할 수 있습니다.

바움-웰치 알고리즘을 적용하는 첫 번째 단계는 우도함수likelihood function를 정의하는 것입니다. 여기서 우도함수는 주어진 가설 파라미터의 순서에 대한 관측의 확률을 의미합니다. 그리고 여기서의 가설 파라미터는 상정된 상태별 수학적 파라미터입니다.

예를 들어 두 상태로 구성된 모델에서 각 상태가 개별적인 평균 및 표준편차로 가우스 분포를 가진 관측 값을 만들어내면 이 모델은 μ_1, σ_1, μ_2, σ_2로 묘사될 수 있습니다. 여기서 $\mu_{u=i}$와 σ_i는 각각 i번째 상태의 평균과 표준편차를 의미합니다. 이들은 방출 확률을 묘사할 수 있고 이 방출 확률을 모아서 θ로 표현합니다. 또한 상태의 순서를 x_1, x_2, ..., x_t (줄여서 X_t)라고 상정합니다. 이 상태의 순서는 관측할 수 없지만 지금은 그럴 수 있다고 가정합니다.

그러면 우도함수는 주어진 방출 확률(주어진 특정 상태에서의 관측 확률)의 파라미터에 대한 관측 순서의 우도, 즉 $p(y_1, y_2, ..., y_t \mid \mu_1, \sigma_1, \mu_2, \sigma_2, ..., \mu_N, \sigma_{Nt}) = p(y_1, y_2, ..., y_t \mid \mu_1, \sigma_1, \mu_2, \sigma_2, ..., \mu_N, \sigma_N)$에 대한 모든 가능한 X_t를 묘사합니다.

그러나 여기에는 시간 단계가 많아질수록 복잡도가 지수적으로 증가하므로 격자탐색이 현실적이지 못하게 되는 등 여러 가지 어려움이 있습니다. 따라서 다음과 같은 EM 알고리즘을 적용하여 작업을 간소화해야 할지도 모릅니다.

1. 방출 확률변수를 무작위로 초기화합니다.
2. 주어진 방출 확률값을 가정하여 가능한 X_t를 계산합니다.
3. 더 나은 방출 확률변수의 추정치 생성에 X_t의 값을 사용합니다.
4. 수렴할 때까지 두 번째와 세 번째 단계를 반복합니다.

좀 더 쉽게 풀어 설명해보겠습니다. 두 개의 분포를 상정하는 무작위 사건 및 각 시간 단계에서 특정 상태일 확률을 결정합니다(예: 시간 단계 t에서 상태 A나 B가 될 확률) 각 시간 단계에 추정상 상태를 할당하면, 그 추정 상태로 방출 확률을 재추정합니다(상태에 대한 더 나은 평균 및 표준편차가 되도록 바로잡는 과정입니다). 그리고 이 과정을 반복하여 X_t 궤적의 추적 향상을 위해 새롭게 갱신된 방출 확률변수를 사용합니다.

EM 알고리즘 사용에 대해 기억해야 할 중요한 사실은 전역적으로 최적의 파라미터를 찾는 것이 보장되지 않는다는 것입니다. 따라서 적합 과정을 여러 번 수행해 다양한 초기화에 걸쳐 전역적으로 공통된 최적 파라미터가 무엇인지 알아보는 것이 좋습니다. 또 다른 중요한 사실은 데이터와 모델의 세부 사항에 따라 적절한 정도의 예열시간이 필요하다는 점을 기억하기 바랍니다.

비터비 알고리즘

바움-웰치 알고리즘에 의해 HMM 과정의 파라미터가 추정되고 나면 그다음 관측 가능한 측정값으로 구성된 시계열을 구성하는 가장 가능성 높은 상태들의 계열이 무엇인지 궁금할 것입니다.

바움-웰치 알고리즘과는 다르게 비터비 알고리즘은 흥미로운 질문에 대한 최상의 해답을 제공합니다. 비터비 알고리즘이 동적 프로그래밍 알고리즘이기 때문입니다. 즉 특정 해결책에 도달하기 위해 부분적인 해결책을 만들고 저장하여, 적합 범위를 완전하면서도 효율적으로 탐색하게끔 설계된 것입니다. 그러면 해결책에 도달하는 경로가 길어지더라도 모든 부분 경로의 해결책을 다시 계산할 필요가 없습니다.

그림 7-6 비터비 알고리즘은 주어진 관측된 시계열의 가능한 모든 경로를 검색합니다. 여기서 경로는 각 시간 단계에서의 상태를 뜻합니다.

동적 프로그래밍

데이터 과학자들이 표준적인 알고리즘을 항상 사용하는 것은 아닙니다. 하지만 시간상 정렬된 데이터의 개념에서 보면 추론과 반복이 유용한 시계열 분석에서는 기본적인 알고리즘이 꽤 유용할 수도 있습니다.

동적 프로그래밍은 피보나치 수열Fibonacci sequence로 예를 들어 설명하는 것이 쉽습니다. 여덟 번째의 피보나치 수를 계산하는 상황을 떠올려봅시다. 여섯 번째와 일곱 번째 피보나치 수를 알면 쉽게 계산할 수 있다는 것을 직감적으로 알고 있을 겁니다. 그러기 위해서는 네 번째와 다섯 번째 피보나치 수가 필요합니다. 이런 식으로 계속 반복합니다. 피보나치의 나중 수는 이전 수에 의해 결정된다는 사실을 알고 있으므로 피보나치 수를 계산할 때는 값들을 어디엔가 저장해야 합니다. 이러한 이유로 동적 프로그래밍은 메모이제이션memoization 기법으로도 묘사되곤 합니다.

동적 프로그래밍의 적용 가능한 상황은 다음과 같은 특징을 가집니다.

- 크기 $N - 1$ 문제의 해결책을 알고 있다면 크기 N 문제의 해결책의 계산이 가능합니다. 덜 복잡한 문제에 대한 해결책을 기억하거나 메모이제이션하면, 더 복잡한 문제를 효율적으로 해결하는 데 매우 유용할 것입니다.

- 작은 문제에서 큰 문제로 확장하기 위해 명확히 정의된 순서를 가집니다.

- 즉시 쉽게 계산할 수 있는 기본적인 상황을 식별할 수 있습니다.

7.3.3 코드로 보는 HMM의 적합 과정

HMM의 적합 과정은 매우 복잡합니다. 그러나 R에는 이를 구현한 여러 가지 패키지가 존재합니다. 여기서는 depmixS4 패키지로 작업하겠습니다. 다음 코드를 사용해 적절한 시계열을 만듭니다.

```R
## R
## 시드값을 설정했음에 유의합니다. 동일 시드값을 설정하면
## 항상 같은 난수가 발생하므로 같은 결과를 얻을 수 있습니다.
set.seed(123)

## 표현하려는 시장 상태 네 개에 대한 분포 파라미터를 설정합니다.
bull_mu    <- 0.1
bull_sd    <- 0.1

neutral_mu <- 0.02
neutral_sd <- 0.08

bear_mu    <- -0.03
bear_sd    <- 0.2

panic_mu   <- -0.1
panic_sd   <- 0.3

## 쉬운 색인을 위해 상기 파라미터를 벡터에 담아줍니다.
mus <- c(bull_mu, neutral_mu, bear_mu, panic_mu)
sds <- c(bull_sd, neutral_sd, bear_sd, panic_sd)

## 시계열이 생성할 내용에 대한 일부 상수를 설정합니다.
NUM.PERIODS     <- 10
SMALLEST.PERIOD <- 20
LONGEST.PERIOD  <- 40

## 확률적으로 일련의 일수(day count)를 결정합니다.
## 이때 각 일수는 한 번의 '실행' 또는 시장의 한 상태를 나타냅니다.
days <- sample(SMALLEST.PERIOD:LONGEST.PERIOD, NUM.PERIODS, replace = TRUE)


## days 벡터의 각 일수에 대해 특정 시장 상태를 가진
## 시계열을 생성하고 이를 전체 시계열에 추가합니다.
returns   <- numeric()
true.mean <- numeric()
```

```
for (d in days) {
  idx = sample(1:4, 1, prob = c(0.2, 0.6, 0.18, 0.02))
  returns <- c(returns, rnorm(d, mean = mus[idx], sd = sds[idx]))
  true.mean <- c(true.mean, rep(mus[idx], d))
}
```

상기 코드는 매수세, 약세, 중립, 패닉이라는 네 가지 모드의 주식시장에서 영감을 받은 예제입니다. 각 상태의 방출 확률 분포를 설명하는 변수(특정 상태에서 측정된 기대 값을 나타내는 _mu 및 _sd 변수)와 같이 상태가 지속될 일수는 무작위로 선택됩니다.

샘플이 포괄하는 날 중 몇 일이 상태 추적에 사용하는 변수인 **true.mean**에 해당하는지 확인해 생성된 시계열의 모양과 각 상태의 빈도를 파악할 수 있습니다.

```
## R
> table(true.mean)
true.mean
-0.03   0.02    0.1
  155    103     58
```

이런! 시뮬레이션된 계열에 네 개의 상태를 포함하려고 했던 의도와는 다르게 세 개만 포함되었습니다. 이는 네 번째 상태의 포함 가능성(0.2)이 매우 낮아서일 수 있습니다. 가장 가능성이 낮은 상태는 계열에 포함될 선택조차 받지 못한 것입니다. 주어진 시계열에서 실제로 모든 상태가 포함될지를 항상 알 수 있는 것은 아닙니다. 이는 HMM의 적합이 어려울 수 있으며 알고리즘이 다소 공정치 못할 수 있는 이유이기도 합니다. 그렇지만 우리는 네 개의 그룹을 지정한 채 분석을 진행하여 무엇을 얻을 수 있는지 확인해보겠습니다.[3]

여전히 HMM을 적합시키는 과정이 남았습니다. HMM의 결과는 원하는 만큼 많은 상태 중 각 상태에 대한 사후 확률의 시계열을 제공합니다. 이는 앞서 설명한 EM 알고리즘과 일관성을 가집니다. 즉 추정 상태의 수만 지정해주고, 나머지는 반복 과정을 통해 점진적으로 결정합니다.

종종 그렇듯이 적절한 패키지의 사용은 작성해야 하는 코드의 양적인 측면에서 분석의 어려운

---

3 이 시뮬레이션 데이터의 또 다른 문제는 한 상태에서 다른 상태로 은닉 상태의 흐름 제어를 위한 상태 천이 확률의 행렬을 설정하지 않았다는 것입니다. 한 상태가 오랫동안 그대로 유지될 가능성이 높으며, 그와 동일한 확률로 다른 상태로 바뀔 것이라는 가정을 세웠습니다. 단지 코드를 단순하게 만들기 위해 상태 전환 행렬과 형식 명세서와 같은 부분을 생략했습니다.

부분을 꽤 쉽게 만들어줍니다. 그리고 여기서는 R의 depmisS4 패키지[4]를 사용합니다. 모델은 두 단계로 적합됩니다. 우선 예상 분포, 상태 개수, 적합에 사용될 입력 데이터 등이 depmix() 함수로 지정됩니다. 그런 다음 fit 함수를 통해 모델이 적합됩니다. 이때 fit 함수에는 모델 사용에 대한 내용이 전달되어야 합니다. 마지막으로 posterior() 함수를 사용하여 적합된 모델로부터 상태 레이블에 대한 사후분포를 생성합니다. 이 시점에서 모델 자체는 이미 적합된 것이라서 상태 분포 및 전환 확률을 묘사하는 파라미터는 추정되었기 때문에 데이터를 레이블링하는 별도의 작업입니다.

```R
## R
require(depmixS4)
hmm.model <- depmix(returns ~ 1, family = gaussian(),
                    nstates = 4, data=data.frame(returns=returns))
model.fit    <- fit(hmm.model)
post_probs <- posterior(model.fit)
```

상기 코드에서는 관측데이터로 returns 벡터를 제공하여 hmm.model을 생성합니다. 또한 상태의 개수(4)를 지정하고, family 파라미터를 통해 방출 확률이 가우스 분포를 따른다는 것을 지정합니다. 그다음 fit() 함수로 모델을 적합시켰으며, posterior() 함수로 사후 확률을 계산했습니다. 사후 확률은 적합 과정에서 결정된 모델의 파라미터에로 특정 시간에서의 특정 상태에 대한 확률을 제공합니다.

그러면 이제는 다음과 같이 측정된 값으로 상태를 시각화 할 수 있습니다(그림 7-7).

```R
## R
plot(returns, type = 'l', lwd = 3, col = 1,
     yaxt = "n", xaxt = "n", xlab = "", ylab = "", ylim = c(-0.6, 0.6))

lapply(0:(length(returns) - 1, function (i) {
  ## 특정 시간 단계 동안의 상태를 나타내며
  ## 적절한 색상의 사각형을 배경에 추가합니다.
  rect(i,-0.6,(i + 1),0.6,
      col = rgb(0.0,0.0,0.0,alpha=(0.2 * post_probs$state[i + 1])), border = NA)
}
```

----

4   이 패키지의 이름은 종속 혼합 모델(dependent mixture model)이라는 HMM의 또 다른 이름을 반영합니다.

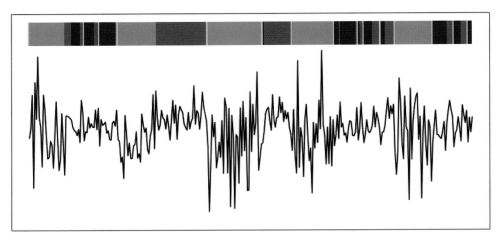

그림 7-7 이 도표의 배경은 개별 상태를 나타내고, 검은색 실선은 실젯값을 나타냅니다. 흰색의 수직선은 네 상태 중 가장 희귀한 것으로 추정된 시간을 나타내는 매우 좁은 조각입니다.

속성을 통해 모델이 결정한 가정 분포의 파라미터에 대한 정보를 접근할 수 있습니다. 원본 데이터를 생성한 다음의 파라미터를 염두에 두고 해당 정보를 확인해봅시다.

```
bull_mu     <-   0.1
bull_sd     <-   0.1

neutral_mu <-    0.02
neutral_sd <-    0.08

bear_mu     <-  -0.03
bear_sd     <-   0.2

panic_mu    <-  -0.1
panic_sd    <-   0.3
```

데이터에 실제로 존재하는 상태들과 비교해보면(패닉 체제는 적합된 데이터에 포함되지 않았음을 기억하세요), 다음의 그룹들이 상관관계를 갖는다는 것을 확인할 수 있습니다.

```
> attr(model.fit, "response")
[[1]]
[[1]][[1]] ## 우연히 패닉 체제와 가까운 평균을 가집니다.
            ## 그러나 사실 패닉 체제는 적합된 샘플의 데이터를 생성하지 않았습니다.
```

```
          ## 대신 알고리즘은 이 네 번째 상태보다 높은 음수를 할당했습니다.
Model of type gaussian (identity), formula: returns ~ 1
Coefficients:
(Intercept)
-0.09190191
sd  0.03165587


[[2]]
[[2]][[1]] ## 시장의 약세 체제와 일관성을 가집니다.
Model of type gaussian (identity), formula: returns ~ 1
Coefficients:
(Intercept)
-0.05140387
sd  0.2002024


[[3]]
[[3]][[1]] ## 시장의 매수세 체제와 일관성을 가집니다.
Model of type gaussian (identity), formula: returns ~ 1
Coefficients:
(Intercept)
  0.0853683
sd  0.07115133


[[4]]
[[4]][[1]] ## 시장의 중립 체제와 어느 정도 일관성을 가집니다.
Model of type gaussian (identity), formula: returns ~ 1
Coefficients:
  (Intercept)
-0.0006163519
sd  0.0496334
```

적합된 결과가 기준 은닉 상태와 잘 맞지 않는 이유는 적절한 전환 행렬을 사용하지 않았기 때문입니다. 상태 간 전환은 적절한 마르코브 과정이 아니라 적합에 영향을 줄 수 있습니다. 또한 상태 간 전환이 적고, 상대적으로 짧은 시계열에 대해 적합을 수행했습니다. 그러나 HMM은 더 많은 상태 간 전환을 관찰하거나 추론할 수 있는 긴 시계열에서 성능이 더 좋습니다. 이 기술을 사용하여 실제 데이터에 적합시킬 준비를 한다면 현실적인 합성 데이터로 제안된 HMM을 시도해보는 것이 좋습니다. 대부분의 실제 데이터에서는 상태를 관측 불가능한 것으로 상정하므로 프로젝트를 야심차게 준비하기 전에 통제된 설정(합성 데이터의 사용)에서 모델 성능의 한계에 대해 고민해봐야 합니다.

HMM은 다양한 종류의 데이터를 분석하는 데 적합합니다. 현재 금융시장이 성장기인지, 불황기인지를 모델링하고 세포 내의 단백질 폴딩이 어느 단계에 있는지 결정하며 (딥러닝이 도래하기 전) 사람의 움직임을 설명하는 데 사용했습니다. 이러한 모델은 예측하기 보다 시스템의 역동성을 이해하는 데 더 자주 유용하게 사용됩니다. 또한 HMM은 단순한 포인트 추정이나 예측 이상을 제공합니다. 마지막으로 HMM을 적합시키는 데 상태의 개수를 지정하는 등 시스템에 대한 사전 지식을 모델로 주입할 수 있습니다. 이러한 방식으로 통계적 방법의 이점을 얻을 수 있을 뿐만 아니라 시스템에 대한 사전 지식을 파라미터화할 수 있는 파라미터도 갖게 됩니다.

HMM에 적용된 수학과 계산은 꽤 흥미롭고 접근성이 좋습니다. HMM이 데이터에 적합되는 가장 일반적인 방식으로 다양한 프로그래밍 기법과 수치 최적화 알고리즘^{numerical optimization} algorithms을 쉽게 배울 수 있습니다. 또한 데이터 과학자나 소프트웨어 엔지니어 모두에게 유용한 동적 프로그래밍 기법도 배울 수 있습니다.

칼만 필터와 마찬가지로 HMM은 다양한 작업에 사용됩니다. 사실 HMM 시스템과 관련된 다양한 추론 문제는 각자 방출 확률을 가진 개별 상태의 증가하는 복잡성 때문에 훨씬 더 복잡합니다. HMM을 사용할 때 다음과 같은 몇 가지 추론 작업에 직면할 수 있습니다.

- 관측의 계열을 생성하는 상태들의 가장 가능성 있는 설명을 결정합니다. 한 상태가 다른 상태로 이어질 가능성을 설명하는 전환행렬뿐만 아니라 각 상태에 대한 방출확률을 추정하는 것과 연관되어 있습니다. 이 책에서는 전환확률을 명확하게 설명하진 않지만, 우리가 수행한 작업에 포함됩니다.

- 관측의 계열, 상태에 대한 설명, 각 상태의 방출과 전환 확률을 통해 가장 가능성이 높은 상태의 연속적인 순서를 결정합니다. 또한 직전에 수행한 작업 일부에 포함됩니다. '가장 가능성이 높은 설명'이라고도 하며 비터비 알고리즘으로 계산합니다.

- 필터링과 평활화입니다. 필터링은 가장 최근의 관측이 주어졌을 때 가장 최근의 시간 단계에서의 은닉 상태를 추정하는 것에 해당합니다. 그리고 평활화는 특정 시간 단계의 이전, 현재, 이후에 대한 관측을 토대로 해당 시간 단계의 은닉 상태에 대한 가장 가능성 있는 분포를 결정하는 것에 해당합니다.

7.4 베이즈 구조적 시계열

베이즈 구조적 시계열Bayesian structural time series(BSTS)은 칼만 필터에서 다룬 선형 가우스 모델과 관련이 있습니다. 베이즈 구조적 시계열은 시스템에 대해 이미 알려진 사실이나 흥미로운 가설을 반영하는 복잡한 모델을 구축하기 위해 이미 존재하는 요소를 활용하는 방법을 제공한다는 점에서 선형 가우스 모델과의 차이가 있습니다. 그리고 구조를 설계하고, 대상 데이터에 대해 구축된 모델의 파라미터를 추정하기 위한 탄탄한 적합 기법을 사용하고, 모델이 시스템의 행동을 잘 예측하고 설명하는지를 확인할 수 있습니다.

선형 가우스 모델 대비 BSTS 모델에 대한 수학은 꽤 복잡하며 계산적으로도 부담이 큰 편입니다. 따라서 일반적 개요만을 살펴보고 바로 코드를 적용해보겠습니다.

BSTS 모델의 적합은 네 단계로 구성됩니다.

1. 사전 확률의 세부 사항을 포함한 구조적 모델을 정의합니다.
2. 관측된 데이터로 상태의 추정을 갱신하는 데 칼만 필터를 적용합니다.
3. 스파이크앤슬랩 방법spike-and-slab method을 사용하여 구조적 모델 내의 변수 선택을 수행합니다.[5]
4. 예측의 생성을 위한 결과의 결합에 베이즈 모델 평균화Bayesian model averaging를 적용합니다.

다음 절에서 살펴볼 예제에서는 첫 번째와 두 번째 단계에만 집중할 것입니다. 이미 존재하는 구성 요소로 유연한 모델을 정의하고, 시간이 지나면서 파라미터 추정을 갱신하는 베이즈 방법으로 해당 모델을 데이터에 적합시킵니다.

7.4.1 코드로 살펴보는 bsts

이번 절에서는 구글이 만든 강력하면서도 인기 있는 BSTS 패키지인 **bsts**와 OpenEL. org(*https://openei.org/wiki/Main_Page*)에서 취득한 개방형 데이터를 사용합니다.

앞으로 무엇을 모델링하는지에 대한 감을 얻기 위해 데이터 그래프를 그려봅시다(그림 7-8).

---

5 스파이크앤슬랩 방법을 자세히 알아보려면 위키피디아를 참조하기 바랍니다. 수학이 꽤 복잡하기 때문에 여기서는 다루지 않습니다. 다만 스파이크앤슬랩 방법은 입력이 많고 모델의 단순화를 위해 변수의 선택이 필요한 경우 매우 유용합니다.

```
## R
elec = fread("electric.csv")

require(bsts)
n = colnames(elec)[9]
par(mfrow = c(2, 1))
plot(elec[[n]][1:4000])
plot(elec[[n]][1:96)
## 앞서 살펴봤듯이
## 적절한 시간의 척도는 ts 데이터를 이해하는 것이 핵심입니다.
```

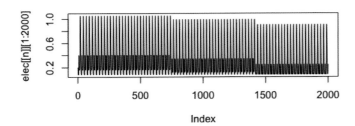

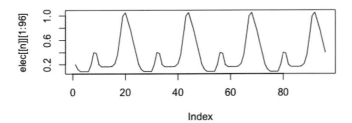

그림 7-8 상단의 그래프는 모델을 적합시켜야 하는 전체 계열을, 하단의 그래프는 좀 더 데이터를 쉽게 이해하기 위해 전체를 짧게 잘라낸 부분집합입니다. 일일 패턴을 분명히 보여줄 수 있는 방법으로 데이터를 바라볼 수 있게 해주는 그래프가 더 의미가 있습니다.

데이터를 보면 어떤 식으로 모델을 만들지에 대한 감을 얻을 수 있습니다. 명백히 일일 패턴이 존재하며, 요일별 패턴도 있는 것처럼 보입니다. 이들은 모델로 설명할 계절성 행동을 반영합니다. 또한 [그림 7-8]의 상단 그래프에 전체 데이터를 표시할 때 볼 수 있는 비정상 동작을 고려해 데이터의 추세를 허용합니다.

```
## R
ss <- AddLocalLinearTrend(list(), elec[[n]])
ss <- AddSeasonal(ss, elec[[n]], nseasons = 24, season.duration = 1 )
ss <- AddSeasonal(ss, elec[[n]], nseasons = 7,  season.duration = 24)
```

이 모델의 지역적 선형 추세(AddLocalLinearTrend)는 데이터 추세의 평균과 기울기가 모두 확률보행을 따른다고 가정합니다.[6]

모델의 계절성 요소는 인수 두 개를 수용합니다. 하나는 계절의 개수를, 다른 하나는 계절의 길이를 지정합니다. 첫 번째로 추가한 일일 주기성을 반영하는 계절성 요소에서는 매시간 당 하나의 계절이 있으며 각 계절은 한 시간 동안만 지속하도록 설정했습니다. 주간 주기성을 반영하는 두 번째 계절성 요소에서는 요일마다 하나의 계절이 있으며 각 계절은 24시간 동안 지속하도록 설정했습니다.

실제로 월요일 오전 12시 1분에 시작하는지 (또는 주를 정의하고 싶은지) 궁금할 수도 있지만, 1일의 계절 레이블이 월요일과 정확히 일치하는지에 대한 여부보다 일관성이 더 중요합니다. 여기에서 볼 수 있는 반복 패턴에서 데이터를 24시간으로 분할하는 방법은 계절성 분석에 적합할 것 같습니다.

다음은 코드상 계산적으로 가장 부담이 되는 부분입니다. bsts 패키지의 장점은 사후 확률에 대한 마르코프체인 몬테카를(MCMC)로 계산을 여러 번 수행할 수 있다는 것입니다.

```
## R
model1 <- bsts(elec[[n]], state.specification = ss, niter = 100)
plot(model1, xlim = c(1800, 1900)
```

또한 계절성 요소도 검사할 수 있습니다. 가령 다음과 같이 요일별 계절성 요소를 검사할 수 있습니다(그림 7–9 및 7–10).

```
## R
plot(model1, "seasonal", nseasons = 7, season.duration = 24)
```

---

6 공식 문서(*https://perma.cc/2N77-ALJ4*)에 더 많은 정보가 있습니다.

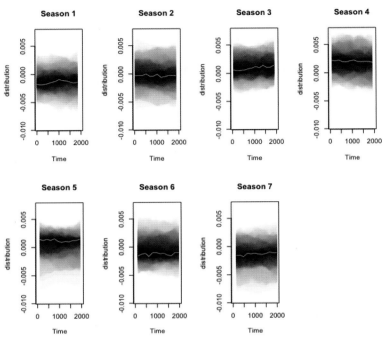

그림 7-9 요일별 계절성은 서로 다른 요일에 따라 차이가 있다는 것을 보여줍니다. 또한 요일 파라미터별 분포는 요일별 추세가 시간의 흐름에 걸쳐 안정적임을 보여줍니다.

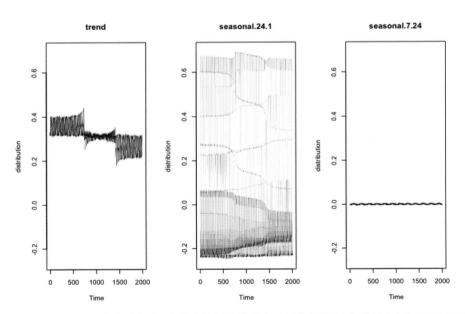

그림 7-10 데이터의 추세, 일별 및 요일별 계절성 요소의 기여도 분포를 보여줍니다. 이 세 요소를 더하면 예측값을 얻을 수 있습니다.

요일별 계절성 요소는 매우 안정적으로 보이는 반면, [그림 7-10]의 중간 그래프의 시간별 계절성은 시간에 따른 추세를 보이는 경향이 있습니다. 일광 시간의 변화와 관련 있을 가능성이 큽니다. 또한 [그림 7-10]에서는 전체적인 전기 수요 감소 패턴을 보여주는 지역적 선형 추세에 맞는 파라미터도 볼 수 있습니다.

마지막으로 미래 예측에 대한 사후 분포의 전체 그래프로 예측할 수 있습니다(그림 7-11). 모델링 과정이 끝나기 전까지 예측을 얼마나 많이 할 것인지를 유연하게 지정할 수 있습니다. 지금 다루는 것은 시간별 데이터로 24시간을 앞선 시계에 대한 예측이 매우 도전적인 것처럼 보이지만, 결국 단 하루 치의 데이터일 뿐입니다. 또한 예측으로부터 72시간 이전의 기간을 본다는 것을 나타냅니다.

```
pred <- predict(model1, horizon = 24, quantiles = c(0.05, 0.95))
plot(pred, plot.original = 72)
```

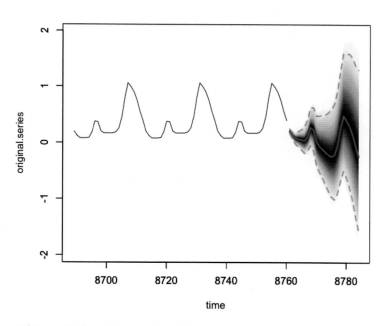

그림 7-11 마지막 72시간의 데이터와 예측된 24시간의 데이터의 결합, 그리고 예측의 5% 및 95% 백분위수의 경계를 보여줍니다. 미래를 예측할수록 예측의 분포가 넓게 퍼진다는 것을 유의하세요.

bsts 패키지와 베이즈 구조적 시계열 모델링에서 다루지 않았지만 매우 유용한 여러 가지 옵션이 존재합니다. 다음은 그중 일부를 보여줍니다.

- 비표준적인 사전 확률을 지정할 수 있습니다.
- 회귀 모델 선택에 스파이크앤슬랩 방법을 사용할 수 있습니다.
- 베이즈 모델 평균화를 사용할 수 있습니다.

이 모든 것이 bsts 패키지로 가능하며 공식 문서를 통해 구체적인 방법을 쉽게 접할 수 있습니다.

지금까지 살펴본 예는 BSTS는 빙산의 일각에 불과합니다. 다음과 같이 몇 가지 중요한 옵션도 존재한다는 것을 알아두기 바랍니다.

- BSTS에서는 모든 종류의 사전 확률을 모델링에 주입할 수 있습니다. 칼만 필터를 배울 때 다뤘던 표준적인 선형 가우스 모델은 사전 확률을 주입하기 위한 매우 기초 방식 중 하나입니다. 실제로는 훨씬 더 많은 옵션을 제공합니다(예: 비대칭 사전 확률).
- BSTS 모델을 사용하면 변수 선택을 수행할 수 있습니다.
- BSTS 모델들은 베이즈 모델 평균화로 결합됩니다. 이는 최초의 모델 선택과 관련된 불확실성을 설명하는 데 도움이 됩니다.

이러한 옵션을 사용한 예를 다루지는 않았지만 bsts 패키지를 사용하면 큰 어려움 없이 모델링에 포함할 수 있습니다. 온라인에서 여러 가지 예제도 찾아볼 수 있습니다.

7.5 보충 자료

칼만 필터 및 선형 가우스 상태 공간 모델

- Greg Welch and Gary Bishop, "An Introduction to the Kalman Filter," technical report, University of North Carolina at Chapel Hill, 1995, *https:// perma.cc/ZCU8-MXEF*.

▷ 칼만 필터에 대한 소개 개요로, 필터의 유도 및 행렬 공식화를 제공합니다. 소개에서는 실제 시나리오에서 비선형 프로세스나 비선형 측정 오류에 사용할 수 있는 일반 필터링인 확장 칼만 필터를 설명합니다.

- R.E. Kalman, "A New Approach to Linear Filtering and Prediction Problems," Transactions of the ASME—Journal of Basic Engineering 82, Series D (1960): 35–45, *https://perma.cc/GNC4-YLEC*.

  ▷ 1960년 칼만 필터의 원본 논문입니다. 수학은 통계와 미적분학의 기본 배경으로 접근하기 쉽습니다. 칼만 필터의 원래 동기와 제작자의 지적 맥락을 배우는 흥미로운 내용입니다.

- R. Labbe, "Kalman and Bayesian Filters in Python," GitHub repository, *https://perma.cc/CMU5-Y94A*.

  ▷ 이 장대한 깃허브에는 칼만 필터를 사용한 예제와 일반적으로 '필터링' 관련 기술을 사용하는 예제 수십 개를 포함합니다. 이 저장소는 작업 예제, 관련 PDF 책, 답이 있는 연습 문제를 포함하는 교과서와 유사합니다.

- Marie Auger-Méthé et al., "State-Space Models' Dirty Little Secrets: Even Simple Linear Gaussian Models Can Have Estimation Problems," Scientific Reports 6, no. 26677 (2016), *https://perma.cc/9D8V-Z7KJ*.

  ▷ 이 기사는 칼만 필터에 대한 논의에서 사용하는 것과 같은 단순한 선형 가우스 모델조차도 특히 시간 값에 비해 큰 측정 오류의 경우 극심한 오정의 경향이 있는 경우를 강조합니다. 저자는 생태학자의 관점에서 이 문제에 초점을 맞추고 있지만, 일반적인 관심사는 다양한 데이터 기반 분야에 유효하며 이 방법에 대해 강조하는 많은 이점과 비교하여 균형 잡힌 관점을 제공합니다.

은닉 마르코프 모형

- Andrew Moore, "Hidden Markov Models," lecture notes, School of Computer Science, Carnegie Mellon University, *https://perma.cc/K3HP-28T8*.

  ▷ 이 포괄적인 강의 노트는 HMM에 대한 개요를 제공합니다. 추정 알고리즘의 그림과 HMM이 실제로 애플리케이션에서 어떻게 사용되는지에 대한 로봇 공학의 예를 제공합

니다.

- Dan Klein, "Artificial Intelligence: Hidden Markov Model," lecture notes, University of California Berkeley, *https://perma.cc/V7U4-WPUA*.

  ▷ 음성을 디지털화하고 전략 게임을 만드는 인공지능을 개발할 수 있도록 HMM의 유용성에 대한 예를 제공합니다.

- user34790, "What Is The Difference Between the Forward—Backward and Viterbi Algorithms?" question posted on Cross Validated, StackExchange, July 6, 2012, *https://perma.cc/QNZ5-U3CN*.

  ▷ 이 StackExchange 게시물은 특정 HMM 사용 사례를 위해 배포된 많은 추정 알고리즘과 관련된 흥미로운 토론과 개요를 제공합니다. 이 게시물은 관련 모델링 알고리즘의 세부 사항에 관심이 없더라도, HMM을 활용해 시계열 데이터를 사용하는 방법을 이해하는 데 도움을 줍니다.

베이즈 구조적 시계열

- Mark Steel, "Bayesian Time Series Analysis," in Macroeconometrics and Time Series Analysis, ed. Steven N. Durlauf and Lawrence E. Blume (Basingstoke, UK: Palgrave Macmillan, 2010), 35–45, *https://perma.cc/578D-XCVH*.

  ▷ 이 간략한 자료는 시계열의 베이즈 분석과 관련된 다양한 기술에 대한 포괄적인 개요와 각 방법의 장단점에 대한 설명을 간결하게 제공합니다.

- Steven Scott and Hal Varian, "Predicting the Present with Bayesian Structural Time Series," unpublished paper, June 28, 2013, *https://perma.cc/4EJX-6WGA*.

  ▷ 경제 시계열 기반 구글 문서는 서로 다른 시차로 사용할 수 있는 주어진 시간에 대한 데이터에 시계열 예측 문제를 적용하는 예제를 제공합니다. 특히, 저자들은 현재 구글 검색을 사용하여 후자의 실업률을 예측하는데, 주기적으로 발표되는 반면 구글 검색 수는 지속적으로 제공됩니다. 이것은 보고 지연으로 현재에 대해 실제로 만들어지고 있는 예측을 나타내기 위해 종종 'nowcasting'이라고 하는 예입니다. 이 논문은 베이즈 구조 시계열과 앙상블 기술의 조합을 사용합니다.

- Jennifer Hoeting et al., "Bayesian Model Averaging: A Tutorial," Statistical Science 14, no. 4 (1999): 382–401, *https://perma.cc/BRP8-Y33X*.

  ▷ 이 문서에서는 다양한 방법으로 베이즈 모델 평균화가 작동하는 방식에 대한 포괄적인 개요를 제공합니다 베이즈 모델 평균화의 목적은 모델 선택으로 모델링 프로세스의 불확실성을 설명하는 것입니다. 작업된 예를 통해 저자는 예측의 불확실성을 더 잘 추정할 수있는 방법을 제공합니다. 베이즈 모델 평균화를 위한 R 패키지인 BMA의 개요와 간단한 요약을 제공합니다.

## CHAPTER 8

시계열 특징의 생성 및 선택

이전의 두 장에서는 시계열의 모든 데이터를 사용하여 모델을 적합시키는 분석 방법들을 알아 보았습니다. 이번 장은 시계열 분석을 머신러닝에 적용하는 다음 장의 내용에 대한 대비로 볼 수 있는데, 시계열을 위한 특징 생성 및 선택에 대해 다룹니다. 특징 생성이라는 개념이 친숙하 지 않더라도 금방 무엇인지 알게 될 것입니다. 매우 직관적이며 데이터 분석에 창의성을 추가 할 수 있는 과정입니다.

특징 생성은 시계열 데이터의 가장 중요한 특성을 정량화하여 수치 및 범주형 레이블로 압축하 는 방법을 찾는 과정입니다. 시계열을 묘사할 수 있는 특징들의 집합을 짧게 표현하여 원시 시 계열을 압축하곤 합니다(곧 관련 예제를 살펴볼 것입니다). 가령 매우 단순한 특징의 예로, 시 계열 각각에 대한 평균과 시간 단계의 개수와 같은 것이 있습니다. 이는 모든 원시 데이터를 단 계적으로 거치지 않고도 해당 시계열을 표현하는 하나의 방법이 됩니다.

특징 생성의 목적은 전체 시계열에 대해 가능한 한 많은 정보를 적은 수의 지표로 압축하는 것 입니다. 또는 압축된 지표로 시계열의 가장 중요한 정보를 식별하고, 그 외의 나머지는 제거할 수도 있습니다. 이 기법은 비시계열을 위해서 개발되었지만, 시계열에서도 좋은 결과를 낼 수 있는 머신러닝 기법에 중요합니다. 머신러닝이 소화할 수 있는 형태로 시계열 데이터를 적절히 변환하여 입력으로 제공할 수 있기 때문입니다. 8장에서는 일반적으로 사용되는 시계열 특징 의 자동 생성 패키지의 사용법에 초점을 맞춥니다. 새로운 방식을 직접 발명하거나 코드로 구 현할 필요는 없습니다.

일단 유용하다고 추정되는 특징을 생성했다면, 그 특징이 정말로 유용한지 명확히 판단해야 합니다. 특히 머신러닝에 입력되는 수많은 특징이 자동으로 생성되는 경우라면 심각한 문제가 발생할 수도 있습니다. 따라서 특징이 생성되면 분석을 통해 각 특징을 살펴보고, 제거되어도 좋은 특징을 판단하는 등의 작업이 필요합니다.

전통적인 머신러닝 모델은 시계열을 염두에 두고 개발된 것이 아닙니다. 따라서 시계열에 머신러닝 모델을 적용한다고 해서 자동으로 무언가를 해결할 수는 없습니다. 이러한 모델이 시계열 데이터에 대해 동작하는 데 필요한 것이 바로 특징 생성입니다. 가령 과정의 단계별 숫자들의 일련의 출력 대신 특징들로 단변량 시계열을 표현하면 비시열 데이터를 위해 고안된 방법을 사용할 수 있습니다.

첫 번째 예제로 단기 시계열에 대해 매우 간단한 특징 생성을 다룹니다. 그다음 R과 파이썬을 활용하여 시계열에 특화된 특징 생성용 패키지를 살펴봅니다. 마지막에는 자동화된 특징 생성 및 선택을 다룹니다. 8장을 모두 읽고나면 9장에서 다룰 머신러닝 애플리케이션에 필요한 시계열 데이터셋의 모든 전처리 기술을 터득하게 될 것입니다.

8.1 입문자를 위한 예제

과거 한 주의 아침, 점심, 저녁 온도가 [표 8-1]과 같다고 가정해봅시다.

표 8-1 과거 한 주의 온도

시간	온도(℉)
월요일 아침	35
월요일 점심	52
월요일 저녁	15
화요일 아침	37
화요일 점심	52
화요일 저녁	15
수요일 아침	37

시간	온도(°F)
수요일 점심	54
수요일 저녁	16
목요일 아침	39
목요일 점심	51
목요일 저녁	12
금요일 아침	41
금요일 점심	55
금요일 저녁	20
토요일 아침	43
토요일 점심	58
토요일 저녁	22
일요일 아침	46
일요일 점심	61
일요일 저녁	35

그래프로 이 데이터를 표현하면 온도가 주기성(일일 순환)을 띄며, 전반적으로 증가하는 추세를 가진다는 것을 알 수 있습니다. 하지만 그래프 이미지를 데이터베이스에 저장할 수는 없는 노릇입니다. 한편 이미지를 입력받는 대부분의 데이터 집약적 방법은 이미지를 요약지표로 압축하는 방식을 추구합니다. 그래프 이미지로 이 방법을 활용할 수는 없지만, 이 방식이 추구하는 바에 입각하여 요약지표를 직접 만들어 볼 수는 있습니다. [표 8-1]을 단순히 숫자 21개의 시계열로 표현하는 대신, 다음과 같이 단어나 압축된 숫자로 표현할 수 있습니다.

- 일일/주기성
- 증가하는 추세. 경사를 계산하면 보다 정량화할 수 있습니다.
- 각각 아침, 점심, 저녁의 평균값

그러면 데이터 21개로 표현된 시계열을 2~5개의 정보로 요약함과 동시에, 많은 내용을 유실하지 않은 채 데이터를 압축할 수 있습니다. 이는 특징 생성의 매우 간단한 예입니다. 그다음 생성된 특징 중 그 의미의 타당성을 입증할 수 없거나, 표현력이 좋지 않은 모든 특징을 골라내는 특징 선택의 작업을 수행합니다. 이때 상황별로 선택의 기준은 다르게 적용됩니다.

8.2 특징 계산 시 고려 사항

분석의 모든 측면처럼, 시계열을 표현하는 특징은 분석의 타당성, 쏟아부은 노력으로 생성한 특징이 유의미한 통찰을 이끌어낼 수 있는지, 과다하게 만들어진 특징이 과적합을 이끌어낼 가능성은 없는지 등을 고려하여 계산해야 합니다.

최고의 방법은 시계열을 탐색하고 정리하면서 잠재적으로 유용한 특징을 함께 발굴해보는 것입니다. 데이터를 시각화하고 무엇이 동일 데이터셋으로부터 서로 다른 시계열을 구분하거나 동일 시계열에서 서로 다른 시기를 구분할 수 있는지를 고민하면서 시계열의 예측 및 레이블링에 유용한 측정의 종류를 발굴할 수 있습니다. 또한 시스템의 배경지식이나 이어지는 분석에서 검정하려는 가설로부터도 도움을 얻을 수도 있습니다.

시계열 특징을 생성할 때 유념해야 하는 몇 가지 고려 사항을 살펴보겠습니다.

8.2.1 시계열의 특성

시계열의 특징 생성은 데이터 탐색과 정리 작업 동안에 발견된 시계열의 기본 성질을 항상 염두에 두어야 합니다.

정상성

한 가지 고려 사항으로는 정상성stationarity이 있습니다. 시계열의 여러 특징은 정상성을 가정합니다. 데이터가 정상이 아니거나 적어도 에르고딕ergodic이 아니면 쓸모 없다고 가정하는 경우가 많습니다. 예를 들어 시계열의 평균을 특징으로 사용하는 것은 시계열이 정상일 때만 타당합니다. 평균이라는 개념이 정상 상태에서만 의미를 갖기 때문입니다. 비정상 시계열에 대한 평균, 추세, 계절주기 등은 뒤엉킨 과정을 표현하기 때문에 거의 우연의 결과이며, 무의미하다고 볼 수 있습니다.

시계열의 길이

특징 생성에 대한 또 다른 고려 사항은 시계열의 길이$^{length\ of\ time\ series}$입니다. 일부 특징은 정상 시계열에 적합할 수도 있지만, 시계열의 최댓값이나 최솟값과 같은 특징은 시계열의 길이가 늘어남에 따라 불안정해집니다. 동일한 과정에서는 길이가 긴 시계열이 짧은 시계열보다 더 극단적인 최댓값과 최솟값을 가질 가능성이 높습니다. 단순히 데이터 수집의 기회가 더 많이 열려 있기 때문입니다.

8.2.2 도메인 지식

도메인 지식은 시계열 특징 생성의 핵심으로, 우리가 통찰을 얻을 수 있는 부분입니다. 도메인 지식을 반영하여 특정 시계열의 특징을 생성하는 방식에 대한 예는 이 장의 후반부에서 다룹니다. 지금은 일반적인 관점에 집중해보겠습니다.

예를 들어 물리학에 관련된 시계열 작업을 가정해봅시다. 그러면 연구하는 시스템의 시간 규모에 적절하도록 특징을 정량화할 필요가 있을 뿐만 아니라, 선택된 특징이 시스템적 특성이 아닌 센서의 오류와 같은 특성에도 과도한 영향을 받지 않도록 해야 합니다.

또 다른 예로 금융시장의 데이터로 작업하는 상황이 있습니다. 금융의 안정성을 도모하기 위해서 금융시장은 하루 중 값의 최대 변동폭을 제한합니다. 가격 변동이 너무 크면 폐쇄됩니다. 그렇다면 특정 날짜의 최댓값을 표현하는 특징의 생성을 고려해야 합니다.

8.2.3 외적 고려 사항

계산 및 스토리지 리소스의 정도도 중요합니다. 그리고 특징을 생성하기 위한 여러분의 동기도 중요한 문제입니다. 생성되는 특징을 저장하고, 덩치가 큰 원시 데이터는 버릴 건가요? 아니면 단 한 번의 분석만을 위해 특징을 계산하고, 원시 데이터만 계속 유지할 건가요?

특징 생성의 목적에 따라 계산되어야 하는 특징의 개수, 특히 복잡한 계산이 요구되는 특징을 포함하는지에 대한 고민에 영향을 미칠지도 모릅니다. 이는 사실 전체 데이터셋의 크기에 의존적인 사항일 수도 있습니다. 소규모 데이터셋에서는 큰 문제가 없지만, 대규모 시계열 데이터셋에서는 작업이 불완전한 채로 남겨지는 등으로 위험한 상황과 계산 및 코딩에 드는 에너지 낭비가 발생합니다.

이런 모든 요소를 고려한 다음, 소규모 데이터셋을 대상으로 특징 목록을 만들고, 준비하는 작업을 수행해보면 그 작업이 수행되는 속도의 감을 얻을 수 있습니다. 소규모 데이터셋에서조차 속도가 느리다면, 분석을 계속 진행하기 전에 데이터를 더 줄여보는 것을 고려해야 합니다. 마찬가지로 계산적으로 부담이 큰 특징에 대한 유용성 또한, 일부 데이터로 검증한 후 전체 데이터셋으로 확장하는 것이 좋습니다.

8.3 특징의 발견에 영감을 주는 장소 목록

시계열을 위한 특징 생성은 여러분의 데이터, 상상력, 코딩 능력, 도메인 지식에 의해서만 제한됩니다. 시계열의 행동을 합리적으로 정량화하는 잘 정의된 방식을 따르면 특징을 생성할 수 있습니다. 간단하면서도 자주 사용되는 요약 통계 특징은 다음과 같습니다.

- 평균과 분산
- 최댓값과 최솟값
- 시작과 마지막 값의 다른 정도

계산이 복잡해도 일반적으로 유용한 특징을 시각적으로 식별할 수도 있습니다. 다음은 몇 가지 예를 보여줍니다.

- 국소적 최소와 최대의 개수

- 시계열의 평활 정도
- 시계열의 주기성과 자기상관

이렇게 자주 사용되는 특징은 다양한 방법이 존재하므로 일부는 직접 구현해야 합니다. 여러분만의 코드를 만들어두면 관리하는 데 유용하지만, 일부 시계열을 위한 특징 생성 라이브러리도 살펴보는 것이 좋습니다. 특히 계산적으로 부담이 큰 특징을 다루는 경우, 안정적이면서 동시에 효율적으로 구현된 외부 라이브러리를 찾아보는 것이 좋습니다.

이제는 시계열 생성 라이브러리를 사용해볼 차례입니다. 특히 자동화된 특징 생성 기능이 생성하는 다양한 특징이 어떤 장점을 가지는지 살펴봅니다.

8.3.1 시계열 특징 생성의 오픈 소스 라이브러리

그동안 시계열 특징의 생성을 자동화하려는 수많은 노력이 있었습니다. 이 기술은 흥미롭고, 수동적인 방식보다 더 나은 경향을 보이며 여러 도메인의 예측에 활용될 수 있기 때문입니다.

파이썬의 tsfresh 모듈

파이썬에서 자동화된 특징 생성의 주목할 만한 예로는 tsfresh 모듈이 있습니다. tsfresh 모듈에는 일반적인 특징을 포함하여 수많은 특징들이 구현되어 있습니다. 몇 가지 사용 범주를 살펴보면, 얼마나 많은 특징(*https://perma.cc/2RCC-DJLR*)이 존재하는지 알 수 있습니다.

기술 통계학

6장에서 다룬 전통적인 통계적 시계열 방법론이 주도하는 특징은 다음과 같습니다.

- 강화된 디키풀러검정 값
- $AR(k)$ 계수
- 지연 k에 대한 자기상관

물리학에서 영감을 받은 비선형성과 복잡성 지표

이 범주에는 다음과 같은 것들이 포함됩니다.

- c3() 함수는 $L^2(X^2) \times L(X) \times X$ (L은 지연 연산자)의 기대 값을 계산합니다. 시계열에서의 비선형성에 대한 측정으로서 제안되었습니다.

- cid_ce() 함수는 0에서 $n - 2 \times lag\ of\ (x_i - x_{i+1})^2$까지 더한 것에 대한 제곱근을 계산합니다. 시계열의 **복잡성**complexity 척도로 제안되었습니다.

- friedrich_coefficients() 함수는 복잡한 비선형적 움직임을 묘사하는 적합된 모델의 계수를 반환합니다.

기록 압축 개수

이 범주를 구성하는 특징은 다음과 같습니다.

- 시계열에서 두 번 이상 발생한 값들의 합

- 평균보다 크거나 작은, 가장 긴 연속 하위 시퀀스의 길이

- 시계열의 가장 이른 시간에 발생한 최댓값 또는 최솟값

tsfresh와 같은 모듈을 사용하면 시간을 절약할 수 있고, 특징 선택의 효율적인 구현을 선택하는 데 도움을 줍니다. 또한 잠재적으로 관련성이 있지만, 아직까지 연구 분야에 등장하지 않았던 데이터의 표현법을 알려줄 수도 있습니다. 모듈 사용 시 오픈 소스를 활용한 분석을 진행할 때, 잘 검증된 도구를 사용하면 다음과 같은 다양한 이점을 누릴 수 있습니다.

- 표준적인 특징을 계산하기 위해서 쓸데없이 시간 낭비를 할 필요가 없습니다. 다른 사용자들이 쓰는 라이브러리를 사용하면, 이미 대다수에 의해 검증되어었기 때문에 어느 정도의 정확도를 보장받을 수 있습니다. 여러분이 코드를 직접 작성한다면, 스스로 의구심이 들 것이고 이를 검증해야 할 것입니다.

- tsfresh와 같은 라이브러리는 특징 계산용 프레임워크를 제공하는 것이지, 단순히 긴 특징들의 목록을 제공하는 것은 아닙니다. 예를 들어 tsfresh 라이브러리는 특징을 계산하는 클래스를 제공하는데, 이것을 확장하면 시스템적인 방법으로 여러분만의 특징 계산을 구현할 수 있습니다.

- tsfresh 라이브러리는 특징을 사용하는 하위작업에 연결되도록 설계되었습니다. 특히 sklearn과 결합되면 생성된 특징이 머신러닝 모델로 쉽게 전달될 수 있습니다.

tsfresh 라이브러리의 많은 기능이 과학 실험 데이터 분석에서 파생되었다는 점에서 보면 기술적인 풍미를 가진 라이브러리입니다.

시계열 분석 플랫폼: Cesium

Cesium(`http://cesium-ml.org/docs/index.html`)은 tsfresh와 비교해 동등한 수준의 특징 목록을 제공할 뿐만아니라 더 쉬운 접근성을 가진 플랫폼입니다. 지원 목록은 공식 문서 (`http://cesium-ml.org/docs/feature_table.html`)에서 확인할 수 있으며, 그중 흥미로운 몇 가지 내용을 나열했습니다. 기본적으로 소스 코드(`https://perma.cc/8HX4-MXBU`) 파일 목록이 범주를 나누지만, 이를 좀 더 세분화하면 다음과 같습니다.

- 시간의 관계성을 고려하지 않는 전체 데이터 분포에 대한 특징입니다. 시간에 무지하지만 매우 포괄적인 특징 목록을 제공합니다.
  - 데이터의 히스토그램에 국소적 최고점이 있나요?
  - 중간값에 가까운 고정 윈도에 데이터의 몇 퍼센트가 포함되어 있나요?
- 데이터의 시간 분포를 표현하는 특징입니다.
  - 자체적 분포를 가진 측정 간의 시차 분포를 계산한 특징
  - 관찰된 분포로부터 n시간 단계 내로 다음에 일어날 관측의 확률을 계산한 특징
- 시계열이 가진 행동의 주기성을 표현하는 특징입니다. 이러한 특징은 롬-스카글 주기도 Lomb-Scargle periodogram와 관련된 경우가 많습니다.

주기도

주기도periodogram는 시계열을 구성하는 서로 다른 주파수의 개수를 추정합니다. 완벽한 주기도는 시간 위상 공간time-value phase space을 전력 주파수 공간power-frequency space으로 변환할 수 있습니다. 그러면 시계열이 얼마나 많은 타임스탬프의 반복 과정으로 형성된 것인지 알 수 있습니다. 이 개념이 생소하다면 [그림 8-1]의 시각적인 설명을 살펴봅시다.

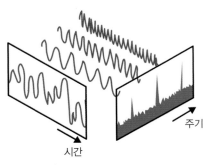

시간

주기

그림 8-1 시간 영역의 데이터는 사인 곡선을 띈 여러 시계열을 더한 것과 유사합니다. 주파수 영역에서는 세 주파수에 실린 스펙트럼 질량을 알 수 있고, 이들을 모두 더하면 원본 시계열을 만들 수 있습니다.

주기도를 계산하는 방법은 여러 가지가 있습니다. 그중 한 가지는 자기상관 함수의 **푸리에 변환** Fourier transform입니다. 주기도의 생성은 다양한 사인 주파수 곡선들에 대한 최소제곱적합least squares fit으로 생각해보면 좀 더 직관적으로 이해할 수 있습니다.

후자가 바로 극찬받은 롬–스카글 방법입니다. 롬–스카글 방법은 불규칙적으로 샘플링된 시계열에 대한 주기도를 만듭니다. 이는 규칙적으로 샘플링된 시계열을 가정하는 일반 주기도와는 다릅니다. 롬과 스카글은 이렇게 구축된 주기도를 이용한 시계열 연구 기법을 개발하여 통계적 속성이 규칙적으로 샘플링된 시계열로 구축된 주기도의 통계적 속성과 일치한다는 것을 발견했습니다. 롬과 스카글이 만들어낸 진보는 기후 데이터, 천체 물리학 데이터, 지리학 데이터 등에서 반드시 나타나는 불규칙적인 표본에 의한 여러 자연과학의 문제를 연구할 수 있도록 기여했습니다.

방금 설명한 특징들은 전체 시계열을 대상으로 계산될 수도 있지만, 롤링이나 확장 윈도 함수로도 계산될 수 있습니다. 이전 장에서 롤링과 확장 윈도 함수를 구현한 경험을 토대로 이러한 특징들도 어렵지 않게 직접 구현 할 수 있습니다. 그리고 해당 라이브러리의 공식 문서와 하는 일을 쉽게 이해할 수 있습니다. 이 경우에는 데이터를 정리하기보다는 요약하기 위해서 롤링 윈도 함수를 적용합니다. 시계열 분석에서는 같은 기술이 다양하지만 동등하게 유용한 상황에서 쓰입니다.

cesium 라이브러리는 특징 생성 외의 기능도 제공합니다. 예를 들어 웹 기반 GUI도 포함하고 있어서 특징을 시각적으로 생성할 수 있게 해주고 sklearn과도 통합됩니다.

여러분의 데이터에 이러한 라이브러리들을 시도한다면, 시계열 특징 생성이 시간을 매우 많이 소요하는 작업임을 깨닫게 됩니다. 따라서 얼마나 많은 특징을 생성해야 하는지 신중하게 생각 해봐야 하며, 여러분의 생각을 발전시켜 생성한 특징보다 자동으로 생성된 특징이 더 적절한지 는 신중하게 고려해봐야 합니다.

이러한 라이브러리가 제시하는 매우 다양한 특징의 계산은 부담이 큰 작업입니다. 그리고 여러 분이 원하는 해답을 정확히 제공하지 못하는 경우가 종종 있습니다. 어느 정도의 도메인 지식 을 갖춘 독자라면, 일부 자동 생성된 특징이 전혀 무관하거나, 노이즈가 많거나, 예측에 도움이 안 된다는 것을 발견할지도 모릅니다. 명확성 없이 분석 속도만 느리게 하므로 이런 무의미한 특징을 계산하는 데 시간을 낭비하지 마세요. 자동화된 특징 생성용 라이브러리는 분별력 있게 사용될 때만 유용합니다.

R의 tsfeatures 패키지

롭 하인드먼과 그의 동료가 개발한 R용 tsfeatures 패키지는 일반적으로 유용한 여러 가지 시계열 특징을 생성합니다. 공식 문서에서 그 목록을 확인할 수 있습니다. 그중 몇 가지 유용한 함수를 소개합니다.

- acf_features()와 pacf_features() 함수는 시계열 행동에 대한 자기상관의 중요성에 관련된 여러 가지 값을 계산합니다. 공식 문서는 acf_features() 함수가 '여섯 개의 값 을 가진 벡터: 원본 계열, 1차 차분 계열, 2차 차분 계열에 대한 첫 번째 자기상관 계수 및 처음 10개 자기상관 계수의 제곱 합으로 구성. 계절성 데이터에서는 첫 번째 계절성 지연 seasonal lag에서의 자기상관 계수도 포함'의 반환 값을 가진다고 설명합니다.

- lumpiness()와 stability() 함수는 타일 윈도tiled window 기능을, max_level_shift() 와 max_var_shift() 함수는 롤링 윈도 기능을 제공합니다. 각 경우, 차분과 갖가지 측 정 통계가 시계열의 롤링 윈도(겹침) 또는 타일 윈도(겹치지 않음)로 측정된 값에 적용 됩니다.

- unitroot_kpss()와 unitroot_pp() 함수

tsfeatures 패키지는 학계에서 이루어진 다양한 시계열 특징 연구 프로젝트의 내용을 포함하 며 일부 내용을 보강했습니다. 또한 다양한 도메인에서 유용한 시계열 특징의 생성 과정 향상 에 애쓰고 있습니다.

- compengine() 함수는 *comp-engine.org* 프로젝트에서 개발된 동일한 시계열 특징을 계산합니다. 이 특징은 여러 도메인에 걸친 다양한 시계열 데이터에서 유용하다고 알려져 있습니다.[1]
- 매트랩에 비견되는 시계열 분석을 위해서 hctsa 패키지의 여러 특징을 차용합니다. 일부 특징으로는 autocorr_features(), firstmin_ac(), pred_features(), trev_num() 함수와 같은 것이 있습니다. 공식 문서로부터 더 많은 특징을 확인해보기 바랍니다.

tsfeatures의 공식 문서는 각 함수의 사용법과 출력을 설명합니다. 또한 패키지에 포함된 시계열 특징에 관련된 통계/머신러닝 연구에 대한 방대한 참고 문헌 링크도 함께 제공합니다.

8.3.2 특정 도메인에 특화된 특징의 예

다양한 시계열을 위해 개발된 도메인별 특징은 또 다른 영감의 원천이 되기도 합니다. 수십 년 동안 발전한 이런 특징들은 경험적으로 발견되거나 시스템 동작 방식에 대한 과학적인 지식으로부터 얻기도 합니다.

금융과 헬스케어라는 특정 두 분야에 특화된 일부 특징을 살펴보겠습니다.

주식시장의 기술지표

문서화, 공식화가 잘 된 지표 중 가장 널리 사용되는 것은 아마도 금융시장의 기술지표일 것입니다. 한 세기에 걸쳐 경제학자들은 금융시장의 시계열을 정량화하고 예측하는 데 일반적으로 사용되는 많은 양의 특징을 개발했습니다. 금융시장에 관심이 없더라도 특정 도메인의 방대한 특징 목록, 각 특징에 내재한 창의성, 잘 설명된 문서로부터 많은 영감을 받을 수 있습니다.

매우 많은 분량이므로 일부 특징만 설명합니다. 다만 목록을 살펴보면, 금융시장이라는 특정

---

1   상세 내용이 궁금한 독자는 Catch22라는 시계열 특징셋을 살펴보기 바랍니다(*https://perma.cc/57AG-V8NP*). 다양한 시계열 데이터셋에 걸쳐 유용함이 입증됐습니다. 4,000개의 특징을 22개로 줄이면, 분류 정확도가 7% 감소하지만 계산 시간은 1,000배 절약할 수 있습니다. 또한 연구원들이 특징을 선택하고, 상대적으로 독립적이지만 여전히 정확한 특징임을 보장하기 위한 처리공정의 내용을 읽어보면 교육적으로도 꽤 좋을 것입니다.

도메인을 위한 지표가 얼마나 복잡하고 고도화된 것인지 가늠할 수 있습니다. 연구자들이 금융 시장의 상승과 하락을 예측하는 '신호'를 이해하기 위해서 그들의 일생을 바쳤다는 사실을 생각해보면, 이 지표들이 보여주는 복잡성은 그리 놀랍지 않을 것입니다.

상대강도지수relative strength index(RSI)

이 측정은 $100-100/(1+RS)$입니다. 여기서 RS는 '상승'(가격의 상승) 기간 동안의 평균 이득을 '하락'(가격의 하락) 기간 동안의 평균 손실로 나눈 비율이고, 각 기간에 대한 환수 가능 기간lookback period을 입력받아 다른 환수 가능 기간에 대한 서로 다른 RSI를 얻을 수 있습니다. 주식 투자자들은 실제보다 저평가 또는 과대평가를 나타내는 기준 RSI 값에 대한 경험 법칙을 개발해왔습니다. RSI는 자산의 움직임에 대한 측정에 기반하기 때문에 '모멘텀 지표'로도 알려져 있습니다.

이동평균 수렴발산moving average convergence divergence(MACD)

이 지표는 세 개의 시계열로 구성됩니다.

- MACD 시계열은 자산의 단기간 지수이동평균('빠름')과 자산의 장기간 지수이동평균('느림') 간의 차이에 대한 시계열입니다.
- '평균' 시계열은 MACD 시계열의 지수이동평균입니다.
- '발산' 시계열은 MACD 시계열과 '평균' 시계열 간의 차이에 대한 시계열입니다. 일반적으로 금융 예측에 사용되는 값으로, MACD 및 평균 시계열은 '발산' 시계열을 생성하기 위한 준비일 뿐입니다.

체이킨 머니 플로Chaikin money flow(CMF)

이 지표는 지출 추세의 방향을 측정하며 다음과 같이 계산됩니다.

- 머니 플로 승수money flow multiplier ((종가−최저가)−(최고가−종가))/(최고자−최저가)를 계산합니다.
- 머니 플로 양money flow volume을 계산합니다. 하루 거래량에 머니 플로 승수를 곱한 것입니다.
- 특정 기간의 날짜에 대한 머니 플로 양을 더하고, 같은 기간의 거래량으로 나눕니다. 이렇게 계산된 지표는 −1과 1 사이를 움직이는 '오실레이터oscillator'입니다. '매수 압력'과 '매도 압력'을 나타내는 시장의 방향성에 대한 측정입니다.

간단한 금융 시계열로 구축 가능한 여러 기술의 특징 일부만으로도 정말 다양한 시계열의 묘사 방법이 있다는 것을 알 수 있습니다. 금융시장은 특징 생성에서 특히 다채롭고 많은 연구가 이루어진 분야입니다.[2]

헬스케어 시계열

도메인에 특화된 의미의 시계열 특징을 가진 또 다른 분야로는 헬스케어가 있습니다. 1장에서 살펴봤듯이, 건강 관련 데이터에는 다양한 시계열 데이터가 존재합니다. 한 가지 예로는 EKG 데이터가 있습니다(그림 8-2). EKG 판독은 과학적이면서도 예술적이며, 의사가 수동으로 식별했으며 다양한 시계열 판독에 사용됩니다. EKG 데이터에 대한 머신러닝 연구의 특징을 골라야 한다면, 각 특징의 의미와 목적을 이해하기 위한 공부가 필요하며 식견 있는 의사들과도 이야기를 많이 나눠봐야 합니다.

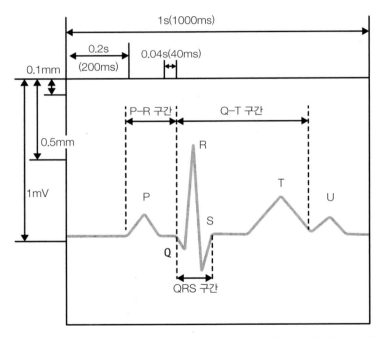

그림 8-2 의학 전문가들이 EKG 시계열 데이터를 판독할 때 사용하는 시계열 특징의 예입니다.

---

2 금융시장 시계열 분야에서 머신러닝에 사용될 수 있는 많은 양의 특징 목록은 캐글 블로그의 게시글에서 확인할 수 있습니다(*https://perma.cc/R8MK-XR4D*). 안타깝게도 해당 코드가 큰 성공을 거둔 것으로 보이진 않지만, 해당 도메인 관련성을 기반으로 잠재적으로 유용한 기능을 철저히 준비한 훌륭한 예라고 볼 수 있습니다.

마찬가지로 고해상도로 측정된 혈당 시계열 데이터를 분석하는 경우, 일일 데이터에 영향을 미치는 패턴 종류와 이를 의학 전문가가 이해하는 방식 및 레이블링하는 방식을 아는 것은 유용합니다(그림 8-3).

[그림 8-2]와 [그림 8-3]의 두 시계열은 국소적 최댓값 또는 이들 간의 거리를 찾는 것에 대한 좋은 예를 제공합니다. 전문 지식으로 tsfresh 또는 cesium 라이브러리의 헬스케어 시계열과 관련된 특징을 쉽게 예상해볼 수 있습니다.

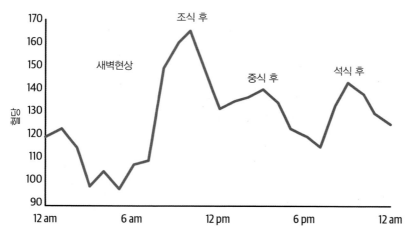

그림 8-3 하루 동안 혈당 수치에 대한 시계열입니다. 그중 '새벽현상'은 음식과는 관련이 없습니다. 이런 것이 바로 주어진 여러 특징에서 식별할 수 있어야 하는 특징입니다.

8.4 생성된 특징들 중 일부를 선택하는 방법

대규모 시계열을 묘사하는 여러 특징을 자동으로 생성했다고 가정해봅시다. 처음부터 제시된 모든 특징을 하나씩 살펴보기란 불가능할지도 모릅니다. 따라서 자동화된 특징 선택selection을 자동화된 특징 생성generation과 함께 사용하면 도움이 될 것입니다. 유용한 특징 선택 알고리즘 중 하나로 FRESH가 있으며, 앞서 소개한 tsfresh 패키지가 이를 구현합니다. FRESH는 FeatuRe Extraction based on Scalable Hypothesis test라는 의미의 줄임 용어로, '확장 가능한 가설 검정에 기반한 특징 추출'로 해석합니다.

FRESH는 계속 증가하는 시계열 데이터에서 영감을 받은 알고리즘입니다. 분산 방식으로 저장되는 경우가 많은 이러한 데이터는 병렬 계산을 용이하게 해줍니다. FRESH 알고리즘은 타깃 변수에 대한 각 입력 특징의 p-값을 계산하여 그 중요도를 평가합니다. 그러면 특징별 p-값은 허용 오차율 같은 입력 파라미터로 보존할 특징을 결정하는 **벤자민-예쿠티에리 절차** Benjamini–Yekutieli procedure로 평가됩니다. 이 절차는 FRESH 알고리즘 초기 단계의 p-값을 생성하는 가설 검정 도중에 발견된 거짓긍정false positive의 개수를 제한하는 방법입니다.

이 절차를 직접 구현하기란 꽤나 벅찬 작업입니다. 하지만 tsfresh를 사용하면, 단 몇 줄의 코드만으로도 사용이 가능해집니다. 다음은 tsfresh의 관련 모듈에 대한 공식 문서에 등재된 코드입니다. 이 코드를 함께 살펴보겠습니다. 우선 로봇[3] 실행 실패 관련 시계열 데이터를 다운로드합니다.

```python
## python
>> from tsfresh.examples.robot_execution_failures import
                        download_robot_execution_failures,
                        load_robot_execution_failures
>> download_robot_execution_failures()
>> timeseries, y = load_robot_execution_failures()
```

그다음 자동으로 특징을 추출합니다. 이는 계산 자원을 고려하지 않은 채 포괄적으로 특징을 생성하기 때문에 앞서 논의한 조언을 위배하긴 합니다. 실제로는 규모가 작은 데이터셋일지라도 적당한 크기로 축소하지 않은 채 무턱대고 배포해서는 안 됩니다.

```python
## python
>> from tsfresh import extract_features
>> extracted_features = extract_features(timeseries,
                            column_id = "id",
                            column_sort = "time")
```

tsfresh는 계산되길 원하는 특징을 지정할 수 있는 기능을 제공하지만, 이 예제는 단순히 모든 특징을 포함합니다. 더불어 각 특징에 대한 파라미터를 수동으로 설정할 수도 있습니다. 기본 파라미터 대신 여러분이 정한 파라미터를 고려하여 특징들이 계산됩니다. 공식 문서 (*https://perma.cc/D5RS-BJ6T*)에서 이 모든 내용을 설명합니다.

----

3   옮긴이_ 테스트 자동화 및 RPA에 사용되는 로봇 프레임워크를 가리킵니다.

예제 데이터를 통해 수행된 완전 추출이 다양한 특징을 계산한다는 것을 알 수 있습니다.

```python
## python
>> extracted_features.columns
Index(['F_x__abs_energy', 'F_x__absolute_sum_of_changes',
       'F_x__agg_autocorrelation__f_agg_"mean"',
       'F_x__agg_autocorrelation__f_agg_"median"',
       'F_x__agg_autocorrelation__f_agg_"var"',
       'F_x__agg_linear_trend__f_agg_"max"__chunk_len_10__attr_
                                               "intercept"',
       'F_x__agg_linear_trend__f_agg_"max"__chunk_len_10__attr_
                                               "rvalue"',
       'F_x__agg_linear_trend__f_agg_"max"__chunk_len_10__attr_
                                               "slope"',
       'F_x__agg_linear_trend__f_agg_"max"__chunk_len_10__attr_
                                               "stderr"',
       'F_x__agg_linear_trend__f_agg_"max"__chunk_len_50__attr_
                                               "intercept"',
       ...
       'T_z__time_reversal_asymmetry_statistic__lag_1',
       'T_z__time_reversal_asymmetry_statistic__lag_2',
       'T_z__time_reversal_asymmetry_statistic__lag_3',
       'T_z__value_count__value_-inf', 'T_z__value_count__value_0',
       'T_z__value_count__value_1', 'T_z__value_count__value_inf',
       'T_z__value_count__value_nan', 'T_z__variance',
       'T_z__variance_larger_than_standard_deviation'],
      dtype='object', name='variable', length=4764)
```

총 4,764개의 열이 있습니다. 직접 손으로 계산할 수 있는 범위를 초월한 개수입니다. 그러나 현실적인 데이터셋에 이 방식을 적용하면 실행하는 데 매우 많은 시간이 걸릴 것입니다. 이렇게 많은 특징을 언제, 어떻게 효율적으로 사용할지를 결정할 때는 여러분이 보유한 계산 자원과 결과를 세심하게 검토할 수 있는 여러분의 능력을 현실적으로 생각해봐야 합니다. 시계열 데이터에 대해 한 가지 기억해둬야 할 점은 이어지는 다음 분석에서 이상치가 특히 쓸모없는 영향을 줄 수 있다는 것입니다. 따라서 이상치가 발생하더라도 이를 잘 견딜 수 있는 특징이 선택될 수 있도록 노력해야 합니다.

FRESH 알고리즘은 특징 간의 의존성을 설명하는 데 유용하지만, 그 설명의 이유를 추론하기란 어렵습니다. 한편 보다 전통적이며 투명한 **재귀특징제거법**recursive feature elimination(RFE)은 특징 선택 기법을 사용할 수도 있습니다. FRESH 알고리즘은 RFE로 보완될 수 있고, 두 방법에 따라 선택되거나 그렇지 않은 특징 간의 차이를 이해할 수 있습니다.

> **NOTE_** RFE는 점진적인 접근법으로 특징을 선택합니다. 이 방법은 더 포괄적인 모델에서 점차 특징을 제거하여 포함 가능한 최소한의 특징 수를 가진 덜 포괄적인 모델을 만듭니다. 포함 가능한 최소 특징 수는 특징 선택 과정 초기에 설정되어야 합니다.
>
> 이 기법은 역방향 선택backward selection으로도 알려져 있습니다. 가장 포괄적 모델로 시작하여 더 간단한 모델로 '역' 이동하기 때문입니다. 반면 정방향 선택forward selection은 지정된 특징의 최대 수 또는 선택의 중지 기준에 도달할 때까지 점진적으로 특징을 추가합니다.

RFE는 특징 선택과 중요성의 순위를 매기는 방법 모두에 사용할 수 있습니다. 이를 실험하기 위해서 FRESH 알고리즘이 고른 특징 목록 중 10개, FRESH 알고리즘이 기각한 특징 목록 중 10개를 무작위로 선택하여 결합합니다.

```python
## python
>> x_idx = random.sample(range(len(features_filtered.columns)), 10)
>> selX = features_filtered.iloc[:, x_idx].values
>> unselected_features = list(set(extracted_features.columns).
difference(set(features_filtered.columns)))
>> unselected_features = random.sample(unselected_features, 10)
>> unsel_x_idx = [idx for (idx, val) in enumerate(extracted_features.columns)
                        if val in unselected_features]
>> unselX = extracted_features.iloc[:, unsel_x_idx].values
>> mixed_X = np.hstack([selX, unselX])
```

이렇게 구성된 20개의 특징에 대해 RFE를 수행하면, RFE에 사용되는 모델에 대한 중요도 순위를 알아낼 수 있습니다.

```python
>> svc = SVC(kernel="linear", C=1)
>> rfe = RFE(estimator=svc, n_features_to_select=1, step=1)
>> rfe.fit(mixed_X, y)
>> rfe.ranking_
array([ 9, 12,  8,  1,  2,  3,  6,  4, 10, 11,
       16,  5, 15, 14,  7, 13, 17, 18, 19, 20])
```

이 결과에서 RFE 알고리즘에 입력한 특징 20개의 상대적인 순위를 알 수 있습니다. FRESH 알고리즘의 신뢰성을 얻기 위해서는 FRESH 알고리즘이 선택한 10개가 상위권이거나 기각된

10개보다 순위가 높아야 합니다. 이는 대체로 사실이지만 그렇지 않은 경우도 있습니다. 예를 들어 기각된 특징 목록의 후반에는 5번째, 7번째로 가장 중요한 특징이 포함될 수 있습니다. 완벽한 균형을 기대하긴 어렵지만 결과는 대부분 일관성을 가집니다.

RFE를 사용하여 선택된 특징을 좀 더 솎아낼 수도 있습니다. 또한 FRESH 알고리즘의 입력 파라미터에 대해 미세조정을 하거나, FRESH 알고리즘의 최초 입력으로 생성한 특징의 개수를 조정할 때 온전성 검사를 위한 목적으로 사용할 수도 있습니다.

FRESH 알고리즘은 기본적으로 파라미터가 없어서 알고리즘에 입력되는 특징의 개수와 품질만이 그 출력에 영향을 줍니다. 한편 FRESH 알고리즘의 `fdr_level` 인수는 특징 생성 후 기대되는 무관한 특징의 비율을 나타냅니다. 이 값은 0.5가 기본이지만, 높게 설정하여 특징 필터링의 민감도를 강화하는 등 원하는 값으로 설정할 수 있습니다. 생성된 방대한 양의 특징을 특정 도메인에 대한 적절성의 고민 없이 필터링할 때 유용합니다.

8.5 마치며

이번 장에서는 매우 짧은 시계열을 압축하더라도, 원본 수준의 정보를 유지할 수 있는 특징 생성의 이점을 살펴봤습니다. 또한 시계열 데이터에서 특징 생성과 선택을 자동으로 수행하도록 구현된 파이썬 모듈 2개를 예를 통해 살펴봤습니다. 이들을 사용하여 수천 개의 시계열 특징을 간단하게 생성할 수 있었습니다. 자동으로 생성된 모든 특징이 유용하지 않을 수 있기 때문에 가장 유용한 특징을 선택하는 방법도 알아보았습니다. 이렇게 하여 유익하지 않은 특징과 불필요한 노이즈의 생성을 방지할 수 있습니다.

여러 가지 목적에서 특징 생성은 유용합니다.

- 머신러닝 알고리즘에 활용될 수 있는 형식으로 시계열의 데이터를 구성할 때 유용합니다. 대다수의 머신러닝 알고리즘은 시계열 그 자체보다는 특징들의 집합으로 표현된 데이터를 수용하게끔 설계되었습니다.

- 시계열 데이터의 관측을 적은 수의 정량적 지표로 압축하여 요약하는 데 유용합니다. 분석뿐만 아니라 가독성 좋은 형식으로 시계열 데이터를 저장할 수 있어서 전체 시계열을 항상 유지할 필요가 없습니다.

- 다양한 조건에서 측정된 데이터를 설명하고, 유사성을 식별하기 위한 공통 지표를 제공합니다. 데이터를 보다 광범위하게 요약하면, 비교하기 어려운 데이터를 비교할 수 있습니다.

9장에서는 특징 생성을 활용하여 다양한 머신러닝 알고리즘의 입력 데이터를 준비하는 방법을 다룹니다. 9장에서 다뤄질 분류 및 예측용 머신러닝 알고리즘은 원시 시계열 데이터보다는 시계열의 특징을 입력받아 처리합니다.

8.6 보충 자료

특징 기반 시계열 분석

- Ben D. Fulcher, "Feature-Based Time-Series Analysis," eprint arXiv: 1709. 08055, 2017, *https://perma.cc/6LZ6-S3NC*.

  ▷ 매트랩의 **tsfresh** 알고리즘을 구현한 사람이 이 논문을 작성했습니다. 시계열 데이터에서 구현될 수 있는 다양한 종류의 특징을 방대한 양으로 분류했습니다. 본서에서 다룬 특징 범주의 삽화도 포함합니다. 또한 주어진 시계열 데이터셋에 적절한 분석을 이해하기 위한 데이터 탐구의 한 형태로 특징 생성을 사용하는 것을 강조하기도 합니다.

특징 선택

- Maximilian Christ et al., "Time Series FeatuRe Extraction on basis of Scalable Hypothesis tests (tsfresh—A Python package)," Neurocomputing 307 (2018): 72-7, *https://oreil.ly/YDBM8*.

  ▷ 이 글은 파이썬의 **tsfresh** 패키지와 여기에 포함된 FRESH 알고리즘을 소개합니다. 계산적으로 효율적인 특정 특징들에 대한 정보와 사용 패턴의 예시를 포함합니다.

- Maximilian Christ et al., "Distributed and Parallel Time Series Feature Extraction for Industrial Big Data Applications," paper presented at ACML Workshop on Learning on Big Data (WLBD), Hamilton, NZ, November 16 2016, *https://arxiv.org/pdf/1610.07717.pdf*.

  ▷ FRESH 알고리즘에 대한 기술적인 설명과 검증을 통해 살펴봅니다. 알고리즘이 동작

하는 방식, 산업 시계열에 적합한 이유에 대한 상세한 내용을 담고 있으며 방대한 양의 배경지식도 제공합니다.

특정 도메인의 특징

- Wikipedia, "Technical Analysis for Financial Markets," *https://perma.cc/8533-XFSZ*.

  ▷ 위키백과의 페이지로 금융시장을 위해 기술적인 분석이 발전된 역사와 인기 있는 지표들의 목록을 제공합니다.

- Amjed S. Al-Fahoum and Ausilah A. Al-Fraihat, "Methods of EEG Signal Features Extraction Using Linear Analysis in Frequency and Time-Frequency Domains," ISRN Neuroscience 2014, no. 730218 (2014), *https://perma.cc/465U-QT53*.

  ▷ 이 글은 EEG 신호의 도메인에서 사용되는 표준적인 시계열 특징을 검사하는 예를 제공합니다. 의학 시계열 분야에서는 특징 생성에 대한 온전한 학술 산업이 존재합니다. 이 논문은 그 산업에서의 작업이 수행되는 방식을 이해하는 데 도움이 되는 예를 제공합니다.

- Juan Bautista Cabral et al., "From FATS to Feets: Further Improvements to an Astronomical Feature Extraction Tool Based on Machine Learning,Astronomy and Computing 25 (2018), *https://perma.cc/8ZEM-Y892*.

  ▷ 이 글은 천문학 시계열 데이터에서 특징을 추출하기 위한 목적으로 설계된 파이썬 패키지가 최근에 재설계된 경위를 설명합니다. 이 문서는 천문학이나 특정 패키지에 익숙하다고 가정하지만, 특징 추출 기능을 위한 소프트웨어 설계 방법의 개념을 잡는 데 유용한 자료입니다. 또한 천문학 시계열 데이터에서 일어난 변화와 도전적인 문제에 대해 이해할 수 있도록 도와줍니다.

- Alvin Rajkomar et al., "Supplementary Information for Scalable and Accurate Deep Learning for Electronic Health Records," npj Digital Medicine 1, no. 18 (2018), *https://perma.cc/2LKM-326C*.

  ▷ 이 보충 자료는 구글이 발표한 논문입니다. 구체적으로 건강의 전자 기록을 이해하기

위한 딥러닝의 매우 성공적인 적용 사례를 보여줍니다. 헬스케어 기록이 신경망이 접근할 수 있는 형태인 정량화된 입력 특징으로 변환되는 방법의 내용을 상세히 담고 있습니다. 딥러닝을 잘 모른다면, 10장을 읽은 다음 이 자료를 다시 살펴보는 것을 권합니다. 구글의 임베딩 문서(*https://perma.cc/3KAZ-9A3Y*)를 읽어보는 것도 좋은 방법입니다.

주기도

- "The Periodogram," lecture notes, Eberly College of Science, Pennsylvania State University, *https://perma.cc/5DRZ-VPR9*.

  ▷ 펜실베이니아 대학교의 응용 시계열 분석 강의에 대한 노트로, 주기도가 무엇인지, 주기도를 어떻게 해석할 수 있는지 등을 R로 계산하는 방법에 대해 소개합니다.

- Jacob T. VanderPlas, "Understanding the Lomb–Scargle Periodogram," Astrophysical Journal Supplement Series 236, no. 1 (2018), *https://arxiv.org/pdf/1703.09824.pdf*.

  ▷ 일반적인 관점에서 주기성의 추정을 이해하기 위한 직관성을 제공하는 포괄적인 글입니다. 특히 롬–스카글 방법에 대해 다룹니다.

## CHAPTER 9

시계열을 위한 머신러닝

이번 장에서는 시계열 분석에 머신러닝 기법을 적용하는 몇 가지 예를 살펴볼 것입니다. 시계열 분석에서의 머신러닝은 비교적 새로운 분야이지만, 가능성을 보여준 분야이기도 합니다. 우리가 배울 머신러닝 기법은 원래 시계열 데이터에 특화되어 개발된 것이 아닙니다. 앞의 두 장에서 다뤘던 통계 모델과는 다릅니다. 하지만 시계열에서도 유용하다는 사실이 입증되었습니다.

머신러닝은 앞서 다룬 예측 작업과는 다릅니다. 지금까지는 시계열 예측에 대한 통계 모델만 집중적으로 살펴봤습니다. 통계 모델을 개발하는 데 필요한 시계열의 역동성, 시계열 행동의 불확실성 및 노이즈를 설명하는 통계적 기본 이론을 체계적으로 다뤘습니다. 그다음 과정의 역동성에 대한 가설을 세우고, 그 가설을 기반으로 예측에 대한 불확실성의 정도를 추정했습니다. 이 경우 모델의 구조 식별, 모델의 파라미터 추정을 위한 데이터의 역동성을 가장 잘 묘사하는 방법을 세심하게 고민해봐야 했습니다.

이번에는 과정에 규칙이 존재하거나, 특정 형식의 과정 자체가 존재한다는 상정을 하지 않는 방법론을 살펴봅니다. 대신에 시계열을 위한 적절한 분류 레이블처럼, 우리가 원하는 결과 예측에 관련된 과정의 행동을 묘사할 수 있는 패턴을 식별하는 것에 집중할 예정입니다. 또한 시계열 클러스터링 형식의 시계열에 대한 비지도학습도 고려합니다.

클러스터링과 트리 기반 방법론으로 예측과 분류 문제를 다룹니다. 시계열의 특징 생성은 트리 기반 방법론에서 반드시 필요한 과정입니다. ARIMA 모델과는 달리 '시간을 인식'하는 방법론이 아니기 때문입니다.

클러스터링 및 거리 기반의 분류는 입력input으로 원본 시계열이나 특징을 사용할 수 있습니다.

시계열 자체를 입력으로 사용하려면, 동적시간워핑^{dynamic time warping}(DTW)이라는 거리 평가 지표를 알아야 합니다. 시계열에 직접적으로 적용되는 동적시간워핑은 데이터 전체에 대한 시간 정보를 보존합니다. 제한된 특징 목록을 사용하는 방법과는 다릅니다.

9.1 시계열 분류

이번 절은 원시 뇌전도^{electroencephalogram}(EEG) 시계열 데이터에 대한 특징을 만드는 예를 다룹니다. 이렇게 만들어진 특징은 머신러닝 알고리즘에 사용됩니다. EEG 시계열의 특징을 추출한 다음 결정 트리^{decision tree} 기법으로 EEG 데이터를 분류합니다.

9.1.1 특징의 선택과 생성

이전 장에서는 시계열 특징 생성의 목적에 대한 일반적인 내용을 다뤘습니다. 또한 tsfresh로 시계열을 위한 특징 생성의 간단한 예를 다루기도 했습니다. 이번에는 cesium이라는 또 다른 시계열 관련 패키지로 특징을 생성하는 방법을 배워보겠습니다.

cesium 패키지의 한 가지 장점은 여러 가지 유용한 데이터셋을 제공한다는 것입니다. 여기에는 2001년 연구 논문(*https://perma.cc/YZD5-CTJF*)에서 얻은 EEG 데이터셋도 포함합니다. 데이터의 상세 내용은 해당 논문을 읽어보기 바랍니다. 목적상 데이터셋에 다섯 종류의 EEG 시계열이 존재하며, 각 시계열은 모두 길이가 같다는 사실만 알아도 충분합니다.

- 눈을 뜨거나 감은(두 개의 별도 범주) 건강한 사람에 대한 EEG 기록
- 발작이 발생하지 않은 간질^{epilepsy} 환자의 발작과는 관련 없는 두뇌의 두 부위에 대한 EEG 기록 (두 개의 별도 범주)
- 발작 중 뇌파 내 EEG 기록 (단일 범주)

cesium이 제공하는 편리한 함수를 사용해서 데이터셋을 다운로드합니다.

```python
## python
>>> from cesium import datasets
>>> eeg = datasets.fetch_andrzejak()
```

이 시계열들을 분류하기 위한 아이디어는 데이터의 일부 샘플을 확인하여 얻을 수 있습니다.

```python
## python
>>> plt.subplot(3, 1, 1)
>>> plt.plot(eeg["measurements"][0])
>>> plt.legend(eeg['classes'][0])
>>> plt.subplot(3, 1, 2)
>>> plt.plot(eeg["measurements"][300])
>>> plt.legend(eeg['classes'][300])
>>> plt.subplot(3, 1, 3)
>>> plt.plot(eeg["measurements"][450])
>>> plt.legend(eeg['classes'][450])
```

각 그래프는 서로 다른 EEG 측정 모습을 보여줍니다(그림 9-1). 각 EEG 그래프가 현저히 다르다는 사실은 별로 놀라운 일이 아닙니다. 건강한 사람과 간질 환자를 대상으로 서로 다른 두뇌 활동을 측정한 것이기 때문입니다.

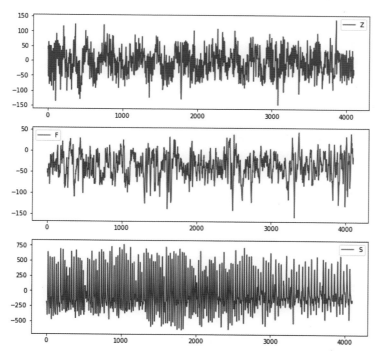

그림 9-1 EEG 데이터셋 중 임의로 선택된 세 개의 표본에 대한 그래프입니다. 이들은 서로 독립적이며, 같은 두뇌의 서로 다른 부분에서 동시에 발생한 측정이 아닙니다. 서로 다른 시간에 서로 다른 환자를 대상으로 측정한 독립적인 시계열입니다.

이 시각화는 특징 생성에 대한 가이드를 제공합니다. 가령 Z와 F는 S보다 덜 편향된 것으로 보이며, y축을 보면 각 범주는 꽤 다른 범위의 값으로 구성된 것을 알 수 있습니다. 이런 사실은 진폭^amplitude이 유용할 수 있다는 것을 시사합니다. 단지 전반적인 진폭뿐만 아니라, 세 가지 범주에서 서로 다른 특성을 지닌 것으로 보이는 데이터의 전반적인 분포도 유용합니다. 이 특징들을 포함한 다른 특징들은 분석에 사용합니다. 먼저 이런 특징을 생성하기 위한 코드를 알아봅시다.

머신러닝과 시각화

EEG 데이터는 2D 히스토그램을 사용해볼 수 있는 좋은 기회를 제공합니다. 특히 2D 히스토그램은 각 종류의 시계열에 대한 편리한 합성 이미지를 형성하고, 우리가 논의한 특징에 대한 대표성의 가능성을 확인시켜줄 수 있습니다(또는 무효성). 가령 서로 다른 부류에 대한 진폭이나 편향의 다름이 일관적인지를 규명할 수 있습니다.

또 다른 유용한 것으로는 범주당 하나의 히스토그램을 형성하는 단변량 히스토그램이 있습니다. 여기서 한 단계 더 나아가면, 각 범주에 대한 **커널밀도추정**kernel density estimate을 계산하고 그래프로 표현하는 것도 고려해볼 수 있습니다.

커널밀도추정은 히스토그램과 유사하지만 원시 히스토그램의 데이터를 변형하여 평활하지만 기본적인 변수의 가능한 분포에 대한 비모수적인 추정을 통한 효과적인 변환으로 연속성 및 평활성과 같은 속성을 갖도록 해줍니다. 위키백과에서는 커널밀도추정에 대한 좋은 개요를 제공합니다(*https://perma.cc/P3UT-UBCL*). 커널밀도추정은 여러 가지 방법으로 수행될 수 있는데, 가령 파이썬의 `scikit-learn` 패키지 또는 R의 `stats` 패키지의 `density()` 함수를 사용할 수 있습니다.

다음은 `cesium`으로 특징의 생성 방법에 대한 코드입니다.

```python
## python
>>> from cesium import featurize.featurize_time_series as ft
>>> features_to_use = ["amplitude",
>>>                     "percent_beyond_1_std",
>>>                     "percent_close_to_median",
>>>                     "skew",
>>>                     "max_slope"]
>>> fset_cesium = ft(times          = eeg["times"],
```

```
>>>              values          = eeg[“measurements”],
>>>              errors          = None,
>>>              features_to_use = features_to_use,
>>>              scheduler       = None)
```

상기 코드는 [그림 9-2] 스크린샷에 출력된 특징을 생성합니다.

```
fset_cesium.head()
```

feature	amplitude	percent_beyond_1_std	percent_close_to_median	skew	max_slope
channel	0	0	0	0	0
0	143.5	0.327313	0.505004	0.032805	11107.796610
1	211.5	0.290212	0.640469	-0.092715	20653.559322
2	165.0	0.302660	0.515987	-0.004100	13537.627119
3	171.5	0.300952	0.541128	0.063678	17008.813559
4	170.0	0.305101	0.566268	0.142753	13016.949153

그림 9-2 데이터셋의 처음 몇 개 표본에 대해 생성한 특징 수치

이 값들 중 정규화되지 않은 값이 많다는 사실에 유의하세요. 일부 기법은 정규화된 입력을 가정하므로 이러한 사실을 알고 있어야 합니다.

또한 각 특징이 나타내려는 것을 이해하고, 우리가 이해한 바가 cesium의 계산과 일치하는지도 확인해야 합니다. 오류 검사와 상식적인 확인의 한 예로, 시계열 샘플의 percent_beyond_1_std를 확인할 수 있습니다.

```
## python
>>> np.std(eeg_small[“measurements”][0])
40.411
>>> np.mean(eeg_small[“measurements”][0])
-4.132
>>> sample_ts = eeg_small[“measurements”][0]
>>> sz = len(sample_ts)
>>> ll = -4.13 - 40.4
>>> ul = -4.13 + 40.4
>>> quals = [i for i in range(sz) if sample_ts[i] < ll or
                                     sample_ts[i] > ul  ]
>>> len(quals)/len(ser)
0.327  ## [그림 9-2]에서 나타난 생성된 특징입니다.
```

여러분이 사용하는 모든 특징을 입증할 수 있어야만 합니다. 분석에 대한 책임이라는 간단한 문제입니다. 여러분이 이해할 수 없거나, 설명할 수 없거나, 입증할 수 없는 정보를 알고리즘에 제공해서는 안 됩니다.

9.1.2 결정 트리 기법

트리 기반 방법은 한 번에 한 단계씩, 비선형적인 방식으로 결정을 내리는 방식을 반영합니다. 가령 순서도처럼 한 번에 한 단계씩, 한 변수가 결정에 미치는 영향력을 생각하는 과정을 계속 반복하는 것입니다.

이미 결정 트리로 작업한 경험이 있거나, 결정 트리에 대한 직감적인 이해가 있다고 가정합니다. 그렇지 않다면, 잠시 멈추고 이 글(*https://perma.cc/G9AA-ANEN*)을 읽어보기 바랍니다.

다음은 몸무게를 추정하는 간단한 결정 트리의 예입니다(그림 9-3).

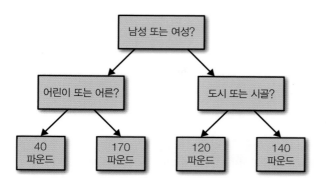

그림 9-3 이 간단한 회귀트리에서는 일련의 논리적인 가지들이 뻗어나가면서 무게를 예측합니다. 대충 만든 모델이지만 변수와 비선형성으로 간단한 트리 모델도 회귀 문제에 적용될 수 있음을 보여줍니다.

시계열 데이터 분석에서 사람의 행동이 결정 트리와 유사함을 보여주는 수많은 예가 있습니다. 예를 들어 재량적 주식 투자자는 각 기술지표를 일련의 계층적 방식으로 사용할 가능성이 높습니다. 먼저 한 기술지표에 따라 추세의 방향성에 대한 질문을 하고, 이어서 시간에 따른 변동성에 대한 질문을 하는 등 나무(트리)와 같은 구조가 됩니다. 그러면 트리의 비선형성처럼 첫 번째와 두 번째 질문에 대한 답은 순차적으로 이루어져야 합니다. 이 거래자들의 머릿속에는 결정 트리와 같은 구조가 들어 있고, 이 구조를 통해서 시장이 움직이는 방향을 예측합니다.

마찬가지로 의료전문가가 EEG나 ECG를 판독할 때, 한 특징의 존재를 먼저 살펴보는 것이 보통입니다. 순차적으로 일련의 요소를 파악하는 것입니다. 한 특징이 드러났을 때 다른 특징이 존재하지 않으면, 그 반대의 경우와는 전혀 다른 환자의 진단으로 이어질 것이고, 환자의 예후에 대한 예측도 달라집니다.

지금부터 다룰 예제는 EEG 데이터로부터 생성한 특징을 분류 작업에 활용 가능한 랜덤포레스트, 그레이디언트 부스팅 트리라는 두 가지 결정 트리 기법의 입력으로 사용합니다. 이 예제의 작업 목표는 원시 데이터로 생성한 특징만으로 EEG 데이터를 분류하는 것입니다.

랜덤포레스트

랜덤포레스트random forest는 하나의 결정 트리가 아니라, 여러 개의 결정 트리를 사용합니다. 분류나 회귀의 결과는 각 트리가 내놓은 출력의 평균을 구한 것입니다. 랜덤포레스트는 '군중의 지혜'에 기대를 거는 방식인데, 여기서 군중이란 여러 가지 간단한 결정 트리 모델들을 의미합니다. 각 모델 자체가 딱히 좋다고 보기 어렵지만, 이들이 모두 함께 머리를 맞대면 정제된 단일 결정 트리보다 훨씬 더 좋은 성능을 보여줍니다.

노력해서 단 하나의 '최고'의 모델을 찾는 대신, 여러 모델 무리를 앙상블하여 예측한다는 개념은 1969년 초에 신망 있는 두 통계학자인 베이츠J.M. Bates와 그랭거C.W.J. Granger가 발표한 「The Combination of Forecasts」라는 논문에서 명확히 설명합니다. 해당 논문은 항공 여객 데이터에 대해 서로 다른 두 예측을 조합하면 더 낮은 평균제곱오차를 가진 모델을 얻을 수 있다는 것을 보여줍니다. 놀랍게도 그 당시에는 비직관적인 결과였습니다. 통계보다 머신러닝을 주로 사용하는 젊은 세대의 데이터 분석가들은 이러한 앙상블 기법이 불안정하기보다 직관적이라는 것을 발견했고, 랜덤포레스트는 모든 종류의 예측 문제에서 많이 사용되어 왔습니다.

랜덤포레스트는 학습될 트리의 개수, 각 트리에 허용되는 최대 깊이에 대한 파라미터에 따라 그 구조가 결정됩니다. 그러면 각 개별 트리는 임의로 선정된 데이터 표본과 특징으로 학습됩니다. 각 트리는 과적합을 피할 수 있도록 꽤 간단한 파라미터로 구성하는 것이 보통입니다. 일반화된 여러 모델이 협력하여 평균을 구합니다. 개별 모델의 성능이 딱히 좋지는 않지만, 이들 모두를 모으면 데이터의 '함정'을 피하기에 충분한 일반화된 결과를 만들어냅니다.

앞서 언급된 것처럼, 각 시계열 샘플의 계산된 특징을 모델에 입력합니다. 원시 시계열 데이터를 입력으로 사용하는 방법을 이론적으로 생각해볼 수 있지만, 여기에는 다음과 같은 여러 가지 잠재적인 문제가 있습니다.

- 균일하지 않은 길이의 시계열을 다루는 것은 복잡할 수 있습니다.
- (시간 단계의 개수와 동등한 수준의) 대규모 입력은 계산 비용이 비싼 모델과 학습 과정의 결과를 초래할 수 있습니다.
- (모든 시간 단계는 한 특징으로 매핑되기 때문에) 특정 시간 단계가 매우 중요하지 않다고 가정하면 트리 관점에서는 시간 단계를 개별 입력으로 봐서 매우 심한 노이즈와 약한 신호만 존재합니다.

따라서 원시 시계열 데이터로 작업할 때는 랜덤 포레스트가 좋은 도구는 아닙니다. 하지만 원시 데이터가 특징들로 압축되어 요약되면 매우 유용할 수 있습니다. 다음은 그 유용성을 뒷받침하는 구체적인 이유 몇 가지를 보여줍니다.

- 효율성/계산 자원의 관점에서 볼 때, 매우 긴 시계열을 소수의 특징으로 추출하고 의미 있는 정확도를 가진 모델을 찾을 수 있다는 것은 훌륭한 생각입니다.
- 랜덤포레스트는 과적합의 위험을 줄이는 데 좋습니다. 과적합과 사전관찰 사이에 발생하는 좋지 않은 영향 때문에 과적합은 시계열 분석에서 특히 문제가 됩니다. 고의적으로 단순한 방법론을 사용하면 이런 우려의 일부를 해결할 수 있습니다.
- 랜덤포레스트는 과정의 기본 동작에 대해 작동하는 모델이나 가설이 없는 시계열 데이터에 특히 적합할 수 있습니다.

일반적으로 랜덤포레스트는 시계열 예측보다 시계열 분류에서 더 많은 성공을 거두었습니다. 다음으로 살펴볼 그레이디언트 부스팅 트리는 이와는 대조적으로, 두 종류의 작업에서 모두 상당한 성공을 거둔 방법입니다.

그레이디언트 부스팅 트리

부스팅boosting은 예측자(모델)들의 앙상블을 구축하는 또 다른 방법입니다. 부스팅의 기본 개념은 차례대로 생성되는 모델 중 나중에 생성되는 모델이 이전 모델의 실수를 바로잡는 방향을 가진다는 것입니다. 즉 이전 모델에서 잘못 적합된 데이터는 나중 모델에서 더 큰 가중치를 가지게 되는 방식입니다.

그레이디언트 부스팅 트리는 널리 사용되는 방법입니다. 특히 최근 데이터 과학계에서 개최한 경연대회의 성공 사례를 통해 시계열에서도 성공한 방법입니다.

XGBoost는 트리를 차례대로 만듭니다. 이때 각 트리는 이전 트리들의 결합에 대한 잔차를 예측합니다. 가령 XGBoost로 구축된 첫 번째 트리는 데이터와 일치하려고 시도합니다. 두 번째 트리는 참값(타깃)에서 예측된 값을 뺀 잔차를 예측합니다. 세 번째 트리는 참값에서 첫 번째 트리가 예측한 값, 첫 번째 트리의 잔차에 대해 두 번째 트리가 예측한 값을 뺀 것을 예측합니다.

하지만 XGBoost가 단순히 무한정 예측된 잔차의 잔차, 또 그 잔차의 잔차를 최소화하는 방식으로 모델을 구축하는 것은 아닙니다. XGBoost 알고리즘은 모델의 복잡도에 대한 패널티 항을 포함한 손실 함수를 최소화합니다. 이 패널티 항은 생성될 트리의 개수를 제한합니다. 물론 생성될 트리의 개수를 직접 지정하는 것도 가능합니다.

지난 수년간 캐글 경연대회나 산업 머신러닝 콘퍼런스 등에서 많은 사람이 다른 머신러닝 기법보다는 XGBoost의 사용이 훨씬 더 좋은 성공으로 이끌었다고 말합니다.

> **TIP** 배깅bagging(공식적으로는 부트스트랩 애그리게이팅bootstrap aggregating)은 앙상블에 포함된 서로 다른 모델에 임의로 생성된 학습 데이터셋을 할당하는 모델의 학습 기법입니다. 보통 랜덤포레스트는 모델의 학습에 배깅 방법론을 기본적으로 사용합니다.
>
> 언급한 바와 같이, 부스팅은 순차적으로 훈련된 모델로 구성된 앙상블 모델의 학습 기법을 의미합니다. 차례대로 포함된 모델은 이전 모델이 실수한 부분을 정정하는 데 초점을 둡니다. 그레이디언트 부스팅 트리 모델이 훈련되는 방식의 핵심이 바로 부스팅입니다.

예제 코드

랜덤포레스트와 XGBoost의 경우, 모델이 동작하는 방식을 이해하는 것보다 실제로 머신러닝 모델을 코딩하는 것이 더 쉽습니다. 지금부터 다룰 예제는 앞서 생성한 특징을 기반으로, 랜덤포레스트와 그레이디언트 부스팅 트리 모델을 모두 학습시켜서 EEG 데이터를 분류합니다.

sklearn을 사용해서 데이터를 학습용과 테스트용 데이터셋으로 분리합니다.

```python
## python
>>> from sklearn.model_selection import train_test_split
>>> X_train, X_test, y_train, y_test = train_test_split(
            fset_cesium.values, eeg["classes"], random_state=21)
```

먼저 랜덤포레스트부터 사용해봅시다. 보다시피 EEG 데이터를 분류하는 모델을 쉽게 생성할 수 있습니다.

```python
## python
>>> from sklearn.ensemble import RandomForestClassifier
>>> rf_clf = RandomForestClassifier(n_estimators = 10,
>>>                                  max_depth    =  3,
>>>                                  random_state = 21)
>>> rf_clf.fit(X_train, y_train)
```

그리고 Classifier 객체의 score 메서드로 학습에 사용되지 않은 데이터셋에 대한 정확도를 결정합니다.

```
## python
>>> rf_clf.score(X_test, y_test)
0.616
```

단지 약간의 코드를 작성했을 뿐인데, (의학교육을 받지 않은) 사람이 직접 분류하는 것보다 더 나은 모델을 만들었습니다. 이 모델은 전체 EEG 데이터 대신 요약 통계를 입력으로 사용한 것으로, 좋은 특징이 선택된 덕분이라는 것을 기억하기 바랍니다.

XGBoost도 비슷한 수준으로 간단하고 명료하게 만들 수 있습니다.

```
## python
>>> import xgboost as xgb
>>> xgb_clf = xgb.XGBClassifier(n_estimators  = 10,
>>>                             max_depth     = 3,
>>>                             random_state = 21)
>>> xgb_clf.fit(X_train, y_train)
>>> xgb_clf.score(X_test, y_test)
0.648
```

결과를 보면, 랜덤포레스트 보다 XGBoost가 약간 더 좋습니다. 또한 학습에 드는 시간도 더 짧습니다. 다음은 각 모델의 학습에 소요된 시간을 계산하여 보여줍니다.

```
## python
>>> start = time.time()
>>> xgb_clf.fit(X_train, y_train)
>>> end = time.time()
>>> end - start
0.0189

## 랜덤포레스트
>>> start = time.time()
>>> rf_clf.fit(X_train, y_train)
>>> end = time.time()
>>> end - start
0.027
```

실행 속도가 대단히 향상된 것을 알 수 있습니다. 랜덤 포레스트는 XGBoost보다 약 50% 이상의 시간을 더 사용합니다. 명확한 검증 방법은 아니지만, 대규모 데이터셋에 대한 XGBoost의 강점을 보여주기 위한 간단한 예입니다. 물론 더 많은 표본과 특징을 가진 대규모 데이터셋에서도 이 강점이 유지되는지 확인해보는 것이 좋습니다.

상기 코드는 성능 테스트를 수행하는 방법이 아닙니다.

사실 이전 코드에는 비판을 받을 만한 부분이 많이 있습니다. 먼저 성능 테스트용 메서드를 더 간단하게 작성할 수 있는 방법이 있습니다. 또한 단순한 주피터 노트북에서의 장난식 예제가 아니라 보다 현실적인 상황, 현실적인 데이터로 학습의 평균 시간을 구해야 합니다.

알고리즘의 실행 속도가 느리더라도, 그 알고리즘 자체가 느리다는 의미는 아닙니다. 때로는 성능보다 코드의 투명성을 위해 알고리즘을 더 길게 구현하는 경우는 실행 속도가 더 느릴 수 있습니다. 알고리즘은 가급적 가장 일반적인 상황을 상정하여 구현됩니다. 데이터에 어떤 특정 방식에 종속적인 요구 사항이 있다면 알고리즘을 목적에 맞게 바꿔야 합니다.

시계열에 대한 구체적인 성능의 고려 사항은 12장에서 다룹니다.

랜덤포레스트보다 XGBoost의 결과가 더 좋은 것이 특정 하이퍼파라미터 때문이었을지도 모른다는 궁금증이 생길 수 있습니다. 가령 '깊이를 더 낮게 설정하여 트리의 복잡도를 줄였다면, 어떤 결과를 초래했을까?' 또는 '모델의 트리 개수를 더 적게 제한했다면?' 등과 같은 의문이 생길 수 있습니다. 이런 가능성은 쉽게 검정할 수 있으며, 직접 실험해보면 어떤 상황이든 XGBoost가 여전히 더 좋은 경향을 보인다는 것을 알 수 있습니다.

다음은 두 앙상블에 대해 동일한 트리 개수를 부여하고, 트리들의 깊이를 제한하여 복잡도를 낮춘 경우를 보여줍니다. 그 결과 그레이디언트 부스팅 모델이 랜덤포레스트 모델보다 더 높은 정확도를 유지했습니다.

```python
## python
>>> ## 같은 수의 트리 (10), 그러나 복잡성은 낮춘 경우를 테스트합니다.
>>> ## (max_depth = 2)
>>>
>>> ## XGBoost
>>> xgb_clf = xgb.XGBClassifier(n_estimators = 10,
                                max_depth    = 2,
                                random_state = 21)
>>> xgb_clf.fit(X_train, y_train)
>>> xgb_clf.score(X_test, y_test)
```

```
0.616

>>> ## 랜덤포레스트
>>> rf_clf = RandomForestClassifier(n_estimators = 10,
                                    max_depth    = 2,
                                    random_state = 21)
>>> rf_clf.fit(X_train, y_train)
>>> rf_clf.score(X_test, y_test)
0.544
```

트리의 복잡성을 더 낮추더라도 이 사실에는 변함이 없습니다.

```
>>> ## 같은 수의 트리 (10), 그러나 복잡성은 낮춘 경우를 테스트합니다
>>> ## (max_depth = 2)

>>> ## XGBoost
>>> xgb_clf = xgb.XGBClassifier(n_estimators = 10,
                                max_depth    = 1,
                                random_state = 21)
>>> xgb_clf.fit(X_train, y_train)
>>> xgb_clf.score(X_test, y_test)
0.632

>>> ## 랜덤포레스트
>>> rf_clf = RandomForestClassifier(n_estimators = 10,
                                    max_depth    = 2,
                                    random_state = 21)
>>> rf_clf.fit(X_train, y_train)
>>> rf_clf.score(X_test, y_test)
0.376
```

랜덤포레스트보다 좋은 그레이디언트 부스팅 트리의 성능과 이점을 보여주는 몇 가지 근거가 있습니다. 분류 작업에 선택된 특징들이 모두 유용하다는 사실은 알 수 없다는 점이 중요합니다. 이는 부스팅(그레이디언트 부스팅 트리)이 배깅(랜덤 포레스트)보다 좋다는 것을 보여줍니다. 부스팅은 항상 모든 특징을 사용하고 관련도가 높은 것에 특혜를 줘서 의미 없는 특징이 무시될 가능성이 높지만, 배깅의 결과로 얻은 트리들은 덜 의미 있는 특징을 사용하도록 강요받을 수도 있습니다.

이러한 사실은 부스팅이 (마지막 장에서 다뤄질) 더 강력한 특징 생성 라이브러리와 결합될 때

의 유용함을 시사하기도 합니다. 현실적으로 점검 불가능한 수준으로, 수백 개에 달하는 시계열의 특징을 생성하는 접근 방식을 취할 때, 부스팅은 재앙과도 같은 결과에 대한 일종의 안전장치가 될 수 있습니다.

> **TIP** 그레이디언트 부스팅 트리는 대규모 시계열 데이터셋을 포함한 대규모 데이터셋에서 특히 유용합니다. 여러분이 선택한 구현체에 따라 정확성과 학습 시간이 약간 다를 수 있습니다. XGBoost 외에 LightGBM과 CatBoost 라이브러리의 사용도 고려해야 합니다. 이 두 패키지는 테스트 데이터셋에 대한 낮은 정확도를 보일 때도 있지만, 보통 XGBoost보다 빠릅니다.

분류와 회귀

앞선 예제에서는 시계열 분류에 랜덤포레스트와 그레이디언트 부스팅 트리를 사용하는 방법을 다뤘습니다. 그런데 사실 시계열 예측에서도 이 두 방법론을 사용합니다.

여러 통계학자는 예측에 있어서 머신러닝이 전통적인 통계 분석보다 덜 성공했다고 주장합니다. 하지만 그레이디언트 부스팅 트리가 등장한 이래로 지난 몇 년간의 결과로부터 큰 데이터가 주어질 때 머신러닝이 전통적인 통계 모델의 성능을 앞지른 경우를 많이 볼 수 있었습니다. 이러한 사례는 예측 관련 경연대회 및 산업에 적용된 실제 애플리케이션 모두에서 찾아볼 수 있습니다.

그레이디언트 부스팅 트리 모델의 한 가지 장점은 '자율적으로' 접근하는 능력을 가졌다는 것입니다. 즉 모델이 스스로 관련성이 적거나 노이즈가 많은 특징은 제거하고, 가장 중요한 특징들에 초점을 맞춘다는 것입니다. 그러나 이것만으로 최신 성능을 얻기에는 충분하지 않습니다. 그레이디언트 부스팅 트리처럼 자동화된 방법조차도 아무리 좋아봐야 입력 데이터를 뛰어넘을 수는 없습니다. 모델을 향상시키기 위한 가장 중요한 방법은 검증된 고품질 입력 특징을 제공하는 것입니다.

현재 모델을 향상하는 여러 가지 방법이 있습니다. XGBoost의 옵션으로 생성 가능한 특징 중요도를 통해서 모델을 향상하기 위한 방향을 고민해볼 수 있습니다. 이는 특징의 유용성을 파악하는 데 도움이 되고, 이를 토대로 유용하다고 판단된 특징과 유사한 특징을 추가하는 방식으로 데이터셋을 확장할 수 있습니다. 그리고 하이퍼파라미터 격자 탐색을 통한 모델의 파라미터를 조정해볼 수도 있습니다. 마지막으로 원시 시계열의 잘못 레이블링된 데이터를 찾아보고, 현재 모델에 사용된 특징으로 표현 가능한지를 확인해보는 것도 도움이 됩니다. 잘못 레이블링된 데이터를 보다 잘 묘사하는 특징을 추가하여 입력을 보강하는 방식을 고려해볼 수 있습니다.

9.2 클러스터링

클러스터링의 기본 개념은 분석의 목적상 서로 유사한 데이터가 의미 있는 집단을 구성한다는 것입니다. 이러한 개념은 시계열 데이터뿐만 아니라 다른 데이터에도 적용됩니다.

이전에 논의된 바와 같이, 여러분이 비시계열이라는 문맥에서의 머신러닝과 어느 정도 익숙하다고 가정합니다. 클러스터링 기법과 친숙하지 않다면, 이 절을 계속 읽기 전에 먼저 클러스터링에 대한 배경지식(*https://perma.cc/36EX-3QJU*)을 습득하길 권합니다.

시계열에서의 클러스터링은 분류와 예측 모두에서 사용될 수 있습니다. 분류의 경우, 클러스터링 알고리즘을 이용하면 원하는 수만큼의 집단을 모델의 학습 단계에서 식별할 수 있습니다. 그리고 식별된 집단을 이용해 시계열의 범주를 규명하고, 새로운 샘플이 소속될 집단을 인식할 수 있습니다.

예측에서는 순수 클러스터링이나 거리 측정법을 이용하는 형태의 클러스터링이 사용될 수 있습니다(거리 측정법에 대한 더 많은 내용은 곧 다룰 예정입니다). 클러스터링과 관련 기법으로 미래의 수평선, h를 예측하는 몇 가지 옵션이 있습니다. 이 경우는 시계열 전체의 관측을 가지고 있는 것이 아니라, $N+h$ 번째의 시간 단계를 예측하기 위한 처음 N번의 단계에 대한 관측만을 가진 상황임을 유념하기 바랍니다. 이때의 몇 가지 옵션은 다음과 같습니다.

첫 번째 옵션은 특정 행동에 기반한 예측을 생성하기 위해서 그 행동을 규정하는 규칙을 사용하는 것입니다. 그러려면 우선 처음 N번의 시간 단계에 기반해 특정 시계열 샘플이 속한 클러스터를 결정하고, 해당 클러스터의 규칙에 따라 미래의 행동을 추론합니다. 구체적으로는 해당 클러스터의 시계열값들이 시간 단계 N과 $N+h$ 사이에서 변화하는 방식을 살펴보는 것입니다. 한편 사전관찰의 발생을 피하기 위해서 모든 시계열의 모든 부분이 아니라 처음 N개의 단계에만 기반하여 클러스터링을 수행해야 합니다.

또 다른 옵션으로는 표본 시계열의 미래 행동을 표본 공간의 최근접이웃의 행동에 기반하여 예측하는 것입니다. 이런 시나리오에서는 처음 N개의 시간 단계에 대한 지표에 기반하여 해당 시계열의 (전체적인 궤적이 알려진) 최근접 이웃들을 찾고, 이 최근접이웃들의 $N+h$ 행동의 평균을 구합니다. 그러면 현재 표본에 대한 예측을 얻게 됩니다.

분류와 예측 두 분야 모두에서 시계열 간의 유사성을 평가하는 방법이 가장 중요한 고려 사항입니다. 클러스터링은 다양한 거리 지표로 수행될 수 있고, 고차원 문제의 거리 측정법 고안에 초점을 맞춥니다. 예를 들어 지원자 두 명 사이의 '거리'는 무엇일까요? 또는 두 개의 혈액 샘플 사이의 '거리'는 무엇일까요? 같은 질문이 될 수 있습니다. 이러한 도전은 비시계열 데이터에 이미 존재했고 시계열 데이터에서도 계속되고 있습니다.

시계열 데이터에 클러스터링 기법을 적용하는 상황에서의 거리 측정법은 넓은 의미로 두 부류로 나뉩니다.

특징에 기반한 거리

시계열을 위한 특징을 생성하고, 이들을 데이터의 계산을 위한 좌표로 취급합니다. 거리 측정법의 선택 문제를 완전히 해결하지는 못하지만, 모든 비시계열 데이터셋이 거리 측정에 대해 제기한 수준으로 문제를 줄입니다.

원시 시계열 데이터에 기반한 거리

서로 다른 시계열이 얼마나 '가까운지'를 결정하는 방법을 찾습니다. 가급적이면 서로 다른 시간의 규모, 서로 다른 측정 개수, 그 외 시계열 표본 사이의 있을 법한 불균형을 다룰 수 있는 방식이어야 합니다.

이제 두 가지 거리 측정법을 시계열 데이터셋에 적용해보겠습니다. 사용할 데이터셋의 각 샘플은 2D로 표현한 손글씨 단어 이미지를 1D 시계열로 투영한 것입니다.

9.2.1 데이터에서 특징 생성하기

이미 8장에서 특징의 생성과 선택에 대한 방법을 살펴봤습니다. 여기서는 시계열 특징의 유사성에 기반하여 시계열 데이터셋 사이의 거리를 평가하는 방법을 살펴봅니다.

이상적인 시나리오는 트리와 같은 기법을 사용하여 평가된 특징 중요도로 중요하지 않거나 관심이 없는 시계열의 특징들을 미리 제거한 상황입니다. 이런 특징은 자칫 두 시계열의 차이를 잘못 나타내고, 분류 및 예측 작업의 결과와 관련된 유사성을 나타내지 못할 수 있어서 거리 측정에 포함하면 안 됩니다.

EEG 데이터셋에서 작업한 방법으로 시작합니다. 즉 일부 범주의 데이터로부터 시계열의 구조 및 시간에 따라 드러나는 명확한 차이에 주목해보겠습니다.

우리가 사용할 데이터는 FiftyWords(*https://oreil.ly/yadNp*) 데이터셋의 일부분으로, UEA 및 UCR 시계열 분류용 저장소에서 내려받을 수 있습니다. 이 데이터셋은 2003년에 작성된 역사적 문헌에 수기로 쓰여진 단어를 클러스터링하는 내용의 논문(*http://ciir.cs.umass.edu/pubfiles/mm-38.pdf*)에서 공개된 것입니다. 이 논문의 저자는 수기로 쓰여진 2D 단어 이미지를 1D 곡선으로 매핑하는 방법을 사용해 '단어의 윤곽word profile'을 개발했습니다. 단어 길이와는 상관없이 매핑 전후는 동일한 측정으로 구성됩니다. 저장소가 제공하는 데이터셋은 논문이 제시한 것과 완벽히 일치하지는 않지만 같은 원리로 만들어진 것입니다. 원논문의 목적은 단일 레이블로 문서 내의 동일하거나 유사한 모든 단어를 태깅해서 나중에 사람들이 해당 단어들을 다시 전자로 레이블링할 수 있는 데 도움을 주는 방식을 개발하는 것이었습니다(20년 간의 기술 발전으로 오늘날의 신경망은 이 두 단계를 거치지 않고도 같은 목표를 달성할 수 있습니다).

이 예제에서는 **투영 그래프**projection profiles라는 단어가 등장합니다. '투영projection'이란 2D 공간의 이미지를 1D 공간으로 변환한 것을 의미합니다. 순서가 중요한 1D 공간으로 표현된 데이터는 시계열 분석이 처리하기 좋은 형식입니다. '시간'의 축이긴 하지만 실제로는 시간이 아니라 수기로 적힌 단어 데이터가 좌에서 우로, 차례대로 균등한 거리를 가지도록 나열되므로 그 개념은 같습니다. 따라서 본서에서는 **시간**time 또는 **시간적**temporal 이라는 말이 가진 본래의 의미를 상황에 맞춰 자연스럽게 사용하겠습니다.

[그림 9-4]는 개별 단어 몇 개에 대한 예를 보여줍니다.[1]

그래프상 분명해 보이는 패턴 등으로 데이터를 살펴보면, EEG처럼 분석의 출발점으로 고려할 만한 몇 가지 특징을 만들 수 있습니다. 가령 고점들의 높이, 위치, 가파른 정도, 고점의 모양과 같은 특성을 고려해볼 수 있습니다.

이때 설명하는 여러 특징이 시계열보다는 이미지 인식을 위한 특징인 것처럼 들릴지도 모르지만, 사실 이런 관점은 특징 생성의 입장에서 보면 유용할 수 있습니다. 결국 시각적 데이터는 시계열 데이터 대비 처리가 쉽고 보다 많은 직관을 얻을 수 있는 형식입니다. 이미지라는 측면에서 특징을 고민해보는 것은 도움이 되기도 하지만, 동시에 특징 생성이 어려운 이유를 설명해주기도 합니다. 시계열을 조사하여 두 범주를 명확히 구분할 수 있는 것처럼 보이지만, 이를

---

1 각 '단어'의 실제 내용에 대한 정보는 사용할 수 없으며, 원본 데이터셋을 합쳤을 때 특별히 관련성을 갖지 않는다는 사실에 주목하세요. 하나의 레이블로 표시된 모든 단어가 동일하게끔 인식되도록 하는 것이 기본 개념입니다. 그렇게 하면 나중에 본 사람들이 문서 전체를 레이블링할 때 드는 노력이 감소합니다.

어떻게 코드로 표현해야 하는지는 명확하지 않을 수 있습니다. 또는 코드까지는 잘 작성했으나, 계산하는 데 비용이 많이 든다는 사실을 깨닫게 될지도 모릅니다.

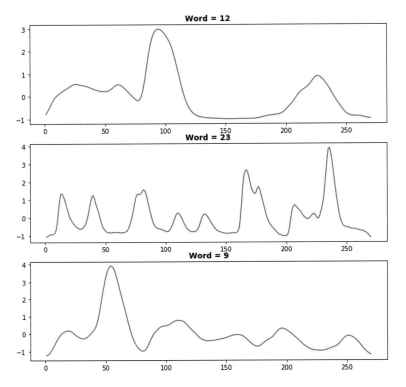

그림 9-4 단어 세 개(12, 23, 9)의 서로 다른 결과를 보여주는 투영 그래프입니다. 이런 단어들을 구분하는 몇 가지 특징이 있습니다. 최고점에 대한 시간의 위치(x축), 두 번째 최고점에 대한 시간의 위치, 최고점의 개수, 값들의 전체 범위, 곡선의 볼록성 등이 있습니다.

지난 10년 동안 딥러닝은 이미지 분류의 가장 강력한 도구로 부상했습니다. 충분한 데이터만 주어진다면 딥러닝 분류 모델을 이런 그래프 이미지에 대해 학습시킬 수 있습니다(10장 참조). 다만 지금은 프로그래밍의 어려움을 생각해보는 것이 도움이 됩니다. 예를 들어 고점의 위치를 찾는 프로그램을 작성하는 것은 어려우므로 각 고점의 위치를 정하는 특징을 생성하기란 쉽지 않습니다. 이를 해결하는 것은 어떻게 보면 일종의 예술 행위라고도 볼 수 있습니다.

또는 모든 범주별 데이터나 개별 데이터의 1D 히스토그램을 활용할 수도 있습니다. 이는 고점의 식별, 시계열의 전체 모양을 매핑하는 다른 대체 값을 찾는 데 계산적으로 덜 부담스러운 방법일 수 있습니다. 다음은 앞서 그래프를 그렸던 것과 동일한 범주별 데이터를 1D 히스토그램으로 표현하는 방법입니다(그림 9-5).

```python
## python
>>> plt.subplot(3, 2, 1)
>>> plt.plot(words.iloc[1, 1:-1])
>>> plt.title("Word = " + str(words.word[1]), fontweight = 'bold')
>>> plt.subplot(3, 2, 2)
>>> plt.hist(words.iloc[1, 1:-1], 10)
>>> plt.subplot(3, 2, 3)
>>> plt.plot(words.iloc[3, 1:-1])
>>> plt.title("Word = " + str(words.word[3]), fontweight = 'bold')
>>> plt.subplot(3, 2, 4)
>>> plt.hist(words.iloc[3, 1:-1], 10)
>>> plt.subplot(3, 2, 5)
>>> plt.plot(words.iloc[5, 1:-1])
>>> plt.title("Word = " + str(words.word[11]), fontweight = 'bold')
>>> plt.subplot(3, 2, 6)
>>> plt.hist(words.iloc[5, 1:-1], 10)
```

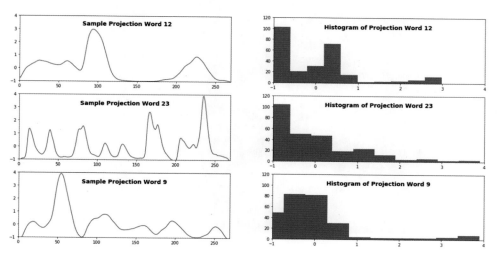

그림 9-5 유용한 특징을 발견하기 위해 각 범주를 측정하는 또 다른 방법입니다. 특히 범주별 데이터의 히스토그램은 국소적 고점의 개수, 뒤틀림, 첨도와 같이 시계열 곡선을 잘 표현할 수 있는 대체 속성을 나타냅니다. 사람의 눈으로는 분명해 보이는 속성들은 코드로 표현하기 어렵습니다.

다른 데이터와 비교하여 상기 예시의 단어가 이상치가 아님을 확인합니다. 단어의 차이를 확인하는 두 단어에 대한 2D 히스토그램을 구성합니다(그림 9-6).

```python
## python
>>> x = np.array([])
>>> y = np.array([])
>>>
>>> w = 12
>>> selected_words = words[words.word == w]
>>> selected_words.shape
>>>
>>> for idx, row in selected_words.iterrows():
>>>     y = np.hstack([y, row[1:271]])
>>>     x = np.hstack([x, np.array(range(270))])
>>>
>>> fig, ax = plt.subplots()
```

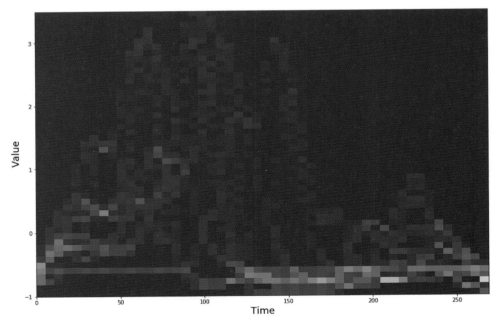

그림 9-6 단어(word=12)를 1D로 투영한 것에 대한 2D 히스토그램입니다. x축은 투영된 각 시계열의 샘플/단어에 대한 시간 단계 270개, y축은 각 시간 단계에서의 측정값을 표현합니다.

[그림 9-6]은 데이터셋 중 word=12에 포함된 모든 단어의 2D 히스토그램을 보여줍니다. [그림 9-5]의 곡선은 시계열을 지배하는 두 고점을 찾는 데 초점을 두지만, [그림 9-6]은 범주별 데이터 대부분이 두 고점 사이에 평평함을 공통으로 가진다는 사실을 120~200번째 시간 단계의 강도를 통해 보여줍니다.

또한 2D 히스토그램으로 이 범주(12)에 속한 최고점을 특정할 수 있습니다. 이는 50~150시간 단계 사이에서 그 위치가 미묘하게 다르게 보일 수 있습니다. '최댓값이 50~150시간 단계 사이에 도달했나요?'와 같은 특징을 만들어야 할지도 모릅니다.

같은 이유로 이번에는 단어 범주 23에 대한 또 다른 2D 히스토그램을 그립니다. 이 범주에는 [그림 9-5]에서는 정량화되기 어려웠던 특징인 작은 혹들이 많이 있습니다(그림 9-7).

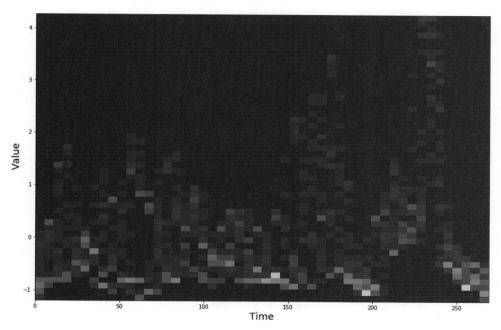

그림 9-7 단어(word=23)를 1D로 투영한 것에 대한 2D 히스토그램입니다. x축은 투영된 각 시계열의 샘플/단어에 대한 시간 단계 270개, y축은 각 시간 단계에서의 측정값을 표현합니다.

[그림 9-5]에서 확인 가능한 특징을 통해 얼룩진 2D 히스토그램을 기대할 수 있어서 단어 범주 23에 대한 [그림 9-7]의 '얼룩진' 히스토그램은 그리 놀라운 일이 아닙니다. 샘플 간의 특징이 정확히 일치하지 않기 때문입니다. 그러나 단어 범주 12와 비교하면 범주 23의 최고점은 겹

치지 않는 시간 단계의 범위에 있음을 알 수 있습니다. 이 범주의 최댓값 시간 단계 150 이후에 등장하는데, 단어 범위 23의 두 최고점이 이 범위에 있다는 사실과 일치합니다. 2D 히스토그램은 이전 고점이 이후 고점만큼 높지 않다는 것을 입증하는 경향이 있으며, 다른 범주와 구별하기 위해 이 시계열의 모양을 정량화하는 다른 방법을 제시합니다.

2D 히스토그램은 개별 범주 내 특징에 대한 가변성을 알려주는 데 유용하여 하나의 데이터에 과도하게 의존하지 않는 특징의 구성 방식을 고려할 수 있습니다.

생성하기 위한 특징들로는 단어 투영의 모양에서 파싱된 특징, 추가로 단어 투영 히스토그램의 모양에서 파생된 특징을 선택합니다(1D 요약을 또 다른 1D 요약으로 투영). 이는 2D 히스토그램에서 볼 수 있는 큰 '얼룩짐'에 대한 대응으로, 고점은 있지만 그 위치가 안정적이지 않음을 표현합니다. 히스토그램을 사용해 생성한 각 단어 투영에 대한 이차적인 특징은 단순 단어 투영 자체보다 더 안정적이며 특성을 잘 나타낼 수도 있습니다. 히스토그램은 값들의 위치를 특징짓지 않고 그 값의 종류를 나타냅니다. 이는 고점이 안정적인 시간의 위치에 분포되지 않은 투영된 시계열을 다루는 본 예제에서 중요한 역할을 합니다.

먼저 시간 단계 270개를 가진 시계열의 특징을 생성합니다. 참고로 코드의 가독성을 위해 특징 생성에 사용된 함수의 이름을 ft로 줄였습니다.

```python
from cesium import featurize.featurize_time as ft
## python
>>> word_vals      = words.iloc[:, 1:271]
>>> times          = []
>>> word_values    = []
>>> for idx, row in word_vals.iterrows():
>>>     word_values.append(row.values)
>>>     times.append(np.array([i for i in range(row.values.shape[0])]))
>>>
>>> features_to_use = ['amplitude',
>>>                    'percent_beyond_1_std',
>>>                    'percent_close_to_median']
>>> featurized_hists = ft(times            = times,
>>>                    values           = word_values,
>>>                    errors           = None,
>>>                    features_to_use  = features_to_use,
>>>                    scheduler        = None)
```

다음으로는 히스토그램을 생성하고 이를 또 다른 시계열로 취급하여 특징을 생성합니다.[2]

```python
## python
>>> ## 히스토그램에서 파생된 일부 특징을 생성합니다.
>>> times = []
>>> hist_values = []
>>> for idx, row in words_features.iterrows():
>>>     hist_values.append(np.histogram(row.values,
>>>                                     bins=10,
>>>                                     range=(-2.5, 5.0))[0] + .0001)
>>>                                     ## 0들은 하위 작업에서 문제를 초래합니다.
>>>     times.append(np.array([i for i in range(9)]))
>>>
>>> features_to_use = ["amplitude",
>>>                     "percent_close_to_median",
>>>                     "skew"
>>>                     ]
>>>
>>> featurized_hists = ft(times          = times,
>>>                        values         = hist_values,
>>>                        errors         = None,
>>>                        features_to_use = features_to_use,
>>>                        scheduler       = None)
```

np.histogram()에 전달된 인수로 모든 히스토그램이 같은 구간 개수, 구간마다 같은 범위의 값들로 구성되도록 합니다. 이렇게 하면 모든 히스토그램이 같은 범위의 구간 값을 가져서 이들을 직접 비교할 수 있으며, 시계열 특징 생성 작업에 사용될 시 이 값들이 '시간의' 축으로써 활용됩니다. 이러한 일관성 없이는 히스토그램 간 비교가 불가능하여 생성된 특징이 무의미해 집니다.

마지막으로 서로 다른 방식으로 얻은 특징들을 결합합니다.

```python
## python
>>> features = pd.concat([featurized_words.reset_index(drop=True),
>>>                       featurized_hists],
>>>                      axis=1)
```

---

2 단순 단어 투영에서의 x축은 실제 시간은 아니지만 시간처럼 순서를 갖고 균등한 간격으로 정렬됩니다. 히스토그램도 동일합니다. 특성
   생성과 같은 분석에서는 x축을 시간이라고 간주할 수 있습니다.

9.2.2 시간을 인식하는 거리 측정법

클러스터링 분석 시 거리 지표를 선택해야 합니다. 비시계열 데이터에 대한 표준 클러스터링 분석과 마찬가지로, 방금 얻은 시계열 특징에 다양한 표준 거리 지표를 적용할 수 있습니다. 거리 지표의 선택 과정에 익숙하지 않다면 이와 관련된 배경지식(*https://perma.cc/MHL9-2Y8A*)을 읽어보길 권합니다.

이번 절에서는 시계열 간의 유사성 측정 문제를 다루기 위한 거리 지표를 정의합니다. 이러한 목적의 거리 지표 중 가장 잘 알려진 것은 **동적시간왜곡**dynamic time warping(DTW)입니다. DTW는 단어 투영과 같이 전체적인 모양이 가장 중요한 특징인 시계열의 클러스터링에 적합합니다.

이 기법의 이름은 시간축을 따라 시계열을 정렬하고 모양을 비교하는 시간적 '왜곡'에 의존하는 방법론으로부터 영감을 받았습니다. 글보다는 그림이 동적시간왜곡의 개념을 훨씬 더 잘 전달합니다(그림 9-8). 표시된 두 곡선(즉 두 시계열) 사이의 점들 간 최상의 정렬을 찾아서 두 곡선의 모양을 비교하기 위해서 시간축(x)이 왜곡(확장 또는 축소)됩니다.

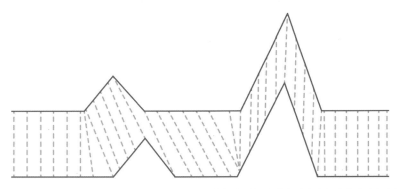

그림 9-8 동적시간왜곡의 작동 방식입니다. 시계열의 각 점은 반대편 시계열의 점에 매핑되지만, 반드시 일대일 관계로 매핑되어야 하는 것은 아닙니다. 여기에는 몇 가지 의미를 내포합니다. (1)시계열의 길이가 같거나 시간 범위가 같을 필요는 없습니다. 모양이 중요합니다. (2)적합과정에서 각 시계열에 대한 시간이 항상 뒤로 이동하는 것은 아니며, 이동속도도 동일하지 않습니다. 여기서 말하는 시간 이동은 x축 방향으로 곡선을 따라 진행되는 것을 의미합니다(*https://perma.cc/F9ER-RTDS*).

다른 곡선과 비교해서 한 곡선의 시간축상 실제 시간 값은 이 알고리즘의 표준 형식에 적합하지 않습니다(현실적인 상황은 아니지만). 나노초 단위로 측정된 시계열과 수천 년 단위로 측정된 시계열을 비교할 수 있습니다. 이 알고리즘의 목적은 지나간 시간의 양을 생각하는 것보다는 알고리즘의 시각적 '모양'을 비교하는 것에 가깝습니다. 즉 '시간'이란 고유한 시간보다는

x축을 따라 균등한 간격으로 정렬된 점들이라는 일반화된 의미가 있습니다.

DTW의 규칙은 다음과 같습니다.

- 한 시계열의 모든 시간은 최소한 다른 시계열의 한 시간에 대응해야 합니다.

- 각 시계열의 처음과 끝은 서로 처음과 끝에 대응해야 합니다.

- 시간 간의 매핑은 과거가 아니라 미래로 이동하는 관계만 표현해야 합니다. 한 시계열의 시간축상에서 이미 지난 시간을 다른 시계열의 시간에 대응할 수는 없습니다. 가령 [그림 9-8]의 상단 곡선(실선)의 첫 번째 '왜곡' 지점으로 알 수 있듯이, 적합 과정에서 시계열의 두 연속적인 시간 단계는 x축의 동일한 위치로 압축되어 왜곡됩니다.

이 규칙을 따르도록 시간 정렬을 조정하는 여러 가지 방법이 있지만, 적합으로부터 선택된 두 곡선을 매핑시킨 결과는 곡선의 거리를 최소화한 것이어야 합니다. 이 거리나 비용함수^{cost} ^{function}는 대응된 점 간의 차이에 대한 절댓값의 합으로 측정되는 경우가 일반적입니다. 차이에 대한 절댓값이란 두 시계열의 다른 정도를 말합니다.

DTW의 동작 방식을 직관적으로 이해했으므로, 이제는 코드를 살펴볼 차례입니다.

```python
## python
>>> def distDTW(ts1, ts2):
>>>     ## 설정과정
>>>     DTW={}
>>>     for i in range(len(ts1)):
>>>         DTW[(i, -1)] = np.inf
>>>     for i in range(len(ts2)):
>>>         DTW[(-1, i)] = np.inf
>>>     DTW[(-1, -1)] = 0
>>>
>>>     ## 한 번에 한 단계씩
>>>     ## 최적값 계산
>>>     for i in range(len(ts1)):
>>>         for j in range(len(ts2)):
>>>             dist = (ts1[i] - ts2[j])**2
>>>             DTW[(i, j)] = dist + min(DTW[(i-1, j)],
>>>                                      DTW[(i, j-1)],
>>>                                      DTW[(i-1, j-1)])
>>>             ## 동적 프로그래밍의 한 예
>>>
```

```
>>>     ## 완전한 경로를 찾으면 그 경로의 거리를 반환합니다
>>>     return sqrt(DTW[len(ts1)-1, len(ts2)-1])
```

주석에서 언급했듯이, 이 문제는 동적 프로그래밍으로 해결할 수 있으며 DTW 거리는 고전적인 동적 프로그래밍의 문제 중 하나입니다. 각 시계열의 시작부터 끝까지 한 번에 한 단계씩 진행할 수 있으며 한 단계에 대한 해결책은 이전 단계의 결정을 참조하여 구축됩니다.

최적의 해결책이나 최적에 가까운 해결책을 보다 효율적으로 검색하기 위해 다양한 아이디어로 DTW를 구현한 여러 가지 사례가 있습니다. 특히 대규모 데이터셋으로 작업하는 경우, 성능의 요구 사항에 맞는 여러 가지 구현체에 대한 정보를 탐색해보는 것도 좋습니다.

그 외에도 시계열 간 거리를 측정하는 방법이 있고, 다음은 그중 일부입니다.

프레셰 거리 Fréchet distance

시간 왜곡과 비슷한 두 곡선의 순회 동안 두 곡선 간 거리를 최소화할 수 있는 최대 거리입니다. 이 거리 지표는 종종 사람과 목줄로 묶인 개가 함께 걷는 상황을 서로 다른 두 곡선 경로의 비유로 설명되곤 합니다. 사람과 개는 각각 시작부터 끝까지 별도의 곡선을 순회해야 하고, 같은 방향으로 향하더라도 순회하는 동안의 속도는 달라질 수도 있습니다. 프레셰 거리는 최적의 궤적으로 순회를 완료하는 데 필요한 가장 짧은 목줄의 길이입니다.

피어슨 상관 Pearson correlation

두 시계열 간의 상관관계는 거리를 측정하는 한 가지 방법입니다. 다른 거리 지표와는 달리 상관관계 지표를 최대화하여 시계열 간의 거리를 최소화합니다. 상관관계의 계산은 비교적 쉽지만, 이 방법을 사용하려면 두 시계열이 같은 수의 데이터로 구성되어야 합니다. 그렇지 않다면, 둘 중 하나를 다운샘플링해서 나머지 하나에 맞춰야 합니다. 상관관계 계산의 시간 복잡도는 $O(n)$이므로 계산 자원의 관점에서 볼 때 효율적인 지표로 볼 수 있습니다.

최장공통부분수열 longest common subsequence

일련의 범주형값을 나타내는 시계열에 적합한 거리 측정입니다. 이러한 시계열에는 최장공통부분수열로 두 시계열의 유사성을 판단할 수 있습니다. 최장공통부분수열이란 두 시계열에서 나타나는 정확히 같은 값들의 최장 연속 길이를 의미합니다. 다만 그 값들이 정확히 같은 시간

의 위치에 등장할 필요는 없습니다. DTW와 마찬가지로 공통된 모양이 발생하는 시간상의 위치보다 전체적으로 공통된 모양을 찾는 데 더 관심이 있습니다. 또한 피어슨 상관관계와는 달리, 두 시계열의 길이가 같을 필요는 없습니다. 관련 측정은 편집 거리$^{edit\ distance}$이며 이를 통해 한 시계열을 다른 것과 동일하게 만드는 데 필요한 변경 개수를 찾고 이 값을 사용하여 거리 지표를 정의합니다.

> **NOTE_ 거리와 유사성**
> 시계열 거리 측정에 대한 문헌에서도 유사성이라는 용어로 이러한 지표를 설명합니다. 대부분은 시계열의 비슷함과 그렇지 않음을 규명하는 방법으로서, 이 두 용어를 혼용해서 사용합니다. 즉 일부 측정은 프레셰 거리처럼 정확한 단위(예: '피트', '킬로그램/달러' 등 시계열이 측정하는 모든 지표)로 계산된 정확한 거리일 수 있지만, 또 다른 경우는 상관관계처럼 단위가 없는 측정일 수 있습니다.

때로는 약간의 창의력이 간단하면서도 적절한 해결책을 찾는 데 큰 도움이 됩니다. 가능한 한 구체적으로 요구 사항을 파악하는 것이 좋습니다. 특정 애플리케이션에 대한 거리 지표를 찾는 것에 관한 스택 오버플로 게시물(*https://perma.cc/389W-68AH*)을 예로 들어 보겠습니다. 질문자가 원하는 것은 시계열을 클러스터링 분석에서 얻은 중심점 세 개 중 하나에 일치하도록 분류하는 것입니다. 여기서 그 세 가지 범주는 다음과 같습니다.

- 평평한 선
- 시계열의 시작에 솟구치지만, 그 외에는 평평한 선
- 시계열의 마지막에 솟구치지만, 그 외에는 평평한 선. 질문자는 유클리드 거리$^{Euclidean\ distance}$, DTW를 포함한 여러 가지 표준 거리 지표로는 이 문제를 해결하지 못한다는 것을 발견했습니다. DTW는 두 번째와 세 번째 범주의 시계열을 거의 동등한 시계열로 평가합니다(계산이 복잡하다고 해서 DTW가 만병 통치약이 될 수는 없습니다).

어떤 똑똑한 댓글 작성자는 원본 시계열 대신 지표가 더 잘 작동하도록 누적 합계 시계열로 변환한 후 시계열을 비교하는 것을 제안했습니다. 이 변환이 적용된 후 두 번째와 세 번째 범주의 시계열이 같은 거리를 가짐을 보여줬던 유클리드 거리와 DTW 거리 모두는 올바르게 고점이 등장하는 순서에 따라 유사한 시계열에만 최소 거리를 계산합니다. 이 사실은 원시 데이터가 필요조건을 충족하지 않더라도, 시계열 변환으로 ARIMA 모델에 적절하도록 만들어 줄 수 있다고 했던 이전의 분석 내용을 다시 한번 상기시켜줍니다.

> ### 시계열에서는 유클리드 거리 측정을 사용하지 마세요
>
> 시계열의 유사성 측정 중 유클리드 거리를 언급하지 않았다는 것을 눈치채셨을 겁니다. 유클리드 거리는 우리가 원하는 방식대로 시계열 간의 유사성을 제대로 평가하지 못하는 경향이 있습니다. 사인 곡선과 평평한 선을 비교하면서 그 이유를 알아보겠습니다. 두 사인 곡선의 주기는 같지만 위상(시간/x축에 대한 변위)이 다르거나 이들의 진폭이 완전히 다를 때, 평평한 일직선은 한 사인 곡선 대비 나머지 곡선까지의 더 짧은 유클리드 거리를 가집니다. 일반적으로 원하는 결과는 아니지만, 이로부터 앞서 다룬 거리 지표 중 일부가 제공하는 몇 가지 이점을 알 수 있습니다.
>
> - 위상을 보정하는 능력. 즉 실제로 비교에는 중요치 않은 시간축에 대한 변위
>
> - 크기의 유사성보다는 모양의 유사성을 인식하는 능력
>
> 비교적 간단한 코딩 연습이므로 직접 시도해보기 바랍니다.
>
> 유클리드 거리 측정이 적절하다고 판단했다면 푸리에 변환 거리를 사용하는 걸 권합니다. 이 경우 고빈도가 전체의 모양과 역학에 덜 중요한 경향을 가지는 대부분의 시계열에서는 빈도의 상한으로 차원을 감소시키는 것이 적절할 수 있습니다. 또 다른 옵션으로는 2007년에 처음 개발된 상징적인 집계 근사Symbolic Aggregate Approximation(SAX) 기술로 유클리드 거리의 하한을 계산하기 전 시계열 데이터의 차원을 감소시키는 방법이 있습니다.

아쉽지만 거리 지표를 '자동으로' 선택하는 방법은 없습니다. 그 대신 다음의 균형을 찾기 위해 최선의 판단을 내려야 합니다.

- 계산 자원 사용의 최소화

- 최종 목표와 가장 관련 있는 시계열의 특징을 강조하는 지표를 선택합니다.

- 거리 지표가 사용한 분석 방법의 가정, 강점 및 약점을 반영하는지 확인합니다. 가령 k-평균 클러스터링은 쌍별 거리pairwise distance의 사용 대신 분산을 최소화하므로 이 기법에는 유클리드와 비슷한 거리만 적절합니다.

9.2.3 클러스터링 코드
클러스터링 분석을 위한 특징의 생성 방법, 클러스터링을 위한 거리 지표로 시계열 간의 거리를 직접 측정하는 방법에 대해 다뤘습니다. 이번에는 선택된 특징과 쌍별 DTW 거리 지표로

클러스터링을 수행하여 결과를 비교합니다.

정규화된 특징에 대한 계층적 클러스터링

시계열로 표현된 단어의 원본 기록 및 히스토그램 표현 모두에 대한 특징을 계산했습니다. 특징들은 서로 다른 단위의 크기를 가질 수 있어서 단일 거리 지표를 적용하려면 이들을 정규화해야 합니다. 이는 특징 기반 클러스터링에서 표준적인 과정의 일부입니다.

```python
## python
>>> from sklearn import preprocessing
>>> feature_values = preprocessing.scale(features.values)
```

계층적 클러스터링 알고리즘을 사용하고, 데이터셋에 포함된 단어 50개에 매칭되는 클러스터를 찾기 위해서 클러스터 50개에 대한 적합을 수행합니다.

```python
## python
>>> from sklearn.cluster import AgglomerativeClustering
>>> feature_clustering = AgglomerativeClustering(n_clusters = 50,
>>>                                                   linkage = 'ward')
>>> feature_clustering.fit(feature_values)
>>> words['feature_labels'] = feature_clustering.fit_predict(p)
```

그다음 클러스터가 단어 레이블에 대해 유용한 대응을 보이는지 확인합니다.

```python
## python
>>> from sklearn.metrics.cluster import homogeneity_score
>>> homogeneity_score(words.word, words.feature_labels)
0.508
```

레이블링된 데이터로 작업한다는 것은 운이 좋은 경우입니다. 그렇지 않다면 형성된 클러스터가 잘못된 결론을 도출할 수도 있고, 그렇다는 사실을 눈치채기 어려울 수 있습니다. 어쨌든 결과에 따르면 절반 미만의 클러스터는 단일 단어에 밀접한 연관성을 가집니다. 다음은 이 결과를 개선하는 방법입니다.

- 특징 6개는 많다고 볼 수 없습니다. 더 많은 특징을 추가해볼 수 있습니다.
- 여기서는 다루지 않았던 상대적으로 비상관인 특징을 찾아볼 수 있습니다.

- 여전히 명확히 유용한 특징을 놓치고 있습니다. 여기서 포함하지 않았지만, 시각적 데이터 탐색을 통해 눈에 띄는 고점의 개수와 위치 같은 몇 가지 특징을 발견할 수 있었습니다. 이 분석을 재작업하여 해당 정보나 특징을 찾아야 합니다.

- 다른 거리 지표를 사용해서 사람의 눈으로 유용하다고 판단한 것 중 다른 특징보다 더 무게를 줄 만한 것들을 찾아봐야 합니다.

DTW 거리 평가 지표와 계층적 클러스터링

이미 DTW로 쌍별 거리 행렬을 계산해서 시계열 클러스터링에 기반한 클러스터링의 어려운 부분을 완료했습니다. 계산적으로 부담되는 작업입니다. 따라서 나중에 이 부분부터 시작할 수 있도록 결과를 저장해야 합니다.

```python
## python
>>> p = pairwise_distances(X, metric = distDTW)
>>> ## 계산하는 데 시간이 꽤 걸리므로 재사용을 위해 따로 저장하길 바랍니다.
>>> with open("pairwise_word_distances.npy", "wb") as f:
    np.save(f, p)
```

그러면 이제는 계층적 클러스터링 알고리즘을 사용할 수 있습니다.

```python
## python
>>> from sklearn.cluster import AgglomerativeClustering
>>> dtw_clustering = AgglomerativeClustering(linkage    = 'average',
>>>                                          n_clusters = 50,
>>>                                          affinity   = 'precomputed')
>>> words['dtw_labels'] = dtw_clustering.fit_predict(p)
```

마지막으로 전처럼 적합된 클러스터와 이미 알고 있는 레이블 간의 대응 관계를 비교합니다.

```python
## python
>>> from sklearn.metrics.cluster import homogeneity_score,
>>>                                     completeness_score
>>> homogeneity_score(words.word,  words.dtw_labels)
0.828
>>> completeness_score(words.word, words.dtw_labels)
0.923
```

특징 기반보다 DTW 기반 클러스터링의 성능이 훨씬 더 우수한 것을 알 수 있습니다. 다만 DTW 거리 계산 코드를 여러분의 PC에서 실행하면 특징 기반보다 상당히 오랜 시간이 걸린다는 것도 알 수 있습니다. 특징 기반 클러스터링은 개선할 수 있는 반면, 계산된 DTW 기반 클러스터링은 향후 개선을 위한 직접적인 수단의 여지가 없습니다. 다음과 같은 개선 방법이 있습니다.

- DTW 거리와 특징을 모두 포함합니다. DTW 거리와 특징을 결합하는 방식은 개념적으로나 코딩적으로나 까다롭습니다.

- 다른 거리 지표를 사용해보세요. 전에 언급한 대로 적절한 거리 지표란 데이터, 목표, 이어지는 분석 작업의 종류에 따라 달라집니다. 따라서 이 단어 분석의 목표를 좀 더 좁고 기하학적으로 정의할 필요가 있습니다. 그러면 DTW가 목표에 대한 최상의 측정 기준을 판단해볼 수 있습니다.

9.3 보충 자료

시계열 거리 및 유사성 측정

- Meinard Müller, "Dynamic Time Warping," in Information Retrieval for Music and Motion (Berlin: Springer, 2007), 69–84, *https://perma.cc/R24Q-UR84*.
  ▷ DTW 계산의 복잡성을 낮추기 위해 접근에 대한 논의를 포함하며 동적시간 왜곡에 대한 광범위한 개요를 제공합니다.

- Stéphane Pelletier, "Computing the Fréchet Distance Between Two Polygonal Curves," (lecture notes, Computational Geometry, McGill University, 2002), *https://perma.cc/5QER-Z89V*.
  ▷ 이 강의 노트는 프레셰 거리의 정체와 계산 방법을 시각적으로 설명합니다.

- Pjotr Roelofsen, "Time Series Clustering," master's thesis, Business Analytics, Vrije Universiteit Amsterdam, 2018, *https://perma.cc/K8HJ-7FFE*.
  ▷ 시계열 클러스터링에 대한 석사 논문으로 거리 계산의 복잡성과 직관을 얻는 데 도움이

되는 삽화 등을 담고 있습니다. 시계열 간의 거리 계산에 대한 주류 기법을 매우 상세히 다룹니다.

- Joan Serrà and Josep Ll. Arcos, "An Empirical Evaluation of Similarity Measures for Time Series Classification," Knowledge-Based Systems 67 (2014): 305-14, *https://perma.cc/G2J4-TNMX*.

  ▷ 유클리드 거리, 푸리에 계수, AR 모델, DTW, 편집 거리, 시간 왜곡 편집 거리[time-warped edit distance] 및 최소 점프 비용 비유사도[minimum jump costs dissimilarity] 일곱 개의 시계열 유사도 측정으로 구축된 분류 모델로 표본 외 검증 정확도의 경험적 분석을 제공합니다. UCR 시계열 저장소의 공개적으로 사용 가능한 데이터셋 45개에 대해 이러한 측정을 실험했습니다.

시계열을 위한 머신러닝

- Keogh Eamonn, "Introduction to Time Series Data Mining," slideshow tutorial, n.d., *https://perma.cc/ZM9L-NW7J*.

  ▷ 시계열 데이터를 머신러닝 목적에 맞게 전처리하고, 시계열 간의 거리를 측정하고, 분석 및 비교에 사용 가능한 '모티프[motif]'의 식별 방법에 대한 개요를 제공합니다.

- Spyros Makridakis, Evangelos Spiliotis, and Vassilios Assimakopoulos, "The M4 Competition: Results, Findings, Conclusion and Way Forward," International Journal of Forecasting 34, no. 4 (2018): 802-8, *https://perma.cc/42HZ-YVUU*.

  ▷ 다양한 빈도(연간, 시간별 등)로 수집된 데이터를 포함합니다. 임의로 선택된 시계열 100,000개를 대상으로 여러 앙상블 기법을 포함한 다양한 시계열 예측 기술을 비교한 2018년의 M4 대회 결과의 요약본입니다. 저자는 통계에 크게 의존하지만 일부 머신러닝 요소를 사용하는 '하이브리드' 접근법이 1, 2위를 차지했다고 이야기합니다. 예측을 위해 통계 및 머신러닝의 모든 접근법을 이해하고 적용해보는 것이 중요하다는 것을 보여줍니다.

시계열을 위한 딥러닝

시계열에 딥러닝을 도입하는 것은 비교적 새로운 시도지만 전도유망한 방법입니다. 딥러닝은 매우 유연한 기술이므로 시계열 분석에 유리합니다. 함수 형식을 짐작할 필요 없이 시간의 매우 복잡한 비선형적인 행동을 모델링할 수 있습니다. 이런 가능성은 잠재적으로 비통계적 예측 기술의 판도를 바꿀만큼 중요합니다.

아직 딥러닝을 모르는 독자를 위해 짧게 소개합니다(나중에 보다 자세히 다룹니다). 딥러닝은 머신러닝의 한 분야로, 입력 노드와 복잡한 구조의 여러 노드를 간선으로 연결하여 구축되는 '그래프'로 볼 수 있습니다. 간선으로 한 노드에서 다른 노드로 전달되는 값은 간선의 가중치와 곱해진 다음, 일종의 비선형 활성 함수를 통과하는 것이 일반적입니다. 이 비선형 활성 함수가 바로 딥러닝을 흥미롭게 하는 부분으로, 이전까지는 성공적으로 다루지 못했던 매우 복잡하고, 비선형적인 데이터를 학습할 수 있게 해줍니다.

엄청난 양의 데이터와 상업적으로 가용한 하드웨어의 발전이 결합하여 이런 강력한 모델을 학습할 수 있게 해주었고, 이를 토대로 딥러닝은 지난 10년 동안 자체적으로 발전해올 수 있었습니다. 딥러닝 모델은 수백만 개가 넘는 파라미터로 구성할 수 있어서 여러분이 상상하는 어떤 형태의 그래프도 표현할 수 있습니다. 따라서 딥러닝을 이해하는 한 가지 방법은 상상력을 동원해서, 행렬곱셈과 비선형 변환으로 구성된 어떠한 그래프든 생각해보고, 한 번에 적은 양의 데이터에 대해서 뛰어난 옵티마이저를 풀어두어 모델의 최적화가 진행되는 상황을 상상해보는 것입니다. 그러면 모델의 가중치는 점진적으로 조정되어 나갈 것이고, 결과도 좋아질 것입니다. 여기까지 딥러닝에 대해 간단히 정리했습니다.

이미지 및 자연어 처리 이외의 분야에서는 아직 딥러닝이 훌륭한 예측 능력을 보여주지 못했습니다. 하지만 결국에는 딥러닝이 예측 능력을 향상시킬 뿐만 아니라 전통적인 예측 모델들이 공통으로 갖는 높은 획일성 및 불안정한 가정에 대한 필요 조건 요구 사항을 감소시킬 것입니다.

딥러닝 모델을 사용하면 모델의 가정에 데이터를 맞추기 위해 지금껏 수행한 여러 골치 아픈 전처리 과정이 사라집니다.

- 정상성을 요구하지 않습니다.
- 계절형 ARIMA 모델의 차수, 계절성에 따른 평가와 같은 파라미터를 고르는 기술을 개발할 필요가 없습니다.
- 상태 공간 모델링에서 유용했던 시스템의 역동성에 대한 가설을 세울 필요가 없습니다.

앞서 설명한 머신러닝을 시계열에 적용하는 여러 이점과 겹치는 부분이 있어서 9장을 읽었다면 이러한 이점들이 익숙하게 느껴질 것입니다. 딥러닝이 유연한 데에는 여러 가지 이유가 있습니다.

- 머신러닝 알고리즘은 입력 데이터와 차원성이라는 측면에서 꽤 불안정한 경향이 있습니다. 반면 딥러닝은 모델과 입력의 특성에 관해서는 매우 유연합니다.
- 일반적인 머신러닝 기법으로 이종heterogenous 데이터를 다루기란 매우 어려운 일이지만, 딥러닝 모델에서는 꽤 흔히 사용되는 기법입니다.
- 시계열 문제 해결하기 위해서 머신러닝 모델이 개발되는 경우는 드물지만, 상당히 유연한 딥러닝은 시간 데이터에 특화된 구조의 개발을 허용합니다.

하지만 딥러닝이 만능인 것은 아닙니다. 딥러닝이 적용된 시계열은 정상성을 요구하지 않지만, 표준 딥러닝 구조를 추세에 맞도록 변경하지 않는다면 학습이 잘 이뤄지지 않습니다. 여전히 데이터의 전처리 과정이 필요합니다.

또한 딥러닝은 입력의 모든 입력 채널의 값이 −1과 1 사이로 조정될 때 가장 잘 동작합니다. 즉 이론상 이런 작업이 필요하지 않더라도, 데이터 전처리 작업이 필요하다는 것을 의미합니다. 뿐만 아니라 사전관찰을 피할 수 있는 방식의 전처리가 필요합니다(하지만 아직까지 딥러닝 커뮤니티는 이 문제에 시간을 많이 투자하지 않습니다).

마지막으로 시간 지향적인 신경망 모델링(순환 신경망)과 관련된 딥러닝 최적화 기법은 이미지 처리용 신경망(합성곱 신경망)만큼 많이 발전되지 않았습니다. 즉 비시간적 작업과 비교해서 구조의 선택 및 학습에 대한 모범 사례와 경험에 대한 지침이 적습니다.

이러한 어려움 외에도, 시계열에 딥러닝을 적용해서 얻을 수 있는 보상은 뒤죽박죽입니다. 우선 시계열을 위한 딥러닝의 성능은 전통적인 시계열 예측 및 분류의 기법보다 항상 뛰어나지 않습니다. 실제로 예측은 딥러닝에 의한 개선이 활성된 분야입니다. 하지만 이 책을 쓴 시점에서는 아직 개선이 구체화되지 않았습니다.

딥러닝을 시계열 분석의 한 도구로 보유한다면, 즉각적이면서 장기적인 두 가지 이점 모두를 기대해볼 만합니다. 첫 번째, 대형 기술회사들은 특정 산업에 특화된 모델링을 염두에 둔 채, 자체적으로 개발한 맞춤형 구조의 딥러닝을 시계열 서비스에 적용하기 시작했습니다. 이러한 서비스를 사용하거나 여러분만의 분석에 이를 결합한다면 우수한 성능을 얻을 수 있습니다.

두 번째, 시계열의 딥러닝에 놀라울 정도로 잘 동작하는 데이터셋이 있습니다. 일반적으로는 신호 대 잡음비가 강할수록 더 좋습니다. 필자의 경험상 신입 개발자가 간단한 딥러닝을 적용해서 놀라울 정도의 성공을 거두었다는 이야기를 들은 적이 있습니다.

가령 한 대학에서는 곧 낙제하거나 중퇴할 가능성이 높은 학생을 예측하여 그 학생들에게 많은 자원을 제공하는 간단한 LSTM(나중에 더 자세히 설명합니다)을 적용했는데, 그 예측 능력은 지나치게 장시간 일한 상담원과 유사한 수준이라는 사실을 발견했습니다. 업무 부담을 덜기 위해 상담원을 많이 투입하면 최상의 결과를 도출할 수 있습니다. 하지만 학생들의 성적과 출석이라는 이종 시계열 데이터에 간단한 LSTM을 적용한 것만으로도 학생들에게 활동 지원과 후원을 제공할 수 있습니다. 향후 미래에는 시계열을 위한 딥러닝이 혁신적이며 보조적으로 사용되는 사례를 더 많이 접할 수 있을 것이라 기대해봅니다.

CAUTION_ 모든 모델에는 가정이 있다는 것을 기억해두세요. 신경망, 머신러닝 모델에서도 구조 및 학습 방법에 내재된 가정이 존재합니다. 대부분의 신경망이 [-1, 1] 값의 범위로 조정된 입력에서 가장 잘 동작한다는 사실조차도, 모델에 내재된 강력한 가정으로 볼 수 있습니다. 이러한 가정이 아직 잘 식별된 것이 아니라 할지라도 말입니다.

신경망 예측이 아직 최적의 성능에 도달하지 않았을 수 있습니다. 그러면 신경망 예측에 대해 더 잘 이해한 이론적 토대와 요구 사항으로부터 요구 사항의 성능 향상을 기대해볼 수 있습니다.

딥러닝을 처음 접하는 사람도 있을 것입니다. 이번 장은 개념과 프로그래밍 도구 등 모든 내용을 제공하지는 않아서 입문자에게 만족할 만한 시작점을 제공하지는 않습니다. 그러나 딥러닝의 여정을 시작할 수 있는 지점은 제공합니다. 이 시작점으로부터 여러 좋은 튜토리얼, 책, 온라인 강좌 등을 활용한다면 더 깊이 있는 공부를 해볼 수 있습니다. 딥러닝의 한 가지 장점은 작동 방식과 프로그래밍의 방법을 전반적으로 맛보는 데 수학이 필요하지 않습니다. 추가로 딥러닝 API는 저수준부터 고수준까지 다양하게 제공됩니다. 즉, 입문자는 매우 고수준의 API로 시작하는 기법을 다양하게 시도할 수 있습니다. 물론 이러한 고수준 API는 입문자만을 위한 것은 아니며, 전문가조차도 개발 시간을 단축하기 위해서 얼마든지 활용할 수 있습니다. 나중에 어떤 형태로든 구조적인 혁신이 필요한 순간을 마주했을 때, API를 충분히 이해한 상태라면 저수준 API로도 구체적인 사항을 여러분 스스로 결정하고 만들어나갈 수 있을 겁니다.

이번 장은 수학 및 컴퓨터과학을 추구하는 딥러닝을 지지하고 영감을 준 개념을 간략히 살펴봅니다. 또한 딥러닝 모델의 적용에 사용해볼 만한 구체적인 예제 코드도 함께 제공합니다.

10.1 딥러닝 개념

딥러닝은 여러 분야에 뿌리를 둡니다. 컴퓨터 과학자와 계량 분석가는 생물학적 영감을 통해 인간의 뇌를 모방하고 특정 동작에 반응하는 뉴런들로 구성된 네트워크가 지능적인 기계를 만드는 궁극적인 방법이라고 생각했습니다. 여기에는 1980년대 후기부터 1990년대 초기까지의 여러 증명과 더불어, 다양한 활성activation에 대해 입증된 만능근사정리universal approximation theorem라는 형태의 수학적인 영감이 있었습니다. 결정적으로 머신러닝 분야의 급성장은 컴퓨터 계산능력의 향상과 가용성의 성장과 함께 이루어졌습니다. 이러한 성장에 따라 충분한 예측 능력을 갖추도록 복잡하게 모델링된 시스템의 데이터와 파라미터가 수용 가능해졌고, 머신러닝 분야의 성공을 이끌게 된 것입니다. 딥러닝은 신경망이 임의의 비선형 기능을 매우 정확히 표현해낼 수 있다는 이론을 토대로, 이러한 아이디어를 더욱 발전시켜 보다 거대한 데이터셋을 학습할 수 있는 수백만 개의 파라미터로 구성된 신경망을 만들어냈습니다. [그림 10-1]은 간단한 신경망과 다단계 퍼셉트론perceptron (또는 **완전연결계층**fully connected layer)을 보여줍니다.

[그림 10-1]은 d차원 벡터 형태의 다중채널 입력이 모델로 제공되는 방식을 보여줍니다. 노드

는 입력값을 나타내며 노드를 잇는 선은 승수multiplier[1]를 나타냅니다. 노드에 들어간 모든 선은 이전 노드의 값에 이전 노드와 현재 노드를 잇는 선의 값이 곱해진 값을 표현합니다. 한 노드에 연결된 모든 입력값은 더해지고, 보통 비선형 활성함수activation function로 전달되어 비선형성이 만들어집니다.

보다시피 입력은 채널 3개나 길이가 3인 벡터로 구성되었다는 것을 알 수 있습니다. 그다음 등장하는 은닉 계층hidden layer에는 네 개의 은닉 유닛hidden unit이 존재합니다. 입력 세 개 각각은 연결된 네 개의 은닉 유닛에 대한 선이 가지는 서로 다른 가중치weight 와 곱해집니다. 즉 이 문제를 완전히 설명하려면 가중치 3 × 4 = 12개가 필요합니다. 그다음으로는 모든 곱셈의 결과를 더해주게 되므로, 곱하고 더하는 모든 과정은 행렬곱셈matrix multiplication이 하는 일과 정확히 일치한다고 볼 수 있습니다.

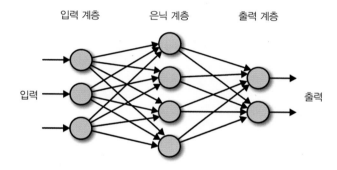

그림 10-1 간단한 순전파 네트워크

다음과 같이 이 과정을 단계별로 적어볼 수 있습니다.

1. 입력 벡터 X는 세 가지 요소를 가집니다. 입력 계층과 은닉 계층 사이의 가중치 (W_1)는 4 × 3 행렬입니다. 따라서 은닉 계층을 구성하는 네 개의 요소는 $W_1 \times X_1$로 계산될 수 있습니다. 이 계산의 결과는 4 × 1 행렬입니다. 그러나 이 결과가 곧 은닉 계층의 출력이 되는 것은 아닙니다.

$$W_1 \times X_1$$

----

1 옮긴이_ 곱하는 수

2. 그다음으로 할 일은 다양한 '활성함수activation function'로 비선형성을 적용하는 단계입니다. 이 함수에는 하이퍼볼릭 탄젠트hyperbolic tangent $(\tanh)$나 시그모이드sigmoid (σ) 같은 것이 있습니다. 또한 편향bias인 B_1을 활성함수 내에 적용하면, 다음과 같은 일반적 형태의 은닉 계층의 출력을 만들 수 있습니다.

$$H = a(W_1 \times X_1 + B_1)$$

3. [그림 10-1]의 신경망은 두 개의 예측에 대해 두 개의 출력을 가집니다. 이러한 이유로 4차원인 은닉 계층의 출력을 두 개의 출력으로 변환해줄 필요가 있습니다. 마지막 계층에서는 분류 문제의 경우 softmax라는 활성함수가 적용되지만, 비선형 활성함수를 포함하지 않는 것이 보통입니다. 일단 두 개의 확률이나 범주가 아닌, 단순히 두 개의 숫자만을 예측한다고 가정해보겠습니다. 그러면 최종 출력당 은닉 계층의 네 개의 출력을 결합하기 위한 '덴스 계층dense layer'만 적용하면 됩니다. 덴스 계층은 네 개의 입력을 두 개의 출력이 되도록 결합해주는 것으로, 이 둘 사이에는 W_2라는 2 × 4 행렬이 필요합니다.

$$Y = W_2 \times H$$

이 간단한 과정 설명을 통해 이 모델의 동작 방식에 대한 감을 익혔기 바랍니다. 이 과정의 전반적인 아이디어는 수많은 파라미터와 비선형성의 기회를 갖게 해주는 것입니다.

적당한 수와 형태 파라미터, 적당한 학습 하이퍼파라미터, 합리적으로 접근 가능한 문제를 선택하는 것은 어떻게 보면 일종의 예술 작업으로도 볼 수 있습니다. 마법과도 같이 학습되는 현상의 이면에는 이러한 파라미터를 현명한 방식으로 시작할 수 있도록 초기화하는 방법, 학습시키는 방법, 모델이 합리적으로 좋은 해결책을 향해 바르게 나아가는 방법 등이 고려되어야 합니다. 이러한 모델은 볼록하지 않은nonconvex 종류이며, 이 모델이 의도하는 바는 전역 최적점을 찾는 것이 아닙니다. 그 대신 모델을 정규화할 수 있는 영리한 방법을 찾기만 하면 여러분의 요구를 충족시킬 수 있는 '충분히 좋은' 지역 최적점을 찾는 것이 가능합니다.

10.2 신경망 프로그래밍

신경망 관련 여러 프로그래밍 프레임워크의 실제 동작 방식을 이해하는 것보다는 신경망의 동작 방식을 원론적으로 이해하는 것이 좀 더 쉽게 느껴질 수 있습니다. 이 프레임워크들은 광범위한 주제에 대해 공통적인 몇 가지 성향이 있습니다.

기호 및 명령형 프로그래밍 스타일

딥러닝 프로그래밍에서는 기호나 명령형 프로그래밍 모두를 자유롭게 선택할 수 있습니다. **기호** symbolic 프로그래밍은 모든 관계를 미리 정의하고, 선언 당시에는 어떠한 계산도 이뤄지지 않습니다. 이와는 대조적으로 **명령형**imperative 프로그래밍은 이미 작성된 코드를 열 단위로 차례대로 계산되므로 나중에 예기치 않게 발생할 문제를 고려하지 않아도 됩니다. 각 방식 모두 장단점이 있으며, 둘 중 무엇이 더 좋다고 단정 지을 수 없습니다. 다만 둘 중 하나를 선택할 기로에 놓였다면 다음과 같은 사항을 고려해볼 수 있습니다.

- 기호 프로그래밍에서는 계산의 수행 방법, 시기를 사용자가 직접 정하지 않습니다. 이 부분을 프레임워크가 최적화할 수 있는 여지로 남겨두기 때문에 보다 효율적입니다.
- 명령형 프로그래밍은 계산의 흐름을 이해하고 디버깅하는 것이 더 쉬운 경향이 있습니다.
- 텐서플로와 MXNet은 기호 프로그래밍의 경향을 띄는 반면, 토치는 좀 더 명령형적인 느낌을 가집니다.[2]

10.2.1 데이터, 기호, 연산, 계층, 그래프

일반적으로 딥러닝 프레임워크는 그래프라는 개념과 그 그래프를 만드는 데 집중합니다. 즉 모든 구조는 개별 요소와 그들 간의 관계로 설명될 수 있어야 한다는 뜻입니다. 또한 변수와 대응되는 실젯값을 분리하는 개념도 매우 중요합니다. 다음은 A와 B라는 기호를 정의하고, A와 B의 행렬곱셈 결과를 담은 기호 C를 정의하는 방법을 보여줍니다.[3]

---

2   옮긴이_ 이 책의 예제에 사용된 텐서플로, MXNet은 최신 버전이 아닙니다. 현재 제공되는 버전에서는 모두 명령형 프로그래밍을 같이 지원합니다.
3   옮긴이_ 선언만 되었으며 실젯값이 담겨 있지 않습니다.

```
# 의사코드
symbol A;
symbol B;
symbol C = matmul(A, B);
```

기호와 데이터의 관계 때문에 모든 프레임워크는 기호와 데이터를 반드시 구별해야 합니다. 데이터와는 다르게 기호는 일반적인 관계를 배우는 데 사용됩니다. 상기 가짜 코드에서 A에 어떤 값이 담기더라도 기호 간의 관계가 바뀌는 것은 아닙니다. B, C와 연결된 기호는 A 하나뿐입니다.

인기 있는 프레임워크

다른 기술 분야와 마찬가지로 딥러닝 세계에서 제공되는 환경은 끊임없이 변화합니다. 비지니스 관점에서 볼 때에도 텐서플로와 시애노^{Theano}, MXNet과 카페^{Caffe}가 합병된 것처럼 무차별적인 인수합병이 종종 발생합니다. 시계열 딥러닝의 리더로 자리매김한 프레임워크가 아직은 없습니다. 하지만 아마존의 예측 능력에 대한 관심과 최근 공개한 시계열 예측용 딥러닝 서비스의 사례를 볼 때, 가까운 미래에는 MXNet이 시계열 딥러닝을 위한 가장 확실한 수단이 될지도 모릅니다. 딥러닝을 사용한 시계열 분석 프로젝트에서 사용자가 정의한 데이터 반복자^{iterator} 를 빈번하게 작성해야 했던 필자의 경험으로는 MXNet을 활용하는 것이 가장 쉬웠습니다.

이 책을 쓴 시점에서 가장 유명하고 널리 사용되는 라이브러리와 이들을 개발한 기업은 다음과 같습니다.

- 텐서플로(구글)
- MXNet(아마존)
- 토치(페이스북)

하지만 학문적이며 순수한 오픈 소스가 급부상하기도 합니다. 이들은 특정 한 분야를 대체할 수 있는 혁신을 제공하거나, 최소한의 기존에 존재하는 프레임워크에 해당 분야에 대한 상당한 이바지를 하곤 합니다. 대기업들이 자신들의 소프트웨어에 맞는 하드웨어까지도 만들기 시작하면서 더 오랫동안 시장의 주도권을 이끌지도 모릅니다. 기술 시장의 흐름은 빠르게 변화 중입니다.

한 걸음 물러서서 데이터로 하는 일을 생각해보면, 그것이 연산이라는 것을 알 수 있습니다. 가령 기호 간 덧셈이나 곱셈을 수행한다면 이를 연산으로 생각할 수 있습니다. 또한 기호의 형태

를 바꾸거나(A가 담는 행렬의 모양을 2 × 4에서 8 × 1로 바꾸는 등), $\tanh(A)$의 계산처럼 활성함수로 값을 전달하는 것과 같은 단변량 연산을 수행할 수도 있습니다.

한 걸음 더 나아가서, 계층을 일반적인 처리 단위로 생각해볼 수 있습니다. 이전 절에서는 완전 연결계층^{fully connected layer}(또는 덴스 계층)과 같은 일반적인 구조를 살펴봤습니다. 핵심이 되는 행렬 연산, 활성함수, 편향을 모두 고려하면 이 계층을 다음처럼 표현할 수 있습니다.

layer L = $\tanh(A \times B + bias)$

여러 프레임워크는 계층 L을 여러 연산의 조합 대신, 하나 또는 두 개의 계층으로 표현하기도 합니다. 연산의 조합이 한 계층 단위가 될 만큼 일반적인지, 대중적으로 사용되는지에 따라 결정됩니다.

마지막으로 여러 계층을 서로 연결하여 다음 계층으로 전달할 수 있습니다.

layer L1 = $\tanh(A \times B + bias1)$
layer L2 = $\tanh(L1 \times D + bias2)$

이러한 기호, 연산, 계층들의 전체적인 복합체는 하나의 그래프를 결과로 만들어냅니다. 그래프가 완전히 연결된 구조를 가질 필요는 없어서 모든 기호가 서로 종속적이진 않아도 됩니다. 그래프는 기호와 기호 사이의 의존성, 그 의존 방법을 정확하게 구별하는 데 사용됩니다. 그래프의 이러한 특성은 경사도를 계산하는 **경사 하강**^{gradient descent} 과정 중 학습 단계마다 일어나는 가중치 조정에 필수입니다. 한 가지 좋은 사실은 현대의 대부분 딥러닝 패키지들이 우리를 대신해서 이러한 과정을 수행한다는 것입니다. 즉 계층이 추가될 때마다 만들어지는 의존관계, 그에 따른 경사도의 변화 방식을 직접 지정하지 않아도 패키지의 내장 기능이 이 모든 것을 알아서 수행합니다.

또한 앞에서 언급했듯이 이전 예제처럼 고수준 API를 사용하면 행렬곱셈을 직접 일일이 계산하지 않아도 됩니다. 행렬곱셈, 행렬덧셈, 요소별 활성함수의 적용을 차례대로 적용하고 싶다면, 모든 수학적 요소를 모두 적는 대신 완전연결계층 하나만을 사용할 수 있는 것입니다. 예를 들어 MXNet에서는 완전연결계층을 다음과 같이 만들 수 있습니다.

```
## python
>>> import mxnet as mx
>>> fc1 = mx.gluon.nn.Dense(120, activation='relu')
```

이 코드는 입력을 120차원의 출력으로 변환하는 완전연결계층을 보여줍니다. 또한 이 한 줄의 코드가 앞서 언급한 행렬곱셈, 행렬덧셈, 요소별 활성함수의 적용을 순서대로 모두 포괄합니다.

공식 문서(*https://perma.cc/8PQW-4NKY*)를 참고하거나 가중치가 초기화된 방식을 알고 있다면 직접 입력과 출력을 만들어 비교해보세요. API가 많은 것을 요구하지 않는다는 사실은 꽤 인상적으로 다가올 것입니다. 입력의 모양을 지정하지 않아도 됩니다(단 그래프가 추론용으로 빌드된 후에는 상수여야 합니다). 데이터형을 지정하지 않아도 됩니다. 가장 흔히 사용되는 float32가 기본으로 사용됩니다(float64은 과합니다). 입력된 데이터의 모양이 1D가 아닌 경우, 이 데이터를 입력받는 계층은 데이터를 자동으로 '평평하게flatten' 만들어 데이터가 완전연결계층의 입력이 되기 적절한 형태로 만들어줍니다. 이러한 편의성은 초보자에게 도움이 많이 됩니다. 하지만 최소한의 기능을 개발한 다음 공식 문서를 읽어보면서 간단한 딥러닝 모델에서조차도 라이브러리가 대신 작업하는 부분이 얼마나 많은지 확인하고 이해해보는 것이 좋습니다.

물론 간단한 딥러닝 작업을 하더라도, 이 간단한 코드 한 줄이 필요한 모든 것을 담는 것은 아닙니다. 입력, 타깃, 측정하려는 손실의 정의가 추가로 필요하고, 모델이라는 큰 틀 속에 계층을 배치하는 등의 작업이 필요합니다. 다음은 그 방법을 보여주는 코드입니다.

```
## python
>>> ## 독립적인 계층을 덩그러니 선언하는 대신 신경망 모델을 만듭니다.
>>> from mx.gluon import nn
>>> net = nn.Sequential()
>>> net.add(nn.Dense(120, activation='relu'), nn.Dense(1))
>>> net.initialize(init=init.Xavier())
>>>
>>> ## 원하는 손실을 정의합니다.
>>> L2Loss = gluon.loss.L2Loss()
>>>
>>> trainer = gluon.Train(net.collect_params(), 'sgd', {'learning_rate': 0.01})
```

필요한 데이터가 이미 설정되었다는 가정하에, 마지막에는 학습 에폭^{epoch}(모든 데이터를 신경망에 통과시킴을 의미)을 실행하는 다음의 코드가 필요합니다.

```python
## python
>>> for data,target in train_data:
>>>        ## 경사를 계산합니다.
>>>        with autograd.record():
>>>                out = net(data)
>>>                loss = L2Loss(output, data)
>>>          loss.backward()
>>>        ## 파라미터 업데이트를 위해 경사를 적용합니다.
>>> trainer.step(batch_size)
```

MXNet을 포함한 대부분의 딥러닝 패키지에서는 모델, 모델을 구성하는 파라미터를 저장하는 쉬운 방법을 제공하여 제품화 및 추가 학습을 이어나갈 수 있습니다.

```python
## python
>>> net.save_parameters('model.params')
```

이어지는 예제는 MXNet의 Module API로 모델 그래프를 생성하고, 모델을 학습시키는 또 다른 방법을 보입니다.

예제 코드를 어렵지 않게 읽을 수 있는 딥러닝 전문가가 되려면, 모든 주요 패키지 및 다양한 API(고수준 및 저수준 API)에 익숙해져야 합니다. 모든 주요 딥러닝 모듈에 대한 지식은 산업에서 일어나는 최신 방법, 학술 연구를 따라잡기 위해서 필요한 요소입니다. 특히 이런 정보를 쉽게 취득하는 방법은 오픈 소스 코드 자체를 읽어보는 것이므로, 모든 딥러닝 모듈에 대한 이해가 필요하다고 볼 수 있습니다.

자동 미분

인상적인 성능 외에도 딥러닝 모델은 마법처럼 무엇이든 배울 수 있습니다. 표준 딥러닝 모델은 수천 개 또는 수백만 개에 달하는 파라미터로 구성되는데, 이 파라미터는 특정 문제에서 즉시 사용할 수 있도록 조정되어야 합니다. 여기에는 일반적으로 정교한 기호 미분symbolic differentiation 기법을 사용합니다. 지난 수십 년간 대부분의 수학자와 물리학자를 포함하여 함수를 최적화하고자 했던 사람들은 수치 최적 및 미분에 의존해야 했기 때문에 경험적으로 경사를 계산했습니다(예: $f(x + \delta) - f(x)/\delta$). 이 방법의 장점은 컴퓨터에게 미분 계산법을 알려줄 필요가 없다는 것이지만, 계산이 매우 느리며 익히 잘 알려진 수학적 관계의 이점을 전혀 활용하지 않는다는 단점도 있습니다.

자동 미분automatic differentiation은 서로 다른 계층에서 변수 간의 관계를 계산할 때 변수들이 가진 수학적인 상관관계를 정확히 안다는 사실을 이용하여 집약적인 수치 계산을 수행하는 대신 경사도 값에 대해 직접적인 수식을 얻기 위한 미분을 수행합니다. 좀 더 구체적으로 이야기해보면, 자동 미분은 수학보다는 컴퓨터에서 일반적으로 미분 규칙을 알고 있고, 연쇄 규칙을 알 수 있는 몇 가지 간단한 연산의 시퀀스로 제한된다는 사실을 이용합니다. 자동 미분은 경사도에 대해 계산적으로 다루기 쉬운 수식을 제공합니다. 이러한 그레이디언트를 이용하여 시간이 지남에 따라 가중치를 조정하여 모델을 개선하고 훈련시킵니다.

10.3 학습 파이프라인 만들기

이 장에서는 몇 년간 다양한 장소에서 측정된 시간별 전기사용량이라는 동일 데이터셋에 대한 모델링을 합니다. 시간별 전기사용량의 변화를 살펴보기 위한 데이터 전처리를 수행합니다. 시계열에서 가장 예측이 어려운 부분을 다루며 이 작업은 전체적인 예측보다 어려운 일입니다.

10.3.1 데이터셋 살펴보기

새로운 신경망 구조(잠시 후 다룹니다)를 담은 코드에 제공된 개방형 데이터 저장소의 시간별 전기측정을 사용합니다.[4] R로 데이터를 읽고 빠르게 데이터 내용을 출력해봄으로써 데이터 모습의 감을 얻을 수 있습니다.

```
## R
> elec = fread("electricity.txt")
> elec
      V1 V2  V3  V4  V5   V6 V7   V8  V9 V10 V11 V12 V13 V14 V15  V16 V17 V18
  1: 14 69 234 415 215 1056 29  840 226 265 179 148 112 171 229 1001  49 162
  2: 18 92 312 556 292 1363 29 1102 271 340 235 192 143 213 301 1223  64 216
  3: 21 96 312 560 272 1240 29 1025 270 300 221 171 132 185 261 1172  61 197
  4: 20 92 312 443 213  845 24  833 179 211 170 149 116 151 209  813  40 173
  5: 22 91 312 346 190  647 16  733 186 179 142 170  99 136 148  688  29 144
```

이 내용을 토대로 데이터를 구성하는 행과 열의 개수를 파악하고, 타임스탬프 관련 정보가 없다는 사실을 알 수 있습니다. 시간별로 타임스탬프가 찍혔다는 사실을 구두로 전해 들었지만, 정확한 측정 시점은 알 수는 없습니다.

```
## R
> ncol(elec)
[1] 321
> nrow(elec)
[1] 26304
```

또한 임의의 데이터 샘플에 대한 도표를 그려서 그 모양을 파악할 수 있습니다(그림 10-2). 시간별 데이터이므로 데이터 24개의 도표를 그리면 하루 전체에 관한 데이터를 파악할 수 있습니다.

```
## R
> elec[125:148, plot(V4,   type = 'l', col = 1, ylim = c(0, 1000))]
> elec[125:148, lines(V14,  type = 'l', col = 2)]
> elec[125:148, lines(V114, type = 'l', col = 3)]
```

---

4 데이터 제공자의 깃허브에서 다운로드할 수 있습니다(*https://github.com/laiguokun/multivariate-time-series-data/raw/master/electricity/electricity.txt.gz*).

또한 다음과 같이 주별 도표를 그려볼 수도 있습니다(그림 10-3).

```
## R
> elec[1:168, plot(V4,    type = 'l', col = 1, ylim = c(0, 1000))]
> elec[1:168, lines(V14, type = 'l', col = 2)]
> elec[1:168, lines(V114, type = 'l', col = 3)]
```

색인번호와 측정 장소의 현지 시간은 알 수 없지만, 이 둘의 관계를 알 수는 있습니다. 하지만 2장에서 살펴봤듯이, 전력 사용 패턴과 사람의 일반적인 일정을 고려해볼 때 색인번호가 하루 중 언제인지를 추측할 수 있습니다. 또한 이 책에서는 다루지 않지만, 주말을 식별하는 것도 가능합니다. 데이터셋을 보다 심층적으로 분석하고 모델링하는 데 있어서 하루의 시간, 한 주의 요일 등에 관련된 모델을 포함하는 것은 좋은 생각입니다.

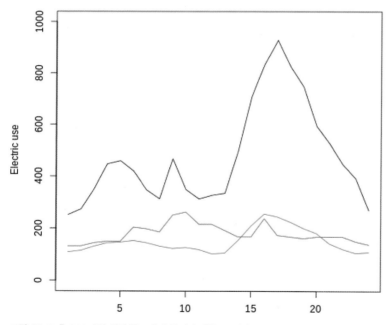

그림 10-2 총 321개의 위치 중 3개의 위치에 대한 24시간 동안의 데이터를 샘플링한 것입니다. 각 색인번호에서 측정된 현지 시간을 알 수는 없지만 일관된 패턴을 확인할 수 있습니다.

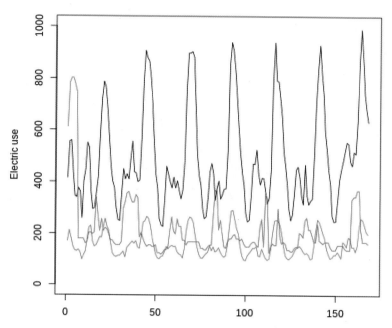

그림 10-3 일일 도표에서 본 동일한 세 위치에 대해 7일 동안의 데이터를 샘플링한 것입니다. 데이터를 더 넓게 보면 일일 패턴을 파악할 수 있습니다. 하루에 한 번의 높은 최고치와 몇 가지 작은 특징을 일관성 있게 보여줍니다.

예측 기법으로 데이터의 절댓값을 예측할 수는 있지만, 이미 학술논문이나 블로그 게시물에서 많이 다루는 내용입니다. 우리가 대신 해봐야 할 것은 데이터의 차이를 예측하는 것입니다. 시계열의 차분 예측은 데이터의 많은 노이즈 때문에 전체 값 예측보다 더 어렵습니다. 이러한 사실은 앞서 수행한 것에 대한 유사 도표에서 확인할 수 있습니다(그림 10-4).[5]

```R
## R
> elec.diff[1:168, plot(V4, type    = 'l', col = 1, ylim = c(-350, 350))]
> elec.diff[1:168, lines(V14, type   = 'l', col = 2)]
> elec.diff[1:168, lines(V114, type = 'l', col = 3)]
```

---

5   11장에서 더 자세히 다루므로 이 장에서는 차이를 구하는 코드를 포함하지 않았습니다.

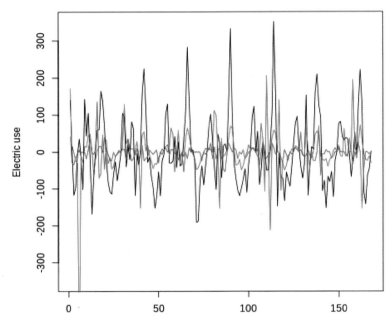

그림 10-4 동일한 세 위치에 대한 일주일 동안의 샘플에 대한 차분 전력 시계열로 시간별 전기 사용 변화를 나타냅니다. 원본 시계열처럼 여전히 어떤 패턴을 띄지만, 차분 계열의 큰 변동폭은 예측하기 어려운 요소를 보여줍니다.

전통적인 통계 모델, 상태공간 모델, 머신러닝 모델을 사용한다면 이 시점에서 서로 다른 측정 위치의 상관관계를 파악하기 위한 상당한 양의 분석이 필요할지도 모릅니다. 시간에 따른 추세를 확인하고 정상성을 평가해야 하기 때문입니다.

딥러닝에서도 데이터셋에 적합한 모델의 평가, 모델의 성능에 대한 기대치를 평가하기 위해서 같은 작업을 수행해야 합니다. 하지만 딥러닝의 장점은 데이터의 품질을 위한 통계적 검정 없이, 다소 난잡한 데이터로 작업이 가능하다는 것입니다. 배포 환경에서는 데이터 탐색에 더 많은 시간을 할애해야 하지만 이 장의 목적상 모델링 관련 내용만 살펴봅니다.

10.3.2 학습 파이프라인 단계

일반적으로 신경망 모델링 스크립트에는 항상 포함되어야 하는 몇 가지 공통적인 단계가 있습니다. 딥러닝 대규모 데이터셋을 다루는 경향이 있어서 통계 모델이나 전통적인 머신러닝 모델의 학습보다 이 스크립트 작성이 더 어려운 경우가 많습니다. 또한 데이터셋 전체를 일괄로 처리하기보다 반복자를 사용하여 배치단위로 딥러닝 모델을 학습시키는 것이 보통입니다.

데이터 처리 공정은 다음과 같은 단계를 포함합니다.

- 미리 기본 학습 파라미터 값을 정의해 코드를 쉽게 설정할 수 있도록 만듭니다. 설정해야 할 값이 많아서 이 방식이 편리합니다.

- 데이터를 메모리에 적재하여 전처리를 수행합니다.

- 기대되는 형식으로 데이터의 모양을 알맞게 맞춥니다.

- 사용하는 딥러닝 모듈에 적합한 반복자를 만듭니다.

- 반복자로 기대되는 데이터 모양을 얻고, 이를 활용하여 그래프를 구축합니다. 여기에는 모델 전체를 구축하는 과정도 포함됩니다.

- 옵티마이저, 학습률, 학습할 에폭 횟수와 같은 학습 파라미터를 설정합니다.

- 에폭마다 결과와 가중치를 기록하는 저장 시스템을 구축합니다.

코드를 쉽게 설정하기

다음 코드는 이러한 작업을 달성하는 방법을 보여줍니다. 먼저, 필요한 표준 라이브러리 목록을 불러옵니다.

```python
## python

>>> from math import floor
>>>
>>> ## 저장 모듈
>>> import os

>>> import argparse
>>>
>>> ## 딥러닝 모듈
>>> import mxnet as mx
>>>
>>> ## 데이터 처리용 모듈
>>> import numpy as np
>>> import pandas as pd
>>>
>>> ## 사용자 정의 보고용 모듈
>>> import perf
```

그다음 하드코딩된 변수와 조정 가능한 파라미터를 혼합하는 방식을 사용합니다. 혼합 정도는 학습의 우선순위와 사용자의 경험에 따라 다를 수 있습니다. 이 장의 후반부에서 여기서 나열한 파라미터가 신경망에 적용되는 방식을 다루므로 당장 모든 변수의 의미를 파악할 수 없다고 걱정하진 마세요. 지금은 파라미터의 조정 가능성을 눈여겨보는 것이 중요합니다.

```python
## python
>>> ## 커맨드라인에서 입력받지 않는 몇 가지 하이퍼파라미터가 있습니다.
>>> DATA_SEGMENTS = { 'tr': 0.6, 'va': 0.2, 'tst': 0.2}
>>> THRESHOLD_EPOCHS = 5
>>> COR_THRESHOLD = 0.0005
>>>
>>> ## 파서 설정
>>> parser = argparse.ArgumentParser()
>>>
>>> ## 데이터의 모양
>>> parser.add_argument('--win', type=int, default=24*7)
>>> parser.add_argument('--h', type=int, default=3)
>>>
>>> ## 모델의 사양
>>> parser.add_argument('--model', type=str, default='rnn_model')
>>> ## cnn의 구성 요소
>>> parser.add_argument('--sz-filt', type=int, default=8)
>>> parser.add_argument('--n-filt', type=int, default=10)
>>> ## Rnn의 구성 요소
>>> parser.add_argument('--rnn-units', type=int, default=10)
>>>
>>> ## 학습의 상세
>>> parser.add_argument('--batch-n', type=int, default=1024)
>>> parser.add_argument('--lr', type=float, default=0.0001)
>>> parser.add_argument('--drop', type=float, default=0.2)
>>> parser.add_argument('--n-epochs', type=int, default=30)
>>>
>>> ## 작업 내역 저장
>>> parser.add_argument('--data-dir', type=str, default='../data')
>>> parser.add_argument('--save-dir', type=str, default=None)
```

기준선 모델을 개선할 때는 항상 적절한 학습 하이퍼파라미터의 검색이 연관되어 있어서 여러 파라미터를 조정할 수 있게 하는 것이 중요합니다. 일반적으로 조정된 하이퍼파라미터는 데이터 전처리(예: 바라볼 과거 시간 범위), 모델의 사양(예: 모델의 종류 및 모델의 복잡도), 학습 방법(예: 학습 기간, 학습률의 크기) 등 학습 전반에 걸쳐 영향을 미칩니다.

상기 코드에 나열된 파라미터는 몇 가지 범주로 나눌 수 있습니다. 우선 데이터의 모양은 데이터를 입력받는 방식과 관련있습니다. 여기서는 321개 구역에서 측정된 전력 사용의 차분 시계열로 가득 찬 CSV가 입력 데이터로 사용됩니다. 데이터의 모양을 잡기 위해서는 파라미터 두개가 필요합니다. 첫 번째 파라미터인 win(윈도)은 모델이 예측을 만들어낼 때, 시간상 얼마나 이전까지를 바라볼 수 있는지를 나타냅니다. 두 번째 h(수평선) 변수는 얼마만큼 떨어진 미래를 예측할지를 나타냅니다. 이 변수들은 '5분'처럼 구체적인 단위의 값보다는 시간의 단계를 의미하며 이는 앞서 다룬 장의 내용들과 일치합니다. 다른 통계 및 머신러닝 모델처럼 신경망도 계산적인 표현에만 관심이 있습니다. 5분이냐, 5이언[6]이냐에 어떠한 차이를 두는 것은 아닙니다.

끝에서 두 번째 훈련 상세 부분은 하이퍼파라미터 최적화에서 가장 중요한 부분으로 간주되며 가장 일반적으로 조정되는 대상입니다. 초기에 학습률에 대한 실험을 통해서 완전히 벗어나지 않는 학습률의 선택을 피하는 것은 중요합니다. 경험상 좋다고 알려진 방법은 0.001로 시작한 다음, 승수 단위로 값을 위아래로 조정해나가는 것입니다. 정확한 학습률보다는 적당한 크기를 선택하는 것이 중요합니다.

모델의 상세 부분은 다양한 모델(RNN 또는 CNN)의 선택과 선택된 모델의 구조적인 상세 내용을 조정합니다. 일반적으로는 모델의 상세 부분보다 하이퍼파라미터를 조정하는 학습의 상세 부분이 더 중요합니다.

지금 다룰 예제에서는 커맨드라인을 통해 다음과 같은 하이퍼파라미터를 스크립트에 주입합니다.

```
--drop=0.2 --win=96 --batch-n=128 --lr=0.001 --n-epochs=25
--data-dir=/data/elec --save-dir=/archive/results
--model=원하는_모델의_종류
```

----

6   옮긴이_ 지질시대를 구분하는 가장 큰 단위로 1이언은 약 10억 년의 기간을 의미합니다.

입력 데이터 준비

파라미터를 설정 가능하도록 만들었다면 스크립트로 파일의 위치, 예측하고 싶은 미래의 기간, 예측에 활용할 과거의 기간 등의 정보를 주입할 수 있습니다. 이러한 설정 가능한 파라미터는 데이터를 읽고, 적절한 모양으로 만드는 초기 단계에서도 매우 중요합니다. 또한 신경망은 일종의 **확률적 경사 하강법**stochastic gradient descent (SGD)을 통해 한 번에 전체 데이터의 일부분batch에 접근하는 걸 반복하여 전체 데이터를 학습하므로 이런 방식의 학습을 위한 데이터 기반이 마련되어야 합니다(전체 데이터를 모두 한 번씩 거친 것을 하나의 에폭이라고 합니다).

다음은 학습에 데이터를 제공하는 두 가지 방법을 다룹니다. 하나는 반복자를 사용하여 고수준으로 처리하는 방식이고, 다른 하나는 반복자로 들어가는 데이터의 모양을 상세히 잡는 저수준 처리 방식입니다.

입력 데이터의 모양 만들기

이전 절에서는 넘파이 배열로 반복자를 형성하는 방법을 살펴봤습니다. 이때 해당 넘파이 배열은 당연히 있는 것으로 가정한 채 진행합니다. 이번에는 코드 예제로부터 데이터의 모양을 만드는 방법을 알아보겠습니다. 이때 다뤄지는 데이터는 NC와 NTC라는 형태를 따릅니다.

우선 코드 없이, 서로 다른 형태의 입력 데이터를 살펴보는 예를 살펴보겠습니다. A, B, C라는 열로 구성된 다변량 시계열 데이터가 있다고 가정해봅시다.

시간	A	B	C
t–3	0	−1	−2
t–2	3	−2	−3
t–1	4	−2	−4
t	8	−3	−9

두 단계 이전의 데이터들로 한 단계 미래를 예측하는 모델을 만들고자 합니다. A, B, C의 데이터를 사용해서 A, B, C를 예측하는 문제이며 X와 Y는 각각 입력과 출력입니다.

시간 t에서 Y를 예측하고자 합니다. 가령 시간 t에서 Y = [A, B, C] 형식에 대한 실젯값은 다음과 같습니다.

t	8	-3	-9

예측에는 모든 변수에 대한 두 단계 이전의 데이터가 사용된다고 명시했습니다. 예를 들어 상기 t에 대한 각 데이터는 다음과 같습니다.

A, $t-1$	A, $t-2$	B, $t-1$	B, $t-2$	C, $t-1$	C, $t-2$
4	3	-2	-2	-4	-3

마찬가지로 시간 $t-1$에서 타깃 데이터 Y 값은 다음과 같습니다.

$t-1$	4	-2	-4

이미 예상했겠지만 다음과 같은 값들을 예측에 활용할 수 있습니다.

A, $t-2$	A, $t-3$	B, $t-2$	B, $t-3$	C, $t-2$	C, $t-3$
3	0	-2	-1	-3	-2

이 두 시간에 대한 입력을 하나의 형식으로 저장하면 다음과 같습니다.

시간	A, 시간-1	A, 시간-2	B, 시간-1	B, 시간-2	C, 시간-1	C, 시간-2
$t-1$	3	0	-2	-1	-3	-2
t	4	3	-2	-2	-4	-3

이를 NC 데이터 형식이라고 합니다. 여기서 **N**은 개별 샘플을, **C**는 다변량 정보를 표현하는 또다른 방법의 채널을 의미합니다.[7] 최종적으로 이 형식의 데이터를 완전 연결 신경망 학습에 사용합니다. 이를 위해 첫 번째로 다룰 내용은 CSV 형식의 입력 데이터를 적절한 차원의 모양으로 구성된 넘파이 배열로 변형하는 것입니다.

또는 시간에 특화된 축을 만드는 방법으로 데이터의 모양을 다르게 잡아줄 수도 있습니다. 이때 흔히 사용되는 형식인 NTC는 '샘플×시간×채널의 개수'를 지정합니다. 여기서 샘플은 원

---

7 옮긴이_ 해당 표에서의 채널 수는 A, B, C 총 세 개입니다.

본 데이터의 각 행으로, 예측하길 원하는 시간의 조각^{slice}을 의미합니다.[8] 두 번째 시간의 차원은 시간상 얼마나 이전까지를 바라볼지에 대한 것입니다. 지금 다루는 예제의 두 단계 이전의 시간이 여기에 해당합니다(샘플 스크립트의 --win 설정 파라미터로 지정됩니다).

앞서 구성한 입력 데이터의 $t-1$ 수평선 예측에 대한 NTC 형식은 다음과 같이 나타냅니다.[9]

시간	A	B	C
$t-1$	0, 3	-1, -2	-2, -3

앞서 작성한 두 시간에 대한 입력 데이터를 다음과 같이 깔끔하게 표현됩니다.

시간	A	B	C
$t-1$	0, 3	-1, -2	-2, -3
t	3, 4	-2, -2	-3, -4

위에서 NTC 형식으로 준비한 데이터는 다음 레이블값에 대응합니다.

시간	A	B	C
$t-1$	4	-2	-4
t	8	-3	-9

이런 표현이 다른 표현보다 정확하지 않지만 NTC 표현은 시간이 명시된 시간축으로 의미를 가진다는 편리한 측면이 있습니다.

입력을 두 형식으로 구성한 이유는 모델마다 다른 형식을 요구하기 때문입니다. 이 장의 뒷부분에서는 합성곱 및 순환 신경망에 대한 입력으로 NTC 형식을 사용합니다.

---

8 옮긴이_ 표에서 t와 $t-1$에 해당하는 열을 의미합니다.

9 옮긴이_ 해당 표에서 채널은 세 개(A, B, C)가 있으며 예측 대상인 샘플은 $t-1$개, 예측을 위해 바라볼 과거의 시간 단계는 두 개가 있습니다.

NTC와 TNC

방금 본 NTC 데이터 저장 형식에는 몇 가지 알아둬야 할 사항이 있습니다. 그중 하나는 높은 반복성입니다. 데이터의 순서가 중요하지 않다면 NTC 대신 TNC 형식을 사용해서 높은 반복성을 피할 수 있습니다. TNC에서는 '배치'라는 축을 사용해서 데이터의 다른 부분들을 병렬로 실행하는 것이 가능합니다. 다음과 같이 좌우, 상하로 정렬된 일련의 숫자를 고려합니다.[10]

56 **29** 56 94 10 92 52 32 19 59 88 94 6 57 73 59 95 79 97 38 65 51 27
18 **77** 39 4 19 60 38 73 51 65 4 96 96 6 12 62 59 21 49 65 37 64 69
36 **32** 48 97 33 44 63 99 10 56 75 20 61 53 71 48 41 2 58 18 4 10 17
66 **64** 53 24 36 23 33 38 1 17 59 11 36 43 61 96 55 21 45 44 53 26 55
99 22 10 26 25 82 54 82

이 데이터를 하나의 채널을 가진 NTC 형식으로 준비했다면 다음과 같이 데이터가 표현됩니다.

시간	값
t	56, 29, 56, 94
t+1	29, 56, 94, 10
t+2	56, 94, 10, 92

보다시피 많은 반복이 있습니다. 그러나 좋은 점도 있는데, 모든 배치가 시간상 밀접히 관련되어 있어서 데이터의 실제 시간의 순서대로 학습이 이루어진다는 것입니다. 이와는 대조적으로 TNC 형식(N은 배치당 샘플 수입니다)을 선택하고, 이때의 배치 크기를 4(보여주기 위한 목적이므로 비현실적으로 작습니다)로 가정한다면 다음처럼 보이는 데이터를 상상할 수 있습니다.

시간	첫 번째 배치	두 번째 배치	세 번째 배치	네 번째 배치
t	29	77	32	64
t+1	56	39	48	53
t+2	94	4	97	24

---

10 옮긴이_ 굵게 표시된 숫자는 이어지는 TNC 형식에 대한 시작값의 이해를 돕기 위한 것이므로 특별한 의미는 없습니다.

입력 데이터 준비 과정에서 데이터의 반복이 없다는 사실을 알 수 있습니다. 시간의 순서대로 데이터를 학습할지의 여부는 데이터셋에 따라 다릅니다. 딥러닝으로 자연어 처리 작업을 해본 경험이 있다면, 다양한 NLP 작업에서 꽤 성공적으로 사용되므로 이 형식을 이미 알고 있을 것입니다. 하지만 TNC 형식은 수치적 시계열 데이터에서는 크게 유용하지 않습니다.

반복자 구성하기

일반적으로 학습 루틴에 데이터를 공급하려면 반복자를 구성해야 합니다. 반복자는 딥러닝이나 파이썬에만 있는 고유한 개념이 아닙니다. 일종의 데이터 집합을 통해 동작하는 객체에 대한 일반적인 개념으로, 전체 데이터 집합의 작업 위치를 추적하고 그 시점을 표현하는 기능이 있습니다. 넘파이 배열 데이터를 학습하는 경우에는 반복자를 간단히 구성할 수 있습니다. 예를 들어 X와 Y가 넘파이 배열인 경우 다음 코드처럼 반복자를 쉽게 구성할 수 있습니다.

```python
## python
>>> ###############################
>>> ##       데이터 준비작업       ##
>>> ###############################
>>>
>>> def prepare_iters(data_dir, win, h, model, batch_n):
>>>     X, Y = prepared_data(data_dir, win, h, model)
>>>
>>>     n_tr = int(Y.shape[0] * DATA_SEGMENTS['tr'])
>>>     n_va = int(Y.shape[0] * DATA_SEGMENTS['va'])
>>>
>>>     X_tr, X_valid, X_test = X[ : n_tr], X[n_tr : n_tr + n_va], X[n_tr + n_va : ]
>>>     Y_tr, Y_valid, Y_test = Y[ : n_tr], Y[n_tr : n_tr + n_va], Y[n_tr + n_va : ]
>>>
>>>     iter_tr = mx.io.NDArrayIter(data = X_tr, label = Y_tr, batch_size = batch_n)
>>>     iter_val = mx.io.NDArrayIter(data = X_valid,
>>>                                  label = Y_valid,
>>>                                  batch_size = batch_n)
>>>     iter_test = mx.io.NDArrayIter(data = X_test,
>>>                                   label = Y_test,
>>>                                   batch_size = batch_n)
>>>
>>>     return (iter_tr, iter_val, iter_test)
```

상기 코드는 데이터셋에 대한 반복자들을 준비하는 메서드를 정의하는데, 이 반복자들은 prepared_data() 메서드에서 반환 받은 넘파이 배열을 래핑합니다(잠시 후 더 자세히 다룰 예정). prepared_data()가 배열을 반환하면 이를 순서대로 학습, 검증, 테스트 데이터셋으로 분할합니다. 학습 데이터셋은 모델의 학습을 진행하는 데 사용되고, 학습에 사용되지 않은 검증 데이터셋은 하이퍼파라미터 조정에 대한 피드백을 얻는 목적에 사용됩니다. 그리고 순수 테스트 목적 외로 사용되지 않는 테스트 데이터셋은 다른 두 데이터셋과는 완전히 분리하여 보관됩니다.[11]

반복자의 초기화에는 입력(data), 타깃(label), 배치크기(batch_size) 파라미터가 사용됩니다. 그중 배치크기는 한 번의 반복당 모델의 가중치에 대한 기울기를 계산하고 갱신하는 데 사용될 데이터 샘플의 개수를 나타냅니다.

코드로 데이터 모양 잡기

만들려는 데이터의 모양에는 두 종류가 있다는 것을 알았으므로 이제 그 모양을 만드는 코드를 살펴봅시다.

```python
## python
>>> def prepared_data(data_dir, win, h, model_name):
>>>     df = pd.read_csv(os.path.join(data_dir, 'electricity.diff.txt'), sep=',',
header=0)
>>>     x = df.as_matrix()
>>>     ## 데이터를 정규화합니다. 다음 코드는 사전관찰을 만듭니다.
>>>     ## 데이터셋 전체의 측정치 기반으로 정규화하기 때문입니다.
>>>     ## 이 예제 코드는 간단한 방법을 사용하지만 좀 더 복잡한 파이프라인이라면
>>>     ## 사전관찰 문제를 피하기 위한 롤링 통계를 사용하여 계산해야 합니다
>>>     x = (x - np.mean(x, axis = 0)) / (np.std(x, axis = 0))
>>>
>>>     if model_name == 'fc_model': ## NC data format NC 데이터 형식
>>>         ## 평평한 형태의 입력 배열에서 첫 번째와 두 번째 이전 단계를 제공합니다.
>>>         X = np.hstack([x[1:-1], x[:-h]])
>>>         Y = x[h:]
>>>         return (X, Y)
```

----

11 책의 앞부분에서 설명했듯이, 가장 표준적인 방법은 여러 시간 조각에 걸쳐 롤링하는 모델을 학습하는 것입니다. 하지만 이러한 방식은 복잡해서 예제 코드에서는 이 방법을 사용하지 않았습니다. 상용 코드 기반에서는 모델의 최적화를 위한 롤링 검증이나 테스트를 진행하여 실제 성능에 대한 더 나은 감각을 얻을 수 있습니다. 예제에서 훈련과 테스트 데이터 사이 사용한 기법은 검증 데이터에 의한 지연을 발생합니다. 즉, 모델을 평가하기 위한 테스트 데이터에는 전체 기간 중 단 하나의 시간 단계만 반영한다는 것을 의미합니다.

```
>>>     else:                          ## TNC 데이터 형식
>>>         # X와 Y를 사전 할당해줍니다
>>>         # X의 모양 = 표본의 개수 * 시간 윈도 크기 * 채널의 개수 (NTC)
>>>         X = np.zeros((x.shape[0] - win - h, win, x.shape[1]))
>>>         Y = np.zeros((x.shape[0] - win - h, x.shape[1]))
>>>
>>>         for i in range(win, x.shape[0] - h):
>>>             ## 타깃 및 레이블 값은 h단계만큼 앞서도록 해줍니다.
>>>             Y[i-win] = x[i + h - 1     , :]
>>>             ## win 크기의 단계만큼 이전 데이터를 입력으로 지정합니다.
>>>             X[i-win] = x[(i - win) : i , :]
>>>
>>>     return (X, Y)
```

텍스트 파일에서 데이터를 읽은 다음, 각 열에 대해 정규화를 진행합니다. 각 열은 전체 데이터셋에 걸쳐 동질적으로 정규화되는 것이 아닌, 각 열 자체에 대해서만 정규화됩니다. 앞서 간단히 살펴본 데이터 탐색 과정처럼 전력이 사용된 서로 다른 위치가 매우 상이한 값을 가지기 때문입니다(그림 10-2와 10-4).

```
## python
>>> x = (x - np.mean(x, axis = 0)) / (np.std(x, axis = 0))
```

NC 데이터 형식

NC 데이터 형식을 만드는 과정은 꽤 직관적으로 이해할 수 있습니다.

```
## python
>>> if model_name == 'fc_model':  ## NC 데이터 형식
>>>     ## 하나의 평평한 입력 배열에서 첫 번째와 두 번째 이전 단계의 값 구성
>>>     X = np.hstack([x[1:-h], x[0:-(h+1)]])
>>>     Y = x[(h+1):]
```

시간 t-h에 대한 입력 x를 생성하고, 시간 t에서 예측을 수행하기 위해서 x의 마지막 h만큼의 행을 제거합니다(입력 데이터보다 나중에 대한 레이블 값이 필요하기 때문입니다). 그다음 이 데이터를 시간축을 따라 이동하여 지연된 값을 구성합니다. 이때 서로 다른 지연을 표현하는 각 넘파이 배열의 모양을 동일하게 맞춰야 합니다. 그래야 하나가 다른 하나 위에 쌓일 수 있게 됩니다. 이 방식에 따라서 위 코드의 np.hstack()가 작성되었습니다. 여러분의 컴퓨터에서

이 작업을 직접 수행하고, 제대로 동작하는지 증명해보세요. 임의의 긴 시간을 거슬러 올라가는 표현으로 일반화되는 방법도 생각해볼 수 있습니다.

Pdb 브레이크포인트를 설정하면 작업을 검사할 수 있습니다. 다음은 X와 Y의 값이 예상된 x의 대응값과 일치하는지 검증하는 방법을 보여줍니다.

```python
## python
(Pdb) X[0, 1:10] == x[1, 1:10]
array([ True, True, True, True, True, True, True, True, True])
(Pdb) X[0, 322:331] == x[0, 1:10]
array([ True, True, True, True, True, True, True, True, True])
(Pdb) Y[0, 1:10] == x[4, 1:10]
array([ True, True, True, True, True, True, True, True, True])
```

X 열의 처음 절반은 예측에 사용할 수 있는 마지막 시점을 나타내며, 예측의 레이블/타깃은 세 단계 앞서고 있습니다. X[0, 1:10]와 x[1, 1:10], Y[0, 1:10]와 x[4, 1:10]의 값이 일치하는 이유입니다. 3으로 설정된 수평선에 따라 시간을 세 단계 앞서기 때문입니다.

시간과 샘플(데이터의 인덱스)이 종종 같은 레이블 값을 가져서 혼란스러울 수도 있지만, 이 둘은 서로 다른 것입니다. 시간에는 우리가 예측하려는 시간, 예측을 위한 입력의 스냅샷에 대한 시간, 예측을 위해 돌아봐야 하는 수집된 데이터에 대한 시간이 있습니다. 이러한 값들은 필연적으로 연관되어 있지만, 이들의 개념을 분리해서 이해하는 것이 좋습니다.

NTC 데이터 형식

NTC 형식의 구성도 어느 정도 괜찮은 생각입니다.

```python
## python
>>> # X와 Y 사전 할당
>>> # X의 모양 = 표본의 개수 * 시간 윈도의 크기 * 채널의 개수 (NTC)
>>> X = np.zeros((x.shape[0] - win - h, win, x.shape[1]))
>>> Y = np.zeros((x.shape[0] - win - h, x.shape[1]))
>>>
>>> for i in range(win, x.shape[0] - h):
>>>     ## 타깃/레이블 값은 h단계만큼 앞섭니다.
>>>     Y[i-win] = x[i + h - 1, : ]
>>>     ## 입력 데이터는 win단계만큼 이전에 위치
>>>     X[i-win] = x[(i - win) : i, : ]
```

주어진 예제(N차원)에서 모든 열에 대한 입력 데이터의 마지막 **win** 크기만큼의 행을 가져옵니다. 이렇게 3차원을 만들었습니다. 첫 번째 차원은 데이터에 대한 인덱스이고, 데이터의 값은 시간 × 채널이라는 2차원의 형태로 제공됩니다(여기서 채널은 전기사용이 측정된 위치가 해당됩니다).

전과 마찬가지로 코드의 테스트를 위한 **Pdb** 브레이크포인트를 설정했고, 테스트 내용을 이해하기 위한 결과도 보여줍니다. 구체적인 숫자를 사용한 데이터 형식의 테스트를 통해 보다 분명한 이해를 구축해볼 수 있습니다.

```python
## python
(Pdb) Y[0, 1:10] == x[98, 1:10]
array([ True,  True,  True,  True,  True,  True,  True,  True,  True])
(Pdb) X.shape
(26204, 96, 321)
(Pdb) X[0, :, 1] == x[0:96, 1]
array([ True,  True,  True,  True,  True,  True,  True,  True,  True,
        True,  True,  True,  True,  True,  True,  True,  True,  True,
        True,  True,  True,  True,  True,  True,  True,  True,  True,
        True,  True,  True,  True,  True,  True,  True,  True,  True,
        True,  True,  True,  True,  True,  True,  True,  True,  True,
        True,  True,  True,  True,  True,  True,  True,  True,  True,
        True,  True,  True,  True,  True,  True,  True,  True,  True,
        True,  True,  True,  True,  True,  True,  True,  True,  True,
        True,  True,  True,  True,  True,  True,  True,  True,  True,
        True,  True,  True,  True,  True,  True,  True,  True,  True,
        True,  True,  True,  True,  True,  True])
```

준비된 X의 첫 번째 데이터는 0:96행에 해당되며(설정 가능한 파라미터인 **win**을 96으로 설정해줬기 때문입니다), Y의 첫 번째 데이터는 3단계의 시간을 앞선 98번째 행에 해당됩니다(배열의 조각을 제거할 때 지정한 마지막 숫자에 대한 부분은 제외되므로 X에 대한 x는 95에서 끝납니다. 즉, X는 x의 0부터 95를 포함하거나 0부터 96을 포함하지 않는 모든 행을 나타냅니다).

데이터를 처리하는 코드는 난잡하고, 버그가 많이 내재되어 있을 수 있으며 작성하는 데 오랜 시간이 걸릴지도 모릅니다. 하지만 더 많은 데이터 처리 코드를 작성할수록 그 의미를 보다 잘 파악할 수 있습니다. 또한 데이터 처리 코드를 철저히 테스트해보고, 완성된 코드를 안전하게 보관해두는 것이 좋습니다. 그렇게 하여 데이터 형태를 잡는 작업을 할 때마다 마주치는 문제를 매번 해결해야 하는 상황을 피할 수 있습니다. 그리고 버전 관리를 통해 특정 모델 훈련에 사용된 코드의 버전을 추적하기 위해서 데이터 처리 코드의 버전을 관리하는 것도 좋은 생각입니다.

학습 파라미터의 설정과 기록 관리 시스템의 구축

다음 절에서는 다양한 모델의 세부 사항을 논의해볼 것입니다. 지금은 일단 그래프를 구성하는 부분의 코드는 건너뛰고, 학습과 기록 관리에 대한 로직 부분을 살펴보겠습니다.

다음의 간단한 예제 코드는 학습을 구현하는 방법을 보여줍니다.

```python
## python
>>> def train(symbol, iter_train, valid_iter, iter_test,
>>>           data_names, label_names, save_dir):
>>>     ## 학습 정보와 결과 저장
>>>     if not os.path.exists(args.save_dir):
>>>         os.makedirs(args.save_dir)
>>>     printFile = open(os.path.join(args.save_dir, 'log.txt'), 'w')
>>>     def print_to_file(msg):
>>>         print(msg)
>>>         print(msg, file = printFile, flush = True)
>>>     ## 결과에 대한 헤더 저장
>>>     print_to_file('Epoch    Training Cor    Validation Cor')
>>>
>>>     ## 이전 에폭에 대한 값을 저장하여 성능 향상의 한계점 설정
>>>     ## 진행이 느릴 경우 학습을 일찍 끝내도록 해줍니다.
>>>     buf = RingBuffer(THRESHOLD_EPOCHS)
>>>     old_val = None
>>>
>>>     ## MXNet의 보일러플레이트
>>>     ## 기본으로 GPU 1개 사용되며 해당 GPU의 인덱스는 0번입니다.
>>>     devs = [mx.gpu(0)]
>>>     module = mx.mod.Module(symbol, data_names=data_names,
>>>                            label_names=label_names, context=devs)
>>>     module.bind(data_shapes=iter_train.provide_data,
>>>                 label_shapes=iter_train.provide_label)
>>>     module.init_params(mx.initializer.Uniform(0.1))
>>>     module.init_optimizer(optimizer='adam',
>>>                           optimizer_params={'learning_rate': args.lr})
>>>
>>>     ## 학습 과정
```

```
>>>    for epoch in range( args.n_epochs):
>>>        iter_train.reset()
>>>        iter_val.reset()
>>>        for batch in iter_train:
>>>            # 예측값 계산
>>>            module.forward(batch, is_train=True)
>>>            # 경사값 계산
>>>            module.backward()
>>>            # 파라미터 갱신
>>>            module.update()
>>>
>>>        ## 학습 데이터셋의 결과
>>>        train_pred  = module.predict(iter_train).asnumpy()
>>>        train_label = iter_train.label[0][1].asnumpy()
>>>        train_perf  = perf.write_eval(train_pred, train_label,
>>>                                    save_dir, 'train', epoch)
>>>
>>>        ## 검증 데이터셋의 결과
>>>        val_pred  = module.predict(iter_val).asnumpy()
>>>        val_label = iter_val.label[0][1].asnumpy()
>>>        val_perf = perf.write_eval(val_pred, val_label,
>>>                                save_dir, 'valid', epoch)
>>>
>>>        print_to_file('%d        %f        %f ' %
>>>                    (epoch, train_perf['COR'], val_perf['COR']))
>>>
>>>        # 성능 향상을 측정할 수 없는 경우에는 건너뜁니다.
>>>        if epoch > 0:
>>>            buf.append(val_perf['COR'] - old_val)
>>>        # 성능 향상을 측정할 수 있는 경우에는 향상 정도를 검사합니다.
>>>        if epoch > 2:
>>>            vals = buf.get()
>>>            vals = [v for v in vals if v != 0]
>>>            if sum([v < COR_THRESHOLD for v in vals]) == len(vals):
>>>                print_to_file('EARLY EXIT')
>>>                break
>>>        old_val = val_perf['COR']
>>>
>>>    ## 테스트 데이터셋 검증
>>>    test_pred  = module.predict(iter_test).asnumpy()
>>>    test_label = iter_test.label[0][1].asnumpy()
>>>    test_perf = perf.write_eval(test_pred, test_label, save_dir, 'tst', epoch)
>>>    print_to_file('TESTING PERFORMANCE')
>>>    print_to_file(test_perf)
```

상기 코드는 일상적인 다양한 작업이 수행되는 방식을 보여줍니다. 우선 검증용 데이터셋에 대한 정확도의 이력을 추적하기 위한 값을 설정했습니다. 그렇게 하여 학습이 향상되는지를 확인할 수 있습니다. 모델의 훈련이 충분히 빠르게 향상되지 않는다면, 시간과 전기를 모두 낭비하면서 GPU를 계속 돌릴 이유가 없습니다.

MXNet 보일러플레이트 코드는 Module API를 사용합니다(이 장의 앞부분에서 다룬 Gluon API와는 대조됩니다).

```python
## python
>>>    ## MXNet의 보일러플레이트
>>>    ## 기본으로 GPU 1개 사용되며 해당 GPU의 인덱스는 0번입니다.
>>>    devs = [mx.gpu(0)]
>>>    module = mx.mod.Module(symbol, data_names=data_names,
>>>                        label_names=label_names, context=devs)
>>>    module.bind(data_shapes=iter_train.provide_data,
>>>            label_shapes=iter_train.provide_label)
>>>    module.init_params(mx.initializer.Uniform(0.1))
>>>    module.init_optimizer(optimizer='adam',
>>>                    optimizer_params={'learning_rate': args.lr})
```

위 코드는 다음과 같은 일을 가능하게 해줍니다.

1. 신경망 구성에 필요한 개별 요소를 계산 그래프로 구성합니다.

2. 신경망에 입력되는 데이터의 모양을 설정합니다.

3. 그래프의 모든 가중치를 임의 값으로 초기화합니다(완전히 무작위는 아니며 무작위 범

위를 설정하는 것은 일종의 예술과도 같습니다).

4. 옵티마이저를 초기화합니다. 다양한 방법으로 할 수 있으며 여기서는 초기 학습률을 명시적으로 설정했습니다.

다음은 학습 데이터 반복자를 사용하여 학습에 따라 데이터 처리량을 늘리는 방법을 보여줍니다.

```python
## python
>>> for epoch in range( args.n_epochs):
>>>     iter_train.reset()
>>>     iter_val.reset()
>>>     for batch in iter_train:
>>>         module.forward(batch, is_train=True)   # 예측값 계산
>>>         module.backward()                       # 경사값 계산
>>>         module.update()                         # 파라미터 갱신
```

그다음 학습 및 검증용 데이터셋 두 개에 대한 예측 결과를 측정합니다(이 코드는 학습 반복자 코드의 바깥쪽 for 반복문의 범위에 있어야 합니다).

```python
## python
>>> ## 학습 데이터셋 결과
>>> train_pred  = module.predict(iter_train).asnumpy()
>>> train_label = iter_train.label[0][1].asnumpy()
>>> train_perf  = evaluate_and_write(train_pred, train_label,
>>>                                 save_dir, 'train', epoch)
>>>
>>> ## 검증 데이터셋 결과
>>> val_pred  = module.predict(iter_val).asnumpy()
>>> val_label = iter_val.label[0][1].asnumpy()
>>> val_perf  = evaluate_and_write(val_pred, val_label,
>>>                                 save_dir, 'valid', epoch)
```

for 반복문의 마지막에는 조기 종료에 대한 로직이 있습니다.

```python
## python
>>> if epoch > 0:
>>>     buf.append(val_perf['COR'] - old_val)
>>> if epoch > 2:
```

```python
>>>     vals = buf.get()
>>>     vals = [v for v in vals if v != 0]
>>>     if sum([v < COR_THRESHOLD for v in vals]) == len(vals):
>>>         print_to_file('EARLY EXIT')
>>>         break
>>> old_val = val_perf['COR']
```

복잡해 보이는 이 코드는 기록 관리에 관한 몇 가지 로직을 수행합니다. 기록된 내용은 예측값과 실젯값 사이의 상관계수로, 이 값을 연속으로 저장합니다. 충분한 에폭을 돌리는 동안 에폭과 에폭 간의 상관계수가 향상되지 못한다면(또는 오히려 나빠진다면), 학습은 중단됩니다.

성능 지표

evaluate_and_write 함수는 에폭당 관측되는 상관계수, 타깃, 추정 값 모두를 기록합니다. 학습이 종료된 마지막 부분에서는 테스트 데이터셋에 대해서도 같은 작업을 수행합니다.

```python
## python
>>> def evaluate_and_write(pred, label, save_dir, mode, epoch):
>>>     if not os.path.exists(save_dir):
>>>         os.makedirs(save_dir)
>>>
>>>     pred_df  = pd.DataFrame(pred)
>>>     label_df = pd.DataFrame(label)
>>>     pred_df.to_csv( os.path.join(save_dir, '%s_pred%d.csv' % (mode, epoch)))
>>>     label_df.to_csv(os.path.join(save_dir, '%s_label%d.csv' % (mode, epoch)))
>>>
>>>     return { 'COR': COR(label,pred) }
```

상기 코드는 아래에서 정의하는 상관계수를 계산하는 함수를 사용합니다.

```python
## python
>>> def COR(label, pred):
>>>     label_demeaned = label - label.mean(0)
>>>     label_sumsquares = np.sum(np.square(label_demeaned), 0)
>>>
>>>     pred_demeaned = pred - pred.mean(0)
>>>     pred_sumsquares = np.sum(np.square(pred_demeaned), 0)
>>>
>>>     cor_coef =  np.diagonal(np.dot(label_demeaned.T, pred_demeaned)) /
```

```
>>>         np.sqrt(label_sumsquares * pred_sumsquares)
>>>
>>>     return np.nanmean(cor_coef)
```

데이터셋의 각 열에서 때로는 분산이 0(변동이 없음)인 경우가 있어서 COR 함수의 결과를 NaN으로 만듭니다. 이때 상기 코드처럼 np.mean() 대신 np.nanmean() 함수를 사용합니다.

우리가 다루지 않은 한 가지는 모델의 가중치 및 학습 과정에 대한 체크포인트를 저장하는 것입니다. 상용제품을 위한 학습을 했다면 학습이 끝난 모델을 다시 불러서 배포해야 합니다. 이때는 Module.save_checkpoint를 사용하여 가중치를 저장하고, 배포하거나 학습을 재개하고 싶은 경우에는 Module.load를 사용하여 모델을 불러오고 메모리에 다시 올리는 것이 가능합니다. 적절한 딥러닝 파이프라인을 구성하기 위해서 배울 것이 많지만, 이 책은 기본만 다룹니다.

작성된 함수를 한곳에 모아서 사용하기

앞서 작성한 파이프라인의 각 구성요소를 __main__ 범위에 배치합니다.

```python
## python
>>> if __name__ == '__main__':
>>>     # 커맨드라인에서 입력받는 인수를 파싱합니다.
>>>     args = parser.parse_args()
>>>
>>>     # 데이터 반복자 생성
>>>     iter_train, iter_val, iter_test = prepare_iters(
>>>         args.data_dir, args.win, args.h,
>>>         args.model, args.batch_n)
>>>
>>>     ## 기호 준비
>>>     input_feature_shape = iter_train.provide_data[0][1]
>>>
>>>     X = mx.sym.Variable(iter_train.provide_data[0].name )
>>>     Y = mx.sym.Variable(iter_train.provide_label[0].name)
>>>
>>>     # 모델 설정
>>>     model_dict = {
>>>         'fc_model'          : fc_model,
>>>         'rnn_model'         : rnn_model,
>>>         'cnn_model'         : cnn_model,
```

```
>>>          'simple_lstnet_model' : simple_lstnet_model
>>>      }
>>>      model = model_dict[args.model]
>>>
>>>      symbol, data_names, label_names = model(iter_train,
>>>                                              input_feature_shape,
>>>                                              X, Y,
>>>                                              args.win, args.sz_filt,
>>>                                              args.n_filt, args.drop)
>>>
>>>      ## 학습
>>>      train(symbol, iter_train, iter_val, iter_test,
>>>            data_names, label_names, args.save_dir)
```

앞서 마련해둔 기반 기능을 활용합니다. 우선 커맨드라인에서 입력받는 인수를 파싱합니다. 그 다음은 수평선, 윈도의 크기, 배치 크기, 만들려는 모델의 이름에 대한 설정값을 활용하여 반복 자를 만듭니다. MXNet 기호를 생성하고 입력의 모양을 기록하여 이들을 모델 생성 시 전달합 니다. 마지막으로 반복자 및 저장 디렉터리와 함께 모델에 대한 정보를 train 함수에 전달합 니다. 이 함수가 수행하는 일이 바로 모델을 학습하고, 성능 지표를 출력하는 것입니다.

최소한이지만, 완전한 기능을 지닌 데이터 입력 및 모양을 잡기 위한 피처엔지니어링, 모델의 구성, 모델의 학습, 모델의 평가에 중요한 값의 로깅으로 구성된 학습 파이프라인의 형태를 볼 수 있습니다.

한편, print_to_file()는 단순히 print()를 래핑한 편리성 메서드입니다.

```python
## python
def print_to_file(msg):
    print(msg, file = printFile, flush = True)
print_to_file(args)
```

모델이 학습되는 동안 기록을 남기고 싶을 것입니다. 여러분이 원하는 모델의 가중치와 학습이 완료된 시점의 가중치는 일치하지 않을지도 모릅니다. 학습이 완료되기 이전의 시점일 수도 있 습니다. 훈련이 진행된 방법을 기록하면 모델의 구성과 학습 모두에 관련된 하이퍼파라미터를 조정하는 데 도움이 됩니다. 가령 얼마나 많은 파라미터가 필요한지(과적합 또는 과소적합을 피하기 위해서), 학습에 어느 정도의 학습률이 필요한지(학습 중 지나치게 크거나 작은 조정 을 피하기 위해서)와 같은 것이 있습니다.

지금까지 모델 부분을 제외한 최소한의 실행 가능한 파이프라인 전체를 구성했습니다. 이제 시계열 데이터에 적용 가능한 기본 모델 몇 가지를 살펴보고, 각각을 학습한 후 성능을 확인해볼 차례입니다.

10.4 순전파 네트워크

이 책은 순전파 네트워크를 시계열 분석의 맥락에서 보여준다는 점에서 매우 이례적이라고 볼 수 있습니다. 대부분의 현대적인 시계열 분석 문제는 순환 신경망으로 다루거나, 조금은 덜 일반적이지만 합성곱 신경망 구조를 사용해서 다루기도 합니다. 그러나 가장 간결하면서 동시에 역사적으로 가장 중요한 네트워크 구조인 순전파 신경망으로 시작해볼 것입니다. 다음과 같은 몇 가지 이유로 이 작업을 시작하는 것이 좋습니다.

- 순전파 네트워크는 병렬화될 수 있어서 성능이 상당히 좋습니다. 목적에 합리적으로 부합하는 좋은 순전파 신경망을 찾을 수 있다면 매우 빠르게 계산할 수 있습니다.
- 순전파 네트워크는 연속적인 사건들에서 역동적이며 복잡한 시간축의 존재를 검사하는 데 좋습니다. 모든 시계열이 실제로 이전 값이 이후의 값과 특정한 관계가 있는 역동적인 시간축을 가지는 것은 아닙니다. 단순한 선형 모델 외에도, 순전파 신경망을 기준선으로 맞춰보는 것이 좋습니다.
- 순전파 네트워크의 구성요소는 더 크고 복잡한 시계열 딥러닝 구조에 통합되는 경우가 많습니다. 따라서 순전파 네트워크가 작업하는 모델의 전체를 표현하지 않더라도 알아둘 필요가 있습니다.

10.4.1 간단한 예제

순전파 네트워크는 가장 단순한 종류의 신경망입니다. 따라서 순전파 구조를 시계열의 예제에 적용하면서 시작해보려고 합니다. 표준적인 순전파 신경망의 구조에는 시간의 관계를 나타내는 요소가 없습니다. 이런 구조임에도 불구하고, 순전파 신경망의 알고리즘은 과거의 입력으로 미래를 예측합니다. [그림 10-1]에서 순전파 신경망의 한 예를 살펴봤습니다. 순전파 네트워크는 완전연결계층의 연속으로 구성됩니다. 여기서 완전연결계층이란 그래프의 각 계층으로 들어오는 입력이 있다면, 그 계층의 모든 노드로 입력이 연결되어 있다는 뜻입니다.

앞서 본 데이터 형식 중 첫 번째 형식을 사용하는 간단한 예로 시작해보겠습니다. 입력 X는 단순히 N × C(예: 샘플 × 채널)의 2차원 데이터이며, 그중 채널은 시간의 구성요소가 평평해진 것입니다. 그러면 그 데이터 형식은 다음과 같이 표현됩니다.

A, t−2	A, t−3	B, t−2	B, t−3	C, t−2	C, t−3
3	0	−2	−1	−3	−2

해당 데이터 부분을 보여주는 코드는 다음과 같습니다.

```python
## python
>>> if model_name == 'fc_model':
>>>     ## 첫 번째와 두 번째의 과거 단계를 하나의 평평한 입력으로 제공합니다.
>>>     X = np.hstack([x[1:-1], x[:-2]])
>>>     Y = x[2:]
>>>     return (X, Y)
```

그다음은 MXNet의 Module API를 사용하여 완전히 연결된 모델을 구성합니다.

```python
## python
>>> def fc_model(iter_train, window, filter_size, num_filter, dropout):
>>>     X = mx.sym.Variable(iter_train.provide_data[0].name)
>>>     Y = mx.sym.Variable(iter_train.provide_label[0].name)
>>>
>>>     output = mx.sym.FullyConnected(data=X, num_hidden = 20)
>>>     output = mx.sym.Activation(output, act_type = 'relu')
>>>     output = mx.sym.FullyConnected(data=output, num_hidden = 10)
>>>     output = mx.sym.Activation(output, act_type = 'relu')
>>>     output = mx.sym.FullyConnected(data = output, num_hidden = 321)
>>>
>>>     loss_grad = mx.sym.LinearRegressionOutput(data  = output, label = Y)
>>>     return loss_grad,
>>>         [v.name for v in iter_train.provide_data],
>>>         [v.name for v in iter_train.provide_label]
```

3계층으로 구성된 완전히 연결된 네트워크를 구축합니다. 첫 번째 계층은 20개의 은닉 유닛, 두 번째는 10개의 은닉 유닛으로 구성됩니다. 처음 각 두 계층 다음에는 '활성' 계층이 이어서 존재합니다. 이 활성 계층에 의해서 모델이 비선형성을 가지게 되는데, 이 계층이 없다면 단순히 행렬곱셈의 연속인 선형 모델의 한 형태가 됩니다. 사실상 완전연결계층은 다음과 같이 나타낼 수 있습니다.

$$Y = XW^T + b$$

W는 행렬곱셈의 결과, 은닉 유닛과 동일한 차원의 벡터를 출력할 수 있도록 맞춰진 차원으로 구성된 가중치의 집합입니다. 행렬곱셈의 결과에 편향이 더해집니다. W와 b는 모두 학습될 수 있는 가중치입니다. 그러나 이러한 가중치의 집합이나 일련의 가중치의 모음을 학습시키는 일은 선형회귀를 한 가지 실시 예제 정도로 볼 수 있으므로 크게 흥미로운 것이 아닙니다. 대신에 흥미를 가져야 할 부분은 행렬의 연산 이후에 적용되는 활성입니다. 활성 계층에는 [그림 10-5]와 [그림 10-6]에서 각각 보여지는 tanh, ReLU 등의 다양한 비선형함수가 적용됩니다.

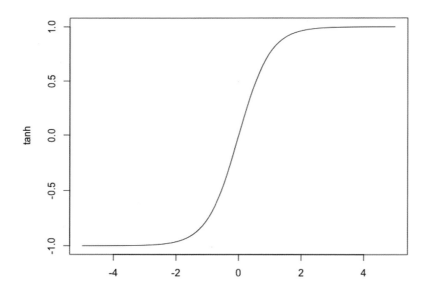

그림 10-5 tanh 함수는 작은 값에서 비선형 동작을 보이며 큰 값에서는 미분이 0으로 일정해집니다.

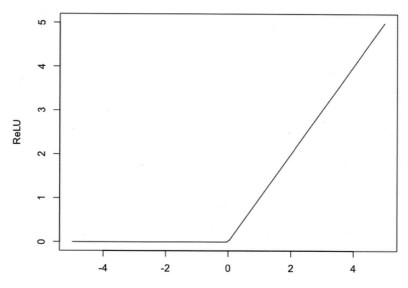

그림 10-6 ReLU 함수는 계산이 쉬우면서도 비선형성을 가집니다.

앞의 코드에서는 ReLU를 활성 함수로 사용했습니다. 모델 구축 및 하이퍼파라미터의 조정을 위한 초기 단계에서는 다양한 활성 함수(ReLU, tanh, sigmoid)를 시도해보는 것이 좋습니다.

이번에는 이 모델을 학습시키고, 그 성능을 살펴보도록 하겠습니다.

```
Epoch     Training Cor    Validation Cor
0         0.578666        0.557897
1         0.628315        0.604025
2         0.645306        0.620324
3         0.654522        0.629658
4         0.663114        0.636299
5         0.670672        0.640713
6         0.677172        0.644602
7         0.682624        0.648478
8         0.688570        0.653288
9         0.694247        0.657925
10        0.699431        0.663191
11        0.703147        0.666099
12        0.706557        0.668977
13        0.708794        0.670228
14        0.711115        0.672429
15        0.712701        0.673287
```

```
16          0.714385          0.674821
17          0.715376          0.674976
18          0.716477          0.675744
19          0.717273          0.676195
20          0.717911          0.676139
21          0.718690          0.676634
22          0.719405          0.677273
23          0.719947          0.677286
24          0.720647          0.677451

TESTING PERFORMANCE
{'COR': 0.66301745}
```

성능이 좋다고 생각되시나요? 안타깝게도 그것을 알기란 어렵습니다. 이전 장들에서 살펴본 훨씬 간단한 모델보다 성능이 월등히 우수한 경우에만 딥러닝 모델로 진행한 결과가 상용화되어야 합니다. 딥러닝 모델은 예측을 계산하는 데 시간이 오래 걸리고, 일반적으로 더 높은 오버헤드를 가집니다. 따라서 추가 비용 지출을 정당화할 수 있는 경우에만 사용해야 합니다. 이러한 이유로 딥러닝으로 시계열 문제에 접근할 때는 딥러닝이 사용되지 않은 모델을 학습시켜서 객관적인 기준으로 이 둘을 비교해보는 것이 보통입니다.

어찌되었든 앞의 결과를 통해 시간을 인식하지 않은 모델이 관측된 값들이 계절적으로 연관된 상황을 학습하고, 이에 대한 예측을 만들어낼 수 있다는 것을 알 수 있었습니다.

10.4.2 어텐션 기법으로 순전파 신경망이 시간을 인지하도록 만들기

순전파 네트워크는 시계열 문제에서 큰 진전을 이루지는 못했지만, 다양한 구조적인 변형을 통해 연속 데이터에 대한 성능 향상을 꾀하는 연구가 여전히 이루어지고 있습니다. 그중 하나가 **어텐션**attention입니다. 어텐션은 신경망에 추가될 수 있는 메커니즘으로 필요한 순서를 집중 학습할 수 있도록 합니다. 즉, 입력되는 순서의 어떤 부분이 원하는 출력에 연관되는지를 배울 수 있게 해줍니다.

신경망의 구조가 어떤 정보가 언제 중요한지 모델이 학습할 수 있는 메커니즘을 제공해야 한다는 것이 어텐션의 기본 개념입니다. 이는 시간 단계마다 학습되는 **어텐션 가중치**attention weight에 의해서 수행됩니다. 어텐션 가중치는 모델이 서로 다른 시간 단계의 정보를 결합하는 방법을 학습할 수 있게 해줍니다. 이러한 어텐션 가중치는 모델의 출력이나 이전 단계의 은닉 상태

hidden state를 곱해서 은닉 상태를 콘텍스트 벡터context vector로 변환합니다. 콘텍스트 벡터라고 이름이 붙여진 이유는 은닉 상태가 시간적 패턴을 포함하고, 시간의 경과에 따른 시계열에 관련된 모든 정보를 잘 설명할 수 있도록 맥락을 더 잘 연관시켜주기 때문입니다.

Softmax 함수

아직 **softmax**에 익숙하지 않다면 이 함수의 형태를 살펴봅시다. $softmax(y_i) = exp(y_i) / \Sigma_j exp(y_j)$인 softmax 함수는 다음 두 가지 목적을 가집니다.

- 확률의 완전집합처럼 출력을 더한 값은 1이 됩니다. 이 성질은 종종 **softmax** 출력에 대한 해석이 되곤 합니다.

- 지수 함수 특성에 따라 큰 입력(y_i)이 큰 출력을 내고, 작은 입력은 상대적으로 더 작아지는 경향이 있습니다. 이러한 성질은 강한 활성/가중치를 강조하고, 약한 신호를 덜 강조합니다.

softmax 함수는 **정규지수**normalized exponential 함수라고도 알려져 있습니다. 방금 논의된 함수 형태와 관련성이 명확한 이름으로 볼 수 있습니다.

처음에는 어텐션이 순환 신경망 내에서 사용되었지만(이 장의 후반부에 더 자세히 다룹니다), 한 연구논문(*https://arxiv.org/pdf/1512.08756.pdf*)에서 제안된 순전파 신경망의 변형에서 사용된 어텐션이 사용과 구현 측면에서 보다 이해하기 쉽습니다. 해당 논문은 연속적인 데이터에 순전파 신경망의 적용 방법으로, 순서상 각 단계에 대한 네트워크의 반응을 최종 네트워크 출력의 입력으로 사용할 수 있는 방법을 제안합니다. 또한 가변 길이의 시계열이 실제로는 더 일반적인 문제이며 이 접근법은 가변 길이의 순서도 처리가 가능한 방법입니다.

[그림 10-7]은 연속적인 데이터 처리에 관련된 작업에 순전파 신경망이 사용되는 방법에 대한 구조적인 예를 보여줍니다.

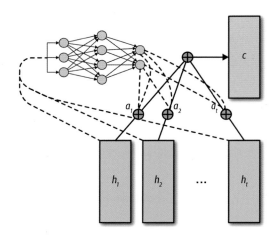

그림 10-7 순전파 어텐션 메커니즘

순전파 네트워크는 각 시간 단계에 개별적으로 적용되어 시간 단계마다 '은닉 상태' $h_1, ..., h_T$ 를 생성합니다. 이렇게 해서 은닉 상태의 계열을 효과적으로 생성합니다. 그림의 가장자리에 묘사된 두 번째 신경망은 $a(h_t)$를 학습하기 위한 것으로, 여기에 어텐션 메커니즘이 적용됩니다. 어텐션 메커니즘은 네트워크가 다른 시간대의 데이터에서 들어오는 상태 정보인 각 입력에 얼마나 가중치를 줄 것인지를 학습할 수 있도록 해줍니다. 이러한 성질은 어텐션 메커니즘이 입력들의 최종 합을 계산할 때, 어느 시간 단계에 더 가중치를 주는지 또는 덜 가중치를 주는지를 결정할 수 있도록 해줍니다.

그다음 서로 다른 시간에 대한 은닉 상태들은 마지막의 타깃/레이블에 대한 생성 과정을 그들의 어텐션 계수와 결합합니다. 어텐션의 등장 전까지는 이전 입력을 기억했다가 나중 입력과 결합하는 요구 사항의 작업을 만족하는 데 순환 신경망이 반드시 필요하다고 여겼습니다. 하지만 이 네트워크를 디자인한 연구자들은 어텐션이 이러한 종류의 다양한 작업에서 성능이 상당히 좋다는 것을 발견했습니다.

복잡한 시계열 문제에 매우 기본적인 딥러닝 모델을 적용했을 때 얻을 수 있는 수많은 가능성을 보여주는 훌륭한 예라고 볼 수 있습니다.

언급한 바와 같이, 순전파 신경망은 시계열 문제에서 사용되는 주요 구조가 아닙니다. 그렇지만, 비교적 간단한 모델의 성능을 통한 기준점 설정에 유용합니다. 흥미롭게도 활성 함수를 포함하지 않으면, AR 및 VAR 모델을 만들어주는 순전파 신경망을 MXNet 프레임워크로 만드는 것이 가능합니다. 이것은 이 자체로도 매우 유용합니다. 더 중요한 것은 특정 시계열 데이터 셋에 대해서 매우 정확한 완전연결 모델의 구조적 변형이 있다는 것입니다.

10.5 합성곱 신경망

이미 딥러닝을 접해봤다면, 합성곱 신경망(CNN)에 꽤나 익숙할 것입니다. 지난 몇 년 동안 컴퓨터가 보여준 획기적이며, 기록적이며, 인간과도 같은 기능의 대부분은 매우 정교하면서 도 복잡한 합성곱 구조 덕분이었습니다. 그러나 합성곱의 개념 자체는 매우 직관적이며, 딥러 닝보다 더 오래전에 등장했습니다. 합성곱은 가우스 블러Gaussian blur와 같은 이미지 처리와 이미 지 인식의 연구에서 사람이 개입한 형태로 오랫동안 사용되었습니다. 이미지 처리의 커널에 대 한 개념에 익숙하지 않고, 코드를 어떻게 작성해야 할지 모르겠다면 스택 오버플로(*https:// perma.cc/8U8Y-RBYW*)를 찾아보기 바랍니다. 고수준의 API를 사용하거나 수동으로 넘파이 를 사용하는 방법에 대한 좋은 설명을 찾아볼 수 있습니다.

합성곱이란 커널(행렬)을 더 큰 행렬 위를 미끄러지듯이 움직이는 방식으로 적용하여 새로운 행렬을 만들어내는 것을 의미합니다. 새롭게 만들어진 행렬의 각 요소는 커널과 큰 행렬의 부 분을 원소별로 곱하여 합한 값입니다. 이 커널은 큰 행렬(이미지) 위를 정해진 칸만큼 움직이 며 반복적으로 적용됩니다. 이러한 커널은 지정한 만큼의 개수가 존재할 수 있고, 각 커널은 서 로 다른 특징을 나타낼 수 있습니다. [그림 10-8]은 여러 계층 구조에서 이러한 연산이 동작하 는 방식을 보여줍니다.

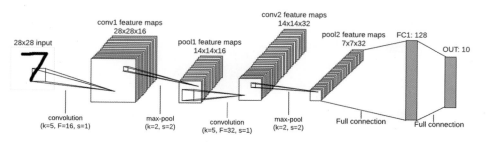

그림 10-8 합성곱 신경망. 정해진 크기의 2차원 커널이 여러 개가 있습니다. 각 커널은 원본 이미지를 미끄러지듯이 탐 색하고, 이미지에 적용된 학습 가능한 가중치의 결과로 여러 특징맵을 만듭니다. 만들어진 특징맵은 풀링되거나 활성 함 수가 후처리됩니다. 이러한 과정은 여러 계층에 걸쳐서 여러 번 반복됩니다. 그렇게 추려진 여러 특징들은 분류 순위를 결정하는 더 작은 범위의 값으로 축소됩니다.

여러 가지 이유로, 전통적인 합성곱이 시계열에 잘 맞아 들어가진 않습니다. 합성곱의 주요 특징은 모든 공간이 균등하게 취급된다는 것입니다. 이미지에서는 의미 있는 특징이지만, 어떤 시점의 데이터가 다른 시점보다 필연적으로 더 가까운 시계열에는 적합하지 않습니다. 일반적으로 합성곱 신경망은 크기가 변하지 않도록 구조화되어 있습니다. 즉 이미지에서 '말'이라는 동물의 차지하는 영역이 크든 작든, 그 말의 식별이 가능하다는 것입니다. 반면 시계열에서는 크기와 크기가 조정된 특징을 보존해야 합니다. 연간 계절성의 변동은 일간 변동에 의해 선택된 특징과는 다른 방식으로 해석되고 '트리거'되어야 합니다. 물론, 어떤 상황에서는 그렇지 않을 수도 있습니다.

합성곱의 강점은 시계열 입장에서는 약점이 됩니다. 이러한 양날의 검 같은 특징 때문에 합성곱은 전체 신경망보다는 시계열 분석을 위한 신경망의 한 구성요소로 자주 사용됩니다. 또한 예측보다는 분류 목적으로 연구가 더 빈번히 이루어져 왔지만, 현업에서는 두 목적 모두에서 사용됩니다.

다음은 시계열 응용을 위한 합성곱 신경망의 사용 사례 일부를 보여줍니다.

- 비정상적인 브라우징 활동을 감지하는 데 유용한 인터넷 사용자의 브라우징 기록에 대한 '지문fingerprint' 설정
- EKG 데이터에서 비정상적인 심장박동 패턴의 식별
- 대도시의 여러 위치에 대한 과거 기록으로 교통 예측 생성

일변량 시계열에 적용된 합성곱 자체는 그다지 흥미롭지 않습니다. 시간이 한 축인 2D(또는 3D) 이미지로 발전할 수 있는 다중채널 시계열이 훨씬 더 흥미로울 수 있습니다.

여기에 대해 언급할 가치가 있는 아키텍처 혁신이 있습니다. 다음 절에서는 그중 시계열을 위한 두 가지 합성곱을 살펴볼 것입니다.

10.5.1 간단한 합성곱 모델

다른 모델로 교체하는 방식으로 완전 연결 모델 대신 합성곱 모델로 데이터를 학습할 수 있습니다. 이 경우(그리고 나머지 예제의 경우), 데이터를 NTC 형식으로 가져옵니다. 다음의 표를 보면서 NTC가 무엇인지 상기해봅시다.

시간	A	B	C
$t-1$	0, 3	−1, −2	−2, −3
t	3, 4	−2, −2	−3, −4

N × T × C입니다. 하지만 합성곱 계측이 예상하는 데이터는 배치크기(batch_size), 채널(channel), 높이 × 너비(height × width)입니다.

```python
## python
>>> def cnn_model(iter_train, input_feature_shape, X, Y,
>>>                    win, sz_filt, n_filter, drop):
>>>     conv_input = mx.sym.reshape(data=X, shape=(0, 1, win, -1))
>>>     ## 합성곱은 4d 입력을 기대합니다(배치크기x채널x높이x너비).
>>>     ## 여기서 채널=1이며(흑백 이미지와 유사)
>>>     ## 높이= 시간, 너비=전기사용 지역을 구분하는 채널입니다.
>>>
>>>     cnn_output = mx.sym.Convolution(data=conv_input,
>>>                                kernel=(sz_filt, input_feature_shape[2]),
>>>                                num_filter=n_filter)
>>>     cnn_output = mx.sym.Activation(data=cnn_output, act_type='relu')
>>>     cnn_output = mx.sym.reshape(mx.sym.transpose(data=cnn_output,
>>>                                             axes=(0, 2, 1, 3)),
>>>                             shape=(0, 0, 0))
>>>     cnn_output = mx.sym.Dropout(cnn_output, p=drop)
>>>
>>>     output = mx.sym.FullyConnected(data=cnn_output,
>>>                                num_hidden=input_feature_shape[2])
>>>     loss_grad = mx.sym.LinearRegressionOutput(data=output, label=Y)
>>>     return (loss_grad,
>>>             [v.name for v in iter_train.provide_data],
>>>             [v.name for v in iter_train.provide_label])
```

시간을 명시적으로 인식하는 어떤 것도 포함하지 않습니다. 다만, 이번에는 단일축을 따라 시간이 배치되어 순서를 가진다는 점이 다릅니다.

이렇게 구성한 시간에 대한 인식이 성능을 향상시킬까요? 아마도 그렇지는 않을 겁니다.

0	0.330701	0.292515
1	0.389125	0.349906
2	0.443271	0.388266

```
3        0.491140        0.442201
4        0.478684        0.410715
5        0.612608        0.564204
6        0.581578        0.543928
7        0.633367        0.596467
8        0.662014        0.586691
9        0.699139        0.600454
10       0.692562        0.623640
11       0.717497        0.650300
12       0.710350        0.644042
13       0.715771        0.651708
14       0.717952        0.651409
15       0.712251        0.655117
16       0.708909        0.645550
17       0.696493        0.650402
18       0.695321        0.634691
19       0.672669        0.620604
20       0.662301        0.597580
21       0.680593        0.631812
22       0.670143        0.623459
23       0.684297        0.633189
24       0.660073        0.604098


TESTING PERFORMANCE
{'COR': 0.5561901}
```

한 모델이 다른 모델보다 성능 향상이 되지 않는 이유를 밝히기란 어려울 수 있습니다. 사실상 모델이 그렇게 잘 동작하는 이유는 모델을 만든 본인조차도 잘못 알고 있는 경우가 많습니다. 분석적인 증거가 많이 없고, 데이터셋의 윤곽에 따른 의존정도를 고려한다면 추가적인 혼동을 야기할 수 있습니다. 가장 가까운 시점 사이에 중요한 정보가 있다는 사실이 반영되므로 CNN 이 잘 동작하지 않는 것일까요? 또는 좋은 하이퍼파라미터의 선택에 실패한 것일지도 모릅니다. 실제로 사용 사례에서는 주어진 모델의 구조, 데이터의 구조, 가용한 전체 파라미터의 개수에 대해 성능이 합리적인지를 이해하는 것이 중요합니다.

또한 조기 중단 로직에 결함이 있음을 알 수 있습니다. 너무 관대했던 것 같습니다. 그래서 이 문제를 다시 검토한 결과 일련의 에폭에 대한 상관계수의 변화가 다음과 같다는 사실을 알게 되었습니다.

```
[-0.023024142, 0.03423196, -0.008353353, 0.009730637, -0.029091835]
```

조금씩 개선되는 한 상관관계의 변화는 끔찍할 수도, 심지어 부정적일 수도 있다는 것을 의미합니다. 이런 관용은 잘못된 결정으로 판명되었습니다. 파이프라인으로 되돌아가서 더 엄격한 조기 중지 조건을 갖는 것이 좋습니다. 이것은 딥러닝 모델에 적합할 때 찾을 수 있는 주고받기의 예입니다. 파이프라인을 구축할 때 여러 번의 시험 실행을 통해 데이터셋과 관심 모델에 어떤 매개변수가 작동하는지 파악할 수 있습니다. 이러한 매개변수는 데이터셋마다 크게 다를 수 있다는 점을 명심하기 바랍니다.

10.5.2 그 밖의 합성곱 모델

방금 살펴봤던 간단한 합성곱 모델에는 시간을 인식하기 위한 어떠한 조치를 하지 않았지만, 놀라울 정도로 잘 동작했습니다. 이번에는 시계열 문제에서 연구와 산업의 합성곱 구조를 사용하는 두 가지 접근 방식을 살펴볼 것입니다.

이들을 배우는 게 왜 매력적일까요? 여기에는 여러 가지 이유가 있습니다. 첫 번째, 합성곱 구조는 실무자에게 잘 알려진 여러 모범 사례를 갖춘 믿을 수 있는 방법입니다. 합성곱 모델의 알려진 능력은 합성곱 모델을 보다 매력적으로 만들어 줍니다. 또한 합성곱 모델은 동일한 필터가 반복적으로 여러 번 사용되므로 파라미터가 많지 않습니다. 즉, 학습해야 할 가중치가 지나치게 많지 않다는 것입니다. 마지막으로, 합성곱 모델의 많은 부분은 병렬로 계산됩니다. 추론 단계의 계산이 매우 빠르게 처리될 수 있다는 것입니다.

인과적 합성곱

시간의 의미와 인과관계를 만들기 위해 변형된 인과적^{causal} 합성곱은 그림으로 이해하는 게 가장 쉽습니다. [그림 10-9]는 팽창된^{dilated} 인과적 합성곱의 한 예를 보여줍니다. 인과관계라는 부분은 시간상 이른 시점의 데이터만 합성곱 필터로 들어간다는 사실을 가리킵니다. [그림 10-9]가 대칭적이지 않은 이유입니다. 이른 시점이 나중 시점에 사용되는 합성곱으로 들어가지만, 그 반대의 경우는 성립하지 않습니다.

팽창이라는 부분은 합성곱 필터의 배열에서 어떤 지점이 생략된다는 사실을 가리킵니다. 즉, 각 계층의 수준에서 어떤 한 시점의 데이터는 하나의 합성곱 필터에만 들어간다는 것입니다. 이러한 성질은 모델의 단순함을 촉진하고, 중첩되거나 중복된 합성곱을 줄여 모델이 더 이전의 시간을 돌아보면서도 전체 연산을 합리적으로 처리합니다.

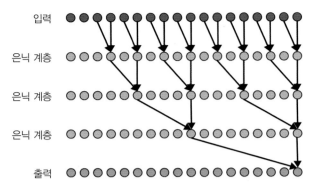

그림 10-9 이 그래프는 웨이브넷 구조의 중요한 구성요소를 묘사합니다. 여기서 합성곱 신경망이 시계열에 적합하게 구조를 바꾼 방법을 알 수 있습니다.

확장된 인과적 합성곱의 예는 오직 이전 시점의 데이터만 허용하여 시간의 인과관계란 개념을 도입합니다. 즉, 상기 그림의 합성곱들은 모두 동등한 기회가 주어지는 것이 아닙니다. 오로지 데이터는 과거에서 미래로만 흐를 수 있으며, 그 외의 방법은 허용하지 않습니다. 원본 입력의 모든 데이터는 최종 출력에 영향을 끼칩니다. 여기서 확장이란 용어의 의미는 합성곱의 점점 더 '깊은' 계층이 이전 계층에서 무시하는 데이터의 수가 증가한다는 것입니다. 여기서 확장이 설정된 방식은 원본 입력의 모든 데이터가 최종 입력에 포함되지만, 단 한 번만 포함된 것입니다. 확장에 반드시 필요하지 않지만 여기서는 이 용도로 사용합니다. 확장은 특정 시점을 완전히 건너뛰는 데 사용할 수도 있습니다.

인과적 합성곱의 내용이 복잡하고 이론적으로 들릴지도 모르지만, 놀라울 정도로 간단하게 실제로 수행할 수 있습니다. 단순히 행렬의 좌측에 패딩을 추가하고, 패딩을 '밸리드valid'로 설정하여 합성곱이 행렬의 실제 경계선 내에서만 수행되게 해줍니다.[12] 행렬의 좌측에 패딩을 추가한 이유는 이전 시점의 역할을 대신할 0 값들을 채워 넣기 위함입니다. 0 값이 채워 넣어지므로 딱히 계산에 기여하진 않지만, 시간에 따른 계산이 일관성 있게 진행되도록 해줍니다. 합성곱은 요소별 곱셉의 합산이라는 사실에서 [그림 10-9]의 좌측에 0을 추가하면 표준적인 합성곱 연산을 그대로 사용하면서도 최종 출력에는 영향이 없습니다.

인과적 합성곱은 큰 성공을 거두고 있는 방식으로 특히 구글의 텍스트 음성 변환과 음성 인식 기술에서 사용되는 모델입니다.

---

12 옮긴이_ 밸리드 대신 세임(same)으로 설정하면 경계선을 넘어서 실제로 존재하지 않는 영역에 0이 추가된 것처럼 패딩이 처리됩니다.

시계열을 그림으로 변환하기

합성곱 모델은 이미지 분석에서 매우 잘 작동하는 것으로 알려져 있습니다. 따라서 합성곱 모델을 시계열에 관련되도록 만드는 한 가지 좋은 생각은 시계열을 그림으로 변환하는 방법을 찾는 것입니다. 여러 가지 방법이 존재합니다. 그중에는 단변량 시계열조차도 재귀 그림recurrence plot을 구성하여 그림으로 바꿔주는 흥미로운 방법도 있습니다(그림 10-10).

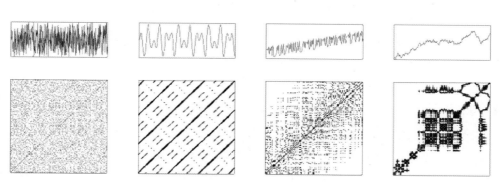

그림 10-10 네 종류의 시계열에 대한 아름다우면서도 통찰력 있는 시각화 자료. (좌측에서 우측으로) (1) 백색 잡음, (2) 두 주파수를 갖는 고조파/계절성 계열, (3) 추세를 가진 난잡한 데이터, (4) 자동회귀 과정(출처: *https://perma.cc/4BV2-57T4*)

재귀 그림은 단계적 상태 공간에서 시계열이 대략적으로 이전 시점과 동일한 단계와 상태를 다시 재방문할 때를 묘사하는 방법입니다. 이것은 이진 회귀 함수를 통해 정의됩니다. $f(i)-f(j)$이 충분히 작으면 $R(i, j)=1$이고, 그렇지 않으면 0입니다. 그 결과 [그림 10-10]처럼, 이진의 흑백 이미지가 생성됩니다. i와 j는 시간 값을 나타내며 시간축은 어떤 식으로든 제한되지 않습니다.

여러분이 직접 재귀 그림 코드를 작성하는 것이 어려운 일은 아니지만, pyts(*https://perma.cc/4K5X-VYQR*) 등의 패키지에서 이미 재귀 그림의 함수를 제공합니다. 또한 직접 패키지에서 해당 함수를 찾아보는 것과 그 코드(*https://perma.cc/VS2Z-EJ8J*)를 이해하는 것은 매우 쉽습니다.

다변량 시계열의 여러 변수를 각각 서로 다른 이미지의 '채널'로 다뤄본다면, 여기서 배운 단변량 시계열에 대한 개념을 다변량 시계열까지 확장해볼 수 있습니다. 이는 딥러닝의 구조와 기법이 꽤 다재다능하며 변화에 개방적임을 보여주는 예입니다.

10.6 순환 신경망

순환 신경망recurrent neural network(RNN)은 시간에 따른 입력값들에 동일한 파라미터가 계속 적용되는 신경망의 한 종류입니다. 앞서 다룬 순전파 신경망과 크게 달라 보이지 않을 수 있지만 RNN은 순서 기반 작업, 언어, 예측, 시계열 분류에 대해 학계와 산업에서 사용되는 대부분의 성공적인 모델에 적용됩니다. RNN과 순전파 신경망의 주요 차이점은 다음과 같습니다.

- RNN은 한 번에 한 시간 단계를 차례대로 관찰합니다.
- RNN은 한 시간 단계에서 다음 단계로 상태를 저장합니다. 또한 각 단계의 각 정보를 갱신하는 방식을 결정하는 정적 파라미터를 가집니다.
- RNN에는 은닉 상태를 포함한 시간 단계 간의 상태를 '갱신'하기 위한 파라미터가 있습니다.

RNN을 소개하는 대부분의 자료는 '펼치는unrolling' 양식을 사용하여 이를 표현합니다. 그 이유는 순환구조가 셀기반cell-based이기 때문입니다. 이 양식은 동일한 파라미터가 계속 사용 방식을 묘사하고, 꽤 긴 시간을 다루는 상황에서도 꽤 적은 양의 파라미터만 사용함을 보여줍니다(그림 10-11).

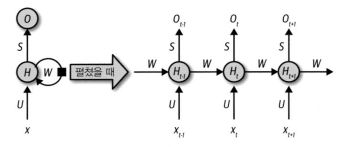

그림 10-11 순환 신경망의 구조에 데이터가 적용될 때 시간의 단계마다 펼쳐지는 방식

RNN의 동작 방식을 이해하는 가장 쉬운 방법은 실제 예로 살펴보는 것입니다. 필자가 가장 선호하는 RNN 셀은 게이트 순환 유닛gated recurrent unit(GRU)입니다. 수식으로 GRU를 접하면 당황스러울 수도 있지만 코드로 접근하면 한결 마음이 편해질 것입니다. 다음은 넘파이를 활용하여 파이썬으로 GRU를 구현하는 코드입니다. 보다시피 sigmoid와 tanh 두 개의 활성 함수를

사용합니다. 그 외에는 모두 행렬의 곱셈과 덧셈, 요소별 행렬곱셈(아다마르 곱$^{\text{Hadamard product}}$)을 수행한 것이 전부입니다.

```python
## python
>>> ## 이 코드는 텐서플로에서 제공하는 가중치로 동작하도록 설계되었습니다.
>>> ## 출처: https://www.tensorflow.org/api_docs/python/tf/contrib/cudnn_rnn/
CudnnGRU
>>> ## 하지만 다른 가중치를 활용하도록 바꾸는 것도 어렵지 않습니다.
>>> def calc_gru(X, weights, num_inputs, num_features):
>>>     Us = weights[:(3*num_features*num_inputs)]
>>>     Us = np.reshape(Us, [3, num_features, num_inputs])
>>>
>>>     Ws = weights[(3*num_features*num_inputs) :
>>>                 (3*num_features*num_features + 3*num_features*num_inputs)]
>>>     Ws = np.reshape(Ws, [3, num_features, num_features])
>>>
>>>     Bs = weights[(-6 * num_features) :]
>>>     Bs = np.reshape(Bs, [6, num_features])
>>>     s = np.zeros([129, num_features])
>>>     h = np.zeros([129, num_features])
>>>
>>>     for t in range(X.shape[0]):
>>>         z = sigmoid(np.matmul(Us[0, :, :], X[t, :]) +
>>> np.matmul(Ws[0, :, :], s[t, :]) + Bs[0, :] + Bs[3, :])
>>>         r = sigmoid(np.matmul(Us[1, :, :], X[t, :]) +
>>> np.matmul(Ws[1, :, :], s[t, :]) + Bs[1, :] + Bs[4, :])
>>>         h[t+1, :] = np.tanh(np.matmul(Us[2, :, :], X[t, :]) +  Bs[2, :] +
>>>                     r*(np.matmul(Ws[2, :, :], s[t, :]) + Bs[5, :]))
>>>         s[t+1, :] = (1 - z)*h[t + 1, :] + z*s[t, :]
>>>
>>>     return h, s
```

GRU는 현재 가장 널리 사용되는 RNN 셀 중 하나입니다. GRU는 장단기 메모리$^{\text{long short-term}}$ ^{memory}(LSTM) 셀의 간소화 버전으로, LSTM과 유사하게 동작합니다. GRU와 LSTM의 차이는 다음과 같습니다.

- GRU는 '게이트'가 두 개지만, LSTM에는 세 개가 있습니다. 이 게이트들의 목적은 얼마나 많은 새로운 정보를 수용하는지, 얼마나 오래된 데이터까지 보존하는지 등을 결정하는 것입니다. LSTM이 GRU보다 많은 게이트를 가지고 있어서 파라미터를 많이 가집니다.

- LSTM이 GRU보다 성능이 더 좋은 경향을 보이지만, 학습에 소요되는 시간은 파라미터가 적은 GRU가 짧습니다. 그러나 몇몇 논문에서는 GRU가 LSTM의 성능을 앞질렀다고 보고한 사례도 있습니다. GRU는 언어가 아닌 작업에서 LSTM의 성능을 앞지를 가능성이 높다고 알려져 있습니다.

보다시피 여러분이 풀려는 문제에 대한 이해와 문제의 복잡성에 적절한 학습 자원의 수준에 따라서 이 둘의 차이점을 고려해야 합니다.

GRU와 LSTM의 동작 방식을 이해하려면 이 둘에서 사용된 행렬의 구현에 익숙해지는 것이 중요합니다. 그 방식을 이해하고 나면 특정 데이터셋에서 학습이 잘 이루어지지 않을 때 그 이유에 대한 직관력을 얻을 수 있습니다. 여기서 보여준 형식으로는 이해하기 어려운 역동성이 있을 수 있습니다.

GRU와 LSTM 모두 RNN을 사용할 때 처음 발생했던 문제를 해결하는 데 도움을 줍니다. 그 문제는 바로 경사 폭발exploding gradient와 경사 소멸vanishing gradient입니다. 동일한 파라미터가 적용되는 순환 구조이므로 경사가 빠르게 0으로 수렴하거나 무한대로 커져버리는 경우가 빈번히 발생합니다(두 경우 모두 도움이 안 됩니다). 즉, 순환 신경망이 펼쳐질 때 역전파가 어렵거나 아예 불가능한 상황이 발생한다는 의미입니다. 이 문제는 셀의 입력과 출력을 추적 가능한 값의 범위로 유지하는 GRU와 LSTM에서 해결되었습니다. 해결 방법은 이 둘이 사용한 활성 함수의 형식과 전달받은 정보를 통과시킬지 말지를 갱신 게이트가 학습할 수 있는 방법을 통한 것입니다. 이 방법은 게이트라는 개념이 없던 순수한 RNN 셀보다 합리적인 수준의 경사 값을 만들어줍니다.

앞서 본 바와 같이 GRU와 LSTM 모두 직접 만들어보는 게 어려운 일은 아니지만, 현실적으로 직접 구현하는 것은 피하는 게 좋습니다. 사용된 여러 행렬곱셈 연산이 융합fuse될 수 있기 때문입니다. 하드웨어 자원을 잘 활용하여 이를 구현하는 가장 효율적이면서도 쉬운 방법은 NVIDIA의 cuDNN을 사용하는 것입니다. cuDNN의 역할은 GRU와 LSTM 셀에서 필요한 행렬곱셈의 연산을 융합하는 것입니다. cuDNN 인터페이스를 사용하는 것이 다른 방식을 사용하는 것보다 월등히 빠릅니다. 캐글의 한 경연대회 우승자는 cuDNN의 빠른 학습 속도가 아니었다면 우승하기 어려웠을 것이라고 말했습니다. 모든 주요 딥러닝 프레임워크는 이 구현에 대한 접근을 제공하지만, 텐서플로의 `tf.contrib.cudnn_rnn`과 같은 경우에 대해서는 특별히 지정된 인터페이스를 사용해야 합니다. 사용자가 정의한 펼치는 동작을 하지 않는 한,

MXNet과 같은 그 외의 경우에서는 cuDNN의 사용이 기본으로 설정됩니다.

10.6.1 전기 사용 예제에 RNN 적용하기

전기사용량 예측에 대한 예제에 RNN을 적용해볼 수 있습니다. 다시 한번, 입력으로는 TNC 데이터 형식을 사용할 것입니다. TNC는 RNN이 기대하는 입력 형식이므로 이 형식을 바꿔줄 필요는 없습니다.

```python
## python
>>> def rnn_model(iter_train, window, filter_size, num_filter, dropout):
>>>     input_feature_shape = iter_train.provide_data[0][1]
>>>     X = mx.sym.Variable(iter_train.provide_data[0].name)
>>>     Y = mx.sym.Variable(iter_train.provide_label[0].name)
>>>
>>>     rnn_cells = mx.rnn.SequentialRNNCell()
>>>     rnn_cells.add(mx.rnn.GRUCell(num_hidden=args.rnn_units))
>>>     rnn_cells.add(mx.rnn.DropoutCell(dropout))
>>>     outputs, _ = rnn_cells.unroll(length=window, inputs=X,
>>>                                   merge_outputs=False)
>>>
>>>     output = mx.sym.FullyConnected(data=outputs[-1],
>>>                                    num_hidden = input_feature_shape[2])
>>>     loss_grad = mx.sym.LinearRegressionOutput(data  = output, label = Y)
>>>
>>>     return loss_grad,
>>>            [v.name for v in iter_train.provide_data],
>>>            [v.name for v in iter_train.provide_label]
```

이 모델이 시간의 데이터를 다루게 디자인되었다는 점에서 결과의 성능이 꽤 실망스러운 수준입니다.

Epoch	Training Cor	Validation Cor
0	0.072042	0.069731
1	0.182215	0.172532
2	0.297282	0.286091
3	0.371913	0.362091
4	0.409293	0.400009
5	0.433166	0.422921

```
6          0.449039          0.438942
7          0.453482          0.443348
8          0.451456          0.444014
9          0.454096          0.448437
10         0.457957          0.452124
11         0.457557          0.452186
12         0.463094          0.455822
13         0.469880          0.461116
14         0.474144          0.464173
15         0.474631          0.464381
16         0.475872          0.466868
17         0.476915          0.468521
18         0.484525          0.477189
19         0.487937          0.483717
20         0.487227          0.485799
21         0.479950          0.478439
22         0.460862          0.455787
23         0.430904          0.427170
24         0.385353          0.387026

TESTING PERFORMANCE
{'COR': 0.36212805}
```

성능이 실망스러운 이유를 알아보기 위해서 좀 더 조사해봐야 합니다. RNN에 충분한 파라미터를 제공했나요? 어텐션처럼 일반적으로 모델의 구조에 관련된 내용을 추가하는 것이 의미가 있을까요(앞서 순전파에 적용된 어텐션처럼 RNN에도 적용될 수 있습니다)?

RNN은 순전파나 합성곱 모델보다 성능의 최고치에 빠르게 도달했습니다. 데이터셋을 표현하기에 불충분한 파라미터의 양이나 RNN이 특별히 이 데이터에만 잘 맞도록 만들어졌기 때문일 수도 있습니다. 그 이유를 알아내기 위해서는 추가로 실험과 조정 작업이 필요합니다.

10.6.2 오토인코더의 혁명

때로는 특정 데이터셋에 대해서 매우 간단한 모델이 이미 여러분이 원하는 목표를 달성한 경우를 발견할지도 모릅니다.[13] 하지만 때로는 고정관념을 깬 생각이 효험이 있기도 합니다. 가령

---

13 구글의 번역기가 간단한 7계층의 LSTM으로 구성되었다는 소문도 있습니다. 그러나 현명하고 조심스러운 학습 방법만큼이나 큰 데이터 셋이 주는 도움도 의심할 여지가 없습니다. 모든 기본 모델이 같은 것은 아닙니다.

초기에는 RNN이라는 간단한 혁신이 순서적인 모델링의 성능을 상당히 향상시킬 수 있었습니다. 본디 이 모델은 언어 학습과 기계 번역을 위해서 개발되었지만, 보다 수치형적인 전력부하 예측이나 주가 예측과 같은 작업에서 꽤 성공적임이 증명된 경우가 많습니다. 오토인코더 또는 **seq2seq**라고 알려진 모델도 그러한 경우 중 하나입니다. 이 모델은 매우 일반적으로 사용되는 모델이며 여러분의 시계열 딥러닝 툴킷에 믿을 만한 도구로 포함해야 합니다(그림 10-12). 이 책의 뒷부분에서 이 모델을 활용한 여러 가지 예를 다룰 것이며 실세계의 시계열 데이터 분석도 포함합니다.

오토인코더는 두 개의 순환 계층으로 구성되지만, 각 계층이 각 입력을 잇따라 처리하는 일반적인 방식을 사용하지는 않습니다. 대신에 첫 번째 계층이 완료 상태에 도달하면, 은닉 상태가 두 번째 계층으로 전달됩니다. 그러면 해당 은닉 상태와 스스로 출력을 다음 단계의 새로운 입력으로 사용합니다. 이 모델은 각 시간 단계에서 예측 결과를 출력하는 것이 서로 다른 언어 간 번역에서 큰 의미를 가지지 못하는 기계 번역을 위해서 특별히 만들어졌습니다. 같은 뜻을 가졌더라도 개념과 단어의 순서는 극단적으로 달라질 수 있습니다. 기본 개념은 첫 번째 계층이 일단 시계열을 완전히 처리하고 나면 첫 번째 계층의 은닉 상태가 일종의 요약 기능을 가지게 된다는 것입니다. 그러면 이 요약된 내용을 점진적으로 새로운 언어로 펼치는 새로운 모델로 주입할 수 있습니다. 이 펼치는 과정을 통해 요약을 새로운 모델이 시간 단계마다 출력하는 결괏값과 결합하여 어떤 말을 했었는지 알 수 있게 됩니다.

자연어 처리가 이 모델의 기원이라고 언급했습니다. 하지만 이 모델은 단변량이나 다변량 시계열과 같은 전통적인 시계열 작업에서도 유용합니다. 가령 위키백과 게시글의 웹 트래픽을 예측하는 캐글 경연대회 우승자는 여러 가지 하이퍼파라미터와 구조적 구성요소를 시도해봤지만, 결국은 오토인코더 모델을 사용하는 것으로 결론을 내렸다고 합니다. 우승자는 스마트한 학습과 하이퍼파라미터 검색뿐만 아니라 유용한 특징 생성 및 선택에 대한 훌륭한 연구의 장점을 취했을 가능성이 높습니다.

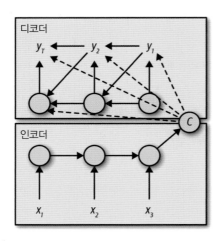

그림 10-12 seq2seq라고 자주 언급되는 오토인코더 모델은 언어 처리 및 모델링에서 매우 인기 있고 시계열 분석에서도 매우 성공적임을 보여줍니다.

10.7 복합 구조

시계열 예측에 딥러닝을 응용한 성공적인 산업 및 경연대회에서는 새로운 종류의 구조를 사용하는 경우가 빈번합니다. 전통적인 LSTM 셀의 적용으로 돌아서거나 서로 다른 구성요소를 조합하는 것입니다. 2018년에 카네기 멜런 대학교의 연구원들이 제안한 신경망 구조가 이에 대한 한 가지 예가 됩니다. 이 연구원들은 합성곱 및 순환 구조의 모든 강점을 활용했을 뿐만 아니라 그들만의 획기적인 내용도 추가했습니다.

이들은 '스킵 순환skip recurrent'이라는 계층을 개발했는데, 모델이 데이터가 보유한 주기성(데이터셋의 특징에 따라 연간, 주간, 일간 등)에 집중할 수 있도록 조정한 계층입니다(이러한 주기성 자체는 하나의 하이퍼파라미터로 탐색됩니다).

연구원들은 추세를 가진 여러 시계열이 비선형 딥러닝 모델에 의해 모델링이 잘못될 수 있다는 것을 발견했습니다. 즉, 딥러닝 모델 자체만으로는 몇몇의 시계열 데이터셋이 보여주는 시간에 따른 상당한 규모의 변화를 표현하지 못한다는 것입니다. 따라서 이들은 이 책의 6장에서 다뤘던 자동회귀와 같은 전통적인 선형 모델의 사용을 적용했습니다.

변형된 LSTNet인 최종 모델은 AR 모델과 병렬적으로 기본적인 순환 계층 및 스킵 순환 계층의 출력을 합한 것입니다. 각 순환 계층에 주입된 입력은 시간과 채널의 축 모두에 대해 합성곱 연산을 수행한 합성곱 계층의 출력입니다.

연구원들은 그들이 시도한 네 개의 데이터셋 중 세 개에 대해서 다양한 주제 분야에 걸쳐 발표된 최첨단 기술의 결과를 뛰어넘게 되었다는 사실을 알게 되었습니다. 이들이 실패한 한 가지 사례는 예측이 어렵기로 악명 높은 금융 분야에서의 외화 환율에 대한 것이었습니다.

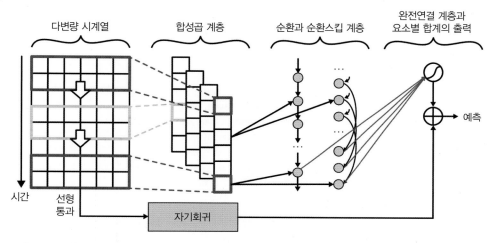

그림 10-13 변형된 LSTNet의 구조입니다. 그림의 하단에 자동회귀 구성요소가 신경망 구조와 병렬로 존재함을 알 수 있습니다. 신경망 구조는 합성곱과 순환 요소를 순서대로 배치하여 같은 입력을 한 곳에서 처리하고 다음 요소로 넘어갑니다.

다음으로 공들여 만들 내용에 대한 영감은 이 연구원들의 논문에서 비롯됩니다. MXNet 패키지 예시 목록 중 하나를 변형하여 코드(*https://perma.cc/3W4Y-E8E2*)[14]를 작성해볼 것입니다. 이 예시는 올리버 프링글Oliver Pringle의 블로그(*https://perma.cc/9KM2-RNPK*)에서 더 자세하게 설명합니다.

다음과 같이 MXNet 저장소의 내용을 수정한 코드를 적용합니다. 계절성/스킵 연결을 제거하고, 합성곱 필터를 하나만 사용하여 간단하게 수정한 것입니다. 앞서 다룬 `cnn_model` 예제처럼 합성곱 계층을 적용합니다.

---

14 올리버 프링글 개인 깃허브에서도 코드를 제공합니다.

```python
## python
>>> ## 패딩 기능을 사용하려면 4d나 5d가 되어야 합니다.
>>> conv_input = mx.sym.reshape(data=X, shape=(0, 1, win, -1))
>>>
>>> ## 합성곱 요소
>>> ## 시간 윈도의 마지막에 패딩을 추가합니다.
>>> cnn_output = mx.sym.pad(data=conv_input, mode="constant",
>>>                                           constant_value=0,
>>>                                           pad_width=(0, 0,
>>>                                                      0, 0,
>>>                                                      0, sz_filt - 1,
>>>                                                      0, 0))
>>> cnn_output = mx.sym.Convolution(data=cnn_output,
>>>                                 kernel=(sz_filt,
>>>                                         input_feature_shape[2]),
>>>                                 num_filter=n_filter)
>>> cnn_output = mx.sym.Activation(data=cnn_output, act_type='relu')
>>> cnn_output = mx.sym.reshape(mx.sym.transpose(data=cnn_output,
>>>                                               axes=(0, 2, 1, 3)),
>>>                             shape=(0, 0, 0))
>>> cnn_output = mx.sym.Dropout(cnn_output, p=drop)
```

그다음은 다음과 같이 RNN을 원본 입력이 아닌 합성곱 요소에 적용합니다.

```python
## python
>>> ## 순환 요소
>>> stacked_rnn_cells = mx.rnn.SequentialRNNCell()
>>> stacked_rnn_cells.add(mx.rnn.GRUCell(num_hidden=args.rnn_units))
>>> outputs, _ = stacked_rnn_cells.unroll(length=win,
>>>                                        inputs=cnn_output,
>>>                                        merge_outputs=False)
>>>
>>> rnn_output = outputs[-1]
>>> n_outputs = input_feature_shape[2]
>>> cnn_rnn_model = mx.sym.FullyConnected(data=rnn_output,
>>>                                        num_hidden=n_outputs)
```

마지막으로 CNN/RNN 조합과 동시에 AR 모델을 학습시킵니다. 여기서 보이는 바와 같이 하나의 전력소 위치당 하나의 AR 모델이 존재합니다(즉 321개의 개별 AR 모델 존재). 즉, 특정 시점에 각 전력소당 배정된 모델을 사용해 모든 시점의 모든 전력소에 대한 데이터를 사용합니다.

```python
## python
>>> ## AR 요소
>>> ar_outputs = []
>>> for i in list(range(input_feature_shape[2])):
>>>     ar_series = mx.sym.slice_axis(data=X, axis=2, begin=i, end=i+1)
>>>     fc_ar = mx.sym.FullyConnected(data=ar_series, num_hidden=1)
>>>     ar_outputs.append(fc_ar)
>>> ar_model = mx.sym.concat(*ar_outputs, dim=1)
```

전체 코드는 다음과 같습니다.

```python
## python
>>> def simple_lstnet_model(iter_train,  input_feature_shape, X, Y,
>>>                          win, sz_filt, n_filter, drop):
>>>     ## 패딩 기능을 사용하려면 4d나 5d가 되어야 합니다.
>>>     conv_input = mx.sym.reshape(data=X, shape=(0, 1, win, -1))
>>>
>>>     ## 합성곱 요소
>>>     ## 시간 윈도의 마지막에 패딩을 추가합니다.
>>>     cnn_output = mx.sym.pad(data=conv_input,
>>>                             mode=»constant»,
>>>                             constant_value=0,
>>>                             pad_width=(0, 0,
>>>                                        0, 0,
>>>                                        0, sz_filt - 1,
>>>                                        0, 0))
>>>     cnn_output = mx.sym.Convolution(data = cnn_output,
>>>                                     kernel = (sz_filt,
>>>                                               input_feature_shape[2]),
>>>                                     num_filter = n_filter)
>>>     cnn_output = mx.sym.Activation(data = cnn_output,
>>>                                    act_type = 'relu')
>>>     cnn_output = mx.sym.reshape(mx.sym.transpose(data = cnn_output,
>>>                                                  axes = (0, 2, 1, 3)),
>>>                                 shape=(0, 0, 0))
>>>     cnn_output = mx.sym.Dropout(cnn_output, p = drop)
>>>
>>>     ## 순환 요소
>>>     stacked_rnn_cells = mx.rnn.SequentialRNNCell()
>>>     stacked_rnn_cells.add(mx.rnn.GRUCell(num_hidden = args.rnn_units))
>>>     outputs, _ = stacked_rnn_cells.unroll(length = win,
>>>                                           inputs = cnn_output,
>>>                                           merge_outputs = False)
```

```
>>>    rnn_output     = outputs[-1]
>>>    n_outputs      = input_feature_shape[2]
>>>    cnn_rnn_model = mx.sym.FullyConnected(data=rnn_output,
>>>                                          num_hidden=n_outputs)
>>>    ## AR 요소
>>>    ar_outputs = []
>>>    for i in list(range(input_feature_shape[2])):
>>>        ar_series = mx.sym.slice_axis(data=X, axis=2, begin=i, end=i+1)
>>>        fc_ar = mx.sym.FullyConnected(data = ar_series, num_hidden = 1)
>>>        ar_outputs.append(fc_ar)
>>>    ar_model = mx.sym.concat(*ar_outputs, dim=1)
>>>
>>>    output = cnn_rnn_model + ar_model
>>>    loss_grad = mx.sym.LinearRegressionOutput(data=output, label=Y)
>>>    return (loss_grad,
>>>            [v.name for v in iter_train.provide_data],
>>>            [v.name for v in iter_train.provide_label])
```

이번 모델의 성능은 지금까지 다룬 어떤 모델의 성능보다 월등히 좋습니다.

Epoch	Training Cor	Validation Cor
0	0.256770	0.234937
1	0.434099	0.407904
2	0.533922	0.506611
3	0.591801	0.564167
4	0.630204	0.602560
5	0.657628	0.629978
6	0.678421	0.650730
7	0.694862	0.667147
8	0.708346	0.680659
9	0.719600	0.691968
10	0.729215	0.701734
11	0.737400	0.709933
12	0.744532	0.717168
13	0.750767	0.723566
14	0.756166	0.729052
15	0.760954	0.733959
16	0.765159	0.738307
17	0.768900	0.742223
18	0.772208	0.745687
19	0.775171	0.748792
20	0.777806	0.751554
21	0.780167	0.754034

```
22        0.782299        0.756265
23        0.784197        0.758194
24        0.785910        0.760000

TESTING PERFORMANCE
{'COR': 0.7622162}
```

이 모델이 다른 모델보다 꽤 낫다는 것은 분명해 보입니다. 따라서 순서적 데이터를 합성곱 이미지로 표현하고, 여기에 순환 계층을 학습시키는 구조에 뭔가 특별함과 유용성이 있다고 볼 수 있습니다. 전통적인 통계적 도구인 AR 모델도 꽤 많은 기능을 추가합니다. 적은 양의 데이터 탐색과 학습에서 좋은 교훈을 얻을 수 있었습니다. 다양한 모델을 시도해보는 것은 가치가 있는 일이며 모델을 학습시켜서 어떤 것이 나은지 찾는 데에는 그리 많은 시간이 필요한 것은 아닙니다.

10.8 마치며

이번 장에서 다룬 학습의 흥미로운 측면은 우리가 기대한 방향대로 모델의 성능이 나오지 않았다는 것입니다. 간단한 순전파 신경망이 개념적으로 일부 복잡한 모델을 능가하기도 했습니다. 하지만 이러한 사실이 다음과 같은 여러 가지 이유로 우리가 가진 데이터셋에 대해서 어떤 모델이 더 좋고 나쁜지를 반드시 결정하는 것은 아닙니다.

- 각 모델에 사용된 파라미터의 개수를 확인하지 않았습니다. 서로 다른 규모의 파라미터로 구성된 다양한 장르의 모델들은 성능이 크게 다를 수 있습니다. 합성곱/순환 계층의 개수, 필터/은닉 유닛의 개수 등으로 모델의 복잡성을 다뤄볼 수 있습니다.

- 하이퍼파라미터를 조정하지 않았습니다. 잘 골라진 하이퍼파라미터는 모델의 성능에 엄청난 영향을 미칠 수 있습니다.

- 시간에 따르거나 서로 다른 열/전력이 사용된 장소 간의 상관관계를 고려해서 어떤 모델이 더 좋은지를 미리 알 수 있을 정도로 데이터를 탐색하지 않았습니다.

10.9 보충 자료

역사 문헌

• Sepp Hochreiter and Jürgen Schmidhuber, "Long Short-Term Memory," Neural Computation 9, no. 8 (1997):1735-80, *https://perma.cc/AHR3-FU5H*.

  ▷ 1997년에 발표된 LSTM 셀에 대한 중대한 작업입니다. 지금까지도 순서적 데이터 분석에 대한 신경망 성능을 연구하는 데 사용되는 몇 가지 실험적 기준점을 제안합니다.

• Peter G. Zhang, Eddy Patuwo, and Michael Hu, "Forecasting with Artificial Neural Networks: The State of the Art," International Journal of Forecasting 14, no. 1 (1998): 35-62, *https://perma.cc/Z32G-4ZQ3*.

  ▷ 1998년에 작성된 글로, 딥러닝과 시계열에 대한 최신 기술의 개요를 다룹니다.

RNN

• Aurélien Geron, "Processing Sequences Using RNNs and CNNs," in Hands-On Machine Learning with Scikit-Learn, Keras, and TensorFlow, 2nd

Edition (Sebastopol: O'Reilly Media, Inc., 2019).

> ▷ 오렐리앙 제롱이 집필한 인기 있는 책으로, 시계열 데이터에 딥러닝을 적용하는 방법에 대한 예시를 많이 다룹니다. 주피터 노트북으로 순서적 데이터에 적용된 여러 모델의 훌륭한 예와 문제에 대한 해답을 제공합니다(https://perma.cc/D3UG-59SX). 사이킷런, 케라스, 텐서플로에 익숙한 독자에게는 많은 도움이 될 것입니다.

- Valentin Flunkert, David Salinas and Jan Gasthaus, "DeepAR: Probabilistic Forecasting with Autoregressive Recurrent Networks," unpublished paper, 2017, https://perma.cc/MT7N-A2L6.

  > ▷ 다양한 규모와 추세로 발생한 소매 데이터에 대한 시계열을 위해 개발된 아마존의 모델을 묘사한 획기적인 논문입니다. 이 연구가 가져온 한 가지 특별한 혁신은 딥러닝 분석의 결과인 경향이 있는 일반적인 추정치보다 확률적 예측을 가능하게 했다는 것입니다.

- Lingxue Zhu and Nikolay Laptev, "Deep and Confident Prediction for Time Series at Uber," paper presented at the 2017 IEEE International Conference on Data Mining Workshops (ICDMW), New Orleans, LA, https://perma.cc/PV8R-PHV4.

  > ▷ 이 논문은 일반적인 RNN을 확률적, 통계적으로 변형한 또 다른 예를 보여줍니다. 우버는 추정치와 불확실성의 추정을 제공하는 참신한 베이즈 딥러닝 모델을 제안했습니다. 그렇게 실제 상용화 단계에서 합리적으로 빠른 성능을 보장합니다.

- Zhengping Che et al., "Recurrent Neural Networks for Multivariate Time Series with Missing Values," Scientific Reports 8, no. 6085 (2018), https://perma.cc/4YM4-SFNX.

  > ▷ 의료 시계열의 최신 기술에 대한 영향력 있는 예를 제공하는 논문입니다. 누락된 데이터를 고려한 참신한 구조와 의미 있는 정보로 GRU 사용법을 보여줍니다. 이 논문의 저자는 환자의 건강을 예측하는 현재 상용화된 모든 성능 지표와 병원에서 여전히 사용 중인 통계 방식을 모두 뛰어넘는 신경망 방식을 증명합니다. 널리 사용 중인 간단한 RNN 구조(GRU)를 직관적이면서 동시에 쉽게 이해 가능한 방향으로 변형한 결과가 좋은 데이터셋에 대해 획기적인 결과를 가져왔다는 좋은 예입니다.

CNN

- Aäron van den Oord and Sander Dieleman, "WaveNet: A Generative Model for Raw Audio DeepMind," DeepMind blog, September 8, 2016, *https://perma.cc/G37Y-WFCM*.

  ▷ 이 블로그에서는 다양한 목소리와 다양한 언어에 대해 텍스트를 음성으로, 음성을 텍스트로 변환하는 기술을 향상시킨 획기적인 CNN 구조를 이해하기 쉽게 매우 잘 설명합니다. 이 새로운 구조는 성능을 상당히 향상시켰고 추후에는 다른 순서적 AI 작업인 시계열 예측에도 배포되었습니다.

딥러닝의 응용

- Vera Rimmer et al., "Automated Website Fingerprinting Through Deep Learning," paper presented at NDSS 2018, San Diego, CA, *https://perma.cc/YR2G-UJUW*.

  ▷ 웹사이트의 핑거프린트를 통해 사용자가 검색한 인터넷 콘텐츠의 개인 정보를 알아내는 딥러닝 기법을 다룬 논문입니다. 특히 저자는 다양한 신경망 구조가 사용자 개인 정보를 위협하는 웹사이트 핑거프린트 공격을 만들어내는 데 사용될 수 있다는 기술임을 강조합니다.

- CPMP, "Second Place Solution to the Kaggle Web Traffic Forecasting Competition," Kaggle blog, 2017, *https://perma.cc/UUR4-VNEU*.

  ▷ 대회 종료 전에 작성된 이 블로그는 예측에 대한 머신러닝과 딥러닝 솔루션의 결합 방식을 설계하는 데 있어 2위 수상자의 생각을 설명합니다. 게시글(*https://perma.cc/73M3-D7DW*)에 일부 회고 내용도 포함합니다. 현대의 패키지와 가능한 코딩 스타일을 섞어놓은 훌륭한 예제입니다. 신경망 기반 구조(*https://perma.cc/G9DW-T8LE*)에 대한 논의와 함께 1등의 솔루션도 깃허브(*https://perma.cc/K6RW-KA9E*)에서 함께 참고할 수 있습니다.

## CHAPTER 11

오차 측정

이전 장들에서는 모델들을 비교하거나 특정 작업에 대해 모델이 얼마나 성능이 좋은지를 판단하는 데 다양한 방법을 사용했습니다. 이번 장에서는 특히 시계열 데이터에 대한 고려 사항을 강조하여, 예측의 정확성을 판단하기 위한 최선의 경험적 방법을 살펴봅니다.

시계열 예측이 처음이라면 표준 교차검증 방법이 바람직하지 않다는 사실을 이해하는 것이 가장 중요합니다. 학습, 검증, 테스트용 데이터셋을 임의로 선택해서 구성할 수는 없습니다. 그렇지 않다면 이 세 범주의 데이터셋은 시간을 인식하지 않는 방식으로 구성됩니다.

실제로는 교차검증을 고려하는 것보다 훨씬 까다롭습니다. 서로 다른 데이터 샘플이 독립적이더라도, 시간상 이들의 상관관계를 생각해봐야 합니다. 예를 들어 독립적인 데이터로 구성된 개별적인 시계열로부터 여러 데이터 샘플에 대해 시계열 분류 작업을 다룬다고 가정해봅시다. 이때 각 학습, 검증, 테스트용 데이터셋에 대한 시계열을 임의로 고르고 싶은 유혹이 생길지도 모릅니다. 이는 잘못된 생각입니다. 이러한 접근법의 문제는 모델이 사용되는 방식을 반영하지 않는다는 것입니다. 즉 모델의 학습에는 이전 시점의 데이터를, 검증에는 이후 시점의 데이터를 사용하고 싶지만 이러한 특성을 전혀 반영하지 못하게 될 수 있습니다.

미래의 정보가 모델로 누수(유출)되길 원치 않을 것입니다. 이는 실제 모델링 상황에서 일어나지 않는 일이기 때문입니다. 결국 누수가 발생하면 모델에서 측정된 예측 에러는 상품화 단계보다 검증 단계에서 더 낮습니다. 누수되어 흘러들어온 미래의 정보를 활용해 모델을 교차검증하기 때문입니다.

이러한 일이 발생하는 방식에 대한 구체적인 예를 들어보겠습니다. 미국 서부 주요 도시에 대한 공기질 예측 모델을 학습시킨다고 가정해봅시다. 학습용 데이터셋에는 샌프란시스코, 솔트레이크 시티, 덴버, 샌디에이고에서 2017년과 2018년에 측정된 모든 데이터가 있습니다. 테스트용 데이터셋에는 라스베이거스, 로스앤젤레스, 오클랜드, 피닉스에서 동일 시기에 측정된 모든 데이터가 있습니다. 공기질 예측 모델에 대해 알아낸 사실은 모델이 라스베이거스 및 로스앤젤레스 지역에서 잘 동작하며, 특히 2018년에는 극도로 좋은 성능을 보인다는 것입니다.

그리고 나서는 약 10년 전 데이터에 대해서도 동일한 모델 학습 과정을 적용하고, 그 결과 다른 학습/테스트용 데이터에 대해서는 그만큼 잘 동작하지 못한다는 것을 알게 됩니다. 그 이유를 살펴본 결과 2018년 캘리포니아 남부에서 산불이 발생했고, 이 사실이 원본 학습/테스트 과정에 '통합'되었다는 것을 깨닫게 됩니다. 학습용 데이터셋이 미래를 들여다볼 수 있는 윈도를 제공했기 때문에 매우 좋은 성능을 보인 것입니다. 이것이 바로 표준 교차검증 방법을 피해야 하는 이유입니다.

미래의 정보가 과거로 누수되는 게 문제되지 않는 상황도 있습니다. 가령 예측의 성능을 검사하여 시계열의 역동성을 이해하려고만 한다면, 모델이 데이터에 가장 적합한지를 검증하기 위한 예측이 필요한 것이 아닙니다. 과적합은 여전히 조심해야 하지만, 미래 데이터를 포함하는 것은 역동성을 이해하는 데 도움을 줄 수 있습니다. 논쟁의 소지는 있지만, 이 경우에서도 미래의 정보가 과거로 누수되지 않은 검증 데이터셋을 유지하면 시계열 및 교차검증에 대한 우려사항을 여전히 보장할 수 있습니다.

지금까지 살펴본 일반적인 설명 다음으로는 모델의 학습, 검증, 테스트를 위해 데이터를 분할하는 메커니즘에 대한 구체적인 예를 살펴봅니다. 그리고 예측이 충분히 좋은 시점을 결정하는 방법을 다룹니다. 또한 출력의 일부로 불확실성이나 오차측정을 직접 생성하지 않는 기법에서 불확실성을 추정하는 방법도 살펴봅니다. 마지막에는 시계열 모델을 만들거나 모델을 상품화할 때, 검토하면 좋을 만한 유의 사항 목록을 제시하며 이 장을 마무리합니다. 난처한 상황에 처했을 때 모면하는 데 도움이 될 것입니다!

11.1 예측을 테스트하는 기본 방법

예측 생성의 가장 중요한 요소는 예측 생성에 사용될 충분한 데이터를 사전에 얻고, 이를 통해 예측을 생성하는 것입니다. 이러한 이유로 사건의 발생 시점뿐만 아니라 데이터의 가용 시점까지도 생각해볼 필요가 있습니다.[1]

이는 매우 간단해 보이지만, 지수평활과 같은 일반적인 전처리 기법은 무심코 학습에 포함된 기간을 테스트에 포함된 기간으로 흘러 들어가게 할지도 모른다는 사실을 기억하세요. 직접 선형회귀를 자동회귀 시계열에 적합시킨 후, 지수평활화된 자동회귀 시계열에 적합시키는 간단한 예를 통해서도 이 내용을 실험해볼 수 있습니다. 시계열을 더욱 평활화하면 할수록 평활화의 반감기는 길어질 것이고, '더 나은' 예측을 얻게 된다는 것을 알 수 있습니다. 과거 값들의 지수 평균에 점점 더 많은 값이 편입되므로 예측의 질이 낮아집니다. 꽤 위험한 사전관찰이며 여전히 학술 논문에서 은밀하게 사용되기도 합니다.

미래의 정보가 과거로 누수되거나 과거의 정보가 미래로 누수되는 현상은 위험하면서도 눈에 잘 띄지 않아서 모든 모델에 대한 최적의 기준은 학습, 검증, 테스트 기간과 함께 백테스트backtest되어야 합니다.

모델이 특정 날짜의 범위나 집합에 대해 개발되었어도, 백테스트에서는 가능한 조건 및 변화에 부합하는 전체 범위의 기록에 대한 테스트가 진행됩니다. 또한 실무자는 특정 모델을 백테스트하는 원칙적인 이유를 가져야만 한다는 것과, 가능한 한 너무 많은 모델의 시도는 피해야 한다는 것도 중요합니다. 대부분의 데이터 분석가가 이미 알고 있겠지만 더 많은 모델을 테스트할수록 여러분은 데이터에 과적합될 확률이 높아집니다. 즉 탄탄하게 일반화된 것이 아니라 현재의 데이터셋에 지나칠 정도로 구체적인 모델을 선택합니다. 시계열 실무자들이 균형을 잡는 것은 매우 까다롭고, 결국 모델을 상품화했을 때 당황스러운 결과를 초래하는 경우가 많이 발생합니다.

구체적으로, 백테스트의 형식을 어떻게 구현할 수 있을까요? 교차검증과 유사한 구조를 보존한 채, 시간이라는 요소를 인식할 수 있는 방식을 사용합니다. 시간이 '알파벳 순서로' 순차적으로 지나감을 표현하는 데이터가 있다고 가정할 때의 일반적인 양식은 다음과 같습니다.

---

[1] 시기적절한 데이터의 중요성을 보여주기 위해서 특정 시간에 대한 가용 데이터로 모델링하거나 그러지 않은 행동을 통해서 데이터 엔지니어나 매니저로 하여금 특정 데이터 입력에 대한 우선순위를 결정하는 동기를 부여할 수 있습니다. 물론 소속 기관의 최종 결과에 대해 여러분이 만든 모델의 정확도가 더 좋은 결과를 보인다는 것을 입증할 수 있어야 합니다.

[A] 학습	[B] 테스트
[A B] 학습	[C] 테스트
[A B C] 학습	[D] 테스트
[A B C D] 학습	[E] 테스트
[A B C D E] 학습	[F] 테스트

[그림 11-1]은 이러한 테스트 구조를 시각적으로 보여줍니다.

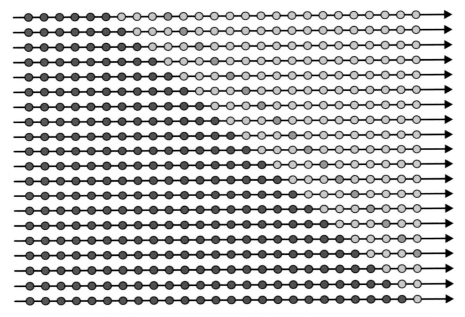

그림 11-1 시계열 모델의 성능 평가를 위한 최적의 기준. 학습, 검증, 테스트 윈도를 롤링 포워드합니다.

또한 학습 데이터의 윈도를 확장하는 대신 위치를 이동하는 것도 가능합니다. 이 경우 다음과 같은 형태의 학습이 됩니다.

[A B] 학습	[C] 테스트
[B C] 학습	[D] 테스트
[C D] 학습	[E] 테스트
[D E] 학습	[F] 테스트

어떤 방법을 선택하는지는 시간에 따라 진화하는 계열의 행동에 따라 달라집니다. 진화한다는 생각이 든다면, 모든 테스트 기간이 가장 관련성 있는 데이터로 학습된 모델로 테스트되는 이동 윈도 방법이 적합할 것입니다. 또 다른 고려 사항은 과적합을 피하는 것입니다. 이때는 확장 윈도의 사용이 고정된 길이의 윈도보다 더 나은 방법입니다.

이러한 롤링 분할의 방법은 학습에서 일반적으로 요구되는 사항이므로, R과 파이썬 모두 이를 수행할 수 있는 간단한 방법을 제공합니다.

- 파이썬에서는 `sklearn.model_selection.TimeSeriesSplit`를 사용해 쉽게 데이터 분할을 생성할 수 있습니다.
- R에서는 `forecast` 패키지의 `tsCV`를 사용해 모델을 시간에 따라 롤 포워드하며 백테스트를 수행하고 오류를 보고 받을 수 있습니다.

R과 파이썬에는 같은 일을 수행하는 다른 패키지도 존재합니다. 또는 모델 테스트를 위한 자신만의 구체적인 생각이 있다면, 직접 데이터 분할 기능을 구현해볼 수도 있습니다. 가령 이례적인 역동성을 보이는 특정 시기를 포함하지 않거나 특정 시기의 성능에 가중치를 두는 식으로 사용자 정의형 기능을 구현해볼 수 있습니다.

금융 데이터로 작업하는 상황을 상상해봅시다. 여러분의 목표에 따라서 2008년의 금융 위기와 같은 이례적인 기간의 데이터를 포함하지 않는 것이 현명할 수 있습니다. 또 다른 예로는 판매 데이터로 작업하는 상황을 상상해볼 수 있습니다. 크리스마스 쇼핑 시즌에 대한 모델의 성능의 가중치를 두고 싶을지도 모릅니다. 비록 판매가 저조한 시즌에 대한 예측의 정확도가 조금 떨어질 수도 있습니다.

11.1.1 모델에 특화된 백테스트 고려 사항

백테스트의 구조를 잡을 때는 학습될 모델의 역동성을 고려해야 합니다. 특히 특정 기간의 데이터로 모델을 학습하는 것의 의미에 대한 고려가 필요합니다.

ARIMA와 같은 전통적인 통계 모델에서는 모든 데이터가 모델의 파라미터를 선택할 때 균등하게 고려되었습니다. 따라서 모델의 파라미터가 시간에 따라서 달라져야 한다면, 더 많은 데이터는 모델의 성능을 떨어뜨립니다. 이는 모든 학습 데이터를 균등히 고려하는 머신러닝 모델

에도 해당됩니다.[2]

반면 배치형태의 확률적 방식은 시간에 따라 진화하는 가중치와 추정치라는 결과를 가져올 수 있습니다. 따라서 데이터가 시간 순서대로 정렬된 경우, 기본적인 확률적 경사 하강법으로 훈련된 신경망 모델은 어느 정도 데이터의 시간적 특징을 설명합니다. 가장 최근에 일어난 가중치 조정은 가장 최근의 데이터를 반영합니다. 대부분의 경우, 무작위 순서의 데이터에 훈련된 모델보다는 시계열 신경망 모델은 시간의 순서로 정렬된 데이터로 훈련된 경우 더 좋은 결과를 보이는 경향이 있습니다.

CAUTION_ 데이터에 구멍을 만들지 마세요. 시계열 데이터의 아름다움이자 가장 어려운 점은 데이터가 자기상관되어 있다는 것입니다. 이러한 이유로, 검증 및 테스트를 위한 데이터셋을 시계열 내의 무작위 데이터로 구성할 수 없습니다. 이는 데이터의 자기상관의 특성을 망치기 때문입니다. 결과적으로 데이터의 자기회귀적 구성요소에 대한 모델의 인식이 손상되어 가장 바람직하지 않은 결과가 됩니다.

상태공간 모델도 모드를 통해 시간에 따라 적응되는 적합 방식을 제공합니다. 긴 시간 윈도가 시간에 따라 진화하는 사후 추정치를 보존하지 못하기 때문에 이 방식은 더 긴 학습 윈도를 선호합니다.

NOTE_ 시간이 지남에 따라 모델의 스냅샷을 남겨두기
모델을 과거 데이터에 적합시킨 후 롤 포워드하여 테스트하기 때문에 모델과 타임스탬프를 함께 저장하는 방법이 필요합니다. 나중에 모델을 부를 때 해당 모델을 적절히 사용할 수 있는 가장 이른 시점을 알기 위함입니다. 그러면 실수로 학습용 데이터로 모델을 테스트하는 것을 방지할 수 있습니다. 또한 서로 다른 기간의 여러 모델을 테스트 데이터에 적용하는 기회를 제공하기도 합니다. 이는 테스트 데이터에 대한 모델의 정확성과 관련하여 모델이 얼마나 최근에 학습되었는지를 확인하는 방법이 될 수 있습니다. 궁극적으로 얼마나 시계열 모델이 프로덕션 환경에서 자주 재적합되어야 하는지에 대한 리듬의 선택에 유용합니다.

11.2 예측하기 좋은 시점

예측이 충분히 좋다고 판단되는 시점은 여러분이 정한 전체적인 목표, 딱 필요한 정도의 '모면 가능한' 최소한의 품질, 데이터의 한계와 특징에 따라 다릅니다. 데이터의 신호 대 잡음비noise-to-signal ratio가 높다면 모델에 대한 기대치를 제한해야 합니다.

---

2 최근 데이터에 가중치를 더 많이 주는 방식으로 손실함수를 직접 작성할 수도 있습니다. 하지만 수치적 최적화에 관련된 지식과 평균 이상의 프로그래밍 기량이 요구될 수 있습니다..

시계열 모델이 완벽하지 않다는 것을 기억하세요. 다만 기후 변화 관련 미분 방정식 체계를 해결하거나, 박식한 주식 거래자에게 조언을 구하거나, EEG 흔적의 분류 방법을 다루는 의학 교과서의 참조와 같은 대체 방법보다 약간 낮거나 비슷한 정도는 해낼 수 있습니다. 성능 평가 시 예측에 대해 도메인 전문가가 가진 한계점을 염두에 두어야 합니다. 현재는 여러 예측 문제에서의 성능 상한을 설정하는 데 참고합니다.

여러분의 모델이 아직 충분치 않지만 더 좋아질 가능성이 있습니다. 그 가능성을 식별하기 위해 다음과 같은 조치 몇 가지를 취할 수 있습니다.

테스트 데이터셋에 대한 모델 출력 그래프 그리기

모델이 만든 분포는 체제 전환이나 기본 추세의 변화가 없다는 가정하에 예측될 값의 분포와 일치해야 합니다. 가령 주가 예측의 상황을 예로 들어 보겠습니다. 주가가 균등한 폭으로 오르락내리락한다는 사실을 알고 있지만, 모델이 주가가 상승한다고만 예측한다면 해당 모델은 불충분한 것입니다. 분포를 명확히 벗어나서 별다른 검증이 필요 없을 때도 있지만, 그렇지 않은 경우에는 검정통계량을 적용하여 모델의 출력과 실젯값을 비교해볼 수 있습니다.

시간에 따른 모델의 잔차 그래프 그리기

시간에 따른 잔차가 균등하지 않다면 모델이 불충분할 수 있습니다. 시간에 따른 잔차의 행동을 보고 시간적 행동 묘사에 필요한 추가적인 파라미터가 모델에 지정되어야 하는지를 파악할 수 있습니다.

시간을 인식하는 간단한 널 모델에 대해 여러분의 모델 검증하기

일반적인 널 모델null model의 시간 t에 대한 모든 예측은 시간 $t-1$의 값이 되어야 합니다. 이렇게 단순한 모델을 뛰어넘을 수 없다면, 여러분의 모델을 정당화할 수 없습니다. 다목적용으로 만든 단순한 모델이 여러분이 만든 모델보다 성능이 뛰어나다면, 하이퍼파라미터 격자 탐색 같은 것보다는 손실 함수, 데이터 전처리, 모델 자체의 근본적인 문제가 있을 가능성이 높습니다. 또한 데이터에 노이즈가 많다는 신호일 수도 있고, 모델이 의도한 목적에 쓸모가 없음을 제시할 수도 있습니다.[3]

---

3 단순해 보이는 널 모델을 뛰어넘는 것은 놀라울 정도로 어려운 일입니다.

모델이 이상치를 다루는 방법 살펴보기

여러 산업 분야에서 이상치는 단어 그대로 이상치라는 단순한 의미입니다. 이러한 사건의 예측이 가능한 방법이 없을 가능성이 높습니다.[4] 즉, 모델이 이러한 이상치를 학습하기보다는 무시하는 게 최고의 방법입니다. 사실상 이상치를 매우 잘 예측하는 모델의 경우는 과적합이나 엉뚱한 손실함수가 선택되었는지를 의심해봐야 합니다. 선택한 모델과 사용한 손실함수에 따라 다르겠지만, 대부분의 경우에서는 데이터셋에 포함된 극단적인 값 수준으로 극단적인 예측을 수행하는 모델을 원하지 않기 때문입니다. 물론, 이상치 사건이 매우 중요한 경우에는 이러한 조언이 통용되지 않습니다. 예를 들어 이상치 사건을 경고하는 예측을 원하는 경우가 있습니다.

시간에 민감한 분석 수행하기

모델이 관련된 시계열과 질적으로 유사한 행동을 도출하나요? 시스템의 기본적인 역동성에 대한 지식을 사용해서 그러한지를 확인하고, 모델이 동일한 방식으로 유사한 시간적 패턴을 인식하고 처리하는지를 확인해보세요. 가령 일일 상승 추세를 한 시계열은 3 유닛만큼, 다른 시계열은 2.9 유닛만큼 보인다면, 궁극적으로 이 계열들에 대한 예측이 이루어졌는지를 확인해야 합니다. 또한 입력 데이터와 비교하여 예측 순위^{ranking}가 합리적인지도 확인해야 합니다(변화가 클수록 예측값도 커집니다). 그렇지 않다면 모델은 과적합될지도 모릅니다.

이 목록이 시계열 모델을 검증하기 위한 모든 방법을 나열한 것은 아니지만, 특정 도메인의 경험을 쌓아가면서 시도해볼 만한 시작점으로 활용될 수 있습니다.

11.3 시뮬레이션으로 모델의 불확실성 추정

전통적인 통계 시계열 분석의 장점 중 하나는 이러한 분석이 추정의 불확실성에 대해 잘 정의된 분석 공식과 함께 이루어진다는 것입니다. 하지만 이 경우와 비통계적 방식의 경우 모두 예측 모델과 관련된 불확실성을 계산적인 방식으로 이해한다면 도움이 될 것입니다. 이를 매우 직관적이며 쉽게 접근해볼 수 있는 한 가지 방법은 간단한 시뮬레이션을 해보는 것입니다.

AR(1)이라고 믿는 과정에 대한 분석을 수행했다고 가정해봅시다. AR(1) 과정은 다음과 같이

---

4 때로는 미래의 결정을 위해서 무의미한 정보일 수 있습니다.

표현됩니다.

$$y_t = \phi \times y_{t-1} + e_t$$

모델의 적합에 따라 계수 ϕ의 추정치가 얼마나 가변적인지를 살펴보려고 합니다. 이를 살펴보는 한 가지 방법은 몬테카를로 시뮬레이션Monte Carlo simulation을 여러 번 실행해보는 것입니다. 6장에서 다뤘던 AR 과정을 기억한다면 R을 사용해서 쉽게 해볼 수 있다는 것을 알 수 있습니다.

```R
## R
> require(forecast)
>
> phi          <- 0.7
> time_steps <- 24
> N            <- 1000
> sigma_error <- 1
>
> sd_series    <- sigma_error^2 / (1 - phi^2)
> starts       <- rnorm(N, sd = sqrt(sd_series))
> estimates    <- numeric(N)
> res          <- numeric(time_steps)
>
> for (i in 1:N) {
>   errs = rnorm(time_steps, sd = sigma_error)
>   res[1]  <- starts[i] + errs[1]
>
>     for (t in 2:time_steps) {
>         res[t] <- phi * tail(res, 1) + errs[t]
>       }
>   estimates <- c(estimates, arima(res, c(1, 0, 0))$coef[1])
> }
>
> hist(estimates, main = "ts가 AR(1)일 때, AR(1)에 대해 추정된 $\phi$", breaks = 50)
```

이 코드는 추정된 ϕ에 대한 [그림 11-2]의 히스토그램을 그립니다.

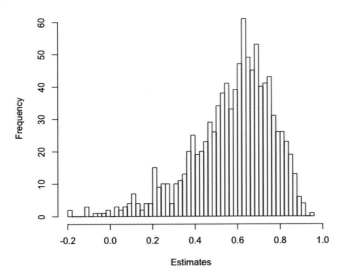

그림 11-2 ϕ 추정치에 대한 분포도

또한 summary() 함수를 추정치에 적용하여 추정치의 범위와 백분위수에 대한 감도 얻을 수 있습니다.

```
## R
> summary(estimates1)
   Min. 1st Qu.  Median    Mean 3rd Qu.    Max.
-0.3436  0.4909  0.6224  0.5919  0.7204  0.9331
```

부트스트랩을 사용하면 복잡한 질의도 해볼 수 있습니다. 실제 데이터와 비교해서 모델을 과하게 단순화하는 데 드는 수치 비용을 알고 싶다고 가정해봅시다. 연구된 과정이 AR(1) 과정이라고 진단을 내렸지만, AR(2)라고 가정해보겠습니다. 이것이 추정에 어떤 영향을 미치는지 알아보기 위해서 앞에서 다룬 R 코드를 다음과 같이 바꿉니다.

```
## R
> ## 이번에는 참 AR(2) 과정을 가정해봅니다.
> ## 좀 더 복잡하므로 arima.sim을 사용합니다.
> phi_1 <- 0.7
> phi_2 <- -0.2
```

```
>
> estimates <- numeric(N)
> for (i in 1:N) {
>    res <- arima.sim(list(order = c(2,0,0), ar = c(phi_1, phi_2)), n = time_steps)
>    estimates[i] <- arima(res, c(1, 0, 0))$coef[1]
> }
>
> hist(estimates, main = "ts가 AR(2)일 때, AR(1)에 대해 추정된 $\phi$", breaks = 50)
```

[그림 11-3]의 분포도를 얻었습니다. 보다시피 이 분포는 [그림 11-2]와는 다르게 부드러워 보이지 않습니다. 적절히 구성된 모델이 아니라 부족한 모델이기 때문입니다.

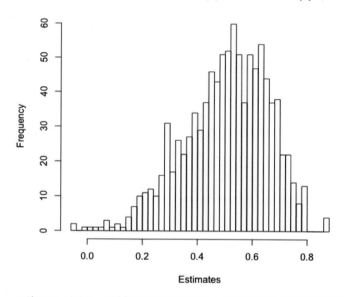

그림 11-3 실제로는 AR(2) 과정인 과정을 지연 1 계수의 AR(1) 모델에 적합시킨 것에서 얻은 추정치 분포입니다.

이 분포들이 완전히 다르지 않다는 사실을 눈치챘다면, 여러분의 생각이 맞습니다. 요약 통계를 통해 이 사실을 확인할 수 있습니다.[5]

---

5 부적합성이 문제가 되는가는 특정 계수에 따라 다릅니다. 여기서 확인한 모델의 오류는 크게 나쁘지 않은 수준이지만, 이것이 치명적인 경우도 있을 수 있습니다.

```
## R
> summary(estimates)
   Min. 1st Qu.  Median    Mean 3rd Qu.    Max.
-0.5252  0.4766  0.6143  0.5846  0.7215  0.9468
```

적절한 모델보다 부족한 모델의 추정치 범위가 더 넓다는 것을 알 수 있습니다. 또한 적절한 모
델과 비교해보면 처음 차수 항에 대한 추정이 약간 나쁘다는 것도 알 수 있습니다. 하지만 편차
가 그리 큰 것은 아닙니다.

모델의 차수를 작게 잡는 것이 ϕ 추정치에 영향을 미친다는 우려를 해소할 수 있습니다. 다양
한 시나리오에 대한 시뮬레이션을 실행하여 잠재적인 문제를 해결하고, 상상한 가능성에 대해
일어날 법한 잘못된 추정의 범위를 이해할 수 있습니다.

11.4 여러 단계를 앞선 예측

한 단계 앞선 예측은 이전 장에서 다뤘지만, 여러 단계를 앞선 예측도 해볼 수 있습니다. 특히
예측하려는 시계열값보다 보유한 시계열 데이터가 더 촘촘한 시간 해상도로 표현된 경우에 해
당합니다. 예를 들어 일일 주가 데이터를 가지고 있을 때 퇴직 저축에 대한 장기 전략으로 월간
주가를 예측할 수 있습니다. 또 다른 예로는 매분 뇌의 활동이 측정되고 보고될 때, 환자에게
주의를 주기 위해 적어도 5분 전에 발작을 예측합니다. 이러한 경우 여러 단계를 앞선 예측에
대한 다양한 옵션이 존재합니다.

11.4.1 직접 관심 범위에 적합시키기

예측 관심 범위horizon of interest를 반영하는 y 값(타깃)을 설정하는 것만큼이나 간단합니다. 데이
터가 분 단위로 구성되어 있을 때, 예측은 5분을 앞선 범위에 대해 수행하고 싶다면 시간 t에
대한 모델의 입력을 잘라내고 시간 $t+5$까지의 데이터에 대한 레이블로 모델의 학습을 수행할
수 있습니다. 그러면 예측하려는 데이터에 단순한 선형 회귀, 머신러닝 모델, 딥러닝 모델 등을
사용하여 적합시킬 수 있습니다. 이는 다음과 같이 효과적으로 동작합니다.

$$model(X) = Y$$

여기서 Y는 여러분이 원하는 관심 범위를 의미합니다. 따라서 다음은 여러분의 관심 범위에 따른 타당한 시나리오의 예입니다(첫 번째는 10단계, 두 번째는 3단계).

- $model_1(X_t)$은 Y_{t+10}에 적합합니다.
- $model_2(X_t)$은 Y_{t+3}에 적합합니다.

11.4.2 거리가 먼 시간 범위에 대한 재귀적인 접근 방법

다양한 범위에 적합되는 데 재귀적인 접근 방식을 사용하면, 모델은 하나만 만들지만 모델의 출력을 다시 입력으로 주입할 수 있습니다. 이 방식으로 보다 먼 범위를 예측할 수 있습니다. 바로 이 전략을 사용하여 모델링된 ARIMA로 여러 단계를 앞선 예측의 방식을 보인 바가 있으므로 이 방식의 개념은 친숙하게 다가올 것입니다. 한 단계를 앞선 예측에 적합된 모델을 개발했다고 가정해봅시다. 이때 학습된 모델은 $model(X_t)=Y_{t+1}$입니다. 세 단계를 앞선 범위에 적합하고 싶다면, 다음과 같은 일을 할 수 있습니다.

- $model(X_t) \rightarrow Y_{t+1}$의 추정치
- $model(X_t$ 및 Y_{t+1}의 추정치$) \rightarrow Y_{t+2}$의 추정치
- $model(X_t$ 및 Y_{t+1}와 Y_{t+2}의 추정치$) \rightarrow Y_{t+3}$의 추정치

Y_{t+3} 추정치의 예상 오차는 필연적으로 Y_{t+1} 추정치보다 더 클 것입니다. 얼마나 더 클까요? 이는 약간 복잡한 질문이 될 수도 있습니다. 이 장에서 설명했듯이, 이 질문에 대한 해답을 구하는 한 가지 좋은 옵션은 시뮬레이션을 수행해보는 것입니다.

11.4.3 시계열에 적용된 멀티태스크 학습

멀티태스크 학습multitask learning이라는 일반적인 개념은 딥러닝에서 온 것으로, 시계열 분석에서는 특별한 의미로 적용될 수 있습니다. 멀티태스크 학습이란 하나의 모델을 여러 가지 목적에서 활용될 수 있도록 만들거나, 서로 다르지만 연관된 대상을 한 번에 예측하는 일반화된 학습이 되도록 한다는 개념입니다. 일부 사람들은 이를 정규화의 수단으로 생각하고, 모델에 연관

된 다른 작업을 학습하도록 해서 보다 일반화되도록 합니다.

시계열이라는 문맥에서는 서로 다른 시간 범위를, 서로 다른 예측 대상으로 지정하여 멀티태스크 학습을 적용할 수 있습니다. 이 경우에서 모델의 적합은 다음과 같을 수 있습니다.

- $model(X_t) = (Y_{t+1}, Y_{t+10}\ Y_{t+100})$
- $model(X_t) = (Y_{t+1}, Y_{t+2}\ Y_{t+3})$

이러한 모델을 학습할 때 손실 함수가 어떤 형태일지 생각해봐야 합니다. 모든 예측의 가중치를 동등하게 주는 게 좋을까요? 아니면 다른 예측 대비 특정 예측에만 특별히 가중치를 더 줄까요?

매우 먼 미래를 예측하는 경우, 여러 범위에 대한 멀티태스크를 사용해볼 수 있습니다. 장기 범위 예측에 유용한 중요 특징을 가진 단기 범위 예측을 모델에 포함하는 것이 가능합니다. 낮은 신호 대 잡음비를 가진 데이터로 직접 먼 미래를 성공적으로 예측하기란 쉽지 않습니다. 멀티태스크 모델링이 활용되는 또 다른 시나리오로는 미래의 여러 시간 윈도에 적합하는 상황이 있습니다. 모든 윈도가 동일한 계절에 속하지만 시간상 서로 다른 시점에 있는 것입니다(예: 몇 년 동안 봄만 또는 몇 주 동안 월요일만). 이는 계절성 및 추세에 동시 적합하는 방법이라고 볼 수 있습니다.

11.5 모델 검증 시 주의 사항

다음과 같은 중요한 문제를 고려하여 예상되는 상품화된 구현체와 비교하여 적절한 모델 검증이 이루어졌는지 판단해볼 수 있습니다.

사전관찰

이 책 전반에 걸쳐 사전관찰을 강조했습니다. 사전관찰을 피하는 것은 너무 어려운 일이고, 모델이 상품화되었을 때 잠재적으로 큰 재앙과 당혹스러움을 가져다줄 수 있기 때문입니다. 가능한 한 상품화된 모델이 갑자기 타당성을 잃어버리는 위험을 감수하고 싶지는 않을 겁니다. 시스템의 사전관찰을 인식하지 못할 때 발생하는 전형적인 특징입니다. 이런 일이 여러분에게 일어나지 않기 바랍니다.

구조적 변화

구조적 변화를 식별하는 것은 부분적으로 판단, 주제, 데이터 질의 문제입니다. 시계열의 역동성은 시간에 따라 변화할 수 있고, 일부분에 잘 적합된 모델이 다른 부분에서는 그렇지 못할 정도의 변화가 일어날 수 있습니다. 이는 탐색적 분석이 중요한 이유 중 하나를 보여줍니다. 탐색적 분석이 잘 이루어져야 구조적 변화에 동일한 모델을 학습시키는 정당화될 수 없는 실수를 피할 수 있습니다.

11.6 보충 자료

- Christoph Bergmeir, Rob J. Hyndman, and Bonsoo Koo, "A Note on the Validity of Cross-Validation for Evaluating Autoregressive Time Series Prediction," Computational Statistics & Data Analysis 120 (2018): 70-83, *https://perma.cc/YS3J-6DMD*.

  ▷ 이 논문은 교차검증을 통해 시계열 분석에서도 좋은 결과를 얻을 수 있는 사례를 소개합니다. 교차검증에서 오류가 발생하는 이유와 표준적인 교차검증에 사용할 만한 모델의 종류에 대한 통찰도 제공합니다.

- Angelo Canty, "tsboot: Bootstrapping of Time Series," n.d., *https://perma. cc/MQ77-U5HL*.

  ▷ boot 패키지에 포함된 tsboot() 함수를 설명하고, 부트스트랩의 한 형태인 블록 샘플링의 다양한 변형체에 대한 내용을 다룹니다. 이 함수에서 사용 가능한 옵션을 살펴보면 시계열을 부트스트랩하는 다양한 방식에 익숙해질 수 있습니다. 그러면 편리하게 추정에 대한 불확실성을 평가하고, 안정적인 검정통계량의 추정을 해볼 수 있습니다. 심지어 데이터셋이 소규모일 때도 활용할 수 있습니다.

- Hans R. Kunsch, "The Jackknife and the Bootstrap for General Stationary Observations," Annals of Statistics 17, no. 3 (1989): 1217-41, *https://perma. cc/5B2T-XPBC*.

  ▷ 고전적이지만 널리 인용되는 이 자료는 잭나이프(덜 일반적으로 사용됨)와 부트스트랩

방식을 시계열 데이터까지 확장하는 통계적 접근 방식을 보여줍니다. 각 데이터가 독립적으로 분포되어 있다는 가정을 제거합니다. 개별 데이터 대신 데이터 블록 단위로 시계열을 샘플링하는 방식을 소개합니다.

- Christian Kleiber, "Structural Changes in (Economic) Time Series," in Complexity and Synergetics, ed. Stefan Müller et al. (Cham, Switzerland: Springer International, 2018), *https://perma.cc/7U8N-T4RC*.

  ▷ 시계열의 구조적 변화를 식별하는 다양한 표준 방법을 요약하여 제공합니다. 비즈니스와 경제 시계열의 측면에서 작성되었습니다. 여기서 얻은 교훈을 광범위하게 적용할 수 있습니다. 구조적 변화 식별 방법을 적용하는 데 널리 사용되는 R 패키지 목록을 제공합니다. 그리고 각 방법이 같은 시계열 분석에서 약간 다르게 동작하는 방식을 시각화해서 보여주기 때문에 특히 더 유용합니다.

- Robert Stambaugh, "Predictive Regressions," Journal of Financial Economics 54 (1999): 375-421, *https://perma.cc/YD7U-RXBM*.

  ▷ 널리 인용된 이 논문은 회귀계수의 베이즈 사후 추정Bayesian posterior estimation을 수행하는 방법을 다룹니다. 유한한 표본에서 금융 시계열 모델의 역동성에 대해 서로 다른 가정에 따라 수량의 추정이 얼마나 다를 수 있는지도 보여줍니다. 도메인 영역에 따라 다르지만 이 논문은 초기의 가정이 얼마나 추정치의 불확실성에 대한 추정치에 영향을 미치는지를 다루는 훌륭한 예입니다.

## CHAPTER 12

시계열 모델의 학습과 배포에 대한 성능 고려 사항

머신러닝과 통계 분석이라는 학문에서 압도적으로 초점을 맞추는 부분은 모델의 정확한 성능인 경향이 있습니다. 일반적으로 정확성이 모델 평가의 주요 고려 사항이 되어야 하는 것은 맞습니다. 그러나 대규모 데이터셋이나 대규모 클라이언트 애플리케이션에 널리 공급된 모델과 같은 상황에서는 계산 성능에 대한 고려 사항이 심각하게 중요하기도 합니다.

시계열 데이터셋은 너무 커질 수 있고, 그러면 분석을 전혀 또는 적절히 하지 못하는 지경에 이르게 됩니다. 그 분석에 요구되는 계산이 너무 복잡해져서 가용 계산 자원이 수용하기 어려울 수 있기 때문입니다. 이러한 경우에 처한 여러 기관에서는 다음과 같은 옵션을 두고 이 문제를 다룹니다.

- 계산 자원을 늘리기(비쌀 뿐만 아니라 경제적, 환경적으로 모두 낭비가 심하기도 합니다)
- 수준 미달로 프로젝트를 수행하기(충분치 못한 하이퍼파라미터 조정 또는 데이터 등)
- 프로젝트를 시작조차 하지 않기(이러한 일은 실세계에서 자주 발생합니다)

이 옵션 중 만족할 만한 내용은 없습니다. 특히 새로운 데이터셋이나 새로운 분석 기법을 시도하려는 경우에는 더 그러합니다. 실패의 원인이 저질의 데이터와 심각하게 어려운 문제 때문이 아니라, 자원의 부족이라는 사실은 매우 절망적으로 다가올 수 있습니다. 매우 부담이 큰 분석이나 대규모 데이터셋을 다룰 때, 나열된 것 외의 해결책에 대한 옵션을 찾을 수 있기를 희망해봅니다.

이번 장은 특정 모델을 사용한 학습과 추론에 필요한 계산 자원을 줄이는 방법의 고려 사항에 대한 가이드를 제시하는 방식으로 작성되었습니다. 대부분의 경우, 이러한 질문은 현재 자신이 보유한 데이터셋과 계산 자원, 목표로 삼은 정확성과 속도와 같은 요소에 특화되어 있습니다. 이번 장에서 상세히 다뤄지는 고려 사항은 이러한 현실을 반영하고 있지만 이후의 여러분의 브레인스토밍 단계에 영감을 주거나 직면한 문제에 도움이 될 수 있기 바랍니다. 한 가지 유의 사항으로, 다뤄질 내용이 분석과 모델링의 첫 번째 사이클을 완료한 시점에 고려할 만한 사항들이므로 문제를 처음 직면한 순간의 우선순위가 되어서는 안 됩니다. 만들고 있는 무언가를 상품화하거나 소규모 연구 프로젝트의 규모를 확장할 때가 되었을 때 자주 고려하고, 재검토가 이루어져야 할 내용을 다룹니다.

12.1 일반 사례를 위해 만들어진 도구로 작업하기

시계열 데이터를 다루는 데 있어서 한 가지 어려운 점은 대부분의 도구, 특히 머신러닝 도구가 일반적인 사용을 목적으로 만들어졌으며 대부분 예제는 비시계열 데이터의 사용 사례를 대상으로 합니다. 이러한 머신러닝 방법은 효과성 측면에서 시계열 데이터를 다룰 때 몇 가지 방식으로 실패합니다. 개인 프로젝트마다 실패에 대한 구체적인 솔루션이 달라지겠지만, 기본적인 아이디어는 동일합니다. 이번 절에서는 공통적인 문제와 이들에 대한 잠재적인 해결책을 다룹니다.

12.1.1 표본 간 데이터를 '공유'하지 않는 비시계열 데이터용 모델

시계열 데이터의 이산적인 표본을 알고리즘(대부분 머신러닝 모델)에 주입하는 여러 경우에 표본 간의 상당히 많은 데이터가 겹친다는 것을 알게 됩니다. 가령 월간 판매 기록에 대해 다음과 같은 데이터가 있다고 가정해봅시다.

월	팔린 제품 개수
2014년 1월	11,221
2014년 2월	9,880

월	팔린 제품 개수
2014년 3월	14,423
2014년 4월	16,720
2014년 5월	17,347
2014년 6월	22,020
2014년 7월	21,340
2014년 8월	25,973
2014년 9월	11,210
2014년 10월	11,583
2014년 11월	12,014
2014년 12월	11,400
2015년 1월	11,539
2015년 2월	10,240

예측은 최근접nearest neighbor 곡선에 각각의 '모양'을 매핑하는 방식으로 해당 데이터에 여러 가지 모양을 준비합니다. 6개월 기간의 곡선을 관심 있는 '모양들'로 사용하고 싶을 때, 이들을 구성하는 데이터는 다음과 같습니다(이동평균이나 평활화된 곡선처럼 추가적인 관심 특징의 생성 또는 정규화 등의 데이터 전처리는 하지 않았습니다).[1]

11221, 9880, 14423, 16720, 17347, 22020

9880, 14423, 16720, 17347, 22020, 21340

14423, 16720, 17347, 22020, 21340, 25973

여기서 흥미로운 점은 이러한 입력의 준비에 추가 정보 없이, 데이터를 6배 크게 만들어준 것 밖에 없다는 것입니다. 성능 측면에서 보면 재앙일 수 있지만, 이런 식의 입력을 요구하는 여러 머신러닝 모듈이 존재합니다.

이 상황이 여러분이 직면한 성능에 대한 문제라면 이를 해결하기 위한 몇 가지 고려 사항이 있습니다.

---

1 머신러닝과 딥러닝 모델의 경우 하나의 대규모 시계열에서 여러 시계열 표본을 추출하는 방식을 이전 장들에서 이미 다루었습니다.

중첩 데이터를 사용하지 말 것

각 개별 달이 유일한 곡선을 만들 수 있게 곡선을 구성하는 '데이터'를 구성합니다. 그렇게 했을 때 앞서 봤던 데이터는 다음과 같이 바뀔 수 있습니다.

11221, 9880, 14423, 16720, 17347, 22020

21340, 25973, 11210, 11583, 12014, 11400

반복적인 데이터를 담기 위한 사용자가 정의 배열의 형태가 아니라 단순히 원본 데이터 배열의 형태를 고친 것^{reshape}이기 때문에 꽤 간단한 방법입니다.

제너레이터와 같은 패러다임을 사용해서 데이터셋을 반복 접근하기

제너레이터와 같은 패러다임을 사용한 데이터의 반복적인 접근을 통해 동일한 데이터 구조에 적절하게 리샘플링하는 것은 파이썬에서 특히 쉽지만 R이나 다른 언어로도 가능한 일입니다. 원본 데이터가 1차원 넘파이 배열이고, 여기에 제너레이터를 도입하면 다음 코드처럼 작성할 수 있습니다(제너레이터를 수용하는 머신러닝 데이터 구조나 알고리즘과 함께 활용해야 한다는 점에 유의하세요).

```python
## python
>>> def array_to_ts(arr):
>>>     idx = 0
>>>     while idx + 6 <= arr.shape[0]:
>>>         yield arr[idx:(idx+6)]
```

모델의 훈련과 상품화라는 관점에서 보면 불필요하게 데이터셋을 부풀리지 않도록 데이터 모델링 코드를 작성하는 것이 이상적입니다. 모델의 훈련 단계에서는 많은 데이터를 메모리에 올리고, 상품화 단계에서는 중첩된 데이터에 대한 예측(또는 분류)에 비교적 적은 자원으로도 더 많은 예측이 수행될 수 있게 해줍니다. 동일한 사례에 대한 예측을 자주 수행해야 한다면, 중첩된 데이터에 작업이 발생할 가능성이 높습니다. 따라서 이러한 문제는 앞에서 살펴본 해결책과 서로 꽤 관련이 있습니다.

12.1.2 사전 계산을 하지 않는 모델로 데이터 측정과 예측 사이에 불필요한 지연 발생

일반적으로 머신러닝 모델은 모든 데이터를 갖추기에 앞서, 결과의 일부를 사전에 계산하여 준비해두거나 그 가능성에 대해 고려하지 않습니다. 이는 시계열에서는 매우 일반적인 시나리오입니다.

의료 예측, 차량 위치 추정, 주가 예측과 같이 시간에 민감한 애플리케이션에 여러분이 만든 모델을 제공한다면, 모든 데이터가 가용해진 이후에만 예측의 계산에 지연이 발생했다는 것을 발견할지도 모릅니다. 이때 여러분이 선택한 모델이 부분적으로 사전에 계산될 수 있는지 고려해봐야 합니다. 다음은 이러한 계산이 가능한 몇 가지 사례를 보여줍니다.

- 100가지 서로 다른 시간 단계에 대해 채널 여러 개에서 정보를 입력받는 순환 신경망을 사용한다면, 신경망을 처음 99개의 시간 단계에 대해 사전계산 및 풀어헤치기[unroll]를 수행해볼 수 있습니다. 그리고 마지막 100번째의 데이터가 들어올 때, 마지막 한 번의 행렬곱셈만을 수행해주면 됩니다. 100번을 한 번에 처리하지 않고 말입니다. 이론적으로 이 방식은 응답 시간을 100fold[2]만큼 줄여줄 수 있습니다.

- AR(5) 모델을 사용한다면 모델을 구성하는 가장 최신 항에 대한 합산을 제외한 모든 것을 사전에 계산할 수 있습니다. AR(5) 과정은 다음의 수식으로 표현될 수 있습니다. 예측을 출력할 때가 되었을 때는 이미 y_{t-4}, y_{t-3}, y_{t-2}, y_{t-1}의 값을 알고 있다는 것입니다. 즉, y_t를 알기에 앞서 $phi_0 \times y_t$를 제외한 모든 것이 준비되었다는 의미입니다.

$$y_t + 1 = phi_4 \times y_{t-4} + phi_3 \times y_{t-3} + phi_2 \times y_{t-2} + phi_1 \times y_{t-1} + phi_0 \times y_t$$

- 시계열에 대한 요약 특징(평균, 표준편차, 최댓값, 최솟값 등)으로 최근접 이웃을 찾는 클러스터링 모델을 사용하면, 이러한 특징들은 데이터가 하나 부족한 시계열에 대해 모델을 실행하여 최근접 이웃을 식별하여 계산될 수 있습니다. 그다음 마지막 값이 입력되고, 첫 번째 분석에서 발견된 최근접 이웃만을 대상으로 재분석이 이루어지며 해당 특징들을 갱신할 수 있습니다. 전체적으로 더 많은 계산 자원이 필요하지만 최종 측정과 예측을 하는 사이의 지연 시간은 단축합니다.

---

2 옮긴이_ fold는 사전계산이 수행되는 단계의 개수를 의미합니다.

- 대부분의 경우, 모델이 네트워크 지연이나 기타 요인만큼 느리지 않습니다. 피드백 시간이 매우 중요한 경우, 사전 계산은 모델의 계산이 필요한 모든 정보의 수신과 유용한 예측의 출력 사이에서 시간이 오래 걸릴 경우에만 유용한 기법입니다.

12.2 데이터 스토리지 형식의 장단점

시계열 모델의 훈련과 상품화라는 두 가지 관점에서 성능의 병목을 초래하지만 간과된 한 가지 분야가 있습니다. 그 분야는 바로 데이터를 저장하는 방법입니다. 다음은 몇 가지 일반적인 오류입니다.

- 열을 가로지르며 형성되는 시계열 데이터를 행 기반 형식으로 저장하는 경우입니다. 그렇게 되면 시간상 데이터가 인접해 있지만, 메모리에서는 인접하지 않는 결과를 초래합니다.
- 원시 데이터를 저장하고, 그 저장된 데이터의 분석을 실행하는 경우입니다. 모델 입장에서 볼 때는 가능한 한 전처리 및 다운샘플링된 데이터를 선호합니다.

다음으로는 이러한 데이터 스토리지 요소를 살펴보고, 모델의 학습과 추론을 가능한 한 빠르게 유지하는 방법을 살펴보겠습니다.

12.2.1 바이너리 형식의 데이터 저장

데이터를 CSV와 같이 콤마로 구분된 텍스트 파일로 저장하고 싶을지도 모릅니다. 이는 데이터가 일반적으로 제공되는 방식이라서 이 형식의 파일을 선택하도록 강요받는 것처럼 느낄 수도 있습니다. 이러한 파일 형식은 사람이 읽을 수 있는 형태여서, 처리 공정의 출력이 저장된 파일에서 데이터를 직접적으로 검증하는 것이 수월합니다. 또한 이러한 데이터는 서로 다른 플랫폼으로도 쉽게 호환할 수 있습니다.[3]

그러나 컴퓨터 입장에서는 텍스트 파일(*https://perma.cc/XD3Y-NEGP*)을 읽는 게 결코 쉽지는 않습니다. 작업하는 데이터셋이 너무나도 커서 모델 훈련 시 모든 데이터를 메모리에 올

---

3   서로 다른 플랫폼과 기기에 관련해서는 유니코드(unicode)라는 문제가 있지만, 이러한 문제가 텍스트 기반 파일 형식을 사용하기 때문이라고 말하기는 어렵습니다.

릴 수 없다면, 여러분이 선택한 파일 형식에 결부된 모든 I/O 및 관련된 처리 방식을 다뤄야 합니다. 데이터를 바이너리 형식으로 저장한다면, 여러 가지 측면에서 I/O에 관련된 속도 저하 문제를 많이 해결할 수 있습니다.

- 데이터가 바이너리 형식으로 저장되어서 여러분이 사용하는 데이터 처리 패키지는 이미 그것을 '이해'하고 있습니다. CSV 파일을 읽은 다음, 이를 데이터프레임으로 변환해줄 필요가 없습니다. 데이터를 입력하는 순간 이미 데이터프레임을 갖는 것입니다.

- 데이터가 바이너리 형식으로 저장되었기 때문에 CSV나 다른 텍스트 기반 파일보다 훨씬 더 많이 압축될 수 있습니다. 즉, 물리적으로 메모리에서 읽어 들일 내용이 적어서 I/O에 걸리는 시간도 줄어듭니다.

바이너리 스토리지 형식은 R과 파이썬에서 쉽게 사용할 수 있습니다. R의 경우, `data.table`의 `save()`와 `load()`를 사용할 수 있고, 파이썬의 경우, 피클링[pickling]을 사용할 수 있습니다. 파이썬의 팬더스(`pd.DataFrame.load()` 및 `pd.DataFrame.save()`)와 넘파이(`np.load()` 및 `np.save()`) 모두 이들이 제공하는 객체를 피클링하기 위한 래퍼를 제공합니다.

12.2.2 데이터를 '슬라이딩'할 수 있는 방식의 전처리

이 권장 사항은 12.1.1절과 관련이 있습니다. 이때 여러 검증 표본을 생성하기 위해 사용되는 이동 원도의 사용에서 일관성 있는 데이터 전처리 방식을 고민해봐야 합니다.

예를 들어 전처리 단계로 정규화 또는 이동평균을 고려해봅시다. 이 전처리들을 각 시간 윈도에 대해 수행할 계획이 있다면, 모델의 향상된 정확성이라는 결과로 이어질지도 모릅니다(필자의 경험상 이러한 향상은 미미하긴 했습니다). 그러나 몇 가지 단점이 있습니다.

- 중첩 데이터에 대해 이러한 전처리 작업을 여러 번 수행하려면 계산 자원이 많이 필요합니다.
- 약간 다른 전처리에 의한 중첩 데이터를 여러 번 저장할 필요가 있습니다.
- 데이터에 대한 슬라이딩 윈도의 최적의 이점을 얻을 수 없습니다.

12.3 성능 고려 사항에 맞게 분석 수정

많은 사람은 특정 분석 도구에 지나치게 의존하고, 모델을 적합시키는 데 소프트웨어 제품군과 이미 경험으로 축적된 방법을 사용하는 것에 죄책감을 느끼곤 합니다. 또한 다양한 모델 성능의 계산 비용을 결정할 때 모델의 정확도에 대한 요구 사항을 여러 번이 아닌, 한 번만 평가하는 경향이 있습니다.

빠른 예측을 만들어내는 데 종종 사용되는 시계열 데이터는 빠르게 적합되고, 빠르게 상품화될 수 있는 모델이 필요한 경향이 있습니다. 새로 들어오는 데이터로 갱신될 수 있도록 모델이 빠르게 적합될 필요가 있습니다. 또한 모델의 예측을 사용하는 소비자가 예측에 대응하는 시간을 많이 벌 수 있도록 모델이 빠르게 동작할 필요가 있습니다. 이러한 이유로 분석과 예측을 위해 더 빠르고, 계산적으로 더 간소화된 과정을 만들어내기 위해서는 기대치 및 이에 동반되는 분석을 수정해야 할지도 모릅니다.

12.3.1 전체 대신 일부 데이터가 더 나은 상황

분석을 간소화하는 방법에서 한 가지 중요한 요소는 시계열의 모든 데이터의 중요도가 같지 않다는 걸 이해하는 것입니다. 데이터는 오래되면 오래될수록 중요도가 떨어집니다. 일반적인 시기의 데이터로 모델을 만드는 경우, '예외적인' 시기의 데이터는 덜 중요합니다.

모델을 훈련시키는 데 사용될 데이터의 양을 줄이는 여러 가지 방법이 있습니다. 이러한 옵션들은 이 책의 앞부분에서 다뤘지만, 성능적 측면을 고려하면서 이들을 다시 복습해보는 것도 좋습니다.

다운샘플링

예측할 때, 동일한 과거의 윈도를 다루기 위해서 적은 빈도의 데이터를 사용할 수 있는 경우가 종종 있습니다. 이는 복합적인 요소로 데이터를 축소하는 방식입니다. 여러분이 사용하는 분석적 기법에 따라 좀 더 창의적인 방법을 사용해볼 수도 있다는 것을 알아두세요. 가령 데이터가 얼마나 거슬러 올라가는지에 따라 서로 다른 다운샘플링 비율을 적용해볼 수 있습니다.

모델 훈련에 최근 데이터만 사용하기

머신러닝과 데이터는 떼어낼 수 없는 관계이지만 전체 데이터를 사용하는 대신 최근 데이터에만 초점을 맞춰도 더 좋은 성능을 보여주는 통계적 또는 딥러닝 기법이 적용된 시계열 모델이 많이 있습니다. 모델 입장에서 별로 도움이 되지 않는 정보의 데이터를 입력 데이터에서 제거하여 입력 데이터의 크기를 줄일 수 있도록 도와줍니다.

예측에 사용되는 과거의 윈도 크기 줄이기

여러 시계열 모델의 경우, 점점 더 많은 과거를 돌이켜볼수록 모델의 성능은 계속 증가합니다. 성능과 관련하여 실제로 어느 정도의 정확도가 필요한지에 대한 몇 가지 결정을 내려야 합니다. 반드시 필요한 성능의 허용치가 필요한 것보다 훨씬 더 많은 데이터를 메모리에 적재하고 있을지도 모릅니다.

12.3.2 간단한 모델이 더 나은 상황

분석 모델을 선택할 때 가장 최신이거나 가장 뛰어난 것을 시도해보는 것은 흥미롭고 재밌는 일입니다. 하지만 진정한 문제는 이렇게 복잡한 모델이 추가로 계산 자원을 요구한 만큼의 '값을 치르는지'입니다.

최근 몇 년 동안 머신러닝 분야에서 일어난 거의 모든 계산의 진보는 보다 많은 연산력을 투입해서 얻은 결과입니다. 분명히 정답이 있고, 100%의 정확성을 가질 수 있는 이미지 인식이라는 문제에서 이는 확실히 말이 되는 상황인 셈입니다.

반면에 예측이 얼마나 정확한지에 대해 물리적 또는 수학적인 한계가 있을 수 있는 시계열 예측과 같은 문제의 경우, 비용편익 분석이 없이 모델의 복잡성을 단순히 늘리는 것이 곧 자동으로 개선됨을 의미하는 것은 아닙니다. 높아진 정확성이 예측의 계산에서 발생한 추가적인 지연 시간, 추가로 요구되는 훈련 시간, 추가로 필요한 계산 자원을 정당화할 수 있는지를 생각해봐야 합니다. 약간 성능이 떨어지지만 자원 집약이 덜한 방법이 성능을 약간 향상시켜주는 복잡한 모델보다 훨씬 나을지도 모르기 때문입니다.

여러분이 데이터 분석가라면 이러한 복잡성/정확성과 지연 시간/계산 자원 사이의 트레이드오프 또한 분석 대상이 되어야 합니다. 조정해야 할 또 다른 하이퍼파라미터로 생각해볼 수 있습니다. 데이터 엔지니어가 이 문제를 다룰 것으로 가정하기보다는 데이터 분석가인 여러분이 이러한 트레이드오프를 지적해줘야 합니다. 데이터 처리 공정에서 상위 단계나 하위 단계를 처리하는 사람들 모두 모델의 선택에서 데이터 분석가가 내린 판단을 요구할 수는 없습니다. 따라서 데이터 과학의 엔지니어링 측면의 장점과 단점만 알려줘야 합니다.

12.3.3 선택 가능한 고성능 도구

앞서 언급된 옵션들을 깊게 탐색해봤다면, 이번에는 기반 코드를 바꾸는 것도 고려해볼 수 있습니다. 기본적으로는 파이썬 및 R과 같이 속도가 느린 스크립트 언어로 작성된 코드를 바꾸는 것입니다. 다음과 같은 방법이 있습니다.

- C++ 및 자바로 올인하는 방법입니다. 이 언어를 전에 다뤄본 적이 없더라도, 단순히 기본기를 배우는 정도로도 느린 처리 공정의 일부분을 처리 가능한 수준으로 속도를 올려볼 수 있습니다. 특히 C++은 데이터 처리에 적용 가능한 표준 라이브러리 및 사용성 측면에서 엄청나게 진화했습니다. STL과 C++17의 문법은 다양한 데이터 구조를 통해 파이썬에 비견될 정도로 데이터 운용에 대한 다양한 옵션을 제공합니다. 수년 전에 C++과 자바를 싫어했던 사람이라도, 다시 한번 들여다봐야 합니다.[4]

- 파이썬 코드를 C나 C++ 코드로 컴파일해주는 여러 가지 파이썬 모듈을 사용해서 실행 시간의 속도를 빠르게 할 수 있습니다. 이는 특히 여러 반복문으로 구성된 반복적인 코드에 유용합니다. 이러한 코드는 파이썬에서 느린 경향이 있고, 딱히 잘 짜인 것은 아니지만 동일한 코드를 단순히 더 빠른 언어인 C나 C++로 구현하기만 해도 훨씬 좋은 성능을 얻을 수 있기 때문입니다. Numba 및 Cython은 모두 접근이 용이한 파이썬의 모듈로, 느린 파이썬 코드를 이러한 방식으로 빠르게 해줍니다.

- 마찬가지로, R에서도 Rcpp로 유사한 기능을 사용할 수 있습니다.

---

4 이런 프로그래밍 언어를 배우는 일은 결코 만만치 않습니다. 하지만 일단 기본적인 컴파일 인프라를 갖추는 방법을 알면 여러분이 속한 기관 입장에서 엄청난 플러스 요인이 될 수 있습니다.

12.4 보충 자료

균등한 성능을 보이는 모델

- Anthony Bagnall et al., "The Great Time Series Classification Bake Off: An Experimental Evaluation of Recently Proposed Algorithms," Data Mining and Knowledge Discovery 31, no. 3 (2017): 606-60, *https://perma.cc/ T76B-M635*.

  ▷ 이 자료는 공개적으로 가용한 여러 데이터셋에서 성능을 비교하여 최신 시계열 분류 방법론의 성능을 평가하기 위해 광범위하게 실험한 내용을 다룹니다. 데이터셋의 계산 복잡성은 결국 시도한 방법의 실제 성능보다 훨씬 더 많이 변합니다. 저자들이 강조한 대로 모든 것을 시도하지 않고 주어진 데이터셋에서 어떤 방법이 가장 잘 동작할 것인지를 결정하는 것은 하나의 예술이자, 연구 영역으로 남아 있습니다. 계산 자원의 관점에서 배워야 할 교훈은 계산 복잡성이 방법론적 의사결정에 상당한 영향을 미친다는 것입니다. 복잡하고 자원 집약적인 알고리즘에 대한 설득력 있는 활용 사례가 없다면 더 간단한 방법을 선택해야 합니다.

간단한 모델 만들기

- Yoon Kim and Alexander M. Rush, "Sequence Level Knowledge Distillation," in Proceedings of the 2016 Conference on Empirical Methods in Natural Language Processing, ed. Jian Su, Kevin Duh, and Xavier Carreras (Austin, TX: Association for Computational Linguistics, 2016), 1317-27, *https:// perma.cc/V4U6-EJNU*.

  ▷ 기계 번역 작업에 적용되는 '증류'라는 일반적인 개념을 시퀀스 학습에 적용하는 내용을 다룹니다. 증류는 광범위하게 유용한 개념입니다. 먼저 원래의 데이터에 대해 복잡한 모델을 설계하고 학습시킨 다음, 복잡한 모델의 출력으로 더 간단한 모델을 학습시킵니다. 복잡한 모델의 출력은 데이터 자체보다는 노이즈를 줄입니다. 그리고 학습 문제를 단순화하여 간단한 모델이 노이즈를 걸러낼 수 있도록 도와주며 거의 동일한 관계를 쉽게 학습할 수 있습니다. 이러한 기술이 학습 시간을 줄이지는 못하지만, 상품화 시 더 빨리 실행되고 더 적은 자원으로 실행 가능한 모델을 만들 수 있습니다.

## CHAPTER 13

헬스케어 애플리케이션

이 장에서는 헬스케어라는 맥락에서 시계열 분석을 두 가지 연구 사례로 살펴볼 것입니다. 하나는 독감의 장기 및 단기 예측이고 다른 하나는 혈당 예측에 관한 것입니다. 두 가지 사례 모두 일반적인 건강 문제에 대한 중요한 헬스케어 분야입니다. 또한 두 사례 모두는 아직 해결되지 않은 문제로, 헬스케어 산업 및 학계에서 현재 진행 중인 주제입니다.

13.1 독감 예측

특정 지역에 대한 독감 발생률을 매주 예측하는 것은 오랫동안 지속된 문제입니다. 전염병 전문가 및 전 세계 안보 전문가 모두 전염병이 인간의 복지에 중대한 위험(*https://perma.cc/ ZDA8-AKX6*)을 초래한다는 데 동의합니다. 특히 전 세계적으로 매년 수백 명 이상 독감으로 사망하는데, 보통 어린이나 노인이 가장 취약한 계층으로 나타났습니다. 특정 계절에 독감이 어떻게 퍼져나가는지에 대한 정확한 모델의 개발은 건강 및 국가 안보의 관점에서 매우 중요합니다. 독감 예측 모델은 바이러스를 구체적으로 예측하고 지리적으로 전염병이 이동하는 방식에 대한 일반적인 이론을 탐색하는 데 유용합니다.

13.1.1 한 대도시의 독감 연구 사례

2004년부터 2013년까지 프랑스의 다양한 행정 지역에 대한 주간 독감 보고서 데이터를 살펴볼 것입니다. 파리시를 포함한 대도시권인 일드프랑스île de France [1]에 대한 독감 발생률을 예측할 것입니다. 해당 데이터는 캐글(*https://perma.cc/W9VQ-UUJC*)[2]에서 다운로드할 수 있고 이 책의 깃허브에서도 찾아볼 수 있습니다.

데이터 탐색 및 정리

먼저 원본 데이터에 익숙해지기 위해 테이블 형식으로 해당 데이터를 살펴보겠습니다.

```
## R
> flu = fread("train.csv")
> flu[, flu.rate := as.numeric(TauxGrippe)]
> head(flu)
     Id   week region_code    region_name TauxGrippe flu.rate
1: 3235 201352          42         ALSACE          7        7
2: 3236 201352          72       AQUITAINE          0        0
3: 3237 201352          83        AUVERGNE         88       88
4: 3238 201352          25 BASSE-NORMANDIE         15       15
5: 3239 201352          26       BOURGOGNE          0        0
6: 3240 201352          53        BRETAGNE         67       67
```

또한 관심 있는 변수에서 NA(누락된 값)를 찾는 것처럼 기본적인 품질 검사도 수행합니다. NA 값의 출처를 아는 것의 여부를 떠나서 이를 고려할 필요가 있습니다.

```
## R
> nrow(flu[is.na(flu.rate)]) / nrow(flu)
[1] 0.01393243
> unique(flu[is.na(flu.rate)]$region_name)
 [1] "HAUTE-NORMANDIE"      "NORD-PAS-DE-CALAIS"    "PICARDIE"
 [4] "LIMOUSIN"            "FRANCHE-COMTE"         "CENTRE"
 [7] "AUVERGNE"            "BASSE-NORMANDIE"       "BOURGOGNE"
[10] "CHAMPAGNE-ARDENNE"    "LANGUEDOC-ROUSSILLON"  "PAYS-DE-LA-LOIRE"
[13] "CORSE"
```

----

1 옮긴이_ 파리 주를 중심으로 8개의 데파르트망이 둘러싸고 있는 형태로 인구가 가장 밀집한 지역입니다.

2 공개 데이터셋은 아니지만, 대회 참가자로 등록하면 데이터에 접근할 수 있습니다.

전체 NA 데이터의 비율은 그리 높지 않습니다. 그리고 우리의 관심 지역인 일드프랑스는 NA 값을 가진 지역의 목록에 포함되어 있지 않습니다.

다음으로는 타임스탬프 열(현재의 형식은 문자로, 수치 또는 타임스탬프 형식이 아닙니다)의 주 및 연 부분을 분리하는 데이터 정리 작업을 수행합니다.

```R
## R
> flu[, year := as.numeric(substr(week, 1, 4))]
> flu[, wk   := as.numeric(substr(week, 5, 6))]
> ## 스타일에 대하여 주를 표현하는 열 2개를 가지는 것은 좋지 않습니다.
```

Date 클래스 열을 추가합니다. 데이터를 타임스탬프 없이 다룰 때보다 시간축에 대한 그래프를 더 잘 그릴 수 있습니다.

```R
## R
> flu[, date:= as.Date(paste0(as.character(flu$week), "1"), "%Y%U%u")]
```

이 한 줄의 코드는 약간 까다롭습니다. 월과 주로 이루어진 조합을 날짜로 변형하기 위해서 날짜를 의미하는 구성요소를 paste0() 함수로 추가했습니다. 각 날짜를 그 주의 시작일로 마킹하기 위해 연과 연 중에서 주(1년, 즉 52주 중 하나, 이 부분은 잠시 후 좀 더 다룹니다)를 나타내는 문자열의 마지막에 '1'을 넣었습니다.[3] %U 및 %u라는 형식 문자열의 존재를 알아봅시다. 이 형식은 연중 주별, 주중 요일별에 따라 시간을 표시하는 것과 관련이 있으며, 다소 특이한 타임스탬프 형식입니다.[4]

그다음 구체적으로 파리에 관련된 데이터로 부분집합을 구하고, 날짜별로 데이터를 정렬합니다.[5]

---

3 올바른 한 주의 시작 요일(1~7까지의 옵션 중)은 독감률이 계산된 날짜에 따라 다르지만, 현재 제공된 데이터로는 파악이 불가능합니다. 단지 단순성 때문에 첫 번째 날을 선택한 것이며, 마지막 날도 마찬가지로 합리적인 선택일 수 있습니다. 일관성만 있다면 분석에서 크게 중요한 부분이 아닙니다.

4 요일 및 요일에 적합한 형식 문자열은 운영 체제에 따라 다를 수 있습니다. 맥OS에서는 잘 동작하지만 필자가 보여준 솔루션을 리눅스에서 시험하고 싶다면 약간 다른 형식을 사용해야 합니다.

5 이러한 작업은 대규모 데이터셋으로 작업하는 경우, 문자열을 Date 객체로 변환하는 등의 많은 계산량을 요하는 작업을 피하기 위한 목적으로 선행되어야 합니다.

```
## R
## 파리 지역에 집중해봅시다.
> paris.flu = flu[region_name == "ILE-DE-FRANCE"]
> paris.flu = paris.flu[order(date, decreasing = FALSE)]

> paris.flu[, .(week, date, flu.rate)]
        week       date flu.rate
  1: 200401 2004-01-05       66
  2: 200402 2004-01-12       74
  3: 200403 2004-01-19       88
  4: 200404 2004-01-26       26
  5: 200405 2004-02-02       17
 ---
518: 201350 2013-12-16       13
519: 201351 2013-12-23       49
520: 201352 2013-12-30       24
521: 200953       <NA>      145
522: 200453       <NA>       56
```

자세히 들여다보면, 행의 개수에 놀라게 될 것입니다. 한 해가 52주로 구성되었고 약 10년 정도의 데이터를 가지고 있다면 왜 522개의 행이 존재하는 것일까요? 52주 × 10년 = 520개의 행을 기대했을 겁니다. 마찬가지로, 왜 두 개의 **NA** 날짜가 있는 것일까요? 원본 데이터로 돌아가보면, 이에 대한 설명을 찾을 수 있습니다. 2004년과 2009년 모두 53번째의 주가 있는 것처럼 보입니다. 매년 52개가 아니라 53개의 주를 가진 해가 있습니다. 이는 그레고리력 시스템 (*https://perma.cc/4ETJ-88QR*)의 일부이지, 실수가 아닙니다.

이번에는 데이터가 전체적이며 정기적으로 샘플링된 날짜 범위를 포함하는지 검사합니다. 이는 각 연도가 동일한 데이터의 개수를 가지는지 확인하기 위함입니다.[6]

```
## R
> paris.flu[, .N, year]
     year  N
 1: 2004 53
 2: 2005 52
...
 9: 2012 52
10: 2013 52
```

---

6 데이터의 정기적인 샘플링 및 데이터의 완전성을 검사하기 위해 필요한 유일한 방법은 아닙니다. 나머지 과정은 여러분의 숙제로 남겨두겠습니다.

```
> paris.flu[, .N, wk]
     wk  N
 1:  1 10
 2:  2 10
 3:  3 10
...
51: 51 10
52: 52 10
53: 53  2
     wk  N
```

이 결과에서 예상했던 데이터라는 것을 알 수 있습니다. 즉, 매년 52주가 있고(앞서 논의된 두 주의 경우는 제외), 연도별 주간week-of-year 레이블에는 10개의 데이터가 있는데, 이는 각 연도에 대한 것입니다(53번째 주는 제외).

지금까지 시간의 색인만을 고려하여 데이터의 타임스탬프를 다뤘습니다. 이번에는 시계열의 실젯값을 살펴볼 차례입니다. 추세가 있을까요? 계절성을 가질까요? 한번 알아보겠습니다(그림 13-1).

```
## R
> paris.flu[, plot(date, flu.rate,
>                   type = "l", xlab = "Date",
>                   ylab = "Flu rate")]
```

간단한 선 그래프를 통해서 상당한 계절성이 있다는 것을 알 수 있습니다. 이 그래프는 강한 계절적 구성요소를 나타내지만 계절성과 별개의 시간적 변동을 나타내지는 않습니다.

계절적 특징은 53번째 주를 복잡하게 합니다. 계절적 모델을 적합시키려면 계절성을 연중 주 단위로 정의할 필요가 있으며 가변적인 계절 크기를 가질 수는 없습니다(3장에서 설명한 바와 같이 계절을 주기에서 구별하는 것입니다). 53번째 주를 해결하는 창의적인 여러 방법을 떠올 릴 수도 있지만, 여기서는 해당 데이터를 억제하는 간단한 방식을 사용할 것입니다.

```
## R
> paris.flu <- paris.flu[week != 53]
```

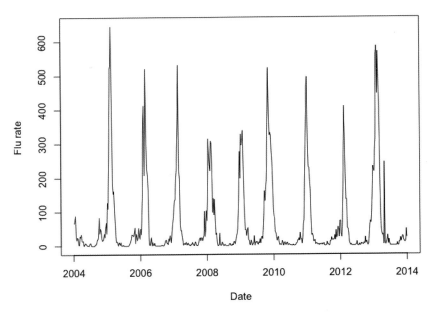

그림 13-1 독감 발생률의 시계열에 대한 그래프를 통해 파리에서 독감 발생률의 계절성을 알 수 있습니다.

데이터를 삭제하는 것이 심각한 문제가 될 것인가는 데이터셋과 우리가 해결하려는 문제에 따라 다릅니다. 53번째 주의 데이터를 보존하면서 데이터에 적합시키는 것에 대한 여지는 연습 문제로 남겨두겠습니다. 도전해볼 만한 다양한 옵션이 있습니다. 그중 하나는 53번째 주의 데이터와 52번째 주의 데이터의 평균을 구해서 병합하는 것입니다. 또 다른 방법으로는 매년 주기가 정확히 같다고 고정하지 않은 채 주기적인 행동을 고려한 모델을 사용해보는 것입니다. 세 번째 옵션은 창의적으로 계절성을 나타내는 레이블을 데이터 달아주고, 이를 모델의 입력 특징으로 사용하여 모델이 이 내용을 수용할 수 있게끔 해주는 것입니다.

계절성 ARIMA 모델을 적합시키기

강한 계절성 때문에 계절성 ARIMA 모델을 데이터에 적합시키는 것을 먼저 고려할 것입니다. 이때 데이터가 매주 샘플링되므로 데이터의 주기는 52입니다. 너무나 많은 파라미터를 가지지 않는 인색한 모델을 선택하고자 합니다. 시계열에는 데이터 520개만 포함되므로 그리 길지 않기 때문입니다.

이 시계열은 지나친 자동화에 대한 의존이 잘못된 결과로 빠질 수 있음을 보여주는 좋은 예입니다. 가령 먼저 데이터의 차분을 구할지를 고려해보고, 독감 발생률의 자기상관 및 독감 발생률의 시계열에 대한 차분의 자기상관 그래프를 그려보는 것을 고려해볼 수 있습니다. 각 그래프는 [그림 13-2]에서 보여집니다.

```
## R
> acf(paris.flu$flu.rate,          )
> acf(diff(paris.flu$flu.rate, 52))
```

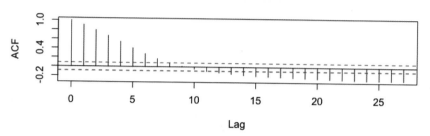

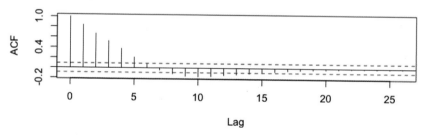

그림 13-2 파리의 독감 발생률과 독감 발생률의 차분에 대한 자기상관함수의 그래프입니다. 제한된 시차 범위를 바라봅니다.

우리가 부주의하다면 한 번의 차분을 구한 것으로 시계열의 정상성 문제를 해결했다고 자축할지도 모릅니다. 하지만 전혀 그렇지 않습니다. 이 데이터는 주간 데이터이며 강한 계절성이 있다는 것을 확인했습니다. 그 강한 계절성을 어째서 자기상관 그래프에서 찾아볼 수 없는 것일까요? 우리는 acf() 함수를 사용할 때 기본 파라미터를 사용했습니다. 기본값은 우리가 원하는 1년을 의미하는 52만큼의 지연에 대한 계절성의 영향을 확인하기에는 터무니없이 작습니다. 다시 한번 acf()를 적절한 윈도 크기로 수행해보겠습니다(그림 13-3).

```
## R
> acf(paris.flu$flu.rate,           lag.max = 104)
> acf(diff(paris.flu$flu.rate, 52), lag.max = 104)
```

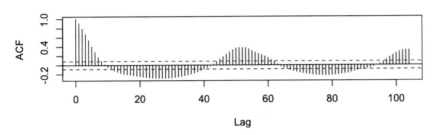

Series paris.flu$flu.rate

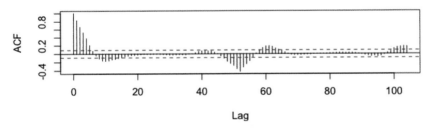

Series diff(paris.flu$flu.rate, 52)

그림 13-3 파리의 독감 발생률과 독감 발생률의 차분에 대한 자기상관함수의 그래프입니다. 이번에는 확장된 시차 범위를 바라봅니다.

이렇게 그려진 그래프는 계열의 자기상관을 보다 사실적으로 보여줍니다. 보다시피 다양한 시차에 대한 상당한 자기상관을 가지며 사계절 기후를 고려해볼 때 의미가 있다고 보여집니다 (적어도 필자의 경험상 그렇습니다). 독감 발생률은 인접한 주, 즉 측정된 시간이 가까운 경우 강한 상관관계를 가집니다.

또한 독감 발생률은 시차가 52나 연간 계절성을 의미하는 104쯤에서 강한 상관관계를 가지기도 합니다. 하지만 독감 발생률은 중간 정도의 값인 반년(26주) 정도의 시차에서도 꽤 강한 상관관계를 보이는데, 이러한 시차는 계절적 차이나 예측 가능한 날씨의 변화와 관련이 있기 때문입니다. 예를 들어 반년 안에 독감 수치가 꽤 변할 것임을 알고 있습니다. 수치가 이전에 높았다면, 이번에는 낮아져야만 하고, 그 반대의 상황도 마찬가지입니다. 마찬가지로 계절성 때문입니다. 이 모든 것은 [그림 13-3] 상단의 그래프에서 확인할 수 있습니다.

이번에는 [그림 13-3]의 하단 그래프를 살펴보겠습니다. 여기서는 시계열 자기상관의 상당량이 줄어든 것을 알 수 있습니다. 하지만 52주나 104주(1년 또는 2년) 외에도 중간값들에 대한 다양한 범위에 자기상관이 어느 정도 남아 있는지 볼 수 있습니다.

계속해서 차분을 구하고 싶을지도 모르지만, SARIMA 모델이 실세계의 데이터에 완벽하게 적합되기란 불가능합니다. 대신 가장 합리적인 데이터 모델링 방법을 찾습니다. 다시 한번 계절에 따라 차분을 구하거나 선형적인 시간에 다른 전술과 차이를 취하는 것을 고려할 수 있습니다. 여기서는 이 모든 가능성을 도표로 표현합니다(그림 13-4).

```R
## R
> plot(diff(diff(paris.flu$flu.rate, 52), 52))
> plot(diff(diff(paris.flu$flu.rate, 52), 1))
```

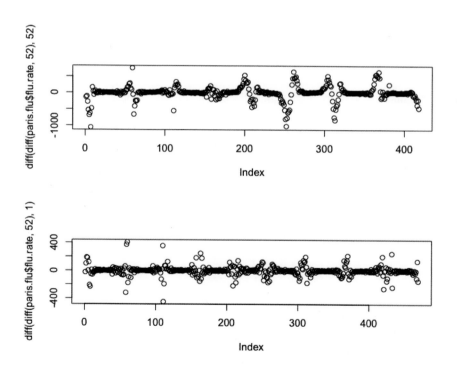

그림 13-4 데이터의 계절적 행동을 파악하기 위해서 계열 간의 차이를 구한 두 종류의 그래프

어느 결과도 이상적이지는 않지만, 계절적 차이의 첫 번째 차이를 구한 후자의 경우가 더 만족스럽습니다.

적합이나 파라미터를 선택하는 것은 테스트의 적용 문제만큼의 판단이 필요합니다. 여기서 우리는 명확히 관측된 계절성에 가중치를 부여하고, 모델을 지나치게 복잡하게 해서 투명성을 저해하지 않도록 할 것입니다. 따라서 SARIMA (p, d, q) (P, D, Q) 모델의 $d = 1$과 $D = 1$로 적합을 시도할 것입니다. 그다음으로 ARIMA의 표준 파라미터인 p와 q에 대한 AR 및 MA 파라미터를 선택합니다. 다음의 코드를 사용해서 표준적인 시각화로 이를 수행해보겠습니다(그림 13-5).

```
## R
> par(mfrow = c(2, 1))
> acf (diff(diff(paris.flu$flu.rate, 52), 1), lag.max = 104)
> pacf(diff(diff(paris.flu$flu.rate, 52), 1), lag.max = 104)
```

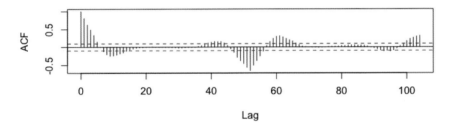

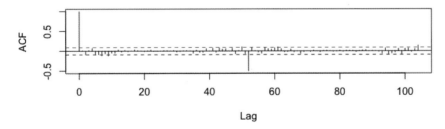

그림 13-5 선택한 차분 계열의 부분자기상관함수에 대한 그래프

제한된 데이터와 간단한 모델에 오류가 있습니다. PACF 모델은 AR(2) 모델이 적정하다는 것을 보여줍니다. 따라서 데이터를 SARIMA(2, 1, 0), (0, 1, 0)로 깔끔하게 모델링해야 합니다.

우리가 관심 있는 것은 가용한 새로운 데이터에 지속적으로 적합시키고자 할 때, 어떻게 모델이 동작하는지에 대한 이해입니다. 실세계 시스템에 내장된 대부분의 모델이 이렇게 동작하기 때문입니다. 즉, 독감에 대한 모델링을 수년 전에 시작했는데 매주의 시점까지만 해당하는 가용 데이터로 매주에 대한 모델링을 했다면 이 모델은 어떻게 동작하게 될까요? 이 물음은 다음과 같이 적합을 롤링하고, 모델의 미래에 대한 평가를 하여 대답할 수 있습니다.

```R
## R
> ## arima를 적합시키고
> ## 2주 미래를 추정해보겠습니다.
> first.fit.size <- 104
> h               <- 2
> n               <- nrow(paris.flu) - h - first.fit.size
>
> ## 만들어낸 적합과 관련된 상관계수와 같은 정보에 대한
> ## 표준적인 차원을 구합니다.
> first.fit <- arima(paris.flu$flu.rate[1:first.fit.size], order = c(2, 1, 0),
>                    seasonal = list(order = c(0,1,0), period = 52))
> first.order <- arimaorder(first.fit)
>
> ## 예측과 상관계수를 저장하기 위한 공간을 사전에 할당합니다.
> fit.preds <- array(0, dim = c(n, h))
> fit.coefs <- array(0, dim = c(n, length(first.fit$coef)))
>
> ## 초기의 적합 이후, 한 번에 한 주씩 미래에 대한 적합을 롤링합니다.
> ## 매번 모델을 재적합시키고, 새로운 예측과 상관계수를 저장합니다.
> ## 주의하세요! 반복문이 종료되는 데 시간이 꽤 걸립니다.
> for (i in (first.fit.size + 1):(nrow(paris.flu) - h)) {
>     ## 점점 더 커지는 윈도에 대한 예측을 수행합니다.
>     data.to.fit = paris.flu[1:i]
>     fit = arima(data.to.fit$flu.rate, order = first.order[1:3],
>             seasonal = first.order[4:6])
>     fit.preds[i - first.fit.size, ] <- forecast(fit, h = 2)$mean
>     fit.coefs[i - first.fit.size, ] <- fit$coef
> }
```

그다음 이 롤링 결과에 대한 그래프를 그려봅니다(그림 13-6).

```R
## R
> ylim <- range(paris.flu$flu.rate[300:400],
>                    fit.preds[, h][(300-h):(400-h)])
> par(mfrow = c(1, 1))
> plot(paris.flu$date[300:400], paris.flu$flu.rate[300:400],
>      ylim = ylim, cex = 0.8,
> main = "Actual and predicted flu with SARIMA (2, 1, 0), (0, 1, 0)",
> xlab = "Date", ylab = "Flu rate")
> lines(paris.flu$date[300:400], fit.preds[, h][(300-h):(400-h)],
>       col = 2, type = "l",
>       lty = 2, lwd = 2)
```

그래프는 유용한 예측뿐만 아니라 모델의 몇 가지 제한 사항을 강조하여 보여줍니다. 이는 현실적이라고 보기엔 불충분한데, 때로는 독감 발생률이 음수가 된다는 사실을 통해 알 수 있습니다. ARIMA 모델에는 독감 발생률이 양수여야만 한다는 제한 사항을 강제할 수 있는 본질적인 요소가 없어서 델이 이렇게 동작할 수도 있는 게 당연합니다. 이러한 물리적인 제한 사항의 강제는 모델을 적합시키기 전인 데이터 변형 단계에서 이뤄져야 하는 작업입니다.

또한 모델은 우리가 원하는 것보다 이상치에 더 민감한 것으로 보입니다. 2013년 초기에 모델이 여러 번 독감 발생률을 지나치게 과대측정했다는 것을 알 수 있습니다. 자원의 배분이 질병 퇴치에 매우 중요한 경우, 이 모델은 수용 가능하다고 보기가 어렵습니다.

마지막으로, 이 모델은 주어진 연도의 치솟은 부분에서 다른 부분보다 훨씬 더 높은 값을 만들어냅니다. 이는 실제 요구되는 것보다 과도하게 자원을 할당하는 결과를 초래합니다. 자원이 매우 제한적인 상황에서는 좋지 않습니다. 순수 데이터 분석의 모델은 실세계의 자원 제한 사항에 뿌리를 내리는 데 필요한 고려 사항인 것입니다.

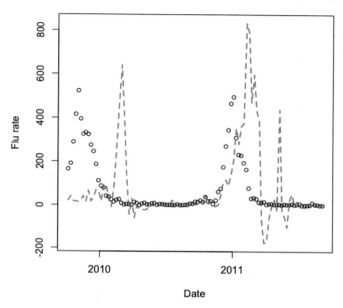

그림 13-6 독감 발생률(점)은 SARIMA 예측(점선)과 쌍을 이룹니다. 이 간단한 모델의 예측은 공중 보건 계획에 도움이 됩니다.

지금까지 이 문제에 기본적인 ARIMA 모델의 적합을 고려해봤고, 이번에는 다른 모델링 옵션을 살펴보겠습니다.

ARIMA 모델의 대안: 계절성 대신 외생조화회귀

이전 절에서 다룬 SARIMA 모델의 성능을 보면 시도해볼 만한 여러 가지 수정 사항이 있습니다. 여기서는 수정 사항 두 개만 고려합니다. 이들은 서로 독립적이며, 개별적으로 적용될 수 있습니다.[7]

먼저 할 일은 음수로 예측된 값을 방지하도록 모델에 제약 사항을 넣어주는 것입니다. 그러기 위한 한 가지 방법은 데이터에 로그변환을 해주는 것입니다. 따라서 시계열의 실젯값이 아닌 로그값을 예측하는 것입니다. 그다음 '실제' 예측된 값의 형태를 얻고 싶다면, 지수변환을 이용해서 로그로 변환된 값을 실수 형태로 역변환할 수 있습니다.

---

7   일반적으로 이들을 개별로 고려해야 하지만 여기서는 간결성을 위해 결합된 형태로 다룹니다.

그다음으로 할 일은 데이터의 계절성을 보다 투명한 방법으로 다룰 수 있는 방법을 찾는 것입니다. 계절성 ARIMA 모델이 간단하다고 설명했지만, 52라는 계절적 반복을 다루는 모델은 결코 간단한 것이 아닙니다. 계절성 ARIMA 모델은 긴 계절주기보다는 짧은 계절주기에서 더 잘 동작합니다(52는 긴 계절주기입니다).

여기서는 **동적조화회귀**dynamic harmonic regression를 사용합니다. 이 접근방식을 통해서 데이터의 주기성을 묘사하는 푸리에 급수Fourier series을 찾게 되고, 이 계열을 외생회귀exogenous regressor로 ARIMA와 함께 사용할 것입니다.[8] 푸리에 급수의 미래를 추정extrapolate할 수 있어서(푸리에의 순전히 주기적인 특성으로), 예측을 생성하는 시점에서 미래에 기대되는 값을 미리 계산할 수 있습니다.

이 모델의 강점은 모델의 자유도를 사용하여 계절적 행동과 더불어 기본적인 행동을 설명할 수 있다는 것입니다. 계절적 행동을 설명하기 위해서 많은 노력을 기울이지 않아도 됩니다.

동적조화회귀에는 몇 가지 단점도 있습니다. 우선 행동이 꽤 규칙적이며 정확히 같은 간격으로 발생한다는 것을 가정해야 합니다. 그리고 계절적 행동이 변하지 않는다는 것도 가정해야 합니다. 즉, 계절의 주기와 진폭이 변하지 않는다는 것입니다. SARIMA 모델은 시간에 따른 계절성의 진폭이 데이터에 미치는 영향에 보다 유연함을 지니긴 하지만 이러한 한계점은 SARIMA 모델과 유사하다고 볼 수 있습니다.

다음은 앞서 본 코드와 유사한 형태로, 동적조화회귀를 R로 수행하는 방법을 보여줍니다.

```
## R
> ## 상관계수와 적합을 저장하기 위한 벡터를 사전 할당합니다.
> fit.preds     <- array(0, dim = c(n, h))
> fit.coefs     <- array(0, dim = c(n, 100))
>
> ## 데이터에 적합시킬 푸리에 급수의 구성요소인 외생회귀자입니다.
> flu.ts        <-  ts(log(paris.flu$flu.rate + 1) + 0.0001,
>                      frequency = 52)
> ## 작은수/0은 수치적으로 문제를 일으키므로
> ## 작은 오프셋값을 더해줍니다.
```

---

8 푸리에 급수는 사인 또는 코사인 함수로 표현할 수 있습니다. 앞서 푸리에 급수에 대해 잠깐 언급했습니다. 푸리에 급수와 친숙하지 않다면, 이에 대한 배경을 어느 정도 읽어보기 바랍니다. 푸리에 급수는 모든 시계열에 '적합'시키기 위해 잘 정립된 방식들이 존재하고, 그 방법들은 R과 파이썬 패키지에서 널리 사용됩니다. 필자는 리치 빙크(Richie Vink)가 만든 간단한 튜토리얼을 매우 좋아하는데, 이 또한 한번 확인해보기 바랍니다(*https://perma.cc/7HJJ-HC2T*).

```
> exog.regressors <- fourier(flu.ts, K = 2)
> exog.colnames   <- colnames(exog.regressors)
>
> ## 각 주에 대해 모델을 다시 적합시킵니다.
> ## 학습 데이터의 윈도를 더 크게 만들어줍니다.
> for (i in (first.fit.size + 1):(nrow(paris.flu) - h)) {
>   data.to.fit       <- ts(flu.ts[1:i], frequency = 52)
>   exogs.for.fit     <- exog.regressors[1:i,]
>   exogs.for.predict <- exog.regressors[(i + 1):(i + h),]
>
>   fit <- auto.arima(data.to.fit,
>                     xreg = exogs.for.fit,
>                     seasonal = FALSE)
>
>   fit.preds[i - first.fit.size, ] <- forecast(fit, h = h,
>                                xreg = exogs.for.predict)$mean
>   fit.coefs[i - first.fit.size, 1:length(fit$coef)] = fit$coef
> }
```

이전 절의 코드에서 몇 가지를 조정했습니다. 우선 ts 객체를 사용했습니다(3장 참조). ts 객체를 사용하면, 시계열의 계절성을 명시적으로 나타낼 수 있습니다.

ts 객체를 사용하는 시점에 데이터의 로그변환을 수행하여 예측된 독감 발생률이 궁극적으로 양수가 되도록 해줍니다.

```
## R
> flu.ts = ts(log(paris.flu$flu.rate + 1) + 0.0001, ## 입실론을 더해줍니다.
>                       frequency = 52)
```

작은 오프셋 숫자(+ 0.0001)를 더합니다. 그 이유는 0이나 매우 작은 값에서는 수치적인 적합이 잘 동작하지 않기 때문입니다. 우리가 조정한 두 개 중 하나는 이 한 줄로 이미 완수되었습니다(즉, 음수가 될 수 없다는 물리적인 조건을 위해 로그 변환을 한 것입니다).

다음으로는 SARIMA의 계절적 파라미터 대신에 사용할 외생조화회귀를 생성합니다(즉, 푸리에 근사). forecast 패키지의 fourier() 함수를 사용해볼 수 있습니다.

```
## R
> exog.regressors <- fourier(flu.ts, K = 2)
> exog.colnames   <- colnames(exog.regressors)
```

우선 전체 시계열에 대한 고조파 계열을 생성하고, 나중에 나오는 반복문의 확장 윈도 롤링 적합에 적당하도록 부분집합을 나눕니다.

하이퍼파라미터 K는 적합에 얼마나 많은 사인/코사인 쌍이 포함되어야 할지를 나타냅니다. 각쌍은 해당 사인/코사인에 맞는 새로운 주파수를 표현합니다. 일반적으로 K는 계절주기가 길수록 크고, 계절주기가 짧을수록 작게 설정됩니다. 좀 더 확장된 예제에서는 K를 조정하는 데 정보 기준을 사용하는 방법을 고려할 수도 있겠지만, 지금 다루는 예제는 모델에 합리적이라고 판단되는 K=2를 사용했습니다.

마지막으로 해야 할 일은 방금 적합시킨 외생 푸리에 구성요소를 고려한 새로운 적합을 생성하는 것입니다. 이 적합 과정은 다음과 같습니다. 표준적인 ARIMA 파라미터를 통해 적합된 푸리에 급수는 추가적인 회귀자로서 xreg 인수에 넣었습니다.

```R
## R
> fit <- auto.arima(data.to.fit,
>                   xreg     = exogs.for.fit,
>                   seasonal = FALSE)
```

seasonal 파라미터는 FALSE로 설정되었는데, 여기서 동적조화회귀를 사용하기로 결정한 것은 계절적 파라미터가 중복되지 않도록 하기 위함입니다.

또한 예측을 할 때 회귀자를 포함해야 할 필요가 있습니다. 즉, 어떤 회귀자가 예측이 목표인 시간에 있는지를 표시할 필요가 있다는 것입니다.

```R
## R
> fit.preds[i - first.fit.size, ] <- forecast(fit, h = 2h,
>                                    xreg = exogs.for.predict)$mean
```

이 모델의 성능을 다음과 같은 그래프로 그려봅니다(그림 13-7).

```R
## R
> ylim = range(paris.flu$flu.rate)
> plot(paris.flu$date[300:400], paris.flu$flu.rate[300:400],
>       ylim = ylim, cex = 0.8,
> main = "Actual and predicted flu with ARIMA +
>          harmonic regressors",
```

```
> xlab = "Date", ylab = "Flu rate")
> lines(paris.flu$date[300:400], exp(fit.preds[, h][(300-h):(400-h)]),
>       col = 2, type = 'l',
> lty = 2, lwd = 2)
```

예측된 계열이 더는 음숫값을 갖지 않는다는 점은 긍정적인 소식입니다. 하지만 모델의 성능적
측면에서 볼 때 실망스러운 부분이 많습니다. 많은 예측이 잘못되었다는 것입니다. 최고치에
나타난 진폭은 상당히 잘못되었으며, 심지어 잘못된 시간에 나타나기까지 했습니다.

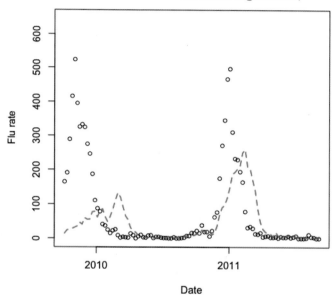

그림 13-7 실제 독감 발생률(점)에 ARIMA+동적조화회귀자 모델의 예측 비교 그래프

이 문제는 규칙적인 계절성이 독감의 계절성을 잘 묘사하지 못한다는 것으로 설명될 수 있습
니다.[9] 미국 질병통제예방센터^{Centers for Disease Control and Prevention} (CDC)에 따르면, 미국에서는 독
감이 12월 초 또는 늦은 3월 겨울철에 최고조에 달할 수 있다고 합니다(*https://perma.
cc/58SP-B3YH*). 이러한 사실은 테스트 데이터에서 확인할 수 있습니다. 데이터 중 테스트로

---

9 이 설명이 상황에 적합한지를 확인하려면 이 모델로 시뮬레이션으로 생성된 일부 합성 데이터를 시험합니다. 이때 독감 데이터가 외인성
  조화회귀 모델의 실패를 유발하는 계절적 행동이 아닌 주기적 행동인지를 확인할 수 있습니다.

사용되는 범위에서의 고점을 식별하는 [그림 13-8]의 그래프와 이를 그리는 데 사용된 다음의
코드를 고려해봅시다.

```
## R
> plot(test$flu.rate)
> which(test$flu.rate > 400)
Error in which(res$flu.rate > 400) : object 'res' not found
> which(test$flu.rate > 400)
[1]    1  59 108 109 110 111 112 113
> abline(v = 59)
> which.max(test$flu.rate)
[1] 109
> abline(v = 109)
```

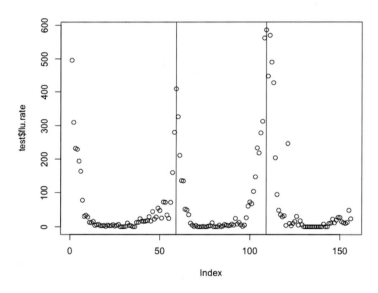

그림 13-8 독감에 대한 테스트값과 이들 값의 고점의 지점에 대한 그래프

고점은 인덱스 59와 109에서 발생합니다. 즉, 이 두 개의 간격은 52주가 아니라 50주입니다.
또한 인덱스 59에서 발생한 고점은 이전의 고점에서 적어도 59주가 떨어져 있습니다. 아마도
59주보다도 간격이 길 것입니다. 인덱스 0인 지점에서 보이는 고점의 형성군이 완전하지 않아
서 그렇게 볼 수 있습니다.

고점과 고점 간의 거리가 59보다 먼 경우와 50인 두 경우를 볼 때, 연간 변동성이 꽤 심하다는 것을 알 수 있습니다. 우리의 동적조화회귀는 이러한 사실을 고려하지 않고, 시간에 따라 계절적 행동이 변화하는 SARIMA 모델보다 더 엄격히 모델의 계절성을 강제합니다. 데이터와 추정 간의 이러한 불일치는 이 모델의 낮은 성능을 설명하는 데 큰 도움이 됩니다. 실제로 나쁜 모델을 사용하면, 이전에 눈치채지 못했던 데이터의 중요한 특징에 주목할 수 있는 기회를 얻게 됩니다.

낮은 성능이지만, 이 대안적인 모델은 몇 가지 이유로 유용하다는 것이 입증되었습니다. 시스템의 물리적 한계를 데이터 전처리에 내장하는 것의 가치를 보여줍니다. 여기서는 로그변환을 사용합니다. 또한 각 지점에서의 모델 선택을 뒷받침하는 기본 이론으로 여러 종류의 모델을 실험하는 것에 대한 가치를 보여줍니다. 우리가 사용한 모델은 계절성을 단순화하기 위해서 선택되었지만, 대신에 SARIMA와 계절성의 동적조화회귀모델 모두 이 시스템에서는 적합하지 않다는 사실을 발견할 수 있었습니다.

13.1.2 독감을 예측하는 최첨단 기술

방금까지 살펴본 모델들은 비교적 간단했지만, 짧은 기간에 대해 파리 대도심 지역의 독감 발생률을 예측하거나 현재를 보도하는 데 효과적이었습니다. 이러한 모델들은 데이터셋을 알아가기 위한 좋은 시작점으로 볼 수 있습니다. 또한 주어진 지역에 대한 독감과 같이 복잡하고 노이즈가 많은 상황에서의 예측이 가지는 한계점을 파악하는 데 좋습니다.

이 간단한 접근법을 현재 산업에서 사용되는 최첨단 기술, 그리고 보다 최첨단 기법을 찾으려는 학계가 출판한 논문들과 비교해보는 것이 흥미로운 일이 될 것입니다. 다음 내용을 통해 현대의 독감 예측이 어떻게 동작하는지와 근래에 과거의 모델을 개선하려는 연구자들의 새로운 방식을 알아보겠습니다.

독감 예측에 대한 연구

CDC에서는 연구원들이 독감 예측에 적극적으로 뛰어드는 것을 장려합니다. 데이터가 쉽게 가용될 수 있도록 R 패키지(*https://perma.cc/TDX8-4Z7T*)를 후원하기도 합니다. CDC는 2017~2018년 독감 시즌에만 공식적으로 독감 예측을 공고했지만 독감 예측 대회를 약 5년 동안 후원해왔습니다. 지금까지 카네기 멜런 대학교의 델파이[Delphi] 연구팀이 이 대회 대부분의 우승을 거머쥐었고, 이 연구팀은 다음과 같은 세 가지 노력으로 독감을 예측했습니다.

- 일련의 조작이 더해진 과거 독감 시즌의 데이터에 경험적 베이즈 방식(*https://perma.cc/8EBA-GN2C*)을 적용하여 현재 시즌의 데이터에 대한 사전확률을 형성합니다. 즉, 현재 시즌의 데이터는 과거 독감 시즌들로 구성된 시계열 전체의 '모양'에 기반합니다.

- 누구든지 독감 발생률의 예측을 제출할 수 있는 크라우드소싱 플랫폼(*https://perma.cc/XDE9-A9Y4*)을 이용했습니다.

- 센서 융합(*https://perma.cc/NGZ8-TD39*)을 사용하는 현재를 예측하는 방식을 사용하여 지리적으로 국부적인 독감 예측을 수행했습니다. 센서 융합은 위키백과 접속 횟수 및 연관된 트위터의 쿼리와 같은 여러 가지 데이터를 취합한 것입니다.

학계의 한 연구 그룹에서 사용되는 정말 다양한 접근 방식입니다. 학계를 좀 더 조사해보면 보다 많은 다양성을 찾아볼 수도 있습니다.

- 심층 합성곱 신경망을 사용하여 인스타그램의 사진을 분류하고, 그 결과에 트위터에서 관련된 글(*https://perma.cc/N39F-GSL5*)을 특징으로 함께 사용하여 XGBoost 트리와 같은 다양한 머신러닝 모델의 입력으로 만듭니다. 이 논문은 소규모 언어 커뮤니티(핀란드어 사용자)에만 초점을 맞추는 이점이 있었으며, 주류인 소셜미디어 플랫폼을 특정 지역에 한정적으로 사용될 수 있다는 것을 보여줬습니다.

- 거대한 소셜미디어 클러스터에서 신뢰할 수 있는 사용자를 식별합니다. 한 논문(*https://perma.cc/25GR-MHRK*)에 따르면, 소셜미디어 플랫폼에서 가장 신뢰할 수 있는 사용자를 찾아서 독감 예측을 개선하는 데 초점을 두기도 합니다.

- 공개적으로 가용한 데이터 외에도 전자 건강기록을 통해서 공개 데이터를 보완할 수 있는 더 완전하게 보완된 데이터에 접근합니다. 한 논문(*https://perma.cc/Q8B7-5TC4*)은 다양한 시간척도에서 예측의 정확성을 상당히 개선할 수 있음을 보여주었는데, 이는 전자 건강기록을 예측하여 통합한 결과였습니다. 독감의 정확한 예측 능력은 창의적인 연구자보다는 부유한 데이터를 보유한 이들의 것임을 시사하며, 아쉽게도 이러한 데이터는 쉽게 얻을 수는 없습니다.

이 문제에 대한 다양한 접근방법을 살펴봤습니다. 독감 예측은 다양한 방법으로 수행될 수 있고, 아직까지 어느 방법이 가장 좋다고 말할 수는 없습니다. 정부는 이 중에서 더 낫다고 보여지는 전략을 사용하고 있지만, 독감 예측은 여전히 지속적으로 활발한 연구와 개발이 진행될 분야입니다.

여기서 나눈 논의는 빙산의 일각입니다. 독감 시즌의 방향을 결정하는 데에는 생물학, 사회학, 의학, 경제적 정책 등 더 많은 것을 고려해야 하며, 시계열 분석보다는 독감의 다른 측면에 더 집중된 다양한 모델들도 존재합니다. 시계열은 매우 복잡한 주제에 대해 한 가지 풍부한 관점을 제공할 뿐입니다.

13.2 혈당치 예측

헬스케어 애플리케이션 중 시계열 데이터에 활발히 머신러닝을 적용하려는 또 다른 연구 분야는 개별 환자에 대한 혈당치를 예측하는 것입니다. 특히 식사 시간에 사용되는 인슐린 1회분을 주사해야 할 정도의 당뇨를 앓고 있는 환자는 항상 스스로 이러한 예측을 합니다. 이 경우 섭취하는 음식이 혈당에 미치는 영향과 그에 따라 조절해야 하는 투여량을 추정할 필요가 있습니다.

마찬가지로 당뇨병 환자들은 식사와 약물 투여시간을 기록해야 합니다. 혈당이 너무 높지도, 너무 낮지도 않은 특정 범위 내로 유지하여 최적화해줄 필요가 있기 때문입니다. 식사와 운동과 같이 혈당에 변화를 일으키는 활동에 대한 것뿐만 아니라, 당뇨병 환자들은 하루의 특정 시간에 대한 영향도 고려해야 합니다. 반면에 제1형 당뇨병 환자의 경우, 수면 시간 동안 혈당이 낮아지면 정확한 예측을 하지 못해 생명을 위협할 수도 있습니다.

여기서는 한 가지 작은 데이터셋을 살펴볼 것입니다. 이 데이터는 자동 혈당 관찰 기기에서 한 명의 환자 개인이 보고한 비연속적인 여러 시간에 대한 측정치에 기반합니다. 해당 환자가 인터넷에 직접 공개한 자료입니다. 환자의 사생활을 보호하기 위해 정보 일부분을 약간 수정했습니다.

당뇨 데이터를 얻기 위한 다른 방법도 있습니다. 큰 헬스케어 기관 및 수집된 많은 CGM 데이터를 보유한 일부 스타트업을 제외하더라도, 개인이 직접 공개한 데이터셋도 많습니다. 요즘에는 나이트 스카우트^{Night Scout} 프로젝트(*https://perma.cc/N42T-A35K*)처럼 환자 개인이 직접 당뇨를 관리할 수 있는 방법이 많기 때문입니다. 또한 연구 목적으로 공개된 CGM 데이터셋(*https://perma.cc/RXG2-CYEE*)도 여러 개 찾아볼 수 있습니다.

이번 절에서는 실세계 데이터가 얼마나 엉망인지를 살펴보고, 이 데이터에 대한 예측을 시도해 볼 것입니다.

13.2.1 데이터 정리 및 탐색

이 책의 깃허브 저장소(*https://github.com/PracticalTimeSeriesAnalysis/BookRepo*)는 이 데이터를 여러 파일로 쪼개서 저장합니다. 가장 먼저 할 일은 파일을 불러오고, 개별 파일을 결합하여 하나의 data.table로 만들어주는 것입니다.

```
## R
> files <- list.files(full.names = TRUE)
> files <- grep("entries", files, value = TRUE)
> dt    <- data.table()
> for (f in files) {
>   dt <- rbindlist(list(dt, fread(f)))
> }
>
> ## na 열들을 제거합니다.
> dt <- dt[!is.na(sgv)]
```

날짜에 대한 정보는 문자열 형식으로 제공됩니다. 그러나 적절한 타임스탬프 클래스 열이 없으므로 시간대와 시간 문자열을 포함하는 열을 하나 만들어보겠습니다.

```
## R
> dt[, timestamp := as.POSIXct(date)]
> ## 위 코드는 EST 시간대인 필자의 컴퓨터에서는 잘 동작합니다.
> ## 하지만 다른 시간대라면 아래와 같은 방법을 사용해야 합니다.
>
> ## 시간대를 고려한 적절한 방법
> dt[, timestamp := force_tz(as.POSIXct(date), «EST»)]
>
> ## 시간대 순으로 정렬
> dt = dt[order(timestamp, decreasing = FALSE)]
```

그리고 데이터 후처리를 검사합니다.

```
## R
> head(dt[, .(date, sgv)])
                   date sgv
1: 2015-02-18 06:30:09 162
2: 2015-02-18 06:30:09 162
3: 2015-02-18 06:30:09 162
4: 2015-02-18 06:30:09 162
5: 2015-02-18 06:35:09 154
6: 2015-02-18 06:35:09 154
```

중복된 데이터가 많이 보입니다. 다음의 두 가지 이유로 이 중복된 데이터를 정리할 필요가 있습니다.

- 특정 시점의 데이터가 다른 시점의 데이터보다 더 큰 가중치를 부여받아야 할 선험적인 이유가 없습니다. 그런데 중복된 데이터는 이러한 효과를 만들어냅니다.
- 시계열 윈도에 기반하여 특징을 형성하고자 할 때 중복된 시점이 존재한다는 것은 말도 안 됩니다.

먼저 완벽하게 중복되는 모든 행을 제거하여 이 문제를 해결해보겠습니다.

```
## R
> dt <- dt[!duplicated(dt)]
```

이렇게 해서 문제가 해결되었다고 가정하고 넘어가면 안 됩니다. 동일한 타임스탬프에 동일하지 않은 데이터가 존재하는지를 검사해보겠습니다.

```
## R
> nrow(dt)
[1] 24861
> length(unique(dt$timestamp))
[1] 23273
> ## 타임스탬프를 기준으로 볼 때 여전히 중복된 데이터가 있습니다.
> ## 이들 또한 제거할 것입니다.
```

삭제했지만 여전히 중복된 시간이 있으므로 이 중복성에 대한 의미를 살펴보겠습니다. 가장 중복이 많은 타임스탬프에 대한 행들을 식별하고 이들을 살펴봅시다.

```
## R
> ## dt[, .N, timestamp][order(N)]를 사용해서
> ## 하나의 표본을 식별한 다음, 가장 중복이 많은 데이터를 살펴봅니다.
> dt[date == "2015-03-10 06:27:19"]
    device              date                    dateString sgv direction type
1: dexcom 2015-03-10 06:27:19 Tue Mar 10 06:27:18 EDT 2015  66      Flat  sgv
2: dexcom 2015-03-10 06:27:19 Tue Mar 10 06:27:18 EDT 2015  70      Flat  sgv
3: dexcom 2015-03-10 06:27:19 Tue Mar 10 06:27:18 EDT 2015  66      Flat  sgv
4: dexcom 2015-03-10 06:27:19 Tue Mar 10 06:27:18 EDT 2015  70      Flat  sgv
5: dexcom 2015-03-10 06:27:19 Tue Mar 10 06:27:18 EDT 2015  66      Flat  sgv
6: dexcom 2015-03-10 06:27:19 Tue Mar 10 06:27:18 EDT 2015  70      Flat  sgv
7: dexcom 2015-03-10 06:27:19 Tue Mar 10 06:27:18 EDT 2015  66      Flat  sgv
8: dexcom 2015-03-10 06:27:19 Tue Mar 10 06:27:18 EDT 2015  70      Flat  sgv
## 이 이상의 행을 살펴보는 것은 중요하지 않습니다.
```

이 값들을 살펴보면, 서로 다른 혈당 수치가 보고되었다는 것을 알 수 있습니다. 하지만 이들 값에는 큰 차이가 없어 보입니다.[10] 따라서 완벽히 동일한 데이터가 아니더라도 이들을 제거하 겠습니다.[11]

```
## R
> dt <- unique(dt, by=c("timestamp"))
```

이제는 적절한 타임스탬프와 타임스탬프당 하나의 값만 가지게 됩니다. 다음으로 할 일은 데이 터의 그래프를 그려보고, 데이터의 행동에 대한 감을 익혀보는 것입니다(그림 13-9).

---

10 혈당 측정기가 허용하는 오류는 미국 측정 단위 시스템에서 약 15입니다. 이 데이터의 숫자는 이 범위 안에 들어갑니다.

11 이들을 제거하는 것 외의 옵션도 있는데, 그 방법은 여러분이 직접 검색해보기 바랍니다.

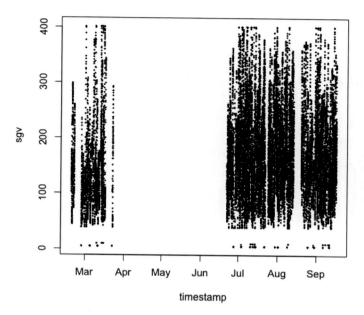

그림 13-9 전체 시간 도메인에 대해 가용한 범위의 모든 데이터를 여과 없이 도포합니다. 아쉽지만 데이터가 시간상 멀리 퍼져 있고, 데이터가 서로 뚝뚝 떨어져 있어서 시스템의 행동을 이해하기는 어려워 보입니다.

시계열의 앞쪽 시기인 2015년 3월을 확대해서 다시 한번 살펴보겠습니다(그림 13-10).

```
## R
> ## 데이터를 더 짧은 시간 윈도를 통해 바라보겠습니다.
> start.date <- as.Date("2015-01-01")
> stop.date  <- as.Date("2015-04-01")
> dt[between(timestamp, start.date, stop.date),
>            plot(timestamp, sgv, cex = .5)]
```

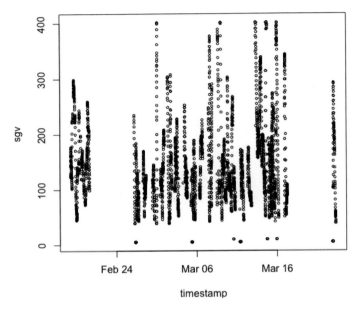

그림 13-10 시계열의 특정 한 부분에만 집중해보니 조금은 더 유용하다는 생각이 들지만, 여전히 시계열의 역동성적인 측면에서 볼 때 너무 많이 압축되어 있습니다. 시간축을 조금 더 확대해야 합니다.

3월에 제한된 데이터의 그래프였지만, 여전히 시계열의 행동에 대한 느낌을 얻기란 어렵습니다. 예를 들어 계절성이 있는지? 시간에 따른 패턴변화가 있는지? 일일 패턴은 있는지? 등과 같은 행동에 대한 것입니다. 다시 한번 보다 짧은 기간에 대한 시간 윈도로 그래프를 그려보겠습니다(그림 13-11).

```
## R
> ## 딱 하루 단위의 데이터만을 살펴보겠습니다.
> ## 하루 단위로 여러 날을 살펴보려면 2차원 히스토그램을 사용해야 합니다.
> par(mfrow = c(2, 1))
> start.date = as.Date("2015-07-04")
> stop.date  = as.Date("2015-07-05")
> dt[between(timestamp, start.date, stop.date),
>             plot(timestamp, sgv, cex = .5)]
>
> start.date = as.Date("2015-07-05")
> stop.date  = as.Date("2015-07-06")
> dt[between(timestamp, start.date, stop.date),
>             plot(timestamp, sgv, cex = .5)]
> ## 더 많은 날의 데이터가 있었다면 '날짜의 모양'에 대한 분석을 할 수 있었지만,
```

> ## 그러기에 충분한 데이터가 없는 것 같습니다.

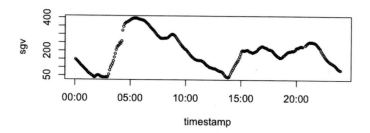

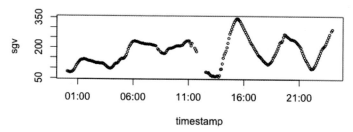

그림 13-11 7월의 특정한 두 날짜에 대한 그래프입니다. 어떤 일일 패턴이 나타나는지 확인할 수 있습니다. 마침내 사람의 눈으로 볼 때 의미 있는 시간의 척도로 데이터를 확인할 수 있습니다.

이러한 탐색적인 그래프 그리기를 많이 할수록 데이터의 크기, 양적인 역동성, 행동을 묘사하는 데 중요한 점에 대한 직관력을 키울 수 있습니다. 이 이상의 탐색을 하려면 다음과 같은 기법을 적용해야 합니다.

- 하루 단위의 2차원 히스토그램을 통해 하루 내의 패턴과 이들의 군집적인 행동을 살펴봅니다. 다른 종류로 보이는 날이 있을까요?
- 하루의 시간별 또는 한 해의 계절별로 그룹화하여 시간에 따라 계통적으로 다름이 보이는지를 살펴봅니다.
- 데이터를 평활화하여 장기적인 추세를 살펴보고, 특히 데이터의 하루 내의 관계보다는 일일 관계를 비교해봅니다. 데이터를 바라보는 것만으로도, 명백해 보이는 일일 패턴을 넘어선 상당히 긴 범위의 혈당 예측까지 발전시킬 수 있다면 이는 꽤 가치 있는 일이 될 것입니다.

13.2.2 특징 생성

일부 배경지식으로 무장하고 데이터에 대한 간단한 탐색을 통한 관찰을 수행했다면 데이터에서 혈당을 예측하는 데 유용할 만한 특징을 생성할 수 있습니다.

일단은 시간 자체를 특징으로 만들어줄 것입니다. 예를 들어 하루의 시간이 예측에 관련이 있어야 함을 시사하는 구조를 가진 것으로 나타났습니다. 마찬가지로 서로 다른 월에 대해 혈당 시계열의 그래프를 그려보면, 일부 월은 다른 월보다 더 큰 분산을 보입니다.[12] 여기서는 시간에 관련된 특징 몇 가지를 생성합니다(그림 13-12).

```R
## R
> ## 월을 특징으로 넣는 것을 고려해야 합니다.
> ## 어떤 계절적 효과가 있을지도 모릅니다.
> dt[, month := strftime(timestamp, "%m")]
>
> dt[, local.hour := as.numeric(strftime(timestamp, "%H"))]
> ## 하루의 일부 시간은 과하게 표현되었습니다.
> ## 측정을 한 사람은 측정 장치를 지속적으로 착용하지 않았거나
> ## 그 측정 장치가 하루의 특정 시간에만 동작하도록 설정되었거나
> ## 기록 자체에 문제가 있었을 것으로 보입니다.
> ## 자정에 고점을 형성한 것이 이상해 보이고 이는 사용자보다는
> ## 장치에 의해 발생한 것으로 보입니다(한밤중에 장치를 켜고 끌 사람이 있을까요?).
>
> hist(dt$local.hour)
```

또한 수집된 데이터의 타임스탬프 외에도 시계열값의 질적인 면도 고려합니다. 가령 하루 시간별 혈당의 평균 변동 폭이 크다는 것을 알 수 있습니다(그림 13-13).

```R
## R
> ## 혈당치는 하루 시간에 따라 달라지는 경향이 있습니다.
> plot(dt[, mean(sgv), local.hour][order(local.hour)], type = 'l',
>         ylab = "Mean blood glucose per local hour",
>         xlab = "Local hour")
```

---

12 이러한 모든 관찰을 할 때는 의심(회의론)을 가져야 합니다. 이 데이터셋은 1년 동안 환자 한 명이 측정한 데이터로 구성되어 있으며 연속성을 갖지 않습니다. 즉, 계절성에 대한 어떤 짐작은 해볼 수 있을지라도 확실한 결론을 내릴 수는 없다는 의미입니다. 다만, 이러한 데이터의 시간 구성요소를 고려하는 이유는 제한된 데이터에 적합시키기 위해서입니다.

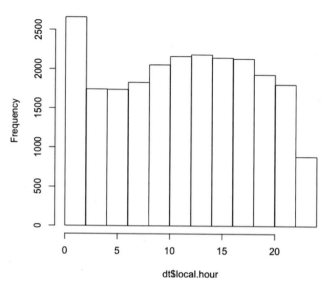

그림 13-12 지역 시간에 대한 히스토그램을 보면 CGM이 데이터를 수집한 시간과 보고된 데이터는 무작위성을 띄지 않는다는 것을 알 수 있습니다. 자정에 몰려 있는 빈도 수는 비정상적으로 보고된 결과, 또는 사용자의 문제보다는 장치의 기능의 이상이 있음을 시사합니다(사용자가 자정 부근에 장치를 조작할 가능성은 낮습니다).

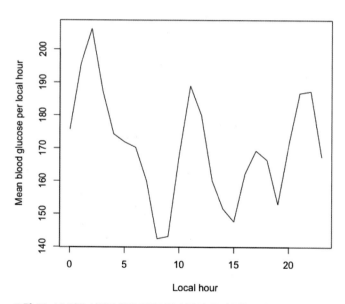

그림 13-13 하루 시간별 평균 혈당치의 상당히 큰 변동을 보여주는 그래프

혈당치에 대한 또 다른 흥미로운 데이터가 있습니다. 데이터셋의 **direction**이라는 이름의 열은 CGM 장치에서 가져온 데이터를 장치 제조사가 제공하는 소프트웨어에 적용하여, 데이터가 나아가는 방향성에 대한 추세를 계산한 결과에 대한 레이블입니다. 우리 스스로 통계적인 추세를 계산하는 대신에 이 정보를 사용할 수 있습니다. 따라서 서로 다른 시간이 서로 다른 추세를 갖는지 알아보기 위해서 이 데이터를 조금이나마 이해해보려고 노력해야 합니다.

함수를 하나 정의하는데, 이 함수는 주어진 벡터에서 n번째로 가장 인기 있는 레이블을 반환해 줍니다. 이 함수를 이용해서 하루의 각 시간에 대해 가장 인기 있는 레이블을 검색합니다.

```R
## R
> nth.pos = function(x, pos) {
>     names(sort(-table(x)))[pos]
>     ## R 유저 그룹의 도움으로 이 코드 스니펫을 사용할 수 있었습니다.
> }
> dt[, nth.pos(direction, 1), local.hour][order(local.hour)]
      local.hour     V1
  1:           0 Flat
  2:           1 Flat
  3:           2 Flat
  ...
 21:          20 Flat
 22:          21 Flat
 23:          22 Flat
 24:          23 Flat
      local.hour     V1
```

하루의 모든 시간에 대해 가장 인기 있는 **direction** 레이블은 Flat입니다. 추세가 단순히 하루의 시간만으로 잘 예측할 수 있다면 시스템의 역동성에 의구심이 들기 때문에 이는 안심할 수 있는 결과입니다.

하지만 다음과 같이 하루의 시간당 그다음으로 가장 일반적인 레이블은 시간에 따라 꽤 다릅니다.

```R
## R
> dt[, nth.pos(direction, 2), local.hour][order(local.hour)]
      local.hour            V1
  1:           0 FortyFiveUp
  2:           1 FortyFiveUp
```

```
 3:              2      FortyFiveUp
 4:              3  FortyFiveDown
 5:              4  FortyFiveDown
 6:              5      FortyFiveUp
 7:              6  FortyFiveDown
 8:              7  FortyFiveDown
 9:              8  FortyFiveDown
10:              9      FortyFiveUp
11:             10      FortyFiveUp
12:             11  FortyFiveDown
13:             12  FortyFiveDown
14:             13  FortyFiveDown
15:             14  FortyFiveDown
16:             15  FortyFiveDown
17:             16      FortyFiveUp
18:             17      FortyFiveUp
19:             18  FortyFiveDown
20:             19      FortyFiveUp
21:             20      FortyFiveUp
22:             21      FortyFiveUp
23:             22      FortyFiveUp
24:             23  FortyFiveDown
      local.hour               V1
```

호기심 차원에서 이전 절에 포함했던 하루 내의 패턴과 이 레이블들을 상호 참조해서 볼 수도 있을 것입니다. 이들의 결과가 일치할까요(이 질문에 대한 대답은 독자들을 위한 연습 문제로 남겨두겠습니다)?

다음으로 다룰 것은 예측될 수도 있는 수치형 레이블로, 가장 최근의 시간 윈도에서 측정된 혈당의 분산입니다. 과거의 시점으로 짧은 윈도를 적용하여 표준편차를 계산합니다.

계산할 때 데이터가 가진 인접하지 않은 기본적인 특성을 고려해야만 합니다. data.table에 인접할 뿐, 시간상 인접하지 않은 데이터의 표준편차를 계산하고 싶지 않을 수 있습니다. 대상 윈도의 시작점들과 끝점들 사이의 시간차를 계산하여 이들이 올바른 시간의 규모인지를 확실하게 해야 합니다. 그런데 이 계산에는 주의할 점이 있는데, 다음의 예제처럼 쉽게 잘못된 계산을 할 수 있는 경우입니다.

```
## R
> ## 이렇게 계산하지 마세요. 잘못된 방법입니다.
```

```
> ## 너무 순진하게 시간의 차이를 계산할 수 있다는 것을 조심하세요!
> as.numeric(dt$timestamp[10] - dt$timestamp[1])
[1] 40
> as.numeric(dt$timestamp[1000] - dt$timestamp[1])
[1] 11.69274
> dt$timestamp[1000] - dt$timestamp[1]
Time difference of 11.69274 days
```

계산된 각각의 시간의 차가 서로 다른 단위를 가질 수도 있습니다. 그러면, 이어지는 코드 자체
는 아무런 의미도 가지지 못합니다. 시간의 차이를 계산하는 올바른 방법은 다음과 같습니다.
이 방법은 특정 행의 표준편차 계산의 유효성을 판단하는 데 사용되는 시간차의 계산 방법과
동일합니다.

```
## R
> dt[, delta.t := as.numeric(difftime(timestamp, shift(timestamp, 6),
>                                      units = 'mins'))]
> dt[, valid.sd := !is.na(delta.t) & delta.t < 31]
> dt[, .N, valid.sd]
valid.sd    N
1:   FALSE  1838
2:    TRUE 21435
```

표준편차 계산이 적합한 행에 대해 레이블링을 했다면, 이제는 그 계산을 수행합니다. 모든 행
에 대해 계산을 수행하고, 유효하지 않은 표준편차의 경우는 누락된 값을 채우는 가장 간단한
방식인, 그 값이 소속된 열의 평균값으로 대체합니다.

```
## R
> dt[, sd.window := 0]
> for (i in 7:nrow(dt)) {
>   dt[i, ]$sd.window = sd(dt[(i-6):i]$sgv)
> }
> ## 유효하지 않은 표준편차의 경우,
> ## 모집단의 평균으로 값을 대체합니다(사전관찰 조심)
> imputed.val = mean(dt[valid.sd == TRUE]$sd.window)
> dt[valid.sd == FALSE, sd.window := imputed.val]
```

다음으로는 예측이 목표로 해야 할 참값을 담은 열을 설정합니다. 혈당을 현 시점에서 30분
전에 예측하는 상황을 고려해보겠습니다. 위험할 정도로 높거나 낮은 혈당이 예측될 때, 누군

가에게 그 사실을 경고하는 데 충분한 시간이기 때문입니다. 그 예측이 목표로 해야 할 값은 target이라는 열에 넣겠습니다. 그리고 pred.valid라는 또 다른 열을 만듭니다. 이 열의 내용은 이전 30분간의 데이터가 충분히 완전한지를 나타냅니다(즉, 5분 단위로 증가하며 30분간 데이터가 정기적으로 샘플링되었는지를 파악하는 것입니다).

```
## R
> ## 이번에는 y를 채워야 합니다.
> ## 즉, 실제로 예측이 목표로 하는 값에 대한 것입니다.
> ## 여기서도 표준편차 때와 마찬가지로 유효성 검사가 필요합니다.
> ## 마찬가지로 data.table의 데이터가 시간적으로 연속적이지 않기 때문입니다.
> ## (짧은 예측이 더 쉽습니다)
>
> ## 5분마다 샘플링을 하기 때문에 6만큼 뒤로 미룹니다.
> dt[, pred.delta.t := as.numeric(difftime(shift(timestamp, 6,
>                                                 type = "lead"),
>                                          timestamp,
>                                          units = 'mins'))]
> dt[, pred.valid := !is.na(pred.delta.t) & pred.delta.t < 31]
>
> dt[, target := 0]
> for (i in 1:nrow(dt)) {
>   dt[i, ]$target = dt[i + 6]$sgv
> }
```

이 작업의 결과가 합리적인지를 확인하기 위해 임의의 데이터에 대한 검사를 수행합니다.

```
## R
> ## 임의 데이터에 대해 결과를 검사합니다.
> i = 300
> dt[i + (-12:10), .(timestamp, sgv, target, pred.valid)]
           timestamp sgv target pred.valid
 1: 2015-02-19 16:15:05 146    158       TRUE
 2: 2015-02-19 16:20:05 150    158       TRUE
 3: 2015-02-19 16:25:05 154    151      FALSE
 4: 2015-02-19 16:30:05 157    146      FALSE
 5: 2015-02-19 16:35:05 160    144      FALSE
 6: 2015-02-19 16:40:05 161    143      FALSE
 7: 2015-02-19 16:45:05 158    144      FALSE
 8: 2015-02-19 16:50:05 158    145      FALSE
 9: 2015-02-19 17:00:05 151    149       TRUE
10: 2015-02-19 17:05:05 146    153       TRUE
```

```
11: 2015-02-19 17:10:05 144      154           TRUE
12: 2015-02-19 17:15:05 143      155           TRUE
13: 2015-02-19 17:20:05 144      157           TRUE
14: 2015-02-19 17:25:05 145      158           TRUE
15: 2015-02-19 17:30:05 149      159           TRUE
16: 2015-02-19 17:35:05 153      161           TRUE
17: 2015-02-19 17:40:05 154      164           TRUE
18: 2015-02-19 17:45:05 155      166           TRUE
19: 2015-02-19 17:50:05 157      168           TRUE
20: 2015-02-19 17:55:05 158      170           TRUE
21: 2015-02-19 18:00:04 159      172           TRUE
22: 2015-02-19 18:05:04 161      153          FALSE
23: 2015-02-19 18:10:04 164      149          FALSE
            timestamp sgv target pred.valid
```

이 출력 결과를 주의 깊게 살펴봅시다. 이 결과는 여러분 스스로에게 다음과 같은 질문을 떠오르게 할지도 모릅니다. 혈당 데이터의 최근 윈도에 대한 표준편차 계산에서 유효성을 너무 '가혹하게' 평가한 것은 아닌지 연습 문제 삼아 한번 생각해보기 바랍니다. 이러한 질문을 대변할 데이터가 있는지, 어떻게 pred.valid의 레이블링을 다시 해야 더 올바르게 포괄할 수 있을지에 대해 말입니다.

이렇게 하여 모델의 훈련을 위해 사용될 여러 특징들과 목푯값을 가지게 되었습니다. 하지만 특징 생성은 아직 끝나지 않았습니다. 이미 생성된 일부 시간의 특징들을 간소화하여 모델의 복잡성을 줄여야 합니다. 가령 지역 시간을 이진수 23개로 입력을 받기보다는(하나당 매 시간에 해당), '시간' 범주의 개수를 줄여볼 수 있습니다. 다음과 같이 실행해봅니다.

```
## R
> ## 하루를 24시간 대신 분기로 나눠보겠습니다.
> ## 이 작업은 '전형적인' 날의 개념에 기반하여 이루어집니다.
> dt[, day.q.1 := between(local.hour,  5, 10.99)]
> dt[, day.q.2 := between(local.hour, 11, 16.99)]
> dt[, day.q.3 := between(local.hour, 17, 22.99)]
> dt[, day.q.4 := !day.q.1 & !day.q.2 & !day.q.3]
```

마찬가지로 월 데이터를 조금 더 간단한 범주로 간소화해줍니다.

```
## R
> ## 각 월 대신, '겨울/겨울이 아님'이라는 레이블을 사용해보겠습니다.
> ## 이 결정은 데이터가 시간적으로 퍼져 있는 정도에 기반하여 이루어졌습니다.
> dt[, is.winter := as.numeric(month) < 4]
```

마지막으로 direction 열을 사용하려면 하루 중 다른 시간을 사용한 것처럼 해당 열의 값들을 원핫 인코딩을 해야 합니다. 또한 일관적이지 않게 레이블링된 특징도 정리해주겠습니다("NOT COMPUTABLE"과 "NOT_COMPUTABLE"이 의미는 같지만, 다른 형태의 레이블을 달고 있습니다).

```
## R
> ## direction 특징을 원핫 인코딩 해줄 필요가 있습니다.
> ## 그리고 데이터를 어느 정도 정리해줄 필요가 있습니다.
> dt[direction == "NOT COMPUTABLE", direction := "NOT_COMPUTABLE"]
> dir.names = character()
> for (nm in unique(dt$direction)) {
>   new.col = paste0("dir_", nm)
>   dir.names = c(dir.names, new.col)
>   dt[, eval(parse(text = paste0(new.col, " :=
                               (direction == '", nm, "')")))]
> }
```

이제는 원핫 인코딩된 특징과 이전보다 간소화된 특징들을 갖게 되었습니다. 이 특징들을 직접 모델로 보낼 준비가 끝났습니다.

13.2.3 모델의 적합

드디어 시계열 분석의 재미있는 부분에 도달했습니다. 바로 예측을 해보는 것입니다.

> **NOTE_ 모델링에 얼마나 많은 시간을 투자해야 할까요?**
> 이번 장에서 실세계의 두 가지 모델을 살펴보면서, 실세계의 데이터가 엉망진창이며 이를 정리하는 과정에는 도메인 지식과 일반상식 등이 필요하다는 것을 알 수 있었습니다. 일반화된 틀이라는 것은 존재하지 않습니다. 항상 조심스럽게 진행하고, 모델을 적합시키겠다고 서두르면 안 됩니다. 쓰레기 데이터가 아니라는 자신감이 있을 때만 이를 모델의 적합에 사용해야 합니다!

모델을 적합시키는 과정의 첫 번째는 학습용과 테스트용 데이터셋을 생성하는 것입니다.[13]

```R
## R
> ## 학습용과 테스트용 데이터셋을 설정해야 합니다.
> ## 마지막 시점에 모든 테스트를 수행해서는 안 됩니다.
> ## 일부 행동이 계절성을 띨 것이라고 가설을 세웠기 때문입니다.
> ## 테스트용 데이터가 두 '계절'의 마지막 데이터로 구성되도록 만들겠습니다.
> winter.data      <- dt[is.winter == TRUE]
> train.row.cutoff <- round(nrow(winter.data) * .9)
> train.winter     <- winter.data[1:train.row.cutoff]
> test.winter      <- winter.data[(train.row.cutoff + 1): nrow(winter.data)]
>
> spring.data      <- dt[is.winter == FALSE]
> train.row.cutoff <- round(nrow(spring.data) * .9)
> train.spring     <- spring.data[1:train.row.cutoff]
> test.spring      <- spring.data[(train.row.cutoff + 1): nrow(spring.data)]
>
> train.data <- rbindlist(list(train.winter, train.spring))
> test.data  <- rbindlist(list(test.winter,  test.spring))
>
> ## 이제는 사용할 열들만 포함합니다.
> ## 범주형값: valid.sd, day.q.1, day.q.2, day.q.3, is.winter
> ## 모든 'dir_'로 시작하는 이름을 가진 열
> col.names <- c(dir.names, "sgv", "sd.window", "valid.sd",
>                "day.q.1", "day.q.2", "day.q.3", "is.winter")
>
> train.X <- train.data[, col.names, with = FALSE]
> train.Y <- train.data$target
>
> test.X <- test.data[, col.names, with = FALSE]
> test.Y <- test.data$target
```

여러 최신 작업과 방법을 일치시키기 위해 모델은 **XGBoost** 그레이디언트 부스팅 트리를 사용할 것입니다. 최근 발표된 내용에 따르면 이 방법이 혈당을 예측하는 일부 경우에서 최고 성능 또는 그 이상을 달성했다고 합니다.[14]

---

13 실전에서 데이터셋이 매우 거대하다면 검증용 데이터셋을 별도로 설정해야 할지도 모릅니다. 이 데이터셋은 실제 테스트 데이터를 오염시키지 않기 위해서 학습 데이터셋에서 테스트 데이터와 비슷한 것들을 추출하여 구성한 특별한 부분집합입니다. 실제 테스트 데이터가 시간상 가장 최근의 데이터인 경우가 일반적인 것처럼(미래의 정보가 과거로 누수되는 것을 방지하기 위해서입니다), 검증용 데이터셋은 학습용 데이터셋의 시간상 마지막에 위치한 데이터가 되어야 합니다. 검증용 데이터셋을 스스로 설정해보고 모델의 하이퍼파라미터를 탐색하는 데 활용해보기 바랍니다.

14 여기서는 하이퍼파라미터의 미세 조정을 수행하지 않습니다(이는 검증용 데이터셋을 통해서 이루어집니다). 하지만 기본적인 모델링 처리 공정을 구축한 다음에는 XG부스트에 대해 하이퍼파라미터 미세 조정을 수행해야 합니다.

```
## R
> model <- xgboost(data = as.matrix(train.X), label = train.Y,
>                       max.depth = 2,
>                       eta       = 1,
>                       nthread   = 2,
>                       nrounds   = 250,
>                       objective = "reg:linear")
> y.pred <- predict(model, as.matrix(test.X))
```

그러면 이 예측의 결과를 살펴볼 수 있습니다(그림 13-14). 또한 특정 날짜에 대한 예측도 살펴보겠습니다(그림 13-15).

```
## R
> ## 이번에는 특정 날짜를 살펴보겠습니다.
> test.data[date < as.Date("2015-03-17")]
> par(mfrow = c(1, 1))
> i <- 1
> j <- 102
> ylim <- range(test.Y[i:j], y.pred[i:j])
> plot(test.data$timestamp[i:j], test.Y[i:j], ylim = ylim)
> points(test.data$timestamp[i:j], y.pred[i:j], cex = .5, col = 2)
```

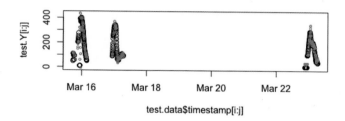

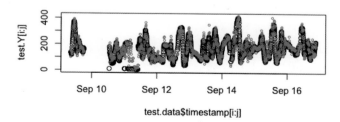

그림 13-14 큰 규모에 대한 예측 결과가 좋아보이지만 축소된 상태로는 판단을 내리기가 어렵습니다. 예측을 사용하는 누군가가 경험하게 될 방식이 아닙니다.

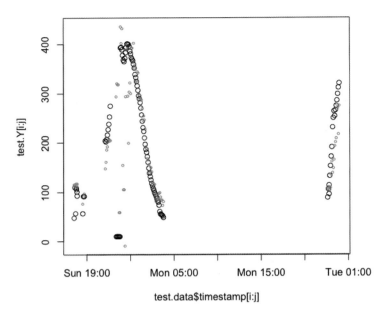

그림 13-15 특정 하루에 대한 관찰이 예측 알고리즘이 동작하는 방식에 대한 더 나은 관점을 제시합니다.

예측 결과가 합리적인 것처럼 보이지만, 이 그래프는 기본 데이터 자체에 문제가 있을지도 모른다는 사실을 나타냅니다. 일요일과 월요일 사이의 자정 부분에 나타난 작은 방울은 비현실적으로 낮은 것처럼 보입니다. 인접한 점들이 그만큼 낮지 않기 때문입니다. 이 정도로 짧으면서도 급격한 낮은 혈당이 실제로 발생했다기보다는 장치가 오작동했을 가능성이 높다고 볼 수 있습니다. 데이터 정제 작업을 좀 더 수행하거나, 의심되는 특정 데이터에 대해 추가로 레이블링 작업을 고려해볼 수도 있습니다.[15] 모델이 이렇게 무효한 혈당 데이터를 예측했다는 것은 과적합의 신호일 가능성이 높습니다. 우리는 모델이 실제 혈당을 예측하길 원하는 것이지, 장치의 오작동까지 예측하길 원하는 것이 아닙니다.

이 시점에서 우리는 알고리즘이 목표하는 바를 고려해봐야 합니다. 단지 환자의 식사나 운동 등에 대한 어떠한 정보도 없이, 단지 30분 전에 혈당 예측을 합리적으로 잘 해낼 수 있음을 보여주고자 한다면 이미 '미션 완수'라고 말할 수 있습니다. 이미 꽤 대단한 것을 달성한 것이며, 식사와 운동과 같은 연관된 입력도 없이 합리적인 예측을 해냈다면 매우 인상적인 것입니다.

------

15 한 가지 방법은 시계열을 인식하는 방식의 이상치 감지를 적용하여, 특정 시간 윈도우에 대한 일반적인 추세에 어긋나는 데이터에 주의하는 것입니다. 또는 일부 사례에 대해서는 기본적인 물리학, 화학, 생물학을 사용하여 특정 움직임이 불가능하다는 것을 파악할 수도 있습니다.

그러나 우리는 누군가에게 위험을 경고하는 예측을 주된 목표로 합니다. 즉, 누군가의 혈당이 너무 높거나, 너무 낮은 상황을 의미합니다. 실제 측정된 값과 예측값이 얼마나 유사한지를 고려하면서, 이 데이터들에 집중해보겠습니다.

높고 낮은 혈당값을 개별적으로 분리하여 그래프로 그리는 것이 중요합니다. 이 둘의 그래프를 함께 그렸다면 높고 낮은 점들이 인위적으로 덤벨 모양을 만들어내고, 이는 높은 상관관계인 것처럼 보일 수 있습니다(그림 13-16).

```
## R
> par(mfrow = c(2, 1))
> high.idx = which(test.Y > 300)
> plot(test.Y[high.idx], y.pred[high.idx], xlim = c(200, 400),
>                                           ylim = c(200, 400))
> cor(test.Y[high.idx], y.pred[high.idx])
[1] 0.3304997
>
> low.idx = which((test.Y < 60 & test.Y > 10))
> plot(test.Y[low.idx], y.pred[low.idx], xlim = c(0, 200),
>                                         ylim = c(0, 200))
> cor(test.Y[low.idx], y.pred[low.idx])
[1] 0.08747175
```

이 그래프들은 우리 모델의 성능의 민낯을 보여줍니다. 특히 저혈당에 대해 모델이 매우 잘 동작하지 못한다는 부분에서 그러합니다. 아마도 위험 수준의 저혈당은 자주 발생하는 일이 아니므로 이러한 상황에 대해 모델이 훈련될 기회가 많이 없을지도 모릅니다. 따라서 데이터 증강이나 리샘플링 등을 고려하여 모델에 이러한 현상이 좀 더 두드러질 수 있게끔 만들 방법을 찾아야 합니다. 또한 손실 함수를 수정하여 데이터에 이미 들어 있는 표본에 좀 더 가중치를 둘 수도 있습니다.

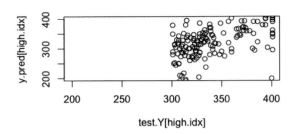

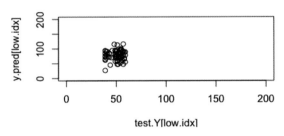

그림 13-16 예측값과 실젯값 간의 관계를 나타낸 그래프입니다. 상단의 그래프는 높게 측정된 혈당값을, 하단의 그래프는 낮게 측정된 혈당값을 나타냅니다.

여기서 우리는 초기 모델의 예측이 훌륭하기는 하지만 모델의 기본 목적을 대부분 만족하지 못한다는 사실을 알 수 있습니다. 이 경우에는 혈당의 일반적인 추세를 예측하되, 높고 낮은 혈당을 예측하는 작업을 더 많이 해야 합니다. 특히 목숨을 위협할 정도의 낮은 혈당에 주안점을 둬야 합니다.

여기서 본 독감 예측의 경우 시계열 모델링에는 일반상식이 필수라는 것을 배웠습니다. 아무것도 모르는 장님과도 같은 상태에서는 데이터를 정리하거나, 특징을 준비하는 등의 작업을 할 수 없습니다. 마찬가지로 하루의 시간대가 사람의 혈당에 미치는 영향의 중요성에 대한 이해와 같이, 특정 시계열의 도메인을 많이 알면 알수록 데이터 정리와 특징의 준비 작업, 그리고 예측의 성공과 실패에 대한 중요한 사례를 더 잘 분석할 수 있습니다.

13.3 보충 자료

- Vasileios Lampos et al., "Advances in Nowcasting Influenza-Like Illness Rates Using Search Query Logs," Scientific Reports 5, no. 12760 (2015), *https://perma.cc/NQ6B-RUXF*.

  ▷ 이 논문은 독감 예측에 대한 소개를 잘 했을 뿐만 아니라, 현재와 미래의 예측이 소셜 미디어와 인터넷 데이터의 입력과 빅데이터에 의해 대변혁을 맞이한 역사적인 자료도 함께 제공합니다. 이 논문의 저자들은 전통적인 선형 모델과 획기적인 비선형 모델을 모두 사용하여 서로 다른 접근법을 비교하고, 계절적 전염병 비율과 같이 복잡한 시스템에서 비선형 모델이 가진 유용성을 보여줍니다.

- David Farrow, "Modeling the Past, Present, and Future of Influenza," doctoral thesis, Computational Biology Department, School of Computer Science, Carnegie Mellon University, 2016, *https://perma.cc/96CZ-5SX2*.

  ▷ 이 학위논문은 지리적으로 다양한 위치 및 시간 단위의 소셜 미디어를 통합하여 델파이 그룹의 독감 예방의 원리를 만들어내기 위해 '센서 융합'의 상세한 이론과 실전 내용을 소개합니다. 지나칠 정도로 독감 예측 개요를 깊이 있게 다룹니다. 바이러스학virology에서 개체군 역학population dynamics, 데이터 처리가 예측에 미치는 영향에 대한 데이터 과학의 실험까지 다룹니다.

- Rob J. Hyndman, "Dynamic Regression," lecture notes, n.d., *https://perma.cc/5TPY-PYZS*.

  ▷ 이 강의 노트는 동적회귀를 사용하여 전통적인 통계 예측 모델을 보충하는 실전 예제를 제공합니다. 좀 더 구체적으로는 주기성이 너무 복잡하거나, 데이터나 계산 자원 대비 기간이 너무 길어서 SARIMA가 잘 적합되지 못할 때 계절성에 대한 일련의 대체 모델들로 SARIMA 모델을 보충하는 방법을 소개합니다.

## CHAPTER 14

금융 애플리케이션

금융시장은 모든 시계열 데이터의 조상쯤으로 볼 수 있습니다. 최첨단 거래소의 독점 거래 데이터를 위해 돈을 지불하는 경우, 고성능 계산 및 병렬화 자원을 가지고도 며칠씩이나 걸리는 테라바이트 규모의 데이터를 얻을 수 있습니다.

매우 잦은 거래는 보통 새로 시작하거나 악명 높은 사람들에 의해 발생합니다. 이들은 마이크로초 단위의 시계열 분석의 결과에서 얻은 통찰과 정보를 통해 거래하곤 합니다. 반면에 주식시장에서 계속 성공하는 회사들은 시, 일, 월 단위로 장기적인 시계열을 바라봅니다. 이들을 보면, 성공적인 금융 데이터의 시계열 분석을 위한 무수히 많은 방법과 적용 가능한 시간 단위는 밀리초에서 수개월까지 다양한 규모로 수행될 수 있다는 것을 알 수 있습니다.

> NOTE_ 병렬화는 데이터의 한 부분에 대한 처리 결과가 데이터의 다른 부분에 전혀 의존하지 않는 처리 작업을 말합니다. 이 경우, 순차적이었던 데이터 분석을 병렬로 처리될 수 있도록 쉽게 변환이 가능하며, 다중 코어 또는 다중 서버의 계산 자원의 이점을 활용할 수도 있습니다.
>
> 가령 특정 증권에 대해 분 단위로 측정된 데이터의 일간 평균을 계산한다고 가정해봅시다. 매일 매일은 병렬로서 각각 다뤄질 수 있을 것입니다. 반면에 일일 변화에 대한 지수가중이동평균의 계산은 병렬화될 수 없습니다. 특정 날에 대한 값은 그 이전의 날들의 값에 의존하기 때문입니다. 병렬화될 수 없는 작업이라도 부분적으로 병렬 처리가 되는 경우도 있습니다. 하지만 이는 세부적인 처리 내용에 의존적입니다.

여기서는 재미와 금전적 이익을 위한 S&P 500[1]의 배당수익을 예측하는 일반적인 시계열 분석을 해볼 것입니다.

----

1 옮긴이_ 스탠더드 앤드 푸어스 500종 평균 주가지수

14.1 금융 데이터의 취득과 탐색

특정 시간 단위나 상품을 찾고 있는 상황이라면 금융 데이터의 취득이 상당히 어려울 수 있습니다. 이러한 경우에는 데이터를 구매하는 것이 일반적입니다. 하지만 다음을 포함한 다양한 서비스에서는 그동안의 주가 기록을 널리 보급합니다.

- 야후 파이낸스는 이 서비스와 데이터 기록을 위한 API를 중단했지만, 일간 기록 데이터는 여전히 다운로드(*https://perma.cc/RQ6D-U4JX*)가 가능합니다.

- AlphaVantage(*https://www.alphavantage.co*) 및 퀀들^{Quandl}(*https://www.quandl.com*)과 같은 새로운 기업은 지금까지의 기록 및 실시간 가격 정보를 제공합니다.

이 책은 야후에 무료로 접근 가능한 주가 데이터로 분석 대상을 제한합니다. 1990년에서 2019년까지에 대한 S&P 500의 데이터를 다운로드합니다. 다음의 코드처럼 가용한 열의 종류를 확인하고 주가의 일일 종가의 그래프를 그려봄으로써, 데이터 탐색을 시작해볼 수 있습니다(그림 14-1).

```python
## python
>>> df = pd.read_csv("sp500.csv")
>>> df.head()
>>> df.tail()
>>> df.index = df.Date
>>> df.Close.plot()
```

CSV 파일에 포함된 처음과 마지막 날짜의 값이 매우 다르다는 것을 알 수 있습니다. 데이터프레임 대신 [그림 14-2]처럼 종가에 대한 시계열의 그래프를 그려보면 변화의 정도를 보다 명확히 알 수 있습니다.

[그림 14-2]는 시계열이 정상이 아님을 보여줍니다. 또한 서로 다른 '체제'가 있어 보이기도 합니다. 이 그래프가 명확히 보여주는 이유 때문에 금융 데이터 분석가들은 주식 가격의 체제 변화를 식별하는 모델을 개발하고 싶어 합니다. 하나의 체제가 언제 끝나고, 다른 체제가 언제 시작하는지 명확히 정의를 내리지 못할지도 모르지만, 서로 다른 체제들이 나타나고 있습니다.[2]

---

2 여러 다른 주가를 복합적으로 입력받고, S&P 500 또한 까다롭습니다.

```
In [9]:  df.head()
```

Out[9]:

	Date	Open	High	Low	Close	Adj Close	Volume
0	1990-02-13	330.079987	331.609985	327.920013	331.019989	331.019989	144490000
1	1990-02-14	331.019989	333.200012	330.640015	332.010010	332.010010	138530000
2	1990-02-15	332.010010	335.209991	331.609985	334.890015	334.890015	174620000
3	1990-02-16	334.890015	335.640015	332.420013	332.720001	332.720001	166840000
4	1990-02-20	332.720001	332.720001	326.260010	327.989990	327.989990	147300000

```
In [75]:  df.tail()
```

Out[75]:

	Date	Open	High	Low	Close	Adj Close	Volume
7301	2019-02-06	2735.050049	2738.080078	2724.149902	2731.610107	2731.610107	3472690000
7302	2019-02-07	2717.530029	2719.320068	2687.260010	2706.050049	2706.050049	4099490000
7303	2019-02-08	2692.360107	2708.070068	2681.830078	2707.879883	2707.879883	3622330000
7304	2019-02-11	2712.399902	2718.050049	2703.790039	2709.800049	2709.800049	3361970000
7305	2019-02-12	2722.610107	2748.189941	2722.610107	2744.729980	2744.729980	3827770000

그림 14-1 CSV 파일의 처음과 마지막에 대한 가공되지 않은 데이터. 값이 1990~2019년 사이에 상당히 바뀐 점에 주목해봅시다. 이는 미국 금융시장의 역사를 아는 사람에게 그리 놀라운 사실은 아닐 것입니다.

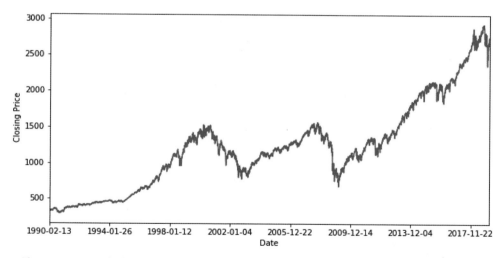

그림 14-2 S&P 500의 일일 종가는 정상 시계열이 아닙니다.

변화의 지점과 서로 다른 체제는 전체 데이터셋을 서로 다른 서브 데이터셋으로 쪼개고, 각각을 개별로 모델링하는 것이 좋을 수도 있음을 시사합니다. 그러나 몇십 년간의 일일 기록만으로는 많은 데이터를 만들어내지 못하므로 가능한 한 모든 데이터가 함께 관리되어야 합니다.

따라서 하루 앞선 예측에만 관심이 있는 경우에 이 모든 데이터를 함께 관리하는 것이 타당한 일인지의 여부를 고려해야 합니다.

데이터를 정규화하는 것이 서로 다른 시기의 데이터가 호환될 수 있는지를 고려할 수 있습니다. 시계열 내에서 약 30년 동안 1주일 단위로 조정된 종가를 살펴보겠습니다(그림 14-3).

```python
## python
>>> ## 서로 다른 연도에서 한 주씩 총 3개를 선택합니다.
>>> ## 각 주의 평균 종가로 각 날의 종가를 조정합니다.
>>> ## 1990
>>> vals = df['1990-05-07':'1990-05-11'].Close.values
>>> mean_val = np.mean(vals)
>>> plt.plot([1, 2, 3, 4, 5], vals/mean_val)
>>> plt.xticks([1, 2, 3, 4, 5],
>>>    labels = ['Monday', 'Tuesday', 'Wednesday', 'Thursday', 'Friday'])
>>>
>>> ## 2000
>>> vals = df['2000-05-08':'2000-05-12'].Close.values
>>> mean_val = np.mean(vals)
>>> plt.plot([1, 2, 3, 4, 5], vals/mean_val)
>>> plt.xticks([1, 2, 3, 4, 5],
>>>    labels = ['Monday', 'Tuesday', 'Wednesday', 'Thursday', 'Friday'])
>>>
>>> ## 2018
>>> vals = df['2018-05-07':'2018-05-11'].Close.values
>>> mean_val = np.mean(vals)
>>> plt.plot([1, 2, 3, 4, 5], vals/mean_val)
>>> plt.xticks([1, 2, 3, 4, 5],
>>>    labels = ['Monday', 'Tuesday', 'Wednesday', 'Thursday', 'Friday'])
```

서로 다른 연도의 요일에 대한 종가를 그래프로 그렸습니다. 코드에서 보여주듯이 각 주의 평균으로 각각 조정되었습니다. 한 주 동안 나날이 변화한 상대적인 비율은 10년이나 떨어진 각 연도에서도 비슷한 정도로 보입니다.

이 그래프들은 좋은 조짐을 보여줍니다. 시간에 따라서 종가에 대한 평균값과 분산이 상당히 많이 바뀌었지만, 해당 연도에 대한 평균값으로 정규화를 했을 때 시간에 따른 유사한 행동을 보임을 보여줍니다.

이러한 사실에 근거해서 다음으로 고려할 것은 전체 시기를 통틀어서도 모델을 의미 있게 학습시키기에 충분히 유사하도록 만들 수 있는 방법을 알아보는 것입니다. 금융적으로 의미가 있으면서도 전체 시기를 통해 호환 가능한 형태로 데이터를 변환할 방법을 알고 싶은 것입니다.

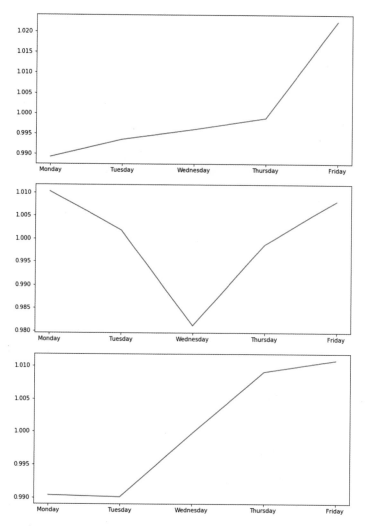

그림 14-3 1990, 2000, 2018년의 5월의 특정 한 주에 대한 평균 종가

각 거래일의 시작가와 종가의 차이를 통해서 수익을 계산합니다(그림 14-4).

```python
## python
>>> df['Return'] = df.Close - df.Open
>>> df.Return.plot()
```

[그림 14-4]를 보면 이 계산만으로는 데이터가 호환 가능하도록 만들기에 충분치 않다는 것을 알 수 있습니다. 사전관찰 없이 데이터를 정규화하는 방법도 찾아야 합니다. 그렇게 하여 모델의 입력과 출력에 사용되는 값이 우리가 관심 있는 기간에 대해 더욱 균일해지도록 만들어줄 수 있습니다. 다음 절에서 그 방법을 다루겠습니다.

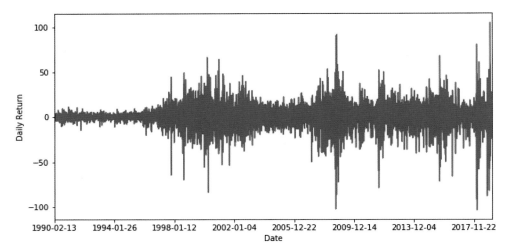

그림 14-4 일일 수익은 시간에 따른 0에 가까운 평균을 보여주지만, 일일 수익에 대한 분산은 서로 다른 기간에 따라 현저하게 변화합니다. 이러한 행동은 6장에서 잠시 논의되었던 GARCH와 같은 모델에 영감을 줍니다.

확률보행으로서의 금융시장

확률보행random walk은 금융 시계열 모델을 시작하기에 좋습니다. 주가는 종종 자연적으로 일어나는 확률보행의 전형적인 예로 인용되곤 합니다. 이와 같은 데이터를 분석할 때는 두 가지 중요한 통찰을 항상 염두에 두어야 합니다.

그중 첫 번째로는 여러 체제의 변화가 확률보행의 자연스러운 윤곽의 영향일 수 있다는 것입니다. 이 말을 믿지 못하겠다면, R로 생성된 다음의 예제를 살펴봅시다(그림 14-5).

```
## R
> ## 각 그래프를 생성하는 데 사용되는 시드값
> ## set.seed(1)
> ## set.seed(100)
> ## set.seed(30)

> N <- 10000
> x <- cumsum(sample(c(-1, 1), N, TRUE))
> plot(x)
```

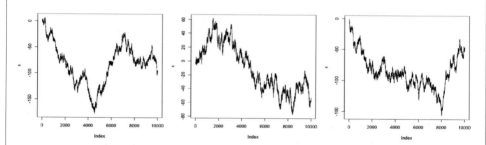

그림 14-5 코드에서 설정한 서로 다른 시드값에 따른 다양한 확률 보행의 출력

두 번째는 확률보행이 주식 데이터에 자연스럽게 적합하므로 복잡한 모델의 벤치마킹을 시작할 수 있는 널 또는 가장 기본적인 모델은 오늘의 가격으로 내일을 예측하는 것이 될 것입니다. 확률보행으로서 주식시장을 이해하는 것과 일치합니다. 이 경우, 매우 높은 상관관계를 기대해볼 수 있습니다.

```
## R
> cor(x, shift(x), use = "complete.obs")
[1] 0.9996601
```

반면 한 시간 단계와 다른 시간 간의 차이에 대한 시계열에서의 값과 같은 시계열의 차분을 구한다면, 이 상관관계는 사라지고 맙니다. 어떤 상관관계도 간단한 모델의 실제 예측 능력보다는 추세에 따른 것이기 때문입니다.

```R
## R
> cor(diff(x), shift(diff(x)), use = "complete.obs")
[1] -0.005288012
```

따라서 금융에서는, 높거나 낮은 상관관계의 모델을 만들더라도 모델링의 대상이 되는 데이터의 종류와 깊은 연관을 가질 수 있습니다. 주가보다는 수익에 대한 모델링을 한다면 상관관계가 낮아 보이지만 실세계에서는 훨씬 예측력이 좋을 가능성이 높습니다. 실현 불가능할 정도로 완벽하지만 상품화가 되지 못하는 모델보다 더 가능성이 높습니다. 주가보다는 수익을 예측하는 모델 개발에 힘써야 하는 이유입니다. 다음 예제를 통해서 살펴보겠습니다.

14.2 딥러닝을 위한 금융 데이터 전처리

앞으로 살펴볼 데이터 전처리 작업은 세 단계에 걸쳐 이루어집니다.

1. 원시 입력에서 경제적으로 의미 있는 관심 양을 형성합니다.

2. 사전관찰 없이 관심 양의 크기를 조절하기 위해서 관심 양에 대한 지수가중이동평균 및 분산을 계산합니다.

3. 위의 두 단계 계산 결과를 묶어서 학습시킬 순환 딥러닝 모델에 적합한 형태로 만듭니다.

> **NOTE_ 금융 시계열은 그 자체로 하나의 분야입니다**
> 금융 시계열은 수천 명의 학자들이 이익과 현명한 규율을 위해 금융시장이 움직이는 방식을 이해하기 위한 학문입니다. 이 분야에는 우리가 다뤘던 것을 포함하여, 금융 데이터에서 볼 수 있는 여러 까다로운 점을 위해 개발된 수많은 통계 모델이 존재합니다. 가령 GARCH 모델이 있습니다. 통계학과 머신러닝을 금융 시계열 모델링에 적용하고 싶다면, 퀀트의 역사와 일반적으로 사용되는 주된 모델의 종류에 대해 공부해야 합니다.

14.2.1 원시 값에 관심 수량 추가

이전 절에서 이미 일일 수익을 계산해봤습니다. 원시 입력에서 구성 가능한 또 다른 관심 수량은 일일 변동량으로, 거래일 동안 기록된 최고가와 최저가 사이의 다른 정도를 나타냅니다. 이는 주어진 원시데이터에서 다음과 같이 간단하게 계산할 수 있습니다(그림 14-6).

```python
## python
>>> df['DailyVolatility'] = df.High - df.Low
>>> df.DailyVolatility.plot()
```

일일 수익금과 마찬가지로 일일 변동량 시계열도 비정상 시계열입니다. 따라서 이들을 적절한 규모로 크기를 조절할 필요가 있습니다. 그 과정에서 사전관찰이 발생하지 않도록 해야 합니다.

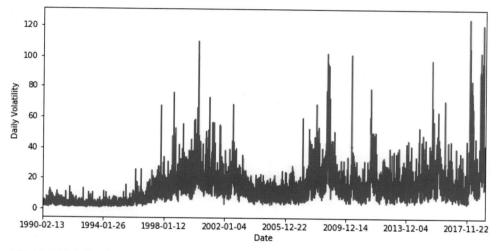

그림 14-6 일일 변동량은 정의상 양수로 구성된 시계열로, S&P 500 시계열의 여러 다른 지점에서의 눈에 띄게 다른 정도의 분산을 보여줍니다.

14.2.2 사전관찰 없이 관심 수량 규모의 크기 조절하기

하루 앞서 일일 수익을 예측할 것입니다. 다음과 같은 몇 가지 관심 수량을 포함하면 유용합니다.

- 이전 일일 수익금
- 이전 일일 변동량
- 이전 일일 거래량

각각의 수량 규모 크기를 지수가중이동평균으로 **뺀** 다음 지수가중표준편차로 나누어 조정할 것입니다. 앞서 수행한 주간 데이터의 탐색은 다양한 수량으로 적절한 전처리를 통해 정상 시계열을 만들 수 있음을 보여줍니다.

먼저 데이터 프레임의 모든 열에 대한 지수가중이동평균을 계산하고, 일일 변동량의 지수가중이동평균에 대한 그래프를 그립니다(그림 14-8). 이 그래프를 [그림 14-7]과 대조해봅시다. 이 그래프는 평균이라는 요소 때문에 훨씬 평활합니다. 데이터 전처리 단계에서 사용되긴 했지만, 모델의 하이퍼파라미터로서 실질적으로 고려해야만 하는 지수평활에 대한 `halflife` 파라미터의 존재도 유의하기 바랍니다. 분명 모델의 행동은 이 파라미터에 따라 달라질 것입니다.

```python
## python
>>> ewdf = df.ewm(halflife = 10).mean()
>>> ewdf.DailyVolatility.plot()
```

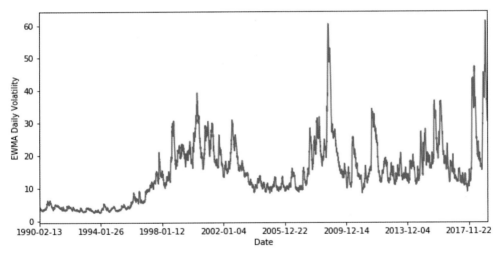

그림 14-7 일일 변동량에 대한 지수가중이동평균 그래프는 원시 값의 그래프보다 훨씬 평활하지만 여전히 비정상 시계열의 형태를 보여줍니다.

그러면 이 값과 더불어 계산된 지수가중이동분산을 사용하여 관심값들을 시간에 따라 좀 더 일관적인 일련의 형태로 조정할 수 있습니다(그림 14-8).

```
## python
>>> ## 지수가중이동분산을 계산합니다.
>>> vewdf = df.ewm(halflife = 10).var()
>>>
>>> ##평균을 빼고 정규화하여 크기를 조정합니다.
>>> scaled = df.DailyVolatility - ewdf.DailyVolatility
>>> scaled = scaled / vewdf.DailyVolatility**0.5
>>> scaled.plot()
```

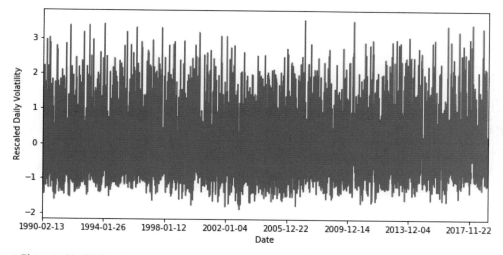

그림 14-8 지수가중평균 및 분산으로 데이터를 변형하여 1990~2019년까지의 모든 기간을 통틀어 시계열이 보다 비슷한 값들을 갖도록 만들어줍니다.

모든 원시 입력의 규모를 조정한 버전은 다음과 같습니다.

```
## python
>>> df['ScaledVolatility'] = ((df.DailyVolatility - ewdf.DailyVolatility) / vewdf.
DailyVolatility**0.5 )
>>> df['ScaledReturn']     = ((df.Return - ewdf.Return) / vewdf.Return**0.5 )
>>> df['ScaledVolume']     = ((df.Volume - ewdf.Volume) / vewdf.Volume**0.5 )
```

마지막으로 지수평활의 결과로 발생한 NA를 제거합니다.[3]

----

3   이 값들을 제거하는 대신, 그 시간에서만 알 수 있는 값으로 설정해줄 수도 있습니다. 어느 쪽을 선택하든 크게 중요한 것은 아닙니다.

```python
## python
>>> df = df.dropna()
```

일일 데이터를 사용해야 하는 것은 아닙니다

모든 데이터 처리가 하루의 시간 척도로 이루어졌다는 것을 눈치채셨기 바랍니다. 2, 3장에서 데이터의 업샘플링과 다운샘플링이 여러분의 분석의 시간 척도를 바꿨다는 사실을 기억할 것입니다. 마찬가지로 다양한 시간의 척도로 구성된 입력을 모델에 사용하려는 경우가 있습니다. 가령 다양한 반감기에서 지수가중이동평균 및 분산을 계산하고 각각을 서로 다른 입력으로 활용할 수 있습니다. 주간 수익이나 월간 변동량과 같은 서로 다른 시간 척도에서 관심 수량을 계산할 수도 있습니다. 공간의 제약이 있더라도 시계열을 모델링할 때 이 모든 것은 탐색해봐야 하는 부분입니다.

입력의 시간 척도를 예측 목푯값의 시간 척도에 맞추는 것이 현명합니다. 즉, 얼마나 먼 미래를 예측하고 싶은지 말입니다. 더 먼 미래를 예측하려면 할수록, 더 오래된 과거를 들여다보고 시계열을 더 긴 반감기로 평활화해야만 합니다. 그래야 장기간 추세를 인식할 수 있고, 장기간 예측을 만들 수 있습니다.

14.2.3 데이터를 신경망에 맞는 형태로 만들기

현재 우리의 데이터는 팬더스 데이터 프레임 형태로 저장되어 있고, 우리가 계획한 입력은 사용하지 않을 여러 원시 입력들과 더불어 함께 저장되어 있습니다. 또한 신경망을 위해서는 데이터의 모양을 TNC 형식으로 만들어야 합니다. 다시 상기해보면 TNC는 시간 × 샘플 수 × 채널 수를 의미합니다. 이러한 이유로 시간 척도의 조정 작업이 끝난 이 시점에서 추가로 전처리 작업을 좀 더 해줘야 합니다.

우선 데이터를 학습용과 테스트용으로 분할합니다.[4]

```python
## python
>>> ## 데이터를 학습용과 테스트용으로 분할합니다.
```

---

4 일반적으로는 별도의 검증용 데이터셋을 반드시 가져야 합니다. 검증용 데이터셋을 사용하여 테스트 데이터의 정보가 과거로 누수되는 것을 방지할 수 있습니다. 다만 여기서는 코드를 간단하게 표현하기 위해 두 종류의 데이터셋만을 사용합니다.

```
>>> train_df = df[:7000]
>>> test_df = df[7000:]
>>>
>>> ## 학습용 데이터의 변수로 파이프라인을 구축합니다.
>>> ## 큰 데이터프레임에서 관심 있는 값들만으로 구성합니다.
>>> horizon = 10
>>> X = train_df[:(7000 - horizon)][["ScaledVolatility", "ScaledReturn",
>>>                                   "ScaledVolume"]].values
>>> Y = train_df[horizon:]["ScaledReturn"].values
```

우리가 설정한 Y에 기반해서 수행된 예측에는 문제가 있습니다. 다음 글을 읽기 전에 잠시 시간을 갖고 어떤 문제가 있는지 스스로 한번 생각해보기 바랍니다.

예측 작업의 희석

우리가 데이터로 한 일은 예측 작업을 희석시킨 것입니다. 즉, 미래의 값을 과거의 정보로 '희석dilute'한 것입니다. 미래에 과거의 정보를 넣는 방법으로, 사전관찰의 반대 개념인 것처럼 보이지만 사실은 사전관찰과 관련된 문제입니다. 정보는 시간축을 따라 움직이며 나중에는 그 정보를 잊어버리게 됩니다. 결국 모델의 성능을 잘못 이해할 수도 있습니다. 따라서 모델을 평가할 때에는 항상 전처리 단계에서 무엇을 했는지 추적해야만 합니다.

평활화된 값을 예측하며 발생하는 문제는 경제학과 금융학에 만연합니다. 그러한 문제를 의식하지 못한 채 지나가버린다는 것이 문제점입니다. 잘못된 것은 아니지만, 가끔 저자들은 그들의 결과를 부풀려서 포장하거나 벤치마크에서 승리했다고 말하는 경우를 볼 수 있는데, 실상은 실제 측정된 값보다 평활화된 값을 예측하는 보다 쉬운 상황을 설정했던 경우가 있습니다.

이러한 준비과정의 문제는 Y 값이 실제 이익을 나타내는 것이 아니라, 조정된 척도에 기반한 것이라는 것입니다. 적절한 범위의 값으로 구성되어 모델의 훈련 단계에서는 좋지만, 예측된 Y 값이 실제 이익금이 아니라 이동 평균으로 조정된 이익금이라는 것을 의미하기도 합니다. 단순히 이익금을 예측하기보다 이익금이 지수가중이동평균과 비교하여 얼마나 다른지 예측하는 것입니다.

이 자체로는 잘못된 것이 아니지만, 실제 예측보다 우리 스스로 작업을 더 쉽게 만들었다는 의미가 됩니다. 모델의 실제 성능보다 더 좋은 결과를 내는 것처럼 보이게 만드는 원인이 하이브리드 작업 때문이라는 사실을 반드시 인지해야 합니다. 이 모델을 통해 얻는 많은 수익은 궁극적으로 실제 예측에만 의존합니다.

X를 순환 신경망 구조가 기대하는 형식인 TNC로 만들어줄 필요가 있으므로 일단 지금은 학습용 데이터에 초점을 맞추도록 하겠습니다. 이 작업은 일련의 넘파이 연산자를 통해 수행될 수 있습니다.

팬더스의 데이터프레임에 있던 X의 원래 모양은 2차원입니다. 여기에 두 번째 축의 자리에 세 번째 차원을 추가하고자 합니다(따라서 원래 두 번째에 있던 차원은 세 번째로 밀려납니다. 참고로 차원을 0부터 세기 때문에 실제로 두 번째 차원은 1이고 세 번째 차원은 2입니다).

```python
## python
## 두 번째 차원의 위치(1)에 추가 차원을 삽입합니다.
>>> X = np.expand_dims(X, axis = 1)
```

데이터프레임이 시간적으로 정렬되었기 때문에 시간축은 이미 첫 번째 차원으로 정해져 있습니다. 마지막 축, 즉 세 번째 차원은 이미 '채널의 축'으로 정해져 있습니다. 입력 하나하나가 해당 차원의 열하나씩을 차지하기 때문입니다.

10단계 시간을 바라보는 모델을 시도해보겠습니다. 데이터의 과거를 10일만큼 바라보는 것입니다. 따라서 첫 번째 축을 기준으로 10개의 행을 자르고, 샘플 수가 두 번째 축의 차원이 되도록 잘라낸 부분 행력 목록을 재구성합니다.[5]

```python
## python
>>> X = np.split(X, X.shape[0]/10, axis = 0)
>>> X = np.concatenate(X, axis = 1)
>>> X.shape
(10, 699, 3)
```

주어진 TNC 형식은 3개의 입력 채널을 가진 길이 10의 시계열을 표현합니다. 이 표현을 따르는 699개의 예제 데이터가 있습니다. 한편 배치 크기는 한 에폭을 구성하는 배치의 개수를 결정합니다. 한 에폭이란 모든 데이터를 한 번씩 확인한 주기를 의미합니다.

예제 데이터가 적으면 모델을 학습시킬 데이터도 적습니다. 30년 동안 모은 데이터가 왜 이렇

---

5 R 사용자를 위한 노트: 파이썬에서 색인 번호는 0부터 시작합니다. 따라서 두 번째 축은 2가 아니라 1입니다.

게 적은 양의 데이터가 된 것일까요? 현재 각 데이터는 단일 샘플 시계열에만 포함됩니다. 그러나 각 데이터는 10개의 서로 다른 시계열에 존재할 수 있으며 각 시계열의 서로 다른 위치를 차지할 수 있습니다.

당장 명확히 파악되지 않을 수 있지만 이해를 돕기 위해 간단한 예를 살펴보겠습니다. 다음과 같은 시계열이 있다고 가정해봅시다.

　1, 3, 5, 11, 3, 2, 22, 11, 5, 7, 9

길이 3의 시간 윈도를 가정한 시계열로 신경망을 학습시키고자 합니다. 방금 수행한 데이터 준비 과정을 적용하면 다음과 같은 시계열들을 얻을 수 있습니다.

- 1, 3, 5
- 11, 3, 2
- 22, 11, 5
- 7, 9, _

그러나 각 표본 시계열의 시작과 끝을 설정해야 하므로 데이터 시작에 권한을 부여할 이유가 없습니다. 윈도는 임의적입니다. 다음은 전체를 윈도로 잘라서 얻은 동등히 유효한 시계열을 보여줍니다.

- 3, 5, 11
- 2, 22, 11
- 5, 7, 9

따라서 더 많은 데이터를 원한다면 전체 데이터셋을 윈도로 훑으면서 여러 시계열 샘플들을 얻을 수 있습니다. 그러면 시계열 샘플들이 데이터가 겹치지 않도록 직접 절단했던 방법보다 더 많은 개별 시계열 샘플이 생성될 수 있습니다. 여러분만의 데이터셋을 준비할 때 이 점을 유념하세요. 이어지는 절에서 이 슬라이딩 윈도 방법으로 데이터 전처리를 수행하는 방법을 살펴보겠습니다.

14.3 RNN의 구축과 학습

앞서 언급했듯이, 금융 시계열을 이해하고 모델링하는 것은 꽤 어려운 일입니다. 금융 산업이 서구 경제 중심으로 되었지만, 여전히 전문가들은 이 분야를 예측하는 걸 매우 어려워합니다. 이러한 이유로 사람들은 잠재적으로 비선형의 역동성을 가진 복잡한 시스템에 적합한 딥러닝 신경망과 같은 기술을 원합니다. 다만 우리가 보유한 데이터가 부족하기 때문에 다음의 파라미터로 설명되는 간단한 순환신경망(LSTM) 구조 및 학습 체계를 선택합니다.

```python
## python
>>> ## 구조 파라미터
>>> NUM_HIDDEN = 4
>>> NUM_LAYERS = 2
>>>
>>> ## 데이터 형식 파라미터
>>> BATCH_SIZE  = 64
>>> WINDOW_SIZE = 20
>>>
>>> ## 학습 파라미터
>>> LEARNING_RATE = 1e-2
>>> EPOCHS        = 30
```

10장과는 달리 MXNet 대신 텐서플로 패키지를 사용하여 널리 사용되는 딥러닝 프레임워크의 또 다른 예를 볼 수 있습니다. 텐서플로에서는 신경망에서 사용할 모든 양에 대한 변수들을 정의합니다. 입력은 기대되는 데이터의 모양을 그래프에 알려주는 방식의 placeholder로 정의됩니다.

```python
## python
>>> Xinp = tf.placeholder(dtype = tf.float32, shape = [WINDOW_SIZE, None, 3])
>>> Yinp = tf.placeholder(dtype = tf.float32, shape = [None])
```

그다음 신경망을 구축하고, 손실 계산 및 최적화 단계를 구현합니다.

```python
## python
>>> with tf.variable_scope("scope1", reuse=tf.AUTO_REUSE):
>>>     cells = [tf.nn.rnn_cell.LSTMCell(num_units=NUM_HIDDEN)
>>>              for n in range(NUM_LAYERS)]
>>>     stacked_rnn_cell = tf.nn.rnn_cell.MultiRNNCell(cells)
```

```
>>>       rnn_output, states = tf.nn.dynamic_rnn(stacked_rnn_cell, Xinp,
>>>                                              dtype=tf.float32)
>>>       W = tf.get_variable("W_fc", [NUM_HIDDEN, 1],
>>>                           initializer = tf.random_uniform_initializer(-.2, .2))
>>>
>>>       ## 평균 0을 기대하기 때문에 편향은 없습니다.
>>>       output = tf.squeeze(tf.matmul(rnn_output[-1, :, :], W))
>>>
>>>       loss = tf.nn.l2_loss(output - Yinp)
>>>       opt = tf.train.GradientDescentOptimizer(LEARNING_RATE)
>>>       train_step = opt.minimize(loss)
```

앞서 설명했듯이, 사용하는 오프셋에 따라 각 데이터는 여러 시계열에 속하기 때문에 데이터를 모델로 공급하는 것은 상당히 복잡한 작업입니다. 여기서는 10장에서 자세히 다룬 것과 동일한 데이터 형식화 문제를 다룹니다.

```python
## python
>>> ## 에폭마다
>>> y_hat_dict = {}
>>> Y_dict = {}
>>>
>>> in_sample_Y_dict = {}
>>> in_sample_y_hat_dict = {}
>>>
>>> for ep in range(EPOCHS):
>>>     epoch_training_loss = 0.0
>>>     for i in range(WINDOW_SIZE):
>>>         X = train_df[:(7000 - WINDOW_SIZE)]
>>>                     [["ScaledVolatility", "ScaledReturn",
>>>                       "ScaledVolume"]].values
>>>         Y = train_df[WINDOW_SIZE:]["ScaledReturn"].values
>>>
>>>         ## 윈도 크기로 나뉠 수 있도록 만듭니다.
>>>         num_to_unpack = math.floor(X.shape[0] / WINDOW_SIZE)
>>>         start_idx = X.shape[0] - num_to_unpack * WINDOW_SIZE
>>>         X = X[start_idx:]
>>>         Y = Y[start_idx:]
>>>
>>>         X = X[i:-(WINDOW_SIZE-i)]
>>>         Y = Y[i:-(WINDOW_SIZE-i)]
>>>
>>>         X = np.expand_dims(X, axis = 1)
```

```python
>>>        X = np.split(X, X.shape[0]/WINDOW_SIZE, axis = 0)
>>>        X = np.concatenate(X, axis = 1)
>>>        Y = Y[::WINDOW_SIZE]
>>>        ## 학습
>>>        ## 배치를 구하고 세션을 실행합니다.
>>>        for j in range(math.ceil(Y.shape[0] / BATCH_SIZE)):
>>>            ll = BATCH_SIZE * j
>>>            ul = BATCH_SIZE * (j + 1)
>>>
>>>            if ul > X.shape[1]:
>>>                ul = X.shape[1] - 1
>>>                ll = X.shape[1]- BATCH_SIZE
>>>
>>>            training_loss, _, y_hat = sess.run([loss, train_step, output],
>>>                                              feed_dict = {
>>>                                                  Xinp: X[:, ll:ul, :],
>>>                                                  Yinp: Y[ll:ul]
>>>                                              })
>>>            epoch_training_loss += training_loss
>>>
>>>            in_sample_Y_dict[ep]     = Y[ll:ul]
>>>            ## 학습된 마지막 한 배치 부분에 대해서는
>>>            ## 실제 데이터와 예측 값을 따로 저장합니다.
>>>            in_sample_y_hat_dict[ep] = y_hat
>>>
>>>        ## 테스트
>>>        X = test_df[:(test_df.shape[0] - WINDOW_SIZE)]
>>>                        [["ScaledVolatility", "ScaledReturn",
>>>                          "ScaledVolume"]].values
>>>        Y = test_df[WINDOW_SIZE:]["ScaledReturn"].values
>>>        num_to_unpack = math.floor(X.shape[0] / WINDOW_SIZE)
>>>        start_idx = X.shape[0] - num_to_unpack * WINDOW_SIZE
>>>        ## 삭제해야 한다면 학습의 끝보다는 시작 시기를 버리는 게 낫습니다.
>>>        X = X[start_idx:]
>>>        Y = Y[start_idx:]
>>>
>>>        X = np.expand_dims(X, axis = 1)
>>>        X = np.split(X, X.shape[0]/WINDOW_SIZE, axis = 0)
>>>        X = np.concatenate(X, axis = 1)
>>>        Y = Y[::WINDOW_SIZE]
>>>        testing_loss, y_hat = sess.run([loss, output],
>>>                                feed_dict = { Xinp: X, Yinp: Y })
>>>        ## 테스트로부터 독립적인 검증 손실이 필요하므로 썩 좋은 방식은 아닙니
다.
```

```
>>>
>>>    print("Epoch: %d   Training loss: %0.2f   Testing loss %0.2f:" %
>>>          (ep, epoch_training_loss, testing_loss))
>>>    Y_dict[ep] = Y
>>>    y_hat_dict[ep] = y_hat
```

다음은 코드 실행으로부터 학습과 테스트용 데이터셋에 대해 얻은 평가 지표의 출력입니다.

```
Epoch: 0    Training loss: 2670.27   Testing loss 526.937:
Epoch: 1    Training loss: 2669.72   Testing loss 526.908:
Epoch: 2    Training loss: 2669.53   Testing loss 526.889:
Epoch: 3    Training loss: 2669.42   Testing loss 526.874:
Epoch: 4    Training loss: 2669.34   Testing loss 526.862:
Epoch: 5    Training loss: 2669.27   Testing loss 526.853:
Epoch: 6    Training loss: 2669.21   Testing loss 526.845:
Epoch: 7    Training loss: 2669.15   Testing loss 526.839:
Epoch: 8    Training loss: 2669.09   Testing loss 526.834:
Epoch: 9    Training loss: 2669.03   Testing loss 526.829:
Epoch: 10   Training loss: 2668.97   Testing loss 526.824:
Epoch: 11   Training loss: 2668.92   Testing loss 526.819:
Epoch: 12   Training loss: 2668.86   Testing loss 526.814:
Epoch: 13   Training loss: 2668.80   Testing loss 526.808:
Epoch: 14   Training loss: 2668.73   Testing loss 526.802:
Epoch: 15   Training loss: 2668.66   Testing loss 526.797:
Epoch: 16   Training loss: 2668.58   Testing loss 526.792:
Epoch: 17   Training loss: 2668.49   Testing loss 526.788:
Epoch: 18   Training loss: 2668.39   Testing loss 526.786:
Epoch: 19   Training loss: 2668.28   Testing loss 526.784:
Epoch: 20   Training loss: 2668.17   Testing loss 526.783:
Epoch: 21   Training loss: 2668.04   Testing loss 526.781:
Epoch: 22   Training loss: 2667.91   Testing loss 526.778:
Epoch: 23   Training loss: 2667.77   Testing loss 526.773:
Epoch: 24   Training loss: 2667.62   Testing loss 526.768:
Epoch: 25   Training loss: 2667.47   Testing loss 526.762:
Epoch: 26   Training loss: 2667.31   Testing loss 526.755:
Epoch: 27   Training loss: 2667.15   Testing loss 526.748:
Epoch: 28   Training loss: 2666.98   Testing loss 526.741:
Epoch: 29   Training loss: 2666.80   Testing loss 526.734:
```

선택한 평가 지표는 전체 데이터와 결과의 일치 정도에 대한 감을 주지 못하기 때문에 이때는 그래프를 그려보는 것이 유용합니다. [그림 14-9]와 같이 샘플 외 성능(중요)과 샘플 내 성능

(덜 중요 함) 모두에 대한 그래프를 그립니다.

```python
## python
>>> plt.plot(test_y_dict[MAX_EPOCH])
>>> plt.plot(test_y_hat_dict[MAX_EPOCH], 'r--')
>>> plt.show()
```

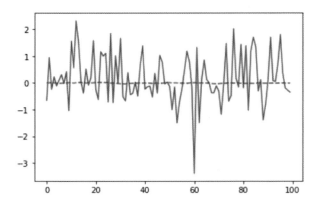

그림 14-9 테스트 기간 중 일부에 대한 실제 수익(실선)과 신경망의 예측(파선)에 대한 그래프입니다. 예측의 척도가 실제 데이터와 너무 달라서 모형을 평가하기가 어렵습니다.

수익에 대한 예측값이 실제 수익과 동일한 값이 아니라는 것을 알 수 있습니다. 다음으로 피어슨 상관관계를 확인합니다.

```python
## python
>>> pearsonr(test_y_dict[MAX_EPOCH], test_y_hat_dict[MAX_EPOCH])
(0.03595786881773419, 0.20105107068949668)
```

금융 시계열로 작업해본 경험이 없다면 이 수치가 암울해 보일지도 모릅니다. 금융 산업의 입장에서는 [그림 14-9]의 그래프와 p- 값과 같은 결과도 유용할 수 있습니다. 금융에서 양의 상관관계는 흥미진진하고 점진적으로 개선될 수 있습니다. 사실 많은 연구 프로젝트들이 시작 당시에는, 그렇게 '높은' 상관관계를 가질 수 있는 것은 아닙니다.

예측된 수익의 크기를 한 자릿수만큼 조정하면 최소한 예측의 방향이 같은지에 대한 감을 더 잘 알 수 있습니다(그림 14-10).

```python
## python
>>> plt.plot(test_y_dict[MAX_EPOCH][:100])
>>> plt.plot(test_y_hat_dict[MAX_EPOCH][:100] * 50, 'r--')
>>> plt.show()
```

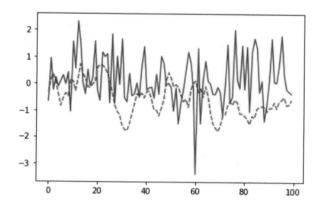

그림 14-10 모델의 예측(파선)과 실제 데이터(실선)의 비교를 더 잘 이해할 수 있습니다. 하지만 낮은 상관관계로는 실제로 패턴의 존재를 확인하는 것보다, 그러한 패턴이 있을 것이라고 짐작해볼 가능성이 높습니다. 이러한 이유로, 노이즈가 낀 금융 데이터를 시각적으로 평가하는 것보다는 정량적 측정 기준이 더 낫습니다.

금융 시계열에 딥러닝을 사용한 사례를 다룬 블로그 게시글을 읽어본 적이 있다면, 아마도 여기서 얻은 성과가 실망스러운 수준이라고 느낄지도 모릅니다. 가령 일일 주가 데이터에 단순히 다층 LSTM을 적용해서, 아직까지 보지 못한 데이터에 대해 실제 주식시장 데이터와 거의 같은 예측값을 산출하는 블로그 게시물을 본 적이 있을지도 모릅니다. 이렇게 좋아 보이는 결과가 실제로는 인상적이지 않은 데는 두 가지 이유가 있습니다.

- 데이터의 척도 변환에 `sklearn.preprocessing.MinMaxScaler`처럼 즉시 사용이 가능한 전처리 코드를 사용합니다. 모든 시간대의 값으로 데이터의 크기를 조정해서 사전관찰을 포함시키기 때문에 이상적인 해결책은 아닙니다.

- 수익보다는 가격을 예측합니다. 이는 훨씬 쉬운 작업입니다. 우선 T+1일에 대한 훌륭한 예측 가격은 T일의 가격이 될 수 있습니다. 따라서 가격을 합리적으로 잘 예측하고 인상적인 그래프를 그리는 모델을 쉽게 만들 수 있습니다. 하지만 이런 모델은 실제로 돈을 버

는 데 사용될 수는 없습니다.

현실적인 산업 사례를 살펴봤습니다. 예제로 등장하는 사례들보다 만족스러운 그래프를 얻는 것은 생각보다 어렵습니다.

성능 고려 사항

일반적으로 사용된다고는 볼 수 없지만, 여기서는 다양한 이유로 표준 LSTM(`tf.nn.rnn_cell`)을 사용했습니다. 또한 이 책에서 제공하는 코드는 GPU를 사용하지 않아서 평범한 노트북에서도 실행할 수 있습니다.

GPU가 있다면 표준 RNN의 두 주요 기술인 LSTM과 GRU를 하드웨어 맞춤형으로 구현한 NVIDIA의 cuDNN용 API를 사용해야 합니다. NVIDIA가 제조한 GPU를 사용한다면 cuDNN API를 사용하는 것이 표준 구현보다 훨씬 더 빠른 학습 속도를 보장합니다. 텐서플로를 포함한 다른 주류 딥러닝 패키지에서도 사용할 수 있으며, 사용 방법은 서로 다른 RNN 셀을 사용한다는 것 외에는 앞서 코딩한 것과 상당히 유사합니다.

상기 조언은 구글의 TPU가 주류 하드웨어로서 출시되고, 다른 딥러닝용 하드웨어 솔루션이 등장함에 따라 바뀔 수 있는 내용입니다.

말할 필요도 없이 모델의 성능을 완전히 분석한 것은 아닙니다. 그랬다면 다음 모델을 구축하는 방법, 간과할 수 있는 부분, 선형 모델 대비 딥러닝 모델이 가진 추가적인 복잡성을 정당화할 수 있는지에 대한 통찰을 얻을 수 있습니다. 지금까지 살펴본 내용으로부터 모델의 성능을 향상하기 위해 시도해볼 만한 여러 가지 방법이 있습니다.

모델 개선은 코드를 확장하여 여러 가지 방법으로 가능합니다.

- 주어진 원시 데이터를 기반으로 추가적인 특징을 생성하여 더 많은 입력을 제공합니다. 모든 원시 입력 열들을 사용하지 않았으며, 이들의 양을 유용한 형태로 재표현할 만한 방법이 있습니다. 가령 "당일 상한가 또는 하한가가 장 시작과 종료시 발생했나요?"와 같은 범주형 변수를 고려할 수 있습니다(이 질문은 여러 가지 이진 조건을 함께 고려해야 합니다).

- 다른 주식들을 병렬 시계열로 통합합니다. 학습에 활용될 자세한 정보와 데이터를 포함할 수 있습니다.

- 몇 가지 서로 다른 시간의 척도로 표현된 데이터를 사용합니다. 이 방식을 사용한 사례 중 가

장 널리 인용된 논문은 「A Clockwork RNN」(*https://perma.cc/9C62-7GFK*)입니다.

- 기존 시계열의 사례들과 지터를 추가하여 데이터를 증가시킵니다. 데이터셋이 제공하는 데이터의 양이 적을 때 유용합니다.

- 입력의 개수나 데이터의 양을 늘렸을 때 이를 수용할 수 있는 신경망 구조를 구축합니다. 구조가 더 복잡하다고 해서 항상 성능을 개선하는 것은 아니지만, 신경망의 성능이 상한선에서 더는 개선되지 않는 현상을 보인다면 복잡성 추가는 적절할 수 있습니다.

- 에폭당 데이터를 여러 번 순환 접근했던 우리가 취한 접근법 대신 시간의 순서대로 데이터를 학습시키려는 노력이 필요합니다. 데이터셋에 따라 다르지만, 꽤 유용하게 사용되는 방법입니다. 시간에 따라 시계열의 동작이 변화한다는 것을 봤기 때문에 가중치에 변경된 동작이 반영되도록 마지막 데이터로 마지막 학습을 끝내는 것이 더 나을 수 있습니다.

- 다른 손실 함수를 고려합니다. 여기서는 작은 오차보다 큰 오차에 더 큰 패널티를 부여하는 경향을 가진 L2를 사용했습니다. 그러나 도메인에 따라 성공은 다른 방식으로 평가될 수 있습니다. 가령 일일 수익의 규모는 신경 쓰지 않고, 단지 수익에 대한 예측 신호만 원할지도 모릅니다. 그렇다면 타깃을 양수, 음수, 0 값을 가진 범주형 변수로 설정할 수 있습니다. 그리고 범주형 데이터의 경우에는 손실에 대한 크로스엔트로피 측정을 사용하는 것이 일반적입니다. 그러나 순수 범주형 데이터가 아니라면 순위가 매겨질 수 있고(가령 0을 양수보다 음수에 가깝게 취급), 이를 반영하기 위해 사용자 정의 손실 함수를 정의해야 할지도 모릅니다.

- 복잡한 신경망 하나보다는 간단한 신경망들로 구성된 앙상블 구축을 고려해야 합니다. 개별 신경망의 규모를 작게 유지합니다. 앙상블은 신호 대 잡음비가 낮은 금융 데이터에서 특히 유용합니다.

- 예측의 척도가 실젯값의 척도와 다른 이유를 파악합니다. 일일 수익률로 0이 우세할 때 사용한 손실 함수가 문제인지를 평가하는 것으로 시작하는 걸 권합니다.

보다시피 신경망의 성능 향상이나 신경망의 기능을 조정하는 데는 무수히 많은 방법이 있습니다. 데이터셋에 따라 어느 방법을 선택하는지가 결정됩니다. 모델을 구체화하는 방법으로 신경망의 성능, 도메인 지식, 확실히 정의된 목표(다룬 예제의 경우에는 '수익')를 시각화하여 추진하는 것은 항상 유용합니다. 시각화 방법을 사용하지 않으면 엄청난 선택의 경우의 수 때문에 방향을 쉽게 잃어버릴지도 모릅니다.

14.4 보충 자료

- Joumana Ghosn and Yoshua Bengio, "Multi-Task Learning for Stock Selection," Cambridge: MIT Press, 1996, *https://perma.cc/GR7A-5PQ5*.

  ▷ 금융시장의 문제에 신경망을 적용한 초기 사례를 다룹니다. 이 논문의 저자는 최소한 의 데이터로 매우 단순한 네트워크로 간주되는 네트워크를 사용했습니다. 하지만 네트 워크가 주식을 수익성 있게 선택하는 방법을 배울 수 있음을 발견했습니다. 흥미롭게도 이것은 멀티 태스킹 학습의 초기 예이기도 합니다.

- Lawrence Takeuchi and Yu-Ying Lee, "Applying Deep Learning to Enhance Momentum Trading Strategies in Stocks," 2013, *https://perma.cc/GJZ5-4V6Z*.

  ▷ 이 논문의 저자는 머신러닝 이전 세계에서 금융시장을 정량적으로 예측하는 전통적인 방법인 '모멘텀 학습'이라는 렌즈를 통해 신경망을 해석합니다. 이 자료는 교육 결정이 어떻게 이루어지고, 모델 성능이 어떻게 평가되는지를 다룹니다.

- "Is anyone making money by using deep learning in trading?" Quora, *https://perma.cc/Z8C9-V8FX*.

  ▷ 이 질문과 답변에서 딥러닝이 금융 응용 분야에서 어느 정도 성공했는지에 대한 다양한 의견을 찾아볼 수 있습니다. 일부 답변에서 설명하듯이, 수익성 있는 IP는 비공개 계약 과 이익 인센티브에 의해 크게 보호될 수 있으므로 이 업계에서는 최첨단 성능이 무엇 인지 평가하기가 매우 어려울 수 있습니다. 답변들을 보면 금융 분야에서의 응용이 매 우 광범위함을 알 수 있습니다. 수익을 예측하는 것은 수많은 문제 중 일부입니다.

## CHAPTER 15

정부를 위한 시계열

시계열 분석은 여러 이유로 정부가 운용하는 응용프로그램에서 꽤 중요하고 유의미합니다. 먼저 전 세계의 크거나 작은 형태의 모든 정부 기관은 가장 중요한 시계열 데이터의 일부를 관리합니다. 여기에는 미국의 일자리 보고, 해수 온도 데이터(즉, 지구 온난화에 대한 데이터), 지역 범죄의 통계 등이 포함됩니다. 다음으로, 정의상 정부는 우리가 의존하는 가장 기본적인 서비스를 제공합니다. 따라서 서비스에 과하거나 부족한 자원이 투입되길 원치 않는다면 정부는 예측을 합리적으로 능숙하게 해야만 합니다. 데이터의 저장, 정리, 탐색, 예측 등 시계열의 모든 측면이 정부의 목적에 관련되어 있습니다.

발견된 시계열이라는 개념을 살펴봤던 2장에서 정부가 보유한 데이터 대부분은 약간의 구조 변경을 통해서 시계열 데이터와 매우 닮아 보일 수 있다고 했습니다. 일반적으로 대부분의 정부 데이터셋은 한 시점에 대한 것이 아니라, 현재 진행되고 있는 데이터 수집에 대한 결과입니다. 하지만 정부의 데이터셋은 다음과 같은 이유로 여러분을 부담스럽게 할 수 있습니다.

- 일관성 없는 기록 유지(시간이 지남에 따라 변화하는 조직적 제약 또는 정치적 힘으로 인해)
- 데이터 수집 방식의 불투명성 또는 복잡성
- 비교적 적은 정보가 포함된 거대한 데이터셋

이러한 어려움이 있지만, 지적 호기심 및 실용적인 용도 측면에서 흥미롭게 바라볼 수도 있습니다. 이번 장에서는 뉴욕의 2010년부터 현재까지, 시에서 운영하는 상담 전화를 통해 접수된 불편 사항(*https://perma.cc/BXF6-BZ4X*)들의 데이터를 살펴봅니다(미국의 상담 전화번호는 311번). 데이터셋이 지속적으로 갱신되므로 이 책에서 사용된 데이터는 여러분이 다운로드한 시점의 데이터와 약간 다를 수 있습니다. 더 많은 데이터를 다루게 될 수도 있지만 결과는 꽤 유사할 것입니다. 이번 장에서는 다음과 같은 주제를 다룹니다.

- 우리가 분석할 대상을 포함한 여러 흥미로운 정부 데이터
- 엄청난 대규모 플레인 텍스트 파일을 다루는 방법
- 대규모 데이터셋에 대한 실시간 또는 단계적인 통계 분석 및 모든것을 메모리에 유지하지 않고 데이터를 분석하는 다른 옵션

15.1 정부 데이터 취득

데이터의 일관성 관점에서 볼 때 '발견된 데이터'라는 범주에서의 정부의 데이터셋은 악몽이 될 수도 있습니다. 이들 데이터셋에 타임스탬프가 기록되어 있을지라도, 특정 시계열 목적을 위해서라기보다는 데이터 개방으로 주도권 확보를 위해 만들어진 경우가 보통이며, 타임스탬프나 다른 정보의 기록 관행에 대한 정보가 많이 없기도 합니다. 따라서 기록의 일관성을 보장하기가 어렵습니다.[1]

이러한 어려움 속에서도 정부 활동과 관련된 사람 행동의 시간적 특징 식별에 관심이 있고, 이 데이터로 모험해보고 싶다면 개방된 정부 데이터의 시대에 살고 있다는 것을 행운으로 느낄 것입니다. 많은 정부는 대중에게 시계열 데이터를 투명하게 제공하기 위해 다각적으로 노력합니다. 다음은 시계열 구성요소를 갖춘 개방된 정부 데이터를 취득할 수 있는 몇 가지 예시를 보여줍니다.

- 영국의 국립 건강 서비스가 개방한 월간 병원 데이터(*https://perma.cc/4TR3-84WA*)는 놀라울 정도로 시계열을 염두에 두고 만들어졌습니다. 'MAR timeseries'라는 탭에서는 잘 묘사된 기록 방식, 시간에 따라 데이터가 발전되어온 방식을 볼 수 있습니다.
- 자메이카의 개방 데이터 포털도 2014년의 치쿤구니야열Chikungunya fever[2]에 대해 타임스

---

1 미국 직업 보고와 같이 수요가 꽤 많은 시계열 데이터는 매우 시계열을 인식하여 만들어졌으며 정리 및 구성이 꼼꼼하게 되어 있습니다. 하지만 이러한 데이터는 이미 너무 많이 사용되어서 연구자나 사업가에게 새로운 종류의 시계열 애플리케이션을 공급해줄 수 있는 가능성이 낮습니다.

2 옮긴이_ 치쿤구니야 바이러스에 감염된 모기에 물려 걸리는 감염성 열병입니다.

탬프가 찍힌 데이터셋($https://perma.cc/4RCP-VMY6$)을 제공하는 등 시계열을 염두에 둔 데이터를 제공합니다. 또한 시계열 데이터에 관련된 보고서($https://perma.cc/QPR6-WNMJ$)와 시계열을 시각화한 애니메이션 및 유행병 곡선 등의 자료도 포함합니다.

- 대규모 데이터셋을 제공하는 싱가폴의 개방 데이터 포털($https://perma.cc/N9W4-ZDM8$)에는 일부 시계열 특징을 가진 데이터도 포함합니다. 다음은 메인 홈페이지의 두 시계열 그래프를 보여줍니다(그림 15-1).

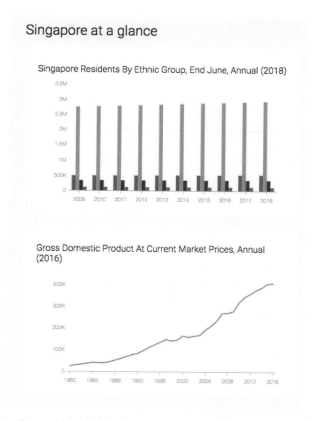

그림 15-1 싱가폴의 개방 데이터 웹사이트의 메인 페이지에 표시된 그래프 네 개 중 두 개로, 국가 관련 중요한 정보에 대한 시계열을 시각화합니다(2019년 봄 기준).

이 책에서 다루는 모든 예제는 영어권 지역에서 제공하는 데이터로 구성되었습니다. 그렇지만 개방 정부의 데이터 동향이 영어권에만 치중된 것은 아닙니다. 예를 들어 파리($https://perma.cc/7V8Z-JZ4T$), 세르비아($https://perma.cc/U3SQ-WF3C$), 아프리카 개발 은행

(*https://perma.cc/7L6X-5B9F*) 모두는 자신들만의 개방 데이터 웹사이트를 운영합니다.[3]

이번 장의 예제는 뉴욕의 개방 데이터 포털이 제공하는 데이터를 사용합니다. 뉴욕은 큰 도시이자 필자가 살고 있는 매우 흥미로운 도시입니다. 다음 절에서는 311 상담전화를 통해 쌓인 불편 사항에 대한 데이터셋을 다룹니다.

15.2 대규모 시계열 데이터의 탐색

데이터가 꽤 큰 경우, 모든 데이터를 메모리에 적재하는 것이 불가능할지도 모릅니다. 얼마나 큰 데이터가 한계점인지는 여러분이 사용하는 하드웨어 스펙에 따라 다릅니다.[4] 결국은 데이터를 반복하여 접근해서 한 번에 의미 있는 단위의 데이터를 가져오는 방식을 이해할 필요가 있습니다. 딥러닝에 익숙하다면(특히 이미지 처리 경험이 있다면) 이 방법을 이미 알고 있을 것입니다. 여러 딥러닝 프레임워크에서는 디렉터리 내 저장된 여러 파일들을 읽는 데 파이썬의 반복자를 사용합니다.[5]

CSV 형식의 311 데이터셋을 다운로드했을 때 크기는 총 3기가바이트였습니다. 필자의 PC에서는 이렇게 큰 파일을 열어볼 수 없어서 유닉스 운영 체제의 시스템 명령어 **head**로 처음 몇 개의 데이터만 확인했습니다.

안타깝게도 출력된 내용은 유닉스 도구에 전문가가 아닌 사람들에게는 유닉스 CLI로 관리할 수 없을 정도로 컸습니다.

```
## 리눅스 운영 체제의 명령줄
$ head 311.csv

Unique Key,Created Date,Closed Date,Agency,Agency Name,Complaint Type,Descripto
27863591,04/17/2014 12:00:00 AM,04/28/2014 12:00:00 AM,DOHMH,Department of Heal
27863592,04/17/2014 12:00:00 AM,04/22/2014 12:00:00 AM,DOHMH,Department of Heal
27863595,04/17/2014 10:23:00 AM,0417/2014 12:00:00 PM,DSNY,Queens East 12,Derel
27863602,04/17/2014 05:01:00 PM,04/17/2014 05:01:00 PM,DSNY,BCC - Queens East,D
```

---

3 물론 여러분이 접근할 수 있는 데이터는 여러분의 언어 능력에 의존적일 수 있습니다.

4 소속된 기관이 항상 RAM 크기를 늘리려고 한다면, 이는 잘못된 방법입니다.

5 텐서플로 공식 문서를 참조하여 데이터셋과 관련된 클래스를 읽어보고 영감을 얻기 바랍니다(*https://www.tensorflow.org/datasets*).

```
27863603,04/17/2014 12:00:00 AM,04/23/2014 12:00:00 AM,HPD,Department of Housin
27863604,04/17/2014 12:00:00 AM,04/22/2014 12:00:00 AM,HPD,Department of Housin
27863605,04/17/2014 12:00:00 AM,04/21/2014 12:00:00 AM,HPD,Department of Housin
```

데이터의 속 내용을 다루는 것은 어렵지만, 이 출력으로부터 지리적 위치와 같이 정렬된 정보나 여러 종류의 타임스탬프의 존재를 확인하기에는 충분합니다. 매우 많은 열로 구성된 것은 분명하므로 원하는 열을 얻기 위해선 이 정보를 조작해야 합니다.[6]

리눅스를 처음 사용해봤더라도, 유용한 정보를 얻는 데 도움이 되는 간단한 명령어 도구를 쉽게 배울 수 있습니다. 가령 CSV 파일의 행 개수를 파악하여 데이터 규모에 대한 감을 잡을 수 있습니다. 즉 개별 데이터의 개수를 파악하는 것으로, 다음 명령어 한 줄로 이를 확인할 수 있습니다.

```
## 리눅스 운영 체제 명령줄
$ wc -l 311.csv
19811967 311.csv
```

보다시피 뉴욕에서는 2010년부터 지금까지 311을 통해 접수된 불편 사항이 약 2천만 건 존재합니다. 즉 거주자 한 명당 두 개 이상의 불편 사항을 접수했다고도 볼 수 있습니다.

이 사항을 숙지한 상태로 R의 data.table을 사용해봅시다. fread() 함수는 파일로부터 부분을 읽고, 이를 data.table 형태로 만듭니다(nrows 및 skip 파라미터에 대한 공식 문서 참조[7]). 또한 data.table은 대규모 데이터셋을 다룰 때 매우 뛰어난 성능을 보여줍니다. 다음은 초기 정보를 얻는 데 data.table을 사용한 예제 코드입니다.

```
## R
> df = fread("311.csv", skip = 0, nrows = 10)
> colnames(df)
 [1] "Unique Key"                    "Created Date"
 [3] "Closed Date"                   "Agency"
 [5] "Agency Name"                   "Complaint Type"
```

---

[6] 유닉스 시스템의 전문가라면 awk 명령어를 사용하거나 쉘 스크립트를 작성하여 CSV를 손고 효과적으로 조작할 수 있을 것입니다. 이러한 도구는 매우 효과적으로 동작하도록 잘 구현되어 있어서 빅데이터를 위한 탁월한 선택입니다. 불행히도 R과 파이썬에서 일반적으로 사용되는 여러 데이터 분석 도구는 그렇지 못합니다. 여러분이 가장 선호하는 데이터 처리 도구를 사용할 때 어떤 문제에 직면한다면 그 문제를 해결하기 위해서 유닉스 명령어를 공부해보는 것이 좋습니다. 특히 빅데이터의 경우 더욱 그렇습니다.

[7] 파이썬의 팬더스도 유사한 기능을 제공합니다(https://perma.cc/ZHN9-5HD3).

```
 [7] "Descriptor"                         "Location Type"
 [9] "Incident Zip"                        "Incident Address"
[11] "Street Name"                         "Cross Street 1"
[13] "Cross Street 2"                       "Intersection Street 1"
[15] "Intersection Street 2"               "Address Type"
[17] "City"                                 "Landmark"
[19] "Facility Type"                        "Status"
[21] "Due Date"                             "Resolution Description"
[23] "Resolution Action Updated Date"      "Community Board"
[25] "BBL"                                  "Borough"
[27] "X Coordinate (State Plane)"          "Y Coordinate (State Plane)"
[29] "Open Data Channel Type"              "Park Facility Name"
[31] "Park Borough"                         "Vehicle Type"
[33] "Taxi Company Borough"                "Taxi Pick Up Location"
[35] "Bridge Highway Name"                 "Bridge Highway Direction"
[37] "Road Ramp"                           "Bridge Highway Segment"
[39] "Latitude"                            "Longitude"
[41] "Location"
```

단지 처음 10개 행을 읽는 것만으로도 각 열의 이름을 파악할 수 있습니다. 대규모 데이터셋의 작업 초기에 모든 열의 이름을 알 수 있다면, 5장에서 다룬 시계열 데이터에 대한 NoSQL의 모든 강점을 활용할 수 있습니다. 물론 다른 해결책도 있지만, 자동이 아니라 어느 정도 사용자의 노력이 수반되어야 합니다.

다음의 열들이 유익한 정보를 제공하는 것으로 보입니다.

```
"Created Date"
"Closed Date"
"Due Date"
"Resolution Action Updated Date"
```

어떠한 변환도 적용되지 않은 원시 데이터에서는 이러한 열들의 데이터가 문자 형식일 가능성이 높습니다. 그러나 문자열로 표현된 날짜를 POSXct 형식으로 변환하면, 날짜들 사이의 시간이 어떻게 보이는지 알 수 있습니다.

```
## R
> df$CreatedDate = df[, CreatedDate := as.POSIXct(CreatedDate,
                                    format = "%m/%d/%Y %I:%M:%S %p")
```

형식 지정 문자열에서 시간을 01-12 형식으로만 표현하기 때문에 %I를 사용해야 합니다. %p는 타임스탬프 문자열에 AM/PM이 명시되어 있어서 사용이 가능합니다.

이 날짜간 떨어진 정도를 파악(특히 불편 사항의 접수 및 종료 시점)하기 위해, 더 많은 데이터를 불러와서 불편 사항의 수명 분포를 살펴봅니다(즉 생성과 종료 사이의 기간).

```
## R
> summary(as.numeric(df$ClosedDate - df$CreatedDate, units = "days"))
   Min.  1st Qu.   Median     Mean   3rd Qu.    Max.     NA's
-75.958    1.000    4.631   13.128   12.994  469.737     113
```

보다시피 넓은 분포를 가집니다. 수년의 기다림이 필요했던 불편 사항보다 더 놀라운 사실은 일부의 불편 사항에서 음수가 나타난다는 사실입니다. 심지어 상당히 큰 음수도 보이는데, 접수일과 종료일 사이의 시간을 생각해볼 때 이는 말이 안 되는 것입니다. 음의 시간이 약 -365일(1년) 정도라면 데이터 입력의 문제를 생각해볼 수 있지만, -75일과 같은 숫자는 다른 문제로부터 발생할 확률이 높습니다. 나중에 이 문제점을 다시 들여다 볼 필요가 있습니다.

불편 사항의 접수 날짜 범위를 살펴보면 또 다른 문제를 찾아볼 수 있습니다.

```
## R
> range(df$CreatedDate)
[1] "2014-03-13 12:56:24 EDT" "2019-02-06 23:35:00 EST"
```

현재 CSV 파일의 크기와 지속적으로 업데이트되는 특성을 가진 데이터임에도 행 초반에 2010년 데이터가 없다는 것은 놀랄 만한 일입니다. 처음 데이터는 가장 이른 시기에 저장된 것이고, 지속적으로 데이터가 덧붙여지며 갱신되기를 기대하기 때문입니다. 이보다 더 놀라운 사실은 2019년의 데이터가 행 초반에 포함된 것, 2014년과 2019년의 데이터 모두가 처음 10,000번째 행 내에 포함된 사실입니다. 이로부터 기록된 데이터의 날짜 순서는 쉽게 파악이 불가능하다는 것을 알 수 있습니다. [그림 15-2]와 같이 인덱스와 날짜에 대한 그래프로 날짜 분포를 시각화할 수 있습니다.

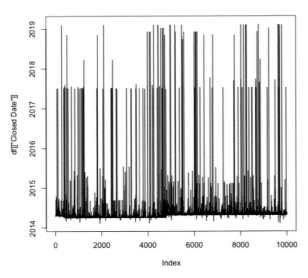

그림 15-2 처음 10,000개 행의 대부분 날짜가 2014년 이지만, 2019년까지 넘나드는 날짜도 자주 보입니다.

이러한 행동적 문제를 피하는 방법은 없습니다. 시간에 따라 변하는 행동 방식을 이해하고 싶다면, 무질서한 데이터를 정면으로 부딪쳐 다뤄야만 합니다. 다만 이때 시도해볼 만한 몇 가지 옵션이 있습니다.

15.2.1 데이터를 반복 접근할 때 업샘플링과 취합 수행하기

한 가지 옵션은 반복적으로 데이터를 접근할 때마다 업샘플링으로 집계 통계로 압축된 시계열을 구성하는 것입니다. 분석의 시작 단계에서 시간 단위 및 집계 횟수를 고르고, 반복적 접근이 발생할 때마다 이들로부터 계산을 수행할 수 있습니다. 그러면 분석이 끝나는 시점에는 정렬된 결과를 얻을 수 있습니다. 이는 2010년부터 현재까지의 모든 날짜에 대한 딕셔너리/리스트를 만들고, 각 날짜에 맞는 행을 넣는 것과 비슷한 작업이기도 합니다. 비교적 적은 입력 지점을 가진 리스트/딕셔너리 만들 수 있으며, 맨 마지막에는 날짜에 따라 정렬 할 수 있습니다.

이 방식의 장점은 비교적 간단하게 코드를 작성할 수 있다는 것입니다. 데이터 정리, 탐색, 분석을 모두 하나의 단계로 결합할 수 있습니다. 반면에 단점은 정렬되지 않은 파일의 늪에 빠질지도 모른다는 것입니다. 가령 특정 시기만 검색하고 싶더라도, 정렬되지 않은 모든 관련 입력을 들춰봐야 할지도 모른다는 것입니다.

이미 2장에서 업샘플링의 예를 다뤘기 때문에 이 방법의 구현은 독자를 위한 연습 문제로 남겨 두겠습니다.

15.2.2 데이터 정렬

또 다른 옵션은 데이터를 정렬하는 것입니다. 이는 주어진 파일의 거대한 크기와 상대적으로 정렬되지 않은 날짜들을 생각해볼 때 꽤 벅찬 작업입니다. 심지어 2014년에 국한된 데이터들 조차도 정렬되지 않은 것으로 보입니다. 이러한 이유로, 데이터의 어떠한 조각도 신뢰하기가 어렵습니다. 따라서 데이터 더미가 무작위로 제공됩니다.

전체 파일을 정렬하는 것은 극도로 메모리 집약적인 작업이긴 하지만 이는 두 가지 측면에서 가치 있는 일이 될 수 있습니다. 그중 하나는 정렬을 단 한 번만 수행하면 된다는 것입니다. 그리고 그 결과를 저장한 다음 이어지는 분석에 원하는 대로 활용할 수 있습니다. 두 번째로는 전체 수준의 세부 정보를 보존할 수 있다는 것입니다. 분석상 관심 있는 특정 기간을 정하고 나서, 그 기간에 일어나는 일을 이해하기 위한 데이터의 모든 세부 사항을 관찰해볼 수 있습니다.

전체 파일을 정렬하는 구체적인 방법에는 다음과 같은 몇 가지 옵션이 있습니다.

- 리눅스에는 정렬을 위한 명령어 도구(*https://perma.cc/7SNE-TQ2T*)가 있습니다.
- 대부분의 데이터베이스는 데이터 정렬 기능을 제공합니다. 즉, 데이터를 데이터베이스로 이식한 다음, 데이터베이스가 나머지 정렬 작업을 해결하게끔 할 수 있습니다.[8]
- 자신만의 정렬 알고리즘을 구상하고 이를 구현해볼 수 있습니다. 이때 고려할 사항은 거대한 메모리를 소모하지 않아야 한다는 것입니다. 이미 패키지 형태로 제공되는 정렬이 풀려는 노력과는 크게 다르다는 것이 어려운 점입니다.

여기서는 리눅스의 명령어 도구를 선택하겠습니다. 이 도구를 제대로 사용하는 데는 시간이 조금 걸리겠지만, 새로운 생활의 기술을 개발할 수 있을 뿐만 아니라 이처럼 큰 파일을 올바르게 잘 구현된 정렬 방법으로 접근해보는 기회도 얻을 수 있습니다.

가장 먼저 테스트 목적으로 사용할 작은 파일을 생성합니다.

---

8 이 기능을 제공하는 데이터베이스를 골라야 합니다. 모든 데이터베이스가 이 기능을 제공하는 것은 아닙니다. 특히 데이터가 시간의 순서 대로 데이터베이스로 삽입된다는 가정을 둔 시계열 데이터베이스에는 이 기능을 제공하지 않는 경우가 있습니다.

```
## 리눅스 명령줄
$ head -n 1000 311.csv | tail -n 999 > test.csv
```

여기서 head(시작을 출력) 및 tail(끝을 출력) 명령어가 모두 관련되어 있습니다. head는 파일의 첫 번째 행을 포함하는데, 여기서는 그 내용이 열의 이름 목록입니다. 열의 이름 목록을 포함한 채 값을 정렬한다면, 열의 이름도 정렬 대상에 포함되므로 정렬 작업을 수행하기 전에 이를 제거해줍니다.

리눅스 기반 운영 체제로 작업한다면 다음과 같이 sort 명령어를 적용할 수 있습니다.

```
## 리눅스 명령줄
$ sort --field-separator=',' --key=2,3 test.csv > testsorted.csv
```

위의 명령어는 필드 구분자의 지정, 두 번째와 세 번째 행 기준의 정렬 작업의 수행을 나타냅니다. 즉, 접수 및 종료 날짜에 의한 정렬입니다. 이 결과를 새로운 파일로 써줍니다. 단순히 화면으로 출력하는 것은 별로 유용하지 않기 때문입니다.

파일이 정렬되면 R을 이용하여 이를 살펴볼 수 있습니다. 하지만 이때도 정렬된 파일을 반환하지 않다는 것을 알 수 있습니다. CSV 파일에 head 명령어를 사용했던 예제로 다시 돌아가보면 그 이유를 알 수 있습니다. 우리는 날짜 행에 기반하여 정렬을 수행했습니다(날짜를 인식하는 방식이 아니라 문자열처럼 처리되었습니다). 하지만 현재의 날짜 형식은 월로 시작하기 때문에 결국 전체 시간에 의한 정렬보다는 월별 날짜 행들로 정렬된 결과를 얻은 것입니다. 앞서 수행한 명령어에서 '정렬된' CSV 형식은 다음과 같습니다.

```
  1: 02/02/2019 10:00:27 AM 02/06/2019 07:44:37 AM
  2: 03/27/2014 07:38:15 AM 04/01/2014 12:00:00 AM
  3: 03/27/2014 11:07:31 AM 03/28/2014 01:09:00 PM
  4: 03/28/2014 06:35:13 AM 03/28/2014 10:47:00 PM
  5: 03/28/2014 08:31:38 AM 03/28/2014 10:37:00 AM
  ---
995: 07/03/2017 12:40:04 PM 07/03/2017 03:40:02 PM
996: 07/04/2017 01:30:35 AM 07/04/2017 02:50:22 AM
997: 09/03/2014 03:32:57 PM 09/04/2014 04:30:30 PM
998: 09/05/2014 11:17:53 AM 09/08/2014 03:37:25 PM
999: 11/06/2018 07:15:28 PM 11/06/2018 08:17:52 PM
```

보다시피 날짜보다는 문자열에 의한 정렬에 의한 결과라는 것이 더 타당합니다. 실은 이전 형식과는 다르게, 적절한 ISO 날짜 형식을 사용하면 문자열로도 올바른 정렬이 가능하다는 장점 하나를 암시하기도 합니다. 이는 '발견된' 시계열 데이터의 매우 전형적인 문제에 대한 한 가지 예입니다. 가용 타임스탬프의 형식이 시계열 분석에 가장 좋은 것이 아닐 수도 있습니다.

뉴욕의 개방 데이터 인터페이스를 다시 방문해서 이 형식에 대한 해결책이 있는지 알아보겠습니다(그림 15-3).

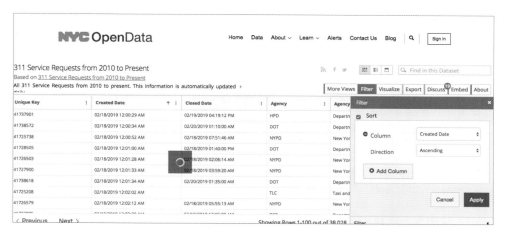

그림 15-3 뉴욕의 개방 데이터 포털은 웹 인터페이스로 정렬을 제공합니다. 이처럼 거대한 데이터셋의 모든 열에 대해 정렬 기능이 제공되는데, 정렬에 필요한 계산량을 생각해보면 꽤 인상적인 무료 자료입니다.

웹 페이지에서 데이터의 테이블 뷰를 잠깐 봤을 때, 데이터가 시간의 순서로 정렬되지 않은 것처럼 보입니다. 그런데 정렬 옵션이 있다는 것도 알 수 있습니다. 정렬 옵션을 데이터셋에 적용하면 어느 정도의 시간이 소요된 다음 정렬이 완료됩니다. 꽤 좋은 해결책으로 보이지만, 정렬된 결과를 CSV 형식으로 다운로드해보면 여전히 순서가 뒤엉켜 있습니다.

이 시점에서 탐구해볼 수 있는 여러 가지 해결책이 있습니다. 웹 인터페이스의 사용 대신에 개방 데이터의 API를 사용하면, 날짜를 지정하거나 정렬이 보장되게끔 할 수도 있습니다. 또한 awk 같은 더 많은 리눅스 명령 도구를 사용해볼 수도 있습니다. 그러면 타임스탬프의 다른 부분들을 추출하여 서로 다른 열에 넣어주거나 ISO 형식에 맞는 하나의 열에 재배열해볼 수도 있습니다.

이러한 방법들 대신에 우리가 취할 방법은 예비적 접근법으로, 오직 특정 행만을 읽어 들일 때 우리가 보유한 도구가 그러한 방식으로 CSV를 다룰 수 있는지를 확인해보는 것입니다. 이때 필자가 궁금했던 첫 번째 사항은 불편 사항의 접수와 종료 사이에 걸린 지연 정도가 시간에 따라 얼마나 달라졌는지에 대한 것이었습니다. 이 궁금증을 해결하기 위해서는 CreatedDate 및 ClosedDate라는 두 개의 행만 필요하다고 가설을 세울 수 있었습니다. 그리고 전체 관점에서 볼 때 작은 일부만을 차지하는 이 두 행을 읽어 들이는 것을 필자의 가벼운 노트북에서 가능한 지 확인해보고 싶었습니다(한편 이 문제를 해결하는 데 게으른 방법을 탐구해볼 수도 있습니다. 일시적이거나 영구적인 하드웨어의 업그레이드와 같은 것이 있습니다).

그 결과, 데이터의 모든 행을 읽어 들일 수 있었습니다. 이제부터 이어지는 분석은 단순히 처음 1,000개의 행에 대한 것이 아니라, 데이터셋 전체에 대해 수행될 것입니다.

```
## R
> ## 관심 있는 열만 읽습니다.
> df = fread("311.tsv", select = c("Created Date", "Closed Date"))
>
> ## data.table의 권장되는 'set...'을 사용하여 열의 이름을 설정합니다.
> setnames(df, gsub(" ", "", colnames(df)))
>
> ## 날짜 필드의 내용이 비어 있는 행을 제거합니다.
> df = df[nchar(CreatedDate) > 1 & nchar(ClosedDate) > 1]
>
> ## 문자열형 날짜열을 POSIXct로 변환합니다.
> fmt.str = "%m/%d/%Y %I:%M:%S %p"
> df[, CreatedDate := as.POSIXct(CreatedDate, format = fmt.str)]
> df[, ClosedDate  := as.POSIXct(ClosedDate,  format = fmt.str)]
>
> ## CreatedDate에 기반한 시간의 순서대로 정렬합니다.
> setorder(df, CreatedDate)
>
> ## 311을 통해 접수된 불편 사항의 접수일과 종료일 사이의 일 수를 계산합니다.
> df[, LagTime := as.numeric(difftime(ClosedDate, CreatedDate, units = "days"))]
```

이 작업은 2015년에 제조된 가벼운 노트북에서 수행되었으므로 여러분의 집이나 직장에서 어떤 컴퓨터를 사용하더라도 가능한 작업입니다. '빅데이터'라는 개념을 처음 접해본다면 약 2천만 행의 데이터가 별로 대단한 것이 아니라는 데 놀랄지도 모르지만 흔한 일입니다. 한편, 사실상 앞서 던진 시계열에 관련된 궁금증은 전체 데이터의 작은 일부만으로 해결될 수 있습니다.

LagTime 열을 살펴보면, 놀라울 정도로 올바르지 못한 숫자가 있다는 것을 알 수 있습니다. 10만 단위의 일 수나 음의 일 수가 그러합니다. 이 숫자들을 제거하고 데이터의 무작위 샘플 분포로 데이터의 상한선을 만듭니다.

```R
## R
> summary(df$LagTime)
Min.    1st Qu.    Median    Mean   3rd Qu.    Max.      NA's
-42943.4    0.1    2.0    2.0    7.9    368961.1    609835

> nrow(df[LagTime < 0]) / nrow(df)
[1] 0.01362189

> nrow(df[LagTime > 1000]) / nrow(df)
[1] 0.0009169934

> df = df[LagTime < 1000]
> df = df[LagTime > 0]

> df.new = df[seq(1, nrow(df), 2), ]
> write.csv(df.new[order(ClosedDate)], "abridged.df.csv")
```

음의 지연 시간이 의미하는 바를 알 만한 문서나 도메인 지식이 없어서 해당 지연을 만들어내는 데이터를 제거합니다. 또한 비현실적이며 그다지 유용하지 않은 값도 제거합니다. 311로 접수된 불편 사항 중 지연 시간이 1,000을 초과한 데이터가 여기에 해당됩니다.[9]

CAUTION_ 데이터를 삭제할 때는 항상 조심해야 합니다. 여기서 다룬 연습 문제에서는 데이터의 약 1.3%를 제거하여, 무의미해 보이는 지연시간을 가진 불편 사항에 대한 데이터를 조정했습니다. 하지만 타당한 이유가 있기 때문에 데이터를 삭제했던 것입니다. 가령 데이터의 입력상 발생한 오류나 데이터만으로는 알 수 없는 다른 문제로 발생했던 음숫값이 그러했습니다.

우리가 가졌던 궁금한 점은 데이터의 전체 분포와 관련이 있었다는 사실을 고려할 때, 삭제된 작은 일부 데이터가 분포에 대한 궁금증 분석에 영향을 미칠 가능성은 낮습니다. 하지만 실세계에서는 이러한 데이터를 살펴봐야 하며 그로부터 후속 작업에 어떤 영향이 미칠지를 생각해봐야 합니다. 이는 시계열에만 국한된 것이 아니라 일반적인 실무에 대한 조언입니다.

---

9 1,000일이 매우 크다고 느껴질 지도 모릅니다. 사실 필자도 311에 여러 번 불편 사항을 접수한 적이 있었는데, 며칠 동안 해결되지 않곤 했습니다. 집 앞의 오래된 나무가 죽어서 뉴욕시에 새로운 나무로 교체해 달라고 요청했지만, 이 문제가 해결되기까지 수년이라는 시간이 걸렸습니다. 311로 문의 전화를 할 때마다 문제를 해결하려고 노력 중이라는 형식적인 말만 돌아올 뿐이었습니다.

이제 관심 대상의 모든 데이터를 동시에 메모리로 올려두고, 계열에 대한 질문을 전체적으로 해볼 수 있게 되었습니다. 하지만 우리가 관심 있는 질문은 시간에 따라 지연시간의 분포가 변화했는지, 그리고 변화했다면 어떻게 변화해왔는지에 대한 것입니다. 이 질문은 슬라이딩이나 롤링 윈도를 활용해서 해결할 수도 있지만, 계산 부담이 큰 작업입니다. 데이터에 윈도를 이동시키면서 관련된 여러 가지 계산을 반복적으로 수행해야만 합니다. 그리고 이 프로젝트가 지금도 지속적으로 발생하는 데이터까지 적용한다고 가정해보면서 실시간 라이브스트림에 대해 해당 질문을 해결할 수 있는 방법도 알아보고자 합니다. 이처럼 수 기가바이트의 데이터 파일을 무기한으로 저장하는 것은 그리 좋은 생각은 아닐 것입니다.

15.3 시계열 데이터에 대한 실시간 통계 분석

시간을 인식할 수 있도록 P-square 알고리즘(*https://perma.cc/G8LA-7738*)이라고 불리는 온라인 분위수 측정 도구를 약간 수정하여 사용할 것입니다. 사용법은 꽤 간단합니다. 원래 알고리즘은 추정된 분위수에서 안정적인 분포가 있을 것이라고 가정하지만 우리는 시간에 따라 변화하는 분포를 고려합니다. 지수가중이동평균처럼 과거의 기록일수록 가중치를 덜 주는 방식으로 시간을 인식할 수 있도록 합니다. 그리고 같은 방식으로 새로운 측정이 생길 때마다 이전의 측정의 가중치를 축소하기 위한 인수를 도입합니다(그림 15-4).

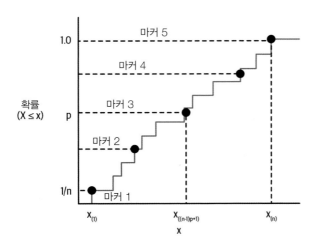

그림 15-4 P-square 알고리즘을 사용하는 온라인 분위수 측정에 대한 계산 구조입니다. 분위수의 위치와 각 분위수보다 작거나 같은 모든 데이터의 누적 개수를 나타내는 일련의 마커를 관리합니다.

이 알고리즘에는 약간의 기록이 요구되고, 객체지향 프로그래밍 언어에서 구현하기 쉽기 때문에 R에서 파이썬으로 변경하여 진행하겠습니다. 하지만 **data.table** 패키지가 파이썬이 제공하는 빅데이터 도구에 비해 더 좋은 성능을 보이므로 R에서 전처리된 데이터를 사용한다는 사실을 알아두세요.

우리가 구현하는 P-square 알고리즘의 버전은 값들에 대한 히스토그램을 구성합니다. 따라서 **PQuantile** 객체를 생성할 때 히스토그램의 카운트, 빈의 위치, 관측치의 집계 수행에 대한 미리 결정된 빈의 개수를 할당합니다.

```python
## python
>>> ## 필요한 패키지를 불러오고 유틸리티용 람다 함수를 작성합니다.
>>> import bisect
>>> import math
>>>
>>> sign = lambda x: (1, -1)[x < 0]
>>>
>>> ## 클래스 정의 시작
>>> class PQuantile:
>>>     def __init__(self, b, discount_factor):
>>>         ## 초기화
>>>         self.num_obs = 0 ## 이름이 곧 의미를 설명합니다.
>>>         ## 분위수당 카운트
>>>         self.n = [i for i in range(self.b+1)]
>>>         self.q = [] ## 추정된 분위수 값들
>>>
>>>         ## b는 분위수의 개수인데
>>>         ## 0번째(최소)부터 100번째(최대) 분위 수까지 포함합니다.
>>>         self.b = b
>>>         ## 새로운 데이터가 생길 때마다
>>>         ## 조정되어야 하는 카운트를 위한 할인계수
>>>         self.discount_factor = discount_factor
```

두 개의 설정 가능한 파라미터가 있습니다. 하나는 추정을 위해 고르게 퍼져 있는 분위수의 수이며, 다른 하나는 과거의 관측에 대한 할인계수입니다.

또 다른 클래스 멤버변수로는 전체 관측 개수(설정 가능한 시간 할인계수에 의한 시간 할인에 따라 달라집니다), 추정된 분위수, 주어진 분위수보다 작거나 같은 관측의 카운트가 있습니다.

공개된 함수는 딱 하나만 있습니다. 이 함수의 역할은 다음 관측을 받아들이는 것입니다. 새로

운 관측 데이터가 생길 때 일어나는 일은 우리가 계열에서 얼마나 일찍 있는지에 대한 결과입니다. 첫 번째인 self.b 값에 대하여, 입력이 수용되고 필연적으로 분위수의 추정이 이루어집니다. 그리곤 해당 분위수를 반영하기 위해서 self.q를 정렬합니다.

예를 들어 희망하는 분위수 값들의 개수로 b = 5라고 입력해보겠습니다. 그리고 입력의 순서는 2, 8, 1, 4, 3이라고 가정해보겠습니다. 이 순서의 마지막에 self.q는 [1, 2, 3, 4, 8]과 같아질 것입니다. 그리고 해당 분위수의 각각 보다 적거나 같은 값의 개수인 self.n은 [1, 2, 3, 4, 5]와 같아질 것입니다. 이 값은 이미 __init__에서 초기화되었습니다.

```python
## python
>>>     def next_obs(self, x):
>>>         if self.num_obs < (self.b + 1):
>>>             self.q.append(x)
>>>             self.q.sort()
>>>             self.num_obs = self.num_obs + 1
>>>         else:
>>>             self.next_obs2(x)
>>>             self.next_obs = self.next_obs2
```

self.b보다 더 많은 값을 가지고 있을 때 문제는 더 흥미로워집니다. 이 시점에서 코드는 반복적인 분석을 위해서 저장된 모든 데이터를 유지하지 않은 채, 분위수 추정에 값을 결합하는 방법에 대한 결정을 내리기 시작합니다. 이때 P-square 알고리즘은 self.next_obs2로 이를 수행합니다.

```python
## python
>>>     def next_obs2(self, x):
>>>         ## 관측의 개수를 할인합니다.
>>>         if self.num_obs > self.b * 10:
>>>             corrected_obs = max(self.discount_factor * self.num_obs, self.b)
>>>             self.num_obs = corrected_obs + 1
>>>             self.n = [math.ceil(nn * self.discount_factor)
>>>                      for nn in self.n]
>>>
>>>             for i in range(len(self.n) - 1):
>>>                 if self.n[i + 1] - self.n[i] == 0:
>>>                     self.n[i+1] = self.n[i + 1] + 1
>>>                 elif self.n[i + 1] < self.n[1]:
>>>                     ## 실전에서는 발생하지 않을 것입니다.
>>>                     self.n[i + 1] = self.n[i] - self.n[1 + 1] + 1
```

```python
>>>        else:
>>>            self.num_obs = self.num_obs + 1
>>>
>>>        k = bisect.bisect_left(self.q, x)
>>>        if k is 0:
>>>            self.q[0] = x
>>>        elif k is  self.b+1 :
>>>            self.q[-1] = x
>>>            k = self.b
>>>        if k is not 0:
>>>            k = k - 1
>>>
>>>        self.n[(k+1):(self.b+1)] = [self.n[i] + 1 for i in range((k+1),
>>>                                                    (self.b+1))]
>>>        for i in range(1, self.b):
>>>            np = (i)*(self.num_obs - 1 )/(self.b)
>>>            d = np - self.n[i]
>>>            if (d >= 1 and (self.n[i+1] - self.n[i]) > 1):
>>>                self._update_val(i, d)
>>>            elif (d <= -1 and (self.n[i-1] - self.n[i]) < -1):
>>>                self._update_val(i, d)
```

i 번째의 분위수 값은 균등하게 퍼져 있는 것이 이상적입니다. 그렇게 되면, 정확히 $i/b \times$ total만큼의 관측 개수는 그 값보다 적어지게 됩니다. 그렇지 않다면, 마커의 위치가 왼쪽에서 오른쪽으로 하나만큼 움직이게 되고, 그에 관련된 분위수 값은 히스토그램의 포물선 모양을 가진 한 부분의 추정에서 파생된 공식에 의해 조정됩니다. 이 공식은 특정 분위수 값과 개수가 조정되어야만 하는지에 대한 여부를 결정하기 위해 변수 d의 크기를 조정하는 데 앞서 표시된 기준을 지시합니다.

값이 조정되어야만 한다면, 포물선이나 선형 조정이 적합한지에 대한 또 다른 결정이 필요합니다. 이 내용은 다음의 코드에서 구현되어 있습니다. 좀 더 상세한 내용은 원 논문을 참고해보기 바랍니다. 해당 논문이 대단한 이유는 해당 기법에 이해하기 쉬운 수학을 사용했다는 점과 매우 명확한 구현 방법 및 구현된 내용을 검증하기 위한 방법을 제시한다는 점입니다.

```python
## python
>>>        ## 분위수의 위치가 움직일 때
>>>        ## self.q 및 self.n 모두가 업데이트된 것을 확인했다면
>>>        ## 전반적인 업데이트를 수행합니다.
>>>        def _update_val(self, i, d):
```

```
>>>        d = sign(d)
>>>        qp = self._adjust_parabolic(i, d)
>>>        if self.q[i] < qp < self.q[i+1]:
>>>            self.q[i] = qp
>>>        else:
>>>            self.q[i] = self._adjust_linear(i, d)
>>>        self.n[i] = self.n[i] + d
>>>
>>>    ## 기본적인 업데이트 메서드입니다.
>>>    def _adjust_parabolic(self, i, d):
>>>        new_val = self.q[i]
>>>        m1 =  d/(self.n[i+1] - self.n[i-1])
>>>        s1 = (self.n[i] - self.n[i-1] + d) *
>>>                (self.q[i+1] - self.q[i]) /
>>>                (self.n[i+1] - self.n[i])
>>>        s2 = (self.n[i+1] - self.n[i] - d) *
>>>
>>>    ## 포물선 상태가 만족되지 않을 때 선형 조정으로 돌아가기 위한 메서드입니
다.
>>>    def _adjust_linear(self, i, d):
>>>        new_val = self.q[i]
>>>        new_val = new_val + d * (self.q[i + d] - self.q[i]) /
>>>                            (self.n[i+d] - self.n[i])
>>>        return new_val
```

이 방법을 간단하게 바라볼 수 있도록 다음과 같이 PQuantile 클래스에 대한 코드 전체를 한 번에 나열했습니다.

```
## python
>>> class PQuantile:
>>>    ## 초기화
>>>    def __init__(self, b, discount_factor):
>>>        self.num_obs = 0
>>>        self.b = b
>>>        self.discount_factor = discount_factor
>>>        self.n = [i for i in range(self.b+1)]
>>>        self.q = []
>>>
>>>    ## 데이터 유입
>>>    def next_obs(self, x):
>>>        if self.num_obs < (self.b + 1):
>>>            self.q.append(x)
>>>            self.q.sort()
```

```
>>>             self.num_obs = self.num_obs + 1
>>>         else:
>>>             self.next_obs2(x)
>>>             self.next_obs = self.next_obs2
>>>
>>>     def next_obs2(self, x):
>>>         ## 관측의 개수를 할인합니다.
>>>         if self.num_obs > self.b * 10:
>>>             corrected_obs = max(self.discount_factor * self.num_obs, self.b)
>>>             self.num_obs = corrected_obs + 1
>>>             self.n = [math.ceil(nn * self.discount_factor)
>>>                         for nn in self.n]
>>>
>>>             for i in range(len(self.n) - 1):
>>>                 if self.n[i + 1] - self.n[i] == 0:
>>>                     self.n[i+1] = self.n[i + 1] + 1
>>>                 elif self.n[i + 1] < self.n[1]:
>>>                     ## 실전에서는 발생하지 않을 것입니다.
>>>                     self.n[i + 1] = self.n[i] - self.n[1 + 1] + 1
>>>         else:
>>>             self.num_obs = self.num_obs + 1
>>>
>>>         k = bisect.bisect_left(self.q, x)
>>>         if k is 0:
>>>             self.q[0] = x
>>>         elif k is  self.b+1 :
>>>             self.q[-1] = x
>>>             k = self.b
>>>         if k is not 0:
>>>             k = k - 1
>>>
>>>         self.n[(k+1):(self.b+1)] = [self.n[i] + 1 for i in range((k+1),
>>>                                                             (self.b+1))]
>>>         for i in range(1, self.b):
>>>             np = (i)*(self.num_obs - 1 )/(self.b)
>>>             d = np - self.n[i]
>>>             if (d >= 1 and (self.n[i+1] - self.n[i]) > 1):
>>>                 self._update_val(i, d)
>>>             elif (d <= -1 and (self.n[i-1] - self.n[i]) < -1):
>>>                 self._update_val(i, d)
>>>
>>>     ## 히스토그램 조정
>>>     def _update_val(self, i, d):
>>>         d = sign(d)
>>>         qp = self._adjust_parabolic(i, d)
```

```
>>>         if self.q[i] < qp < self.q[i+1]:
>>>             self.q[i] = qp
>>>         else:
>>>             self.q[i] = self._adjust_linear(i, d)
>>>         self.n[i] = self.n[i] + d
>>>
>>>     def _adjust_parabolic(self, i, d):
>>>         new_val = self.q[i]
>>>         m1 =  d/(self.n[i+1] - self.n[i-1])
>>>         s1 = (self.n[i] - self.n[i-1] + d) *
>>>                     (self.q[i+1] - self.q[i]) /
>>>                     (self.n[i+1] - self.n[i])
>>>         s2 = (self.n[i+1] - self.n[i] - d) *
>>>                     (self.q[i] - self.q[i-1]) /
>>>                     (self.n[i] - self.n[i-1])
>>>         new_val = new_val + m1 * (s1 + s2)
>>>         return new_val
>>>
>>>     def _adjust_linear(self, i, d):
>>>         new_val = self.q[i]
>>>         new_val = new_val + d * (self.q[i + d] - self.q[i]) /
>>>                             (self.n[i+d] - self.n[i])
>>>         return new_val
```

이제는 시간에 지향적인 방법이 마련되었고, 간단한 예제로 이 방법이 잘 동작하는지 테스트해보겠습니다. 우선 하나의 분포에서 데이터를 샘플링하고, 갑자기 다른 분포로 바꿀 것입니다. 이 예제에서는 40번째 백분위수의 샘플링을 진행합니다. 비록 10개의 히스토그램 지점에 기반하지만 0번째, 10번째, 20번째, …, 90번째, 100번째 백분위수를 나타내는 히스토그램을 관리합니다. 분포의 변화에 대한 꽤 상세한 묘사가 가능하다는 의미가 되므로 유용합니다. 다음 같은 간단한 예제에서는 40번째 백분위수 (**qt.q[4]**)에만 초점을 두며, 그 결과는 [그림 15-5]의 그래프와 같습니다.

```
## python
>>> qt = PQuantile(10, 0.3)
>>> qt_ests = []
>>>
>>> for _ in range(100):
>>>     b.next_obs(uniform())
>>>     if len(b.q) > 10:
>>>         qt_ests.append(qt.q[4])
```

```
>>> for _ in range(100):
>>>     b.next_obs(uniform(low = 0.9))
>>>     qt_ests.append(qt.q[4])
>>>
>>> plt.plot(qt_ests)
```

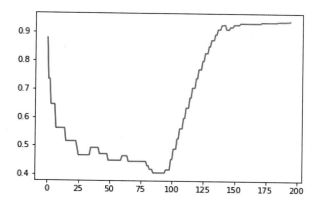

그림 15-5 과거의 측정을 많이 할인하면 (더 작은 할인계수로 곱하여), 기본 분포가 변화했다는 사실을 더 빠르게 확인할 수 있습니다.

이와는 대조적으로 큰 할인계수를 사용한 경우는 분위수의 변화가 보다 천천히 채택되는 것을 알 수 있습니다(그림 15-6).

```
## python
>>> qt = PQuantile(10, 0.8)
>>> qt_ests = []
>>>
>>> for _ in range(100):
>>>     b.next_obs(uniform())
>>>     if len(b.q) > 10:
>>>         qt_ests.append(qt.q[4])
>>> for _ in range(100):
>>>     b.next_obs(uniform(low = 0.9))
>>>     qt_ests.append(qt.q[4])
>>>
>>> plt.plot(qt_ests)
```

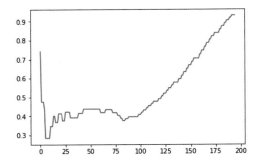

그림 15-6 과거의 측정을 덜 할인하면(더 큰 할인계수로 곱하여), 우리의 분위수 추정 기법은 기본 분포가 변화했다는 사실을 더 천천히 인식합니다.

이제는 이 롤링 분위수를 실제 데이터에 적용해볼 차례입니다(그림 15-7). 전체 데이터셋에 대해 수행하지는 않을 것인데, 계산이 복잡해서 그런 것은 아닙니다. 단지 필자가 가진 평범한 노트북으로는 기록된 모든 분위수의 그래프를 그리는 일이 부담스럽기 때문입니다.

```python
## python
>>> import numpy
>>> nrows = 1000000
>>> qt_est1 = np.zeros(nrows)
>>> qt_est2 = np.zeros(nrows)
>>> qt_est3 = np.zeros(nrows)
>>> qt_est4 = np.zeros(nrows)
>>> qt_est5 = np.zeros(nrows)
>>> qt_est6 = np.zeros(nrows)
>>> qt_est7 = np.zeros(nrows)
>>> qt_est8 = np.zeros(nrows)
>>> qt_est9 = np.zeros(nrows)
>>> for idx, val in enumerate(df.LagTime[:nrows]):
>>>     qt.next_obs(val)
>>>     if len(qt.q) > 10:
>>>         qt_est1[idx] = qt.q[1]
>>>         qt_est2[idx] = qt.q[2]
>>>         qt_est3[idx] = qt.q[3]
>>>         qt_est4[idx] = qt.q[4]
>>>         qt_est5[idx] = qt.q[5]
>>>         qt_est6[idx] = qt.q[6]
>>>         qt_est7[idx] = qt.q[7]
>>>         qt_est8[idx] = qt.q[8]
>>>         qt_est9[idx] = qt.q[9]
```

```
>>>
>>> plot(qt_est9, color = 'red')
>>> plt.plot(qt_est7, color = 'pink')
>>> plt.plot(qt_est5, color = 'blue')
>>> plt.plot(qt_est3, color = 'gray')
>>> plt.plot(qt_est2, color = 'orange'
```

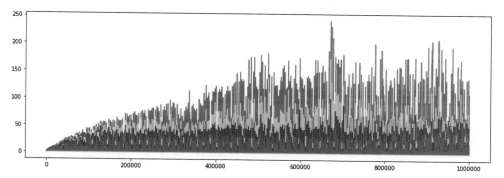

그림 15-7 처음 100,000개의 행에 대하여 시간에 따른 90, 70, 50, 30, 20번째의 백분위수 값 그래프입니다. 데이터는 불편 사항 접수 종료시점으로 정렬되었습니다.

[그림 15-7]은 접수된 불편 사항이 종료된 시점으로 정렬된 데이터의 처음 100,000개의 행에 대하여 시간에 따른 90, 70, 50, 30, 20번째의 백분위수 값 그래프를 보여줍니다. 종료 시점으로 정렬되어서 앞 부분에 빠르게 해결된 여러 불편 사항이 표시될 가능성이 높고, 데이터셋의 첫 부분에서 더 적은 분위수 추정이 나타나는 것을 설명해줍니다.[10]

그래서 분포가 바뀌었을까요? 시각적으로는 그렇게 보이는데, 여기에 몇 가지 이유가 있습니다. 그중 하나는 잠시 후 설명할 좌측중도절단^left censoring 으로, 데이터가 선택되고 정렬된 방식에 영향을 미칩니다. 데이터를 ClosedData 열에 기반해서 정렬했다는 사실에 결합된 무기한적이지 않은 과거의 데이터로 구성되었다는 사실(즉, 특정 날짜 이전에 311에 접수된 불편 사항은 우리가 바라보는 시스템에 포함되어 있지 않다는 것이죠)은 초반부의 날짜에서 지연 시간을 더 짧게 해줍니다. 다시 말해서, 분명해 보이는 시간에 따른 이 변화는 단순히 우리가 가진 완전하지 않은 데이터와(그리고 완전하지 않은 기반 데이터셋), 우리가 선택한 정렬 방식이 결

---

10 20번째 분위수는 매우 작아서, 다른 분위수들도 함께 표현된 현재의 그래프 척도로는 육안으로 확인이 어렵습니다. 다른 분포의 밑바닥에 깔린 실선이 해당 분위수에 대한 것이라고 짐작해볼 수 있습니다. 좀 더 명확하게 확인하고 싶다면, 해당 분위수에 대한 것만 그래프로 그리거나 로그/스케일로 변형해볼 수 있습니다.

합된 결과인 것입니다.

그런데도 시간에 따라 분포의 변화를 암시하는 특징을 볼 수 있습니다. 분위수 곡선 추정치에는 고점과 저점이 있는 것으로 보이며, 외생적인 조직의 요인(월말까지 불편 사항을 해결해야 하거나 펀딩을 받는 연간 특정 시기에 작업자의 수가 증가하여 불편 사항이 종결될지도 모릅니다)으로 분위수 값의 상승 및 하락을 예측 가능한 시간이 있을 수 있으므로 곡선에 주기적인 동작이 있는지를 고려할 수도 있습니다.

이제 예비 결과가 있다는 점을 고려할 때 가장 좋은 방법은 중요한 날짜를 설정하고(즉 급증, 주기적인 행동이 어디에서 보입니까?) 작업의 리듬에 대해 설정할 수 있는 제도적 사실과 상호 참조하는 것입니다. 또한 시뮬레이션을 실행하여 왼쪽 검열이 다양한 시나리오에서 초기 분위수 추정에 어떻게 영향을 미치는지 평가해야 합니다. 이런 식으로 시스템의 알려지지 않은 측면에 대한 더 나은 정성적 및 정량적 이해를 개발할 수 있습니다. 이런 정보는 해결 시간의 분포가 시간이 지남에 따라 진화하고 있다면 어떻게 진화하는지에 대한 최종 결정을 내리는 데 매우 도움이 될 것입니다.

이러한 조치를 했다고 가정해봅시다. 어떻게 하면 될까요? 모든 샘플 포인트가 아닌 분포의 분위수만 사용할 수 있는 유사성 차이에 대한 분포를 비교하는 방법론을 찾아야 합니다. 이를 수행할 수 있는 한 가지 방법은 전체 프로세스를 시뮬레이션 또는 부트 스트랩하는 것입니다. 이것은 시뮬레이션을 코딩하여 모델에 들어간 가정을 완전히 표현하고 제어할 수 있는 답으로 이어질 것입니다. 실제로 이러한 비교를 수행하는 많은 통계적 접근 방식은 부트 스트랩 방법에도 초점을 둡니다.

좌측, 우측, 사이 중도절단

시계열 분석 및 생존 분석과 같은 추적의 경우 데이터 선택, 정렬 또는 표시가 분석에 어떤 영향을 미치는지 알고 있어야 합니다. 나중 기간보다 더 좁은 분포. 이는 왼쪽 검열의 한 형태인 마감일을 기준으로 데이터를 정렬했을 가능성이 큽니다. 즉, '연구'가 시작되기 전에 '관심 이벤트'가 이미 발생했음을 의미합니다. 이때 우리의 관심 이벤트는 불만의 시작일과 종료일이며 데이터셋의 시작일로 제한됩니다. 대조적으로, 오른쪽 검열의 관련 개념은 이벤트가 끝난 후에 관심 이벤트가 발생한다는 것을 의미합니다. 마지막으로 간격 검열은 이벤트가 발생한 시점에 대해 간격과 같이 정확하지 않은 기록만 있는 상황을 의미하며, 이는 반드시 분석에 영향을 미칠 것입니다.

15.3.1 여전히 남는 의문

시각화는 새로운 쿼리를 제안합니다. 하나는 주기적 또는 계절적 행동의 가능성과 관련이 있습니다. 추정된 모든 분위수에 주기적인 범프가 있는 것 같습니다. 이 문제를 추가로 조사하는 것을 고려할 수 있으며 이를 위한 여러 옵션이 있습니다.

- 고조파(사인과 코사인)를 이러한 분위수 곡선에 맞추고 공통 주기성이 나타나는지 확인할 수 있습니다.

- 분위수 자체를 ARIMA나 SARIMA 프로세스로 모델링하고 계절성의 증거를 찾을 수 있습니다. 여기에는 시계열로 모델링할 곡선의 ACF 및 PACF를 탐색하는 것과 같은 예비 단계도 수반됩니다.

- 311 서비스를 운영하는 기관에 더 많은 정보를 요청하고, 그들의 조직 구조와 운영 절차에 의해 유발된 주기적인 행동을 인식하는지 확인할 수 있습니다.

주기적 동작 외에도 인덱스 바로 아래 70,000개 위치에서 추정된 분위수 값이 급증하는 것을 볼 수 있습니다. 모든 분위수가 상승했다는 점을 고려할 때 이것이 하나 또는 소수의 특이치 때문은 아닙니다. 이를 조사할 수 있는 몇 가지 방법이 있습니다.

- 이 기간의 원시 데이터로 돌아가서 설명을 제안할 수 있는 기능을 확인하세요. 불만 사항이 311건으로 급증했나요? 아니면 해결하는 데 시간이 오래 걸리는 불만 사항이 급증했나요?

- 또는 원시 데이터를 재검토하여 분위수에서 이 점프의 대략적인 날짜를 제거하고 이를 지역 뉴스와 상호 참조할 수 있습니다. 되도록 올바른 방향을 알려줄 수 있는 사람의 도움이 필요합니다. 기관의 누군가나 시 정부에 대해 잘 아는 사람의 지원이 가장 가치가 있을지도 모릅니다. 그러나 이 날짜는 2012년 허리케인 샌디와 같이 점프를 설명할 뉴욕의 대규모 이벤트에 해당할 수도 있습니다.

15.3.2 그 이상의 개선 사항

이것을 훨씬 더 시간을 인식하는 알고리즘으로 만들 수 있습니다. P- 제곱 알고리즘에 대한 수정은 이전 관측치를 할인하지만 모든 관측치가 균등한 간격을 두고 있다고 가정합니다. 이는 다음 관찰의 입력에 타임 스탬프가 없고 동일한 할인 요소가 항상 적용된다는 사실입니다. 새로운 정보와 비교해 이전 정보에 대한 타임 스탬프의 변경을 사용하면 할인은 마지막 업데이트가 측정된 이후의 시간 변화에 따라 달라지도록 유연한 알고리즘을 만들 수 있습니다. 또한 311 데이터셋에 대해 더 정확할 것입니다. 이 부분은 독자를 위한 연습 문제로 남겼지만 몇 줄의 코드만 변경하면 됩니다(힌트: 할인 요소는 시간의 함수가 되어야 합니다).

또한 온라인 또는 창 측정을 통해 시간에 따른 분위수를 추정하는 다른 방법을 살펴볼 수도 있습니다. 온라인 데이터, 특히 온라인 빅데이터의 중요성이 커지고 있어서 이 주제에 대한 다양하고 새로운 연구가 진행되고 있습니다. 통계 및 머신러닝 접근 방식 모두 지난 몇 년 동안 이 문제를 다루고 있으며 데이터 과학자가 살펴볼 수 있는 학술 논문이 많이 있습니다.

15.4 보충 자료

- Ted Dunning and Otmar Ertal, "Computing Extremely Accurate Quantiles Using t-Digests," research paper, 2019, *https://perma.cc/Z2A6-H76H*.
  - ▷ 온라인 시계열 데이터의 분위수를 매우 효율적이고 유연하게 계산하는 f-digest 알고리즘으로, 비정상 분포를 가진 온라인 시계열에서도 분위수 추정을 처리하는 선두 기술로 주목받고 있습니다. 파이썬, 고성능 C++, Go 등 다양한 언어로 구현되어 있습니다. 이 접근법은 관심 분위수를 미리 결정할 필요 없이 전체 분포가 원하는 분위수의 추론이 가능한 클러스터 집합으로 모델링되기 때문에 유용합니다.

- Dana Draghicescu, Serge Guillas, and Wei Biao Wu, "Quantile Curve Estimation and Visualization for Nonstationary Time Series," Journal of Computational and Graphical Statistics 18, no. 1 (2009): 1–20, *https://perma.cc/Z7T5-PSCB*.
  - ▷ 시계열 분위수 추정에서 비정상 분포를 모델링하는 몇 가지 비모수적 방법을 다룹니다. 실세계 데이터, 시뮬레이션, 비표준 분포(예: 비가우스 분포non-Gaussian distributions) 등을 다루기 때문에 유용합니다. 유료지만 예제 코드를 제공합니다(통계 학술 저널에서는 이례적인 사례).

• András A. Benczúr, Levente Kocsis, and Róbert Pálovics, "Online Machine Learning in Big Data Streams," research paper, 2018, *https://perma.cc/9TTY-VQL3*.

  ▷ 시계열에 관련된 일반 작업에 대해 다양한 머신러닝을 이용한 기술적인 접근 방식을 설명합니다. 특히 다양한 종류의 머신러닝을 위한 온라인 데이터 처리와 온라인 작업의 병렬화에 관련된 기술에 대한 조언을 다룬다는 점에서 흥미로운 자료입니다.

• Sanjay Dasgupta, "Online and Streaming Algorithms for Clustering," lecture notes, Computer Science and Engineering, University of California San Diego, Spring 2008, *https://perma.cc/V3XL-GPK2*.

  ▷ 시계열 데이터에만 국한된 것은 아니지만, 온라인 데이터를 위한 비지도 클러스터링의 일반적인 개요를 제공합니다. 이 자료는 시계열에 특화된 애플리케이션을 위한 잠재적인 해결책을 파악하기에 충분합니다.

• Ruofeng Wen et al., "A Multi-Horizon Quantile Recurrent Forecaster," research paper, November 2017, *https://perma.cc/22AE-N7F3*.

  ▷ 아마존의 연구 논문으로, 데이터의 분위수 정보를 사용하여 시계열 예측용 순환 신경망을 효과적으로 학습시키는 예를 제공합니다. 포인트 추정치보다 확률적 평가를 만들어내는 신경망의 효과적인 학습을 보여줍니다. 이 논문은 시계열 분석에서 잘 사용되지 않는 분위수 정보의 또 다른 잠재적 사용 사례를 잘 보여줍니다.

## CHAPTER 16

시계열 패키지

지난 수년간 여러 예측 및 데이터 처리 요구 사항에 대해 거대한 고객정보 기반, 정교한 로깅, 최첨단 비즈니스 분석력으로 무장한 대규모 기술회사들이 수집한 엄청난 양의 시계열에 대해 다양한 패키지와 논문을 공개해왔습니다. 이 장에서는 이렇게 확장되어가는 시계열 데이터셋에 대한 발전과 연구 분야를 살펴봅니다. 특히 이상 탐지 및 대규모 예측에 관한 내용을 다룹니다.

16.1 대규모 예측

여러 대형 기술회사의 내부에서는 시계열의 처리가 점점 더 중요한 문제로 자연스럽게 떠오르고 있습니다. 시간이 지나면서 이들 중 일부는 다양한 도메인에 대한 수많은 예측의 필요성으로 지능적이고 자동화된, 특히 '대규모 예측'에 초점을 맞춰 시계열 패키지를 개발해왔습니다. 다음은 자동화된 예측 패키지를 개발한 두 명의 구글 데이터 과학자가 2017년에 작성한 블로그 게시글(*https://perma.cc/6M7J-MWDY*)의 일부로, 해당 패키지가 개발된 배경을 설명하는 내용입니다.

처음 10년간 구글의 시계열 예측에 대한 수요는 회사의 성장과 함께 빠르게 증가했습니다. 다양한 비즈니스와 엔지니어링의 요구로 예측에 대한 다양한 접근방식이 수행되었지만, 대부분은 분석가의 직접적인 개입에 의존적이었습니다. 그래서 다양한 접근방식과 규모에 따른 비일관적인 부분을 통합하고, 자동화하고, 예측 방법을 확장하고, 안정적으로 사내 전체로 배포될 수 있는 도구를 통해 결과를 전파하는 시도가 일어났습니다. 즉 대규모의 시계열을 정확히 예측하는 데 용이한 방법과 도구를 개발하려는 시도였습니다.

너무 방대한 데이터는 모든 관심사에 대한 수많은 예측을 위해 충분한 분석가를 고용하고, 이들의 적절한 업무 수행을 위한 훈련을 어렵게 만들며 상당히 많은 비용을 발생했습니다. 대신 상기 설명된 종류의 패키지들은 '적당히 좋은'이라는 철학을 가지고 있습니다. 즉 도메인 지식을 가진 시계열 전문가가 만드는 예술적으로 완벽한 결과를 기다리는 동안 아무것도 하지 못할 바엔 적당히 좋은 예측이라도 시도하는 것이 훨씬 좋다는 의미입니다. 이어지는 절에서 구글과 페이스북이 개발한 두 자동화된 예측 프레임워크에 대해 상세히 설명합니다.

16.1.1 구글의 예측 산업

구글은 검색 인프라 부서의 몇몇 데이터 과학자의 주도하에 개발되어온, 자사 내부에서 사용되는 자동화된 예측 도구의 정보 일부를 공개한 바 있습니다. 이 작업은 조직 전체에서 자동화된 예측을 수행하기 위한 통합된 접근방법을 만드는 것입니다. 자동화된 작업은 안전한 결과를 보장해야 합니다. 즉 결과가 일정 범위의 오차를 벗어나서는 안 되며, 예측의 불확실성에 대한 어느 정도의 추정이 가능해야 한다는 것입니다. 더욱 광범위하게 적용 가능한 솔루션을 원했기 때문에 계절성, 누락 데이터, 휴일, 시간의 경과에 따른 행동과 같이 사람과 관련된 시계열 데이터셋에 나타나는 일반적인 문제를 해결하려는 방법이 제시되어야 했습니다.

구글에서 출시한 솔루션은 앞 장에서 다룬 내용과 관련된 세 가지 단계로 구성됩니다.

1. 대규모의 데이터 정리 및 평활화의 자동화 단계
2. 데이터의 시간적 종합과 지리적/개념적으로 분해하는 단계
3. 시뮬레이션 기반으로 생성된 불확실성의 추정과 예측을 결합하는 단계

각 단계를 하나씩 살펴봅시다.

자동화된 대규모의 데이터 정리 및 평활화 단계

앞서 언급된 구글의 비공식 데이터 과학 블로그 게시글에 따르면, 프로젝트의 두 총괄자는 데이터의 정리 및 평활화가 다음과 같은 여러 문제를 해결할 수 있다는 것을 보여줍니다.

불완전한 데이터의 영향

- 누락된 데이터
- 이상치 감지
- 정도의 변화
- 데이터 변형

불완전한 데이터는 어쩔 수 없는 현실입니다. 누락된 데이터는 사소한 기술적인 결함으로 발생할 수 있습니다. 이상치의 원인도 이와 유사합니다. 이상치가 '실젯값'일 수도 있지만, 반복적으로 일어날 가능성이 적다면 이를 예측에 포함할 만한 가치는 없습니다. 정도의 변화(체제 변화)는 무수히 많은 이유로 일어날 수 있습니다. 가령 급격히 변하는 베이스라인의 행동(진화하는 세계), 급격히 변하는 측정(진화하는 제품), 급격히 변하는 기록(진화하는 로그) 같은 것들이 이유가 될 수 있습니다. 마지막으로 많은 시계열 모델이 간주하는 정규성이나 정상성과는 거리가 먼 분포를 갖는 데이터가 생길 수 있습니다. 구글의 접근법은 이런 데이터의 불완전성을 감지하고 '정정'하는 자동화된 방법론을 제시합니다.

달력에 관련된 영향

- 연간 계절성
- 주간 계절성(요일에 대한 영향)
- 휴일

달력에 관련된 영향의 처리는 전 세계에 퍼진 사용자를 보유한 구글과 같은 기관에 있어서 특히 까다롭습니다. 연간 계절성은 전 세계의 서로 다른 부분에서 매우 달라 보일 수 있습니다. 특히 지구 반대편에는 그들만의 날씨 패턴과 문화가 있으며, 기반 달력 시스템조차 다를 수 있습니다. 블로그 게시글이 지적했듯이 동일한 공휴일이 단일 달력 상에서는 1년에 두 번 이상 발생할 수 있습니다.[11] 마찬가지로 특정 그룹의 사람들이 활동하는 '계절'은 그레고리력 연도 내에서 바뀔 수 있습니다. 이슬람력과 그레고리력 주기의 다름에 따라 자주 발생하는 현상입니다.

---

11 같은 날도 달력 시스템에 따라 그 날짜가 다를 수 있습니다. 모두 같은 달력 시스템으로 나타내면 같은 날이 여러 번 등장할 수 있습니다.

데이터의 시간적 종합과 지리적/개념적으로 분해하는 단계

구글의 데이터 과학팀은 주간 데이터가 원하는 대부분의 예측에서 잘 동작한다는 것을 발견했습니다. 따라서 데이터의 정리 단계 이후 예측을 위해서 주간 증가량을 집계했습니다. 이 방식으로 시간적 종합을 수행한 것입니다.

하지만 때로는 데이터를 지리적으로, 범주에 따라서(기기 유형과 같은), 요인에 따라서(지역별 기기 유형과 같은) 데이터를 분리하는 것도 유용하다는 사실을 알게 되었습니다. 연구팀은 전체 계열과 분리된 하위 계열이 모두 관심 대상일 때 하위 계열에 대한 예측을 수행한 다음 하위 계열들을 조화하여 전체 예측을 수행하는 것이 더 효과적이라는 사실을 발견했습니다. 방금 설명한 것은 6장의 다양한 계층적 시계열 예측의 방법 중 저수준의 예측으로 시작해서 위쪽으로 전파하는 방법론을 반영합니다.

시뮬레이션 기반으로 생성된 불확실성의 추정과 예측을 결합하는 단계

구글은 서로 다른 예측 모델들의 결과를 조합하여 최종 예측을 생성하는 앙상블 접근법을 사용합니다. 이 방법은 여러 가지 이유로 유용합니다. 이 방식은 잘 동작한다고 알려진 여러 예측 모델(지수평활법, ARIMA 등)의 이점들을 끌어내는 전문가(모델)들의 지혜가 반영된 예측을 생성합니다. 또한 앙상블 방식은 예측 분포를 생성하고, 예측이 '분포의 몰려 있는 집단'과 너무 동떨어져 있는지를 판단할 수 있는 기준을 제공합니다. 예측의 타당성을 판단해볼 수 있습니다. 마지막으로 앙상블 방식은 예측의 불확실성을 정량화하는 방법을 제공하는데, 구글에서는 시간의 따라 전파되는 에러를 시뮬레이션하여 이러한 정량화를 수행합니다.

구글의 데이터 과학팀이 인정한 대로 그들은 대규모 병렬처리를 가능케 하는 구글의 엄청난 가용 컴퓨팅 자원에 적합한 접근방식에 따른 이점을 얻었습니다. 병렬 작업(시간상 전파되는 에러의 시뮬레이션을 여러 번 수행하는 등)과 자동화된 처리공정에 사람 분석가의 입력을 선택적으로 수용하는 여지로부터도 이점을 얻었습니다. 이 방식으로 다양한 데이터셋에 대한 꽤 괜찮은 예측이 대규모로 생성될 수 있습니다.

여러분에게는 구글과 비슷한 수준의 자동화가 필요 없거나, 그 작업이 주는 이점이 필요 없을지도 모릅니다. 하지만 인디 데이터 과학자라도, 여러분만의 워크플로를 설계할 때 구글의 방식으로부터 여러 가지 아이디어를 빌려와서 다음과 같은 결합을 시도할 수도 있습니다.

- '적당히 좋은' 기준점의 데이터 정리를 위한 프레임워크나 '파이프라인'을 구축합니다. 모

델링 전 시계열 데이터를 준비할 때마다 활용할 수 있습니다.

- 예측 모델들의 앙상블을 구축하여 '항상 준비된' 도구로 삼습니다.

16.1.2 페이스북의 Prophet 오픈 소스 패키지

구글이 내부 패키지 정보를 공개한 시기에 페이스북은 자동화된 시계열 예측 패키지인 Prophet을 오픈 소스화했습니다. 그리고 공식 블로그 게시글(*https://perma.cc/V6NC-PZYJ*)에 따르면, 구글의 접근방식에서 강조된 것과 동일한 일부 문제를 언급했고, 그중 특히 알아두면 좋은 내용은 다음과 같습니다.

- '사람의 척도'에서 바라본 계절성과 비정기적인 휴일

- 정도의 변화

- 누락된 데이터와 이상치

Prophet 패키지가 추가로 제공하는 장점은 다음과 같습니다.

- 분, 시간, 일 단위처럼 다양한 단위 수준으로 데이터셋을 처리할 수 있는 능력

- 포화점 도달과 같이 비선형 성장을 나타내는 추세

페이스북에 따르면 패키지를 사용한 결과는 분석가들이 만든 결과와 크게 다르지 않았습니다. 구글과 마찬가지로, 시계열에 적합한 파이프라인을 개발하면서 꽤 많은 작업이 병렬로 처리 가능하다는 사실을 발견했습니다. 그리고 Prophet은 안정적인 예측기로 개발되어 회사 내부뿐만 아니라 외부에 공개된 상품에서도 사용됩니다. 또한 '분석가 참여형' 패턴을 개발하여 필요 시 자동화 처리가 사람에 의해 감독 및 수정을 할 수 있도록 하여, 궁극적으로 작업에 투입된 자원의 수준에 따라 사람이 분석을 대체하거나 보조할 수 있는 제품을 만들었습니다.

페이스북과 구글은 다음 세 구성요소에 대해 꽤 다른 접근방식을 취합니다.

- 연간 및 주간 계절성의 영향

- 사용자가 정의한 휴일 목록

- 부분적 선형 또는 로지스틱 추세 곡선

이 구성요소들은 비모수적인 회귀모델로, 기본 회귀함수의 형태와 선형성이 없다는 가정이 없음을 의미하는 **가법회귀 모델**additive regression model 형성에 사용될 수 있습니다. 이 모델은 선형회귀보다 유연하고 해석이 용이하지만 더 높은 분산에 대한 트레이드오프(머신러닝과 통계학에서 일반적으로 알려진 편향–분산을 생각해보세요) 및 과적합에 대한 더 많은 문제가 발생합니다. 복잡한 비선형 동작이 과도하게 세금을 부과하는 방법론을 피하는 자동화된 방식으로 모델링되어야 한다는 점에서 페이스북이 추구하는 일반 작업에 적합합니다.

다음은 Prophet이 가지는 장점입니다.

- 간단한 API
- 활발히 개발 중인 오픈 소스
- 다양한 언어를 사용하는 데이터 과학 팀을 위해서 파이썬과 R에 동일한 API와 완전한 기능 제공

Prophet을 사용하는 것은 쉽습니다. 퀵스타트 가이드(*https://perma.cc/9TLC-FFRM*)에서 발췌한 예제 코드 스니펫을 보면서 이 절을 마무리하겠습니다. 다음 코드는 자동화된 예측을 배포하는 데 필요한 최소한의 양입니다. 위키백과 페이지 뷰와 관련된 시계열 데이터를 쉽게 얻기 위한 `pageview` 라이브러리를 Prophet과 함께 사용합니다. 그럼 먼저 시계열 데이터를 다운로드합니다.

```R
## R
> library(pageviews)
> df_wiki = article_pageviews(project = "en.wikipedia",
>                             article = "Facebook",
>                             start = as.Date('2015-11-01'),
>                             end = as.Date("2018-11-02"),
>                             user_type = c("user"),
>                             platform = c("mobile-web"))
> colnames(df_wiki)
[1] "project"    "language"   "article"   "access"    "agent"     "granularity"
[7] "date"       "views"
```

이렇게 일 단위로 구분된 몇 년간의 데이터를 얻을 수 있습니다. 그리고 간단한 몇 단계를 통해서 Prophet을 사용한 이 데이터의 예측을 시도할 수 있습니다(그림 16-1).

```R
## R
> ## 필요한 것만 포함하도록 데이터의 부분집합을 구합니다.
> ## 각 열에 합당한 이름을 부여합니다.
> df = df_wiki[, c("date", "views")]
> colnames(df) = c("ds", "y")

> ## 큰 값의 변화는 정상적인 일별 변동을 줄여줍니다.
> ## 이 데이터는 극심한 값의 변화를 포함하고,
> ## 이를 해소하기 위해 로그 변환을 적용합니다.
> df$y = log(df$y)

> ## '미래' 데이터 프레임을 만듭니다.
> ## 예측하려는 미래 날짜를 포함합니다.
> ## 현재 데이터부터 365일 다음을 예측할 것입니다.
> m = prophet(df)
> future <- make_future_dataframe(m, periods = 365)
> tail(future)
              ds
1458 2019-10-28
1459 2019-10-29
1460 2019-10-30
1461 2019-10-31
1462 2019-11-01
1463 2019-11-02

> ## 원하는 날짜에 대한 예측을 생성합니다.
> forecast <- predict(m, future)
> tail(forecast[c('ds', 'yhat', 'yhat_lower', 'yhat_upper')])
             ds     yhat yhat_lower yhat_upper
1458 2019-10-28 9.119005   8.318483   9.959014
1459 2019-10-29 9.090555   8.283542   9.982579
1460 2019-10-30 9.064916   8.251723   9.908362
1461 2019-10-31 9.066713   8.254401   9.923814
1462 2019-11-01 9.015019   8.166530   9.883218
1463 2019-11-02 9.008619   8.195123   9.862962
> ## 이제 원하는 값에 대한 예측을 했습니다.

> ## 패키지가 양질의 작업을 얼마나 했는지 알아보기 위한 그래프를 그립니다.
> plot(df$ds, df$y, col = 1, type = 'l', xlim = range(forecast$ds),
>     main = "Actual and predicted Wikipedia pageviews of 'Facebook'")
> points(forecast$ds, forecast$yhat, type = 'l', col = 2)
```

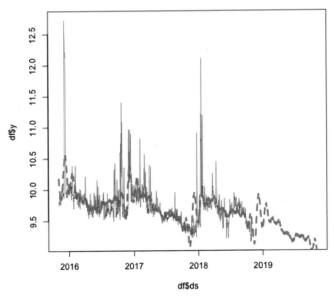

그림 16-1 위키백과 페이지 수의 데이터(얇은 실선)과 동일 데이터에 대해 Prophet이 예측한 것(두꺼운 파선)에 대한 도표

Prophet은 예측을 형성한 요소(추세 및 계절성)들에 대한 그래프를 그리는 방법도 제공합니다(그림 16-2).

```
## R
> prophet_plot_components(m, forecast)
```

CAUTION_ Prophet의 사용을 일일 데이터로 제한하세요. 공식 문서에 따르면, Prophet은 일일 데이터를 위해 개발되었고 일일 데이터를 다룰 때 가장 잘 동작합니다. 아쉽게도 같은 기술이 다른 시간 단위에 대해서는 꽤 불안정하게 동작할 수 있습니다. 따라서 일 단위가 아닌 데이터를 다룰 때는 조심히 접근해야 합니다.

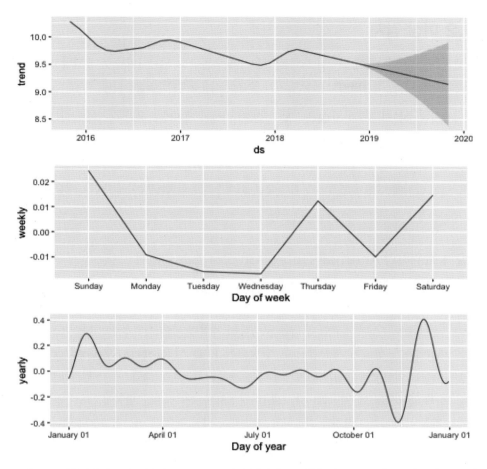

그림 16-2 예측이 추세, 주간, 연간이라는 요소로 분리되었습니다. 즉 예측은 이 요소들의 합으로 형성된 것입니다. 서로 다른 요소는 서로 다르게 형성되어 있습니다. 추세 데이터는 근본적으로 선형 모양인 반면, 연간 데이터는 근본적으로 푸리에 급수에 적합한 곡선 형태를 띕니다(앞서 나온 페이스북 블로그 게시글을 참조하여 더 많은 정보를 찾아보시기 바랍니다).

시간이 지나면서 자동화된 시계열에 관련된 오픈 소스와 블랙박스 형태의 제품이 나타나고 있습니다. 이러한 접근방식은 적당한 예측의 가능성을 보고 싶거나, 처음 예측을 접해본 기관 입장에서 적절한 진입점이 될 수 있습니다. 그러나 모든 종류의 시계열, 모든 기관을 만족시킬 만한 최상의 결과를 제공하는 일은 가까운 시일 내에 발생할 가능성은 적습니다. 도메인 지식과 조직이 가진 제약 조건을 시계열 모델에 탑재할 방법을 찾는다면, 보다 나은 결과를 얻을 수 있을지도 모릅니다. 하지만 아직까지 이 작업은 사람 분석가의 임무로 남아 있는 실정입니다.

16.2 이상 감지

이상 감지는 기술 회사들이 상당히 노력을 기울이며 오픈 소스 커뮤니티를 통해 활발히 공유되고 있는 분야입니다. 시계열에서 이상 감지가 중요한 이유는 다음과 같습니다.

- 이상치에 충분히 견고하지 않은 모델 학습 시 이상치 제거가 유용할 수 있습니다.
- 이상치 사건의 발생 범위를 예측하는 모델 구축 시 이상치 발견이 유용할 수 있습니다.

다음은 이상 탐지에 대해서 트위터가 취한 오픈 소스를 사용한 접근방식에 대한 내용입니다.

16.2.1 트위터의 AnomalyDetection 오픈 소스 패키지

4년 전 트위터는 이상치 탐지 패키지인 AnomalyDetection[12]을 오픈 소스화했으며, 지금까지도 유용하고 그 성능이 우수하다고 알려져 있습니다. 이 패키지는 이상치 식별을 위해 일반화된generalized ESD보다 더 정교한 모델을 구축하는 계절적 하이브리드seasonal hybrid ESDextreme studentized deviant를 구현하여 제공합니다. 일반화된 ESD 검정(*https://perma.cc/C7BV-4KGT*) 자체는 데이터셋에 단일 특이치가 있다는 가설을 검정하는 그럽스grubbs 검정(*https://perma.cc/MKR5-UR3V*)에 기반합니다. 일반화된 ESD는 이 검정을 반복적으로 적용합니다. 처음에는 가장 극단적인 이상치를 검정하고, 계속해서 점점 더 작은 이상치를 검정해나가며 동시에 다중 순차 검정을 고려하도록 검정의 임곗값을 조정합니다. 계절적 하이브리드 ESD는 일반화된 ESD에 기반한 시계열의 분해를 통해 동작의 계절성을 설명합니다.

다음은 R로 구현된 해당 패키지의 간단한 사용법을 보여줍니다. 가장 먼저 트위터의 패키지가 제공하는 일부 샘플 데이터를 불러옵니다.

```
## R
> library(AnomalyDetection)
> data(raw_data)
> head(raw_data)
            timestamp   count
1 1980-09-25 14:01:00 182.478
2 1980-09-25 14:02:00 176.231
3 1980-09-25 14:03:00 183.917
```

---

12 프로젝트의 깃허브 저장소와 트위터의 공식 블로그에서 자세한 정보를 얻을 수 있습니다.

```
4 1980-09-25 14:04:00 177.798
5 1980-09-25 14:05:00 165.469
6 1980-09-25 14:06:00 181.878
```

그리고 아래의 서로 다른 두 파라미터에 대해 트위터의 자동화된 이상감지 함수를 사용합니다.

- 1. 양이나 음의 방향 모두를 통틀어서 이상이 많은 부분을 찾습니다.

- 2. 양의 범위로 한정해서 이상이 적은 부분을 찾습니다.

다음은 각 사례에 대한 코드입니다.

```
## R
> ## 두 방향 모두를 대상으로, 이상의 비율이 높은 곳을 검출합니다.
> general_anoms = AnomalyDetectionTs(raw_data, max_anoms=0.05, direction='both')
>
> ## 양의 방향으로 한정해서, 이상의 비율이 적은 곳을 검출합니다.
> high_anoms = AnomalyDetectionTs(raw_data, max_anoms=0.01, direction='pos')
```

각 사례에 대한 결과를 그래프는 [그림 16-3]처럼 표현됩니다.

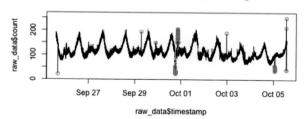

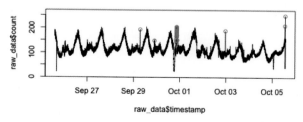

그림 16-3 트위터의 `AnlmalyDetectionTs()` 함수가 보고한 이상치에 대한 그래프로, 매우 포괄적인 설정(위)과 좀 더 제한적인 설정(아래) 두 개에 대한 결과를 보여줍니다.

보다시피 시계열의 특정 한 부분에서만 많은 이상치가 있다는 것을 알 수 있습니다. 따라서 그 특정 부분을 잘라서 확대한 그래프를 그려보면 무슨 일이 발생하는지를 더 잘 이해할 수 있습니다(그림 16-4).

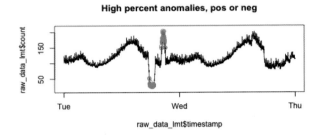

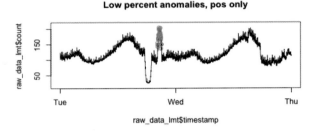

그림 16-4 동일한 이상치들이지만, 이번에는 같은 날 군집되어 일어난 이상치들에 집중합니다.

이렇게 그래프를 확대하면, 왜 해당 데이터들이 이상치인지 잘 이해할 수 있습니다. 해당 데이터들은 다른 부분에서 보여지는 일일 패턴에서 벗어났습니다. 양의 편차^{positive deviation}만을 찾고자 하는 이유에 대해서 데이터 집약적이며, 트래픽이 많은 웹사이트의 인프라를 구축하는 상황을 상상해보세요. 하향/음의 이상치도 흥미로울 수 있지만, 이 상황에서 비지니스의 성패를 좌우하는 이상치는 많이 몰리는 트래픽을 다루지 못한 인프라를 설명할 수 있습니다. 값의 튀어오름을 식별하는 게 흥미로운 이유는 다음과 같습니다.

- 이 값들이 거짓이라면, 현실적인 사용량의 실제 한도를 알 수 있도록 이들을 제거합니다. 이상하리만큼 높은 수치는 불필요한 컴퓨팅 자원의 구매를 만들 수 있습니다. 하지만 그 반대인 낮은 이상 수치에서는 그렇지 않습니다. 일종의 전처리 단계로서 이상 감지를 사용하면, 데이터를 정리하는 데 유용합니다.

- 컴퓨팅 장비가 저렴하다면, 이상치조차도 수용하도록 장비를 많이 구입해야 할지도 모릅

니다. 이상치를 레이블링할 수 있다면, 이는 이상치 예측을 위한 첫 번째 단계가 됩니다. 그러나 이상치 예측은 어려운 문제라서 이러한 노력에 대한 높은 기대를 해선 안 됩니다.

트위터의 자동 이상 탐지 기능에는 설정 가능한 여러 파라미터(*https://perma.cc/BR4K-R8GL*)가 있으며, `AnomalyDetection` 패키지는 새로운 데이터의 탐색, 정리, 모델링에 사용 가능한 유용한 도구입니다.[13]

16.3 그 밖의 시계열 패키지

이 장에서는 주요 비지니스 운영의 일부로 생성된 막대한 데이터셋 및 예측하기 위해서 일부 초대형 기술 회사가 개발하여 널리 사용되고 있는 패키지에 집중했습니다. 그러나 이 회사들이 시계열 패키지의 주요 공급자는 아닙니다. 다음과 같은 시계열의 특정 분야에 전념하는 거대한 패키지 생태계가 존재합니다.

- 시계열 저장소 및 인프라

- 시계열 데이터셋

- 브레이크포인트 검출

- 예측

- 주파수 도메인 분석[14]

- 비선형 시계열

- 자동화된 시계열 예측

상기 목록이 모든 것을 나열하지는 않습니다. 모든 부문에서는 수십 또는 수백 개의 시계열 패키지를 찾아볼 수 있습니다. 가장 광범위한 오픈 소스 패키지의 목록(*https://perma.cc/*

---

[13] 트위터가 `AnomalyDetection` 패키지의 릴리즈와 레벨 변경 감지용 `BreakoutDetection` 패키지도 동시에 릴리즈했다는 사실은 알아 둘 만한 가치가 있습니다. `BreakoutDetection` 패키지는 시계열에서 레벨이 이동한 위치를 식별하는 역할을 합니다. 이 패키지도 접근 성이 좋고 사용하기 쉽지만, `AnomalyDetection` 패키지만큼 주목받지 못했습니다. `BreakoutDetection`보다 더 대규모로 테스트되고 배포가 되어온 브레이크아웃 시점 검출용 패키지가 여럿 존재합니다.

[14] 이 책에서는 주파수 도메인 분석을 간단하게 언급했습니다. 하지만 여전히 시계열 분석의 중요한 분야이며 물리학 및 기후학과 같은 일부 학문에서 널리 사용됩니다.

HWY6-W2VU)은 롭 하인드먼에 의해 관리되고 있으며, R의 공식 CRAN 저장소 웹페이지에서 찾아볼 수 있습니다. 특정 프로젝트의 분석 요구에 맞는 특정 패키지를 찾고, 커뮤니티가 활발히 배포하는 다양한 시계열 분석 방법을 스스로 터득하고 싶다면 해당 목록을 한 번쯤 살펴보는 것이 좋습니다. 해당 목록에 대한 페이지는 이 책에서 다뤘던 것과 유사한 형태로 시계열 데이터에 관련된 작업의 개요와 설명을 제공합니다. 파이썬에는 비슷한 수준으로 통합된 시계열 모듈의 목록이 없습니다. 하지만 데이터 과학자 막스 크리스트[max christ]가 유용한 파이썬 모듈의 목록(*https://perma.cc/GEQ3-Q54X*)을 작성했습니다.

16.4 보충 자료

- StatsNewbie123, "Is it Possible to Automate Time Series Forecasting?" post on Cross Validated, December 6, 2019, *https://perma.cc/E3C4-RL4L*.

  ▷ StackExchange에 게시된 글로, 모든 시계열에 대한 시계열 예측을 자동화할 수 있는지에 대해 묻고 있습니다. 이 글에 달린 매우 유용하고 상세한 답변에는 이와 같은 작업에 내재된 모든 어려움과 자동화된 패키지에 대한 개요를 다룹니다.

- CausalImpact, google's open source package for causal inference, *https://perma.cc/Y72Z-2SFD*.

  ▷ 이는 구글이 만든 오픈 소스로 7장에서 사용했던 베이즈 구조적 시계열 패키지인 bsts 위에 만들어졌습니다. CausalImpact 패키지는 bsts를 사용하여 모델을 학습시킵니다. 학습이 완료되면 시계열 데이터의 인과관계 및 효과의 규모를 평가하기 위한 반사실적 제어 예제[counterfactual control examples]를 구축합니다. 패키지의 깃허브 저장소에는 관련 연구 논문과 패키지의 제작자 중 한 명이 촬영한 유용한 비디오 자료 링크를 포함합니다. 관련 연구 논문은 확인해볼 만한 가치가 있습니다.

- Murray Stokely, Farzan Rohani, and Eric Tassone, "Large-Scale Parallel Statistical Forecasting Computations in R," in JSM Proceedings, Section on Physical and Engineering Sciences (Alexandria, VA: American Statistical Association, 2011), *https://perma.cc/25D2-RVVA*.

▷ 이 문서는 매우 병렬적이며 확장성을 가진 구글 내부의 시계열 예측을 위해 작성된 R 패키지의 동작 방식을 고수준으로 상세히 설명합니다. 이는 예측과 관련된 세부 정보 외에도 다양한 유형의 시계열 데이터를 대량으로 가진 대규모 조직이 데이터 처리공정 구축 방법을 잘 이해할 수 있도록 도와줍니다.

- Danilo Poccia, "Amazon Forecast: Time Series Forecasting Made Easy," AWS News Blog, November 28, 2018, *https://perma.cc/Y2PE-EUDV*.

▷ 이 책이 다루지 않은 최근 자동화된 시계열 모델은 아마존의 Amazon Forecast라는 새로운 예측 서비스입니다. 오픈 소스는 아니지만, 유망하다는 느낌을 주는 여러 리뷰가 있습니다. 아마존의 소매에 대한 전문성을 기반으로 개발된 모델로, 이를 사용하는 회사들의 비지니스 예측에 도움을 줍니다. 유료 서비스지만 프리티어[Free Tier]를 통해 시범 삼아 사용을 해볼 수 있습니다. 이 서비스는 정확성과 유용성 모두를 강조하도록 설계되었으며, 대량의 예측 상황에 적합한 '적당히 좋은' 모델을 찾는 조직에게 적절한 대안이 될 것입니다. 아마존의 패키지는 딥러닝과 전통적인 통계 모델의 혼합적인 접근방식을 사용하는데, 이는 10장에서 다뤘던 간단한 LSTNET 모델이 자동회귀 요소를 가진 딥러닝 모델과 결합되는 방식과 유사합니다. 이를 제대로 이해하려면 아마존의 대표적인 예측용 신경망 구조인 DeepAR(*https://perma.cc/DNF9-LJKC*)을 읽어보기 바랍니다.

## CHAPTER 17

시계열 예측의 미래 전망

미래 예측의 어려움을 표현한 여러 좋은 인용문이 많지만, 앞으로 일어날 일에 대한 필자만의 생각으로 이 책을 마무리하고 싶습니다.

17.1 서비스형 예측

다른 데이터 과학 분야 대비 시계열 예측 분야에 종사하는 전문가는 많지 않습니다. 따라서 패키지를 쉽게 만들 방법과 시계열 분석과 예측을 효과적으로 배포 가능한 서비스로 개발하려는 움직임이 지속적으로 있었습니다. 가령 16장에서 언급된 것처럼 최근 아마존에서는 시계열 예측 서비스를 공개했었고, 아마존 외에 다양한 기업도 같은 노력을 기울이고 있습니다. 기업이 공개한 모델은 신중히 일반화되어 있으며, 예측을 데이터 처리공정의 한 단계로 다루는 틀을 제공합니다(그림 17-1).

이러한 서비스를 위한 예측 모델링은 충분히 일반적인 모델을 만든다는 목표를 가집니다. 심각하게 부정확한 예측을 만들어내지 않는 다양한 분야에 적용하기 위함입니다. 이러한 서비스의 대다수는 자신의 모델을 딥러닝과 전통적인 통계 모델의 혼합이라고 묘사합니다. 하지만 서비스는 궁극적으로 블랙박스로 볼 수 있어서 무엇이 예측을 망치는지, 어떻게 성능을 개선할 수 있는지를 이해하는 건 어렵습니다. 즉 높은 수준의 예측 품질이 기대되지만, 얻을 수 있는 성능에 상한선이 존재한다는 것입니다.

많은 예측이 필요하지만 직접 예측을 수행하지 못하는 회사에게 매우 가치 있는 서비스일 수 있습니다. 그러나 일반적인 경험 또는 '법칙'이 발견될 수 있는 상당한 양의 데이터 기록을 보유한 회사라면, 특정 도메인에 익숙한 분석가가 알고리즘의 성능을 뛰어넘을 가능성이 높습니다.

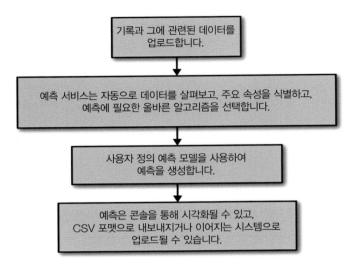

그림 17-1 서비스로서 제공되는 시계열 예측에 대한 처리공정의 예입니다. 스타트업 또는 대기업에서 이런 방식의 서비스를 제공합니다. 특히 아마존은 자동으로 대규모의 시계열 데이터를 예측에 특화된 묶음 상품을 출시했는데, 내부적으로 딥러닝과 통계 모델에 의해 구동되는 것으로 알려져 있습니다.

한 가지 주목할 부분은 서비스로서의 예측에서 팔리는 꽤 많은 상품이 예측 외에도, 예측의 품질에 대한 시각화 및 예측을 쉽게 검토하고 예측 빈도를 변경하는 유틸리티도 함께 제공해야 한다는 것입니다. 여러분의 소속 기관이 궁극적으로 자체적인 예측 분석을 구축하더라도, 산업 표준으로서 어떤 부분이 부각되는지를 알아두는 것은 유용합니다.

17.2 딥러닝으로 확률적 가능성 향상

과거 수년 동안 여러 거대 기술 회사들은 자신들이 제공하는 가장 중요한 서비스를 위한 예측 방법의 정보 일부를 공개했습니다. 회사 사업에 영향을 미치는 수많은 평가 지표에 대한 병렬 예측의 요구 사항이 아니라, 핵심 고려 사항의 정보의 이야기입니다. 그 정보에 따르면 예측의 품질이 매우 중요한 회사들은 확률적 요소를 가진 딥러닝을 사용한다는 내용을 종종 들을 수 있습니다.

예를 들어봅시다. 우버는 자동차 탑승 요청을 예측하는 내용의 블로그 게시글을 작성했고 (*https://perma.cc/3W54-BK8C*), 아마존은 널리 인정받는 상품 요청에 대한 예측을 통계적인 사고로부터 영감을 받아 자동회귀 순환 신경망autoregressive recurrent neural network을 개발했다는 정보를 일부 공개했습니다(*https://perma.cc/UL77-BY3T*). 딥러닝 모델이 통계와 딥러닝의 장점을 모두 제공할 때, 도메인 지식의 사전확률 주입 및 불확실성의 수치화 같은 통계적 방법을 통합할 능력을 많이 보유할수록 통계 모델을 찾으려는 필요성은 줄어듭니다.

그러나 얼마나 '잘못된' 또는 극단적인 예측인지 알 수 있도록, 합리적으로 해석 가능한 딥러닝 모델을 만드는 것은 여전히 어려운 문제입니다. 따라서 상당한 이론적 기반과 기계론적인 명확성을 가진 통계 모델이 버려질 가능성은 낮습니다. 건강이나 안전을 위협할 수 있는 매우 중요한 문제에 대한 예측에서는 지난 수십 년간 잘 동작해온 방법을 계속해서 믿는 것이 합리적입니다. 머신러닝 예측보다 투명하고 점검 가능한 방법이 개발되지 않는 한 말입니다.

17.3 통계적 방법보다 중요성이 더 커진 머신러닝 방법

경험적으로 볼 때 데이터의 모델링과 예측에 적절한 통계가 점점 더 적게 사용되는 것 같습니다. 그렇다고 절망하지는 마세요. 통계학 분야는 계속 성장하고 있고, 통계와 관련된 흥미로운 질문에 대한 답을 구할 수 있습니다. 그렇지만 적당히 좋은 예측이 필요한 위험이 적은 상황에서는 수렴의 증명이나 폐쇄형 솔루션 및 화려한 이론보다는 단순히 머신러닝 기법과 결과 지향적인 통계적 방식이 실제 사용된 사례 및 배포의 상황에서 더 우세합니다.

실무자 관점에서 보면 좋은 것입니다. 오래전 어떤 문제를 필요한 증명과정 없이 방치해뒀더라도, 다시 그 필요한 증명과정으로 돌아오는 상황을 두려워하지 않아도 됩니다. 반면 점점 더 근본적인 삶의 방향에 녹아들고 있는 이러한 기술에 대한 우려의 목소리가 높아지고 있습니다. 필자는 머신러닝을 사용해서 구매자의 미래 행동을 추측하는 소매업 웹사이트 방문을 딱히 신경 쓰는 사람은 아닙니다. 하지만 건강상의 결과나 자녀의 학업 진전을 모델링한 시계열 예측이 얼마나 철저히 통계적으로 검증된 것인지를 파악하려고 합니다. 이렇게 중요한 분야에서의 편향된 모델은 누군가를 다치게 할 수도 있기 때문입니다.

현재로서는 산업용을 고려하는 시계열 전문가들은 시계열을 위험이 낮은 분야에 적용하려고 노력합니다. 광고나 소셜 미디어 상품의 출시에 따른 이익을 예측하는 문제에서는 예측의 완전한 검증이 크게 중요하지 않습니다. 사람을 돌보거나, 먹을 것을 주는 등의 기초적인 측면이 모델링 도메인에 많이 스며듦에 따라, 통계가 위험이 높은 예측에서 보다 근본적인 역할을 할 수 있기를 희망해봅니다.

17.4 머신러닝과 통계를 결합하는 방법론의 증가

단순히 예측을 위한 '최상의' 방법을 검색하는 것이 아니라, 머신러닝과 통계적 방법론[1]이 결합이 필요한 상황을 나타내는 여러 가지 징후가 있습니다 이는 예측에 대해 증가하고 있는 앙상블 기법의 사용에 대한 확장으로, 이 책의 전반에 걸쳐서 논의된 현상입니다.

여러 실세계의 데이터셋을 통한 매우 견고한 검증의 예로는 최근의 M4대회(*https://perma.cc/68AC-BKN7*)를 들 수 있습니다. 2장과 9장에서 간단하게 다뤘던 M4 대회는 시계열 대회로 100,000건의 시계열 데이터셋(*https://perma.cc/76BQ-SZW9*)에 대한 정확도를 예측하는 것이 과제입니다. 이 대회의 우승자는 통계 모델과 신경망의 요소를 결합했습니다. 마찬가지로 준우승을 차지한 사람도 머신러닝과 통계 모두를 포함했습니다. 구체적으로는 통계 모델의 앙상블을 사용했지만, 앙상블에 포함된 각 모델의 상대적인 가중치를 선택하는 데 그레이디언트 부스팅 트리(XGBoost)를 사용했습니다. 이 예를 통해서 머신러닝과 통계적 접근방법이 결합될 수 있는 두 가지 독특한 방법을 배울 수 있습니다. 대안 모델들이 함께 앙상블을 하거나(우승자의 방식), 다른 방법의 메타파라미터를 설정하는 방식을 결정하는 한 방법을 사용하는 방식입니다(준우승자의 방식). 대회 결과에 대한 포괄적이고 이해하기 쉬운 요약(*https://perma.cc/T8WW-6MDN*)은 이후 『International Journal of Forecasting』에 게재되었습니다.

이러한 결합 방식이 주목을 받음에 따라, 어떤 문제가 통계 및 머신러닝 모델의 결합에 가장 적합한지, 이러한 모델들의 성능을 조정하는 가장 모범적인 사례는 무엇인지, 구조적으로 어떤 선택이 가장 좋은지와 같은 결정 사항에 대한 분야의 연구가 발전할 가능성이 높습니다. 시간

---

1 이 주제를 제안해주고 기술 검토를 해준 롭 하인드먼께 특별히 감사를 드립니다(이 책 전반에 걸쳐 여러 가지 도움을 주셨습니다).

이 지남에 따라 그동안 알려진 강점, 약점, 훈련 기법과 함께 표준 디자인 패러다임이 정립되었던, 신경망을 포함한 다른 복잡한 구조들의 개선이 이 결합된 모델 방식에서도 나타나길 기대해봅니다.

17.5 일상으로 스며든 더 많은 예측

건강 및 웰빙 분야의 모바일 애플리케이션과 같이 좀 더 소비자와 가까운 회사들은 개인화된 예측 애플리케이션을 출시($https://perma.cc/QXT9-4B8T$)했거나, 출시하기를 요청받고 있습니다. 애플리케이션이 저장하는 데이터 양이 증가하면서 건강 및 운동 목표와 같은 평가 지표로 개인화된 예측의 이점을 누릴 수 있기를 기대하게 되었습니다. 또한 사람들은 종종 미래의 부동산 가치($https://perma.cc/R5WR-T7XP$)에서 철새의 도착 날짜($https://perma.cc/5LTM-WRPB$)에 이르는 모든 것에 대한 예측을 기대하기도 합니다.

난해한 주제나 개인에게 특화된 지표의 예측을 요구하는 상품이 더 많이 등장할 것입니다. 즉 업계 전문가가 아닌 일반인을 위한 웹사이트나 모바일 애플리케이션과 같이, 이전에는 큰 가능성이 없었던 분야에서도 예측 처리공정이 통합되는 사례가 더 많아질 것입니다. 이러한 변화가 흔해질수록, 시계열이라는 어려운 용어는 일상 대화 속에서 더 자주 등장할 것입니다. 그리고 희망컨대, 사람들이 예측의 한계와 상정을 이해할 수 있는 충분한 시계열 교육을 받아서 블랙박스 제품에 너무 의존하지 않기를 바랍니다.

INDEX

INDEX

INDEX

INDEX

INDEX

INDEX

INDEX

INDEX